westermann

Andreas Blank, Nick Brown, Dr. Sebastian Decker, Dr. Jörg Kazmierczak, Helge Meyer, Frank Meyer-Faustmann, Udo Müller-Stefer, Christian Schmidt

Herausgeber: Andreas Blank, Helge Meyer

Ausbildung im Groß- und Außenhandel

Kaufmann/Kauffrau für Groß- und Außenhandelsmanagement

Band 2

6. Auflage

Bestellnummer 10790

Die in diesem Produkt gemachten Angaben zu Unternehmen (Namen, Internet- und E-Mail-Adressen, Handelsregistereintragungen, Bankverbindungen, Steuer-, Telefon- und Faxnummern und alle weiteren Angaben) sind i. d. R. fiktiv, d. h., sie stehen in keinem Zusammenhang mit einem real existierenden Unternehmen in der dargestellten oder einer ähnlichen Form. Dies gilt auch für alle Kunden, Lieferanten und sonstigen Geschäftspartner der Unternehmen wie z. B. Kreditinstitute, Versicherungsunternehmen und andere Dienstleistungsunternehmen. Ausschließlich zum Zwecke der Authentizität werden die Namen real existierender Unternehmen und z. B. im Fall von Kreditinstituten auch deren IBANs und BICs verwendet.

Zusatzmaterialien zu Ausbildung im Groß- und Außenhandel – Band 2

Für Lehrerinnen und Lehrer:

Lösungen: 978-3-427-10792-7
Lösungen Download: 978-3-427-10791-0
Lösungen zum Arbeitsheft: 978-3-427-10936-5
Lösungen zum Arbeitsheft Download: 978-3-427-10930-3

Lehrerlizenz BiBox Dauerlizenz: 978-3-427-10794-1
Kollegiumslizenz BiBox Dauerlizenz: 978-3-427-10944-0

Für Schülerinnen und Schüler:

Arbeitsheft: 978-3-427-10924-2

Schülerlizenz BiBox Schuljahr: 978-3-427-10793-4

westermann GRUPPE

© 2021 Bildungsverlag EINS GmbH, Köln, www.westermann.de

Das Werk und seine Teile sind urheberrechtlich geschützt. Jede Nutzung in anderen als den gesetzlich zugelassenen bzw. vertraglich zugestandenen Fällen bedarf der vorherigen schriftlichen Einwilligung des Verlages. Nähere Informationen zur vertraglich gestatteten Anzahl von Kopien finden Sie auf www.schulbuchkopie.de.

Für Verweise (Links) auf Internet-Adressen gilt folgender Haftungshinweis: Trotz sorgfältiger inhaltlicher Kontrolle wird die Haftung für die Inhalte der externen Seiten ausgeschlossen. Für den Inhalt dieser externen Seiten sind ausschließlich deren Betreiber verantwortlich. Sollten Sie daher auf kostenpflichtige, illegale oder anstößige Inhalte treffen, so bedauern wir dies ausdrücklich und bitten Sie, uns umgehend per E-Mail davon in Kenntnis zu setzen, damit beim Nachdruck der Verweis gelöscht wird.

Druck und Bindung: Westermann Druck GmbH, Braunschweig

ISBN 978-3-427-10790-3

Vorwort

Die Buchreihe „Ausbildung im Groß- und Außenhandel" erfüllt die Anforderungen der Ausbildungsordnung und des Rahmenlehrplans für den Ausbildungsberuf **„Kauffrau/Kaufmann für Groß- und Außenhandelsmanagement"**. Die Gliederung der drei Jahrgangsbände orientiert sich am Rahmenlehrplan, der die zu vermittelnden Kompetenzen den Lernfeldern zuordnet.

Band 1 der Reihe umfasst die Lernfelder des ersten Ausbildungsjahres für die Fachrichtungen Großhandel und Außenhandel:

- **Lernfeld 1:** Das Unternehmen präsentieren und die eigene Rolle mitgestalten
- **Lernfeld 2:** Aufträge kundenorientiert bearbeiten
- **Lernfeld 3:** Beschaffungsprozesse durchführen
- **Lernfeld 4:** Werteströme erfassen und dokumentieren

Band 2 der Reihe umfasst die Lernfelder des zweiten Ausbildungsjahres für die Fachrichtungen Großhandel und Außenhandel

- **Lernfeld 5:** Kaufverträge erfüllen
- **Lernfeld 6:** Ein Marketingkonzept entwickeln
- **Lernfeld 7:** Außenhandelsgeschäfte anbahnen
- **Lernfeld 8:** Werteströme auswerten
- **Lernfeld 9:** Geschäftsprozesse mit digitalen Werkzeugen unterstützen

Band 3 umfasst die Lernfelder des dritten Ausbildungsjahres für die Fachrichtung Großhandel

- **Lernfeld 10:** Kosten- und Leistungsrechnung durchführen
- **Lernfeld 11:** Waren lagern
- **Lernfeld 12:** Warentransporte abwickeln
- **Lernfeld 13:** Ein Projekt im Großhandel planen und durchführen

Um den Auszubildenden der verschiedenen Branchen die Lerninhalte zu veranschaulichen und wegen der Verschiedenheit der Ausbildungsbetriebe, werden bei der Erarbeitung der Lernfelder **zwei unterschiedliche Modellunternehmen** mit zwei bzw. einem Modellauszubildenden zugrunde gelegt:

- die **Primus GmbH** mit der Auszubildenden Nicole Höver und dem Auszubildenden Andreas Brandt und
- die **Kröger & Bach KG** mit dem Auszubildenden Lukas Breuer.

Beide Modellunternehmen betreiben einen eigenen **Webshop**, an dem die Auszubildenden die für die Arbeit im **E-Business** erforderlichen digitalen Kompetenzen erwerben können. Darüber hinaus sind die **Aspekte der beruflichen Bildung in der digitalen Welt** in Handlungssituationen, Sachinhalt und Aufgaben durchgängig berücksichtigt.

Die **Kapitel innerhalb der Lernfelder** sind in sachlogisch strukturierte Unterrichtseinheiten gegliedert. Jede Unterrichtseinheit ist folgendermaßen aufgebaut:

1. Handlungssituation → 2. Sachinhalt → 3. Zusammenfassung → 4. Aufgaben

Jede Unterrichtseinheit (= Gliederungspunkt im Buch) wird mit einer unternehmenstypischen **Handlungssituation** eingeleitet. Über **Arbeitsaufträge** werden die Schüler zur eigenständigen Lösung der darin erkennbaren Problematik motiviert. Im **Sachinhalt** werden betriebliche Probleme und Prozesse an Beispielen mit Lösungen veranschaulicht, Zusammenhänge in Schaubildern schematisiert, Lösungswege aufgezeigt und in einer **Zusammenfassung** als Grundlage der Übung und Wiederholung strukturiert dargestellt. Zu jedem Lernfeld werden **Aufgaben** mit unterschiedlichem Schwierigkeitsgrad und Umfang angeboten. Sie dienen der Sicherung und Anwendung betriebswirtschaftlicher Begriffe, Definitionen und Prozesse und der Auswertung und entscheidungs- und handlungsorientierten Durchdringung der Ergebnisse. Jedes der Lernfelder wird mit fallbezogenen **Wiederholungsaufgaben und prüfungsvorbereitenden Aufgaben** abgeschlossen.

> Die für die Anbahnung und Verhandlung, den Abschluss und die Erfüllung von Außenhandelsgeschäften in der **Fremdsprache Englisch** erforderlichen Kompetenzen sind in die entsprechenden Lernfelder eingearbeitet und durch eine farbliche Hinterlegung gekennzeichnet.

> Die für die Arbeit im **Außenhandel** erforderlichen internationalen Berufskompetenzen sind durch eine blaue Hinterlegung gekennzeichnet.

Verweise zu anderen Lernfeldern, in denen die zu bearbeitenden Inhalte ebenfalls behandelt werden, sind an den entsprechenden Stellen mit der Unterlegung des Begriffes und einem Verweis auf das jeweilige Lernfeld gekennzeichnet.

Im **Lehrermaterial** sind alle Aufgaben ausführlich gelöst. Ferner werden zu jedem Lernfeld handlungsorientierte Unterrichtsskizzen vorgestellt. Darüber hinaus sind zahlreiche Kopiervorlagen enthalten, die die Arbeit der Lehrer und Schüler im Unterricht unterstützen.

Ein **Warenwirtschaftsprogramm** (32-Bit-Version) mit integriertem Datenkranz des Modellunternehmens Primus GmbH, eine ausführliche Beschreibung zur Arbeit mit diesem Programm anhand von praxisorientierten Lernsituationen sowie Belegmasken des Modellunternehmens finden Sie kostenlos unter **BuchPlusWeb** (siehe Hinweise in der Buchdeckelinnenseite im Lehrbuch vorne). Diese Unterlagen sind zur Nutzung durch Auszubildende sowie Lehrer konzipiert.

Zu dieser Reihe gehören ebenfalls passende **Arbeitshefte**. Sie greifen die Einstiegssituationen der Lehrbücher auf und überführen durch zusätzliche Arbeitsaufträge und methodische Hinweise, die einen handlungsorientierten Unterricht steuern, in Lernsituationen. **Lehrermaterialien** inklusive Lösungen sind separat erhältlich.

Die Verfasser
Frühjahr 2021

Inhaltsverzeichnis

Einleitung 9

Lernfeld 5   Kaufverträge erfüllen 19

1 Das Verpflichtungs- und Erfüllungsgeschäft von Kaufverträgen analysieren 19

2 Die ordnungsgemäße Vertragserfüllung auf Lieferanten- und Kundenseite beachten 25
   - 2.1 Schlechtleistung kennenlernen 25
   - 2.2 Nicht-rechtzeitig-Lieferung kennenlernen 33
   - 2.3 Annahmeverzug kennenlernen 38

3 Situationsgerechte Bezahlung im Inlandsgeschäft vornehmen 42

4 Nicht-rechtzeitig-Zahlung kennenlernen 54
   - 4.1 Nicht-rechtzeitig-Zahlung (Zahlungsverzug) beachten 54
   - 4.2 Das Mahnverfahren einleiten 62
   - 4.3 Zinsrechnen anwenden 68
   - 4.4 Der drohenden Verjährung entgegenwirken 76
   - 4.5 Möglichkeiten der Risikoabsicherung berücksichtigen 80

5 Reklamationsmanagement in der Fremdsprache Englisch anwenden 87

Wiederholung zu Lernfeld 5 103
   - Übungsaufgaben 103
   - Gebundene Aufgaben zur Prüfungsvorbereitung 105

Lernfeld 6   Ein Marketingkonzept entwickeln 109

1 Die aktuelle Marktsituation analysieren 109

2 Die Marktforschung als Grundlage von Marketingentscheidungen und Marketingzielen nutzen 115

3 Strategisches Marketing betreiben und eine Absatzplanung durchführen 128

4 Sich über die Marketinginstrumente informieren 133
   - 4.1 Distributionspolitik zur Optimierung der Absatzwege einsetzen 133
   - 4.2 Maßnahmen im Rahmen der Kommunikationspolitik gestalten 144

4.3 Wettbewerbsrechtliche Grenzen durch Einhaltung des Gesetzes gegen den unlauteren Wettbewerb beachten ... 162
4.4 Preispolitik berücksichtigen ... 172
4.4.1 Märkte und Preisbildung erklären können ... 172
4.4.2 Möglichkeiten der Preisfestsetzung ermitteln ... 181
4.4.3 Konditionen- und Servicepolitik als preispolitische Maßnahme gestalten ... 187

5 Die Marketinginstrumente kombinieren am Beispiel der Primus GmbH ... 193
5.1 Den Marketingmix für den „ergo-design-natur" einsetzen ... 193
5.2 Verbesserungsvorschläge durch das Absatzcontrolling für Marketingmaßnahmen ableiten ... 200

Wiederholung zu Lernfeld 6 ... 208
Übungsaufgaben ... 208
Gebundene Aufgaben zur Prüfungsvorbereitung ... 210
Ungebundene Aufgaben zur Prüfungsvorbereitung ... 212

LERNFELD 7 Außenhandelsgeschäfte anbahnen ... 215

1 Kulturelle Rahmenbedingungen von Außenhandelsgeschäften berücksichtigen ... 215

2 Risiken von Außenhandelsgeschäften analysieren und bedarfsgerecht absichern ... 221
2.1 Kreditrisiken: Forderungsverluste beim Export vermeiden ... 221
2.2 Währungsrisiken: Forderungen und Verbindlichkeiten gegen Wechselkursschwankungen absichern ... 232
2.3 Transportrisiken vermindern, abwälzen und absichern ... 236
2.4 Politische Risiken: Ländergefahren einschätzen und absichern ... 251

3 Rechtliche Rahmenbedingungen internationaler Handelsgeschäfte berücksichtigen ... 257
3.1 Rechtliche Besonderheiten im Außenhandel beachten ... 257
3.2 Das Abladegeschäft als klassische Kaufvertragsart des Überseehandels kennenlernen ... 268
3.3 Typische Vereinbarungen im Außenhandelsgeschäft festlegen ... 271
3.4 INCOTERMS® 2020: Geeignete internationale Lieferbedingungen auswählen ... 278

4 Dokumente für den internationalen Warenverkehr korrekt vorbereiten ... 288

5 Zollverfahren bei der Einfuhr unterscheiden und Einfuhrabgaben ermitteln 299

6 Auswirkungen internationaler Handelsabkommen auf den Außenhandel einschätzen 310

7 Mit ausländischen Geschäftspartnern im Rahmen logistischer Prozesse in der Fremdsprache Englisch kommunizieren 321

Wiederholung zu Lernfeld 7 331
Übungsaufgaben 331
Ungebundene und gebundene Prüfungsaufgaben 333

LERNFELD 8 Werteströme auswerten 336

1 Die Aufgaben und rechtlichen Bestimmungen des Jahresabschlusses erläutern 336

2 Die Vorarbeiten für den Jahresabschluss durchführen 354

2.1 Die Posten der Rechnungsabgrenzung bestimmen und in der Buchhaltung erfassen 354
2.2 Die Sonstigen Verbindlichkeiten und Sonstigen Forderungen erfassen 358
2.3 Rückstellungen bilden 364

3 Eine der Vermögens- und Schuldenlage des Unternehmens angepasste Bewertungsmethode wählen 370

3.1 Das Anlagevermögen durch Abschreibung auf abnutzbare Sachanlagen bewerten 370
3.2 Die allgemeinen Bewertungsvorschriften erklären 385
3.3 Das Vermögen und die Schulden eines Groß- und Außenhandelsbetriebes nach dem Handelsrecht bewerten 392

4 Die Vermögens- und Kapitalstruktur, die Finanzlage sowie die Erfolgssituation mithilfe von Kennzahlen bewerten 403

4.1 Die Bilanz aufbereiten und auswerten 403
4.2 Die Gewinn- und Verlustrechnung aufbereiten und zur Ertragslage auswerten 422

5 Leasing und Factoring zur Optimierung der wirtschaftlichen Situation nutzen 430

Wiederholung zu Lernfeld 8 436
Übungsaufgaben 436
Gebundene und ungebundene Aufgaben zur Prüfungsvorbereitung 442

LERNFELD 9 Geschäftsprozesse mit digitalen Werkzeugen unterstützen 447

1 Sich mit der Wertschöpfungskette im Groß- und Außenhandel vertraut machen 447

2 Sich über die Funktionsweise von Unternehmenssoftware informieren 456

3 Kunden-, Lieferanten- und Dienstleisterdaten beschaffen und elektronisch verarbeiten 462

4 Elektronische Instrumente zur Kundenbetreuung und -gewinnung auswählen 473

5 Daten in die Unternehmenssoftware CTO Warenwirtschaft importieren 485

6 Qualitätskontrolle und Auswertung von digitalen Daten durchführen 493

7 Sicherheitsrisiken digitaler Geschäftsprozesse und Chancen digitaler Technologien bewerten 498

Wiederholung zu Lernfeld 9 508
    Übungsaufgaben 508
    Gebundene Aufgaben zur Prüfungsvorbereitung 509

Sachwortverzeichnis 513

Bildquellenverzeichnis 518

Verzeichnis der Gesetzesabkürzungen 520

Einleitung

Die Primus GmbH

Die Primus GmbH wurde 1966 in Duisburg gegründet.

● Der Standort

Lager- und Büroräume der Primus GmbH liegen in **47057 Duisburg**, **Koloniestr. 2–4**. Die Grundstücke und Gebäude sind Eigentum der Primus GmbH.

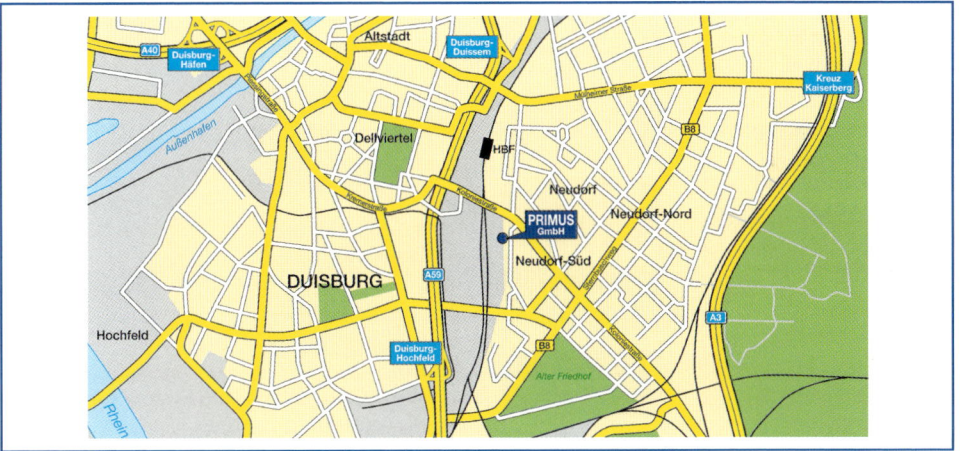

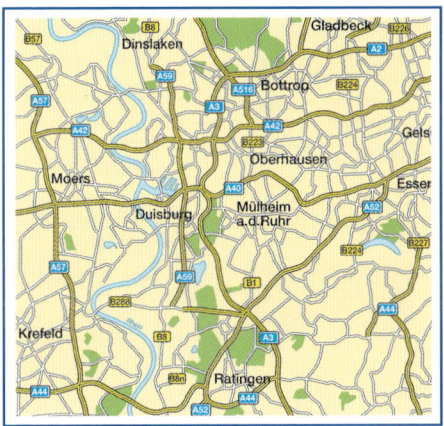

Die Primus GmbH unterhält in ihrem Verwaltungsgebäude eine kleine **Verkaufsboutique**, in der gewerbliche Kunden und Letztverbraucher Waren kaufen können. Die Verkaufsboutique wird von den Auszubildenden der Primus GmbH selbstständig geführt.

Der Standort der Primus GmbH liegt unmittelbar an der Autobahn A 59 an der Abfahrt Duisburg-Zentrum. Der Güterbahnhof Duisburg befindet sich ebenfalls in unmittelbarer Nähe. Arbeitnehmerinnen und Arbeitnehmer können mit den Bus- und Straßenbahnlinien fast bis vor den Eingang des Unternehmens fahren. Auf dem Werksgelände befinden sich nur wenige Parkplätze für Mitarbeiter, da die Geschäftsleitung ihre Mitarbeiter über die Ausgabe von Jobtickets zu umweltbewusstem Verhalten anhalten möchte. Seit dem vergangenen Jahr stellt die Primus GmbH ihren Mitarbeitern E-Bikes zur Verfügung.

● Telefon, Telefax und Internet

Telefon:	0203 44536-90	E-Mail:	info@primus-bueroeinrichtung.de
Fax:	0203 44536-98	Internet:	www.primus-bueroeinrichtung.de

Organigramm der Primus GmbH, Groß- und Außenhandel für Bürobedarf

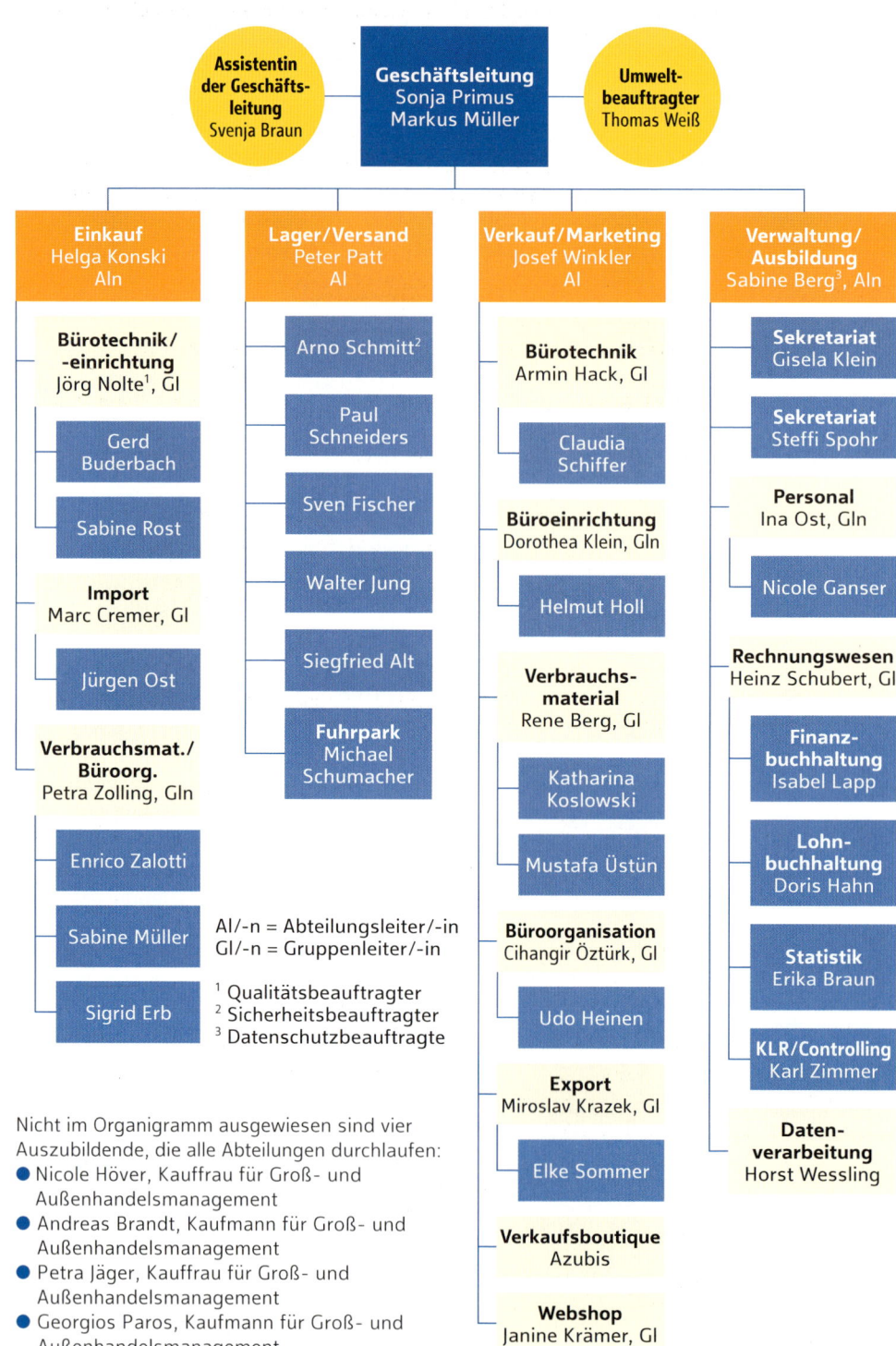

● Der Gesellschaftsvertrag (Auszug)

Gesellschaftsvertrag der Primus GmbH Groß- und Außenhandel für Bürobedarf

durch die Gesellschaftsversammlung am 2. Januar 19.. in 47057 Duisburg, Koloniestr. 2–4 festgelegt.

§ 1 Die Firma der Gesellschaft lautet Primus GmbH, Groß- und Außenhandel für Bürobedarf.
§ 2 Der Geschäftssitz der Gesellschaft ist in 47057 Duisburg, Koloniestr. 2–4.
§ 3 Die Gesellschaft betreibt die Beschaffung und Weiterveräußerung von Bürobedarf und die Erbringung der dazugehörigen Dienstleistungen. Nach Möglichkeit sollen umweltverträgliche Artikel angeboten werden.

§ 5 Das Stammkapital der Gesellschaft beträgt 600 000,00 €.
§ 6 Das Stammkapital wird aufgebracht:
1. Gesellschafterin Dipl.-Kauffrau Sonja Primus mit einem Nennbetrag der Geschäftsanteile in Höhe von 300 000,00 €
2. Gesellschafter Dipl.-Betriebswirt Markus Müller mit einem Nennbetrag der Geschäftsanteile in Höhe von 300 000,00 €

Die Nennbeträge der Geschäftsanteile sind in bar oder in Sachwerten zu leisten. Sie sind sofort in voller Höhe fällig.

§ 7 Der Mindestbetrag eines Geschäftsanteils muss 500,00 € betragen. Jeder andere Geschäftsanteil muss durch 100,00 € teilbar sein. Die Gesellschafter leisten ihre Geschäftsanteile in bar.
§ 8 Die Gesellschafterversammlung beruft einstimmig die Geschäftsführung.

§ 10 Die Gesellschafter treten jährlich einmal zu einer ordentlichen Versammlung zusammen. Die Geschäftsführer laden mit einwöchiger Frist unter Angabe von Tagungsort, Tagungszeit und Tagesordnung ein.

§ 13 Jeder Gesellschafter kann aus wichtigem Grund seinen Austritt aus der Gesellschaft erklären. Der Austritt ist nur zum Ende eines Geschäftsjahres zulässig. Er hat durch Einschreibebrief mit einer Frist von sechs Monaten zu erfolgen. Bei Kündigung der Gesellschafter oder Austritt wird die Gesellschaft nicht aufgelöst.

§ 16 Bekanntmachungen der Gesellschaft nach den gesetzlichen Bestimmungen erfolgen ausschließlich im Unternehmensregister.

§ 20 Außerhalb des Gesellschaftsvertrages wurde folgender Beschluss gefasst:
Als Geschäftsführer gemäß § 9 des Gesellschaftsvertrages werden bestimmt
1. Frau Dipl.-Kauffrau Sonja Primus
2. Herr Dipl.-Betriebswirt Markus Müller
§ 21 Vorstehendes Protokoll wurde den Gesellschaftern vom Notar vorgelesen, von ihnen genehmigt und eigenhändig wie folgt unterzeichnet:

Sonja Primus

Markus Müller

Duisburg, 2. Januar 19..

● Das Sortiment

Lieferer-Nr.	Bestell-Nr.	Listenein-kaufspreis, netto/€	Artikelbezeichnung	Artikel-Nr.	Listenver-kaufspreis, netto/€[1]
Warengruppe 1: Bürotechnik[2]				**Kalkulationszuschlag 40 %**	
5641	237060	200,00	Laser-Multifunktionsgerät FX640 TI	335B927	240,00
5641	237061	213,93	Smartphone D2 S453	235B614	299,50
5641	237062	92,14	drahtlose Alarmanlage Primus Protect	230B912	129,00
5641	237063	31,79	Telefon Audioline 5300	237B750	44,50
5688	353389	28,21	Taschenrechner Datenbank SF-4300 B	229B906	39,50
5620	253390	13,93	USB-Stick 4er-Pack 16 GB	155B440	19,50
5620	253391	499,64	Tischkopierer Primus Z-52	150B391	699,50
5669	289922	28,21	Primus Wanduhr weiß S 926	149B393	39,50
5694	253321	356,43	HP-Laser Jet 5 P Laserdrucker	261B289	499,00
Dienstleistungsprogramm					
			Planung von Büroeinrichtungen Montage bürotechnischen Zubehörs Entsorgung von Altmöbeln, Verpackung, Zubehör Aufbau von Büromöbeln		nach Ver-einbarung
Warengruppe 2: Büroeinrichtung				**Kalkulationszuschlag 120 %**	
5621	100201	96,59	Schreibtisch Primo	159B574	212,50
5621	100202	90,68	Bildschirm-Arbeitstisch Primo	159B590	199,50
5621	100203	108,86	Rollcontainer Primo	159B632	239,50
5621	100204	64,77	Unterschrank Primo	159B616	142,50
5621	100301	136,14	Schreibtisch Classic	308B049	299,50
5621	100303	58,86	Regalelement Classic	308B122	129,50
5621	100306	179,32	Bandscheiben-Drehstuhl Steifensand	120B592	394,50
5621	100310	90,68	Bandscheiben-Drehstuhl Super-Star	162B388	199,50
5669	289910	97,50	Bürodrehstuhl Modell 1640	381B814	214,50
5669	289934	33,86	Aktenvernichter Fellowes PS 50	228B684	74,50
5669	289958	64,77	Bildschirm-Arbeitstisch Charm	160B994	142,50
5669	289967	72,50	Druckertisch Euratio	305B094	159,50
Warengruppe 3: Verbrauch				**Kalkulationszuschlag 80 %**	
5677	310290	1,10	Primus-Castell TK-Fine 1306 Druckbleistift	125B567	1,98
5677	310294	10,83	Primus EXPRESS RO 33 20 Stück	313B221	19,50
5677	310301	4,43	Tintenroller Ball-Primus R 50 9 Stück	316B158	7,98
5610	420100	1,38	Primus Bleistifte 12 Stück	253B989	2,48
5610	420108	1,15	Primus Textmarker 6 Stück	128B488	2,07
5610	420110	6,25	Seminarmark. Primus 270 Boardmark. 10 St.	312B561	11,25
5681	145220	3,32	Primus Notizblock 4 × 800	236B596	5,98
5681	145237	3,47	Primus Universalblock 10 Stück	116B319	6,25
5681	145250	7,47	Recycling Briefumschläge C 6 1000 Stück	250B423	13,45
5681	145200	14,44	Computerpapier A4 weiß 80 g 2000 Blatt	705B251	26,00
5666	281000	21,94	Kopierpapier Primus XERO-Copy 5000 Blatt	239B632	39,50
5666	281001	3,58	Kopierpapier X-Offit 500 Blatt	251B926	6,45
Warengruppe 4: Organisation				**Kalkulationszuschlag 100 %**	
5641	237064	192,25	Drehsäule für Aktenordner 3 Etagen	182B238	384,50
5666	405129	1,00	Primus Ordner 6 Farben A4	119B263	2,00
5666	405145	0,79	Primus Trennblätter A4 Register 10 Stück	118B364	1,58
5669	289905	4,49	Registraturlocher	200B071	9,98
5669	289908	3,74	Primus Briefablage 5 Stück	310B615	7,48
5669	289915	5,88	Bürobox aus Kunststoff	138B859	11,76
5669	289916	15,60	Hängeregister Big Boy	240B804	31,20
5610	420115	3,74	Primus Heftzange B 36	194B340	7,48
5610	420130	22,50	Magister-Flipchart-Tafel	296B673	45,00
5681	145260	14,00	Primus Notizblock 50er-Pack	128B579	28,00

---

[1] Aus Gründen der Vereinfachung wurden einige Verkaufspreise auf glatte Beträge auf- oder abgerundet.
[2] Auf die Warengruppe 1 werden keine Rabatte gewährt.

● Lieferdatei der Primus GmbH (Auszug)

Firma	Lieferer-/ Kred.-Nr.	Adresse	Ansprechpartner	Tel./Fax	Kreditinstitut	Produkte	Lieferbedingungen	Zahlungsbedingungen	Umsatz lfd. Jahr in €
Giesen & Co. OHG Herstellung von Kleingeräten für Schulungsbedarf	5610 K 71710	Quarzstr. 98 51371 Leverkusen	Frau Gentgen	0214 7667-54 7667-34	SEB Leverkusen IBAN: DE12370100110674563870 BIC: ESSEDESF372	Büromaterial, Schulungsbedarf	Auftragswert bis 1 000,00 €: 50,00 €, über 1 000,00 €: 84,00 €, Verpackungspauschale: 21,00 €	Ziel: 20 Tage Skonto: 7 Tage/2 %	45 000,00
Computec GmbH & Co. KG Hard- und Softwarevertrieb	5620 K 71711	Volkssparkstr. 12-20 22525 Hamburg	Herr Öztürk	040 2244-669 2244-664	Postbank Hamburg IBAN: DE04200100200671190870 BIC: PBNKDEFF200	Hard- und Software, Bürogeräte	bis 10 kg: 12,00 €, bis 25 kg: 20,00 €, bis 50 kg: 32,00 €, bis 100 kg: 54,00 €, über 100 kg: nach Vereinbarung	Ziel: 14 Tage Skonto: -	600 000,00
Bürodesign GmbH Herstellung von Büromöbeln	5621 K 71712	Stolberger Str. 188 50933 Köln	Herr Stam	0221 6683-550 6683-57	Sparkasse KölnBonn IBAN: DE11370501980085313948 BIC: COLSDE33XXX	Büromöbel	bis 20 km Lieferpauschale: 80,00 €	Ziel: 50 Tage Skonto: 14 Tage/2 %	210 000,00
Jansen BV. Bürotechnik	5641 K 71713	Jan de Verwersstraat 10 NL-5900 AV Venlo	Frau Sommer	31 77 866-350 866-401	Crédit Lyonnais Bank Nederland IBAN: NL40270100600092233723 BIC: CRLYNLFFXXX	Bürogeräte aller Art	4 % vom Warenwert, maximal 400,00 €	Ziel: 30 Tage Skonto: -	165 000,00
Latex AG Herstellung von Büroverbrauchsgütern	5666 K 71714	Neckarstr. 89-121 12053 Berlin	Frau Demming	030 4455-46 4455-48	Berliner Sparkasse IBAN: DE64100500000098453223 BIC: BELADEBEXXX	Bürobedarf aller Art	Spesenpauschale: 10,00 €	Ziel: 60 Tage Skonto: -	75 000,00
Bürotec GmbH Büroeinrichtung aller Art	5669 K 71715	Fabrikstr. 24-30 04129 Leipzig	Frau Asbach	0341 554-645 554-849	Deutsche Bank Leipzig IBAN: DE85860700000091111723 BIC: DEUTDE8LXXX	Bürogeräte, Büromöbel, Büroeinrichtungsgegenstände	bis Auftragswert 1 000,00 €: 50,00 €, sonst frei Haus	Ziel: 30 Tage Skonto: 10 Tage/2 %	150 000,00
Flamingowerke AG Fabrikation von Schreibbedarf	5677 K 71716	Palzstr. 16 59073 Hamm	Frau Sydow	02381 417118 417199	Volksbank Hamm IBAN: DE26410601200098789723 BIC: GENODEM1HMM	Schreibbedarf aller Art	ab Bestellwert von 2 000,00 € frei Haus, sonst 3 % vom Warenwert, mindestens jedoch 15,00 €	Ziel: 14 Tage Skonto: -	110 000,00
Papierwerke Iserlohn GmbH Müller & Co.	5681 K 71717	Laarstr. 19 58636 Iserlohn	Herr Kern	02371 3342-31 3342-32	Deutsche Bank Iserlohn IBAN: DE63445700040674563870 BIC: DEUTDEDW445	Papierwaren aller Art	frei Haus	Ziel: 30 Tage Skonto: 10 Tage/3 %	80 000,00
Silvermann & Smith Co. Ltd.	5688 K 71718	GPO Box 1731 18-22 Sydney street, Melbourne VIC 3001 Victoria – Australia	Herr Sussex	+61 348 336-61 336-54	Bank of Melbourne Kto.-Nr.: 1432 698	Hardware, Bürogeräte	Ex Works	Ziel: 30 Tage	110 000,00
Richard D. Wesley, Inc.	5694 K 71719	64-70 John F. Kennedy Bvd. Washington, DC 20265-9997 Columbia USA	Frau Jagger	+1 20216 3468-29 3468-33	Bank of Chicago Kto.-Nr.: 8 866 352	Hard- und Software	C & F	Ziel: 20 Tage	145 000,00

● Kundendatei der Primus GmbH (Auszug)

Firma	Kunden-/Deb.-Nr.	Adresse	Ansprechpartner	Tel./Fax	Kreditinstitut	Umsatz lfd. Jahr in €	Offene Rechnungen	Rabattsätze
Stadtverwaltung Duisburg	8135 D 10110	Am Buchenbaum 18–22 47051 Duisburg	Herr Baum	0203 6675-31 6675-38	Bundesbank Duisburg IBAN: DE15350000000111222870 BIC: MARKDEF1320	230 000,00	0	20 %
Klöckner-Müller Elektronik AG	8142 D 10120	Taunusring 16–34 63069 Offenbach	Frau Jansen	069 4432-28 4432-17	Commerzbank Offenbach IBAN: DE55505400280043978623 BIC: COBADEFF505	285 000,00	1	25 %
Herstadt Warenhaus GmbH	8155 D 10130	Bruno-str. 45 45889 Gelsenkirchen	Herr Kluge	0209 564-99 564-90	Postbank Dortmund IBAN: DE76440100460432056204 BIC: PBNKDEFF440	185 000,00	1	35 %
Krankenhaus GmbH Duisburg	8326 D 10140	Ems-str. 30–40 47169 Duisburg	Frau Straub	0203 5664-76 5664-48	Volksbank Rhein-Ruhr IBAN: DE85350603860089366223 BIC: GENODE1VKR	125 000,00	1	25 %
Modellux GmbH & Co. KG Herstellung von Modelleisenbahnen	8453 D 10150	Hof-str. 56–67 48167 Münster	Frau Simon	0251 894-38 894-44	Deutsche Bank Münster IBAN: DE71400700800674563870 BIC: DEUTDE3B400	240 000,00	2	20 %
Computerfachhandel Martina van den Bosch	8564 D 10160	Vinckenhofstraat 45 NL-5900 EB Venlo	Frau van den Bosch	+31 77 3417-69 3417-64	ABN AMRO Venlo Bank Nederland IBAN: NL5930010020065663120 BIC: FORTNLFFXXX	145 000,00	0	40 %
Bürofachgeschäft Herbert Blank e. K.	8671 D 10170	Cäcilien-str. 86 46147 Oberhausen	Frau Brieger	0208 1113-60 1113-45	Commerzbank Oberhausen IBAN: DE02365400460006789763 BIC: COBADEFF365	75 000,00	3	30 %
Carl Wägli Bürobedarf	8784 D 10180	Ostermundigerstr. 121 3030 Bern Schweiz	Herr Wägli	+41 31 338-2708 338-7308	Postbank Bern IBAN: CH4610020010030654 3720 BIC: GEBACH33XXX	90 000,00	0	25 %

● Konkurrenzbetriebe

Schäfer & Co. KG, Büroeinrichtungssysteme und Bürobedarf	Kaarster Weg 124–126, 40547 Düsseldorf
Feld OHG, Bürobedarf, Büromöbel, Büromaschinen	Ruhrstr. 48–52, 46049 Oberhausen
Otto Rompf GmbH, Bürobedarf, Direktversand	Baumstr. 108, 45128 Essen
ABE Aktuell Büro-Einrichtungen KG	Dillinger Str. 16, 47059 Duisburg

● Sicherheits-, Umwelt-, Datenschutz- und Qualitätsbeauftragter

Sicherheitsbeauftragter: Arno Schmitt Datenschutzbeauftragte: Sabine Berg
Umweltbeauftragter: Thomas Weiß Qualitätsbeauftragter: Jörg Nolte

● Die Bankverbindungen

Geldinstitut	IBAN	BIC
Sparkasse Duisburg	DE12 3505 0000 0360 0587 96	DUISDE33XXX
Postbank Dortmund	DE76 4401 0046 0286 7784 31	PBNKDEFF440

● Steuer-, Betriebs-Nr. für Sozialversicherung und Handelsregistereintragung

Finanzamt: Duisburg-Süd; **Steuer-Nr.:** 109/1320/0146; **USt-IdNr.:** DE124659333
Betriebs-Nr. für die Sozialversicherung: 43641271
Handelsregistereintragung: Amtsgericht Duisburg HRB 467-0301

● Der Betriebsrat und die Jugend- und Auszubildendenvertretung

Vorsitzender des Betriebsrates der Primus GmbH ist **Marc Cremer**, sein Stellvertreter ist Sven Fischer. Jugend- und Auszubildendenvertreterin ist **Petra Jäger**, Stellvertreter ist Andreas Brandt.

● Auszubildende Nicole Höver

Name	Nicole Höver
Ausbildungsbetrieb	Primus GmbH, Groß- und Außenhandel für Bürobedarf
Ausbildungsdauer	2,5 Jahre, Ausbildung hat begonnen
Geburtsdatum	10.09.20..
Geburtsort	Duisburg
Wohnort	Duisburg
Schulabschluss	Abitur

● Auszubildender Andreas Brandt

Name	Andreas Brandt
Ausbildungsbetrieb	Primus GmbH, Groß- und Außenhandel für Bürobedarf
Ausbildungsdauer	3 Jahre, im 2. Jahr der Ausbildung, will verkürzen
Geburtsdatum	10.03.20..
Geburtsort	Duisburg-Rheinhausen
Wohnort	Duisburg
Schulabschluss	Fachoberschulreife

● Die Verbände

Gemäß § 1 **IHK-Gesetz** (IHKG) (www.gesetze-im-internet.de/ihkg) ist die Primus GmbH Mitglied in der **Industrie- und Handelskammer zu Duisburg**. Die Geschäftsführerin, Frau Primus, die Abteilungsleiterinnen Frau Berg und Frau Konski und der Abteilungsleiter Herr Patt sind Mitglieder in Prüfungsausschüssen der IHK. Das Unternehmen ist in der **Tarifgemeinschaft des Groß- und Außenhandels und der Dienstleistungen in Nordrhein-Westfalen** organisiert, die organisierten Arbeitnehmer sind Mitglieder in der **Gewerkschaft ver.di** (Vereinigte Dienstleistungsgewerkschaft).

Die Kröger & Bach KG, Außenhandel für Non-Food-Artikel

Die **Kröger & Bach KG, Duisburg**, besteht seit 1910. Das Außenhandelsunternehmen begann traditionell mit dem Import von Gewürzen und Tee. Nach dem Zweiten Weltkrieg kamen Südfrüchte und Obstkonserven hinzu. In den 1970er-Jahren wurde dieses Sortiment auf Non-Food-Artikel umgestellt, die bei der Kröger & Bach KG in den folgenden Warengruppen zusammengefasst werden:

Warengruppe	Artikelbeispiele
Haus und Garten	Bügeleisen, Ventilator, Hochdruckreiniger, Staubsauger, Dampfreiniger
Küche	Küchenmaschine, Kaffeeautomat, Backautomat, Waffelautomat
Bad und Wellness	Personenwaage, Thermometer, Haartrockner, Badartikel, Saunabedarf, Pflegeserien
Heimwerker	Werkzeugsets, Dübel- und Schraubensets, Bohrmaschinen, Schleifgeräte
Outdoor und Sport	Gartenmöbel und -geräte, Funktionskleidung, sonstige Sporttextilien, Handschuhe, Inlineskates, Schlafsäcke

Hauptabnehmer sind Lebensmitteldiscounter, die für ihre wöchentlichen Aktionsverkäufe ständig umsatzstarke Non-Food-Artikel suchen. Die Rolle der Kröger & Bach KG als Mittler zwischen Produktherstellung und -verwendung hat sich in den letzten 20 Jahren stark verändert. Das Unternehmen ist inzwischen selbst an Produktionsunternehmen in China und Vietnam beteiligt und verkauft seine Waren unter eigenen Handelsmarken, z. B. Kong-Craft (Elektrowerkzeuge). In den Beschaffungsländern China, Singapur und Vietnam werden darüber hinaus eigene Büros unterhalten.

Das Unternehmen erzielte im vergangenen Jahr einen **Nettoumsatz** von 200 Mio. €. Ungefähr 50 % davon entfielen auf den deutschen Markt, 30 % auf die restliche EU und 20 % auf die USA. In Chicago besteht seit dem Jahr 2000 die Kröger & Bach Inc. als **Verkaufsniederlassung**, die auch ein eigenes Lager unterhält.

Das Unternehmen ist in der **Schifferstraße 25, 47059 Duisburg**, direkt im Hafen, ansässig, da die Containertransporte über Rotterdam abgewickelt werden. Allerdings laufen immer mehr Außenhandelskontakte der Kröger & Bach KG als Streckengeschäfte, sodass das Unternehmen in Duisburg nur über ein relativ kleines Lager verfügt.

Das Unternehmen wird von Lutz Kröger, einem Nachfahren des Firmengründers, als Komplementär geführt. Kommanditisten sind seine Ehefrau Maria Kröger, sein Vater Manfred Kröger und Herbert Paul, der gleichzeitig Prokurist des Unternehmens ist.

Organigramm der Kröger & Bach KG

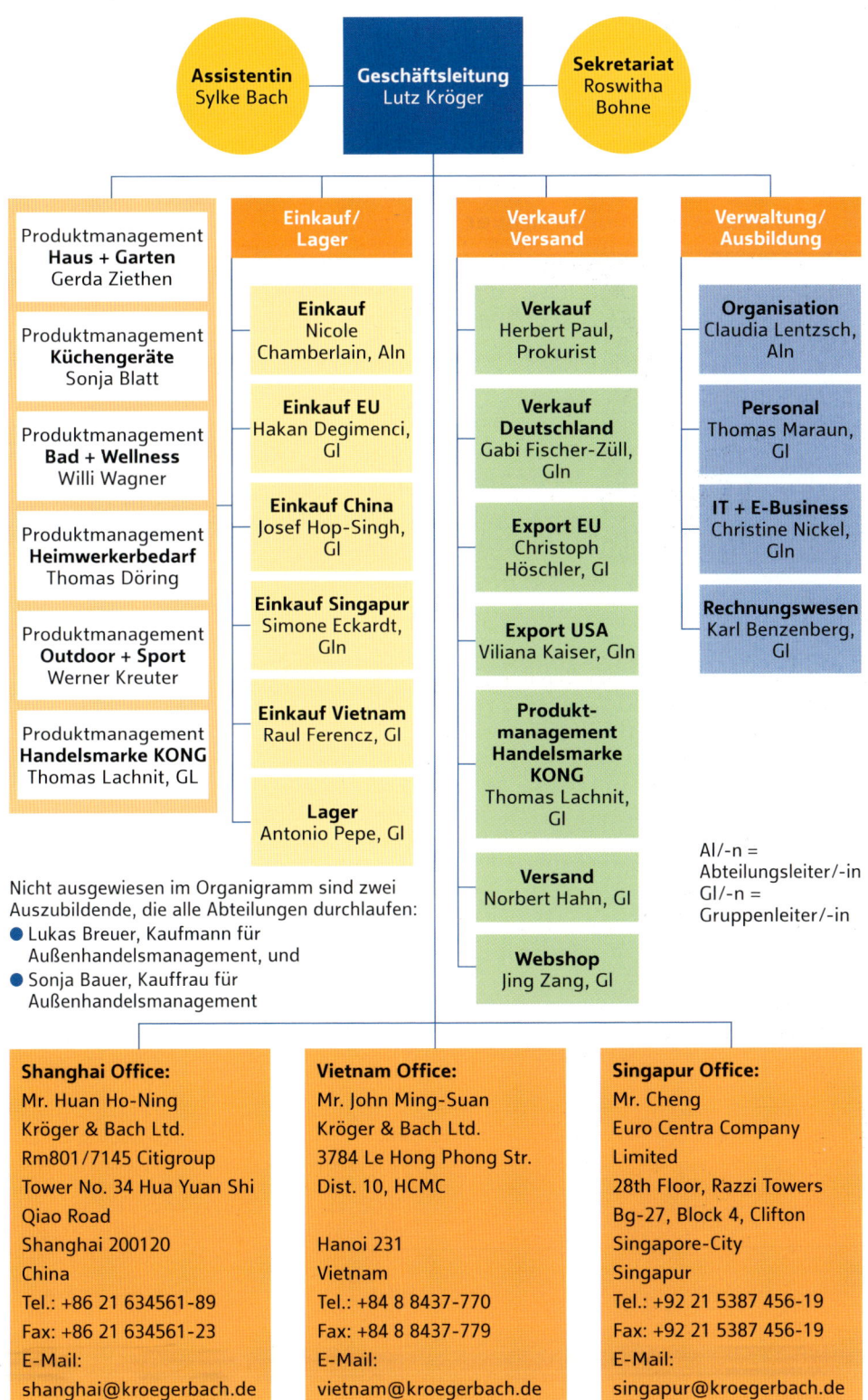

Nicht ausgewiesen im Organigramm sind zwei Auszubildende, die alle Abteilungen durchlaufen:
- Lukas Breuer, Kaufmann für Außenhandelsmanagement, und
- Sonja Bauer, Kauffrau für Außenhandelsmanagement

Al/-n = Abteilungsleiter/-in
Gl/-n = Gruppenleiter/-in

Shanghai Office:
Mr. Huan Ho-Ning
Kröger & Bach Ltd.
Rm801/7145 Citigroup
Tower No. 34 Hua Yuan Shi
Qiao Road
Shanghai 200120
China
Tel.: +86 21 634561-89
Fax: +86 21 634561-23
E-Mail:
shanghai@kroegerbach.de

Vietnam Office:
Mr. John Ming-Suan
Kröger & Bach Ltd.
3784 Le Hong Phong Str.
Dist. 10, HCMC

Hanoi 231
Vietnam
Tel.: +84 8 8437-770
Fax: +84 8 8437-779
E-Mail:
vietnam@kroegerbach.de

Singapur Office:
Mr. Cheng
Euro Centra Company
Limited
28th Floor, Razzi Towers
Bg-27, Block 4, Clifton
Singapore-City
Singapur
Tel.: +92 21 5387 456-19
Fax: +92 21 5387 456-19
E-Mail:
singapur@kroegerbach.de

● Anschrift und weitere Unternehmensdaten

Kröger & Bach KG
Schifferstraße 25
47059 Duisburg

Telefon: +49 203 13429-33
Fax: +49 203 13429-34
E-Mail: info@kroegerbach.de

Finanzamt: Duisburg-Süd; **Steuer-Nr.**: 032/1410/1228; **USt-IdNr.**: DE198751421
Handelsregistereintragung: Amtsgericht Duisburg HRA 142-2986

● Auszubildender Lukas Breuer

Name	Lukas Breuer
Ausbildungsbetrieb	Kröger & Bach KG
Ausbildungsdauer	3 Jahre, im 2. Jahr der Ausbildung
Geburtsdatum	04.11.20..
Geburtsort	Essen
Wohnort	Duisburg
Schulabschluss	schulischer Teil der Fachhochschulreife an der Höheren Handelsschule

LERNFELD 5

Kaufverträge erfüllen

1 Das Verpflichtungs- und Erfüllungsgeschäft von Kaufverträgen analysieren

Die Primus GmbH bietet Endverbrauchern in ihrer Verkaufsboutique Büromöbel an. Die Kundin Gisela Klein will einen Drehstuhl im Wert von 260,00 € kaufen. Da Frau Klein nicht genügend Bargeld bei sich hat, zahlt sie bei Nicole Höver 100,00 € an und verspricht, am nächsten Tag die restlichen 160,00 € zu bringen. Der Drehstuhl bleibt so lange im Verkaufsraum der Primus GmbH. Am nächsten Tag erscheint Frau Klein im Geschäft und verlangt ihr Geld zurück, da sie einen ähnlichen Drehstuhl in einem anderen Geschäft für 220,00 € gesehen hat.

ARBEITSAUFTRÄGE
- Stellen Sie fest, welche Pflichten die Kundin übernommen hat.
- Erläutern Sie anhand von selbst gewählten Beispielen, wie ein Kaufvertrag zustande kommt.
- Erläutern Sie, welche Rechte und Pflichten ein Käufer beim Kaufvertrag übernimmt.

● Zustandekommen des Kaufvertrages

Der **Kaufvertrag** (§ 433 ff. BGB) des Verkäufers mit dem Käufer kommt durch **zwei übereinstimmende Willenserklärungen** zustande. Dabei kann die Initiative zum Abschluss des Kaufvertrages **(Antrag)** sowohl vom Verkäufer als auch vom Käufer ausgehen. Die Zustimmung zum Kaufvertrag erfolgt durch die **Annahme** des Käufers bzw. des Verkäufers. Die nachfolgend aufgeführten Möglichkeiten des Zustandekommens eines Kaufvertrages sind denkbar.

○ Der Verkäufer macht den Antrag

Der Kaufvertrag kommt zustande, wenn die **Bestellung (Annahme) des Käufers** inhaltlich mit dem **Angebot (Antrag) des Verkäufers** übereinstimmt.

○ Der Käufer macht den Antrag

Der Kaufvertrag kommt zustande, wenn der Verkäufer **(Annahme)** die Bestellung des Käufers **(Antrag)** annimmt.

● Verpflichtungs- und Erfüllungsgeschäft

Aus dem Kaufvertrag entstehen für die Vertragsparteien Pflichten und Rechte. Mit dem Vertragsabschluss **(Verpflichtungsgeschäft)** verpflichten sich die Vertragsparteien, den Vertrag zu erfüllen **(Erfüllungsgeschäft)**. Die Pflichten des Verkäufers entsprechen den Rechten des Käufers und umgekehrt.

Pflichten des Verkäufers	Pflichten des Käufers
– Übergabe und Übereignung der mangelfreien Ware zur rechten Zeit und am rechten Ort – Annahme des Kaufpreises	– Annahme der ordnungsgemäß gelieferten Ware – rechtzeitige Zahlung des vereinbarten Kaufpreises

Die Vertragspartner können den Kaufvertrag erfüllen, indem sie ihren jeweiligen Verpflichtungen nachkommen. Zeitlich können zwischen dem Abschluss **(Verpflichtungsgeschäft)** und der Erfüllung **(Erfüllungsgeschäft)** des Kaufvertrages oft Wochen oder Monate liegen.

Beispiel Die Primus GmbH bestellt bei der Computec GmbH & Co. KG 300 4er-Packs USB-Sticks zu 16 GB, die erst in acht Wochen lieferbar sind. Nach acht Wochen liefert die Computec GmbH & Co. KG die bestellten USB-Sticks, die Primus GmbH zahlt unmittelbar nach der Lieferung. Die **Verpflichtung** beider Vertragspartner entstand beim Abschluss des Kaufvertrages, der Vertrag wurde von der Computec GmbH & Co. KG durch die rechtzeitige und mangelfreie Lieferung und die Annahme des Kaufpreises und von der Primus GmbH durch die Annahme der bestellten USB-Sticks und die rechtzeitige Bezahlung **erfüllt**.

● Unterscheidung der Kaufverträge nach der rechtlichen Stellung der Vertragspartner

○ Bürgerlicher Kauf

Wenn zwei Privatpersonen einen Kaufvertrag abschließen, spricht man von einem bürgerlichen Kauf. Es gilt das BGB.

Beispiel Die Auszubildende Nicole verkauft ihrer Freundin Petra einen gebrauchten Blu-ray-Player.

Handelskauf

Wenn ein Vertragspartner Kaufmann und das Geschäft für ihn ein Handelsgeschäft ist, liegt ein **einseitiger Handelskauf** vor. Für den Kaufmann gilt zusätzlich zum BGB auch das HGB. Für den Privatmann gelten nur die Bestimmungen des BGB.

Eine Sonderform des einseitigen Handelskaufs ist der **Verbrauchsgüterkauf**. Hierunter versteht man einen Kaufvertrag über den Kauf einer beweglichen Sache zwischen einem Unternehmer und einem Verbraucher. Für den Verbrauchsgüterkauf gelten grundsätzlich die Vorschriften des allgemeinen Kaufrechts im BGB (§ 433 ff. BGB). Um den Verbraucher zusätzlich zu schützen, wurden für den Verbrauchsgüterkauf einige Spezialvorschriften erlassen (§ 474 ff. BGB).

Beispiel Die Auszubildende Nicole Höver kauft in der Verkaufsboutique der Primus GmbH einen Massivholzschreibtisch.

Wenn beide Vertragspartner Kaufleute sind und im Rahmen ihres Handelsgewerbes Kaufverträge abschließen, liegt ein **zweiseitiger Handelskauf** vor. Es gelten die Bestimmungen des BGB und des HGB.

Beispiel Die Primus GmbH bestellt bei der Bürodesign GmbH, Köln, 50 Bürostühle.

Unterscheidung der Kaufverträge nach dem Kaufgegenstand

Stückkauf

Die Kaufgegenstände sind **nicht vertretbare Sachen**. Die Ware kann bei Verlust oder Zerstörung nicht durch eine andere Ware ersetzt werden, da sie entweder ein Einzelstück ist oder durch Gebrauch bestimmte Eigenschaften bekommen hat. Es handelt sich bei der Ware um ein Unikat.

Beispiele Kunstwerke, Sonderanfertigung eines Schreibtisches, gebrauchte Gegenstände

Gattungskauf

Die Kaufgegenstände sind **vertretbare Sachen**, die nach allgemeinen Gattungsmerkmalen bestimmbar sind (z.B. Größe, Farbe, Zahl, Gewicht usw.). Von der Ware sind noch weitere gleichartige Stücke vorhanden, die untereinander austauschbar sind.

Beispiele Bleistifte, Taschenrechner, Kopierpapier, Bürodrehstühle, Kugelschreiber

● Besonderheiten beim Streckengeschäft

Beim Streckengeschäft (vgl. S. 134) wird bestellte Ware auf Veranlassung des Groß- und Außenhändlers (Streckengroßhändler) **direkt vom Hersteller an die Kunden des Groß-/Außenhändlers ausgeliefert**. Der Groß-/Außenhändler wickelt dabei das Streckengeschäft im **eigenen Namen und auf eigene Rechnung** ab, während die Lagerhaltung und der Transport der Waren vom Hersteller zu leisten sind. Somit spart der Groß-/Außenhändler insbesondere Logistikkosten ein. Der Groß-/Außenhändler übernimmt beim Streckengeschäft lediglich eine **Mittlerfunktion**. Rechtlich gelten die Bedingungen, die im Kaufvertrag zwischen dem Groß-/Außenhändler und seinem Kunden vereinbart worden sind.

Beispiel Die Primus GmbH lässt die Bürodesign GmbH, Köln, 200 Druckertische „Euratio" direkt an den Computerfachhandel Martina van den Bosch, Venlo, ausliefern.

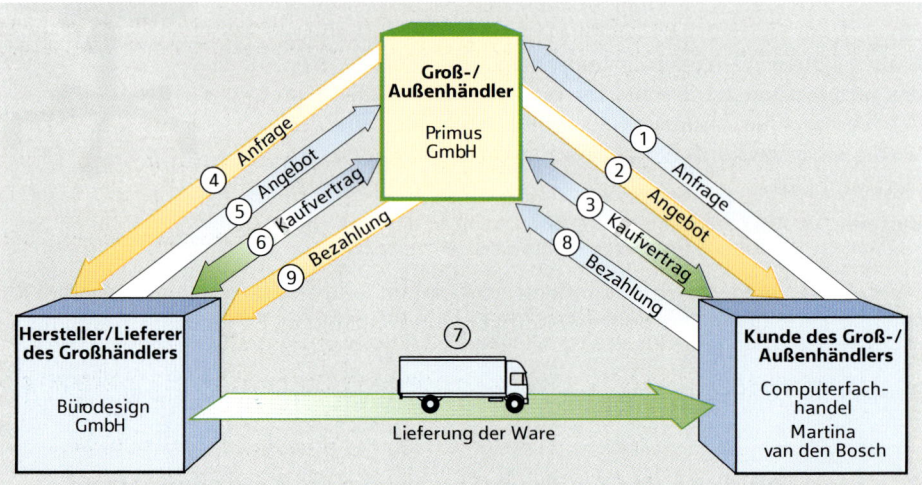

In der Regel wird der Erfüllungsort vertraglich vereinbart. Wurde als Erfüllungsort der Geschäftssitz des Groß-/Außenhändlers vereinbart (= fiktiver Erfüllungsort, da die Ware tatsächlich vom Geschäftssitz des Herstellers und nicht vom Geschäftssitz des Groß-/Außenhändlers versandt wird), liegt ein **Versendungskauf** vor. Wenn der Geschäftssitz des Käufers als Erfüllungsort vereinbart wurde, spricht man von einem **Fernkauf**.

Streckengeschäfte werden insbesondere vereinbart, wenn

- Fracht-, Lade- und Lagerkosten eingespart werden sollen,

    Beispiele Langsamdreher (Artikel mit niedriger Umschlagshäufigkeit), dadurch geringere Lagerkosten; weit entfernte Kunden, dadurch weniger Transportkosten

- Umladekosten und damit auch die Gefahr von Transportschäden verringert werden sollen,

    Beispiele schwere Waren wie Schreibtische, Büroschränke; teure oder empfindliche Waren wie Tischkopierer, Bürodrehstuhl, Laserdrucker, mengenmäßig große Aufträge

- aus zeitlichen Gründen Direktlieferungen an den Kunden erforderlich sind,

    Beispiel leicht verderbliche Waren

- wichtige Liefertermine leichter eingehalten werden können,

    Beispiel Fixkauf (vgl. S. 36)

- für Kunden bei Lieferern Bestellungen von Waren getätigt werden, die nicht im Sortiment sind und für die somit kein Lagerraum vorhanden ist.

    Beispiel Die Primus GmbH lagert keine Fachliteratur für den Computerbereich, bei Kundenbestellungen vermittelt sie die gewünschten Bücher, wobei der Lieferer direkt an den Kunden der Primus GmbH liefert.

Der Groß-/Außenhändler läuft beim Streckengeschäft Gefahr, dass er aus der Handelskette ausgeschaltet wird, d.h., der Kunde des Groß-/Außenhändlers bestellt seine Waren direkt beim Hersteller. Um diese Gefahr etwas zu vermindern, übernimmt der Groß-/Außenhändler für den Hersteller bestimmte Funktionen, damit er für den Hersteller unentbehrlich wird.

Beispiel Die Primus GmbH vertreibt u.a. Bürodrehstühle und Laserdrucker. Um zu verhindern, dass die Kunden direkt beim Hersteller kaufen, übernimmt die Primus GmbH für diesen sämtliche Wartungs- und Einrichtungsaufgaben.

Das Verpflichtungs- und Erfüllungsgeschäft von Kaufverträgen analysieren

- Der **Kaufvertrag** kommt durch **übereinstimmende Willenserklärungen** von zwei oder mehr Personen zustande **(Antrag und Annahme)**.

- **Verpflichtungs- und Erfüllungsgeschäft**
    - Der Kaufvertrag besteht aus dem **Verpflichtungs- und Erfüllungsgeschäft**.

Der Verkäufer verpflichtet sich, ...	Der Käufer verpflichtet sich, ...
– rechtzeitig und mangelfrei zu liefern, – dem Käufer das Eigentum an der Ware zu verschaffen.	– die ordnungsgemäß gelieferte Ware anzunehmen, – den Kaufpreis rechtzeitig zu zahlen.

  - Beide Vertragspartner müssen ihre **Pflichten erfüllen**.

- **Nach der rechtlichen Stellung der Vertragspartner** unterscheidet man bürgerlichen Kauf, einseitigen und zweiseitigen Handelskauf, **nach dem Kaufgegenstand** unterscheidet man den Stück- und den Gattungskauf.

- Beim **Streckengeschäft** wird die Ware direkt auf Veranlassung des Groß-/Außenhändlers **(Streckengroßhändler)** vom Hersteller an den Kunden des Groß-/Außenhändlers ausgeliefert. Der Groß-/Außenhandel hat hier nur eine **Mittlerfunktion**.

---

1. Erläutern Sie, wodurch sich Verpflichtungs- und Erfüllungsgeschäft unterscheiden.

2. Erklären Sie anhand von drei Beispielen, wie Verpflichtungs- und Erfüllungsgeschäft zeitlich auseinanderfallen können.

3. Welche der nachfolgenden Maßnahmen
   a) führen zum Abschluss des Kaufvertrages,
   b) gehören zur Erfüllung des Kaufvertrages?
   1. fristgemäße Bezahlung
   2. Bestellung
   3. Auftragsbestätigung
   4. Eigentumsübertragung
   5. fristgemäße Annahme der Ware
   6. ordnungsgemäße Lieferung

4. Beschreiben Sie, wie ein Kaufvertrag zwischen einem Verkäufer und einem Käufer zustande kommt.

5. Welche Aussage über den Kaufvertrag ist richtig?
   1. Die Eigentumsübertragung ist immer mit Übergabe der Sache verbunden.
   2. Die Eigentumsübertragung an beweglichen Sachen erfolgt i. d. R. durch Einigung und Übergabe.
   3. Beim Kaufvertrag geht die Initiative zum Abschluss des Vertrages immer vom Verkäufer aus.
   4. Der Kaufvertrag kommt schon durch den Antrag des Käufers an den Verkäufer zustande.
   5. Beim Kaufvertrag über gestohlene Waren kann der Käufer das Eigentum gutgläubig erwerben.

6. Entscheiden Sie, welches Rechtsgeschäft ein zweiseitiger Handelskauf im Sinne des HGB ist.
   1. Eine Kollegin kauft in Ihrer Abteilung einen Sportanzug.
   2. Eine Kundin kauft in einem Sportfachgeschäft ein Paar Turnschuhe.
   3. Sie kaufen im Auftrag der Primus GmbH bei der Einkaufsorganisation Global-Bürobedarf GmbH einen Sonderposten Kopierpapier.
   4. Als Mitarbeiter der Primus GmbH verkaufen Sie Computerausrüstungen an den örtlichen Ski-Club e. V.
   5. Uwe Bruder verkauft privat seinen gebrauchten Golfschläger an seinen Freund.

7. Erläutern Sie die Vor- und Nachteile des Streckengeschäfts aus Sicht des Groß-/Außenhändlers.

8. Der Großauftrag eines Kunden der Primus GmbH wird in Form eines Streckengeschäftes abgewickelt. Wodurch ist ein Streckengeschäft gekennzeichnet?
   1. Beim Streckengeschäft werden mehrere Lieferungen an verschiedene Großhändler zu einer Tour zusammengefasst.
   2. Beim Streckengeschäft erfolgt die Lieferung nicht an den Großhändler, sondern unmittelbar an dessen Kunden.
   3. Beim Streckengeschäft übernimmt der zwischengeschaltete Großhändler die Lagerfunktion seines Kunden.
   4. Ein Streckengeschäft liegt vor, wenn eine Ware durch einen außerbetrieblichen Frachtführer über eine längere Strecke transportiert werden muss.
   5. Beim Streckengeschäft erfolgt die Lieferung zwar über das Lager des Großhändlers, die Fakturierung erfolgt allerdings vom Lieferer des Großhändlers direkt an den Kunden.

2 Die ordnungsgemäße Vertragserfüllung auf Lieferanten- und Kundenseite beachten

2.1 Schlechtleistung kennenlernen

Das Bürofachgeschäft Herbert Blank e.K. erhält von der Primus GmbH am Nachmittag des 9. August eine Warenlieferung. Aufgrund von Arbeitsüberlastung in der Warenannahme des Bürofachgeschäfts wird die Warensendung erst am nächsten Tag überprüft. Dabei stellt sich heraus, dass statt der bestellten 40 Schreibtische Primo 40 Schreibtische Classic geliefert worden sind. Ferner sind von 100 bestellten Bildschirm-Arbeitstischen Primo zehn zerkratzt, sodass sie nicht ohne Weiteres verkauft werden können. Frau Brieger, die für die Warenannahme zuständige Mitarbeiterin, ruft sofort nach Entdeckung der Mängel bei der Primus GmbH an und rügt die fehlerhafte Lieferung. Nicole Höver, die das Gespräch entgegennimmt, lehnt die Rücknahme der falsch bzw. mangelhaft gelieferten Waren mit der Begründung ab, das Bürofachgeschäft hätte die Lieferung unverzüglich nach Erhalt am Tag der Warenannahme überprüfen müssen.

ARBEITSAUFTRÄGE
- Stellen Sie fest, welche Mängelarten vorliegen.
- Prüfen Sie, ob das Bürofachgeschäft Herbert Blank e.K. einen Anspruch gegen die Primus GmbH geltend machen kann.
- Erläutern Sie die Rügepflichten beim einseitigen und beim zweiseitigen Handelskauf.

● Rügepflicht des Käufers

Bei Feststellung von Mängeln muss der Käufer dem Lieferer eine **Mängelrüge** (§ 433ff. BGB) zukommen lassen. Für die Mängelrüge gibt es keine bestimmte Formvorschrift. Aus **Beweissicherungsgründen** ist die Schriftform sinnvoll. In der Mängelrüge sollten die festgestellten Mängel so genau wie möglich beschrieben werden.

Beim **zweiseitigen Handelskauf** müssen nach Handelsrecht (§ 377 HGB) vom Käufer **offene Mängel unverzüglich, versteckte Mängel unverzüglich nach Entdeckung, spätestens vor Ablauf von zwei Jahren** gerügt werden. **Arglistig verschwiegene Mängel** müssen **unverzüglich nach Entdeckung innerhalb von drei Jahren** gerügt werden, wobei die Frist am Ende des Jahres beginnt, in dem der Mangel entdeckt wurde. Kommt der Käufer seinen Rügepflichten nicht termingerecht nach, verliert er alle Rechte aus der mangelhaften Warenlieferung gegen den Lieferer. Der Käufer ist verpflichtet, die mangelhafte Ware auf Kosten des Lieferers sorgfältig aufzubewahren.

Beim **einseitigen Handelskauf** (§ 477 BGB) hat der Käufer bei Neuwaren bei offenen und versteckten Mängeln **zwei Jahre Zeit**, seine Mängelrüge zu erteilen. Für gebrauchte Waren beläuft sich die Sachmängelhaftungsfrist zwischen einem Kaufmann und einem Privatmann auf ein Jahr. Arglistig verschwiegene Mängel müssen innerhalb von drei Jahren nach Entdeckung gerügt werden.

LF11 Im Warenwirtschaftsprogramm werden nach Vorliegen des Lieferscheins im **Wareneingangsprotokoll** nur die mangelfreien Waren eingegeben, um eine nachträgliche Korrektur der mangelhaften Waren in der **Artikeldatei** zu vermeiden.

● **Mängelarten**

Eine Warenlieferung kann Sach- oder Rechtsmängel aufweisen.

Zu den **Sachmängeln** zählen:

- **Mangel in der Menge (Quantitätsmangel):** Es wird zu viel oder zu wenig Ware geliefert.

    Beispiel Statt der bestellten 100 Rollcontainer Primo liefert die Primus GmbH 90 Rollcontainer (Zuweniglieferung).

- **Mangel in der Art (Falschlieferung):** Es wird eine andere Ware als die bestellte geliefert.

    Beispiel Statt Schreibtischen Primo werden Schreibtische Classic geliefert; statt Kopierpapier in Weiß wird Kopierpapier in Grau geliefert.

- **Mangel durch fehlerhafte Ware**, Montagefehler oder mangelhafte Montageanleitungen: Die Ware kann möglicherweise zwar verwendet werden, ihr fehlt aber eine bestimmte oder zugesicherte Eigenschaft, die vertraglich vereinbart war. Hierzu zählen auch fehlerhafte Bedienungsanleitungen (**IKEA-Klausel**) oder wenn die vereinbarte Montage vom Verkäufer unsachgemäß ausgeführt wurde (**Montagefehler**).

    Beispiele
    - Gelieferte Bürostühle haben defekte Rollen, gelieferte Schreibtische haben Kratzer.
    - Geliefertes Kopierpapier hat nicht die erforderliche Festigkeit 160 g/qm, es wurde dünneres Kopierpapier von 80 g/qm geliefert.
    - Der Verkäufer liefert ein Holzregal, das beim Kunden aufgebaut wird. Der Monteur bohrt zusätzliche Löcher in das Regal mit dem Ergebnis, dass das Regal schief steht.

- **Mangel durch falsche Werbeversprechungen oder durch falsche Kennzeichnungen:** Es fehlen der Ware Eigenschaften, die in einer Werbeaussage oder durch Kennzeichnung versprochen wurden.

    Beispiel Die Primus GmbH kauft aufgrund einer Werbebroschüre eines Autoherstellers einen Geschäftswagen, der lt. Prospekt nur fünf Liter Kraftstoff pro 100 km verbrauchen soll. In Wirklichkeit braucht der Pkw aber acht Liter auf 100 km.

Rechtsmangel: Die zu verkaufende Sache ist durch Rechte anderer belastet.

Beispiel Auf dem Flohmarkt verkauft ein Händler fabrikneue Bürostühle, die gestohlen wurden.

Hinsichtlich der **Erkennbarkeit der Mängel** kann folgende Einteilung vorgenommen werden:

- **Offener Mangel:** Er ist bei der Prüfung der Ware sofort erkennbar.

    Beispiel Ein Schreibtisch hat einen Kratzer.

- **Versteckter Mangel:** Er ist nicht gleich erkennbar, sondern zeigt sich erst später.

    Beispiele Angeblich rostfreie Schrauben rosten nach zwei Monaten; erst nach längerer Laufzeit eines Laserdruckers zeigt sich an diesem ein Mangel.

- **Arglistig verschwiegener Mangel:** Er ist dem Verkäufer bekannt, wird aber bewusst von ihm verschwiegen.

    Beispiel Verkauf eines ausdrücklich unfallfreien Pkw, der aber bereits einen Unfall hatte

Bei Mängeln bei einem **Verbrauchsgüterkauf (einseitiger Handelskauf)**, die nach mehr als sechs Monaten zum ersten Mal auftauchen, muss der Käufer ggf. mithilfe von Sachverständigen belegen, dass die Mängel schon bei der Warenübergabe vorhanden waren **(Beweisumkehrlast)**.

Der Verkäufer haftet auch dafür, wenn eine Sache nicht hält, was die Werbung verspricht, die Ware gilt dann als mangelhaft. Zudem haftet der Verkäufer für Angaben des Herstellers und für falsche oder fehlerhafte Montage- oder Gebrauchsanleitungen (IKEA-Klausel).

● Rechte des Käufers aus der Mängelrüge (gesetzliche Sachmängelhaftungsansprüche § 437 ff. BGB)

Der Käufer kann **aus der Mängelrüge zuerst nur das Recht auf Nacherfüllung** geltend machen.

Wahlweise Ersatzlieferung oder Nachbesserung (= Nacherfüllung): Der Kaufvertrag bleibt bestehen, der Käufer besteht auf der Lieferung mangelfreier Ware. Dabei kann der Käufer zwischen der Beseitigung des Mangels (Nachbesserung) und der Lieferung einer mangelfreien Ware (Ersatzlieferung) wählen. Das Recht der Ersatzlieferung ist nur beim Gattungskauf (vertretbare Ware) möglich. Der Käufer wird dieses Recht wählen, wenn der Kauf besonders günstig oder der Verkäufer bisher besonders zuverlässig war. Eine Nachbesserung gilt nach dem erfolglosen zweiten Versuch als fehlgeschlagen.

Gelingt die Nacherfüllung nicht, d. h., ist der Käufer anschließend nicht im Besitz einer mangelfreien Ware, kann der Käufer wahlweise folgende Rechte in Anspruch nehmen, wobei dem Verkäufer eine angemessene Frist zur Leistung oder Nacherfüllung einzuräumen ist:

- **Minderung des Kaufpreises = Preisnachlass:** Der Kaufvertrag bleibt bestehen. Der Verkäufer mindert den ursprünglichen Verkaufspreis um einen angemessenen Betrag. Allerdings ist eine Vereinbarung zwischen Verkäufer und Käufer über die Minderung erforderlich. Der Käufer wird dieses Recht in Anspruch nehmen, wenn die Gebrauchsfähigkeit der Ware nicht wesentlich beeinträchtigt ist.
- **Rücktritt vom Kaufvertrag:** Der Kaufvertrag wird aufgelöst, d. h., der Käufer tritt vom Kaufvertrag zurück und bekommt sein Geld zurück. Der Käufer wird insbesondere dann vom Vertrag zurücktreten, wenn er die gleiche Ware bei einem anderem Lieferer preiswerter beschaffen kann.
- **Rücktritt vom Kaufvertrag und/oder Schadenersatz statt der Leistung:** Anspruch auf Schadenersatz besteht nur, wenn ein Schaden nachgewiesen werden kann. Ein Schadenersatz setzt voraus, dass den Verkäufer ein Verschulden trifft. Alternativ zum Schadenersatz hat der Käufer einen Anspruch auf Ersatz vergeblicher Aufwendungen (vgl. S. 36).

Bei unerheblichen Mängeln hat der Käufer nur das Recht auf Nacherfüllung oder Minderung, nicht jedoch auf Rücktritt oder Schadenersatz statt der Leistung.

Ein **Käufer hat keine Ansprüche** gegen den Lieferer, wenn

- der Käufer beim Abschluss des Kaufvertrages von dem Mangel gewusst hat,
- die Ware auf einer öffentlichen Versteigerung gekauft wurde,
- die Ware in Bausch und Bogen (Ramschkauf) gekauft wurde.

 Büroeinrichtung und Zubehör

Primus GmbH · Koloniestraße 2 – 4 · 47051 Duisburg

Computec GmbH & Co. KG
Volksparkstr. 12 – 20
22525 Hamburg

Ihr Zeichen:	st-gi
Ihre Nachricht vom:	11.07.20..
Unser Zeichen:	cr-ko
Unsere Nachricht vom:	10.07.20..
Ihr Ansprechpartner:	Marc Cremer
Abteilung:	Gruppenleiter Handelswaren
Telefon:	0203 44536-90
Fax:	0203 44536-98
E-Mail:	marc.cremer@primus-bueroeinrichtung.de
Datum:	11.08.20..

Schlechtleistung

Sehr geehrte Damen und Herren,

wir haben Ihre Lieferung fristgerecht am 9. August 20.. erhalten.

Bei der unverzüglichen Überprüfung der Sendung stellten wir allerdings folgende Mängel fest:

1. Statt der bestellten 40 Laser-Multifunktionsgeräte FX 640 lieferten Sie uns 40 HP-Laser Jet 3001 Laserdrucker.
2. Zehn Tischkopierer Z-52 weisen erhebliche Kratzer auf der Oberfläche auf und sind nur nach einer Überarbeitung verwendbar.

Zur Regelung dieser Mängel machen wir Ihnen folgenden Vorschlag:

1. Liefern Sie uns bitte umgehend die Laser-Multifunktionsgeräte FX 640. Für die falsch gelieferten 40 HP-Laser Jet 3001 Laserdrucker haben wir keine Verwendung, deshalb werden wir sie Ihrem Auslieferungsfahrer bei der nächsten Lieferung mitgeben.
2. Für die zehn zerkratzten Tischkopierer Z-52 schlagen wir einen Preisnachlass in Höhe von 40 % auf den Zieleinkaufspreis vor, falls eine Ersatzlieferung nicht möglich ist.

Trotz dieser mangelhaften Lieferung hoffen wir weiterhin auf gute und korrekte Geschäftsbeziehungen.

Mit freundlichen Grüßen

Primus GmbH

i. A.

Cremer
Gruppenleiter Handelswaren

Primus GmbH
Koloniestraße 2 – 4
47057 Duisburg

Telefon: 0203 44536-90
Telefax: 0203 44536-98
E-Mail: info@primus-bueroeinrichtung.de
Internet: www.primus-bueroeinrichtung.de | Handelsregistereintragung:
Amtsgericht Duisburg
HRB 467-0301

Steuernummer: 109/1320/0146
USt-IdNr.: DE124659333
Geschäftsführung:
Sonja Primus, Markus Müller | Bankverbindung:
Sparkasse Duisburg
IBAN: DE12 3505 0000 0360 0587 96
BIC: DUISDE33XXX

Postbank Dortmund
IBAN: DE76 4401 0046 0206 7704 31
BIC: PBNKDEFF340 |

Bei **Stückkäufen** ist eine Ersatzlieferung für die mangelhafte Kaufsache nicht möglich (Unmöglichkeit der Leistung, § 275 BGB). In diesem Fall kann der Verkäufer nicht liefern. Der Käufer kann das Recht auf Rücktritt vom Kaufvertrag und – bei Verschulden des Verkäufers – das Recht auf Schadenersatz statt der Leistung durchsetzen.

Der Unternehmer, der eine neu hergestellte mangelhafte Sache von einem Verbraucher zurücknehmen oder eine Preisminderung gewähren musste, kann die Rechte gegen seinen eigenen Lieferer geltend machen (**Unternehmerrückgriff**, § 437 BGB). Er muss allerdings eine Nachfrist setzen. Zudem kann er den Ersatz der Aufwendungen für eine Nichterfüllung verlangen (§ 478 BGB). Entsprechendes gilt auch für die anderen Lieferer in der Lieferkette.

● Garantie und Kulanz

Häufig wird die gesetzliche Sachmängelhaftungsfrist von zwei Jahren durch eine Garantie des Herstellers auf mehrere Jahre erweitert. Die **Garantie des Herstellers** muss ausdrücklich zwischen dem Verkäufer und dem Kunden im Kaufvertrag vereinbart werden, wobei Inhalt, Umfang und Garantiefrist geregelt werden. Wird eine Garantie angeboten, hat der Käufer innerhalb der zweijährigen gesetzlichen Sachmängelhaftungspflicht das Wahlrecht, ob er bei Auftreten eines Mangels seine Rechte aus der Garantie oder aus der gesetzlichen Sachmängelhaftung in Anspruch nimmt. Die Garantie sieht meistens nur vor, dass der Kunde die Beseitigung des Mangels verlangen, jedoch nicht vom Vertrag zurücktreten kann. Ist der Verkäufer nicht in der Lage, den Mangel zu beseitigen, hat der Käufer per Gesetz ein Rücktrittsrecht.

Verkäufer gewähren häufig ihren Kunden, wenn die Sachmängelhaftungsfrist abgelaufen ist, aus **Kulanzgründen** die Rechte aus der Mängelrüge, obwohl sie gesetzlich dazu nicht verpflichtet sind. Auf diese Weise erhofft sich das Unternehmen Wettbewerbsvorteile gegenüber der Konkurrenz und eine Bindung des Kunden an das eigene Unternehmen.

● Reklamationsmanagement

Unter Reklamationsmanagement oder Beschwerdemanagement versteht man die Summe aller systematischen Maßnahmen, die ein Unternehmen bei Reklamationen oder Beschwerden von Kunden ergreifen kann, um die Kundenzufriedenheit trotz eines negativen Ereignisses zu erhalten. Kundenreklamationen oder -beschwerden stellen für ein Unternehmen eine Chance dar, seine Geschäftsabläufe zu optimieren.

Beispiel In der Verkaufsboutique der Primus GmbH befindet sich ein „Meckerkasten" für Kunden, in dem vorbereitete Formulare ausliegen. Die Kunden können bei Bedarf ihre Beschwerden oder Verbesserungsvorschläge direkt im Verkaufsraum abgeben. Falls sie ihren Namen und ihre Anschrift angeben, wird ihr Anliegen schnellstens schriftlich beantwortet und die Geschäftsleitung bedankt sich mit einem kleinen Einkaufsgutschein.

Aktives Reklamations- und Beschwerdemanagement liefert einem Unternehmen wichtige Hinweise auf Stärken und Schwächen im Hinblick auf Dienstleistungs- oder Produktionsmängel aus der Sicht der Kunden. Um zu verhindern, dass sich Kunden von dem Unternehmen abwenden, sind die Beschwerden eine wichtige Möglichkeit (zweite Chance), Kunden zufriedenzustellen.

Die wichtigsten **Ziele eines guten Reklamationsmanagements** sind:
● Vermeidung von Fehler- und Folgekosten
● Steigerung der Servicequalität und Minimierung der Unzufriedenheit der Kunden
● Nutzung der Beschwerdeinformationen zur Optimierung der Chancen auf dem Markt

LF12 • Retourenmanagement

Das Retourenmanagement befasst sich mit der Planung, Steuerung und Kontrolle von Rücklieferungen. Das Hauptziel des Retourenmanagements ist die Vermeidung unnötiger Rücklieferungen. Bei berechtigten Retouren sollten diese so abgewickelt werden, dass eine hohe Kundenzufriedenheit erreicht wird. Als Messgröße für Retourenquoten wird das Verhältnis von Auftragspositionen und Rücksendepositionen in Prozent ausgedrückt (Anzahl retournierter Artikel : Anzahl versandter Artikel /* 100).

Beispiel Die Primus GmbH hatte im letzten Jahr 2,4 Mio. Artikel Auftragspositionen. Davon wurden 6000 Artikel retourniert. Dies ergibt eine Retourenquote von 0,25 %. Dies ist eine niedrige Retourenquote, in einigen Branchen wie dem Onlinehandel liegt diese Quote bei bis zu 20 %.

Für Retouren gibt es eine Vielzahl von **Gründen**, z. B.:

- Die Waren erfüllen nicht die Erwartungen der Kunden.
- Die Waren weisen Sachmängel auf.
- Die Qualität der Waren ist mangelhaft.
- Die Kunden haben zu wenig Informationen und Wissen über die Funktionsweise der Waren.

Ein schlechtes Retourenmanagement führt häufig zu unnötigen Kosten (Personal, Transport, Lager), Umweltverschmutzung durch zusätzliches Verkehrsaufkommen und erhöhtem Zeitaufwand.

Schlechtleistung kennenlernen

Pflichten des Käufers	Zweiseitiger Handelskauf	Einseitiger Handelskauf und bürgerlicher Kauf
Prüfpflicht	unverzüglich	keine gesetzliche Regelung
Rügepflicht Feststellung von		
– offenen,	unverzüglich	innerhalb von zwei Jahren
– versteckten,	unverzüglich nach Entdeckung innerhalb von zwei Jahren	innerhalb von zwei Jahren
– arglistig verschwiegenen Mängeln	unverzüglich nach Entdeckung innerhalb von drei Jahren (Frist beginnt am Ende des Jahres, in dem Mangel entdeckt wird)	innerhalb von drei Jahren
Aufbewahrungspflicht	Der Käufer muss schadhafte Ware sorgfältig aufbewahren.	Der Käufer muss schadhafte Ware sorgfältig aufbewahren.
Mängelarten	**Sachmängel** – Mangel in der Menge (Quantitätsmangel) – Mangel in der Art (Falschlieferung) – Mangel durch fehlerhafte Ware, Montagefehler oder mangelhafte Bedienungsanleitungen – Mangel durch falsche Werbeversprechungen und falsche Kennzeichnungen **Rechtsmängel** (Sache ist durch Rechte anderer belastet)	

Die ordnungsgemäße Vertragserfüllung auf Lieferanten- und Kundenseite beachten

Rechte des Käufers

Kaufvertrag bleibt bestehen

wahlweise Ersatzlieferung (ist nur beim Gattungskauf möglich) oder Nachbesserung (= Nacherfüllung)

Gelingt die Nacherfüllung nicht, hat der Käufer wahlweise das Recht auf
1. Minderung (Preisnachlass) oder

Kaufvertrag wird aufgelöst

2. Rücktritt vom Kaufvertrag und/oder
3. Schadenersatz statt der Leistung oder Anspruch auf Ersatz vergeblicher Aufwendungen.

- **Unternehmerrückgriff**: Jeder Unternehmer, der aufgrund einer Mängelrüge seinen Kunden eine Preisminderung geben oder von seinen Kunden neu hergestellte mangelhafte Ware zurücknehmen musste, kann diese Rechte gegen seinen eigenen Lieferer geltend machen.

- **Garantie**: Eine über die gesetzliche Sachmängelhaftungspflicht hinausgehende Garantie berechtigt nach Ablauf der gesetzlichen Sachmängelhaftungsfrist grundsätzlich nur zur Reparatur.

- **Kulanz**: Im Rahmen der Kulanz gewähren Verkäufer dem Käufer Rechte, ohne dazu gesetzlich verpflichtet zu sein.

- Das **Reklamations- und Beschwerdemanagement** nutzt konsequent die Beschwerden von Kunden zur Optimierung der Geschäftsabläufe.

- Das **Retourenmanagement** befasst sich mit der Planung, Steuerung und Kontrolle von Kundenrücklieferungen.

---

1. Bei der Überprüfung einer von der Primus GmbH eingehenden Lieferung stellt die Herstadt Warenhaus GmbH folgende Mängel an der Ware fest:
1. Briefumschläge wurden statt in C 6 in der Größe C 5 geliefert.
2. Bezugsstoffe für Bürostühle weisen Verschmutzungen auf.
3. Statt zehn Bandscheiben-Drehstühlen wurden zwölf Stück geliefert.
4. Statt mit Holzfurnier beschichteten Schreibtischen wurden kunststoffbeschichtete geliefert.
5. Schlösser an den Schreibtischen „Classic" haben defekte Schließzylinder.

a) Geben Sie an, welche Mängelarten vorliegen.
b) Erläutern Sie, welche Rechte die Herstadt Warenhaus GmbH in Anspruch nehmen sollte.
c) Erläutern Sie eine kundenorientierte Vorgehensweise der Primus GmbH.

2. Wählen Sie drei Produkte aus der Sortimentsliste (vgl. S. 12) der Primus GmbH aus und erläutern Sie anhand dieser Produkte offene, versteckte und arglistig verschwiegene Mängel.

3. Nennen Sie die Prüf- und Rügefristen beim ein- und zweiseitigen Handelskauf bei
a) offenen Mängeln,   b) versteckten Mängeln,   c) arglistig verschwiegenen Mängeln.

LF 5 Kaufverträge erfüllen

4. Erläutern Sie an einem Beispiel den Unterschied zwischen Garantie und Kulanz.

5. a) Führen Sie den Schriftverkehr anhand folgender Daten:
Am 26. März 20.. trifft eine Sendung der Bürodesign GmbH bei der Primus GmbH ein. Frau Konski, Abteilungsleiterin Beschaffung, erhält von Herrn Nolte, dem Gruppenleiter Bürotechnik/-einrichtung, der die Warensendung unverzüglich überprüfte, folgende Meldung:

Fehlermeldung		Sachbearbeiter: Nolte			Datum: 26.03.20..
Bestell-nummer	Benennung	Gelieferte Stücke	Stück-preis in €	Fehlerhafte Stücke	Beanstandung
100201	Schreibtisch „Primo"	40	96,59	8	Statt anthrazit wurde lichtgrau geliefert.
100202	Bildschirm-Arbeitstisch „Primo"	30	90,68	2	Arbeitsplatten sind verkratzt.
100203	Rollcontainer „Primo"	10	108,86	10	Statt 20 wurden nur 10 geliefert.

Folgende Sachmängelhaftungsansprüche werden geltend gemacht:
1. Schreibtische „Primo"   Ersatzlieferung
2. Bildschirm-Arbeitstische „Primo"   Minderung des Kaufpreises
3. Rollcontainer „Primo"   Nachlieferung

b) Erläutern Sie, was man unter einem Unternehmerrückgriff und einem Verbrauchsgüterkauf versteht.

6. Bei der Warenlieferung an die Primus GmbH durch einen Spediteur stellt sich heraus, dass die äußere Verpackung bei mehreren Elektrogeräten beschädigt ist. Aus welchem Grund müssen Sie sich diese Transportschäden vom Spediteur bestätigen lassen?
1. Damit sichern Sie sich das Recht auf Reklamation, wenn die Elektrogeräte beschädigt sind.
2. Dadurch können Sie den zu zahlenden Rechnungsbetrag um den Wert der Elektrogeräte reduzieren, deren äußere Verpackung beschädigt ist.
3. Durch diese Bestätigung müssen Sie keine unverzügliche Prüfung der Ware mehr vornehmen.
4. Dadurch haben Sie die Möglichkeit, beschädigte Elektrogeräte innerhalb von zwei Wochen zurückzuschicken.
5. Dadurch haben Sie das Recht, die komplette Rechnung erst dann zu bezahlen, wenn der Lieferer die beschädigte Verpackung ausgetauscht hat.

7. Suchen Sie nach geeigneten Maßnahmen für das Beschwerde- und Reklamationsmanagement der Primus GmbH.

8. Begründen Sie, warum ein gutes Retourenmanagement eine erhöhte Kundenbindung zur Folge haben kann.

2.2 Nicht-rechtzeitig-Lieferung kennenlernen

Die Stadtverwaltung Duisburg hat am 20. Januar bei der Primus GmbH 1000 Primus Ordner A4 und 60 Bandscheiben-Drehstühle Super-Star bestellt. Als Liefertermin wurde vier Wochen nach Eingang der Bestellung vereinbart. Am 26. Februar stellt die Stadtverwaltung Duisburg fest, dass die bestellten Drehstühle noch nicht eingetroffen sind. Bei der telefonischen Rückfrage bei der Primus GmbH erfährt Herr Baum, der zuständige Sachbearbeiter der Stadtverwaltung Duisburg, dass die Drehstühle erst in drei Wochen geliefert werden können. Herr Baum besteht auf der sofortigen Lieferung und teilt dies der Primus GmbH telefonisch und schriftlich mit.

ARBEITSAUFTRÄGE
- Überprüfen Sie, ob die Primus GmbH sich im Lieferverzug befindet.
- Stellen Sie fest, welche Rechte die Stadtverwaltung Duisburg hat.
- Machen Sie einen begründeten Vorschlag, wie sich die Primus GmbH kundenorientiert verhalten sollte.

● Voraussetzungen der Nicht-rechtzeitig-Lieferung

Der Lieferer hat sich im Kaufvertrag dazu verpflichtet, bestellte Waren termingerecht zu liefern. Sind die beiden im Folgenden behandelten **Voraussetzungen** (Fälligkeit der Lieferung und Verschulden des Lieferers) gegeben, befindet sich der Lieferer im **Lieferungsverzug** (Schuldner- oder Leistungsverzug, §§ 280, 286 BGB; § 376 HGB).

○ Fälligkeit der Lieferung

- Ist der Liefertermin kalendermäßig nicht genau festgelegt, muss die Lieferung beim Verkäufer durch den Käufer angemahnt werden.

  Beispiele Lieferung ab Mitte Februar, Lieferung ab Anfang August, Lieferung frühestens 20. März

- Erst durch die Mahnung des Käufers mit kalendermäßiger Bestimmung des Lieferungsverzuges gerät der Lieferer in Verzug.

- Ist der Liefertermin **kalendermäßig genau vereinbart** worden (= **Terminkauf**), so ist **keine Mahnung** des Käufers erforderlich.

  Beispiele Lieferung am 12. Juni 20.., Lieferung zwischen dem 5. und 8. Januar 20.., Lieferung 30. März 20.. fix

- Eine **Mahnung ist auch nicht erforderlich**
  - bei **Selbstinverzugsetzung**, d.h., der Verkäufer erklärt ausdrücklich, dass er nicht liefern kann oder nicht liefern will,

- bei einem **Zweckkauf**, d.h., der Käufer hat kein Interesse mehr an der Lieferung, da der Zweck des Kaufs durch die verspätete Lieferung weggefallen ist.

  Beispiel Lieferung von Weihnachtsartikeln nach Weihnachten

- bei **eilbedürftigen Pflichten**.

  Beispiel Reparatur bei Wasserrohrbruch

○ Verschulden des Lieferers

Ein Verschulden des Lieferers liegt vor, wenn der Lieferer oder sein Erfüllungsgehilfe **vorsätzlich oder fahrlässig** gehandelt hat.

Beispiel Die Primus GmbH hat eine Bestellung der Herstadt Warenkauf GmbH erhalten. Der Sachbearbeiter der Primus GmbH vergisst die Bestellung und dadurch versäumt der Lieferer den vereinbarten Liefertermin (Fahrlässigkeit).

Ist die Ursache für die verspätete Lieferung auf höhere Gewalt zurückzuführen, gerät der Lieferer nicht in Lieferungsverzug.

Beispiele Brand, Sturm, Krieg, Erdbeben, Hochwasser, Streik

Mithilfe der **Bestellrückstandslisten** können offene Bestellungen überwacht werden.

● Rechte des Käufers bei Nicht-rechtzeitig-Lieferung

Aus dem Lieferungsverzug ergeben sich für den Käufer unterschiedliche Rechte. Welches Recht der Käufer in Anspruch nehmen kann, hängt davon ab, ob er dem Lieferer eine **angemessene Nachfrist** setzt oder nicht. Eine Nachfrist ist dann angemessen, wenn der Lieferer die Möglichkeit hat, die Lieferung nachzuholen, ohne die Ware selbst beschaffen oder anfertigen zu müssen.

Ohne Nachfristsetzung hat der Käufer das Recht,

- die Lieferung zu verlangen oder
- die Lieferung und Schadenersatz wegen verspäteter Lieferung (= **Verzögerungsschaden**) zu verlangen.

  Beispiel Durch die verspätete Lieferung der Primus GmbH wird der Stadtverwaltung Duisburg eine Lieferung von Bürostühlen mit sechs Wochen Verspätung zugestellt. Es wird eine Konventionalstrafe in Höhe von 1 500,00 € fällig. Die Stadtverwaltung Duisburg verlangt vom Lieferer neben der bestellten Ware Schadenersatz wegen verspäteter Lieferung.

Nach Ablauf einer Nachfristsetzung hat der Käufer das Recht,

- die Lieferung abzulehnen und vom Vertrag zurückzutreten und/oder
- Schadenersatz statt der Leistung (= **Nichterfüllungsschaden**) zu verlangen. Der Schadenersatz setzt ein Verschulden des Verkäufers voraus.

Die Nachfristsetzung entfällt bei:

- **Selbstinverzugsetzen des Lieferers.**

Beispiel

 Büroeinrichtung und Zubehör

Primus GmbH · Koloniestraße 2 – 4 · 47051 Duisburg

Flamingowerke AG
Fabrikation von Schreibbedarf
Palzstr. 16
59073 Hamm

Ihr Zeichen:	st-lo
Ihre Nachricht vom:	23.01.20..
Unser Zeichen:	cr-ko
Unsere Nachricht vom:	20.01.20..
Ihr Ansprechpartner:	Marc Cremer
Abteilung:	Gruppenleiterin Sekretariat
Telefon:	0203 44536-90
Fax:	0203 44536-98
E-Mail:	marc.cremer@primus-bueroeinrichtung.de
Datum:	10.03.20..

Nicht-rechtzeitig-Lieferung

Sehr geehrte Damen und Herren,

am 20. Januar 20.. haben wir bei Ihnen 10 000 Primus-Castell TK-Fine 1306 Druckbleistifte, Bestell-Nr. 310290, bestellt. In Ihrer Auftragsbestätigung vom 23. Januar 20.. hatten Sie uns eine Lieferung für den 22. Februar 20.. zugesagt. Leider haben wir bisher keine Lieferung von Ihnen erhalten.

Wir benötigen diese Druckbleistifte dringend, da einer unserer Kunden diese als Werbegeschenke für sein Betriebsjubiläum verwenden will. Daher fordern wir Sie auf, uns die Druckbleistifte bis zum 16. März 20.. zu liefern.

Sollten Sie unserer Forderung nicht nachkommen, sehen wir uns gezwungen, den Auftrag an ein anderes Unternehmen zu vergeben. Einen möglicherweise höheren Einkaufspreis werden wir Ihnen bei Vornahme des Deckungskaufs in Rechnung stellen.

Wir hoffen, dass Sie Ihrer Lieferverpflichtung nachkommen werden.

Mit freundlichen Grüßen

Primus GmbH

i. A. *Cremer*

Cremer
Gruppenleiter Handelswaren

Primus GmbH
Koloniestraße 2 – 4
47057 Duisburg

Telefon: 0203 44536-90
Telefax: 0203 44536-98
E-Mail: info@primus-bueroeinrichtung.de
Internet: www.primus-bueroeinrichtung.de

Handelsregistereintragung:
Amtsgericht Duisburg
HRB 467-0301

Steuernummer: 109/1320/0146
USt-IdNr.: DE124659333
Geschäftsführung:
Sonja Primus, Markus Müller

Bankverbindung:
Sparkasse Duisburg
IBAN: DE12 3505 0000 0360 0587 96
BIC: DUISDE33XXX

Postbank Dortmund
IBAN: DE76 4401 0046 0286 7784 31
BIC: PBNKDEFF440

- **Zweckkauf** oder **Fixkauf** (beim zweiseitigen Handelskauf, vgl. S. 21)

Anstelle des Schadenersatzes statt der Leistung kann der Käufer den **Ersatz vergeblicher Aufwendungen** nach § 284 BGB verlangen. Hierzu zählen solche Aufwendungen, die der Käufer im Vertrauen darauf, die Kaufsache tatsächlich zu erhalten, gemacht hatte.

Beispiel Ein Käufer hat zur Finanzierung des beim Lieferer bestellten Kaufgegenstandes einen Kredit bei seiner Bank aufgenommen. Da er den bestellten Gegenstand vom Lieferer nicht erhält, sind die entstandenen Finanzierungskosten vergeblich gewesen. Der Käufer kann vom Verkäufer den Ersatz seiner vergeblichen Aufwendungen verlangen.

Beim Fixkauf (Klauseln z. B.: Lieferung am 1. Juli 20.. fest, fix, genau, exakt) gerät der Lieferer mit Überschreiten des Liefertermins in Verzug, auch wenn kein Verschulden vorliegt. In diesem Fall hat der Käufer **ohne Nachfristsetzung die Rechte** (§ 376 HGB),

- vom Vertrag zurückzutreten oder
- auf der Lieferung zu bestehen (der Käufer muss dieses aber dem Lieferer unverzüglich mitteilen) oder
- Schadenersatz statt der Leistung zu verlangen (Verschulden des Verkäufers ist aber erforderlich).

Im Falle des Schadenersatzes bereitet die Ermittlung des Schadens oft Schwierigkeiten. Verlangt ein Käufer von seinem Lieferer Schadenersatz, so muss er dem Lieferer den Schaden durch eine **Schadensberechnung** nachweisen. Hierbei werden zwei Formen der Schadensberechnung unterschieden:

- **Tatsächlicher (konkreter) Schaden**: Der Käufer nimmt für die nicht gelieferte Ware einen anderweitigen Einkauf **(Deckungskauf)** vor, d. h., er kauft die Ware bei einem anderen Lieferer. Hierbei kann sich der Schaden aus dem Mehrpreis für die beim Deckungskauf gekauften Waren ergeben.

- **Angenommener (abstrakter) Schaden**: Der zu ersetzende Schaden umfasst auch den entgangenen Gewinn, der unter normalen Umständen erwartet werden konnte. Er lässt sich nicht ohne Weiteres ermitteln, so kann ein Käufer z. B. nur schwer beweisen, wie viel Gewinn ihm entgeht, wenn er die bestellten, aber nicht gelieferten Waren termingerecht erhalten hätte, da er nicht nachweisen kann, wie viel er tatsächlich verkauft hätte. Um diese Problematik der Schadensermittlung zu vermeiden, werden zwischen dem Käufer und dem Lieferer **Konventionalstrafen (Vertragsstrafen)** vereinbart, die der Lieferer im Verzugsfall zahlen muss, selbst wenn der Schaden geringer ist.

Beispiel Die Primus GmbH hat bei der Flamingowerke AG bestellte Druckbleistifte trotz Nachfristsetzung nicht termingerecht erhalten. Ein Schaden könnte darin bestehen, dass einige Kunden der Primus GmbH aufgrund der Lieferverzögerung vom Kaufvertrag zurücktreten. Dieser Schaden und der damit entgangene Gewinn kann aber nur schwer konkret nachgewiesen werden, deswegen vereinbarte die Primus GmbH mit dem Lieferer eine Konventionalstrafe.

Nicht-rechtzeitig-Lieferung kennenlernen

- **Voraussetzungen** des Lieferungsverzuges sind
  - **Fälligkeit der Lieferung** (Liefertermin ist kalendermäßig bestimmt = Terminkauf),
  - **Mahnung** (Liefertermin ist kalendermäßig nicht genau bestimmt),
  - **Verschulden des Lieferers** durch Vorsatz oder Fahrlässigkeit. Bei höherer Gewalt trifft den Lieferer kein Verschulden.

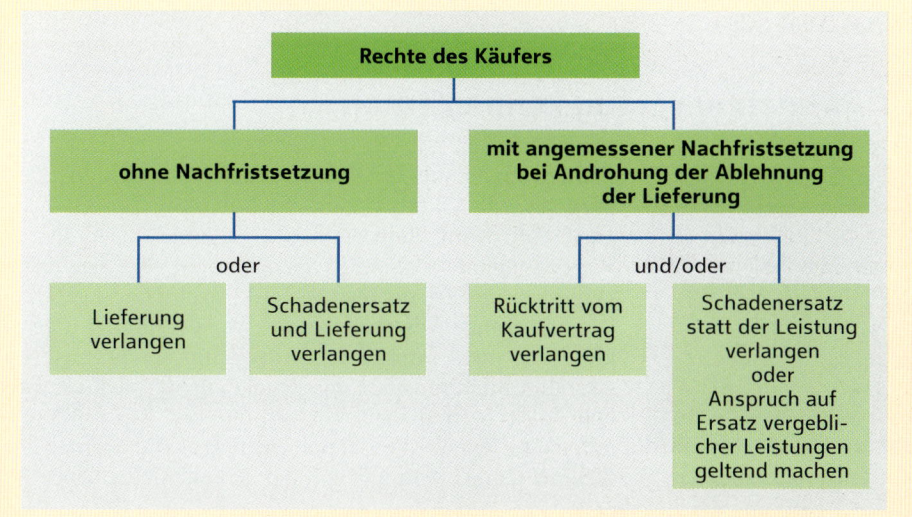

```
                          Rechte des Käufers
                 ┌────────────────┴────────────────┐
         ohne Nachfristsetzung        mit angemessener Nachfristsetzung
                                      bei Androhung der Ablehnung
                                             der Lieferung
              oder                            und/oder
      ┌─────────┴─────────┐           ┌──────────┴──────────┐
   Lieferung    Schadenersatz    Rücktritt vom       Schadenersatz
   verlangen    und Lieferung    Kaufvertrag         statt der Leistung
                verlangen        verlangen           verlangen
                                                     oder
                                                     Anspruch auf
                                                     Ersatz vergeblicher
                                                     Leistungen
                                                     geltend machen
```

- Beim **Fixkauf** braucht keine Nachfrist gesetzt zu werden, um die Rechte durchzusetzen.

---

1. Als Liefertermin wurde in einem Kaufvertrag über Gattungsware der 14. Juni 20.. vereinbart. Die Lieferung trifft aber zu diesem Termin nicht ein.
  a) Erläutern Sie, wann der Lieferungsverzug eingetreten ist.
  b) Beschreiben Sie, welche Rechte der Käufer in Anspruch nehmen kann.

2. Erläutern Sie
  a) Selbstinverzugsetzung,   b) Zweckkauf.

3. Geben Sie an, wann der Verkäufer bei folgenden Lieferterminen in Verzug gerät:
  a) bis 10. Januar 20..   d) am 16. Dezember 20..
  b) 13. Juni 20.. fix   e) in ca. vier Wochen
  c) lieferbar ab Mai   f) heute in drei Wochen

4. Ein Süßwarengroßhändler hat bei einem Lieferer 50 Tonnen Kakaopulver bestellt. Als Liefertermin wurde ab Mitte Juni zugesagt. Durch ein Versehen beim Kakaolieferer ist die Bestellung abhandengekommen, es erfolgt keine Lieferung bis zum 28. Juni 20.. .
  a) Prüfen Sie, ob sich der Lieferer im Verzug befindet.
  b) Welches Recht wird der Süßwarengroßhändler bei einer Nicht-rechtzeitig-Lieferung geltend machen, wenn

- die Preise inzwischen gefallen sind,
- die Preise inzwischen gestiegen sind,
- nachweisbar ein Schaden entstanden ist?

5. Schriftverkehr: Schreiben Sie anhand nachfolgender Angaben einen Brief:
Die Primus GmbH hat am 26. März 20.. bei der Bürodesign GmbH 500 Bildschirm-Arbeitstische „Primo" bestellt. Die Lieferung ist bis zum 15. Mai 20.. zugesagt. Am 20. Mai 20.. ist die Lieferung immer noch nicht eingetroffen. Ein anderer Lieferer bietet die gleichen Arbeitstische zu einem günstigeren Preis an.

2.3 Annahmeverzug kennenlernen

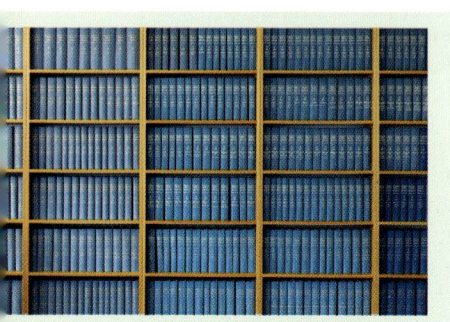

Die Primus GmbH liefert der Krankenhaus GmbH Duisburg am 20. Oktober zum vereinbarten Termin gegen 13:00 Uhr fünf Regalelemente „Classic". Der für die Warenannahme zuständige Sachbearbeiter hat den Termin vergessen und ist zur Mittagspause nach Hause gefahren. Die anwesende Mitarbeiterin der Verwaltung ist über die Lieferung nicht informiert. Daher lehnt sie die Lieferung ab. Beim Rücktransport der Regale aus der sich im zweiten Stock befindlichen Verwaltung des Krankenhauses fallen die Regale die Treppe hinunter und werden völlig unbrauchbar. Die Primus GmbH verlangt von der Krankenhaus GmbH die Bezahlung der Regale.

ARBEITSAUFTRÄGE
◆ Beurteilen Sie die rechtliche Situation.
◆ Erläutern Sie, wie sich die Primus GmbH verhalten sollte.

Nimmt ein Käufer die von ihm bestellte Ware, die zur rechten Zeit, am rechten Ort und in der richtigen Güte und Menge geliefert wird, nicht an, gerät er in Annahmeverzug. Beim **Annahmeverzug** handelt es sich um eine Pflichtverletzung des Käufers (= **Gläubigerverzug**, §§ 293 ff., 372 ff. BGB; § 383 ff. HGB).

In der **Auftragsliste** des Warenwirtschaftssystems wird ein Vermerk gemacht, dass der Kunde die Ware nicht angenommen hat.

● Voraussetzungen des Annahmeverzuges

- **Fälligkeit der Lieferung**, d.h., der Verkäufer muss zum vereinbarten Termin liefern.
- **Tatsächliches Angebot der Lieferung**, d.h., der Verkäufer muss dem Käufer die Ware zur richtigen Zeit, am richtigen Ort, in der vereinbarten Art und Weise anbieten.
- **Nichtannahme des Käufers**, d.h., der Käufer muss die Annahme der ordnungsgemäß gelieferten Ware verweigern.

Der Annahmeverzug setzt kein Verschulden voraus, d. h., die Gründe des Käufers für die Nichtannahme der Ware sind unerheblich.

● Wirkungen des Annahmeverzuges

Einschränkung der Haftung des Verkäufers: Der Verkäufer haftet nur noch für Vorsatz und grobe Fahrlässigkeit. Der Käufer haftet jetzt für leicht fahrlässig verursachte Schäden, also für die Gefahr des zufälligen Untergangs oder der zufälligen Beschädigung der Ware.

> **Beispiel** Auf dem Rückweg vom Käufer zum Lieferer wird die vom Käufer nicht angenommene Ware durch einen nicht verschuldeten Verkehrsunfall zerstört. Der Käufer trägt die Kosten für die zerstörten Waren.

● Rechte des Verkäufers aus dem Annahmeverzug

○ Ohne Nachfristsetzung

Bestehen auf Abnahme der Ware: Handelt es sich bei der nicht angenommenen Lieferung um eine Ware, die für die speziellen Zwecke des Käufers hergestellt wurde oder anderweitig schwer zu verkaufen ist, wird ein Verkäufer die Ware auf Kosten und Gefahr des Käufers einlagern lassen (in einem öffentlichen oder eigenen Lager). Das Gleiche wird der Fall sein, wenn die Transportkosten vom Verkäufer zum Käufer sehr hoch sind. Anschließend wird der Verkäufer entweder auf außergerichtlichem oder auf gerichtlichem Wege versuchen, den Käufer zur Abnahme der Ware zu bewegen. Der gerichtliche Klageweg ist allerdings sehr zeitraubend, zudem werden die Geschäftsbeziehungen mit dem Kunden durch eine Klage nachhaltig gestört.

○ Nach Ablauf einer Nachfrist

Durchführung eines Selbsthilfeverkaufs

Eine gerichtliche Klage ist sehr zeitaufwendig und kostspielig. Um die Klage zu vermeiden, kann der Verkäufer die eingelagerten Waren im Wege des Selbsthilfeverkaufs veräußern. Dies kann in folgender Weise geschehen:

- in einer öffentlichen Versteigerung (z.B. durch einen Vollstreckungsbeamten, vgl. S. 63) oder

- durch einen freihändigen Verkauf von Waren, die einen Börsen- oder Marktpreis haben (z.B. durch einen vom Gericht bevollmächtigten Handelsmakler).

  Beispiele Kaffee, Tee, Diamanten

Bei einem Selbsthilfeverkauf sind dem Verkäufer durch das Gesetz (§ 383 ff. BGB) zum Schutz des Käufers **Pflichten** auferlegt:

- **Mitteilung** an den Käufer über den Ort der Aufbewahrung

- **Androhung** des Selbsthilfeverkaufs und Setzung einer angemessenen Nachfrist zur Abnahme der Waren

  Die Androhung des Selbsthilfeverkaufs ist nicht erforderlich **bei leicht verderblichen Waren**, sie können sofort in Form eines **Notverkaufs** veräußert werden (§ 384 BGB).

  > **Beispiel** Die Kantine der Primus GmbH erhält termingerecht eine Lieferung Erdbeeren. Da der für die Warenannahme zuständige Mitarbeiter über die Lieferung nicht informiert war, wird die Annahme der Lieferung abgelehnt. Der Spediteur fährt zum nächsten Großmarkt und verkauft dort unverzüglich die Waren.

- **Mitteilung** an den Käufer über Ort und Zeitpunkt des Selbsthilfeverkaufs, damit dieser selbst mitbieten kann

- unverzügliche Mitteilung nach erfolgtem Selbsthilfeverkauf an den Käufer mit der **Abrechnung** über den Selbsthilfeverkauf

Die entstandenen Kosten (Lager-, Versteigerungskosten) sowie die Differenz (Mindererlös) zwischen dem vereinbarten Kaufpreis und dem erzielten Versteigerungserlös muss der Käufer tragen. Einen etwaigen Mehrerlös muss der Verkäufer nach Abzug der Kosten an den Käufer abführen.

Rücktritt vom Kaufvertrag

Von dem Rücktrittsrecht vom Kaufvertrag wird der Verkäufer Gebrauch machen, wenn er die Ware problemlos weiterverkaufen kann, die Verkaufspreise für die Waren in der Zwischenzeit gestiegen sind oder der Käufer ein sehr guter Kunde ist, mit dem schon lange gute Geschäftsbeziehungen gepflegt werden.

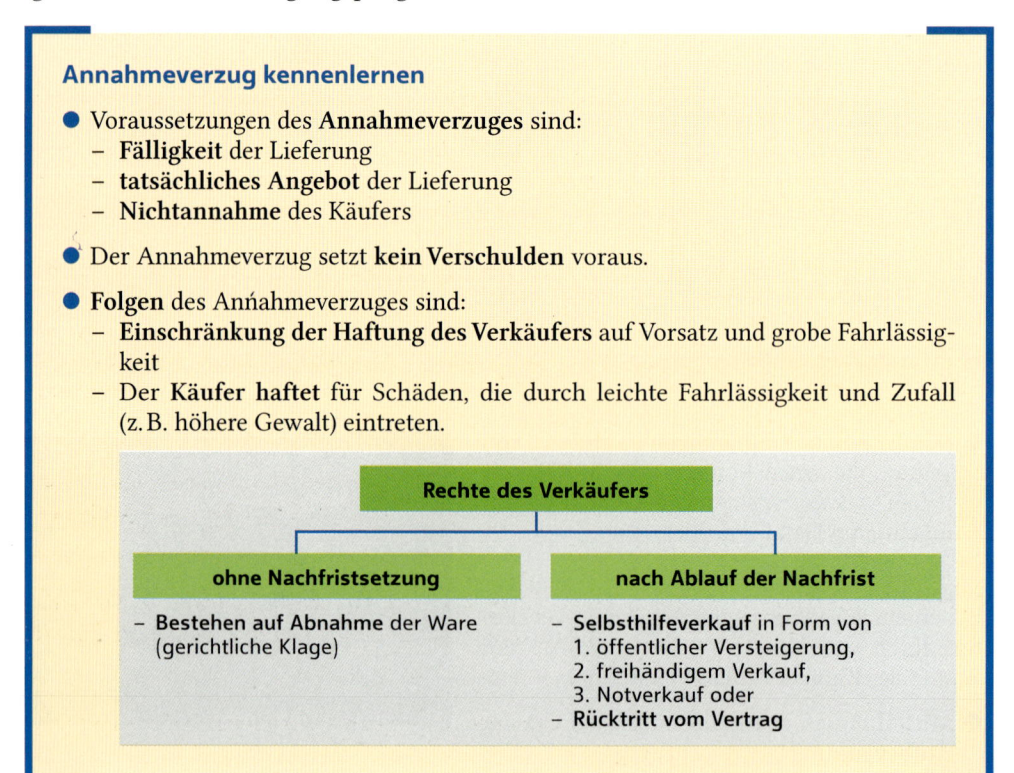

Annahmeverzug kennenlernen

- Voraussetzungen des **Annahmeverzuges** sind:
  - **Fälligkeit** der Lieferung
  - **tatsächliches Angebot** der Lieferung
  - **Nichtannahme** des Käufers

- Der Annahmeverzug setzt **kein Verschulden** voraus.

- **Folgen** des Annahmeverzuges sind:
  - **Einschränkung der Haftung des Verkäufers** auf Vorsatz und grobe Fahrlässigkeit
  - Der **Käufer haftet** für Schäden, die durch leichte Fahrlässigkeit und Zufall (z. B. höhere Gewalt) eintreten.

Rechte des Verkäufers	
ohne Nachfristsetzung	**nach Ablauf der Nachfrist**

– Bestehen auf Abnahme der Ware (gerichtliche Klage)	– Selbsthilfeverkauf in Form von
	  1. öffentlicher Versteigerung,
	  2. freihändigem Verkauf,
	  3. Notverkauf oder
	– Rücktritt vom Vertrag

Die ordnungsgemäße Vertragserfüllung auf Lieferanten- und Kundenseite beachten **41**

1. Erläutern Sie die Voraussetzungen des Annahmeverzuges und die jeweiligen Rechte des Verkäufers.

2. Beschreiben Sie die Folgen, die sich aus dem Annahmeverzug für den Käufer ergeben.

3. Das Bürofachgeschäft Herbert Blank e.K. hat die Annahme einer ordnungsgemäß angelieferten Sendung der Primus GmbH abgelehnt. Die gesamte Warensendung wird in ein öffentliches Lagerhaus eingelagert. Die Primus GmbH möchte einen Selbsthilfeverkauf durchführen lassen.
   a) Erläutern Sie die Pflichten, die die Primus GmbH beim Selbsthilfeverkauf hat.
   b) Bei einem Selbsthilfeverkauf wird ein höherer Verkaufspreis erzielt, als ursprünglich im Kaufvertrag vereinbart worden war. Nach Abzug aller Kosten verbleibt ein Mehrerlös von 800,00 €. Begründen Sie, wer den Mehrerlös erhält.

4. Geben Sie in den nachfolgenden Fällen an, wie Sie sich als Lieferer verhalten würden:
   a) Ein Kunde gerät in Annahmeverzug für einen Warenwert über 450,00 €.
   b) Ein Großhändler nimmt eine Warensendung Konserven nicht an, weil er Betriebsferien hat.
   c) Ein Kunde, mit dem langjährige Geschäftsbeziehungen bestehen, verweigert ohne Angabe von Gründen die Annahme der Warenlieferung.
   d) Die Kantine eines Krankenhauses lehnt die Annahme bestellter frischer Champignons ab.
   e) Ein Kunde lehnt die Annahme eines bestellten Surfbrettes ab, weil er sich den Fuß gebrochen hat und nicht in Urlaub fahren kann.

5. **Schriftverkehr:** Schreiben Sie anhand nachfolgender Angaben für den Verkäufer jeweils einen Brief:
   a) Die Krankenhaus GmbH, Ackerstraße 26, 06842 Dessau, hat bei der Primus GmbH 80 Regalelemente „Classic" für die Lieferung zum 2. April 20.. bestellt. Die Ware wird termingerecht an die Krankenhaus GmbH ausgeliefert. Da die Auftragskopie im Krankenhaus abhandengekommen ist, wird die Annahme der Lieferung verweigert. Die Primus GmbH lagert die Ware in einem öffentlichen Lager ein und besteht auf Abnahme der Lieferung.
   b) Der Zahnarzt Dr. Klaus Backe, Ahornallee 16, 59063 Hamm, hat bei der Fachgroßhandlung für Bürobedarf Peter Thon e.K.,, Siemensstraße 16, 59063 Hamm, 50 Ablageregistermappen bestellt. Trotz mehrfacher telefonischer Aufforderung sind die Mappen nicht abgeholt worden. Die schriftliche Bitte um Abholung bleibt ebenfalls unbeantwortet. Da die Fachgroßhandlung für Bürobedarf keine Verwendung dieser Mappen für andere Kunden hat, besteht sie auf Abnahme der Lieferung.

6. Die Annahme von bestellten und ordnungsgemäß gelieferten Waren der Primus GmbH wird vom Käufer ohne Angabe von Gründen abgelehnt. Beschreiben Sie, wie sich die Primus GmbH richtig verhält.

7. Bei einer Versteigerung wird von der Primus GmbH im Rahmen eines Selbsthilfeverkaufs ein höherer Preis erzielt, als die Primus GmbH und der Käufer im Kaufvertrag vereinbart hatten. Beurteilen Sie die Rechtslage.

8. Unterscheiden Sie im Rahmen des Annahmeverzuges den freihändigen Verkauf und den Notverkauf.

3 Situationsgerechte Bezahlung im Inlandsgeschäft vornehmen

Die Primus GmbH erhält täglich eine Vielzahl von Eingangsrechnungen von Lieferern, Spediteuren, der Telekom usw. Einige Rechnungen sind sofort fällig, andere haben ein Zahlungsziel von einigen Tagen. Die Auszubildende Nicole Höver findet bei der Durchsicht der Belege zwei Mahnungen von Lieferern, in denen zusätzlich zum offenstehenden Rechnungsbetrag noch Verzugszinsen verlangt werden. Sie fragt ihre Abteilungsleiterin Frau Berg: „Wie kann es dazu kommen, dass diese Rechnungen nicht bezahlt wurden?" Frau Berg antwortet leicht errötend: „Es ist einfach vergessen worden. Das kann ja schließlich jedem mal passieren!" Nicole ist erstaunt und meint: „Es muss doch möglich sein, Eingangsrechnungen termingerecht zu bezahlen. Sie benutzen doch Computer!"

ARBEITSAUFTRÄGE
- Geben Sie an, wie die Primus GmbH den Gläubigern in Zukunft die Rechnungsbeträge termingerecht und bequem zukommen lassen kann.
- Beschreiben Sie die verschiedenen Möglichkeiten der Zahlungsvereinfachung bei der bargeldlosen Zahlung.
- Erklären Sie die Abwicklung eines Kreditkartengeschäfts.
- Beschreiben Sie die verschiedenen Electronic-Banking-Systeme.

Geldzahlungen werden entweder mit **Bargeld** (Banknoten, Münzen = gesetzliches Zahlungsmittel), **Buch- oder Giralgeld** (= alle Guthaben oder Kredite bei Geldinstituten, über die jederzeit frei verfügt werden kann) oder **Geldersatzmitteln** (girocard, Kreditkarte) vorgenommen.

● Barzahlung

Kennzeichen der Bar(geld)zahlung ist, dass **sowohl der Schuldner als auch der Gläubiger Bargeld in die Hand bekommen**. Im Alltagsleben ist bei Kaufverträgen im Handel und bei Geschäften unter Nichtkaufleuten die sofortige Barzahlung üblich. Meistens handelt es sich hier nur um geringe Beträge, für die es viel zu umständlich und zeitraubend wäre, wenn der Verkäufer dem Käufer ein Zahlungsziel einräumen würde. Folglich erhält der Käufer die Waren gegen **sofortige Zahlung (Zug-um-Zug-Geschäft)**.

Ist der Schuldner nicht in der Lage, einem Gläubiger einen bestimmten Betrag selbst zu übermitteln, kann er dies durch einen **Boten** besorgen lassen.

Als Beweis für die Zahlung erhält der Schuldner eine **Quittung**. Als Quittung gelten der **Kassenzettel, Kassenbon einer Computerkasse oder besondere Quittungsvordrucke**. Liegt der Kaufpreis über 150,00 €, so ist ein Kaufmann aus umsatzsteuerrechtlichen Gründen verpflichtet, die Umsatzsteuer gesondert auszuweisen.

Situationsgerechte Bezahlung im Inlandsgeschäft vornehmen

Der Gläubiger ist auf Verlangen des Schuldners zur Ausstellung der Quittung verpflichtet. Mit der Quittung bestätigt der Gläubiger dem Schuldner, dass er den geforderten Betrag erhalten hat.

Primus GmbH — Büroeinrichtung und Zubehör

Quittung
Nur gültig in Verbindung mit dem Kassenbon

Koloniestr. 2 – 4
47057 Duisburg

Abt.	Stück	Arbeitsbezeichnung	Einzelpreis €	Ct	Gesamtpreis €	Ct
83	2	Bürostuhl	145	00	290	00

Gesamtbetrag dankend erhalten	Hinweis zu MwSt.	Gesamtbetrag einschließlich MwSt. 19 %	345	10
x in bar		Bei Kauf über 150,00 € ▶ MwSt. 19 %	55	10
per girocard		Netto-Warenwert	290	00

Name und Anschrift des Käufers
Hannelore Fach, Eisenstraße 16, 47051 Duisburg

Ort	Datum	Kassen-Nr.	Unterschrift des Verkäufers
Duisburg	13. Juli 20..	2	Höver

USt-IdNr.: DE124659333   Steuernummer: 109/1320/0146

Die wesentlichen **Vorteile bei der Barzahlung** sind für den Empfänger:

- Er hat sofort Bargeld.
- Es entstehen ihm keine Mahnkosten.
- Er hat kein Risiko (Forderungsfall).

Die wesentlichen **Nachteile bei der Barzahlung** sind für den Zahler:

- Kosten und Zeitverlust, da Zahler zum Empfänger fahren muss,
- Risiko, da Geld verloren oder gestohlen werden kann.

● Bargeldlose Zahlung

Der bargeldlose Zahlungsverkehr setzt voraus, dass **Schuldner und Gläubiger über ein Konto bei einem Geldinstitut verfügen**. Der Schuldner kann von seinem Konto einen Betrag abbuchen lassen, der dann dem Gläubiger auf seinem Konto gutgeschrieben wird.

> **PRAXISTIPP** Prüfen Sie die Kosten der einzelnen Kreditinstitute für die Kontoführung vor der Eröffnung eines Kontos.

Überweisung

Mit einer Überweisung **kann ein Schuldner von seinem Konto einen Geldbetrag auf ein anderes Konto bei jedem Geldinstitut überweisen lassen**. Der Auftrag wird dem Geldinstitut durch das Ausfüllen und die Abgabe eines Überweisungsvordrucks erteilt. Dieses ist ein **ein- oder zweiteiliger Vordrucksatz**, den jeder Kontoinhaber von seinem Geldinstitut erhält.

Vorteile für den Zahler und Zahlungsempfänger **bei der bargeldlosen Zahlung** sind:

- gefahrloses Übersenden von Geld an den Empfänger, selbst wenn große Entfernungen zurückzulegen sind,
- kein Verlust durch Verzählen,
- bequemer und schnellerer Zahlungsausgleich.

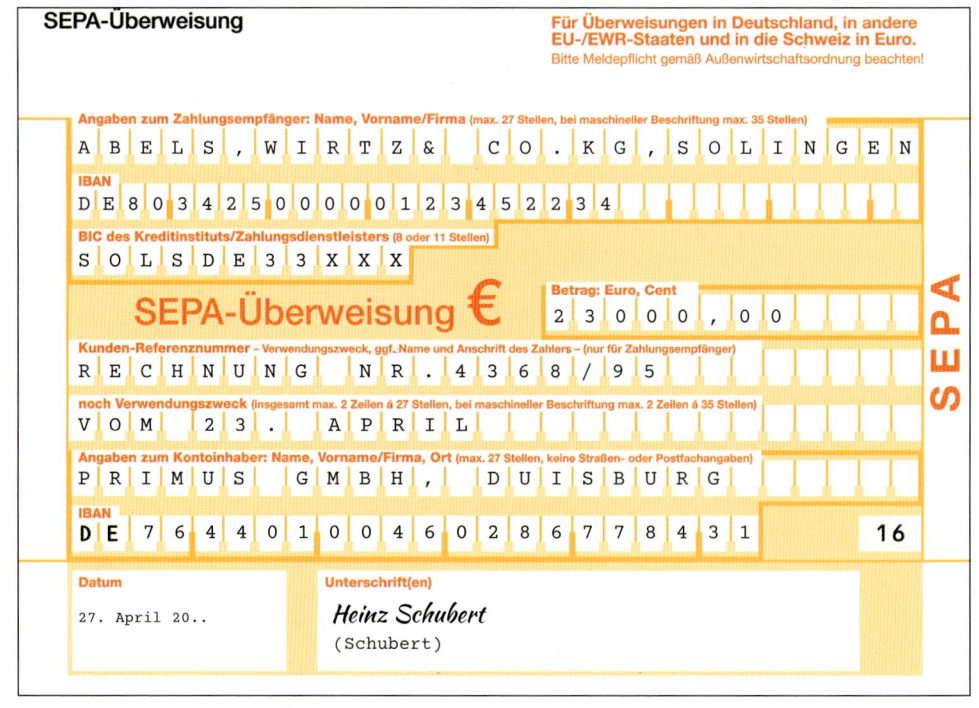

SEPA-Überweisung
Für Überweisungen in Deutschland, in andere EU-/EWR-Staaten und in die Schweiz in Euro.
Bitte Meldepflicht gemäß Außenwirtschaftsordnung beachten!

Angaben zum Zahlungsempfänger: Name, Vorname/Firma (max. 27 Stellen, bei maschineller Beschriftung max. 35 Stellen)
ABELS, WIRTZ & CO. KG, SOLINGEN

IBAN
DE80 3425 0000 0123 4522 34

BIC des Kreditinstituts/Zahlungsdienstleisters (8 oder 11 Stellen)
SOLSDE33XXX

Betrag: Euro, Cent
23000,00

Kunden-Referenznummer – Verwendungszweck, ggf. Name und Anschrift des Zahlers – (nur für Zahlungsempfänger)
RECHNUNG NR. 4368/95

noch Verwendungszweck (insgesamt max. 2 Zeilen á 27 Stellen, bei maschineller Beschriftung max. 2 Zeilen á 35 Stellen)
VOM 23. APRIL

Angaben zum Kontoinhaber: Name, Vorname/Firma, Ort (max. 27 Stellen, keine Straßen- oder Postfachangaben)
PRIMUS GMBH, DUISBURG

IBAN
DE76 4401 0046 0286 7784 31   16

Datum: 27. April 20..
Unterschrift(en): *Heinz Schubert* (Schubert)

Der BIC muss auf der SEPA-Überweisung nur im ausländischen Zahlungsverkehr angegeben werden.

Das SEPA-Verfahren

Durch das **SEPA-Verfahren** (Single European Payments Area) wird in der EU ein einheitliches europäisches Überweisungsverfahren angewendet. Statt der alten deutschen Kontonummer und Bankleitzahl werden die internationale Kontonummer (International Bank Account Number = **IBAN**) und der einheitliche Bankcode (Business Identifier Code = **BIC**) verwendet.

SEPA: Bargeldlos zahlen in Europa

SEPA ist das neue europäische Zahlungsverfahren. Die internationale Kontonummer IBAN und die internationale Bankleitzahl BIC lösen die alten Kontonummern und Bankleitzahlen ab.

34 teilnehmende Länder
- 28 EU-Staaten
- Island
- Liechtenstein
- Monaco
- Norwegen
- San Marino
- Schweiz

Geltungsbereiche
- Kartenzahlungen
- Überweisungen
- Lastschriften

Für eine SEPA-fähige Euro-Überweisung werden benötigt

IBAN (internationale Kontonummer)

DE 01 1234 5678 0123 4567 89

- Länderkürzel
- Prüfziffer
- Bankleitzahl mit 8 Stellen
- Kontonummer mit 10 Stellen

BIC (internationale Bankleitzahl, 8- oder 11-stellig)

BIC des Kreditinstituts (8 oder 11 Stellen)
A B C D D E F F X X X

- Bankkürzel
- Länderkürzel
- Filialbezeichnung

Identifikationsmerkmal

IBAN des Auftraggebers steht auf Kontoauszügen der Hausbank

IBAN und **BIC** des Begünstigten auf Rechnungen und Geschäftspost

SEPA = Single Euro Payments Area (Einheitlicher Euro-Zahlungsverkehrsraum)
IBAN = International Bank Account Number (Internationale Bankkontonummer)
BIC = Business Identifier Code (Geschäftskennzeichen)

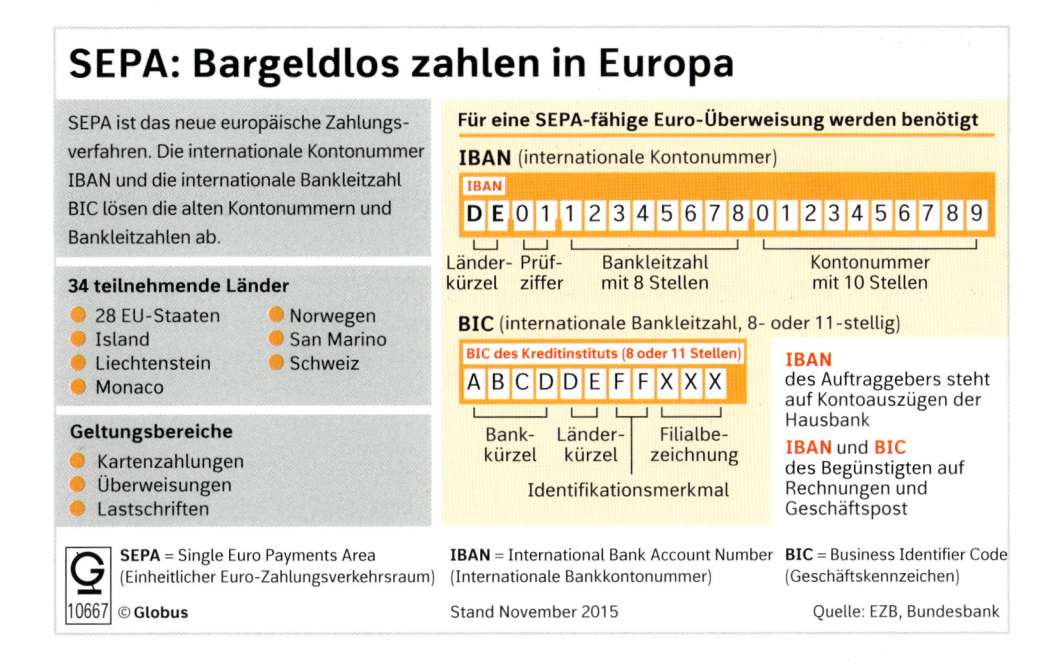

© Globus 10667 Stand November 2015 Quelle: EZB, Bundesbank

○ **Zahlungsvereinfachungen**

Im Rahmen der bargeldlosen Zahlung können einige Zahlungsvereinfachungen, die dem Schuldner Arbeitserleichterungen bringen oder die den Überweisungsvorgang beschleunigen, genutzt werden.

Dauerauftrag

Mit einem Dauerauftrag beauftragt ein Kontoinhaber sein Kreditinstitut, **regelmäßig zu einem bestimmten Zeitpunkt einen gleichbleibenden Betrag zulasten seines Kontos** auf das Konto des Gläubigers zu überweisen.

Beispiele Miete, Versicherungsbeiträge, Tilgungsraten bei Darlehen, Ratenzahlungen

Nach der Auftragserteilung durch den Kontoinhaber stellt das Geldinstitut regelmäßig die Buchungsbelege aus. Ein Dauerauftrag behält seine Gültigkeit bis zum schriftlichen Widerruf durch den Kontoinhaber.

Lastschriftverfahren mithilfe der Einzugsermächtigung

Bei regelmäßig wiederkehrenden Zahlungen in gleicher oder unterschiedlicher Höhe kann ein Kontoinhaber den Gläubiger ermächtigen, bis auf Widerruf **zu unterschiedlichen Terminen Beträge von seinem Konto abbuchen zu lassen.**

Beispiele Telefon-, Strom-, Wasserrechnung, Grundsteuer

Dazu kann der Kontoinhaber dem Gläubiger eine **Einzugsermächtigung (= Einzugsermächtigungsverfahren)** erteilen.

Einzugsermächtigung (= Einzugsermächtigungsverfahren): Bei diesem Verfahren **ermächtigt der Kontoinhaber** den Gläubiger, **seine Forderung vom Konto des Kontoinhabers einzuziehen.** Sollte der Gläubiger das Konto des Kontoinhabers ungerechtfertigt belasten, dann kann der Kontoinhaber der Kontobelastung innerhalb von acht Wochen widersprechen. Der belastete Betrag wird dann wieder gutgeschrieben.

Kartenzahlungssysteme und Electronic-Banking-Systeme

Der Begriff „**Plastikgeld**" stammt daher, dass der Käufer bei der Bezahlung statt Bargeld eine kleine **Kunststoffkarte** vorlegt, auf der bestimmte Daten eingetragen sind, z.B. Name, IBAN, BIC, Kunden-Nummer usw. Diese Daten können entweder direkt lesbar sein, d.h., sie sind in einer normalen Schrift auf der Karte aufgetragen oder sie sind nur mithilfe bestimmter Lesegeräte zu erkennen. Die Karten haben auf der Rückseite einen **Magnetstreifen** und auf der Vorderseite einen **Chip**, in dem alle wesentlichen Daten gespeichert sind.

Kreditkarten

Kreditkarten werden von Kreditkartenorganisationen Personen mit einem bestimmten Mindestjahreseinkommen oder Unternehmen gegen Zahlung eines Jahresentgelts oder kostenlos angeboten. Häufig ist in diesem Betrag auch eine Versicherungsleistung, z.B. eine Unfallversicherung, eingeschlossen. Sie können in allen Vertragsunternehmen, z.B. Hotels, Restaurants, Reisebüros, Mietwagenunternehmen usw., von den Kunden benutzt werden. Der Kunde ist somit im In- und Ausland stets zahlungsfähig, ohne ständig Bargeld mit sich führen zu müssen. Kreditkarten gelten meist im Inland und im Ausland. Die bedeutendsten Kreditkartenorganisationen sind „American Express", „Diners Club International" und „VISA". Marktführer in Deutschland ist die „Mastercard", die von Banken und Sparkassen ausgegeben wird.

Kreditkarten können von ihren Inhabern neuerdings wie bei der girocard durch die Eingabe einer persönlichen Geheimzahl (PIN) wie Bargeld benutzt werden. Bei den meisten Geldinstituten kann man sich gegen Vorlage der Kreditkarte Bargeld auszahlen lassen. Bei Verlust oder Diebstahl der Kreditkarte ist die herausgebende Organisation sofort zu benachrichtigen, sie sperrt die Karte dann international. Der Inhaber haftet meist nur für einen bestimmten Betrag.

Die **Abwicklung eines Kreditkartengeschäfts** vollzieht sich folgendermaßen:

- Der Kreditkarteninhaber legt dem Vertragsunternehmen seine Kreditkarte vor und unterschreibt einen Leistungsbeleg.

- Das Unternehmen setzt sich elektronisch mit der Kreditkartenorganisation in Verbindung, die dann feststellt, ob die Karte gesperrt ist und sich die Zahlung im Verfügungsrahmen des Kunden bewegt. Wenn alles in Ordnung ist, wird die Zahlung genehmigt (Autorisierung der Zahlung).

- Das Vertragsunternehmen sendet den unterschriebenen Leistungsbeleg an die Kreditkartenorganisation zur Abrechnung.

- Die Kreditkartenorganisation überweist nach etwa einem Monat dem Vertragsunternehmen aufgrund des Leistungsbelegs einen Betrag, der um die Umsatzprovision (etwa 1–1,5%) verringert ist.

- Die Kreditkartenorganisation schickt dem Karteninhaber monatlich eine genaue Sammelrechnung über die fälligen Zahlungen und belastet im Wege des Lastschrifteinzugsverfahrens das Konto des Kreditkarteninhabers.

Kundenkarten

Kundenkarten werden von einigen Einzel- und Großhändlern an kreditwürdige Kunden kostenlos ausgegeben. Der Kunde muss hierzu auf einem Antragformular einige persönliche Angaben machen. Mit der Kundenkarte sollen die Kunden an das Unternehmen gebunden werden. Um Kunden zu veranlassen, sich die Kundenkarten zu besorgen, erhalten Kunden z.B. einen Bonus von 1% bis 3% auf alle getätigten Einkäufe nach Ablauf eines bestimmten Zeitraums oder Prämien in Höhe der gesammelten umsatzabhängigen Punkte. Einige Kundenkarten mit Kreditfunktion können beim jeweiligen Unternehmen wie Kreditkarten verwendet werden.

Beispiele ADAC-Karte, BahnCard, METRO-Karte, PAYBACK-Karte (Kundenkarte ohne Kreditfunktion)

Ablauf eines Einkaufs bei einer Kundenkarte mit Kreditfunktion: Statt Bargeld zur Begleichung seiner Rechnung anzunehmen, erfasst das Verkaufs- oder Kassenpersonal lediglich die Daten der Kundenkarte (entweder handschriftlich oder maschinell) und händigt dem Käufer die Ware aus. Die Kaufbeträge werden dem Kundenkonto belastet. Der Händler bucht dann in bestimmten Zeitabständen den summierten Betrag vom Girokonto des Kunden ab. Jeder Kunde hat also bei dem Händler ein eigenes Kundenkonto.

Electronic-Banking-Systeme

- **Electronic Cash (Point-of-Sale-Banking):**

    Bei diesem System handelt es sich um eine Form des **Electronic Banking**. Die Geldinstitute haben ein einfaches und sicheres Zahlungsverfahren eingeführt, das allen Beteiligten spürbare Vorteile bringen soll. Kern dieses Systems ist die **girocard (Bankcard, Maestro-Card**; je nach Kreditinstitut gibt es unterschiedliche Bezeichnungen). Fast jeder Haushalt verfügt in Deutschland über diese Karte.

Eine girocard enthält verschiedene Daten, einige davon sind sichtbar (Vorderseite), z.B. Name des Kunden, IBAN und Karten-Nr. Andere Daten sind nicht direkt lesbar. Sie sind codiert auf dem Magnetstreifen (Rückseite) oder auf einem Chip auf der Vorderseite der girocard gespeichert und können nur von einem Lesegerät erfasst werden.

Damit die girocard nicht von Unbefugten benutzt werden kann, wird jedem girocard-Besitzer von seiner Bank eine persönliche Geheimzahl mitgeteilt. Sie gilt als „**Persönliche Identifikations Nummer**", daher wird sie auch häufig nur **PIN** genannt. Die PIN ist **nicht** auf dem Magnetstreifen gespeichert, sondern wird jedes Mal neu aus einer komplizierten verschlüsselten Kombination aus IBAN, BIC und Karten-Nr. berechnet und mit der Eingabe des Kunden verglichen.

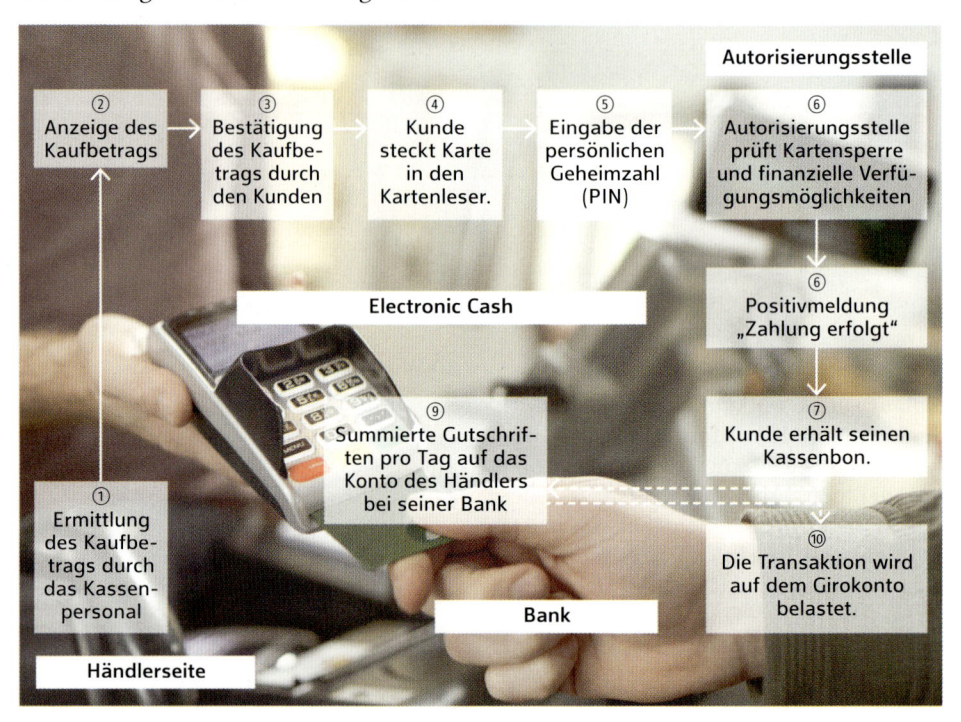

Autorisierungsstelle

② Anzeige des Kaufbetrags
③ Bestätigung des Kaufbetrags durch den Kunden
④ Kunde steckt Karte in den Kartenleser.
⑤ Eingabe der persönlichen Geheimzahl (PIN)
⑥ Autorisierungsstelle prüft Kartensperre und finanzielle Verfügungsmöglichkeiten

Electronic Cash

⑥ Positivmeldung „Zahlung erfolgt"
⑨ Summierte Gutschriften pro Tag auf das Konto des Händlers bei seiner Bank
⑦ Kunde erhält seinen Kassenbon.
① Ermittlung des Kaufbetrags durch das Kassenpersonal
Bank
⑩ Die Transaktion wird auf dem Girokonto belastet.

Händlerseite

Die Grundidee des Electronic Cash besteht darin, am **POS (Point of Sale = Verkaufsort)**, also direkt beim Zahlungsempfänger (Gläubiger) ein Gerät aufzustellen, das die Daten einer girocard lesen und verarbeiten kann. Für Gläubiger und Karteninhaber sieht ein Zahlungsvorgang so aus, als ob durch Einschieben der girocard in den Kartenleser der Kaufbetrag vom Bankkonto des Karteninhabers direkt auf das Girokonto des Gläubigers umgebucht wird. In Wirklichkeit zieht der Gläubiger seine Forderungen aus den Electronic-Cash-Umsätzen beleglos im Lastschrifteinzugsverfahren über sein Kreditinstitut ein. Die Zahlungen sind durch das Karten ausgebende Kreditinstitut garantiert.

Im Rahmen des Electronic Banking können mit einer girocard und der Eingabe einer persönlichen Geheimzahl (PIN) an Geldautomaten Barbeträge im Inland und weltweit auch im Ausland (**Maestro**) außerhalb der Schalteröffnungszeiten abgehoben werden. Mithilfe des **Maestro-Service** der Geldinstitute ist es bei Reisen möglich, mit der girocard mit persönlicher Geheimzahl auch im Ausland an elektronischen Kassen von Tankstellen, Einzel- und Großhandelsbetrieben, Hotels und Restaurants zu zahlen.

- **Chipkarte:**

Chipkarten (Smardcards, „intelligente Karten") sind Geldkarten mit einem eingebauten Mikrochip. So kann der Chip auf der Geldkarte als wesentliche Information ein bestimmtes **Guthaben** des Karteninhabers enthalten. Der Schuldner steckt die Karte in das Lesegerät, die Karte wird vom Kartenleser gelesen und geprüft, der Rechnungsbetrag wird angezeigt und vom Kunden über die Tastatur bestätigt. Der zu zahlende Betrag wird erfasst und dem Gläubiger später von der Bank gutgeschrieben. Im gleichen Moment wird auf dem Mikrochip das Guthaben des Karteninhabers um den Rechnungsbetrag verringert (**elektronisches Portemonnaie = Geldbörsenfunktion**). Ist das Guthaben verbraucht, kann der Karteninhaber von seinem Girokonto einen neuen Betrag bis 200,00 € auf die Chipkarte umbuchen lassen. Dieser Umbuchungsvorgang kann auch nach Eingabe der persönlichen Geheimzahl an Geldautomaten vorgenommen werden. Mithilfe von Chipkarten können z. B. auch öffentliche Telefone oder Fahrkartenautomaten benutzt werden.

Beispiel für eine Chipkarte

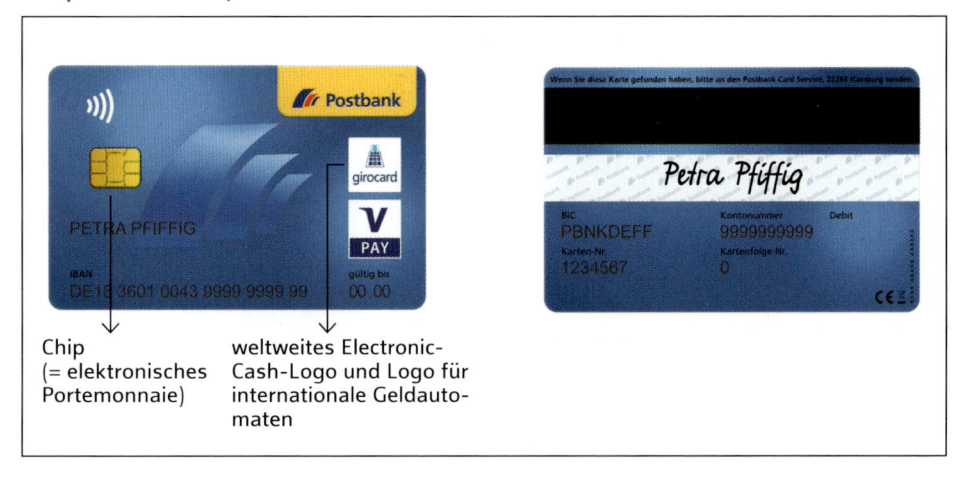

Chip
(= elektronisches Portemonnaie)

weltweites Electronic-Cash-Logo und Logo für internationale Geldautomaten

Die Chipkarte (Geldkarte) hat folgende Vorteile:
- Sie bietet ein hohes Maß an **Sicherheit**, da Informationen nur von berechtigten Nutzern gelesen und verändert werden können und somit Betrugsdelikte deutlich verringert werden. Das Risiko bei Missbrauch ist auf das auf der Karte vorhandene Guthaben beschränkt.
- Während beim Electronic-Cash-System die erfassten Daten während des Verkaufsvorgangs an eine Autorisierungszentrale übermittelt werden, wodurch sich unter Umständen längere Wartezeiten am POS ergeben können, ist bei der Chipkarte dieser Aufwand nicht erforderlich, da alle erforderlichen Daten im Chip enthalten sind.
- Zudem entfällt die bei Vorlage von Kreditkarten bei jedem Zahlungsvorgang notwendige teure Leitungsverbindung zu den Bankrechnern, die bisher hergestellt wird, um den Kontostand festzustellen.
- Chipkarten gewinnen zunehmend auch als **Mitgliedsausweise** an Bedeutung, z. B. bei Krankenkassen, Sportvereinen.
- Mit neuen girocards wird insbesondere das kontaktlose Bezahlen von kleineren Beträgen bis 25,00 € erheblich vereinfacht. Neben der Chiptechnologie sind diese Karten mit einer Technologie zum **kontaktlosen Bezahlen** ausgestattet. Diese Technologie erlaubt Transaktionen aus der vorgeladenen elektronischen Börse (Geld-

karte), ohne dass die Karte in das Terminal gesteckt werden muss. Zum Auslösen der Transaktion genügt es, die Karte sehr nah an das Bezahlterminal heranzuführen. Hierfür ist weder die Eingabe einer PIN noch eine Unterschrift notwendig. Die Akzeptanzstellen, an denen die Karte kontaktlos eingesetzt werden kann, erkennt man an dem „**girogo**"-Zeichen.

Vorteile des kontaktlosen Bezahlens:

- Umsatzsteigerung möglich durch schnelleres Kassieren
- weniger Aufwand für Bargeldhandling dank reduziertem Bargeldbestand
- intuitiv für Kunde und Kassenpersonal, da die Karte nicht mehr in ein Kartenlesegerät gesteckt werden muss
- hygienischer, denn Bargeld bzw. die Karte wechseln nicht die Hände

Onlinebanking („Electronic Banking")

Unter **Onlinebanking** (Telebanking) versteht man die elektronische Kontoführung durch Nutzung von Onlinediensten. Der Kontoinhaber kann über das Internet mithilfe eines PC oder Smartphones Kontoinformationen abrufen, z.B. Umsätze und Salden, oder Zahlungsaufträge erteilen.

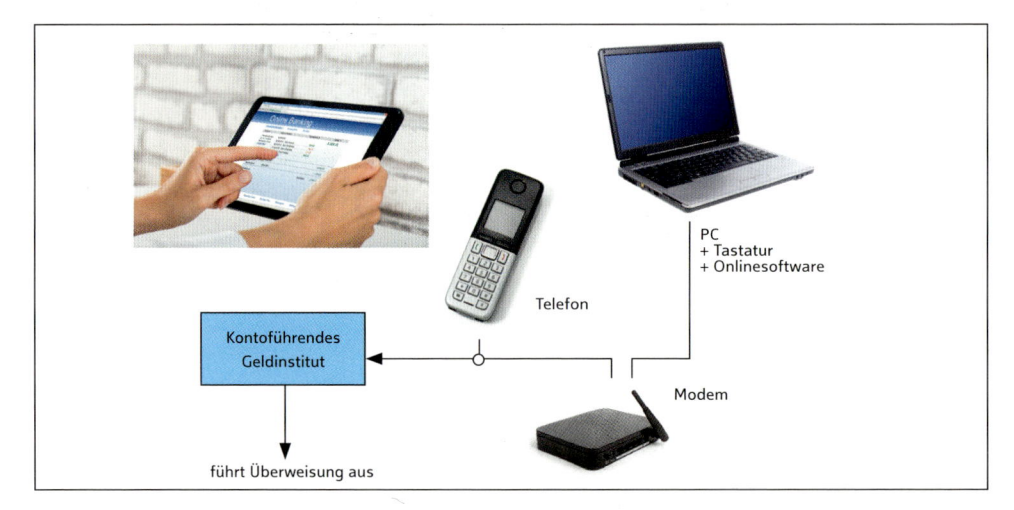

- Der Kunde akzeptiert die Nutzungsbedingungen des Onlinedienstes seiner Bank einmalig mit der Unterschrift bei der Kontoeröffnung.
- Der Kunde geht ins Internet, ruft die Homepage seiner Bank auf und wählt den Menüpunkt „Onlinebanking" aus.
- Der Kunde gibt seine Kunden-ID (Identifikationsnummer) sowie seine **persönliche Geheimzahl (PIN = persönliche Identifikationsnummer)** ein, der Zugriff auf das Onlinekonto steht offen.
- Der Kunde kann die Transaktionen auf seinem Konto ansehen, Überweisungen in Auftrag geben, Daueraufträge einrichten usw. Jede von ihm ausgeführte Transaktion muss der Kunde legitimieren. Mögliche Verfahren sind u.a. kostenlose mTAN (mobile Transaktionsnummer), chipTAN comfort, chipTAN manuell, smsTAN, PushTAN, photoTAN und Signaturverfahren. Bei den Signaturverfahren kann der Kunde entweder seinen

Fingerabdruck (Touch ID-Technologie) oder sein Passwort nutzen. Der sicherste Standard beim Onlinebanking ist das **HBCI-Homebanking**, bei dem der Kontoinhaber ein Lesegerät (Chip-TAN-Generator) für eine gesonderte Chipkarte benötigt, um Kontobewegungen zu veranlassen. Erforderlich ist auch seine elektronische Unterschrift.

- Der Kunde loggt sich aus dem Onlinebanking aus.

Sicherheitstipps für das Onlinebezahlen

- Vor der Bestellung sollte man sich über die Seriosität des Händlers informieren. Überprüfen Sie, ob E-Mail-, Kontaktadresse und Telefonnummer angegeben sind.
- Wenn möglich, Bestellung per Rechnung bezahlen, so kann man die Waren bei der Lieferung kontrollieren.
- Vor Phishing (Abgreifen der Daten) schützen, indem IBAN oder Passwörter verschlüsselt übertragen werden.
- Nicht in Internetcafés oder in öffentlichen Netzwerken einkaufen oder bezahlen.
- Regelmäßige Kontrolle der Kontoauszüge, damit bei Unregelmäßigkeiten oder falschen Buchungen rechtzeitig reagiert werden kann.
- Codes wie PIN, TAN und Passwörter sicher aufbewahren, nicht auf dem Rechner speichern.

Telefonservice (Telefonbanking)

Eine weitere Entwicklung des Zahlungsverkehrs stellt der Telefonservice der Geldinstitute dar. Mit einer persönlichen Telefongeheimzahl (Passwort) hat jeder Kontoinhaber zu jeder Zeit und von jedem Ort aus Zugriff auf sein Konto. Der Kontoinhaber kann

- seinen Kontostand abfragen,
- Überweisungen veranlassen,
- zusätzliche schriftliche Kontoauszüge anfordern,
- Daueraufträge einrichten, ändern, löschen,
- Zahlungsvordrucke bestellen.

Einkauf mit dem Smartphone (Mobile-Payment-Verfahren)

Das sog. Mobile Payment im Handel bezeichnet kontakt- und bargeldlose Bezahlverfahren über mobile Endgeräte, bei denen weder Bargeld noch physische Kreditkarten verwendet werden. Als mobile Endgeräte können z. B. Smartphones, Tablets oder auch Smartwatches genutzt werden. Bei Bezahlvorgängen im stationären Handel muss das mobile Endgerät in einem geringen Abstand über das Display des Bezahlterminals gehalten werden. Hier erfolgt dann die Datenfernübertragung über NFC (Near Field Communication = Nahfeldkommunikation). Erst dieser Übertragungsstandard macht das kontaktlose Bezahlen technisch möglich. Ergänzend ist die Nutzung eines Bezahldienstes wie Google Pay oder Apple Pay notwendig und im Handel mittlerweile weit verbreitet. Auch Banken bieten eigene Apps für das mobile Bezahlen an.

Internetkauf und Onlinebezahldienste (E-Payment-Verfahren)

Werden Waren im Internet gekauft, können verschiedene Onlinebezahldienste in Anspruch genommen werden (PayPal, Skrill, Giropay u. a.).

Beispiel Bei PayPal muss der Nutzer sich mit seinen Daten anmelden und mit seiner gewünschten Zahlungsart (Kreditkarte oder Bankverbindung) registrieren. Über den Bezahlbutton gelangt man zur Log-in-Seite und bestätigt den Kauf. Dann erhält der Händler die Bestätigung und er kann das vom Kunden gewünschte Produkt verschicken. PayPal bietet zudem einen Käuferschutz. Innerhalb von 45 Tagen kann sich der Käufer beschweren und das Geld fließt bei einer berechtigten Reklamation zurück.

Situationsgerechte Bezahlung im Inlandsgeschäft vornehmen

- Kennzeichen der Bar(geld)zahlung ist, dass **sowohl der Schuldner als auch der Gläubiger Bargeld in Händen haben**.
- Bei **persönlicher sofortiger Zahlung (Zug-um-Zug-Geschäft)** erhält ein Kunde die Ware nur gegen sofortige Zahlung. Der Kunde (Zahler) erhält über die Zahlung eine **Quittung**.
- Voraussetzung für den bargeldlosen Zahlungsverkehr ist, dass **sowohl der Schuldner als auch der Gläubiger ein Konto haben**.
- Bei der Banküberweisung findet eine **Umbuchung vom Konto des Schuldners auf das Konto des Gläubigers statt**.

Sonderformen der Überweisung

Dauerauftrag	Lastschriftverfahren als Einzugsermächtigung
– wird bei regelmäßig wiederkehrenden Zahlungen in gleicher Höhe genutzt	– schriftliche **Vollmacht** des Kontoinhabers **an den Gläubiger**. Der Kontoinhaber muss dem Empfänger ein Mandat und seiner Bank einen Auftrag erteilen, den Anspruch einzulösen. Der Gläubiger muss dem Kontoinhaber 14 Tage und der Bank des Zahlungspflichtigen fünf Tage vorher mitteilen, welchen Betrag er einziehen will.

- Beim **beleglosen Zahlungsverkehr** werden unbare Zahlungen über elektronischen Medien weitergeleitet (= **belegloser Datenträgeraustausch**).
- **Kreditkarten**: Kreditkartenunternehmen geben gegen Entgelt Karten aus, mit denen Kunden bei allen Vertragsunternehmen (Hotels, Handelsbetriebe, Restaurants usw.) bargeldlos bezahlen können.

- **Kundenkarten**: Einzel- und Großhändler geben an bestimmte Kunden Karten aus, mit denen diese bei ihnen bargeldlos und auf Kredit einkaufen können.

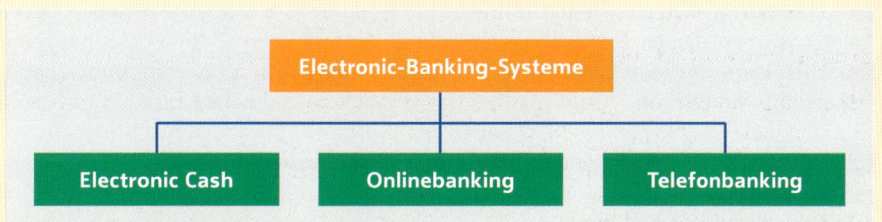

```
                    Electronic-Banking-Systeme
                    /            |            \
          Electronic Cash    Onlinebanking    Telefonbanking
```

- **Electronic Cash**: Bei einem Zahlungsempfänger befindet sich ein Gerät, das die Daten einer girocard lesen kann. Hierdurch wird die Kontendeckung beim Kunden überprüft und eine Zahlung vom Konto des Kunden auf das Konto des Gläubigers eingeleitet.
- **Onlinebanking**: elektronische Kontoführung durch Nutzung von Onlinediensten.
- **Telefonbanking**: Abwicklung des Zahlungsverkehrs mithilfe des Telefons/Smartphones
- Einkauf mit dem Smartphone/Tablet oder Smartwatch (**Mobile Payment-Verfahren**): Beim Bezahlvorgang wird z. B. das Smartphone in einem geringen Abstand über das Bezahlterminal gehalten, die Datenfernübertragung erfolgt über NFC.

1. Beschreiben Sie die wesentlichen Unterschiede zwischen der Bargeldzahlung und der bargeldlosen Zahlung.

2. In welchen Fällen würden Sie einen Dauerauftrag oder eine Einzugsermächtigung vornehmen? Geben Sie jeweils drei Beispiele an.

3. Erläutern Sie, welche Vorteile der bargeldlose Zahlungsverkehr für den Schuldner und den Gläubiger hat.

4. Die Primus GmbH tätigt in ihrer Verkaufsboutique täglich etwa 25 Verkäufe gegen Kreditkarte.
a) Geben Sie an, welche Nachteile die Primus GmbH aus dieser Zahlungsart hat.
b) Erläutern Sie die wesentlichen Merkmale dieser Zahlungsart.

5. Besorgen Sie sich Vordrucke zum Zahlungsverkehr (Materialsammlung) und erstellen Sie daraus eine Übersicht.

6. Begründen Sie, welchen Kunden Sie eine Kundenkarte verweigern würden.

7. Stellen Sie listenförmig Vor- und Nachteile von Kreditkarten für deren Benutzer zusammen.

8. Beurteilen Sie Electronic Cash im Vergleich zu Einkäufen mit Kundenkarten und Kreditkarten aus der Sicht eines Kunden.

9. Erkundigen Sie sich bei einem Großhandelsbetrieb/einer Bank, ob Ihre Klasse bei diesem Unternehmen/dieser Bank eine Betriebserkundung zum Thema „Zahlungsverkehr" machen kann. Fertigen Sie schriftliche Berichte nach der Betriebserkundung zum Thema „Zahlungsverkehr" an.

10. In welchen der unten stehenden Fälle wird als Zahlungsmöglichkeit
1. die Kreditkarte,
2. das Lastschriftverfahren,
3. der Dauerauftrag,
4. die Nachnahme
genutzt?
  a) Ein Unternehmen beauftragt sein Kreditinstitut, bis auf Weiteres zum Monatsersten 7 000,00 € Miete an seinen Vermieter zu überweisen.
  b) Eine Telefongesellschaft hat die Erlaubnis eines Unternehmens, monatlich von dessen Geschäftskonto den Betrag der Telefonkosten einzuziehen.

11. Stellen Sie die Vor- und Nachteile der verschiedenen Zahlungssysteme in einem Referat mit geeigneten Visualisierungsmöglichkeiten gegenüber.

12. a) Erläutern Sie den Ablauf eines Zahlungsvorganges mithilfe von Chipkarten.
  b) Geben Sie an, welche Vorteile sich für Chipkarteninhaber aus der Nutzung einer Chipkarte ergeben.

4 Nicht-rechtzeitig-Zahlung kennenlernen

4.1 Nicht-rechtzeitig-Zahlung (Zahlungsverzug) beachten

Durch ein Versehen eines Mitarbeiters der Herstadt Warenhaus GmbH wurde eine Eingangsrechnung über 34 800,00 € der Primus GmbH, die am 10. Januar 20.. fällig war, nicht bezahlt. Am 1. März 20.. erhält die Herstadt Warenhaus GmbH eine Mahnung mit der Aufforderung, den Rechnungsbetrag zuzüglich 10 % Verzugszinsen zu bezahlen. Wütend ruft Peter Kluge, der Geschäftsführer der Herstadt Warenhaus GmbH, bei der Primus GmbH an und erklärt, er werde nur den Rechnungsbetrag begleichen, auf die Verzugszinsen habe die Primus GmbH keinen Anspruch, da es sich um ein Versehen gehandelt habe.

ARBEITSAUFTRÄGE
◆ Begründen Sie die Notwendigkeit der Überwachung von Zahlungsterminen.
◆ Stellen Sie fest, ob die Voraussetzungen des Zahlungsverzuges gegeben sind.
◆ Überprüfen Sie, ob die Herstadt Warenhaus GmbH den Rechnungsbetrag einschließlich der Verzugszinsen bezahlen muss.

● Überwachung der Zahlungseingänge

Um **Forderungsausfälle** zu vermeiden, sollten bei Kundenbestellungen Bonitätsprüfungen durchgeführt werden. Insbesondere bei Neukunden sollten **Bankauskünfte** eingeholt oder von den Kunden **Selbstauskünfte** vorgelegt werden. Zudem können gewerbliche Auskunfteien (Creditreform, Schimmelpfeng) genutzt werden. Bei Stammkunden ist zu überprüfen, ob die letzten Rechnungen termingerecht bezahlt wurden. Hierzu können die Daten aus dem ERP-System des Unternehmens abgerufen werden.

● Notwendigkeit der Terminüberwachung bei Forderungen

Es gibt eine Vielzahl von Gründen, Zahlungsein- und -ausgänge zu überwachen.

Gründe für die Nichtzahlung oder verspätete Zahlung können sein:

- Vergesslichkeit (Übersehen der Zahlungsfälligkeit, falsche Ablage der Rechnung, Irrtum im Termin)
- Ausfall eigener Forderungen, wodurch der Zahlungspflichtige vorübergehend Schwierigkeiten hat, die notwendigen Zahlungsmittel aufzubringen
- Zahlungsunwilligkeit oder Zahlungsunfähigkeit
- Übermittlungsfehler beim Geldinstitut

Ein Unternehmen sollte **aus folgenden Gründen** bestrebt sein, **auf den pünktlichen Zahlungseingang seiner Forderungen und Forderungsausfälle zu achten**:

- Verringerung der eigenen Liquidität (= Zahlungsfähigkeit)
- Zinsverluste
- Aufnahme von teuren Bankkrediten
- mögliche Verjährung von Forderungen (vgl. S. 76)
- Aufgrund mangelnder Liquidität kann ein Skonto des Lieferers nicht ausgenutzt werden. Ein Unternehmen sollte Skonto immer in Anspruch nehmen, da ein nicht ausgenutzter Skonto die Inanspruchnahme eines besonders teuren Kredites bedeutet.

Terminkontrolle bei Eingangs- und Ausgangsrechnungen: Damit eine geordnete Terminüberwachung erreicht wird, müssen organisatorische Maßnahmen ergriffen werden, um Zahlungseingänge und -ausgänge zu kontrollieren. Es gibt verschiedene Möglichkeiten, den Zahlungseingang von Kunden und den Zahlungsausgang an Lieferer zu überwachen (Überwachung der Abbuchungstermine). Die Forderungen an Kunden werden als **offene Posten** bezeichnet. Die Kontrolle der Zahlungseingänge von Kunden wird mithilfe von **Offene-Posten-Dateien** durchgeführt. Hierbei werden die Rechnungsbeträge mit ihren Fälligkeitsterminen gespeichert und täglich abgeglichen. Bei einer **Überschreitung des Zahlungsziels** wird das kaufmännische Mahnverfahren eingeleitet. Zur Überwachung der termingerechten Zahlungsausgänge an Lieferer kann ebenfalls mit einem ERP-Programm eine **Datei der ausstehenden Verbindlichkeiten** erstellt werden.

Die **Art und Weise der Terminüberwachung** richtet sich nach der Zahl der Außenstände, dem Umfang der Forderungen und Verbindlichkeiten und nach der Organisation der Buchführung.

Durch eine professionelle Forderungsüberwachung und sinnvolle Maßnahmen zur Eintreibung von ausstehenden Forderungen trägt das **Debitorenmanagement** wesentlich dazu bei, Verluste zu vermeiden.

Mit dem Kunden als Kreditnehmer sollte hierbei eine **Kreditobergrenze (Kreditlimit, Kreditlinie)** mit einem Maximalbetrag vereinbart werden, bis zu dem der Kunde einen Kredit in Anspruch nehmen kann.

● Rechnungsprüfung

Sowohl Kunden- als auch Liefererrechnungen sind in zweierlei Hinsicht zu prüfen:

1. **Sachliche Prüfung der Eingangsrechnung**: Diese Prüfung umfasst den Vergleich der eingegangenen Waren mit dem Angebot des Lieferanten hinsichtlich Art, Menge, Preis sowie Lieferungs- und Zahlungsbedingungen. Folgende Fragen sollten auf ihre Richtigkeit überprüft werden:

   - Ist die vorliegende Rechnung für unser Unternehmen bestimmt?
   - Sind die in der Rechnung genannten Waren einwandfrei bei uns eingetroffen?
   - Stimmen die in der Rechnung angegebenen Artikel und Mengen mit denen des Lieferscheins überein?
   - Sind die Umsatzsteuer, der Rechnungsbetrag netto und der Rechnungsbetrag brutto richtig berechnet worden?

   Die Überprüfung der Eingangsrechnung geschieht durch den Aufruf des Wareneingangs im Warenwirtschaftssystem. Sind bei der sachlichen und rechnerischen Prüfung keine Fehler festgestellt worden, erhält die Rechnung den Vermerk „**sachlich und rechnerisch korrekt**". Bei Übereinstimmung oder nach einer Korrektur wird die Rechnung direkt an die Buchhaltung weitergeleitet. Ist die Eingangsrechnung sachlich nicht korrekt, sollte der Lieferer informiert werden.

   Sachliche Prüfung der Ausgangsrechnung: Diese umfasst den Vergleich der ausgehenden Waren mit dem Lieferschein nach Art, Menge, Preis sowie den Lieferungs- und Zahlungsbedingungen für den Kunden.

2. **Rechnerische Prüfung**: Hierbei werden alle Zahlen nachgerechnet und auf ihre Richtigkeit überprüft.

● Nicht-rechtzeitig-Zahlung (Zahlungsverzug)

Zahlt ein Käufer nicht oder nicht rechtzeitig, gerät er in **Zahlungsverzug (= Schuldnerverzug**, § 286 ff. BGB). Ein Groß- und Außenhändler sollte auf den pünktlichen Zahlungseingang seiner Forderungen achten, um eine Verringerung der eigenen Liquidität, Zinsverluste, die Aufnahme von teuren Bankkrediten und eine mögliche Verjährung von Forderungen zu vermeiden.

Voraussetzungen

Grundsätzlich muss für den Eintritt des Zahlungsverzuges die **Fälligkeit der Zahlung** vorliegen.

Der Schuldner kommt **bei nicht fest vereinbarten Zahlungsterminen 30 Tage nach dem Erhalt einer Rechnung** automatisch in Verzug – ohne weitere Mahnung (§ 286 Abs. 3 BGB). Die 30-Tage-Frist beginnt mit der Zustellung der Rechnung. Den ordnungsgemäßen Zugang der Rechnung hat im Streitfall der Gläubiger zu beweisen. Diese Regelung gilt gegenüber einem Schuldner, der Verbraucher ist, nur, wenn der Verbraucher auf diese Folgen in der Rechnung oder Zahlungsaufstellung besonders hingewiesen worden ist. Ist der Zeitpunkt des Zugangs der Rechnung unsicher, kommt der Schuldner beim einseitigen Handelskauf spätestens 30 Tage nach Fälligkeit und Empfang der Waren in Verzug. Der Zahlungsverzug tritt **bei fest vereinbarten Zahlungsterminen** sofort ein, wenn der Käufer nicht bis zum vereinbarten Termin zahlt (§ 286 Abs. 2 BGB). Der Zahlungsverzug tritt nur dann ein, wenn die vom Verkäufer geschuldete Leistung bereits vertragsmäßig erbracht wurde.

Das Verschulden des Käufers ist für den Eintritt des Zahlungsverzuges **erforderlich.**

Eine Übersicht der offenen Rechnungen liefert das WWS unter der „**Offene-Posten-Datei**" oder „**Debitorendatei**" (vgl. S. 432). Innerhalb des WWS wird im Rahmen der Verwaltung der Kunden eine **Mahndatei** angelegt. Mithilfe der EDV kann problemlos überprüft werden, ob Kunden termingerecht gezahlt haben. Ebenfalls können mit dem Warenwirtschaftsprogramm die erforderlichen Mahnbriefe erstellt werden.

Rechte des Verkäufers aus der Nicht-rechtzeitig-Zahlung

Der Verkäufer kann zuerst nur Nacherfüllung verlangen, d.h., er kann

- **auf Zahlung bestehen**, d.h., der Käufer zahlt nach dem Zahlungstermin und der Verkäufer stellt keine weiteren Ansprüche, oder

- **auf Zahlung bestehen und Schadenersatz wegen Verzögerung der Leistung verlangen.**

Der Schadenersatz (Ersatz des Verzugsschadens) kann die entgangenen Zinsen und den Kostenersatz (Mahnkosten) umfassen. Die **Verzugszinsen** betragen lt. Gesetz (§ 352 HGB, § 288 BGB) beim einseitigen Handelskauf **5%** über dem Basiszinssatz für Kredite vom Tag des Verzugs an, beim zweiseitigen Handelskauf **9%** über dem Basiszinssatz. Vertraglich können höhere Zinsen vereinbart werden.

Wenn die Nacherfüllung durch den Käufer **nach einer Mahnung mit Fristsetzung** nicht erfolgt, dann kann der Verkäufer

- **die Zahlung ablehnen und vom Vertrag zurücktreten** oder

- die Zahlung ablehnen und **Schadenersatz statt der Leistung** verlangen. Für die Inanspruchnahme dieses Rechts ist ein Verschulden des Käufers erforderlich.

Der Verkäufer wird das Recht auf Schadenersatz in Anspruch nehmen, wenn der Verkaufspreis der Waren inzwischen gesunken ist und er beim Verkauf an einen anderen Kunden einen geringeren Verkaufserlös erzielt. Der Schaden ist in Höhe der Differenz zwischen dem ursprünglichen und dem jetzt erzielten Verkaufspreis.

Primus GmbH

Büroeinrichtung und Zubehör

Primus GmbH · Koloniestraße 2 – 4 · 47051 Duisburg

Modellux GmbH & Co. KG
Hofstr. 55–67
48167 Münster

Ihr Zeichen:	st-lo
Ihre Nachricht vom:	18.12.20..
Unser Zeichen:	ho-kl
Unsere Nachricht vom:	30.01.20..
Ihr Ansprechpartner:	Heinz Schubert
Abteilung:	Gruppenleiterin Sekretariat
Telefon:	0203 44536-90
Fax:	0203 44536-98
E-Mail:	heinz.schubert@primus-bueroeinrichtung.de
Datum:	02.03.20..

Nicht-rechtzeitig-Zahlung

Sehr geehrte Damen und Herren,

Sie erhielten von uns am 20. Dezember 20.. eine Lieferung von Bürostühlen. Gleichzeitig sandten wir Ihnen die Rechnung Nr. 308/97 über 34 800,00 € einschließlich 19% USt. zu.

Gemäß unseren Zahlungsbedingungen sollten Sie die Rechnung innerhalb von 30 Tagen nach Rechnungserhalt begleichen, d.h. im vorliegenden Fall bis zum 20. Januar. Da wir bis zu diesem Termin keine Zahlung von Ihnen erhalten haben, schickten wir Ihnen am 30. Januar 20.. eine Mahnung, in der wir Ihnen eine Zahlungsfrist bis zum 10. Februar setzten. Leider ließen Sie auch diesen Zahlungstermin ungenutzt verstreichen.

Gemäß den AGB, die unserem Vertrag zugrunde gelegt wurden, sind wir berechtigt, für verspätete Zahlungen unserer Kunden 11% Verzugszinsen in Rechnung zu stellen.

Wir bitten Sie daher, den Rechnungsbetrag über 34 800,00 € zuzüglich 350,90 € Verzugszinsen, insgesamt 35 150,90 € bis spätestens zum 10. März 20.. zu bezahlen.

Sollte bis zu diesem Termin Ihre Zahlung nicht eingegangen sein, sehen wir uns gezwungen, vom Vertrag zurückzutreten oder ggf. Schadenersatz statt der Leistung zu verlangen.

Mit freundlichem Gruß

Primus KG

i. A. *Schubert*

Schubert

Anlage
Rechnungskopie

Primus GmbH Koloniestraße 2 – 4 47057 Duisburg	Handelsregistereintragung: Amtsgericht Duisburg HRB 467-0301	Bankverbindung: Sparkasse Duisburg IBAN: DE12 3505 0000 0360 0587 96 BIC: DUISDE33XXX
Telefon: 0203 44536-90 Telefax: 0203 44536-98 E-Mail: info@primus-bueroeinrichtung.de Internet: www.primus-bueroeinrichtung.de	Steuernummer: 109/1320/0146 USt-IdNr.: DE124659333 Geschäftsführung: Sonja Primus, Markus Müller	Postbank Dortmund IBAN: DE76 4401 0046 0286 7784 31 BIC: PBNKDEFF440

Rechtliche und wirtschaftliche Lösungsmöglichkeiten im Falle einer Kaufvertragsstörung

Rechtliche Lösungsmöglichkeiten

Bevor man bei einer Kaufvertragsstörung „auf sein Recht pocht", sollte man zunächst sorgfältig die Rechtslage prüfen. Falls der Geschäftspartner seine Pflichten nicht ordnungsgemäß erfüllt hat, müssen die **folgenden Fragen geklärt werden**:

- Liegt eine Kaufvertragsstörung im Sinne des Gesetzes vor?

    Beispiel Die Primus GmbH hat mit der Bürodesign GmbH als Liefertermin für Büromöbel Lieferung Anfang August vereinbart. Da der Liefertermin kalendermäßig nicht genau festgelegt worden ist, liegt keine Nicht-rechtzeitig-Lieferung vor (Lieferungsverzug).

- Muss man selbst Pflichten vorab erfüllen, damit man die zustehenden Rechte beanspruchen kann?

    Beispiel Will die Primus GmbH bei der Nicht-rechtzeitig-Lieferung die Lieferung ablehnen und vom Vertrag zurücktreten, muss dem Lieferer zuerst eine angemessene Nachfrist gesetzt werden.

- Welches Recht ist im jeweiligen Fall für den Berechtigten am günstigsten?

    Beispiele
    – Im Falle einer Nicht-rechtzeitig-Lieferung des Lieferers wird die Primus GmbH weiter auf der Lieferung bestehen, wenn die Preise für die bestellten Waren inzwischen gestiegen sind.
    – Die Primus GmbH wird bei der Nicht-rechtzeitig-Lieferung dann vom Vertrag zurücktreten, wenn sie keinen Bedarf mehr für die Waren hat oder die Waren bei einem anderen Lieferer günstiger bezogen werden können.

Grundsätzlich ist zu beachten, dass je nach Sachlage nicht jedes Recht sinnvoll oder anwendbar ist, denn bei der Mängelrüge z. B. müssen die für den Lieferer dabei entstehenden Kosten in einem angemessenen Verhältnis zum Mangel stehen. Im Zweifel wird der Kunde sich mit einem „preiswerteren" Recht begnügen müssen. Ebenso wird man nur in extremen Fällen von solchen Rechten wie Schadenersatz statt der Leistung Gebrauch machen, i. d. R. wird man versuchen, sich auf friedlichem Wege mit dem Lieferer zu einigen.

Beispiel Die Bürodesign GmbH, ein langjähriger Lieferer der Primus GmbH, hat trotz angemessener Nachfristsetzung die bestellten Waren nicht geliefert. Bei einem möglichen Deckungskauf bei einem anderen Lieferer müsste die Primus GmbH einen höheren Preis als bei der Bürodesign GmbH zahlen. Der Primus GmbH stünde das Recht des Schadenersatzes statt der Leistung zu. Trotzdem räumt die Primus GmbH der Bürodesign GmbH eine erneute Frist ein, die bestellten Waren zu liefern, da sie in den letzten Jahren mit den Leistungen der Bürodesign GmbH sehr zufrieden war. Beim Bestehen auf Schadenersatz statt der Leistung wären die Geschäftsbeziehungen sicherlich beendet.

Wirtschaftliche Lösungsmöglichkeiten

Es kann durchaus sinnvoll sein, auf das Recht aus einer Kaufvertragsstörung zu verzichten. Bei der Nicht-rechtzeitig-Zahlung (Zahlungsverzug) eines Kunden hat der Verkäufer zwar das Recht, nach Ablauf einer Nachfrist vom Vertrag zurückzutreten oder Schadenersatz statt der Leistung zu verlangen. Bei Inanspruchnahme eines dieser Rechte dürfte allerdings die Gefahr bestehen, dass man diesen Kunden verliert. Infolgedessen sollte man sich zuerst die Frage beantworten, ob es wirtschaftliche Gründe geben kann, auf das Recht aus der Kaufvertragsstörung zu verzichten.

Beispiele
- Die Modellux GmbH & Co. KG ist seit 20 Jahren Kunde der Primus GmbH. Aufgrund eines kurzfristigen Forderungsausfalls hat der Kunde eine Rechnung der Primus GmbH nicht beglichen. Statt der Androhung von Schadenersatz statt der Leistung vereinbart die Primus GmbH mit dem Kunden eine Stundung der ausstehenden Forderung, um diesen Kunden nicht zu verlieren.
- Die Bürodesign GmbH ist seit 14 Jahren ein zuverlässiger Lieferer der Primus GmbH. Aufgrund eines Produktionsausfalls bei der Bürodesign GmbH erhält die Primus GmbH eine bestellte Warenlieferung auch nicht innerhalb der gesetzten Nachfrist. Andere Lieferer können die gewünschten Waren ebenfalls nicht kurzfristig liefern. Es ist in diesem Fall wirtschaftlich sinnvoll, der Bürodesign GmbH eine weitere Chance zur Lieferung zu geben.

Nicht-rechtzeitig-Zahlung (Zahlungsverzug) beachten

- Die **Notwendigkeit der Überwachung von Zahlungseingängen** ergibt sich aus folgenden Gründen:
  - Erhaltung der eigenen Liquidität
  - Verjährung von Forderungen
  - Zinsverluste

- **Zahlungsausgänge** müssen überwacht werden, um vom Lieferer gewährte Skontofristen ausnutzen zu können und die eigene Kreditwürdigkeit zu erhalten.

- Voraussetzung des Zahlungsverzuges: **Fälligkeit der Zahlung, Verschulden des Käufers**

- Die Nicht-rechtzeitig-Zahlung tritt bei unbestimmten Zahlungsterminen nach Ablauf von 30 Tagen seit Zugang einer Rechnung ein. Der Gläubiger hat Zugang der Rechnung im Streitfall zu beweisen. Bei fest vereinbarten Zahlungsterminen tritt der Zahlungsverzug sofort bei Nichtzahlung zum vereinbarten Termin ein.

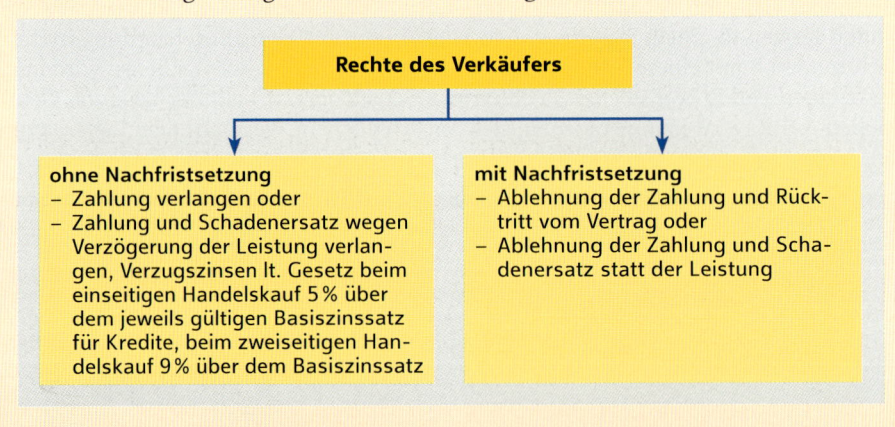

Rechte des Verkäufers

ohne Nachfristsetzung	mit Nachfristsetzung
- Zahlung verlangen oder - Zahlung und Schadenersatz wegen Verzögerung der Leistung verlangen, Verzugszinsen lt. Gesetz beim einseitigen Handelskauf 5 % über dem jeweils gültigen Basiszinssatz für Kredite, beim zweiseitigen Handelskauf 9 % über dem Basiszinssatz	- Ablehnung der Zahlung und Rücktritt vom Vertrag oder - Ablehnung der Zahlung und Schadenersatz statt der Leistung

- Die **informationswirtschaftlichen Arbeitsabläufe** bei Störungen im Erfüllungsgeschäft können je nach Organisation und Größe des Betriebes unterschiedlich ablaufen.

- Grundsätzlich sollten aus Beweissicherungsgründen Mängelrügen oder Mahnungen **schriftlich** erfolgen.

- Vor der Inanspruchnahme von Rechten aus dem Kaufvertrag sollte in jedem Fall geprüft werden, ob die Voraussetzungen der Kaufvertragsstörungen vorliegen und welche Rechte sich aus dieser Kaufvertragsstörung ergeben.

Nicht-rechtzeitig-Zahlung kennenlernen 61

> • Es kann durchaus wirtschaftlich motivierte Gründe geben, auf das aus der Kaufvertragsstörung zustehende Recht zu verzichten.

1. Beschreiben Sie die Kontrolle der Zahlungseingänge und -ausgänge in Ihrem Ausbildungsbetrieb.

2. Erläutern Sie die Voraussetzungen des Zahlungsverzuges und die jeweiligen Rechte des Verkäufers.

3. Stellen Sie fest, welche Maßnahmen in Ihrem Ausbildungsbetrieb zur Sicherung der Zahlungseingänge getroffen werden.

4. Die Primus GmbH hat dem Bürofachgeschäft Herbert Blank e.K. am 20. September ordnungsgemäß eine Lieferung Bürostühle per Lkw zugesandt. Die Rechnung wurde dem Bürofachgeschäft am 21. September zugestellt.
 a) Überprüfen Sie, wann das Bürofachgeschäft in Verzug gerät.
 b) Das Bürofachgeschäft befindet sich im Zahlungsverzug. Erläutern Sie, wovon die Primus GmbH die Ausübung der einzelnen Rechte beim Zahlungsverzug abhängig machen wird.

5. Überprüfen Sie, welche Ursachen zur Nicht-rechtzeitig-Zahlung führen können.

6. Schriftverkehr: Schreiben Sie anhand nachfolgender Angaben einen Brief.
Die Herta Straub KG, Händelstraße 17, 22761 Hamburg, hat bei der Primus GmbH Büromöbel im Werte von 41 890,00 € gekauft. Zwei Wochen nach Ablauf des Zahlungstermins hat die KG noch nicht bezahlt.

7. Erläutern Sie einige Ursachen dafür, dass Kunden nicht oder nicht rechtzeitig zahlen.

8. Um einen Käufer bei Nicht-rechtzeitig-Zahlung in Verzug zu setzen, ist meistens eine Mahnung des Verkäufers erforderlich. Bei welchen der nachfolgenden Zahlungstermine könnte auf eine Mahnung verzichtet werden bzw. kommt der Käufer mit Ablauf des Zahlungstermins in Verzug?
 1. Zahlbar bis 30. Oktober 20..
 2. Zahlbar in 4 Wochen ab heute
 3. Zahlbar am 27. September 20..
 4. Zahlbar 4 Wochen nach Erhalt der Lieferung
 5. Zahlbar sofort
 6. Zahlbar 4 Wochen nach Rechnungsdatum
 7. Zahlbar 20 Tage nach Erhalt der Rechnung

9. Beschreiben Sie die Konsequenzen, die einem Unternehmen entstehen, wenn es seine Außenstände nicht rechtzeitig von den Kunden bezahlt bekommt.

10. Erläutern Sie, wovon es abhängen kann, in welcher Form und wie oft ein Unternehmen einen säumigen Käufer mahnt.

11. Beschreiben Sie, warum es für den Verkäufer durchaus sinnvoll sein kann, bei der Nicht-rechtzeitig-Zahlung nicht auf sein Recht zu pochen.

4.2 Das Mahnverfahren einleiten

Trotz mehrfacher Mahnungen durch die Primus GmbH hat die Herstadt Warenhaus GmbH den ausstehenden Rechnungsbetrag über 34 800,00 € nicht bezahlt. An Mahnkosten sind bisher 23,00 € und an Verzugszinsen 350,90 € entstanden. Andreas Brandt ist bei der Primus GmbH zuständig für die Bearbeitung. Er ist sich nicht sicher, wie er sich verhalten soll.

ARBEITSAUFTRÄGE

- Machen Sie Vorschläge, welche Möglichkeiten die Primus GmbH hat, wenn mehrere Mahnungen bei einem Kunden keine Wirkung gezeigt haben.
- Erläutern Sie das außergerichtliche Mahnverfahren.

● Außergerichtliches (kaufmännisches) Mahnverfahren

Man spricht von einem **außergerichtlichen oder kaufmännischen Mahnverfahren**, wenn der Verkäufer **ohne Einschaltung des Gerichts** versucht, seine ausstehenden Forderungen einzutreiben. Eine Mahnung sollte aber immer mit sehr viel „**Fingerspitzengefühl**" vorgenommen werden, da durch zu harte und ungeschickte Formulierungen Kunden verärgert werden können. Die Mahnung sollte einen Hinweis auf den fälligen Betrag und den überfälligen Zahlungstermin enthalten. **Aus Beweissicherungsgründen** sollte sie **schriftlich** abgefasst werden.

Ein kaufmännisches Mahnverfahren kann z. B. in **folgenden Schritten** durchgeführt werden:

- **Zahlungserinnerung**: Der Schuldner erhält 14 Tage nach Überschreiten des Fälligkeitstages in höflicher Form eine Rechnungskopie oder einen Kontoauszug.
- **1. Mahnung**: Nochmalige Zusendung einer Rechnungskopie oder eines Kontoauszuges nach weiteren 14 Tagen, wobei ein nachdrücklicher Ton angeschlagen wird.
- **2. Mahnung**: Nach weiteren 14 Tagen wird eine Mahnung mit Fristsetzung an den Kunden gesandt, wobei nachdrücklich auf die Fälligkeit, den Betrag und die Folgen der Nichtzahlung hingewiesen wird.
- **3. Mahnung**: Es wird nach acht Tagen ein letzter Termin gesetzt und der Mahnbescheid (gerichtliche Mahnung) angedroht.

Eine besondere Form der Mahnung ist die Zustellung einer **Postnachnahme**, wobei man Geldbeträge bis höchstens 1 600,00 € durch die Deutsche Post DHL Group einziehen lassen kann. Diese überweist den geforderten Betrag umgehend auf das Konto des Gläubigers.

Mit der Einziehung von überfälligen Zahlungen können gegen Zahlung eines Entgelts auch **Inkassobüros** beauftragt werden.

● Gerichtliches Mahnverfahren

Wenn ein säumiger Kunde nicht auf die Maßnahmen des außergerichtlichen (kaufmännischen) Mahnverfahrens reagiert, kann ein Lieferer bei einem Amtsgericht[1] einen Antrag auf Erlass eines **Mahnbescheids** stellen. Dadurch wird das gerichtliche Mahnverfahren (§ 688ff. ZPO) eingeleitet. Der Mahnbescheid stellt eine Mahnung von Amts wegen dar, wodurch der Schuldner aufgefordert wird, den ausstehenden Betrag binnen einer Frist von zwei Wochen zu zahlen oder Widerspruch zu erheben.

Der Antrag kann auf einem besonderen Vordruck (Formularzwang, vgl. S. 64) im Onlineverfahren dem Amtsgericht übermittelt werden.

Das Amtsgericht erlässt den Mahnbescheid, wobei nicht überprüft wird, ob der Anspruch zu Recht besteht oder nicht. Der Mahnbescheid wird dem Schuldner vom Gericht zugestellt. Der **Schuldner hat** nach Zustellung des Mahnbescheids durch das Amtsgericht **drei Möglichkeiten:**

- Der **Schuldner zahlt an den Gläubiger** (Forderungsbetrag und sämtliche Kosten des Verfahrens), das **Verfahren ist beendet**.
- Der **Schuldner erhebt Widerspruch** beim zuständigen Amtsgericht innerhalb der Widerspruchsfrist von zwei Wochen. Auf Antrag des Gläubigers kommt es zum **Zivilprozess** beim zuständigen Amts- oder Landgericht (Streitwert bis 5 000,00 € Amtsgericht, über 5 000,00 € Landgericht). Zuständig ist bei einseitigen Handelskäufen das Prozessgericht, in dessen Bezirk der Schuldner seinen Wohn- oder Geschäftssitz hat, bei zweiseitigen Handelskäufen kann auch vertraglich ein anderer Gerichtsstand vereinbart werden. Der Widerspruch kann mündlich (bei einem zuständigen Beamten des Amtsgerichts) oder schriftlich (Einschreiben) eingelegt werden.
- Der **Schuldner unternimmt nichts**, der Gläubiger kann nach Ablauf der Widerspruchsfrist einen **Vollstreckungsbescheid** binnen sechs Monaten beim Amtsgericht beantragen.

Hat der Gläubiger beim Amtsgericht einen Vollstreckungsbefehl beantragt, wird dieser dem Schuldner vom Amtsgericht durch einen Vollstreckungsbeamten zugestellt. Der **Schuldner** hat wieder **drei Möglichkeiten:**

- Der **Schuldner zahlt an den Gläubiger** (Forderungsbetrag und sämtliche Kosten des Verfahrens), das **Verfahren ist beendet**.
- Der **Schuldner erhebt Einspruch** innerhalb der Einspruchsfrist von zwei Wochen. Auf Antrag des Gläubigers kommt es zum **Zivilprozess** beim zuständigen Amts- oder Landgericht.
- Der **Schuldner unternimmt nichts**, der Gläubiger kann nach Ablauf der Einspruchsfrist durch einen Vollstreckungsbeamten beim Schuldner eine **Zwangsvollstreckung** (= Pfändung, d.h., der Vollstreckungsbeamte pfändet beim Schuldner verwertbare Gegenstände, indem er diese mit einem **Pfandsiegel = Kuckuck** versieht, vgl. S. 66) vornehmen lassen.

---

[1] *Aus Rationalisierungsgründen werden alle Mahnbescheide zentral je nach Bundesland bei einigen Amtsgerichten bearbeitet, rechtliche Wirkung hat der Antrag erst mit Eingang beim zuständigen Amtsgericht.*

LF 5 Kaufverträge erfüllen

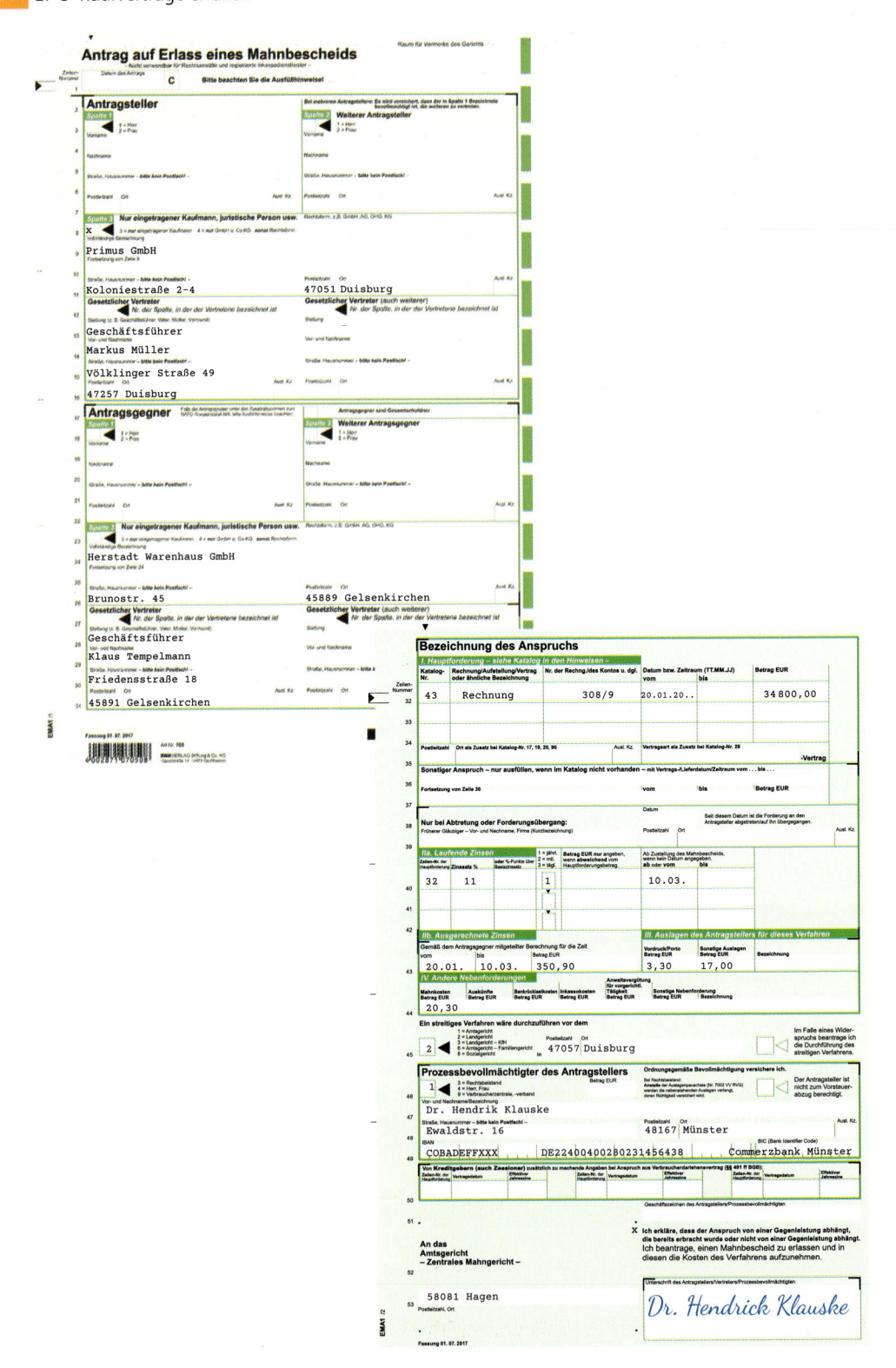

Antrag auf Erlass eines Mahnbescheids

Antragsteller

Nur eingetragener Kaufmann, juristische Person usw.
Primus GmbH
Koloniestraße 2-4   47051 Duisburg

Gesetzlicher Vertreter
Geschäftsführer
Markus Müller
Völklinger Straße 49
47257 Duisburg

Antragsgegner

Nur eingetragener Kaufmann, juristische Person usw.
Herstadt Warenhaus GmbH
Brunostr. 45   45889 Gelsenkirchen

Gesetzlicher Vertreter
Geschäftsführer
Klaus Tempelmann
Friedensstraße 18
45891 Gelsenkirchen

Bezeichnung des Anspruchs

I. Hauptforderung – siehe Katalog in den Hinweisen –

Katalog-Nr.	Rechnung/Aufstellung/Vertrag oder ähnliche Bezeichnung	Nr. der Rechng./des Kontos u. dgl.	Datum bzw. Zeitraum (TT.MM.JJ) vom	bis	Betrag EUR
43	Rechnung	308/9	20.01.20..		34800,00

Ia. Laufende Zinsen

Zinssatz %	oder %-Punkte (über Basiszinssatz)	1 = jährl. 2 = mtl. 3 = tägl.	Betrag EUR nur angeben, wenn abweichend vom Hauptforderungsbetrag	Ab Zustellung des Mahnbescheids, wenn kein Datum angegeben. ab vom	bis
32	11	1		10.03.	

II. Ausgerechnete Zinsen

Gemäß dem Antragsgegner mitgeteilter Berechnung für die Zeit
vom 20.01. bis 10.03. Betrag EUR 350,90

III. Auslagen des Antragstellers für dieses Verfahren

Vordruck/Porto 3,30   Sonstige Auslagen 17,00

IV. Andere Nebenforderungen

Mahnkosten 20,30

Ein streitiges Verfahren wäre durchzuführen vor dem
2 = Amtsgericht   47057 Duisburg

Prozessbevollmächtigter des Antragstellers

1 = Rechtsanwalt
Dr. Hendrik Klauske
Ewaldstr. 16   48167 Münster
IBAN: COBADEFFXXX   DE22400400280231456438   Commerzbank Münster

An das
Amtsgericht
– Zentrales Mahngericht –
58081 Hagen

X Ich erkläre, dass der Anspruch von einer Gegenleistung abhängt, die bereits erbracht wurde oder von einer Gegenleistung abhängt. Ich beantrage, einen Mahnbescheid zu erlassen und in diesen die Kosten des Verfahrens aufzunehmen.

Dr. Hendrick Klauske

Bei einer Zwangsvollstreckung dürfen nicht alle verwertbaren Gegenstände gepfändet werden. Nicht pfändbar sind Gegenstände, die für eine bescheidene Lebensführung benötigt werden.

Beispiele Kleidungsstücke, Einrichtungsgegenstände, Fernseher

Hat der Vollstreckungsbeamte auf Antrag des Gläubigers beim Schuldner verwertbare Gegenstände gepfändet, werden diese nach einer Schonfrist von sieben Tagen versteigert. Der Gläubiger erhält den Erlös der Versteigerung abzüglich der entstandenen Versteigerungskosten bis zur Höhe seiner Forderungen.

Ist eine **Zwangsvollstreckung mangels verwertbarer Gegenstände beim Schuldner erfolglos** und hat der Gläubiger das Gefühl, dass der Schuldner verwertbare Gegenstände unterschlägt, muss der Schuldner eine **eidesstattliche Versicherung** (Vermögensauskunft) über seine Vermögensverhältnisse ablegen. Bei der eidesstattlichen Versicherung erklärt der Schuldner, dass sich außer den angegebenen Gegenständen keine weiteren Vermögensgegenstände in seinem Eigentum befinden.

Verweigert er die eidesstattliche Versicherung, kann der Schuldner auf Kosten des Gläubigers in eine **Beugehaft** bis zu sechs Monaten genommen werden. Macht er falsche Angaben über seine Vermögensverhältnisse, muss er mit einer Haftstrafe wegen Meineid rechnen.

Der Gläubiger kann auf das gerichtliche Mahnverfahren verzichten und gleich beim zuständigen Amts- oder Landgericht eine **Klage** wegen Vertragsbruch gegen den Schuldner einreichen.

● Schuldnerberatung

Immer mehr Haushalte und Unternehmen geraten durch die wirtschaftlichen Umstände (Arbeitslosigkeit, steigende Lebenshaltungskosten, sorgloser Umgang mit dem Smartphone usw.) in finanzielle Probleme. Im Laufe der Zeit häufen sich Schulden an, die ohne Hilfe nicht mehr bezahlt werden können. In diesen Fällen sollte man sich an seriöse **Schuldnerberatungsstellen** wenden. Hier wird Hilfestellung beim Ablauf des **Schuldenregulierungsprozesses** und des **Verbraucherinsolvenzverfahrens** gegeben (www.caritas.de/hilfeundberatung/onlineberatung).

Eine Schuldnerberatung läuft in **folgenden Schritten** ab:

- telefonische Kontaktaufnahme mit der Beratungsstelle und Terminvereinbarung
- Zusammenstellung aller Unterlagen (Rechnungen, Lohnbescheinigung, Schuldnerliste usw.)
- Prüfung der Berechtigung der Forderungen des Gläubigers durch den Schuldnerberater
- Suche nach Einsparmöglichkeiten
- Führung eines Haushaltsbuches und Verpflichtung, keine neuen Zahlungsverpflichtungen einzugehen
- Beratung bei drohenden Zwangsmaßnahmen wie Pfändung oder Zwangsversteigerung
- Prüfung, ob ein **Verbraucherinsolvenzverfahren** in Betracht kommt

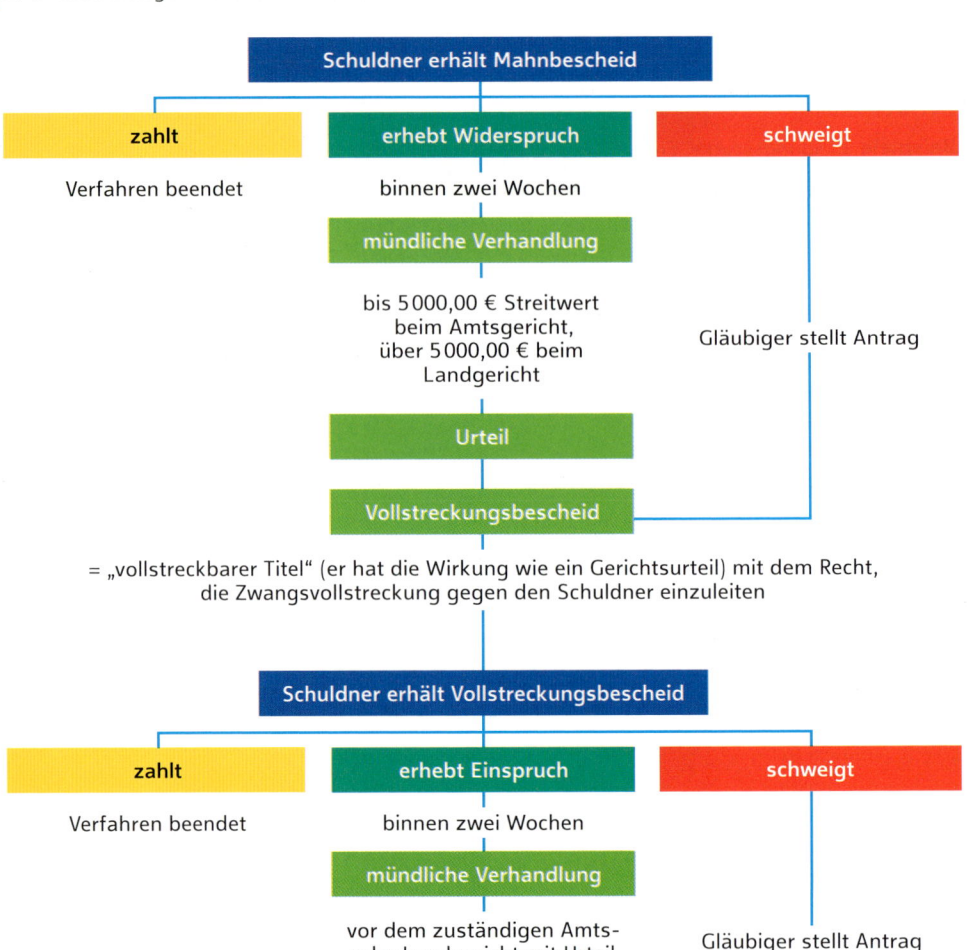

Schuldner erhält Mahnbescheid

zahlt → Verfahren beendet

erhebt Widerspruch (binnen zwei Wochen)
- mündliche Verhandlung
- bis 5 000,00 € Streitwert beim Amtsgericht, über 5 000,00 € beim Landgericht
- Urteil

schweigt → Gläubiger stellt Antrag → Vollstreckungsbescheid

= „vollstreckbarer Titel" (er hat die Wirkung wie ein Gerichtsurteil) mit dem Recht, die Zwangsvollstreckung gegen den Schuldner einzuleiten

Schuldner erhält Vollstreckungsbescheid

zahlt → Verfahren beendet

erhebt Einspruch (binnen zwei Wochen)
- mündliche Verhandlung
- vor dem zuständigen Amts- oder Landgericht mit Urteil

schweigt → Gläubiger stellt Antrag

Zwangsvollstreckung

= Pfändung durch den Vollstreckungsbeamten, indem dieser beim Schuldner verwertbare Gegenstände mit einem Pfandsiegel („Kuckuck") versieht oder mitnimmt

war erfolgreich: Gläubiger erhält Geld aus der Zwangsvollstreckung.

war erfolglos: Auf Antrag des Gläubigers wird vom Schuldner eine eidesstattliche Versicherung (Vermögensauskunft) über seine Vermögensverhältnisse verlangt.

Das Mahnverfahren einleiten

- Der Prozess des Mahnverfahrens verläuft in **folgenden Arbeitsschritten**:

Mahnlauf starten → Debitoren auswählen; Stichdatum eingeben → vorläufige Mahnliste erstellen → Mahnliste bearbeiten → Mahnungen drucken

- Das **außergerichtliche Mahnverfahren** wird angewandt, wenn von säumigen Schuldnern fällige Forderungen ohne Einschaltung des Gerichts eingetrieben werden.
- Der **Mahnbescheid** stellt eine Aufforderung des Gläubigers an den Schuldner dar, innerhalb einer bestimmten Frist die vom Gläubiger geforderte Summe zu zahlen oder sich vor Gericht zu verteidigen.
- Mit dem **Vollstreckungsbescheid** hat ein Gläubiger einen vollstreckbaren Titel mit dem Recht, die Zwangsvollstreckung gegen den Schuldner einzuleiten.
- Die **Zwangsvollstreckung** ist ein Verfahren, um mithilfe eines Vollstreckungsbeamten Geldforderungen bei einem Kunden einzutreiben.

1. Erläutern Sie, in welchen Schritten eine Schuldnerberatung ablaufen sollte.

2. Erläutern Sie, wovon es abhängen kann, in welcher Form und wie oft ein Unternehmen einen säumigen Käufer mahnt.

3. Beschreiben Sie, was ein Gläubiger unternehmen kann, wenn eine Zwangsvollstreckung beim Schuldner erfolglos war.

4. Erklären Sie die Schritte beim außergerichtlichen Mahnverfahren.

5. Beschreiben Sie den Ablauf des gerichtlichen Mahnverfahrens.

6. Die Auszubildende Nicole Höver erhält per Post einen Mahnbescheid zugesandt, in welchem sie von einer Versandhandlung aufgefordert wird, 2 000,00 € zu zahlen. Da Nicole keine Einkäufe bei der Versandhandlung getätigt hat, ist sie der Überzeugung, dass es sich um einen Irrtum handeln muss, der sich von selbst aufklärt. Infolgedessen unternimmt sie nichts. Beschreiben Sie die Folgen, die sich für Nicole aus ihrem Schweigen ergeben können.

7. Geben Sie an, welche Konsequenzen eine Zwangsvollstreckung für den Schuldner hat.

8. Die Primus GmbH hat dem Institut für Weiterbildung e. V., Brunnstraße 25, 80331 München, Bürostühle und PC-Tische im Werte von 31 368,00 € geliefert. Als Zahlungstermin war vereinbart worden: „Zahlbar 30 Tage nach Erhalt der Rechnung netto Kasse". Die Rechnung wurde am 17. Februar 20.. per Brief versandt.
Schreiben Sie
1) eine Zahlungserinnerung am 25. März 20..,
2) die 1. Mahnung am 9. April 20..,

3) die 2. Mahnung am 23. April 20..,
4) die 3. und letzte Mahnung am 30. April 20.. (Das Institut reagiert auf kein Mahnschreiben.)

9. Erstellen Sie mithilfe einer Textverarbeitungssoftware ein Textbausteinsystem für das kaufmännische Mahnverfahren.

4.3 Zinsrechnen anwenden

Aufgrund einer unerwarteten Lieferverzögerung eines Lkw-Herstellers stehen der Primus GmbH 70 000,00 € Barmittel drei Monate zur Verfügung. Die Geschäftsführerin Frau Primus erhält von der Sparkasse Duisburg ein Angebot, den Geldbetrag für 90 Tage zu 2 % p. a. als Termingeld anzulegen. Eine Konkurrenzbank bietet für den gleichen Zeitraum für den Geldbetrag einen Festzinsbetrag von 393,75 € an. Frau Primus bittet Nicole Höver zu ermitteln, welches Angebot sie annehmen soll.

ARBEITSAUFTRÄGE
◆ Ermitteln Sie die Zinsen, die bei der Anlage des Geldbetrages bei der Sparkasse Duisburg anfallen.
◆ Ermitteln Sie den Zinssatz, den die Konkurrenzbank zugrunde gelegt hat.
◆ Begründen Sie, welches Angebot Frau Primus annehmen sollte.

Zinsen stellen eine Vergütung für die zeitweilige Überlassung von Kapital dar. Zinsrechnen ist angewandtes Prozentrechnen. Während beim Prozentrechnen mit drei Größen (Prozentwert, Prozentsatz, Grundwert) gearbeitet wurde, beschäftigt sich die Zinsrechnung mit vier Größen, nämlich dem **Kapital** (= Grundwert in der Prozentrechnung), dem **Zinssatz**[1] (= Prozentsatz in der Prozentrechnung), den **Zinsen** (= Prozentwert in der Prozentrechnung) und der **Zeit** (fehlt in der Prozentrechnung).

Beispiel 100,00 € Kapital bringen zu 3 % in einem Jahr angelegt 3,00 € Zinsen.

Beim Zinsrechnen arbeitet man mit folgenden Begriffen:

3 % von	100,00 €	bringen	in einem Jahr	3,00 € Zinsen.
Zinssatz	Kapital		Zeit in [2]	Zinsen
p	K		Jahren i_J Monaten i_M Tagen i_T	Z

---
[1] Der inhaltlich gleiche Begriff Zinsfuß ist heute veraltet.
[2] Vielfach wird die allgemeine Abkürzung t (lat. tempus = Zeit) für alle Zeitangaben verwendet.

Nicht-rechtzeitig-Zahlung kennenlernen

● Berechnung von Jahreszinsen

Um die Jahreszinsen berechnen zu können, müssen das Kapital (K), der Zinssatz (p) und die Zeit (i_J) angegeben sein.

Beispiel Die Primus GmbH legt bei der Bank ein Kapital über 12 000,00 € für vier Jahre zu einem Zinssatz von 3 % p. a. an.

Berechnen Sie die Zinsen, die die Primus GmbH für die vier Jahre erhält.

Lösung Ein Zinssatz von 3 % bedeutet, dass man in einem Jahr 3,00 € Zinsen für 100,00 € Kapital bekommt.

Im Fragesatz wird folgende Frage gestellt: Wie viel Euro Zinsen (x) bringen in vier Jahren 12 000,00 € Kapital?

① **Bedingungssatz:** 100,00 € bringen in einem Jahr 3,00 € Zinsen.

② **Fragesatz:** 12 000,00 € bringen in vier Jahren x € Zinsen.

③ **Bruchsatz:** $x = \dfrac{12\,000 \cdot 4 \cdot 3}{100}$

$x = 1\,440{,}00\ €$

Die Zinsen betragen 1 440,00 €.

Hieraus lässt sich folgende Formel für die Berechnung der Jahreszinsen ableiten:

$$\text{Jahreszinsen} = \frac{\text{Kapital} \cdot \text{Jahre} \cdot \text{Zinssatz}}{100} \quad \text{oder} \quad Z_J = \frac{K \cdot i_J \cdot p}{100}$$

Rechenweg Berechnen Sie die Jahreszinsen mithilfe obiger Formel.

● Berechnung von Monatszinsen

Um die Monatszinsen berechnen zu können, müssen das Kapital (K), der Zinssatz (p) und die Zeit in Monaten (i_M) angegeben sein.

Beispiel Ein Kapital von 6 600,00 € wird mit 5 % p. a. verzinst.

Wie viel Zinsen bringt das Kapital in acht Monaten?

Lösung 5 % Zinsen bedeuten, dass für 100,00 € Kapital in einem Jahr, also in zwölf Monaten, 5,00 € Zinsen zu zahlen sind.

① **Bedingungssatz:** 100,00 € bringen in zwölf Monaten 5,00 € Zinsen.

② **Fragesatz:** 6 600,00 € bringen in acht Monaten x € Zinsen.

③ **Bruchsatz:** $x = \dfrac{6\,600 \cdot 8 \cdot 5}{100 \cdot 12}$

$x = 220{,}00\ €$

Die Zinsen betragen 220,00 €.

Hieraus lässt sich folgende Formel für die Berechnung der Monatszinsen ableiten:

$$\text{Monatszinsen} = \frac{\text{Kapital} \cdot \text{Monate} \cdot \text{Zinssatz}}{100 \cdot 12} \quad \text{oder} \quad Z_M = \frac{K \cdot i_M \cdot p}{100 \cdot 12}$$

Rechenweg Berechnen Sie die Monatszinsen mithilfe obiger Formel.

● Berechnung von Tageszinsen

Bei der Berechnung der Tageszinsen wird in Deutschland **in der kaufmännischen Zinsrechnung** das Jahr mit 360 Tagen gerechnet und der Monat mit 30 Tagen, auch der Februar. Geht die Verzinsung jedoch nur bis zum 28. oder 29. Februar, dann rechnet man mit 28 bzw. 29 Tagen. Der 31. eines Monats wird nicht berücksichtigt, auch wenn der Zeitraum bis zum 31. eines Monats läuft. Bei der Berechnung des Zinszeitraumes wird der 1. Tag der Laufzeit nicht mitgezählt, der letzte Tag wird mitgezählt. Im Ausland ist die Berechnung der Zinstage unterschiedlich.

Beispiele	Ermittlung der Tage	
16. April bis 20. Juni	April	14 Tage
	Mai	30 Tage
	Juni	20 Tage
		64 Tage
10. Januar bis 17. März	Januar	20 Tage
	Februar	30 Tage
	März	17 Tage
		67 Tage
15. Januar bis 29. Februar	Januar	15 Tage
	Februar	29 Tage
		44 Tage
1. Juli bis 31. Juli	Juli	29 Tage

> In der kaufmännischen Zinsrechnung
> 1. wird der 31. eines Monats nicht berücksichtigt,
> 2. hat der Februar wie alle anderen Monate 30 Tage, bei Verzinsung bis zum 28. oder 29. Februar nur 28 bzw. 29 Tage,
> 3. wird der 1. Tag nicht gezählt,
> 4. wird der Tag, bis zu dem gerechnet wird, mitgezählt.

Um die Tageszinsen berechnen zu können, müssen das Kapital (K), der Zinssatz (p) und die Zeit in Tagen (i_T) angegeben sein.

Beispiel Berechnen Sie die Zinsen, die ein Kapital von 5 000,00 € bei einem Zinssatz von 6 % p. a. in 45 Tagen bringt.

Lösung 6 % Zinsen bedeuten, dass für 100,00 € Kapital in einem Jahr, also in 360 Tagen, 6,00 € Zinsen zu zahlen sind.

Im Fragesatz wird die Frage gestellt: Wie viel Euro Zinsen (x) bringen 5 000,00 € in 45 Tagen?

① **Bedingungssatz:** 100,00 € bringen in 360 Tagen 6,00 € Zinsen.

② **Fragesatz:** 5 000,00 € bringen in 45 Tagen x € Zinsen.

③ **Bruchsatz:** $x = \dfrac{5\,000 \cdot 45 \cdot 6}{100 \cdot 360}$ $x = \underline{\underline{37,50\ €}}$

Die Zinsen betragen 37,50 €.

Hieraus lässt sich folgende kaufmännische Formel für die Berechnung der Tageszinsen ableiten:

$$\text{Tageszinsen} = \frac{\text{Kapital} \cdot \text{Tage} \cdot \text{Zinssatz}}{100 \cdot 360} \quad \text{oder} \quad \frac{K \cdot i_T \cdot p}{100 \cdot 360}$$

Rechenweg Berechnen Sie die Tageszinsen mithilfe obiger Formel.

Neben der kaufmännischen Zinsformel werden auch noch die **Euro- und die BGB-Zinsformeln** benutzt:

Lösung mit der Euro-Zinsformel:

Bei der Euro-Zinsformel sind der **Monat taggenau** und das **Jahr mit 360 Tagen** anzusetzen.

Beispiel Ein Kapital von 12 000,00 € wird vom 28.03. bis zum 30.06. mit 6 % p. a. verzinst. Wie viel Euro Zinsen werden fällig?

$$\text{Tageszinsen der Euro-Zinsformel} = \frac{\text{Kapital} \cdot \text{Tage} \cdot \text{Zinssatz}}{100 \cdot 360} = \frac{12\,000 \cdot 6 \cdot 94}{100 \cdot 360} = 188{,}00\ \text{€}$$

Lösung mit der BGB-Zinsformel:

Bei der BGB-Zinsformel sind der **Monat und das Jahr taggenau** anzusetzen.

Beispiel Ein Kapital von 12 000,00 € wird vom 26.02. (das Jahr ist ein Schaltjahr, also hat der Februar 29 Tage) bis zum 30.06. mit 6 % p. a. verzinst. Wie viel Euro Zinsen werden fällig?

$$\text{Tageszinsen mit BGB-Zinsformel} = \frac{\text{Kapital} \cdot \text{Tage} \cdot \text{Zinssatz}}{100 \cdot 365\ (366)} = \frac{12\,000 \cdot 6 \cdot 125}{100 \cdot 366} = 245{,}90\ \text{€}$$

● Berechnung des Zinssatzes

Um den Zinssatz berechnen zu können, müssen die Zinsen, das Kapital und die Zeit gegeben sein.

Beispiel Die Primus GmbH hat bei der Sparkasse Duisburg 14 300,00 € für 90 Tage angelegt. Die Primus GmbH bekommt nach 90 Tagen 178,75 € Zinsen gutgeschrieben.

Zu welchem Zinssatz wurde das Kapital angelegt?

Lösung Es ist angegeben, dass die Primus GmbH in 90 Tagen für 14 300,00 € Kapital 178,75 € Zinsen erhält.

Es wird die Frage gestellt, wie viel Zinsen man in 360 Tagen für ein Kapital von 100,00 € erhält.

① **Bedingungssatz:** In 90 Tagen erhält man für 14 300,00 € Kapital   178,75 € Zinsen.

② **Fragesatz:** In 360 Tagen erhält man für   100,00 € Kapital   x € Zinsen.

③ **Bruchsatz:** $x = \dfrac{178{,}75 \cdot 100 \cdot 360}{90 \cdot 14\,300}$

$x = \underline{5{,}00\ \text{€}}$

Der Zinssatz beträgt somit 5 %.

Hieraus lässt sich folgende Formel für die Berechnung des Zinssatzes ableiten:

$$\text{Zinssatz} = \frac{\text{Zinsen} \cdot 100 \cdot 360}{\text{Zeit} \cdot \text{Kapital}} \quad \text{oder} \quad p = \frac{Z \cdot 100 \cdot 360}{i_T \cdot K}$$

Rechenweg Berechnen Sie den Zinssatz mithilfe obiger Formel.

● Zinsrechnung auf Hundert (vom vermehrten Kapital)

Wenn nur das vermehrte Kapital (Kapital + Zinsen) angegeben ist und das Kapital berechnet werden soll, dann liegt eine Zinsrechnung „auf Hundert" vor.

Um das Kapital berechnen zu können, muss auch hier der Zinssatz in einen Prozentsatz umgewandelt werden.

Beispiel Ein Unternehmer hatte ein Darlehen bei seiner Bank für $1/2$ Jahr aufgenommen, das er nach Ablauf des halben Jahres einschließlich 9 % p. a. Zinsen mit 9 405,00 € zurückzahlt.

Lösung

① Zinsrechnung   Prozentrechnung

	Darlehen (Kapital)	9 000,00 € ⑤	100 % ②
+	Zinsen 9 %/180 Tage	405,00 €	4,5 % ③
	Vermehrtes Kapital	9 405,00 € ④	104,5 % ④

③ In 360 Tagen = 9 % $x = \dfrac{9 \cdot 180}{360}$ $x = \underline{4,5\%}$
In 180 Tagen = x %

Zum Zeitpunkt der Auszahlung ist das Darlehen (Kapital) gleich 100 % zu setzen. Nach Ablauf von 180 Tagen zahlt der Unternehmer das Kapital zusammen mit den 9 % p. a. Zinsen zurück, wobei der Zinssatz von 9 % p. a. einem Prozentsatz von 4,5 % entspricht.

⑤ 104,5 % = 9 045,00 € $x = \dfrac{9405 \cdot 100}{104,5}$ $x = \underline{9\,000,00\ €}$
100 % =   x   €

Das Kapital (Darlehen) betrug 9 000,00 €.

Rechenweg

① Stellen Sie das Abrechnungsschema auf und setzen Sie die angegebenen Größen ein.

② Setzen Sie das Darlehen (Kapital) = 100 %.

③ Ermitteln Sie aus dem Zinssatz einen Prozentsatz.

④ Ermitteln Sie den Prozentsatz für das vermehrte Kapital, indem Sie das Darlehen (Kapital) = 100 % setzen und den errechneten Prozentsatz addieren.

⑤ Errechnen Sie das Darlehen (Kapital) mithilfe des Dreisatzes.

Zinsrechnen anwenden

Zinsen (Z)	Kapital (K)	Zinssatz (p)	Zeit (i)[1]
= Prozentwert ergibt sich durch Bezug des Zinssatzes auf das Kapital unter Berücksichtigung der Zeit.	= Grundwert ist immer 100 %.	= Prozentsatz gibt die Anzahl der Anteile von 100 auf ein Jahr bezogen an.	Sie kann als Anzahl von Jahren, Monaten oder Tagen angegeben sein.
Kaufmännische Zinsformel: $Z = \dfrac{K \cdot i \cdot p}{100 \cdot 360}$	$K = \dfrac{Z \cdot 100 \cdot 360}{p \cdot i}$	$p = \dfrac{Z \cdot 100 \cdot 360}{K \cdot i}$	$i = \dfrac{Z \cdot 100 \cdot 360}{K \cdot p}$

---

[1] Statt i kann auch die Abkürzung t verwendet werden.

Nicht-rechtzeitig-Zahlung kennenlernen

Euro-Zinsformel: $Z = \dfrac{K \cdot i \cdot p}{100 \cdot 360}$ Monat taggenau, Jahr 360 Tage

BGB-Zinsformel: $Z = \dfrac{K \cdot i \cdot p}{100 \cdot 365 \,(366)}$ Monat und Jahr taggenau

Anmerkung: Wenn nichts anderes angegeben ist, wird die kaufmännische Zinsformel bei der Berechnung der Zinsen zugrunde gelegt.

1. Berechnen Sie die Jahreszinsen für ein Darlehen über 12 000,00 € zu folgenden Zinssätzen p. a.: a) 3 %; b) 4,5 %; c) 5 %; d) 6 %; e) 8 $^1/_3$ %; f) 9,5 %.

2. Ermitteln Sie die Rückzahlungen einschließlich Zinsen, die Unternehmen zu leisten haben, wenn folgende Beträge ausgeliehen wurden:
a) 78 000,00 € für zwei Jahre zum Zinssatz von 5 % p. a.
b) 27 800,00 € für vier Jahre zum Zinssatz von 7,25 % p. a.
c) 8 800,00 € für fünf Jahre zum Zinssatz von 5,5 % p. a.
d) 22 000,00 € für acht Jahre zum Zinssatz von 6 $^2/_3$ % p. a.

3. Es sind die Zinsen zu berechnen:

	Kapital in €	Zinssatz in % p. a.	Jahre
a)	3 260,00	5,5	2
b)	9 150,00	7	5
c)	12 120,00	6,5	4
d)	22 300,00	8 $^2/_3$	6
e)	51 250,00	6	8

4. Ein Handwerksbetrieb nimmt bei seiner Bank ein Darlehen von 12 000,00 € für acht Monate zu 6,5 % p. a. Zinsen auf. Aus unvorhergesehenen Gründen kann der Handwerksbetrieb das Darlehen am vereinbarten Termin nicht zurückzahlen. Die Bank gewährt ihm über den Gesamtbetrag (Darlehen und Zinsen) über vier weitere Monate einen Zahlungsaufschub und verlangt für diesen Zeitraum für den Gesamtbetrag 8 % p. a. Zinsen. Welchen Betrag muss der Handwerksbetrieb nach Ablauf des Zahlungsaufschubs zahlen?

5. Berechnen Sie die Zinsen für folgende Darlehen:

	Darlehen in €	Zinssatz in % p. a.	Jahre
a)	876,00	5,5	2
b)	1 250,00	7	5
c)	4 750,00	6,5	4
d)	10 489,00	8 $^2/_3$	6
e)	22 120,00	6	8

6. Ein Handwerksbetrieb erhält von seiner Bank einen Überbrückungskredit von 34 000,00 € für die Dauer von sieben Monaten; die Bank berechnet 12 % p. a. Zinsen.
Welcher Betrag muss zurückgezahlt werden?

7. Ermitteln Sie die Zinstage:
a) 1. Febr. – 31. Juli; b) 5. Juni – 1. Dez.; c) 31. Juli – 6. Nov.; d) 15. Nov. – 3. März d. n. J.;
e) 1. Nov. – 29. April d. n. J.; f) 29. Febr. – 31. Aug.; g) 28. Febr. – 1. April;
h) 10. Dez. – 31. März d. n. J.; i) 17. Juni – 3. Sept.

8. Berechnen Sie die Zinsen für folgende Darlehen
1. nach der kaufmännischen Zinsformel,
2. nach der Euro-Zinsformel,
3. nach der BGB-Zinsformel.

	Darlehen in €	Zinssatz in % p. a.	Zeit
a)	880,00	6	01.08.–15.12.
b)	2 450,00	8	31.01.–10.05. (Schaltjahr)
c)	4 620,00	5	01.01.–01.03. (Schaltjahr)
d)	5 980,00	7,5	04.06.–10.12.
e)	10 700,00	7	01.03.–31.08.

9. Ermitteln Sie die Rückzahlungen einschließlich der Zinsen für folgende Darlehen:

	Darlehen in €	Zinssatz in % p. a.	Zeit
a)	12 600,00	4,5	03.01.–31.08.
b)	60 900,00	6,25	10.06.–15.03. d. n. J.
c)	4 210,00	8	17.05.–31.10.
d)	9 190,00	7	10.04.–22.11.
e)	2 665,00	5	15.02.–30.07.

10. Eine Bank gewährt einem Dienstleistungsunternehmen einen Kredit über 16 500,00 € zu einem Jahreszinssatz von 8 % für die Zeit vom 20. April bis 20. November.
Ermitteln Sie die Zinsen.

11. Ein Kaufmann erhält am 12. Februar von seiner Bank einen Kredit über 35 000,00 € zu einem Zinssatz von 7,5 % p. a.
Wie viel Euro Zinsen hat der Kaufmann am 28. April an die Bank zu zahlen?

12. Einem Kunden wird ein Kredit von 4 800,00 € für die Zeit vom 20. Mai bis zum 2. November eingeräumt. Der Zinssatz beträgt 8,5 % p. a.
a) Ermitteln Sie die Zinstage.   b) Wie viel Euro betragen die Zinsen?

13. Berechnen Sie den Zinssatz aufgrund nachfolgender Angaben:

	Kapital in €	Zeit	Zinsen in €
a)	75 000,00	23. April – 29. Juli	700,00
b)	14 000,00	1. Februar – 1. April	93,33
c)	2 800,00	20. Juni – 30. September	62,22

	Kapital in €	Zeit	Zinsen in €
d)	1 750,00	sechs Monate	70,00
e)	960,00	3. April – 27. Mai	5,40
f)	11 570,00	15. Juni – 5. September	231,40
g)	6 900,00	27. September – 11. Oktober	53,66

14. Bei welchem Zinssatz hat ein Kapital von 56 000,00 € in der Zeit vom 10. September bis zum 28. Dezember 604,80 € Zinsen erbracht?

15. Der Großhändler Klein hat bei seiner Bank ein Hypothekendarlehen über 96 600,00 € aufgenommen. An Zinsen muss er halbjährlich 3 220,00 € zahlen.
Zu welchem Zinssatz hat er das Hypothekendarlehen aufgenommen?

16. Ein Unternehmen legt bei seiner Bank einen Geldbetrag von 66 000,00 € als Termingeld für sechs Monate fest an. Die Bank überweist ihm nach Ablauf der sechs Monate 68 887,50 € inklusive Zinsen.
Zu welchem Zinssatz wurde das Termingeld verzinst?

17. Ein Autohändler kauft ein Haus für 480 000,00 €. Die jährlichen Kosten für Steuern, Abschreibungen, Reparaturen usw. betragen 13 600,00 €. Monatlich nimmt er 2 160,00 € Miete ein, seine eigene Miete setzt er mit 1 440,00 € an.
Wie hoch verzinst sich sein angelegtes Kapital?

18. Folgender Kontoauszug ist zu bearbeiten:

SEPA-Girokonto	IBAN: DE12350500000360058796	Kontoauszug	4
	BIC: DUISDE33XXX	Blatt	1
Sparkasse Duisburg	UST-ID: DE124659333		

Datum	Erläuterungen		Betrag
Kontostand in Euro am 03.01.20.., Auszug Nr. 3			60 000,00+
04.01.	Überweisung MODELLUX GMBH & CO. KG, MÜNSTER, KD-NR. D24050	Wert: 04.01.20.. RG-NR. 27296, V. 26.12.20.. ZUZÜGL. 8 % P. A. VERZUGSZINSEN FÜR 60 TAGE	15 382,40+
Kontostand in Euro am 05.01.20.., 10:30 Uhr			75 382,40+
Ihr Dispositionskredit: 50 000,00 €			**Primus GmbH**

a) Über welchen Betrag lautet die Ausgangsrechnung?
b) Wie lautet die Buchung, wenn dem Kunden die Verzugszinsen eine Woche vorher in Rechnung gestellt wurden?

19. Für eine Verbindlichkeit von 9 600,00 €, die am 12.05. fällig war und am 02.07. beglichen wird, werden einem Unternehmen Verzugszinsen von 50,00 € in Rechnung gestellt. Wie viel Prozent beträgt der Zinssatz für die Verzugszinsen?

4.4 Der drohenden Verjährung entgegenwirken

Die Primus GmbH hat am 20. Dezember 20.. der Herstadt Warenhaus GmbH Büromöbel im Wert von 47 803,20 € geliefert. Als Zahlungsbedingung wurde „Zahlung innerhalb von 30 Tagen netto Kasse" vereinbart. Da der Lieferschein bei der Primus GmbH durch ein Versehen abhandenkommt, wird vergessen, dem Kunden eine Rechnung zu schicken. Als Frau Lapp im Dezember des nächsten Jahres zusammen mit Nicole Höver die Belege der letzten Monate sichtet, bemerkt Frau Lapp aus der Finanzbuchhaltung, dass der Rechnungsbetrag noch offensteht. Umgehend wird dem Kunden eine Rechnung zugestellt. Die Herstadt Warenhaus GmbH antwortet hierauf schriftlich: „Ihre Forderung besteht nicht mehr, da Ihr Anspruch verjährt ist."

ARBEITSAUFTRÄGE
- Überprüfen Sie, ob die Aussage der Herstadt Warenhaus GmbH berechtigt ist.
- Erläutern Sie den Neubeginn und die Hemmung der Verjährung.

● Verjährungsfristen

Eine Forderung ist dann **verjährt, wenn eine bestimmte vom Gesetz vorgeschriebene Frist abgelaufen ist, ohne dass der Gläubiger seine Forderung geltend gemacht hat**. Nach Ablauf der Verjährungsfrist hat der Schuldner das Recht, die Zahlung zu verweigern (= **Einrede der Verjährung**, § 194 ff. BGB). Die Forderung des Gläubigers besteht zwar weiter, er kann diese aber nicht mehr einklagen. Bezahlt ein Schuldner nach Ablauf der Verjährung, kann dieser die geleistete Zahlung nicht zurückfordern. Das BGB unterscheidet zwei **Verjährungsfristen**:

	30 Jahre	Regelmäßige Verjährung: 3 Jahre	
Es verjähren Ansprüche	– auf Herausgabe aus Eigentum und anderen dinglichen Rechten – aus rechtskräftigen Urteilen – aus Insolvenzforderungen – aus Vollstreckungsbescheiden	– der Kaufleute untereinander – auf regelmäßig wiederkehrende Leistungen (Miete, Pacht, Rente) – auf Zinsen – der Privatleute untereinander und der Privatleute gegen Kaufleute – aus Forderungen aufgrund arglistig verschwiegener Mängel	– aus Darlehensforderungen – der Kaufleute an Privatleute – der freien Berufe (Ärzte, Architekten, Ingenieure, Rechtsanwälte) – der Gastwirte – der Transportunternehmen – von Lohn und Gehalt – des Vermieters von beweglichen Sachen
Beginn der Laufzeit	mit dem Datum der Fälligkeit des Anspruchs	mit dem Schluss des Jahres, in dem der Anspruch entstanden ist	

Beispiele

	30 Jahre	3 Jahre
Fälligkeitsdatum der Schuld	18. Juni 2022	15. März 2022
Beginn	18. Juni 2022	31. Dezember 2022
Verjährung	18. Juni 2052	31. Dezember 2025

Die Verjährungsfrist beträgt fünf Jahre bei Ansprüchen aufgrund von Sachmängeln, die zur Mangelhaftigkeit von Bauwerken geführt haben.

Der gesetzgeberische Grund für die Verjährung ist der **Schutz der allgemeinen Rechtssicherheit und des Rechtsfriedens**, da es nach mehreren Jahren meistens nicht mehr möglich ist, dass der Schuldner Beweise in Form von Belegen erbringen kann.

● Hemmung und Neubeginn der Verjährung

○ Hemmung

Die Verjährung kann gehemmt werden, d. h., die **Verjährungsfrist wird um die Zeitspanne der Hemmung verlängert**. Der Zeitraum der Hemmung wird also der normalen Verjährungsdauer hinzugerechnet.

Die Verjährung wird **gehemmt durch**:

- berechtigte Zahlungsverweigerung des Schuldners, da er eine Gegenforderung an den Gläubiger hat
- Stillstand der Rechtspflege durch Naturkatastrophen, Krieg usw.

Der Gläubiger kann die Verjährung **hemmen durch**:

- Zustellung des Mahnbescheids (eine außergerichtliche Mahnung hat keine hemmende Wirkung, vgl. S. 63), die Hemmung beginnt mit der Einreichung bzw. Zustellung des Antrags und endet erst sechs Monate nach rechtskräftiger Entscheidung oder anderweitiger Beendigung des Verfahrens. Sie beginnt neu, wenn eine der Parteien das Verfahren weiterbetreibt.
- Stundung (Zahlungsaufschub) der Forderung
- Klage beim Gericht oder Anmeldung der Forderung zum Insolvenzverfahren
- Antrag auf Erlass eines Vollstreckungsbescheides (vgl. S. 63)

Beispiel Die Primus GmbH hat eine Forderung gegen die Krankenhaus GmbH Duisburg aufgrund einer Warenlieferung. Die Forderung war am 8. Juni 2022 fällig. Nachdem die Primus GmbH mehrere vergebliche Mahnungen an die Krankenhaus GmbH Duisburg gesandt hat, lässt sie am 5. März 2023 der Krankenhaus GmbH Duisburg einen Mahnbescheid zustellen.
Entstehung der Forderung: 8. Juni 2022
Verjährung der Forderung ohne Erlass des Mahnbescheids: 31. Dezember 2025
Verjährung der Forderung nach Zustellung des Mahnbescheids: 5. September 2026

○ Neubeginn

Neubeginn der Verjährung kann bewirkt werden vom ...	
Gläubiger durch	**Schuldner durch**
Beantragung der Zwangsvollstreckung	– schriftliche Stundungsbitte – Teilzahlung, Zinszahlung – Schuldanerkenntnis (z. B. durch einen Schuldschein)

Neben der Hemmung besteht die Möglichkeit des Neubeginns der Verjährung, **d. h., die Verjährung beginnt** z. B. einen Tag nach der Abgabe der Stundungsbitte von Neuem. Die bisherige Verjährungsfrist gilt nicht mehr.

Beispiel Die Krankenhaus GmbH Duisburg bittet am 10. März 2023 die Primus GmbH um Stundung der ausstehenden Forderung vom 8. Juni 2022 um sechs Monate.
Entstehung der Forderung: 8. Juni 2022
Verjährung der Forderung ohne Stundungsbitte: 31. Dezember 2025
Verjährung der Forderung nach der Stundungsbitte des Kunden
(Neubeginn der Verjährung): 10. März 2026

Vorteile der Verjährung:

- Quittungen müssen nur eine gewisse Zeit aufbewahrt werden.
- Der Gläubiger wird zur Überwachung seiner Forderungen gezwungen.
- Die Rechtssicherheit wird erhöht.

Der drohenden Verjährung entgegenwirken

- Ein Gläubiger kann die **Zahlung nicht mehr gerichtlich erzwingen**, wenn die Forderung verjährt ist. Nach Ablauf der Verjährung kann der Schuldner die Zahlung verweigern.

- Bei der **Berechnung der Verjährung sind zu beachten**:
  - **Verjährungsfristen**
    - **30 Jahre** (Forderungen aus Mahnbescheiden, Vollstreckungsbescheiden, Urteilen, Forderungen auf Herausgabe aus Eigentum)
    - **3 Jahre** (Forderungen von Kaufmann an Kaufmann, regelmäßig wiederkehrende Leistungen, Forderungen von Kaufleuten an Privatleute, Lohn- und Gehaltsforderungen, Forderungen von Freiberuflern, Forderungen von privat an privat, Forderungen aufgrund arglistig verschwiegener Mängel, Forderungen aus Darlehen)
  - **Neubeginn der Verjährung** (durch Beantragung der Zwangsvollstreckung, Schuldanerkenntnis des Schuldners oder dessen Teil- oder Zinszahlung). Vom Tag des Neubeginns an beginnt die Verjährung neu zu laufen.
  - **Hemmung der Verjährung** = Verjährung wird angehalten, bis der Grund entfallen ist (durch Stundung der Forderung, berechtigte Zahlungsverweigerung des Schuldners, Stillstand der Rechtspflege, Mahnbescheid, Klage beim Gericht, Anmeldung der Forderung zum Insolvenzverfahren, Vollstreckungsbescheid). Der Zeitraum der Hemmung wird der normalen Verjährungsdauer hinzugerechnet.

Nicht-rechtzeitig-Zahlung kennenlernen

1. Erläutern Sie die Aussage: „Ihre Forderung ist verjährt."

2. Erläutern Sie die Verjährungsfristen und führen Sie jeweils vier Beispiele für die unterschiedlichen Verjährungsfristen an.

3. Erklären Sie die Auswirkungen von Neubeginn und Hemmung auf die Verjährungsfrist.

4. Geben Sie Beispiele an, wann die Verjährungsfrist
a) neu beginnt,   b) gehemmt wird.

5. Stellen Sie die Verjährungsfristen bei folgenden Fällen fest:
a) Ein Großhändler hat gegenüber einem Hersteller eine Verbindlichkeit aufgrund einer Warenlieferung über 23 000,00 €.
b) Ein Einzelhändler hat bei einem Großhändler ein Darlehen über 20 000,00 € aufgenommen.
c) Eine Ärztin hat ein rechtskräftiges Urteil gegen einen Privatpatienten über eine Forderung von 800,00 €.
d) Der Verpächter einer Wiese hat gegen den Pächter eine Pachtforderung über 1 200,00 €.
e) Die Auszubildende Nicole Höver hat ihren Pkw für 4 800,00 € an eine Klassenkameradin verkauft.
f) Die Auszubildende Nicole Höver hat ihrer Klassenkameradin Janine verschwiegen, dass der von ihr an Janine verkaufte Pkw ein Unfallwagen ist.

6. Die Unternehmerin Magda Wilmes gewährt ihrer Angestellten Jutta Adams am 5. Mai 2021 ein Darlehen in Höhe von 10 000,00 € zum Kauf eines Pkw. Die Rückzahlung des Darlehens soll in einem Betrag nach genau einem Jahr erfolgen. Wann verjährt die Forderung der Unternehmerin gegen die Angestellte
a) wenn Jutta Adams nach einem Jahr nicht zahlt,
b) wenn Jutta Adams die Unternehmerin am 6. Mai 2022 schriftlich um eine Stundung um sechs Monate bittet,
c) wenn die Unternehmerin am 10. Mai 2022 die Forderung aufgrund der Stundungsbitte von Jutta Adams um sechs Monate stundet?

7. Welche der unten stehenden Sachverhalte führen
1. zur Hemmung der Verjährung,
2. zu einem Neubeginn der Verjährung,
3. weder zu einer Hemmung noch zu einem Neubeginn der Verjährung?
a) Anerkennung von Mängelansprüchen durch Nachbesserung
b) gerichtliche Auseinandersetzung über einen geltend gemachten Anspruch
c) Ruhen der Rechtspflege durch höhere Gewalt
d) Teilzahlung durch den Schuldner
e) Leistungsaufschub des Schuldners aufgrund einer Vereinbarung mit dem Gläubiger

8. Bei der Debitorenkontrolle erkennen Sie, dass ein Kunde eine Schuld beglichen hat, die bereits verjährt war. Der Kunde meldet sich einige Tage später bei Ihnen und möchte den Zahlungsbetrag zurücküberwiesen haben. Wie ist die Rechtslage?
1. Ihr Unternehmen ist nicht verpflichtet, den Betrag auf Verlangen des Kunden zurückzuzahlen.
2. Der Kunde erhält den Betrag nur dann zurück, wenn er ihn gerichtlich geltend macht.
3. Der Kunde ist berechtigt, den Betrag mit anderen Forderungen Ihres Unternehmens an ihn aufzurechnen.

4. Der Betrag muss zurückgezahlt werden, wenn der Kunde die Einrede der Verjährung geltend macht.
5. Ihr Unternehmen hat den Betrag wegen Wirksamwerden der Verjährung ohne rechtlichen Grund erhalten und ist deshalb zur Rückzahlung verpflichtet.

4.5 Möglichkeiten der Risikoabsicherung berücksichtigen

Nicole Höver ist momentan in der Abteilung Verwaltung im Rechnungswesen für die Kontrolle der Eingangszahlungen der Kunden eingesetzt. In der letzten Zeit häufen sich verspätete Kundenzahlungen und Nichtzahlungen von Kunden. Sie spricht den Gruppenleiter Heinz Schubert darauf an. Herr Schubert sagt zu ihr: *„Ich vermute, dass unsere Kunden aufgrund der Corona-Pandemie des Jahres 2021 selber erhebliche Zahlungsausfälle gehabt haben. Ferner sind unsere Kunden sicherlich auch von den entfallenen Umsätzen durch die vom Staat verhängten zwangsweisen Geschäftsschließungen betroffen. In dieser Zeit konnten unsere Kunden auch keine Waren verkaufen."* Nicole meint: *„Hm, was können wir denn in der Zukunft unternehmen, um uns gegen solche Zahlungsausfälle abzusichern?"*

ARBEITSAUFTRÄGE
- Überprüfen Sie, welche Möglichkeiten Unternehmen haben, um sich vor Zahlungsausfällen von Kunden abzusichern.
- Erläutern Sie, welche Möglichkeiten Versicherungen zur Risikoabsicherung für ein Unternehmen bieten.

● Besondere Kredite zur Risikoabsicherung

○ Personalkredite

Bei der Kreditgewährung haftet entweder ausschließlich die Person des Kreditnehmers (**reiner Personalkredit**) oder neben dem Kreditnehmer als Hauptschuldner haften weitere Personen als Nebenschuldner (verstärkter Personalkredit).

Der reine Personalkredit (Blankokredit)

Bei diesem Kredit sind für den Kreditnehmer **keine Sicherheiten erforderlich**, da das Kreditinstitut auf die sichtbar guten Ertrags- und Vermögensverhältnisse und den guten Ruf des Kreditnehmers vertraut. Diese Kredite werden meist nur kurzfristig gewährt, i. d. R. als Kontokorrentkredit, seltener als Darlehen.

Der verstärkte Personalkredit: Bürgschaftskredit

Die Bürgschaft (§ 765 ff. BGB, §§ 349 bis 351 HGB) entsteht durch einen Vertrag zwischen dem Kreditgeber und dem Bürgen, wonach der Bürge für die Erfüllung der Verbindlichkeiten des Kreditnehmers haftet. Für Bürgschaftsversprechen ist per Gesetz die Schriftform vorgeschrieben. Nur **Kaufleute** können im Gegensatz zu Kleingewerbebetreibenden oder Privatleuten auch mündlich bürgen.

Beispiel Dieter Primus, Sohn der Geschäftsführerin Primus, hat einen Kredit über 20 000,00 € aufgenommen, für den Frau Primus eine Bürgschaft übernimmt.

```
Kreditnehmer  ←— Kreditvertrag —→  Kreditgeber  ←— Bürgschafts- —→  Bürge
Dieter Primus                                      vertrag           Sonja Primus
```

- Wird ein Bürge von einem Kreditgeber in Anspruch genommen, kann er das Geld vom Kreditnehmer zurückverlangen. Haften bei einem Bürgschaftskredit mehrere Bürgen neben dem Kreditnehmer, spricht man von einer **gesamtschuldnerischen Bürgschaft**. In diesem Fall kann der Kreditgeber seine Forderungen an alle oder auch nur an eine der bürgenden Personen richten.

- **Selbstschuldnerische Bürgschaft** (§ 773 BGB): Bei dieser Bürgschaft haftet der Bürge wie der Hauptschuldner, da er auf das „Recht der Einrede der Vorausklage" verzichtet. Der Bürge kann vom Kreditgeber schon dann zur Zahlung herangezogen werden, wenn der Kreditnehmer den Kredit nicht rechtzeitig zurückzahlt. Kreditinstitute verlangen immer eine selbstschuldnerische Bürgschaft. Unter Kaufleuten ist im Gegensatz zu **Kleingewerbetreibenden** (z. B. Kioskbetreiber) eine Bürgschaft immer eine selbstschuldnerische Bürgschaft (§ 349 HGB).

Beispiel Dieter Primus hat bei seiner Bank ein Darlehen über 30 000,00 € aufgenommen. Seine Mutter, Sonja Primus, hat hierfür eine selbstschuldnerische Bürgschaft übernommen. Als Dieter am Fälligkeitstag nicht zahlt, verlangt die Bank sofort die Zahlung von der Bürgin. Frau Primus muss als Bürgin zahlen, da sie eine selbstschuldnerische Bürgschaft übernommen hat.

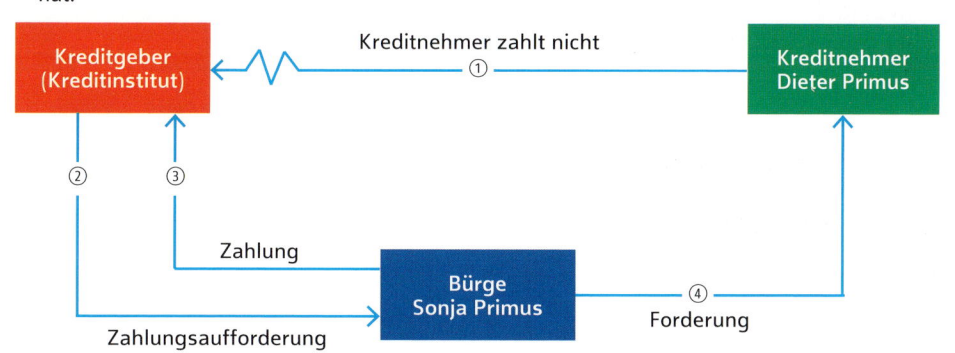

```
Kreditgeber          ① Kreditnehmer zahlt nicht          Kreditnehmer
(Kreditinstitut)  ←————————————————————————              Dieter Primus
      │  ↑
      ② ③                                                     ↑
      │  │         Zahlung                                    │
      │  └─────────────────── Bürge ─────── ④ Forderung ──────┘
      └──── Zahlungsaufforderung ──→ Sonja Primus
```

○ **Realkredite**

Bei den Realkrediten werden die Forderungen des Kreditgebers durch ein unmittelbares **Zugriffsrecht auf bewegliche (z. B. Schmuck, Wertpapiere) und unbewegliche Sachen oder Vermögenswerte (z. B. Grundstücke, Gebäude) des Kreditnehmers** abgesichert. Realkredite werden auch als **dinglich gesicherte Kredite** bezeichnet. Zu den Realkrediten zählen Lombard- und Sicherungsübereignungskredit.

Lombardkredit

Bei diesem Kredit (= Faustpfandkredit, § 1204 ff. BGB) wird meist **ein kurzfristiger Kredit gegen Verpfändung von beweglichen, wertvollen Sachen** (z. B. Schmuck, Wertpapiere, Lebensversicherungen) gewährt. Zwischen Kreditgeber und Kreditnehmer wird neben dem Kreditvertrag ein **Pfandvertrag** geschlossen. Das Pfand geht dabei in den **Besitz des Kreditgebers** über, der **Kreditnehmer bleibt Eigentümer**. Der Kreditgeber stellt dem Kreditnehmer aber nicht den vollen Wert des verpfändeten Gegenstands zur Verfügung, sondern nur den sog. **Beleihungswert**. Dieser beträgt je nach Pfand bis zu 90 % des Pfandwertes. Kommt der Kreditnehmer am Fälligkeitstag seiner Zahlungsverpflichtung nicht nach, kann der Kreditgeber nach vorheriger Androhung das Pfand versteigern lassen. Das Pfandrecht erlischt, wenn der Kreditnehmer seine Schulden bezahlt hat.

Beispiel Zur Absicherung eines kurzfristigen Kredits über 40 000,00 € überlässt der Geschäftsführer der Stammes Stahlrohr GmbH der Deutschen Bank Schmuck im Werte von 60 000,00 €. Da die Stammes Stahlrohr GmbH am Fälligkeitstag ihren Zahlungsverpflichtungen nicht nachgekommen ist, erhält der Geschäftsführer von der Bank die schriftliche Mitteilung, dass der Schmuck nach zehn Tagen versteigert wird, wenn die Stammes Stahlrohr GmbH ihrer Zahlungsverpflichtung nicht nachgekommen ist. Nach Ablauf der zehn Tage wird der Schmuck für 45 000,00 € versteigert. Die Bank schreibt dem Konto der Stammes Stahlrohr GmbH nach Abzug der Kosten (= 440,00 €) und dem Ausgleich des Kredites über 40 000,00 € noch 4 560,00 € gut.

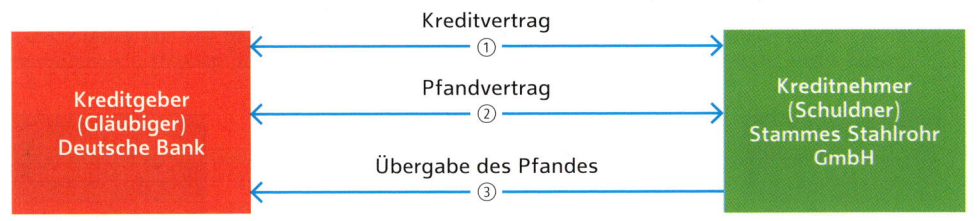

Kreditgeber (Gläubiger) Deutsche Bank	← Kreditvertrag ① → ← Pfandvertrag ② → ← Übergabe des Pfandes ③	Kreditnehmer (Schuldner) Stammes Stahlrohr GmbH
wird Besitzer des Pfandes		bleibt Eigentümer des Pfandes

Sicherungsübereignungskredit

Bei der Sicherungsübereignung (§ 930 BGB) wird im Gegensatz zum Lombardkredit der **Kreditgeber Eigentümer der Sicherungsgegenstände (mittelbarer Besitzer)**, während der **Kreditnehmer der unmittelbare Besitzer der Gegenstände** bleibt. Der Kreditnehmer kann also mit den übereigneten Gegenständen weiterarbeiten. Übereignet werden meistens Gegenstände des Anlagevermögens (z. B. Fuhrpark, Geschäftsausstattung), gelegentlich auch Warenvorräte. Beim Sicherungsübereignungskredit wird neben dem Kreditvertrag zwischen dem Kreditgeber und dem Kreditnehmer ein **Sicherungsübereignungsvertrag** abgeschlossen. Bei Nichtrückzahlung des Kredits durch den Kreditnehmer kann der Kreditgeber die sicherungsübereigneten Gegenstände verwerten.

Beispiel Die Computec GmbH & Co. KG, ein Lieferer der Primus GmbH, nimmt bei ihrer Bank ein Darlehen über 30 000,00 € auf. Zur Sicherheit übereignet sie der Bank durch die Übergabe der Zulassungsbescheinigung Teil 2 zwei Lieferwagen im Wert von 45 000,00 €. Am Fälligkeitstag erfolgt durch die Computec GmbH & Co. KG keine Tilgung des Darlehens. Die Bank hat das Recht, die Lieferwagen sofort abholen und versteigern zu lassen. Sollte beim Verkauf ein höherer Preis als 30 000,00 € erzielt werden, erhält die Computec GmbH & Co. KG den höheren Betrag nach Abzug der entstandenen Kosten gutgeschrieben.

```
┌─────────────────┐   Kreditvertrag          ┌─────────────────┐
│  Kreditgeber    │ ←──────①──────→          │  Kreditnehmer   │
│  (Gläubiger)    │ Sicherungsübereignungs-  │  (Schuldner)    │
│  Hamburger      │ ←────vertrag ②───→       │  Computec GmbH  │
│  Handelsbank    │ Übertragung des Eigentums│  & Co. KG       │
│                 │ ←──────③──────           │                 │
└─────────────────┘                          └─────────────────┘
wird Eigentümer des Gegenstands        bleibt Besitzer des Gegenstands
```

Mit der Tilgung des Kredits durch den Kreditnehmer geht das Eigentum automatisch wieder auf den Kreditnehmer über. Für den Kreditgeber und den Kreditnehmer können sich bei der Sicherungsübereignung **folgende Vor- und Nachteile** ergeben:

	Vorteile	Risiken
Kreditgeber (KG)	– Der KG hat im Insolvenzfall das Recht auf Absonderung, d. h., ein Gläubiger, der dem Insolvenzschuldner Gegenstände überlassen hat, die mit einem Pfandrecht (z. B. Sicherungsübereignung) belastet sind, wird vorrangig befriedigt. – Der KG kann bei Nicht-rechtzeitig-Zahlung des KN Sicherungsgegenstand sofort verkaufen.	– Auf den übereigneten Gegenständen ruht bereits ein Eigentumsvorbehalt des Lieferers. – Verlust des Eigentums des KG beim Weiterverkauf vom KN an gutgläubige Dritte – Gegenstände sind vom KN bereits anderweitig sicherungsübereignet worden. – Übereignete Gegenstände können beschädigt oder zerstört werden.
Kreditnehmer (KN)	– Der KN kann sowohl mit dem sicherungsübereigneten Gegenstand als auch mit dem Kredit arbeiten. – Die Übereignung ist nach außen nicht erkennbar.	– Der KG kann bei Nicht-rechtzeitig-Zahlung den übereigneten Gegenstand sofort verkaufen lassen.

Beispiel Bei der Kreditsicherung durch Fahrzeuge muss der Kreditnehmer dem Kreditgeber die Zulassungsbescheinigung Teil 2 übergeben. Damit wird der Weiterverkauf an gutgläubige Dritte verhindert. Ferner kann der Kreditgeber sicher sein, dass das Fahrzeug nicht bereits an Dritte sicherungsübereignet ist. Das Risiko der Beschädigung oder Zerstörung wird durch Versicherungen abgedeckt.

● Versicherungen als Möglichkeit der Risikoabsicherung

Jedes unternehmerische Handeln ist mit **Unsicherheiten** behaftet. Bei der Aufnahme eines neuen Artikels in das Produktportfolio oder einer Investition sind für den Unternehmer keine oder nur unzureichende Erkenntnisse über den Ausgang des jeweiligen Geschäftes vorhanden. Das Leben mit diesen Unsicherheiten ist **unternehmerischer Alltag**.

Daneben gibt es **Risiken,** deren Eintritt für den Einzelnen zwar ungewiss, für die Gemeinschaft jedoch vorhersehbar ist. Gesundheit und Arbeitskraft des Arbeitnehmers und des Unternehmers, die Güter und das Vermögen sind durch Krankheit, Unfall, Feuer, Diebstahl, Ausfall von Maschinen und Anlagen oder Forderungsausfall bedroht. Gegen die wirtschaftlichen Folgen dieser Risiken kann man sich **versichern.**

Betriebswirtschaftlich gesehen sind Versicherungsprämien Kosten, die im Rahmen der Steuern und der Kalkulation berücksichtigt werden. Versicherungen bieten dem Unternehmer Schutz vor finanzieller Not und ermöglichen es ihm, auch bei Eintritt eines Schadensfalles seine Geschäfte fortzuführen.

Volkswirtschaftlich gesehen entlasten Versicherungen den Staat von seiner Unterstützungs- und Fürsorgepflicht, ermöglichen die Weiterführung der Unternehmen auch im Schadensfall und verhindern Störungen im Wirtschaftsablauf.

○ Sachversicherungen

Die Sachversicherungen decken Schäden, die der Versicherungsnehmer durch Verlust oder Beschädigung einer Sache infolge von Feuer, Wasser, Einbruch o. Ä. erleiden kann. Die Leistungen richten sich nach dem tatsächlich entstandenen Schaden. Der **Versicherungswert,** d. h. der tatsächliche Wert (Zeitwert) oder der Wiederbeschaffungswert (Neuwert), soll der vereinbarten **Versicherungssumme** entsprechen.

- **Feuerversicherung:** Sie deckt Schäden, die durch Brand, Blitzschlag oder Explosion verursacht werden. Auch die unmittelbaren Folgeschäden wie Rettungskosten, Schäden durch Löschen, Rauch, Ruß usw. sind abgedeckt. Ein Schwelbrand, bei dem keine Flamme sichtbar wird, ist kein Brand und fällt i. d. R. **nicht** unter den Schutz der Feuerversicherung.

- **Leitungswasserversicherung:** Sie deckt Schäden, die durch den bestimmungswidrigen Austritt von Leitungswasser verursacht werden.

    Beispiel Durch einen Rohrbruch wird das Lager der Primus GmbH unter Wasser gesetzt.

    Schäden, die durch Regen, Grund- oder Hochwasser verursacht werden, fallen **nicht** unter den Schutz der Leitungswasserversicherung.

- **Einbruchdiebstahlversicherung:** Sie deckt Schäden, die durch Einbruchdiebstahl verursacht werden. Ein Einbruch liegt vor, wenn ein Dieb in ein Gebäude gewaltsam einbricht, es mit falschen Schlüsseln öffnet oder sich einschließen lässt. **Nicht** versichert ist der Diebstahl durch Angestellte während der Arbeitszeit.

- **Schwachstromanlagenversicherung:** Die im Unternehmen vorhandene Hardware kann im Rahmen einer Schwachstromanlagenversicherung (ggf. in Verbindung mit einer Datenträgerversicherung) gegen Wasser, Feuchtigkeit, Kurzschluss, aber auch Bedienungsfehler versichert werden.

- **Transportversicherung:** Frachtführer können ihr Transportrisiko durch diese Versicherung abdecken. **Nicht** versichert sind Schäden infolge unsachgemäßer Verpackung und solche Schäden, mit denen schon vor dem Transport zu rechnen war.

Bei allen genannten Versicherungen **muss die Versicherungssumme dem Versicherungswert entsprechen.** Ist die Versicherungssumme kleiner als der Versicherungswert, liegt eine **Unterversicherung** vor und Schäden werden nur anteilig ersetzt. Bei einer **Überversicherung** wird nur der tatsächliche Versicherungswert ersetzt.

Beispiel Die Primus GmbH versichert ihr Warenlager im Rahmen einer Einbruchdiebstahlversicherung. Der Wert des Lagers beträgt lt. Inventur 198 200,00 €, die Versicherungssumme 99 100,00 €. Eines Nachts wird bei der Primus GmbH eingebrochen und es werden Waren im Wert von 20 000,00 € entwendet. Frau Primus ruft ihren Versicherungsvertreter an und dieser macht ihr zu ihrer Überraschung folgende Rechnung auf: Da die Versicherungssumme nur 50 % des Versicherungswertes ausmachte, ist die Primus GmbH zu 50 % unterversichert und bekommt Schäden auch nur zu 50 % vergütet. Die Versicherung zahlt im vorliegenden Fall demnach 10 000,00 €.

○ Vermögensversicherungen

Die Vermögenversicherungen decken Schäden, die der Versicherungsnehmer durch Schadenersatzforderungen Dritter, Forderungsausfall, Betriebsunterbrechung o. Ä. an seinem Vermögen erleiden kann.

- **Haftpflichtversicherung**:

§ 823 BGB – Schadensersatzpflicht
(1) Wer vorsätzlich oder fahrlässig das Leben, den Körper, die Gesundheit, die Freiheit, das Eigentum oder ein sonstiges Recht eines anderen widerrechtlich verletzt, ist dem anderen zum Ersatz des daraus entstehenden Schadens verpflichtet.

Die **Betriebshaftpflichtversicherung** deckt alle Schadenersatzansprüche ab, die gegen den Inhaber eines Unternehmens, seine gesetzlichen Vertreter oder sonstige Betriebsangehörige geltend gemacht werden.

Beispiel Ein Kunde rutscht im Winter auf dem Hof der Primus GmbH aus und bricht sich den Arm. Die Primus GmbH ist schadensersatzpflichtig. Den entstandenen Schaden deckt die Betriebshaftpflichtversicherung ab.

- **Kreditversicherung**: Die Kreditversicherung deckt Schäden, die durch den Ausfall von Forderungen verursacht werden. Dies kann z. B. beim Verkauf von Waren auf Ziel oder bei Teilzahlungsgeschäften der Fall sein.
- **Betriebsunterbrechungsversicherung**: Sie deckt Vermögensschäden, die durch eine Unterbrechung des Geschäftsbetriebes infolge von Brand oder Ausfall von Anlagevermögensgegenständen, z. B. einer Maschine, entstehen. Versichert sind der Gewinnausfall und alle fortlaufenden Kosten, z. B. Löhne und Gehälter.
- **Firmenrechtsschutzversicherung**: Sie schützt Unternehmer und Angestellte bei rechtlichen Auseinandersetzungen, die sich aus ihrer Berufstätigkeit ergeben. Ersetzt werden z. B. Anwalts- und Gerichtskosten.

Möglichkeiten der Risikoabsicherung berücksichtigen

- Der **reine Personalkredit (Blankokredit)** wird ohne Sicherheiten aufgrund der besonderen **Bonität des Kreditnehmers** gewährt.
- **Verstärkter Personalkredit** = Sicherung durch Personen

Bürgschaft

Ein oder mehrere Bürgen haften zusätzlich zum Kreditnehmer (KN).
Gesamtschuldnerische Bürgschaft: Mehrere Bürgen haften neben dem Kreditnehmer.
Selbstschuldnerische Bürgschaft: Bürge hat nicht das Recht der Einrede der Vorausklage.

- **Realkredite** = dingliche Sicherung (bewegliche und unbewegliche Sachen haften für eine Forderung)

Lombardkredit (Faustpfandkredit)	Sicherungsübereignungskredit	Eigentumsvorbehalt (EV)
Verpfändung von beweglichen wertvollen Gegenständen oder Wertpapieren an den KG, wobei der KG Besitzer wird, der KN bleibt Eigentümer.	Bewegliche Gegenstände des Anlagevermögens oder Warenvorräte werden zur Sicherheit vom KN an den KG übereignet. Der KG wird Eigentümer, der KN bleibt Besitzer. Gegenstände: Fuhrpark, Maschinen, Geschäftsausstattung, Waren.	Einfacher EV: erlischt mit vollständiger Zahlung des Kaufpreises.

Versicherungen

Sachversicherungen
- Feuerversicherung
- Leitungswasserversicherung
- Einbruchdiebstahlversicherung
- Schwachstromanlagenversicherung
- Transportversicherung

Vermögensversicherungen
- Haftpflichtversicherung
- Kreditversicherung
- Betriebsunterbrechungsversicherung
- Rechtsschutzversicherung

1. Erläutern Sie die Bürgschaft und ihre Arten.

2. Unterscheiden Sie Personal- und Realkredite und geben Sie jeweils zwei Beispiele an.

3. Geben Sie an, welche Vor- und Nachteile bzw. Risiken die Sicherungsübereignung
   a) für den Kreditgeber,   b) für den Kreditnehmer
   hat.

4. Einer Ihrer Freunde will bei einem Kreditinstitut einen Kredit über 10 000,00 € für die Anschaffung einer Wohnungseinrichtung aufnehmen. Allerdings verlangt das Kreditinstitut, dass ein Bürge zusätzlich für den Kredit haften soll. Ihr Freund bittet Sie, für ihn zu bürgen.
   a) Sammeln Sie Argumente, ob Sie als Bürge für Ihren Freund zur Verfügung stehen.
   b) Überlegen Sie, welche Anforderungen ein Kreditinstitut an einen Bürgen stellt.

5. Stellen Sie fest, welcher der unten stehenden Sachverhalte durch eine
   1. Sachversicherung,
   2. Haftpflichtversicherung,
   3. keine dieser Versicherungsarten
   abgesichert werden kann.
   a) Verluste infolge eines Versicherungsausfalls
   b) Leitungswasserschaden infolge eines Rohrbruchs

c) Wasserschaden infolge eines Hochwassers
d) gegen den Unternehmer geltend gemachter Personenschaden infolge eines Unfalls im Geschäft
e) Kosten eines Kündigungsschutzprozesses gegen einen Mitarbeiter
f) Diebstahl durch eigene Angestellte während der Arbeitszeit

6. Stellen Sie fest, welche der unten stehenden Versicherungen
1. Sachversicherungen,
2. Vermögensversicherungen
sind.
a) Glasversicherung
b) Rechtsschutzversicherung
c) Haftpflichtversicherung
d) Betriebsunterbrechungsversicherung
e) Einbruchdiebstahlversicherung
f) Feuerversicherung
g) Kreditversicherung

5 Reklamationsmanagement in der Fremdsprache Englisch anwenden

Nicole Höver öffnet morgens an ihrem Computer das E-Mail-Programm und findet im Posteingang die folgende Nachricht:

From	j.fulham@officeunlimited.com
To	nicole.hoever@primus-bueroeinrichtung.de
Subject	Complaint about your delivery/order no. OF2301
Date	August 4, 20..

Dear Ms Hoever

I am referring to our above-mentioned first order with your company. We regret to inform you that we are very disappointed with your execution of this order:
– Delivery date was August 1 at the latest, because of the scheduled move to our new office rooms on August 2. The "Steifensand Lumbar Support Chairs", however, arrived on August 3, so that we were not able to equip and use our new rooms as planned.
– You only delivered 230 instead of the 250 chairs ordered.
– The wheels of five chairs are defective and do not turn. These chairs cannot be used.

We need the missing chairs immediately and are holding the defective ones at your disposal in case you should want to check them. Please let us know by return when we can expect delivery of the missing furniture and replacement or repair of the defective chairs. We trust that you will settle the matter to our complete satisfaction.

Yours sincerely
Jane Fulham

Kurz darauf bespricht Nicole die E-Mail mit ihrer Vorgesetzten, Frau Sommer: „Bei dem Auftrag ist ja wohl einiges schiefgegangen. Was machen wir denn jetzt, Frau Sommer?" „Das stimmt, Nicole. Es ist einfach zu ärgerlich, dass dabei auch noch so viele Sachen falsch gelaufen sind. Bitte entwerfen Sie eine Antwort und berücksichtigen Sie dabei, dass es sich um einen neuen Kunden handelt, den wir nicht verlieren wollen. Legen Sie mir den Entwurf nach der Mittagspause vor und denken Sie bitte daran, eine kundenfreundliche Lösung zu finden."

ARBEITSAUFTRÄGE
- Fassen Sie die wesentlichen Inhalte der Beschwerde in englischer Sprache zusammen.
- Schildern Sie mögliche Reaktionen der Primus GmbH in englischer Sprache.
- Erstellen Sie ein kundenorientiertes Antwortschreiben in englischer Sprache.

Wenn Kunden mit den erhaltenen Waren oder Dienstleistungen nicht zufrieden sind, beschweren sie sich, aus juristischen Gründen in der Regel schriftlich, bei ihrem Lieferanten (**Mängelrüge/letter of complaint**). Dies kann durch eine vorgeschaltete telefonische Beschwerde beim Lieferer ergänzt werden.

Möglicherweise wurden die falschen Produkte geliefert, die Artikel weisen Mängel auf, sie sind beschädigt oder die Waren entsprechen hinsichtlich Menge oder Qualität nicht den Vereinbarungen des Kaufvertrages. Ereignisse wie Naturkatastrophen, Streiks, politische Unruhen oder eine Pandemie können dazu führen, dass Lieferketten unterbrochen werden und Waren verspätet oder gar nicht zugestellt werden können.

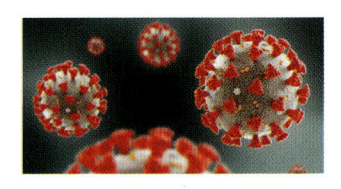

Der Lieferer sollte umgehend auf die beschriebenen Probleme reagieren und seinem Kunden nach einer Prüfung des Sachverhalts schriftlich geeignete Lösungen anbieten (**letter of adjustment**). Eine vorherige telefonische Kontaktaufnahme mit dem Kunden dient einer schnellen Information und vermittelt dem Käufer das Gefühl, dass zügig an der Lösung seiner Beschwerde gearbeitet wird.

● **Making complaints on the phone**

Es ist generell sehr anspruchsvoll, Telefonate in einer Fremdsprache zu führen. Negative Gesprächsinhalte, z. B. eine Beschwerde, erschweren die Situation zusätzlich. In Deutschland ist es üblich, sehr schnell und ohne Verzögerung zum Kern des Anrufs zu kommen. Dies wird in vielen Ländern jedoch als unhöflich empfunden. Nehmen Sie Rücksicht und achten Sie darauf, Ihren Gesprächspartner nicht durch allzu direkte Formulierungen zu verärgern.

Wenn Sie Ihren Gesprächspartner bereits persönlich kennen oder wenn es sich zu Beginn des Telefonats ergibt, sollten Sie etwas Raum für "Small Talk" einplanen. Man kommt so zwar langsamer zum eigentlichen Kern des Anliegens, schafft aber eine angenehme Gesprächsatmosphäre, die bei der Lösung der Probleme sehr hilfreich sein kann. Nach

Reklamationsmanagement in der Fremdsprache Englisch anwenden

dem Beginn der Konversation lässt sich dann ein fließender Übergang zum eigentlichen Thema gestalten.

Beispiel

Nicole: "Good afternoon, Primus Büroeinrichtung. This is Nicole speaking. What can I do for you?"

Mr Farage: "Good afternoon, Nicole. This is Nigel Farage from Brexit & Johnson."

Nicole: "Hello Mr Farage. How are you doing? How was your return trip after our in-house exhibition last month?"

Mr Farage: "Well, the flight was delayed by about an hour, but in the afternoon I was back in my office again."

Nicole: "Perfect. So, Mr Farage, how can I help you?"

Nach dem "Small Talk" bietet Nicole nun Herrn Farage die Gelegenheit, zum eigentlichen Thema seines Anrufs zu kommen.

Mr Farage: "Well, I'm calling about your earphones that we have received today."

Nicole: "Oh, was something wrong with the delivery?"

Falls der Lieferer keine Gelegenheit bietet, den "Small Talk" zu beenden, kann der Anrufer selbst versuchen, sein Anliegen schneller vorzubringen. Es folgen einige hilfreiche Formulierungen, die zum Ziel führen, aber dennoch eher indirekt und höflich sind:

"I'm sure you're very busy, but …"

"Please tell me, is this a good time to call?"

"Excuse me, have you got a minute for me?"

"Sorry to trouble you, but …"

"Am I calling at an inconvenient (unpassend) time?"

"Do you have time to talk?"

"Sorry to phone you so early in the morning/so late in the afternoon/so late in the evening, but …"

Wenn sich ein Käufer über bestehende Lieferungsprobleme beschwert, sollte er darauf achten, in seiner Wortwahl nicht zu hart vorzugehen. Er sollte **abschwächende Formulierungen** bevorzugen, die den Lieferanten nicht zu sehr vor den Kopf stoßen.

"**I'm afraid** there has been **some kind of a problem** with …"

"**I regret** to inform you **that it looks like** two boxes are missing."

"**Unfortunately,** I have to tell you that the delivery of goods was delayed/the goods didn't arrive on time."

"**I'm sorry** to say that there **appears to be** something wrong with …"

Falls der Lieferer wenig Bereitschaft zeigt, auf die geschilderten Probleme angemessen zu reagieren, sollte man ihn höflich und, je nach Gesprächssituation, auch nachdrücklicher auf mögliche Regulierungen aufmerksam machen. Geschieht dies anfangs eher unverbindlich, lässt es sich im weiteren Verlauf möglicherweise nicht vermeiden, auf die rechtliche Situation hinzuweisen.

"It would help us very much if you could do something about this."

"Referring to this situation, would it be possible for you to deliver the missing products by the end of next week?"

"Please see what you can do about that and let me know by tomorrow afternoon."

"I'd be really glad if you could find out why this happened."

"I'm afraid I really can't accept that. Please consider (überlegen Sie) finding another solution."

"I'm afraid I have to insist on delivery at your cost!"

"After all that has gone wrong, I think I should get the replacement (Ersatz) as soon as possible."

"This is the third repair of this machine within six months and, of course, I expect you to send me a new one."

"I see you don't understand my point. Would you mind putting me through to your boss?"

"As stipulated (vereinbart) in our sales contract, you are obliged to …"

PRAXISTIPP Fallen Sie als Käufer bei einer telefonischen Beschwerde nicht direkt mit der Tür ins Haus! Vermeiden Sie zu Beginn des Gesprächs Formulierungen wie *"I'm phoning because we have a problem with …"* or *"I'm calling to complain about …"*. Das wird häufig als unhöflich empfunden.

Answering complaints on the phone

Wenn der Käufer seine Beschwerden über die fehlerhafte Lieferung mitgeteilt hat, sollte der Lieferant sein Verständnis für die Unzufriedenheit oder den Ärger seines Kunden äußern und sich möglicherweise auch entschuldigen, obwohl unter Umständen noch nicht klar ist, wer die Verantwortung für die fehlerhafte Lieferung trägt. Auch dies dient dazu, eine positive Gesprächsatmosphäre zu schaffen, und ist die Grundlage dafür, konstruktive Lösungen für die Probleme zu finden.

Sollte der Lieferer die Störungen verursacht haben und dies zum Zeitpunkt des Telefonats bereits wissen, ist es empfehlenswert, die Gründe für die mangelhafte Lieferung zu erläutern.

"I'm very sorry to hear that. This was caused by …"

"I can understand why you are not very happy with that. One of the reasons for the delay was …"

"I agree. That must be very annoying to you. But let me explain …"

Für den Fall, dass dem Verkäufer noch keine Informationen über die mangelhafte Lieferung vorliegen, sollte er vom Käufer weitere Details erfragen, um die Sachlage klären zu können.

"Really? Please tell me more about what went wrong."

"I just need to know a few more details and then I can help you."

"Just a moment, please. I'll look it up in my computer and get back to you."

"Would you please let me have the order number?"

"Could you please tell me when you were expecting the goods to arrive?"

"I'll find out what has happened to the delivery and phone you back immediately."

Wenn die Situation eindeutig geklärt ist und der Lieferer die Störungen verursacht hat, sollte er dem Käufer entsprechende Lösungsmöglichkeiten anbieten.

"Ok, I understand that there are some scratches on the surface (Oberfläche) of the desk. If you agree, I could grant you a discount of 25 % on the price."

"Would receiving a replacement be acceptable?"

"I will send the missing goods to your premises (Geschäftsräume) immediately."

"Please send the goods back at our expense (Kosten). We'll be glad to give you a full refund for them."

"Shall I send a mechanic to check the machine at your workshop?"

„Well, because we missed the delivery date, I'd like to offer you ..."

Wenn der Lieferer sich nicht in der Verantwortung sieht oder eventuell noch weiteren Klärungsbedarf hat, sollte er entsprechende höfliche Formulierungen verwenden.

"I'm afraid we cannot handle it this way."

"Excuse me, but for that I'd ask you to talk to my boss."

"Unfortunately, we can't accept that. But what about ... instead?"

"Well, I can understand why you ask for that, but generally we do not ..."

"I'm afraid in this case, we usually ..."

○ How to end complaints on the phone

Eine telefonische Beschwerde kann für den Käufer zu positiven oder negativen Ergebnissen führen. Je nachdem ergeben sich damit auch verschiedene Möglichkeiten, das Gespräch zu beenden. Unabhängig vom Resultat sollte man aber auf jeden Fall einen höflichen Abschluss finden.

Customer	Supplier
"I think everything is clear now. Thank you very much for your support."	"Please let me know if there are any other problems."
"You have been very helpful. Thanks a lot."	"Thank you very much for informing us about the problems."

"Well, that seems to be a satisfying solution for both of us."

"I'm sorry I couldn't be more help to you today."

"Okay, I won't keep you any longer then. Thanks anyway for trying to find a solution."

"Thank you very much for understanding that we can't accept your demands."

● Writing a letter of complaint

Der Käufer informiert den Lieferanten unverzüglich in Schriftform über Störungen bei der Erfüllung des Kaufvertrags (**sales contract problems**). Dies kann er per Briefpost, oder, um Zeit zu sparen, auch per E-Mail tun. Wie bei telefonischen Beschwerden gilt auch hier, dass man höflich und sachlich bleiben sollte. Es liegt im Interesse sowohl des Käufers als auch des Lieferers, bestehende Probleme so schnell und zufriedenstellend wie möglich zu lösen.

In Abhängigkeit von den vorliegenden Mängeln (**defects**), muss der Käufer sich entscheiden, welche Regelungen er vom Lieferer einfordert. Dabei bieten sich, abhängig von gesetzlichen Vorschriften und den Bedingungen des Kaufvertrages, möglicherweise verschiedene Optionen an, die zwischen Käufer und Verkäufer abzustimmen sind:

Possible problems	Possible reactions of the customer
The goods don't arrive on the scheduled date of delivery.	He claims immediate delivery if he still wants the goods. If not, and if he has already paid in advance (im Voraus), he demands a refund (Erstattung des Kaufpreises).
The supplier only delivers a part of the goods ordered.	He claims immediate delivery of the rest of his order.
The quality of the goods doesn't correspond to the quality of the samples (Muster).	He holds the goods at the seller's disposal (stellt die Waren dem Verkäufer zur Verfügung) and demands replacement of the consignment (Ersatz der Warensendung) or an **allowance** (Preisnachlass/-minderung). He could also cancel the sales contract.
The seller supplies wrong goods.	He holds the goods at the seller's disposal and claims immediate delivery of the goods ordered.
All or some goods are damaged.	He holds the damaged goods at the seller's disposal and demands repair, replacement or a refund. In case of minor damage (he can still use the items), he demands an allowance/a compensation (Ausgleich).

PRAXISTIPP Wenn es im Hinblick auf den entstandenen Schaden sinnvoll ist, ist es generell eine gute Lösung, mit dem Lieferanten eine **Preisminderung** zu vereinbaren. Sie vermeiden so im internationalen Handel die hohen Kosten für den Rücktransport, eine eventuelle Neulieferung, Versicherungsbeträge und die Gebühren für die Zollabfertigung der Waren.

Neben dem formalen Layout des Geschäftsbriefes ist auch eine sinnvolle inhaltliche Strukturierung einer Reklamation zu berücksichtigen. Die folgende Übersicht soll Ihnen dabei helfen, Mahnbriefe erfolgreich zu verfassen:

1 Opening
Erwähnen Sie den Grund Ihres Schreibens (complaint) und geben Sie dem Lieferer die erforderlichen Informationen, um die Sachlage schnell zu klären (order number, delivery date, means of transport usw.).

2 Describing the problem and demanding action
Beschreiben Sie detailliert (möglicherweise begleitet durch Fotos) die aufgetretenen Schäden und teilen Sie dem Lieferer mit, welchen Ausgleich (compensation) Sie für jeden aufgetretenen Mangel wünschen/als angemessen ansehen.

3 Explaining and convincing
Erläutern/überzeugen Sie dem/den Lieferanten, warum er Ihre Beschwerde akzeptieren sollte, und sprechen Sie ihn als fairen Geschäftspartner an (first business contact, desire for continued business relations, long-established business relations, conditions of sales contract). Gehen Sie **nicht** davon aus, dass der Lieferant die Störungen mit Absicht verursacht hat oder kein Interesse an zufriedenen Kunden hat!

4 Polite ending
Am Briefende drücken Sie Ihr Vertrauen aus, dass der Lieferant Ihre Beschwerde akzeptiert, die Störungen zeitnah und in Ihrem Sinne regelt und auch weiterhin eine zufriedenstellende Geschäftsbeziehung bestehen bleibt.

PRAXISTIPP Vermeiden Sie es, sich durch zu scharfe Formulierungen oder Unterstellungen Ihren Lieferanten zum Gegner zu machen.

○ Opening

We have just received	your consignment no. ... by air freight/sea freight/truck transport.
Wir haben soeben/gerade	Ihre Warenlieferung Nummer ... per Luftfracht/Seefracht/Lkw-Transport erhalten.
We are sorry to tell you that/We regret to inform you that	your execution of our order no. ... does not meet with our approval.
	we cannot accept the delivery as it is not to our satisfaction/is not satisfactory/has not met with our satisfaction.
	we are dissatisfied with the execution of our order no. .../handling of the goods with order no. ...
	the consignment with order no. ..., which should have been delivered by July 15 20.. at the latest, has not arrived yet.

Es tut uns leid, Ihnen mitteilen zu müssen, dass/Wir bedauern, Sie zu informieren, dass	Ihre Ausführung unserer Bestellung mit der Auftragsnummer … nicht unsere Zustimmung findet.
	wir die Warenlieferung mit der Auftragsnummer … nicht akzeptieren können, da sie nicht zu unserer Zufriedenheit ausgefallen ist/uns nicht zufriedenstellt.
	wir unzufrieden sind mit der Ausführung/Handhabung unserer Bestellung mit der Auftragsnummer …
	die Warensendung mit der Bestellnummer …, die bis spätestens 15. Juli 20.. geliefert werden sollte, bis heute noch nicht eingetroffen ist.

○ Describing the problem and demanding action

When opening/examining the packing/cases/boxes/crates, we discovered/saw/noticed that	five of the monitors have a broken display/have scratches on the frames/are missing.
	the quality of the goods does not correspond to the samples you submitted.
Bei der Öffnung/Untersuchung der Verpackung/Kisten/Holzkisten, haben wir entdeckt/gesehen/bemerkt, dass	fünf Monitore ein zerbrochenes Display haben/Kratzer an den Rahmen aufweisen/fehlen.
	die Qualität der Waren nicht den Mustern entspricht, die Sie uns zur Verfügung gestellt haben.
As proof/In order to support our complaint we are sending you	one of the damaged/defective products for your examination/analysis.
	one of the products of poor/inferior quality for you to check.
	a photograph.
Als Beweis/Beleg für unsere Reklamation/Stellungnahme senden wir Ihnen	einen der beschädigten/mangelhaften Artikel zur Prüfung/Analyse.
	einen der Artikel mit minderwertiger Qualität, um ihn zu prüfen.
	ein Foto.
We would like/We ask/We expect you to consider this complaint/matter immediately/carefully	and to make/provide suggestions/proposals on how to settle/resolve this matter.
Wir bitten Sie/Wir erwarten von Ihnen, dass Sie diese Reklamation/Angelegenheit unverzüglich/sorgfältig prüfen	und vorschlagen, wie die Sache beizulegen/zu lösen ist.
Please let us have	your response/a statement from you concerning this problem.

Reklamationsmanagement in der Fremdsprache Englisch anwenden

Bitte teilen Sie uns	Ihre Antwort/Stellungnahme bezüglich dieses Problems mit.
Please deliver the missing items as soon as possible	and let us know the new delivery date.
Bitte liefern Sie die fehlenden Artikel so schnell wie möglich nach	und teilen Sie uns den neuen Liefertermin mit.
We are holding the damaged goods at your disposal and ask you	to grant us a refund.
	to send us replacements immediately.
Wir stellen Ihnen die beschädigten Waren zur Verfügung und bitten Sie, uns	den Kaufpreis zu erstatten.
	unverzüglich Ersatz zu liefern.
We are prepared to keep the defective goods if you	grant us an allowance of 30%.
	reduce the price by 30%.
Wir sind bereit, die mangelhafte Ware zu behalten, wenn	Sie uns einen Nachlass von 30% einräumen.
	Sie den Preis um 30% reduzieren.
As the goods are unsaleable, we will	send them back to you at your expense.
	unfortunately be obliged to cancel our order.
Da die Waren unverkäuflich sind, werden wir	sie auf Ihre Kosten zurücksenden.
	leider/unglücklicherweise gezwungen sein, unseren Auftrag zu stornieren.

○ Explaining and convincing

You will certainly understand that this matter	has annoyed us very much.
	has caused us considerable inconvenience.
Sie werden sicherlich verstehen, dass diese Angelegenheit	uns sehr verärgert hat.
	uns beträchtliche Unannehmlichkeiten verursacht hat.
We are very dissatisfied/disappointed	with the execution of our order.
Wir sind sehr unzufrieden/enttäuscht,	wie Sie diesen Auftrag ausgeführt haben.
As this is our first order with your company, we would appreciate it if you would/we are only prepared	take more care when filling orders in the future.
	to place further orders if you carry them out more carefully.
Da dies unsere erste Bestellung bei Ihrem Unternehmen ist, würden wir es schätzen,/ sind wir nur bereit,	wenn Sie bei zukünftigen Aufträgen die angemessene Sorgfalt ausüben würden.
	weitere Aufträge zu erteilen, wenn Sie diese sorgfältiger ausführen.

Unfortunately/Much to our regret, we have to point out/that further orders	will depend on how you settle this matter.
that according to the terms in our sales contract	you are obliged to replace defective goods within the first six months after purchase.
Leider/Zu unserem großen Bedauern müssen wir darauf hinweisen, dass weitere Aufträge	davon abhängen, wie Sie diese Angelegenheit regeln.
dass Sie nach den Bedingungen unseres Kaufvertrages	verpflichtet sind, mangelhafte Waren innerhalb der ersten sechs Monate nach Kauf zu ersetzen.

○ **Polite ending**

As we have a long-established business relation with you/Because of our excellent business relations we trust/we are confident that you will	accept our claims and settle this matter as soon as possible/immediately.
	find a solution to our mutual satisfaction.
	ensure that the missing products are dispatched immediately.
Da wir seit Langem eine Geschäftsbeziehung mit Ihnen haben,/Aufgrund unserer ausgezeichneten Geschäftsbeziehungen vertrauen wir darauf/sind wir zuversichtlich, dass Sie	unsere Ansprüche akzeptieren und diese Angelegenheit sobald wie möglich/unverzüglich beilegen.
	eine Lösung finden, die uns beide zufriedenstellt.
	sicherstellen, dass die fehlenden Artikel unverzüglich versandt werden.
Although the execution of this order did not come up to/meet our expectations,	we hope to do more business with you in the future.
Obwohl die Ausführung dieses Auftrags unsere Erwartungen nicht erfüllt hat,	hoffen wir auf weitere Geschäftsabschlüsse in der Zukunft.

● **Writing a letter of adjustment**

Wenn ein Lieferer eine Mängelrüge erhält, sollte er diese unverzüglich bearbeiten und dem Kunden einen höflichen Antwortbrief zur Schadensregulierung (**adjustment letter**) zustellen. Er teilt mit, welche Regelungen oder Vorschläge er für die entstandenen Probleme vorsieht, wobei er in Abhängigkeit von der Sachlage die Ansprüche des Käufers akzeptieren oder ablehnen kann.

Die folgende Strukturübersicht soll Sie bei der Erstellung eines "adjustment letter" unterstützen:

Reklamationsmanagement in der Fremdsprache Englisch anwenden

1 Opening and appreciating
Beziehen Sie sich mit den erforderlichen Angaben auf die Mängelrüge des Käufers (date of complaint, order number, delivery date etc.). Entschuldigen Sie sich für den Vorfall, bedanken Sie sich bei dem Käufer für seine Mängelrüge und geben Sie ihm zu verstehen, dass Sie seine Beschwerden ernst nehmen. In Abhängigkeit des Sachstandes bitten Sie eventuell um Zeit für die Prüfung der Angelegenheit.

2 Investigating, accepting or rejecting
Teilen Sie dem Kunden das Ergebnis Ihrer Prüfung seiner Mängelrüge mit. Wenn Sie seine Beschwerde ganz oder teilweise akzeptieren, können Sie ihm darlegen, worauf die Schlechtleistung zurückzuführen war. Wenn Sie einen Kompromiss bei der Regelung vorschlagen, versuchen Sie, eine Lösung zu finden, die beide Unternehmen zufriedenstellt. Falls Sie die Ansprüche ablehnen, erläutern Sie Ihre Gründe auf klare und freundliche Weise, sodass der Kunde Ihre Position nachvollziehen und akzeptieren kann.

3 Polite ending
Am Briefende entschuldigen Sie sich (nochmals) für die entstandenen Unannehmlichkeiten und drücken Ihr Vertrauen aus, dass der Käufer Ihre Regelungen akzeptiert und auch weiterhin eine zufriedenstellende Geschäftsbeziehung bestehen bleibt.

PRAXISTIPP Wenn Sie eine Reklamation ablehnen, weil sie unberechtigt ist, seien Sie **diplomatisch**! Erläutern Sie dem Kunden die Geschäftspolitik Ihres Unternehmens, sodass er auch nach Ihrer Zurückweisung seiner Ansprüche einen positiven Eindruck behält. Bleiben Sie höflich und vermeiden Sie unbedingt verletzende oder schroffe Formulierungen. Unzufriedene Kunden sind schnell bereit, ihren Lieferanten zu wechseln.

○ Opening and appreciating

Thank you for/for today's telephone call	informing us about a serious problem concerning our order no. ...
We refer to your letter/email/complaint dated .../of 5 August	bringing a serious problem concerning our order no. ... to our attention.
Vielen Dank für Ihren heutigen Anruf	in dem Sie uns über ein ernsthaftes Problem informieren, das unseren Auftrag Nummer ... betrifft.
Wir beziehen uns auf Ihren Brief/Ihre E-Mail/ /Ihre Mängelrüge datiert .../vom 5. August,	in dem/der Sie uns über ein ernsthaftes Problem bei unserer Auftragsnummer ... aufmerksam machen.

We are very sorry/We want to apologize for	this mistake/incident/oversight.
We very much regret to hear that our last consignment	this fault in our service.
	has not turned out to your satisfaction.
Wir bitten Sie/Wir möchten uns für	diesen Fehler/Vorfall/dieses Versehen um Entschuldigung.
	diese schlechte Dienstleistung entschuldigen.
Wir bedauern es sehr zu hören, dass unsere letzte Warenlieferung	nicht zu Ihrer Zufriedenheit ausgefallen ist/ Sie nicht zufriedengestellt hat.
We assure you that your complaint is being processed,	however, we will need a few days time to find out the reason for the damage.
We will investigate this matter immediately	and inform you as soon as we know the reason for the damage.
Wir versichern Ihnen, dass Ihre Mängelrüge in Bearbeitung ist,	bitten Sie jedoch noch um einige Tage, um den Grund für den Schaden herauszufinden.
Wir werden diese Angelegenheit unverzüglich untersuchen	und informieren Sie, sobald wir den Grund für den Schaden kennen.

○ **Investigating, accepting or rejecting**

We have looked into the matter and found that	the damage was caused by inadequate packing/a software failure/an error made in our dispatch department.
	the goods could not be loaded onto the ship in time because of a dock workers' strike.
	the consignment was delayed because we had an increase in our workload.
	the delay was caused by a temporary shutdown of our dispatch department due to staff illness during the current pandemic.
	the items have a manufacturing defect/had not been packed to our usual standards.

Reklamationsmanagement in der Fremdsprache Englisch anwenden

Wir haben den Vorgang untersucht und festgestellt/herausgefunden, dass	der Schaden durch unsachgemäße Verpackung/einen Softwarefehler/ein Versehen unserer Versandabteilung entstanden ist.
	die Waren wegen eines Streiks der Hafenarbeiter nicht rechtzeitig auf das Schiff verladen werden konnten.
	die Warenlieferung wegen unserer Arbeitsüberlastung verzögert wurde.
	es eine Verzögerung gab, weil wir aufgrund eines hohen Krankenstandes während der derzeitigen Pandemie unsere Versandabteilung zeitweise schließen mussten.
	die Artikel einen Produktionsfehler aufweisen/nicht nach unseren üblichen Standards verpackt worden sind.
We are pleased to inform you/say that we	accept your claim and grant you an allowance of 15 % on the goods.
	will/can reduce the price of the defective items by 20 % if you decide to keep the goods.
	have today refunded you the price of the damaged goods by money transfer.
	have sent/will send you the replacements/missing items to your premises this morning/tomorrow.
	will undertake the necessary repairs free of charge.
Wir freuen uns, Sie zu informieren/Ihnen mitzuteilen, dass wir	Ihre/-n Forderung/Anspruch akzeptieren und Ihnen einen Nachlass von 15 % gewähren.
	den Preis der mangelhaften Artikel um 20 % reduzieren werden/können, wenn Sie sich entschließen, die Waren zu behalten.
	Ihnen heute den Preis für die beschädigten Waren per Überweisung erstattet haben.
	Ihnen heute Morgen/morgen die Ersatzlieferung/fehlenden Artikel an Ihren Unternehmenssitz gesendet haben/senden werden.
	die notwendigen Reparaturen kostenfrei durchführen werden.
Unfortunately, we cannot accept	your claim for an allowance of 40 %, but we can offer you a reduction of 25 % on the purchase price.
Leider können wir Ihren Anspruch	auf 40 % Nachlass nicht akzeptieren, aber wir können Ihnen anbieten, den Kaufpreis um 25 % zu reduzieren.
According to the photographs you enclosed in your complaint,	the problem seems to have been caused by rough handling of the goods during transport rather than inadequate packing. As transport was organized by you, we are clearly not responsible for the damage and ask you to contact your forwarder.

Aufgrund der Fotos, die Sie Ihrer Mängelrüge beigelegt haben,	scheint das Problem eher durch groben Umgang mit der Ware auf dem Transport verursacht worden zu sein als durch unsachgemäße Verpackung. Da der Transport von Ihnen organisiert wurde, sind wir eindeutig nicht für den Schaden verantwortlich und bitten Sie, Ihren Spediteur zu kontaktieren.
Our thorough/careful examination/investigation has shown that	you have used lubricants in the machine that are not approved for usage/supplied by us. Please understand that under these circumstances the machine cannot be repaired at our cost.
Unsere gründliche/sorgfältige Prüfung/Untersuchung hat ergeben, dass	Sie Schmiermittel in der Maschine verwendet haben, die von uns zum Gebrauch nicht freigegeben sind. Bitte verstehen Sie, dass die Maschine unter diesen Umständen nicht auf unsere Kosten repariert werden kann.
We very much regret	that we cannot accept your claim in this case, as the guarantee period has already expired.
Wir bedauern sehr,	dass wir in diesem Fall Ihre Forderung nicht akzeptieren können, da der Garantiezeitraum bereits abgelaufen ist.
The delivery of the consignment was executed at your cost and risk.	Please understand that we cannot assume any liability under the circumstances/in such a case.
Die Warenlieferung erfolgte auf Ihre Kosten und Ihr Risiko.	Bitte haben Sie Verständnis dafür, dass wir unter diesen Umständen/in solch einem Fall keine Haftung übernehmen können.

○ Polite ending

We very much regret	that this matter could have happened.
Wir bedauern sehr,	dass dieser Vorfall überhaupt passieren/geschehen/stattfinden konnte.
Please accept our apologies	for the inconvenience caused by this matter.
Bitte entschuldigen Sie	die Unannehmlichkeiten, die Ihnen durch diese Angelegenheit entstanden sind.
We assure you	that the necessary steps have been taken to prevent this mistake from happening again.
We trust/hope that	this unfortunate incident/these regrettable occurrences will be avoided in the future.
	this matter will not affect our future business relations in a negative way/the solution suggested will meet your approval/will settle the matter to our mutual satisfaction.
We will do everything possible to ensure	that such a mistake will not happen again.

Wir versichern Ihnen,	dass die nötigen Schritte unternommen wurden, um dafür zu sorgen, dass ein solcher Fehler zukünftig nochmals auftritt.
Wir vertrauen darauf/sind sicher/hoffen,	dass dieser bedauerliche Vorfall/diese bedauerlichen Ereignisse in der Zukunft vermieden werden.
	dass diese Angelegenheit unsere zukünftigen Geschäftsbeziehungen nicht beeinträchtigen/negativ beeinflussen wird/unser Lösungsvorschlag Ihre Zustimmung findet/die Angelegenheit zur beiderseitigen Zufriedenheit regelt.
Wir werden alles unternehmen, um sicherzustellen,	dass sich ein solcher Fehler nicht wiederholt.
We look forward to doing	business with you in the future.
Wir freuen uns darauf,	mit Ihnen auch in der Zukunft weiterhin Geschäfte zu machen.

Reklamationsmanagement in der Fremdsprache Englisch anwenden

- Mängelrügen können telefonisch oder schriftlich übermittelt werden. Auf die schriftliche Mängelrüge (**"letter of complaint"**) antwortet der Lieferer mit einem Brief zur Schadensregulierung (**"letter of adjustment"**).

- Bei einer telefonischen Beschwerde sollte zu Beginn Zeit für "Small Talk" eingeplant werden, um eine **positive Gesprächsatmosphäre** zu schaffen. Im Gespräch sollten Käufer und Verkäufer stets höflich bleiben und Schuldzuweisungen vermeiden.

- In der Schriftform ist das übliche **formale Layout** von Geschäftsbriefen anzuwenden. Inhaltlich sind die Ansprüche des Käufers an den Lieferanten abhängig von den entstandenen Mängeln.

- Ein **"letter of complaint"** sollte die Bestandteile **"opening"**, **"describing the problem and demanding action"**, **"explaining and convincing"** und **"polite ending"** enthalten. Auch hier gilt, nur höfliche Formulierungen zu verwenden.

- Auch der **"letter of adjustment"** des Lieferers sollte den formalen Aufbau eines Geschäftsbriefes aufweisen. Er sollte die Bestandteile **"opening and appreciating"**, **"investigating, accepting or rejecting"** und **"polite ending"** enthalten. Wenn der Lieferer einen Anspruch des Käufers zurückweist, geschieht dies auf höfliche Art und Weise.

- Beide Briefarten enden positiv mit der Erwartung, dass weiterhin eine **erfolgreiche Geschäftsbeziehung** bestehen bleibt.

1. Nicole Höver entschließt sich, Jane Fulham anzurufen, um die Beschwerde von Officeunlimited telefonisch abzuklären und eventuell schon einen Lösungsvorschlag für die Mängelrüge anzubieten (siehe E-Mail in der Einstiegssituation des Kapitels). Entwerfen Sie das Telefonat, nachdem Sie die E-Mail nochmals gründlich gelesen haben.

2. Read the text carefully and fill in the best choice from the words in the box.

justified	replacement	defective	complaint	inconvenience	supplier
investigation	delivery	polite	apologize	saleable	complain
immediate	allowance	advance	unsaleable	disposal
necessary	correspond	check	consignment	adjustment	damage
immediately	goods	refund	customer	claims	rejects

When a _____ receives _____ from his _____ he has to _____ the _____ carefully. If it is _____ or the goods do not arrive on the _____ date, he should _____ in a very _____ way, either by phone or by writing a letter of _____. He informs the supplier about the _____ details and his _____. If the goods did not arrive on time, he could demand _____ delivery. If the items are defective but still _____, he can ask for an _____. If the products are _____, he holds them at the seller's _____ and requests a new consignment. In case the items do not _____ to the quality of the samples, he claims a _____. If he has already paid in _____, he could ask to have a _____. Generally, _____ after he has looked into the matter, the seller will answer the complaint by a letter of _____. Then he will inform the buyer about the results of his _____. If the claims are _____, he will accept the buyer's suggestions and _____ for the _____ caused. If the seller is not responsible for the _____, he _____ the claims or might suggest a compromise.

3. Ihr Ausbildungsbetrieb hat Probleme mit zwei Lieferungen des britischen Lieferanten Bindex, 345 Farnhill Road, East London. Erstellen Sie eine höfliche, formal und inhaltlich korrekte Mängelrüge. Schreiben Sie an den Verkaufsleiter John Woo. Berücksichtigen Sie die folgenden Angaben und formulieren Sie Ihre Ansprüche in Abhängigkeit der beschriebenen Mängel.
  – Sie nehmen Bezug auf die Bestellnummern und die vereinbarten Liefertermine.
  – Auftrag 1: Das Lieferdatum ist überschritten, die Drucker wurden bis heute nicht geliefert.

- Auftrag 2: Die Verpackung der bestellten Smartphones war teilweise stark beschädigt, drei der Artikel sind nicht mehr verkäuflich, fünf Artikel weisen Kratzer auf, sind aber noch nutzbar. Statt der bestellten 32-Zoll-Monitore wurden 27-Zoll-Monitore geliefert. Die Qualität der gelieferten Kabel entspricht nicht den Mustern, nach denen bestellt wurde.
- Als Nachweis werden Fotos beigelegt.
- Die defekten Waren werden dem Lieferer zur Verfügung gestellt, bis eine Regelung gefunden wird.
- Sie bitten um Prüfung der Angelegenheit, Lösungsvorschläge und zeitnahe Rückmeldung.
- Sie weisen auf die langjährige Geschäftsbeziehung hin und äußern den Wunsch, dass die Angelegenheit zur beiderseitigen Zufriedenheit beigelegt wird.

4. Ihr Ausbildungsbetrieb hat die Mängelrüge eines britischen Kunden erhalten (Name und Anschrift nach Ihrer Wahl). Erstellen Sie ein höfliches, formal und inhaltlich korrektes Antwortschreiben an den Einkaufsmanager Boris Stubborn auf der Grundlage der folgenden Angaben.
- Sie beziehen sich auf die Mängelrüge vom … (Datum) und danken, dass Sie auf die Sachlage aufmerksam gemacht wurden.
- Sie entschuldigen sich für den Vorgang.
- Sie teilen mit, dass die Angelegenheit geprüft wurde und die Ursache des Lieferungsverzugs für einen Teil der Ware eine Verzögerung in der Versandabteilung war, die aufgrund eines hohen Krankenstandes hervorgerufen wurde.
- Die fehlenden Artikel wurden gestern an den Kunden per Luftfracht auf eigene Kosten abgeschickt.
- Sie formulieren ein Angebot an den Kunden, die beschädigten, unverkäuflichen Artikel bei voller Erstattung des Kaufpreises entweder auf Ihre Kosten zurückzusenden oder eine Ersatzlieferung zu erhalten.
- Sie bieten dem Kunden ferner an, auf die weniger beschädigten Artikel einen Preisnachlass von 35 % zu gewähren.
- Aufgrund der erhaltenen Fotos lehnen Sie die Ansprüche auf Ersatz der Waren in drei beschädigten Kisten ab. Der Transport wurde vom Kunden organisiert, der Schaden wurde durch unsachgemäßen Transport hervorgerufen. Sie empfehlen dem Kunden, sich an den Spediteur zu wenden.
- Sie entschuldigen sich für die entstandenen Unannehmlichkeiten und drücken Ihre Hoffnung aus, dass die Regelungen vom Kunden akzeptiert und weitere zukünftige Aufträge erfolgen werden.

Wiederholung zu Lernfeld 5

Übungsaufgaben

1. Die Primus GmbH hat neben vielen anderen Zahlungen laufend die Miete und die Telefonrechnung zu bezahlen.
 a) Begründen Sie, welche Zahlungsart die Primus GmbH für die beiden Vorgänge benutzen sollte.
 b) An verschiedenen Tagen hat die Primus GmbH mehrere Überweisungen an Lieferer zu tätigen. Geben Sie an, welche Zahlungsart sich für diese Vorgänge empfiehlt.
 c) Die Primus GmbH hat dem Stromversorgungsunternehmen eine Einzugsermächtigung erteilt. Versehentlich wurden vom Konto der Primus GmbH 2 388,00 € statt 388,00 € abgebucht. Beschreiben Sie, wie sich die Primus GmbH verhalten sollte.

2. Im Berufsschulunterricht wird das Thema „Electronic Banking" behandelt. Nicole Höver hat das Thema zu Hause gut vorbereitet und hält vor der Klasse ein Kurzreferat.
   a) Beschreiben Sie den Ablauf einer Zahlung durch Electronic Banking.
   b) Beschreiben sie, wie ein Gläubiger beim Electronic Banking sein Geld erhält.
   c) Erläutern Sie die Chipkarte als Instrument der bargeldlosen Zahlung.

3. Die Primus GmbH überlegt, ob sie in ihrer Verkaufsboutique künftig Kreditkarten als Zahlungsmittel zulassen soll.
   a) Erläutern Sie die Bedeutung von Kreditkarten.
   b) Beschreiben Sie, welche Vor- und Nachteile die Primus GmbH durch die Akzeptierung von Kreditkarten in ihrem Unternehmen hat.
   c) Erläutern Sie, welche Vor- und Nachteile Kunden haben, die mit Kreditkarten bezahlen.

4. Die Büromöbel GmbH Europa schuldet der Primus GmbH 68 900,00 € für die Lieferung von Bürostühlen und -regalen. Die Rechnung wurde der Kundin mit der Übergabe der Büromöbel am 20. November d. J. übergeben. Die Zahlungsbedingung lautet: „zahlbar am 22. Dezember d. J.".
   a) Geben Sie an, wann die Forderung der Primus GmbH verjährt ist.
   b) Am 16. Januar d. n. J. erhält die Büromöbel GmbH Europa, die die Rechnung noch nicht bezahlt hat, eine Mahnung von der Primus GmbH. Auf diese Mahnung reagiert die Kundin nicht. Auf die zweite Mahnung antwortet die Kundin schriftlich und bittet um eine Stundung bis zum 28. Februar d. n. J. Welche Wirkung hat die Mahnung auf die Verjährung?
   c) Erläutern Sie, welche Wirkung die Stundungsbitte der Kundin auf die Verjährung hat.
   d) Am 5. März d. n. J. stellt die Primus GmbH fest, dass die Kundin trotz der Stundungsgewährung noch nicht bezahlt hat. Sammeln Sie Argumente für das Antwortschreiben an die Kundin.

Nachdem die Primus GmbH die Kundin vergeblich außergerichtlich gemahnt hat, soll beim zuständigen Amtsgericht ein Antrag auf Erlass eines Mahnbescheides gestellt werden.
   e) Geben Sie an, welches Landgericht zuständig ist.
   f) Erläutern Sie die Wirkung des Widerspruchs der Kundin auf den Mahnbescheid.
   g) Geben Sie an, welche Wirkung es hätte, wenn sich die Kundin nicht zum Mahnbescheid äußerte.
   h) Erläutern Sie, welche Auswirkung der Erlass eines Vollstreckungsbescheides durch die Primus GmbH hat.

5. Die Primus GmbH hat am 3. März 20.. entsprechend einem Angebot bei der Fensterbau GmbH, Dahlienstraße 148–152, 44289 Dortmund, Metallfensterrahmen für ihr Verwaltungsgebäude bestellt. Die Fensterbau GmbH hatte sich vertraglich verpflichtet, die Fenster zwischen dem 1. Juni und 10. Juni 20.. zu liefern. Für die verspätete Lieferung wurde eine Konventionalstrafe über 15 000,00 € vereinbart. Am 20. Juni 20.. sind die Fenster immer noch nicht geliefert.
   a) Verfassen Sie einen Brief für die Primus GmbH und setzen Sie der Fensterbau GmbH eine Nachfrist.
   b) Begründen Sie, ob sich die Fensterbau GmbH im Lieferungsverzug befindet.
   c) Geben Sie an, welche Rechte der Primus GmbH gesetzlich zustehen.

6. Die Primus GmbH bestellt bei einer Baumschule für die betriebliche Weihnachtsfeier am 21. Dezember einen Tannenbaum mit Liefertermin 20. Dezember. Am 23. Dezember lie-

fert die Baumschule den Tannenbaum an. Die Primus GmbH weigert sich, den Tannenbaum noch anzunehmen.
a) Die Baumschule argumentiert, die Primus GmbH befinde sich durch die Weigerung der Annahme im Annahmeverzug. Beurteilen Sie die Rechtslage.
b) Die Primus GmbH argumentiert, die Baumschule befinde sich im Lieferungsverzug, worauf die Baumschule behauptet, um in Lieferungsverzug zu geraten, hätte die Primus GmbH eine Nachfrist setzen müssen. Beurteilen Sie die Rechtslage.

7. Die Fruchtex Bauer & Co. KG, Birkenstraße 26–36, 14469 Potsdam liefert aufgrund der Bestellung des Großhändlers Karl Schneider e. K., Händelstraße 16, 08525 Plauen, eine Ladung Obstkonserven. Als Liefertermin war vereinbart worden: „Lieferung in der Woche vom 15. August bis 19. August". Bei der Ankunft des Spediteurs am 17. August ist das Großhandelsgeschäft aufgrund eines Betriebsausfluges geschlossen. Der Spediteur lagert die Waren bei einer Spedition ein.
a) Beurteilen Sie den vorliegenden Fall.
b) Der Großhändler erfährt telefonisch von der Lagerung der bestellten Waren bei der Spedition. Er will die Waren annehmen, lehnt es aber ab, die entstandenen Lagerkosten in Höhe von 280,00 € zu bezahlen. Beurteilen Sie die Rechtslage.
c) Schreiben Sie für den Lieferer einen Brief an den Großhändler, in dem Sie diesen zur Abnahme der Warenlieferung auffordern.

Gebundene Aufgaben zur Prüfungsvorbereitung

1. Stellen Sie bei den nachfolgenden Sachverhalten fest, ob sie
   a) einen einseitigen Handelskauf,
   b) einen zweiseitigen Handelskauf,
   c) einen bürgerlichen Kauf darstellen.
   1. Die Bürodesign GmbH kauft bei einem Großhändler Büromaterialien.
   2. Die Kantinenleiterin eines Industriebetriebes kauft bei einem Großhändler 100 Zentner Kartoffeln.
   3. Der Geschäftsführer einer GmbH kauft für seinen Sohn in einem Sportfachgeschäft ein Snowboard.
   4. Ein Angestellter der Bürodesign GmbH verkauft an eine Arbeitskollegin ein gebrauchtes Motorrad.
   5. Die Verkäuferin eines Verbrauchermarktes kauft für ihren Ehemann in einem Münzgeschäft zwei Silbermünzen als Geburtstagsgeschenk.

2. Welche der folgenden Prüfungsarbeiten muss beim Eintreffen einer Sendung in Anwesenheit des Überbringers vorgenommen werden?
   Prüfung der ...
   1. Einhaltung der Lieferzeit
   2. Beschaffungspreise und gewährten Nachlässe
   3. Richtigkeit der Anschrift, Anzahl und Unversehrtheit der Versandstücke
   4. Art, Qualität und Beschaffenheit der Ware
   5. Richtigkeit der Einzelpreise der gelieferten Waren

3. Prüfen Sie nachstehende Aussagen über die Erteilung der Mängelrüge bei einem zweiseitigen Handelskauf bei gesetzlicher Regelung. Geben Sie an, welche der folgenden Aussagen richtig sind.

1. Versteckte Mängel müssen unverzüglich nach ihrer Entdeckung, jedoch innerhalb von zwei Jahren, gerügt werden.
2. Versteckte Mängel können nur innerhalb von sechs Wochen nach ihrer Entdeckung gerügt werden.
3. Arglistig verschwiegene Mängel können innerhalb von 30 Monaten gerügt werden.
4. Offene Mängel müssen unverzüglich nach Prüfung der Ware gerügt werden.
5. Offene Mängel müssen innerhalb von sechs Monaten gerügt werden.

4. Vervollständigen Sie nachfolgende Satzteile aus dem Bereich der gestörten Erfüllung des Kaufvertrages durch folgende Ergänzungen zu richtigen Aussagen.
1. Rücktritt vom Kaufvertrag
2. Minderung
3. Ersatzlieferung
4. Notverkauf
5. Ablehnung der Lieferung und Rücktritt vom Vertrag
6. Ablehnung der Lieferung und Schadenersatz statt der Leistung
7. Schadenersatz statt der Leistung
8. Selbsthilfeverkauf

a) ... kann in einer öffentlichen Versteigerung oder durch einen freihändigen Verkauf durchgeführt werden.
b) ... kann der Verkäufer bei leicht verderblicher Ware durchführen lassen, wenn der Käufer in Annahmeverzug geraten ist.
c) ... kann nur geltend gemacht werden, wenn den Verkäufer ein Verschulden trifft und eine Ersatzlieferung nicht möglich ist.
d) ... wird in Verbindung mit einem Deckungskauf geltend gemacht.
e) ... bedeutet: Der Kaufgegenstand ist zurückzugeben und der eventuell schon gezahlte Kaufpreis zu erstatten.
f) ... braucht im Falle des Annahmeverzuges nicht angedroht zu werden.

5. Welche der folgenden Zahlungen würden Sie per Dauerauftrag überweisen lassen?
1. Telefonrechnung
2. IHK-Beitrag
3. Geschäftsmiete
4. Stromrechnung
5. Gehälter der Angestellten
6. Rechnung vom Lieferer

6. Welche der folgenden Aussagen treffen auf die Lieferung unter Eigentumsvorbehalt zu?
1. Der Eigentumsvorbehalt wird unwirksam, wenn die Ware an einen gutgläubigen Dritten veräußert wird.
2. Der Eigentumsvorbehalt erlischt, wenn die gekaufte Sache mit einem Grundstück fest verbunden wird.
3. Der Verkäufer kann die Ware zurückverlangen, wenn der Käufer nicht zahlt.
4. Der Käufer wird erst nach Entrichtung des vollen Kaufpreises Besitzer der Ware.
5. Vor der endgültigen Bezahlung darf die Ware nicht weiterveräußert werden.

7. Welche der folgenden Aussagen trifft unter Beachtung der gesetzlichen Regelung auf die Sachmängelhaftung zu?
1. Beim zweiseitigen Handelskauf ist die Ware unverzüglich nach Wareneingang zu prüfen. Offene Mängel sind unverzüglich zu rügen.
2. Für versteckte und arglistig verschwiegene Mängel beträgt die Sachmängelhaftungsfrist beim zweiseitigen Handelskauf zwei Jahre.
3. Entdeckt ein Käufer beim einseitigen Handelskauf einen offenen Mangel, so muss dieser unverzüglich beim Verkäufer gerügt werden.

4. Eine Kürzung der Sachmängelhaftungsfrist durch die allgemeinen Geschäftsbedingungen ist für den Käufer verbindlich.
5. Ein arglistig verschwiegener Mangel verjährt nach zwei Jahren.

8. Am 03.06. d.J. lieferte die Müller OHG, Schwerin, Baustoffe an den Privatmann Heiner Bach, Rostock. Der Rechnungsbetrag von 4 500,00 € war am 30.06. d.J. fällig. Trotz mehrfacher Mahnungen wurde die Rechnung bis zum 31.07. d.J. noch nicht bezahlt.
a) Bestimmen Sie mithilfe des vorliegenden BGB-Auszugs das Datum für das Ende der Verjährungsfrist.
b) Am 10.09. d.J. überweist Heiner Bach 500,00 € an die Müller OHG.
  b1) Wie wirkt sich dies auf die Verjährung aus?
  Die Verjährung
  1. wird gehemmt, 2. beginnt neu, 3. wird nicht beeinflusst.
  b2) Bestimmen Sie mithilfe des BGB-Auszuges den Tag, mit dessen Ablauf die Forderung jetzt verjährt.

§ 195 BGB – Regelmäßige Verjährungsfrist
Die regelmäßige Verjährungsfrist beträgt drei Jahre.

§ 197 BGB – Dreißigjährige Verjährungsfrist
(1) In 30 Jahren verjähren, soweit nicht ein anderes bestimmt ist,
[...]
2. Herausgabeansprüche aus Eigentum, anderen dinglichen Rechten, [...] sowie die Ansprüche, die der Geltendmachung der Herausgabeansprüche dienen,
3. rechtskräftig festgestellte Ansprüche,
4. Ansprüche aus vollstreckbaren Vergleichen oder vollstreckbaren Urkunden,
5. Ansprüche, die durch die im Insolvenzverfahren erfolgte Feststellung vollstreckbar geworden sind, und
6. Ansprüche auf Erstattung der Kosten der Zwangsvollstreckung.

9. Unten stehend sind jeweils zwei bei der Warenbeschaffung anfallende Arbeiten angegeben. Stellen Sie fest, ob diese Arbeiten
1. in der angegebenen Reihenfolge,
2. in umgekehrter Reihenfolge,
3. in beliebiger Reihenfolge
ausgeführt werden können.

Arbeiten bei der Warenbeschaffung:
a) – Vergleich der Angebote
   – Bestellung der Ware
b) – Kontrolle der äußeren Verpackung
   – Kontrolle der Anschrift des Absenders
c) – Aushändigung der Empfangsbestätigung an den Frachtführer
   – Prüfung des äußeren Zustands der eingetroffenen Frachtstücke
d) – Ermittlung des Bedarfs
   – Meldung des Bedarfs an die Einkaufsabteilung

10. Der Lederwarengroßhändler Dietrich Hülsemann e.K. bestellt bei der Lederwarenfabrik Schuster KG 20 Aktentaschen. Die Lieferung erfolgt vereinbarungsgemäß am 28.10. Die Wareneingangskontrolle wird aus Versehen erst am 04.11. durchgeführt. Dabei wird festgestellt, dass alle Taschen schadhafte Schlösser aufweisen. Der Großhändler teilt dem Lieferer diesen Mangel noch am 04.11. per E-Mail mit und verlangt die Rücknahme der

Ware sowie Gutschrift des Rechnungsbetrages. Der Lieferer lehnt dies ab, er ist nur zur Ersatzlieferung bereit. Kann der Großhändler unter Berücksichtigung der gesetzlichen Bestimmungen (BGB- und HGB-Auszüge unten stehend) die Rückgängigmachung des Kaufvertrages verlangen?

§ 445b BGB – Verjährung von Rückgriffsansprüchen
(1) Die in § 445a Absatz 1 bestimmten Aufwendungsersatzansprüche verjähren in zwei Jahren ab Ablieferung der Sache.

§ 377 HGB
(1) Ist der Kauf für beide Teile ein Handelsgeschäft, so hat der Käufer die Ware unverzüglich nach der Ablieferung durch den Verkäufer, soweit dies nach ordnungsmäßigem Geschäftsgange tunlich ist, zu untersuchen und, wenn sich ein Mangel zeigt, dem Verkäufer unverzüglich Anzeige zu machen.
(2) Unterlässt der Käufer die Anzeige, so gilt die Ware als genehmigt, es sei denn, dass es sich um einen Mangel handelt, der bei der Untersuchung nicht erkennbar war.
[...]

1. Ja, denn gemäß § 445b BGB kann der Großhändler innerhalb von zwei Jahren nach Lieferung die Rückgängigmachung des Kaufvertrages verlangen.
2. Ja, denn der Mangel ist gemäß § 377 Abs. 1 HGB unverzüglich nach Entdeckung dem Lieferer angezeigt worden.
3. Nein, denn gemäß § 377 Abs. 1 und 2 HGB hätten die mangelhaften Schlösser unverzüglich nach dem Wareneingang gerügt werden müssen.
4. Nein, denn gemäß § 445b BGB kann der Großhändler nur fehlerfreie Ersatzlieferung verlangen.
5. Der Großhändler kann für den entgangenen Umsatz Schadenersatz verlangen.

11. Auf einen Mahnbescheid reagiert der Schuldner nicht. Wie muss sich der Gläubiger verhalten, um sein Geld zu erhalten?
Der Gläubiger muss
1. erneut einen Mahnbescheid beantragen.
2. innerhalb von sechs Monaten beim zuständigen Amtsgericht einen Vollstreckungsbescheid beantragen.
3. nichts unternehmen, da es ohnehin zu einer Gerichtsverhandlung kommt.
4. einen Vollstreckungsbeamten beauftragen, eine Pfändung durchzuführen.
5. nichts unternehmen.

12. Die Primus GmbH hat bei der Bürodesign GmbH 40 Regalelemente zur Lieferung in der 41. Kalenderwoche bestellt. Nachdem die Bürodesign nicht rechtzeitig geliefert hat, hat die Primus GmbH erfolglos gemahnt, Die Primus GmbH mahnt erneut und setzt eine angemessene Nachfrist. Gleichzeitig droht sie, die Annahme der Lieferung nach Ablauf der Nachfrist zu verweigern. Nach erfolglosem Ablauf der Frist besorgt die Primus die Regale bei einem anderen Lieferer. Die Primus GmbH verlangt jetzt von der Bürodesign GmbH die Preisdifferenz für einen erhöhten Einkaufspreis. Welches Recht macht die Primus GmbH geltend?
1. Erfüllung des Vertrages
2. Erfüllung des Vertrages und Ersatz des Verzögerungsschadens
3. Minderung
4. Erfüllung des Vertrages und Ersatz vergeblicher Aufwendungen
5. Schadenersatz statt der Leistung

LERNFELD 6

Ein Marketingkonzept entwickeln

1 Die aktuelle Marktsituation analysieren

Frau Primus hat am vergangenen Wochenende ein Seminar zum Thema „Modernes Marketing im Großhandel" besucht. Hochmotiviert und voller Ideen schickt sie am Montagmorgen eine E-Mail über das Intranet der Primus GmbH an alle Mitarbeiter:

An...	Alle Mitarbeiter
Cc...	
Betreff	Marketing ist nicht alles...

... aber ohne Marketing ist alles nichts!

Einen herzlichen „Guten Morgen" an alle!

Am Wochenende war ich auf einem sehr interessanten Seminar zum Thema „Marketing im Groß- und Außenhandel".

Ich erhielt vielfältige Informationen und Anregungen wie z. B. die folgende:

Traditionelles Marketing

Transaktion im Mittelpunkt

- Einzelverkauf
- vereinzelter Kundenkontakt
- kurzer Zeithorizont
- Erfüllung von einzelnen Kauferwartungen

Ziel: Neukundengewinnung

Verschiebung des Marketingfokus →

Beziehungs-Marketing

Geschäftsbeziehung im Mittelpunkt

- Kundentreue
- kontinuierlicher Kundenkontakt
- langer Zeithorizont
- kontinuierliche Erfüllung der gesamten Kundenerwartungen

Ziel: zufriedene und loyale Kunden

Wir alle sind für ein gelungenes Marketing und damit für den Unternehmenserfolg verantwortlich. Bitte überlegen Sie, inwieweit Sie selbst Marketing für die Primus GmbH betreiben. Schicken Sie mir am Ende Ihres Arbeitstages doch bitte das Ergebnis Ihrer Überlegungen. Einen schönen und produktiven Tag wünscht

Sonja Primus
Geschäftsführerin Primus GmbH

Nicole Höver, die zurzeit in der Auftragsbearbeitung beschäftigt ist, wundert sich über die Mail. *„Was hat denn meine Tätigkeit mit ‚Marketing' zu tun? Wenn ich tätig werde, haben die Kunden doch schon gekauft."*

ARBEITSAUFTRÄGE

- Klären Sie die Ihnen unbekannten Begriffe in der E-Mail zum Marketing.
- Erläutern Sie, welches Verständnis von Marketing in der E-Mail zum Ausdruck kommt.
- Erklären Sie, in welchem Zusammenhang Ihre Tätigkeiten im Ausbildungsbetrieb mit Marketing stehen.

● Marketing als Prinzip der Unternehmensführung

Marketing ist ein Begriff, der in ganz unterschiedlichen Zusammenhängen verwendet wird. In einem sehr weiten Verständnis kann man Marketing als ein an den Märkten orientiertes Denken und Handeln auffassen.

> Unter Marketing versteht man ein **Prinzip der Unternehmensführung**, bei der alle Aktivitäten auf die gegenwärtigen und künftigen Erfordernisse der Märkte ausgerichtet werden. Dabei sind systematisch gewonnene Informationen über die Märkte (insbesondere über Kunden und Konkurrenz) Grundlage aller Entscheidungen.

Im Rahmen eines **Marketingkonzeptes** werden vier grundlegende Entscheidungen getroffen:

- Käufersegment (**Wen** möchte ich erreichen?)
- Produktsegment (**Was** möchte ich anbieten?)
- marketingpolitisches Instrumentarium (**Wie** möchte ich auf dem Markt agieren?)
- zeitlicher Handlungsrahmen (**Wann** soll etwas erreicht werden?)

Neben den grundlegenden Entscheidungen wird ein **Marketingbudget** erstellt, das die finanziellen und personellen Marketingaktivitäten vorgibt.

Beispiel Die Primus GmbH plant die Einführung einer neuen Produktlinie „ergo-design-natur". Hierfür wird ein Marketingbudget von 500 000,00 € zur Verfügung gestellt.

Da ein Unternehmen stets auf mehreren Märkten tätig ist, umfasst das Marketing Maßnahmen auf allen Märkten:

Märkte	Marketingaktivitäten
Absatzmarkt: Die Primus GmbH bietet Bürobedarf und Beratung bei Büroeinrichtungen an (Anbieter von Gütern und Leistungen).	**Absatzmarketing:** Aktivitäten, um Waren und Dienstleistungen zu verkaufen.
Beschaffungsmarkt: Die Primus GmbH kauft Waren ein. Sie muss Büromöbel und -maschinen, Fahrzeuge usw. beschaffen. Ferner benötigt sie Telekommunikationsmöglichkeiten (Telefon, E-Mail, Fax) und Energie (Nachfrager nach Gütern und Leistungen).	**Beschaffungsmarketing:** Aktivitäten, um Waren, Büromöbel, Fahrzeuge, Maschinen usw. zu beschaffen bzw. einzukaufen.
Arbeitsmarkt: Die Primus GmbH benötigt qualifizierte Mitarbeiter (Nachfrager nach Arbeitskräften).	**Personalmarketing:** Aktivitäten, um geeignete Mitarbeiter für das Unternehmen zu gewinnen und zu halten.

Märkte	Marketingaktivitäten
Kapitalmarkt: Die Primus GmbH benötigt Kapital zur Finanzierung von Investitionen in Gebäude, Fuhrpark, Geschäftsausstattung usw. (Nachfrager nach Kapital). Sie sucht nach Anlagemöglichkeiten für kurz- und mittelfristig nicht benötigte liquide Mittel (Anbieter von Kapital).	**Finanzmarketing:** Aktivitäten, um Finanzmittel günstig zu erhalten (Kredite) und Kapital außerhalb des Unternehmens sinnvoll anzulegen.

Die Vermarktung (Verkauf) der Waren und Dienstleistungen steht im Mittelpunkt der Bemühungen im Groß- und Außenhandel. Daher wird der Begriff „Marketing" im Allgemeinen mit **Absatzmarketing** gleichgesetzt. Entsprechend stehen bei der **Marktorientierung** die Kunden und die Konkurrenz (Wettbewerber) im Mittelpunkt.

Kundenorientierung	Wettbewerbsorientierung
gezielte Analyse der Wünsche, Bedürfnisse und Ansprüche der Kunden	Analyse der jeweiligen Wettbewerbssituation und Vergleich eigener Leistungen mit denen der Konkurrenten
Ziel: optimale Befriedigung der sich wandelnden Kundenansprüche	**Ziel:** eigene Wettbewerbsvorteile erkennen, pflegen und ausbauen

> **PRAXISTIPP** Auch wenn das Absatzmarketing häufig im Mittelpunkt steht, heißt es im Handel nicht zufällig: *„Gut gekauft ist halb verkauft"*, womit die große Bedeutung des Beschaffungsmarketings für den Groß- und Außenhandel verdeutlicht wird.

Überlegungen zum Marketing erfolgen auf ganz unterschiedlichen Stufen. Der Marketingmix als Kombination unterschiedlicher Maßnahmen, um den Absatz zu fördern, wird von zahlreichen Informationen und Entscheidungen umrahmt und beeinflusst.

Kunde
Einsatz des Marketingmix (vgl. S. 131 ff.)
Absatzplanung (vgl. S. 131)
Strategisches Marketing (vgl. S. 128 ff.)
Marktforschung (vgl. S. 115 ff.)
Zielsystem der Unternehmung / Marketing als Prinzip (vgl. S. 110)
Wirtschaftliche Rahmenbedingungen (z. B. Marktposition)

> **PRAXISTIPP** Marketing ist die zentrale Unternehmensaufgabe, die weitgehend die anderen Unternehmensbereiche steuert. Damit ist erfolgreiches Marketing entscheidend für den Erfolg Ihres Unternehmens auf den nationalen und internationalen Märkten.

● Verkäufer-, Käufermarkt

Die zunehmende Notwendigkeit der marktorientierten Unternehmensführung spiegelt sich auch in der Entwicklung des Marketings in Unternehmen wider. Seit dem Zweiten Weltkrieg ist ein Wandel vom **Verkäufermarkt** zum **Käufermarkt** eingetreten.

- Als **Verkäufermarkt** bezeichnet man einen Markt, bei dem die Nachfrage größer ist als das Angebot. Die Verkäufer befinden sich gegenüber den Kunden in einer stärkeren Position. Je mehr Kunden um den Kauf eines Produktes konkurrieren, desto höher kann der Kaufpreis sein und desto weniger Anstrengungen sind nötig, um die Waren zu verkaufen.

    Beispiel Nach dem Zweiten Weltkrieg war das Warenangebot knapp. Die Käufer rissen den Anbietern die Produkte förmlich aus der Hand.

- Bei den Märkten der Gegenwart befinden wir uns in **Käufermärkten**. Die Käufer haben gegenüber den Anbietern oft die stärkere Position, da das Angebot heute größer ist als die Nachfrage. Durch die Konkurrenz der Anbieter untereinander wird verhindert, dass der Kunde überhöhte Preise bezahlt. Der Kunde wird zum „König". Der Wettbewerb um die Kunden muss verstärkt werden, um Kunden zu gewinnen und zu halten.

    Beispiel In fast allen Bereichen des Groß- und Außenhandels sind Käufermärkte typisch. Häufig ist die Nachfragemacht des Einzelhandels sogar so groß, dass der Einzelhandel die Preise, Konditionen oder Funktionen nicht nur beeinflusst, sondern sogar bestimmt. Können Groß- und Außenhändler diesem Diktat nicht mehr folgen, besteht die Gefahr, dass die Großhandelsstufe vom Einzelhandel übersprungen wird.

● Marktformen (vgl. S. 173)

Die Anzahl von Anbietern und Nachfragern sowie deren relative Größe auf einem Markt lassen Rückschlüsse über die **Marktmacht** und das **Entscheidungsverhalten** der jeweiligen Unternehmen zu. Außerdem ist der **Marktzutritt** für neue Unternehmen je nach Marktform unterschiedlich schwierig.

Beispiele

Polypol	Anbieter:	viele Händler auf Wochenmarkt
	Nachfrager:	viele Käufer
Angebotsoligopol	Anbieter:	wenige Pkw-Hersteller
	Nachfrager:	viele Pkw-Käufer
Angebotsmonopol	Anbieter:	1 Wasserwerk in einer Kommune
	Nachfrager:	viele Kunden
Zweiseitiges Oligopol	Anbieter:	wenige Flugzeughersteller
	Nachfrager:	wenige Fluggesellschaften
Zweiseitiges Monopol	Anbieter:	Gewerkschaft
	Nachfrager:	Arbeitgeberverband
Nachfragemonopol	Anbieter:	Straßenbauunternehmen
	Nachfrager:	öffentliche Hand

Die aktuelle Marktsituation analysieren

Zahl der Nachfrager \ Zahl der Anbieter	Viele kleine	Wenige kleine	Ein großer
Viele kleine	Polypol	Angebotsoligopol	Angebotsmonopol
Wenige kleine	Nachfrageoligopol	zweiseitiges Oligopol	beschränktes Angebotsmonopol
Ein großer	Nachfragemonopol	beschränktes Nachfragemonopol	zweiseitiges Monopol

● **Marktkräfte**

Die Marktformen lassen nur eine grobe Einschätzung zur Verteilung der Marktmacht zu. Für das einzelne Unternehmen sind **vielfältige Faktoren** zur Beurteilung seiner Marktposition zu beachten. Die **Analyse** und permanente **Beobachtung** dieser Marktkräfte ist daher ein Kernprozess des Marketings, der vorwiegend durch die Marktforschung erfolgt.

Beispiele

Marktkräfte	Erläuterungen, Kommentare, Beispiele
Marktmacht der Kunden	Je mehr Kunden am Markt aktiv sind, desto größer ist für einen Anbieter die Chance der erfolgreichen Kundenakquisition und desto geringer das Risiko, dass Kunden sich zusammenschließen und konzentriert ihre Marktmacht ausüben.
Marktmacht der Lieferer	Je eher Lieferer austauschbar sind, desto größer ist die Marktmacht der Nachfrager. Probleme entstehen, wenn Lieferer sich zusammenschließen und Preis- bzw. Konditionen-Diktate ausüben.
Bedrohung durch Ersatzprodukte	Je eher ein Produkt oder eine Dienstleistung durch eine Alternative ersetzt werden kann, desto geringer sind die langfristigen Marktchancen.
Wettbewerbsintensität	Je stärker der Wettbewerb, desto höher sind die Aufwendungen, im Markt zu bestehen, und desto geringer sind die Möglichkeiten der Gewinnerzielung.
Bedrohung durch neue Wettbewerber	Je geringer die Einstiegsbarrieren in einen Markt sind, desto leichter wird es anderen Unternehmen (auch aus dem Ausland) gelingen, in den Markt einzudringen und Kunden abzuwerben.

PRAXISTIPP Analysieren Sie für die Produkte Ihres Ausbildungsbetriebes die unterschiedlichen Marktkräfte.

● **Virtuelle Märkte**

In nahezu allen Branchen und Geschäftsprozessen werden Informationen, Vereinbarungen und Verträge über die Kommunikationsplattform Internet transportiert und abgewickelt. Dies hat zu massiven Veränderungen in den Marktstrukturen geführt, wie es z. B. durch den Spruch „Die Konkurrenz ist nur einen Mausklick entfernt!" zum Ausdruck kommt.

Gerade auch in den relevanten Märkten für den Groß- und Außenhandel ist die Wettbewerbssituation durch die in virtuellen Märkten zum Ausdruck kommende **Globalisierung** erheblich verschärft. **E-Commerce** (Electronic-Commerce, E-Business) ist heute für Unternehmen ein entscheidender Wettbewerbsfaktor. Hierunter versteht man den Austausch (Kommunikation) und die elektronische Abwicklung von Geschäftsprozessen.

Je nach Vertragspartnern können die folgenden Geschäftsbeziehungen unterschieden werden (vgl. S. 140, 450):

- **B2C**: Business-to-Consumer, Unternehmen an Verbraucher

    Beispiele Versandhandel, z. B. Amazon, eBay Express usw.

- **B2B**: Business-to-Business, Unternehmen an Unternehmen
  Handel zwischen Unternehmen und deren Lieferanten, z. B. ExportPages, Wer liefert was?

    Beispiel Die Kröger & Bach KG wickelt ca. 80 % ihrer Geschäftsprozesse auf den Beschaffungs- und Absatzmärkten über E-Commerce ab.

- **B2A**: Business-to-Administration, Unternehmen an öffentliche Verwaltung
  Durchführung der Leistung von Unternehmen an den Staat/öffentliche Stellen

---

Die aktuelle Marktsituation analysieren

- Marketing umfasst alle auf **Märkte** gerichtete Aktivitäten eines Unternehmens: **Absatzmarketing, Beschaffungsmarketing, Personalmarketing** und **Finanzmarketing**. Im Groß- und Außenhandel steht das Absatzmarketing im Mittelpunkt. Das Beschaffungsmarketing hat eine nahezu gleiche Bedeutung, wobei sich auch die Beschaffung am Absatzmarkt orientieren muss.

- Eine marktorientierte Unternehmensführung macht die **Kundenorientierung** und die **Wettbewerbsorientierung** zu Schwerpunkten.

- Marketingaktivitäten erfolgen auf der Grundlage vielfältiger **Informationen** und auf ganz unterschiedlichen unternehmerischen **Entscheidungsebenen**. So wird Marketing zu einer zentralen **Unternehmensaufgabe**.

- Bei einem **Verkäufermarkt** gilt: Nachfrage > Angebot. Bei einem **Käufermarkt** gilt Nachfrage < Angebot.

- Je nach Anzahl und relativer Stärke von Anbietern und Nachfragern unterscheidet man unterschiedliche **Marktformen**.

- Die **Marktposition** eines einzelnen Unternehmens ist von zahlreichen **Marktkräften** abhängig.

- **Virtuelle Märkte/E-Commerce** beeinflussen die Handelslandschaft und den Wettbewerb massiv. Für den Groß- und Außenhandel sind insbesondere die **B2B**- (B2C, B2A) Geschäftsbeziehungen von Bedeutung.

Die Marktforschung als Grundlage von Marketingentscheidungen und Marketingzielen nutzen

1. Marketing hat im Groß- und Außenhandel den Schwerpunkt Absatzmarketing. Erläutern Sie, warum auch in anderen betrieblichen Bereichen (Beschaffung, Personal- und Finanzwirtschaft) Marketingarbeit geleistet werden muss.

2. Erläutern Sie den Unterschied zwischen Verkäufer- und Käufermarkt. Beschreiben Sie dabei auch die jeweiligen Konsequenzen für das Marketing im Groß- und Außenhandel.

3. Beschreiben Sie, wie Ihr Ausbildungsbetrieb Kunden- und Wettbewerbsorientierung umsetzt.

4. Listen Sie konkrete Aktivitäten Ihres Ausbildungsbetriebes im Bereich E-Commerce auf.

2 Die Marktforschung als Grundlage von Marketingentscheidungen und Marketingzielen nutzen

In der Primus GmbH bemerkt man seit geraumer Zeit, dass die Umsätze in der Warengruppe 3 „Verbrauch" rückläufig sind. Im vergangenen Quartal nahmen die Umsätze, gemessen am Vorjahr, um etwa 12 % ab. Sowohl Herr Müller, der Geschäftsführer der Primus GmbH, als auch Herr Berg, Gruppenleiter für den Bereich Verbrauchsmaterial, beobachten diese Entwicklung mit großer Sorge.

Herr Berg: *„… ich vermute, dass uns insbesondere die preisaggressiven Direktversender zusetzen und uns mehr und mehr Marktanteile abnehmen. Darauf müssen wir einfach reagieren und unsere Preis- und Vertriebsstrategien entsprechend anpassen!"*

Herr Müller: *„Das kann durchaus sein. Bedenken Sie aber, dass wir auch unser Werbekonzept umgestellt haben. Ihrem Bereich stand dieses Jahr ein deutlich geringeres Werbebudget zur Verfügung."*

Herr Berg: *„Das stimmt natürlich. Dennoch spielt das Werbebudget hier nur eine geringe Rolle. Durch die Umstellung auf unser direktes Kundenmailing konnten wir eine mindestens ebenso hohe Werbewirksamkeit wie vorher erreichen. Gleichzeitig konnten wir dadurch etwa 35 % der vorherigen Aufwendungen für Werbung einsparen. Ich führe den Rückgang eher auf unser Sortiment zurück. Bei den Verbrauchsmaterialien erwarten unsere Kunden heute doch ein wesentlich tieferes und breiteres Sortiment."*

Herr Müller: *„Hm, das ist durchaus möglich. Ich denke, so kommen wir in der Tat nicht weiter. Damit wir nicht noch mehr verlieren, sollten wir entschlossen, aber vor allem auch richtig handeln. Sowohl unsere Analyse als auch unsere Entscheidungen müssen auf handfesten betriebswirtschaftlichen Fakten beruhen."*

ARBEITSAUFTRÄGE

◆ Bilden Sie in Ihrer Klasse Arbeitsgruppen. Entwickeln Sie eine mögliche Strategie, wie Herr Müller und Herr Berg zu „handfesten" betriebswirtschaftlichen Fakten gelangen können, die ihnen in der Folge als Entscheidungsgrundlage dienen können.
◆ Dokumentieren Sie Ihre Überlegungen in einer Übersicht.

● Marktforschung

Die **Beschaffung** und **Aufbereitung** von **Marktinformationen** sind Aufgaben der Marktforschung (Presales-Phase). Als zentrale Bereiche der Marktforschung für den Groß- und Außenhandel gelten:

Kundenanalyse	Konkurrenzanalyse	Analyse der eigenen Marktstellung

PRAXISTIPP Die Marktforschung ist ein unverzichtbares Instrument, um gesicherte Informationen für betriebswirtschaftliche Entscheidungen zu erhalten. Nur auf der Grundlage gesicherter Informationen können die marketingpolitischen Instrumente (vgl. S. 131) in der Folge zielgerichtet eingesetzt werden.

Ziel der Marktforschung ist es,

- **eigene Schwächen** zu ermitteln, um sie mit geeigneten Marketingmaßnahmen zu beseitigen;
- **eigene Wettbewerbsvorteile/Stärken** zu erkennen, um sie ausbauen zu können.

Voraussetzung dafür sind verlässliche, aktuelle, genaue und zielgerichtete Marktdaten.

● Informationsquellen der Marktforschung

- **Betriebsinterne Quellen:** Das betriebsinterne Datenmaterial der Marktforschung entstammt den Aufzeichnungen der verschiedenen Abteilungen eines Unternehmens, insbesondere dem **Rechnungswesen**. Das Warenwirtschaftssystem (WWS) ist dabei ein besonders ergiebiger Informationslieferant. Es liefert artikelgenau Daten und bildet somit die Grundlage für vielfältige Marketingaktivitäten.

- **Betriebsexterne Quellen:** Oft ist es erforderlich, dass in der Marktforschung Daten erhoben werden müssen, die nicht betriebsintern angefallen sind. Soll beispielsweise die konjunkturelle Entwicklung eingeschätzt werden, so müssen Berichte der EZB (Europäische Zentralbank), der Bundesbank und einzelner Ministerien (Wirtschafts-, Finanz-, Arbeitsministerium) sowie Pressemitteilungen ausgewertet werden.

- **Sekundärdaten:** Die bisher genannten Daten (betriebsintern oder extern) wurden nicht speziell für Marktforschungszwecke erhoben. Es handelt sich um Daten, die für andere Zwecke erfasst wurden, z.B. für Zwecke des Rechnungswesens. Für die Marktforschung und für sonstige Entscheidungszwecke müssen sie jeweils neu aufbereitet (sortiert, selektiert, verknüpft) werden. Bei diesen Daten handelt es sich um sog. Sekundärdaten (**Sekundärmarktforschung**).

- **Primärdaten**: Sind aus Sekundärdaten die gewünschten Informationen nicht zu gewinnen, müssen die Daten erstmalig neu erhoben werden. Man spricht von **Primärdaten** (Primärmarktforschung).

● Überblick über die Methoden der Marktforschung

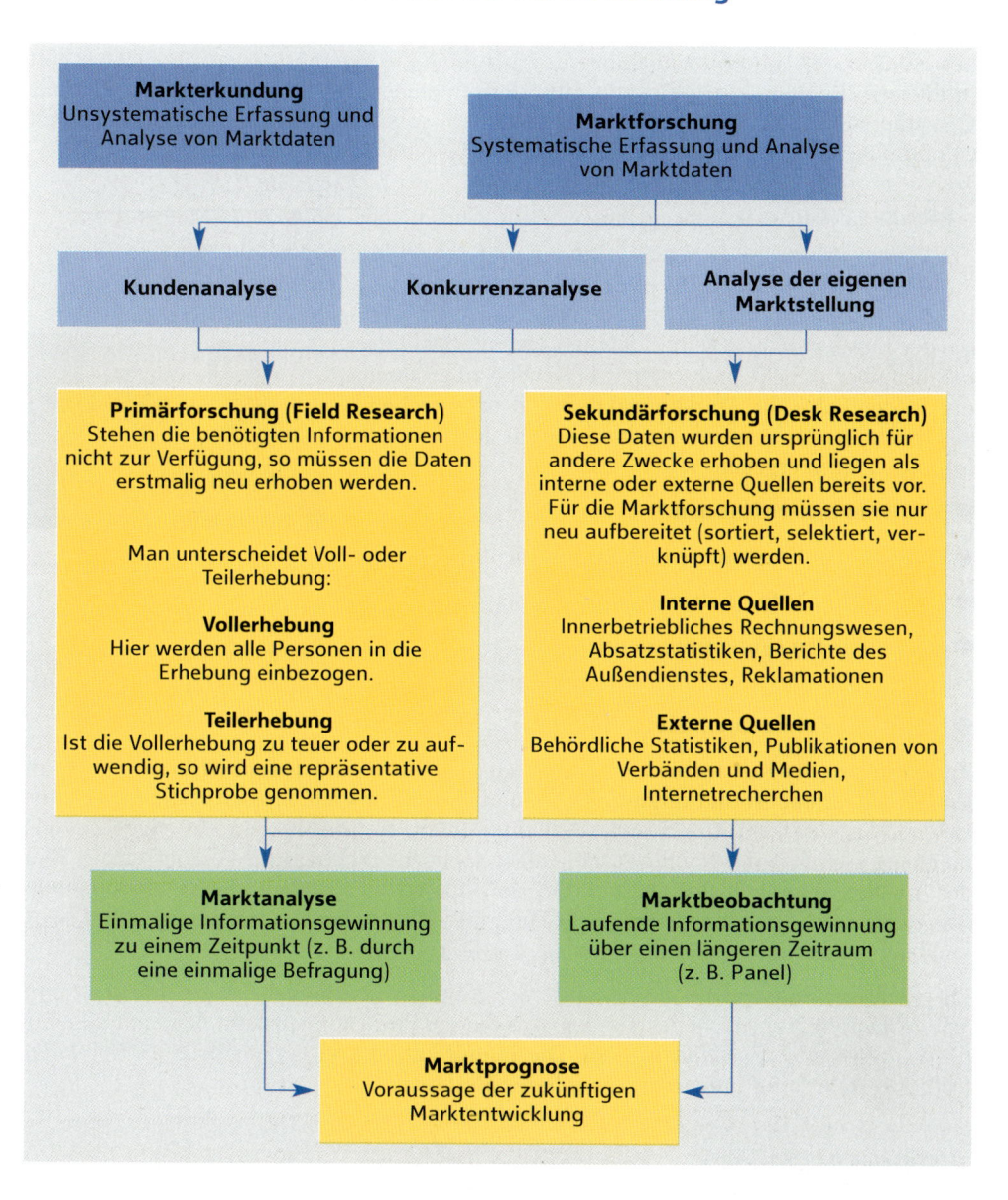

Markterkundung
Unsystematische Erfassung und Analyse von Marktdaten

Marktforschung
Systematische Erfassung und Analyse von Marktdaten

- **Kundenanalyse**
- **Konkurrenzanalyse**
- **Analyse der eigenen Marktstellung**

Primärforschung (Field Research)
Stehen die benötigten Informationen nicht zur Verfügung, so müssen die Daten erstmalig neu erhoben werden.

Man unterscheidet Voll- oder Teilerhebung:

Vollerhebung
Hier werden alle Personen in die Erhebung einbezogen.

Teilerhebung
Ist die Vollerhebung zu teuer oder zu aufwendig, so wird eine repräsentative Stichprobe genommen.

Sekundärforschung (Desk Research)
Diese Daten wurden ursprünglich für andere Zwecke erhoben und liegen als interne oder externe Quellen bereits vor. Für die Marktforschung müssen sie nur neu aufbereitet (sortiert, selektiert, verknüpft) werden.

Interne Quellen
Innerbetriebliches Rechnungswesen, Absatzstatistiken, Berichte des Außendienstes, Reklamationen

Externe Quellen
Behördliche Statistiken, Publikationen von Verbänden und Medien, Internetrecherchen

Marktanalyse
Einmalige Informationsgewinnung zu einem Zeitpunkt (z. B. durch eine einmalige Befragung)

Marktbeobachtung
Laufende Informationsgewinnung über einen längeren Zeitraum (z. B. Panel)

Marktprognose
Voraussage der zukünftigen Marktentwicklung

Kundenanalyse (Kundenstruktur)

Kundenorientierung und ihre Umsetzung ist langfristig die Voraussetzung für die Wettbewerbsfähigkeit in einem Käufermarkt. In Marktstrukturen mit globaler Konkurrenz und mit zunehmender Markttransparenz für die Kunden wird eine klare Ausrichtung von Marketingaktivitäten auf den Kunden zu einer Überlebensstrategie für alle Groß- und Außenhändler.

> **PRAXISTIPP** Der Kunde ist das Wichtigste für Ihr Unternehmen. Er ist es, der letztendlich Ihr Gehalt bezahlt.

Sowohl der Groß- und Außenhändler als auch seine Kunden müssen von einem Geschäft profitieren. Es muss eine **Win-win-Situation** entstehen, in der sich beide Parteien als Gewinner sehen können. Kundenorientierung hat somit zum Ziel, Kundenzufriedenheit zu optimieren, um deren Wechsel zu Wettbewerbern auszuschließen.

> **PRAXISTIPP** Der Aufwand (Kosten, Zeit), einen bereits vorhandenen Kunden zufriedenzustellen, ist i. d. R. deutlich geringer als der Aufwand, einen neuen Kunden zu gewinnen.

Bei der **Kundenanalyse** geht es folglich darum, so viel wie möglich über aktuelle und potenzielle Kunden zu erfahren, um in der Folge die Marketingaktivitäten entsprechend auszurichten. Als zentrale Analysebereiche können sich folgende Fragen ergeben:

- **Wer sind unsere Kunden?**
- Was sind die **Kaufmotive** und **Ansprüche** unserer Kunden?
- Wie ist das **Kaufverhalten** unserer Kunden?
- Wie **zufrieden** sind unsere Kunden?

Kundenzufriedenheitsanalyse

Zur Sicherung der Kundenbindung bietet sich eine **Kundenzufriedenheitsanalyse** an. Um sich kundenorientiert und verkaufsstark am Markt zu bewegen, müssen systematisch auftretende Defizite identifiziert und abgebaut werden, denn es besteht ein enger Zusammenhang zwischen der Kundenzufriedenheit und dem nachhaltigen Verkaufserfolg. **Ziel** der Analyse ist folglich eine Optimierung der Kundenzufriedenheit und Kundenbindung, was zu höheren Abschlussquoten, mehr Folgeabschlüssen, Weiterempfehlungen und Neukundengewinnung führen soll.

Ein wichtiger Baustein bei der Analyse der Kundenzufriedenheit ist ein **Stärken- und Schwächenprofil** aus Sicht der Kunden. Aus diesem Profil können dann Ansatzpunkte für die Verbesserung abgeleitet werden. Die Identifikation von systematisch auftretenden Defiziten steht somit im Vordergrund dieser Methode.

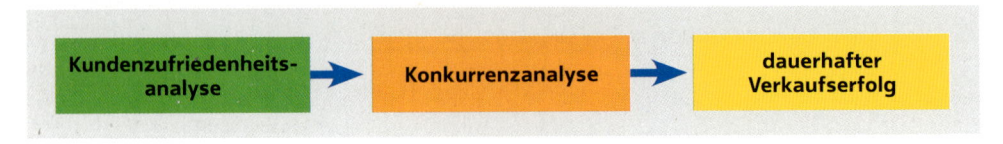

Kundenzufriedenheitsanalyse → Konkurrenzanalyse → dauerhafter Verkaufserfolg

Für die **Durchführung** einer Kundenzufriedenheitsanalyse bietet sich eine **Befragung** (vgl. S. 122f.) an. Neben schriftlichen Befragungen kommen auch Telefoninterviews oder Onlinebefragungen zur Anwendung.

Die **Auswertung und Analyse** der Befragungsdaten sollten computergestützt erfolgen. So lassen sich gewichtete Zufriedenheitsbereiche der Kunden ermitteln und die Selektion der Daten kann nach verschiedenen Befragungsbereichen vorgenommen werden.

Als **Ergebnis** sollten eine Stärken- und Schwächenanalyse des Unternehmens sowie ein Kundenzufriedenheitsprofil vorliegen, aus dem sich möglichst konkrete Optimierungsmaßnahmen ableiten lassen.

Als **Konsequenz** aus der Kundenzufriedenheitsanalyse sollten möglichst konkrete Optimierungsmaßnahmen beschlossen werden, die zu einem späteren Zeitpunkt auf ihren Erfolg zu überprüfen sind.

Beispiel Die Kröger & Bach KG beschließt nach ihrer Kundenzufriedenheitsanalyse Schulungs- und Trainingsmaßnahmen für die Mitarbeiter im Verkauf. Eine Wiederholungsbefragung im kommenden Jahr soll zeigen, welche Fortschritte erzielt wurden.

PRAXISTIPP Eine Kundenzufriedenheitsanalyse kann variiert werden und ihren Schwerpunkt auf die Bereiche Neukunden, verlorene Kunden oder Aftersales-Befragung verlagern.

● Konkurrenzanalyse/Wettbewerberanalyse

Die **Konkurrenzanalyse/Wettbewerberanalyse** als Branchenanalyse und -prognose ist heute ein unverzichtbares Früherkennungsinstrument im Rahmen der Überlebens- und Zukunftssicherung von Groß- und Außenhandelsunternehmen. So beeinflusst das Angebot der Wettbewerber die Erwartung und die Zufriedenheit der eigenen Kunden und zudem droht auch Konkurrenz, die nicht nur aus der eigenen Branche stammt.

Beispiele
- Anfang der Siebzigerjahre des 20. Jahrhunderts entstand in Deutschland eine völlig neue Konkurrenz für Büromöbeleinzelhändler. Das schwedische Unternehmen IKEA definierte die Zielgruppe der jungen Familien und der Büromöbelkäufer mit geringer Kaufkraft neu und bot erstmalig Büromöbel zum „Selber-Montieren" an. Heute gehört IKEA zu den führenden Möbelhäusern und ist starker Konkurrent zum Facheinzelhandel und somit auch für den Großhandel.
- Teleshopping und Online-Handel haben sich zu neuen Vertriebskanälen entwickelt, die zu starken Konkurrenten für den stationären Handel geworden sind. Selbst beratungsintensive Produkte wie Computer, Fotoartikel, Versicherungsdienstleistungen usw. werden über diese Vertriebskanäle verkauft.

Online-Handel boomt
Umsatz mit Endverbrauchern in Deutschland in Milliarden Euro

2009	10	11	12	13	14	15	16	17	18	2019*
15,6	20,2	24,4	28,0	32,0	35,6	39,9	44,2	48,9	53,3	57,8

*Prognose
Quelle: Handelsverband Deutschland

Aufgabe der Konkurrenzanalyse ist es, die Wettbewerber und deren Produkte auf Stärken und Schwächen hin zu untersuchen. Sie liefert wichtige

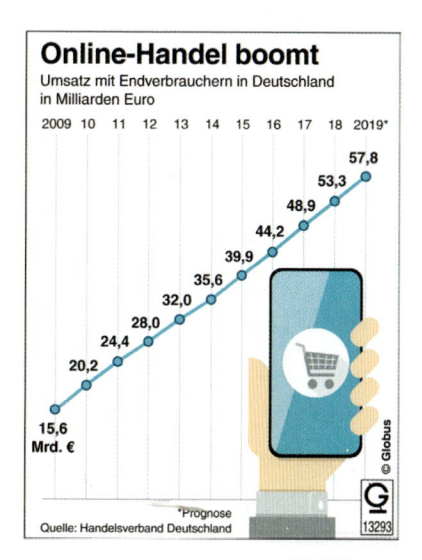

Orientierungspunkte für die eigene Marktpositionierung und Wettbewerbsstrategie. Methodisch kann eine Konkurrenzanalyse durch einfache Vergleiche oder durch gezielte Bewertungen erfolgen.

Die SWOT-Analyse

Die SWOT-Analyse ist ein klassisches Instrument, um die Marktpositionierung eines Unternehmens im Vergleich zur Konkurrenz festzustellen. SWOT ist abgeleitet aus den folgenden Begriffen:

Strength	Weakness
Stärken des eigenen Unternehmens, z. B. Flexibilität in der Produktion, Kundennähe, Produktqualität, Ausbildungsstand der Mitarbeiter	Schwächen des eigenen Unternehmens, z. B. Finanzkraft, IT-Infrastruktur, Organisationsstruktur, Reaktionsgeschwindigkeit auf Marktveränderungen
Opportunities	Threats
Chancen für die Zukunft, z. B. Expansion ins Ausland, Internet als Vertriebskanal, E-Commerce für B2B	Risiken für die Zukunft, z. B. Konkurrenz aus dem Ausland, Veränderungen in den Marktstrukturen, Investitionsneigung von Kunden

Stärken-Schwächen-Profile

Die aufgrund der SWOT-Analyse erhobenen Daten können übersichtlich in ein Stärken-Schwächen-Diagramm übertragen werden, das alle Ausprägungen veranschaulicht.

Beispiel Die Auswertung des Stärken-Schwächen-Profils der Kröger & Bach KG zeigt, dass die Beurteilung gegenüber dem stärksten Wettbewerber bei fast allen Kriterien schlechter ausfällt. Lediglich bei der Produktqualität liegt die Kröger & Bach KG vorn.

Kriterien \ Beurteilung	Schlecht						Mittel				Gut			
	7	6	5	4	3	2	1	0	1	2	3	4	5	6	7
Gewinnentwicklung				x					○						
Mitarbeiterqualifikation							x				○				
Forschung und Entwicklung				x			○								
Innovationsfreudigkeit					x				○						
Produktqualität							○						x		
Vertriebskanäle										x	○				
...															

——— = eigenes Unternehmen x   .... = stärkstes Konkurrenzunternehmen ○

Branchenvergleiche/Benchmarking

Fachverbände, Industrie- und Handelskammern sowie Marktforschungsinstitute erstellen periodisch Branchenvergleiche. Die hier veröffentlichten Daten können einen wesentlichen Beitrag zur Konkurrenzanalyse (Benchmarking) leisten. Oft sind die Daten bereits aufbereitet, sodass sie mit eigenen Unternehmensdaten verglichen werden können.

Beispiel Für einen Branchenvergleich hat die Kröger & Bach KG die folgende Übersicht angelegt:

Kennzahl	Eigenes Unternehmen	Branchendurchschnitt	Durchschnitt Top Ten
Umsatz	203 080 000,00 €	172 000 000,00 €	310 000 000,00 €
Veränderung zum Vorjahr	+1 200 000,00 €	+920 000,00 €	+3 100 000,00 €
Mitarbeiter	39	35	47
Veränderung zum Vorjahr	−2	+1	−1
Umsatz je Mitarbeiter	5 207 179,40 €	4 914 285,14 €	6 595 744,60 €
Veränderung zum Vorjahr	30 769,23 €	26 285,14 €	65 957,45 €
Gewinn	3 900 000,00 €	2 750 000,00 €	5 850 000,00 €
Veränderung zum Vorjahr	+270 000,00 €	+120 000,00 €	+410 000,00 €

Weitere wichtige Bereiche der Konkurrenzanalyse sind neben der ständigen Marktbeobachtung und -analyse die Preispolitik, die Servicepolitik, die Distributionspolitik, die Kommunikationspolitik, die Qualität der angebotenen Artikel, die Serviceleistungen sowie das Sortiment und das Image des Konkurrenten.

Bei der Konkurrenzanalyse ist nicht unbedingt die Anzahl der festgestellten Wettbewerber das ausschlaggebende Element, sondern die Kompetenz und Stärke der einzelnen Konkurrenten. Bei der Analyse ist es deshalb empfehlenswert, drei Gruppen zu bilden:

Marktführer und Marktherausforderer	Nischenanbieter	Mitläufer
Diese Wettbewerber haben eine besonders ausgeprägte Marktstellung und übernehmen eine Führungsfunktion in Bezug auf Artikelangebot, Marktbedienung und Marktbeeinflussung. Marktherausforderer sind solche Unternehmen, die auf dem Wege sind, Marktanteile abzunehmen oder sich als Marktführer zu positionieren.	Nischenanbieter beteiligen sich nur mit einem begrenzten Liefersortiment und Produktangebot am Markt oder konzentrieren sich auf beschränkte Marktgebiete, die sie mit ihrem Angebot abdecken.	Mitläufer beteiligen sich nur marginal am Marktgeschehen und haben meist eine untergeordnete Marktstellung.

PRAXISTIPP Behalten Sie bei Ihrer Konkurrenzanalyse nicht nur den Marktführer und Marktherausforderer im Blick, sondern betrachten Sie die (bisherigen) Nischenanbieter und Mitläufer ähnlich aufmerksam.

● **Analyse der eigenen Marktstellung**

Die Analyse des Marktes ist für Groß- und Außenhandelsunternehmen von großer Bedeutung, um die marketingpolitischen Instrumente mit Blick auf den Absatzmarkt angemessen einsetzen zu können. Zentrale Bereiche der Marktanalyse sind:

| Marktpotenzial | Marktvolumen | Marktanteil |

Das **Marktpotenzial** ist eine theoretische Größe. Sie gibt die maximale Aufnahmefähigkeit eines Marktes in Stück an, wobei unterstellt wird, dass alle denkbaren Käufer über entsprechendes Einkommen verfügen und alle auch eine entsprechende Kaufbereitschaft entwickelt haben.

Beispiele
- Das Marktpotenzial für Smartphones in Deutschland entspricht in etwa der Bevölkerungsanzahl (Ausnahme: Kleinkinder unter sechs Jahren). Nicht alle Bürger sind aber bereit oder in der Lage, sich ein Smartphone anzuschaffen.
- Die Primus GmbH ruft jährlich das regionale Marktpotenzial für Büroausstattung bei der Gesellschaft für Konsumforschung (GfK) ab. Diese kostenpflichtige Information ist für Marketingentscheidungen sehr wichtig.

Das **Marktvolumen** ist eine Teilmenge des Marktpotenzials. Man versteht hierunter die realisierbaren bzw. prognostizierbaren Absatzmengen pro Periode in einem abgegrenzten Markt. Hierbei wird von realitätsnahen Prognosen ausgegangen, z.B. auf der Basis von Produktionskapazitäten, Rohstoffversorgung und der Kaufkraft der Kunden.

Beispiel Das Marktvolumen für Smartphones im Jahr 20.. basiert auf der Prognose, dass bestimmte Zielgruppen bereit und in der Lage sind, ein Smartphone zu kaufen: Zielgruppe Jugendliche (bis 16 Jahre) 45 %, Zielgruppe Erwachsene 35 %, Zielgruppe Senioren 20 %. Wenn diese Daten mit den Bevölkerungszahlen abgeglichen werden, kann das Marktvolumen ermittelt werden.

Der **Marktanteil** eines Unternehmens ist der prozentuale Anteil seines Umsatzes oder Absatzes am Marktvolumen. Mit dieser Messzahl wird die Stärke der Marktposition im Vergleich zur Konkurrenz gemessen. Der Marktanteil kann in Mengeneinheiten wie Stück (Absatz) oder in Werteinheiten wie Euro (Umsatz) gemessen werden.

$$\text{Marktanteil in \%} = \frac{\text{Unternehmensumsatz oder -absatz} \cdot 100}{\text{Marktvolumen}}$$

Die zeitliche Veränderung der Marktanteile zeigt die Entwicklung der Marktstellung eines Unternehmens. Da die Summe aller Marktanteile eines Marktes genau 100 % ist, kann eine Ausweitung des Marktanteiles eines Unternehmens immer nur zulasten des Marktanteils eines anderen Unternehmens gehen.

Beispiel Der Marktanteil der Primus GmbH im Segment „Schreibtische" beträgt 5 %. 95 % des Marktvolumens entfallen auf die Wettbewerber.

PRAXISTIPP Industrie- und Handelskammern, Fachverbände und Statistische Landesämter bieten zahlreiche Quellen, die für eine Marktanalyse hilfreich sind.

● Typische Methoden zur Datenerhebung in der Marktforschung

○ Befragung

Die **Befragung** ist eine Methode der Datenerhebung, bei der sich Personen verbal oder schriftlich zum jeweiligen Erhebungsgegenstand äußern. Bei Befragungen kann ein Groß- und Außenhändler

- schriftlich,
- mündlich,
- telefonisch oder
- online-/computergestützt

Informationen zum Erhebungsgegenstand einholen.

Beispiel Die Kröger & Bach KG plant eine Kundenbefragung. Erhebungsgegenstand ist die Kundenzufriedenheit.

Erhebungsformen	Erläuterungen	Vorteile	Nachteile
mündlich	Durchführung von Interviews. Zumeist geschieht dies mithilfe eines Fragebogens.	– mehr Klarheit, weil Zusatzfragen und Erklärungen möglich sind – hoher Rücklauf	– personal- und kostenintensiv – mögliche Beeinflussung durch Interviewer – zeitaufwendig
schriftlich	Fragebögen mit verschiedenen Frageformen werden an ausgewählte Unternehmen oder Personen geschickt.	– einfach zu organisieren – relativ kostengünstig – ermöglicht breites Informationsspektrum	– Fragen müssen ziel- und personengerichtet formuliert werden. – oft geringe Rücklaufquote – keine spontanen Antworten – intensive Auswertung
telefonisch	Es werden gezielt einzelne Personen oder Unternehmen telefonisch befragt.	– relativ schnelle Erhebung – direkte und persönliche Ansprache der Zielgruppe	– wird von der Zielgruppe häufig als lästig empfunden – Das Antwortverhalten der Befragten ist nicht beobachtbar.
online-/ computergestützt	Unter Nutzung des Mediums Computer wird eine Befragung durchgeführt (ähnlich der schriftlichen Befragung).	– leichte und schnelle Form der Auswertung – kostengünstig	– kein persönlicher Kontakt und deshalb anonym – setzt entsprechende technische Ausstattung voraus

○ Fragebogen

Alle Formen der Befragung basieren auf einem Fragebogen. Bei der **Konzeption** eines Fragebogens ist besonders das **Untersuchungsziel** zu berücksichtigen. Die Fragen sind auf die **Zielgruppe** abzustimmen und müssen **eindeutig** sowie **sprachlich genau** und **verständlich** sein.

PRAXISTIPP Fragebögen sind umso einfacher auszuwerten, je strukturierter sie sind.

Für den **Aufbau eines Fragebogens** empfiehlt sich die folgende Struktur:

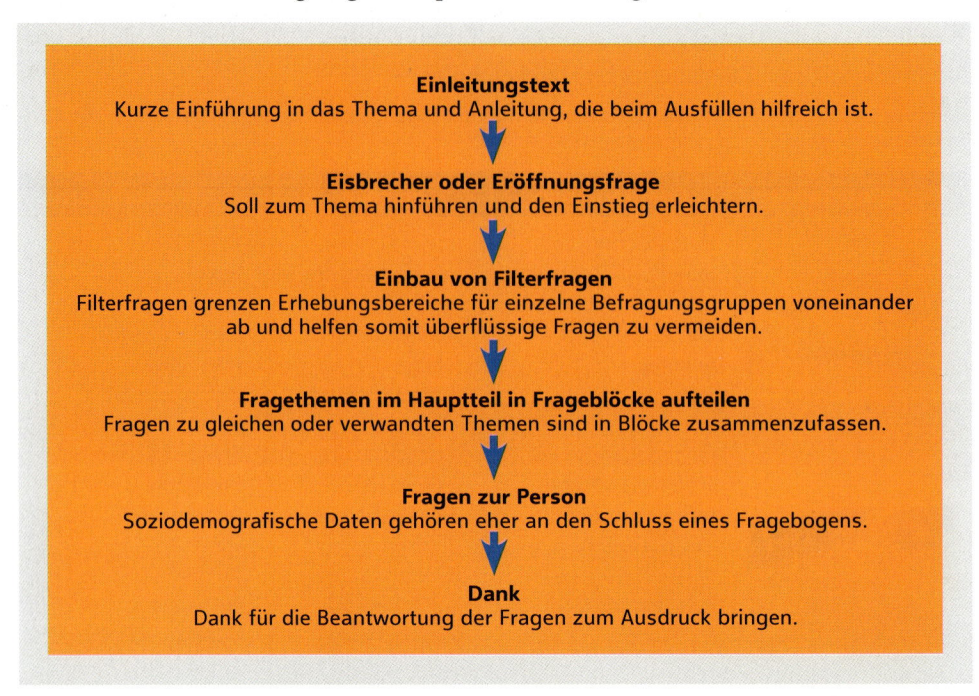

Einleitungstext
Kurze Einführung in das Thema und Anleitung, die beim Ausfüllen hilfreich ist.

⬇

Eisbrecher oder Eröffnungsfrage
Soll zum Thema hinführen und den Einstieg erleichtern.

⬇

Einbau von Filterfragen
Filterfragen grenzen Erhebungsbereiche für einzelne Befragungsgruppen voneinander ab und helfen somit überflüssige Fragen zu vermeiden.

⬇

Fragethemen im Hauptteil in Frageblöcke aufteilen
Fragen zu gleichen oder verwandten Themen sind in Blöcke zusammenzufassen.

⬇

Fragen zur Person
Soziodemografische Daten gehören eher an den Schluss eines Fragebogens.

⬇

Dank
Dank für die Beantwortung der Fragen zum Ausdruck bringen.

PRAXISTIPP Orientieren Sie sich bezüglich der Länge eines Fragebogens an dem folgenden Prinzip: *„So knapp wie möglich – so lang wie nötig."*

Fragen können nach ihrem **Inhalt** oder ihrer **Form** unterschieden werden und sich auf Einstellungen, Meinungen, Überzeugungen, Wertorientierungen, Wissen und Handlungen der befragten Person beziehen. Bei der Form werden in Bezug auf die Antwortmöglichkeiten drei Arten von Fragen unterschieden:

- ● geschlossene Fragen   ◗ halb offene Fragen   ○ offene Fragen
- ● Bei **geschlossenen Fragen** werden die Antwortmöglichkeiten vorgegeben. Das erleichtert die spätere Auswertung, hat jedoch den Nachteil, dass die Auskunftsperson oft das Gefühl hat, dass keine der vorgegebenen Antwortmöglichkeiten so richtig zu dem passt, was sie antworten möchte.

Beispiel Die Kröger & Bach KG verwendet bei ihrer Befragung zur Kundenzufriedenheit die folgenden Fragen in geschlossener Form.

Wie zufrieden sind Sie mit dem Service unserer Reklamationsabwicklung?	nicht ☐	wenig ☐	mittelmäßig ☐	ziemlich ☐	sehr ☐
Wie wurde der persönliche Kontakt mit unseren Mitarbeitern empfunden?	freundlich persönlich interessiert	1 2 3 4 5 6 1 2 3 4 5 6 1 2 3 4 5 6			unfreundlich unpersönlich gleichgültig
Fühlen Sie sich ausreichend über Produktneuheiten informiert?	ja ☐ nein ☐				

Bei **offenen Fragen** werden keine Antwortmöglichkeiten vorgegeben. Die Auskunftsperson **antwortet mit eigenen Worten**. Mit offenen Fragen können auch Aspekte erfasst werden, an die bei der Entwicklung des Fragebogens (noch) nicht gedacht worden ist. Die Antwort hängt stark von der Ausdrucksfähigkeit der befragten Person ab und der Aufwand für die Auswertung ist hoch.

Beispiel

Wenn Sie möglicherweise Ihren Lieferanten wechseln möchten, aus welchen Gründen würden Sie dies tun (bitte Gründe aufführen)?	_____ _____

In der Praxis werden häufig **halb offene Fragen** verwendet. Hierbei werden zunächst geschlossene Antwortmöglichkeiten vorgegeben. Je nach Antwort (oder auch als freiwillige Zusatzinformation) folgt eine offene Antwortmöglichkeit.

Beispiel

Wurde auf Serviceleistungen des Hauses hingewiesen?	ja ☐ nein ☐
Welche?	_____

PRAXISTIPP Testen Sie einen neuen Fragebogen zunächst in einer Versuchsstichprobe.
Einen Fragebogen zu erstellen, der die Grundlage für betriebswirtschaftliche Entscheidungen darstellt, ist keine einfache Aufgabe. Daher sollten Sie vorsichtig sein und sich besser an einem fertigen Modell orientieren oder Fachleute einer Marketingagentur mit dieser Arbeit betrauen. Es hilft Ihnen nämlich nicht weiter, wenn Sie mit einem untauglichen Fragebogen und viel Aufwand Daten erheben, die wegen methodischer Fehler kaum sinnvoll zu interpretieren sind.

○ Panel

Ein Panel ist eine Methode, bei der eine Gruppe von Personen, Haushalten oder Betrieben regelmäßig nach bestimmten Verhaltensweisen befragt oder (z. B. über elektronische Erfassungsgeräte) untersucht wird. Die Panelteilnehmer stellen ein repräsentatives Abbild der Personengesamtheit dar. Das Panel ist eine bedeutende Methode der Marktforschung. Die wichtigsten Formen des Panels sind das Einzelhandelspanel und das Verbraucher- (Konsumenten-)panel. Durchgeführt werden Panels i. d. R. von Marktforschungsinstituten.

○ Beobachtung

Bei einer Beobachtung kann das tatsächliche Verhalten von Personen in bestimmten Situationen beobachtet werden, ohne dass die Person befragt werden muss. Die Beobachtung ist nicht von der Auskunftsbereitschaft der Personen abhängig und hat den großen Vorteil, dass echtes, durch Kommunikation noch unverfälschtes Verhalten festgestellt werden kann. Allerdings müssen Beobachtungen i.d.R. durch Befragungen ergänzt werden, um ein bestimmtes Verhalten zu erklären.

Beispiel In der Verkaufsboutique der Primus GmbH untersucht die Auszubildende Nicole Höver den Kundenlauf. Mit einer Skizze der Boutique zeichnet sie auf, wie sich die Kunden in dem Raum bewegen. Ihre Erkenntnisse will Nicole für eine verkaufsfördernde Platzierung der Waren nutzen.

PRAXISTIPP Für Mitarbeiter im Marketing ist es sinnvoll, diejenigen Verkaufsstätten anonym zu besuchen, in denen Ihre Artikel verkauft werden. Sie werden stets mit einer Fülle von Denkanstößen zurückkehren und einen Fundus für Verbesserungen von Strategie und Taktik zur Verfügung haben.

○ **Markttest/Experiment**

Während eines Markttests/Experiments versucht man für einen bestimmten Zusammenhang, Ursache und Wirkung herauszufinden. Dabei wird jeweils ein Wesensmerkmal verändert, um die Auswirkungen untersuchen zu können.

Beispiel Die Primus GmbH testet, wie ihre Kunden in der Verkaufsboutique auf Verbundplatzierungen reagieren. Dabei werden komplette Musterbüros mit Artikeln aus allen Warengruppen geschmackvoll arrangiert.

Die Marktforschung als Grundlage von Marketingentscheidungen und für die Ableitung von Marketingzielen nutzen

- Markterkundung und Marktforschung im Groß- und Außenhandel beinhalten vielfältige Methoden:

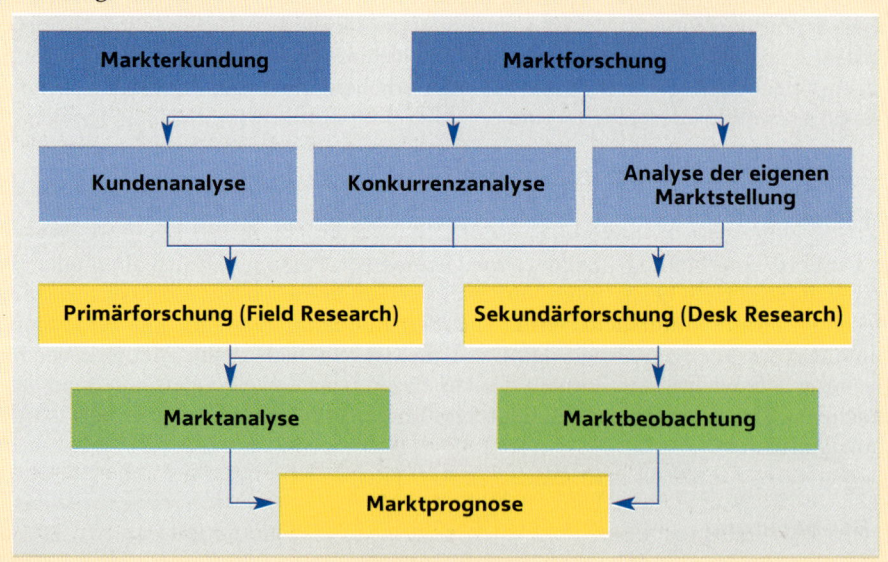

```
        Markterkundung                    Marktforschung
              │                    ┌───────────┼───────────┐
              ▼                    ▼           ▼           ▼
       Kundenanalyse      Konkurrenzanalyse   Analyse der eigenen
                                               Marktstellung
              │                                │
              ▼                                ▼
   Primärforschung (Field Research)   Sekundärforschung (Desk Research)
              │                                │
              ▼                                ▼
         Marktanalyse                    Marktbeobachtung
                    │                    │
                    ▼                    ▼
                        Marktprognose
```

- Bei der **Kundenanalyse** geht es darum, so viel wie möglich über aktuelle und potenzielle Kunden zu erfahren, um seine Marketingaktivitäten entsprechend auszurichten.

- **Gegenstände der Kundenanalyse** können sein: Zielgruppe, Kundenansprüche, Kaufverhalten sowie Kundenzufriedenheit.
- Die **Kundenzufriedenheitsanalyse** ist ein wichtiges Element der Kundenanalyse, welches in besonderem Maße zur **Kundenbindung** beiträgt.
- Aufgabe der **Konkurrenzanalyse/Wettbewerberanalyse** ist es, die Wettbewerber und deren Produkte auf Stärken und Schwächen zu untersuchen. Sie liefert wichtige Orientierungspunkte für die eigene Marktpositionierung und Wettbewerbsstrategie.
- Zentrale Bereiche bei der **Analyse der eigenen Marktstellung** sind: Marktpotenzial, Marktvolumen und Marktanteil.
- Die **Marktforschung** umfasst die **Marktanalyse** (zeitpunktbezogen) und die **Marktbeobachtung** (zeitraumbezogen). Daraus ergibt sich eine **Marktprognose** (zukunftsbezogen).
- Die **Befragung** ist eine zentrale Methode zur Datenerhebung. Sie kann **schriftlich**, **mündlich**, **telefonisch** oder **online-computergestützt** erfolgen.
- Zumeist werden **Fragebögen** bei Befragungen eingesetzt.
- Für den **Aufbau eines Fragebogens** empfiehlt sich folgende Gliederung: 1. Einleitungstext   2. Eisbrecher- oder Eröffnungsfrage   3. Filterfrage   4. Fragenhauptteil (in Blöcke unterteilt)   5. Fragen zu Person   6. Dank
- Eine wichtige Sonderform der Befragung ist das **Panel**, bei dem eine Gruppe von Menschen über einen längeren Zeitraum befragt wird.
- Weitere Erhebungsmethoden für Daten sind die **Beobachtung** sowie der **Markttest**/das **Experiment**.

1. Im Rahmen einer Marktforschung müssen Sie sich zwischen einer Primär- oder Sekundärerhebung entscheiden. Listen Sie als Entscheidungsgrundlage Vor- und Nachteile beider Möglichkeiten auf.

2. Beschreiben Sie, wie Ihnen das Internet bei der Erhebung von Sekundärdaten helfen kann.

3. Erläutern Sie die Unterschiede zwischen Marktanalyse, Marktbeobachtung und Marktprognose.

4. Ihr Ausbildungsbetrieb möchte wissen, ob Ihre gewerblichen Kunden mit dem Sortiment zufrieden sind. Hierzu soll eine Kundenbefragung durchgeführt werden.
   a) Erstellen Sie eine Übersicht zu den möglichen Befragungsarten und entscheiden Sie sich begründet für eine dieser Befragungsarten.
   b) Ihr Ausbildungsbetrieb entschließt sich, einen Fragebogen einzusetzen. Stellen Sie den möglichen Aufbau eines Fragebogens dar.
   c) Entwickeln Sie einen möglichen Fragebogen.
   d) Tauschen Sie Ihren Fragebogen mit Ihrem Nachbarn aus. Geben Sie sich gegenseitig Rückmeldung bezüglich der Aspekte: Aufbau/Struktur, Verständlichkeit der Fragen und Eignung, die Kundenzufriedenheit bezüglich des Sortiments zu erfragen.

e) Sammeln Sie in Stichworten Möglichkeiten, wie für Ihre Kunden die Befragung attraktiv gemacht werden kann, damit sich möglichst viele Kunden freiwillig beteiligen.

5. a) Beschreiben Sie anhand von Beispielen Anlässe, in denen ein Groß- und Außenhändler sinnvollerweise die „Beobachtung" für Marktforschungszwecke einsetzen kann.
b) Nehmen Sie kritisch Stellung zu der Aussage: Eine Kunden-, Konkurrenz- und Marktanalyse kommt höchstens für große Groß- und Außenhandelsunternehmen in Betracht.

3 Strategisches Marketing betreiben und eine Absatzplanung durchführen

Betriebsversammlung bei der Primus GmbH. Svenja Braun, die Assistentin der Geschäftsleitung, soll über die wirtschaftliche Entwicklung und deren Konsequenzen im letzten Quartal berichten: *„Die in letzter Zeit sinkenden Umsätze beim Verbrauchsmaterial wurden mit verschiedenen Marktforschungsaktivitäten analysiert. Daraufhin haben wir unser Sortiment in diesem Segment auf Vordermann gebracht, sodass die Umsätze wieder steigen. Da zeigte sich unser Marketing in Bestform."*
Marc Cremer, der Vorsitzende des Betriebsrates, meldet sich zu Wort: *„Ich beglückwünsche die Geschäftsleitung zu ihrer durchdachten Reaktion auf die Krise beim Verbrauchsmaterial. Zur langfristigen Sicherung und Erweiterung unseres Umsatz würde ich mir aber auch entsprechend langfristig ausgerichtete Überlegungen wünschen."* Frau Braun erwidert mit einem Lächeln: *„Herr Cremer, ich finde es ja richtig klasse, wenn der Betriebsrat wirtschaftliche Überlegungen in den Vordergrund rückt. In der Tat sind unsere strategischen Überlegungen und die langfristige Absatzplanung von großer Bedeutung. Die Versammlung hier ist aber nicht der richtige Ort, um davon zu berichten. Dennoch gebe ich Ihnen mal zwei Beispiele: Die Krise beim Verbrauchsmaterial hat bei der Geschäftsleitung auch erste Überlegungen ausgelöst, unter Umständen einen Onlineshop zu gründen. Außerdem möchten wir verstärkt Büromöbel in das Sortiment aufnehmen, die in besonderem Maße ökologischen und ergonomischen Ansprüchen genügen. Beides hätte sicher eine strategische Bedeutung!"* Nicole Höver fragt daraufhin ihren Sitznachbarn Andreas Brandt: *„Was ist denn nun wichtiger – die Strategie oder das taktisch kluge Reagieren?"* *„Wenn du mich das in Bezug auf Fußball fragen würdest, wüsste ich die Antwort"*, erwidert Andreas.

ARBEITSAUFTRÄGE
◆ Erläutern Sie die Bedeutung des strategischen Marketings für die langfristige Sicherung des wirtschaftlichen Erfolges.
◆ Sammeln Sie die Marketingaktivitäten in Ihrem Unternehmen und ordnen Sie diese den Kategorien des operativen und des strategischen Marketings zu.
◆ Grenzen Sie für Ihren Ausbildungsbetrieb Marktsegmente ab.

Strategisches und operatives Marketing

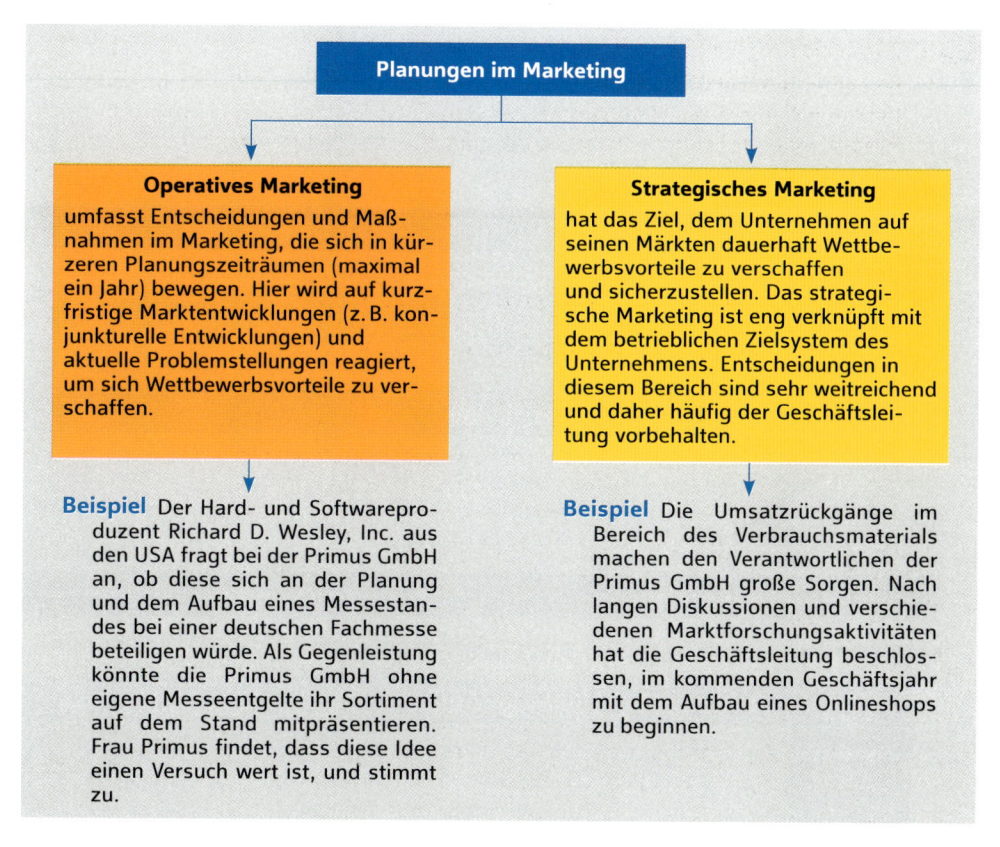

Planungen im Marketing

Operatives Marketing umfasst Entscheidungen und Maßnahmen im Marketing, die sich in kürzeren Planungszeiträumen (maximal ein Jahr) bewegen. Hier wird auf kurzfristige Marktentwicklungen (z. B. konjunkturelle Entwicklungen) und aktuelle Problemstellungen reagiert, um sich Wettbewerbsvorteile zu verschaffen.

Strategisches Marketing hat das Ziel, dem Unternehmen auf seinen Märkten dauerhaft Wettbewerbsvorteile zu verschaffen und sicherzustellen. Das strategische Marketing ist eng verknüpft mit dem betrieblichen Zielsystem des Unternehmens. Entscheidungen in diesem Bereich sind sehr weitreichend und daher häufig der Geschäftsleitung vorbehalten.

Beispiel Der Hard- und Softwareproduzent Richard D. Wesley, Inc. aus den USA fragt bei der Primus GmbH an, ob diese sich an der Planung und dem Aufbau eines Messestandes bei einer deutschen Fachmesse beteiligen würde. Als Gegenleistung könnte die Primus GmbH ohne eigene Messeentgelte ihr Sortiment auf dem Stand mitpräsentieren. Frau Primus findet, dass diese Idee einen Versuch wert ist, und stimmt zu.

Beispiel Die Umsatzrückgänge im Bereich des Verbrauchsmaterials machen den Verantwortlichen der Primus GmbH große Sorgen. Nach langen Diskussionen und verschiedenen Marktforschungsaktivitäten hat die Geschäftsleitung beschlossen, im kommenden Geschäftsjahr mit dem Aufbau eines Onlineshops zu beginnen.

Entscheidungen im operativen Marketing sind stets **eingebunden** in die strategische Ausrichtung des Unternehmens.

> **PRAXISTIPP** Ihr kurzfristiges, taktisches Handeln sollte an Ihren langfristigen, strategischen Zielen und Überlegungen orientiert sein. Das gilt sowohl in Ihrer beruflichen Praxis als (meistens) auch in Ihrem Privatleben.

Marketingstrategien

Unter einer **Marketingstrategie** versteht man eine langfristig festgelegte Verhaltensweise, mit der eine Unternehmung am Markt vorgehen will. Sie trifft unter Berücksichtigung der Unternehmensziele konkrete Aussagen über die vielfältigen Maßnahmen im Rahmen des Marketingmix (vgl. S. 131, 193). Marketingstrategien können wie folgt festgelegt werden:

- **Wachstumsstrategien**: Das Ziel Marktwachstum steht für viele Unternehmen an erster Stelle. Mit einer Strategie der **Marktdurchdringung** will eine Groß-/Außenhandlung mit den vorhandenen Produkten eine stärkere Durchdringung der vorhandenen Märkte erreichen. Durch eine **Sortimentsentwicklung** werden für bestehende Märkte neue Produkte ins Sortiment aufgenommen. Verfolgt eine Groß-/Außenhandlung die Strategie der **Marktentwicklung**, versucht sie, mit ihren vorhandenen Produkten neue Märkte zu erschließen.

Beispiel Die Primus GmbH versucht, durch verstärkte Marketingaktivitäten mehr Produkte bei ihren Kunden abzusetzen. Gleichzeitig soll die kundenorientierte Aufnahme neuer Produkte ins Sortiment sicherstellen, dass die Kunden dem Unternehmen erhalten bleiben. Des Weiteren möchte die Primus GmbH ihre Waren zusätzlich an Freiberufler und Schulen verkaufen.

- **Marktsegmentierungsstrategien**: Ein Unternehmen teilt seinen Markt in Teilmärkte auf. Dadurch können die Bedürfnisse der einzelnen Zielgruppen (Abnehmer) besser erfasst und gezielter bearbeitet werden. **Teilmärkte** oder **Marktsegmente** können nach verschiedenen Kriterien gebildet werden.

Geografisch	Demografisch	
– Länder – Bundesländer – Regionen – Vertreterbezirke	– Geschlecht – Alter – Familienstand – Bildung	– Beruf – Einkommen – Nationalität – Konfession
Kriterien der Marktsegmentierung		
– Soziale Schicht – Lebensstil – Einstellung – Persönlichkeitsmerkmale	– Verhaltensmuster – Markentreue – Verwendungszusammenhänge	
Psychografisch	**Verhaltensorientiert**	

Beispiel Die Primus GmbH bildet Marktsegmente u. a. nach Artikelgruppen.

	Bürotechnik	Büroeinrichtung	Verbrauch	Organisation
Beispiele	Smartphone, Alarmanlage, Laser-Multifunktionsgerät	Schreibtische, Drehstühle, Druckertische, Regalelemente	Druckbleistifte, Textmarker, Briefumschläge, Kopierpapier	Aktenordner, Locher, Heftzangen, Trennblätter

- **Wettbewerbsstrategien**: Wettbewerbsstrategien haben ihren Ansatzpunkt im Verhältnis des Unternehmens zum Wettbewerb. Durch eine **Strategie der Kostenführerschaft** versucht eine Groß-/Außenhandlung, Kunden mit dem günstigsten Preis zu gewinnen. Bei der **Strategie der Produktdifferenzierung** möchte sich ein Anbieter bewusst mit seinen Produkten von seinen Konkurrenten abheben.

Beispiel Die meisten Großhandlungen für Bürobedarf liefern ihre Aktenschränke in dezenten Farben. Die Primus GmbH möchte sich bewusst von der Konkurrenz abheben und bietet zusätzlich Aktenschränke mit freier Farbwahl an.

- Die aufgezählten Strategien werden in der Praxis meist nicht in klarer Form angewandt, es gibt **Mischformen**, **Kombinationen** und **betriebsindividuelle Strategien**. Ferner ist es möglich, dass für verschiedene Produkte oder Teilmärkte unterschiedliche Strategien beschritten werden.

Beispiel Die Primus GmbH hat sich entschlossen, bei der Einführung neuer Artikel eine Kombination aus Differenzierungsstrategie und Marktsegmentierungsstrategie zu wählen. Zum einen will sich die Primus GmbH mithilfe der Kundendienstpolitik bewusst von der Konkurrenz abheben, zum anderen soll der Markt in Teilgruppen nach Abnehmergruppen zur besseren Bearbeitung segmentiert werden.

Absatzplanung

Die Absatzplanung basiert auf der jeweiligen Marketingstrategie und kann je nach zeitlicher Ausrichtung unterschieden werden.

Beispiel Auf der Grundlage der Wachstumsstrategie „Marktdurchdringung" gibt es bei der Primus GmbH folgende Absatzplanung:

Strategisches Ziel: Erhöhung des Marktanteils in allen Teilmärkten			
Ziele der Absatzplanung			
Kurzfristig (max. ein Jahr)		**Mittelfristig** (höchstens fünf Jahre)	**Langfristig** (höchstens zehn Jahre)
– Teilmarkt Bürotechnik: Steigerung um 3 % – Teilmarkt Büroeinrichtung: Steigerung um 15 % – Teilmarkt Verbrauch: Steigerung um 10 % – Teilmarkt Organisation: Steigerung um 5 %		Steigerung der Marktanteile in allen Teilmärkten um durchschnittlich 10 % jährlich	Steigerung der Marktanteile in allen Teilmärkten um durchschnittlich 8 % jährlich
Maßnahmen			
– direktes Kundenmailing ausbauen – zwei zusätzliche Stellen im Verkauf mit Schwerpunkt Außendienst besetzen – Ausbau der Unterstützung des Facheinzelhandels, großzügige Rabattierung dieser Gruppe		– kontinuierliche Verstärkung des Verkaufspersonals durch die jährliche Besetzung von je zwei weiteren Stellen – Schulung der Mitarbeiter und des Facheinzelhandels – Erhöhung des Werbebudgets um jährlich 7 % – kontinuierliche Sortimentsinnovation	– intensive Marktforschung – stabile Verkaufspreise – Relationship Marketing (Aufbau langfristiger Kundenbeziehungen = Kundenbindung) – Ausbau des E-Commerce
Operative Absatzplanung	**Strategische Absatzplanung**		

Zur Erreichung der Ziele der Absatzplanung setzt der Groß- und Außenhandel verschiedene Marketinginstrumente (Sales-Phase) ein. Die Entscheidungen bei den einzelnen Instrumenten haben Auswirkungen auf alle Unternehmensbereiche bzw. Abteilungen.

Marketinginstrumente (vgl. S. 133, 193)	Entscheidungen im Absatzbereich (Beispiele): Wir wollen Ware verkaufen – aber ...
Produkt- und Sortimentspolitik	... welche Waren?
Distributionspolitik	... auf welchen Absatzwegen?
Preispolitik	... zu welchem Preis?
Konditionen- und Servicepolitik	... mit welchen Zusatzleistungen?
Kommunikationspolitik	... mit welcher Werbung?

Die einzelnen Marketinginstrumente müssen im sog. **Marketingmix** sinnvoll aufeinander abgestimmt werden (vgl. S. 131).

> **Strategisches Marketing betreiben und eine Absatzplanung durchführen**
>
> - Das strategische Marketing hat das **Ziel**, dem Unternehmen auf seinen Märkten dauerhaft Wettbewerbsvorteile herauszuarbeiten und sicherzustellen.
>
> - Das kurzfristig orientierte **operative Marketing** ist eingebunden in Entscheidungen, die im langfristig orientierten strategischen Marketing getroffen wurden.
>
> - An **Marketingstrategien** können unterschieden werden: **Wachstumsstrategien, Marktsegmentierungsstrategien** und **Wettbewerbsstrategien**.
>
> - Marketingstrategien münden in die **Absatzplanung**, die lang,- mittel- und kurzfristig ausgerichtet sein kann.
>
> - Zur Umsetzung der Absatzplanung nutzt der Groß- und Außenhandel **Marketinginstrumente**.

1. Klären Sie, welche Marketingstrategien in Ihrem Ausbildungsbetrieb umgesetzt werden. Halten Sie dazu einen Kurzvortrag in der Klasse mit folgendem Aufbau:
a) Einleitung: Die Bedeutung des strategischen Marketings in unserem Unternehmen
b) Hauptteil: Unsere Marketingstrategien
   ba) Wachstumsstrategie
   bb) Marktsegmentierungsstrategie
   bc) Wettbewerbsstrategie
c) Schluss: Meine Ideen und/oder meine Meinung zum strategischen Marketing unseres Unternehmens

2. Beschreiben Sie, wie die Zielerreichung der Absatzplanung kontrolliert werden kann.

3. Erstellen Sie ein Mindmap zu den Marketinginstrumenten. Die Hauptäste stellen die fünf Instrumente dar. Den Ast „Preispolitik" können Sie bereits mit Ihrem Wissen aus Lernfeld 1 mit Schlüsselbegriffen versehen. An den anderen Hauptästen können Sie im Verlauf des weiteren Unterrichts arbeiten.

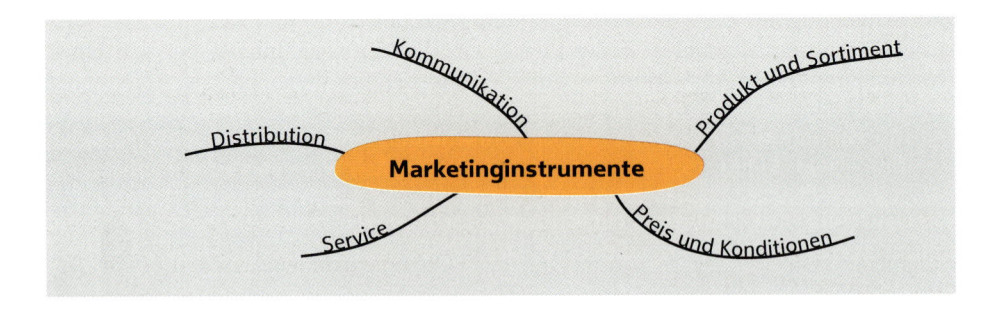

4 Sich über die Marketinginstrumente informieren

4.1 Distributionspolitik zur Optimierung der Absatzwege einsetzen

Ein großer Teil der Entscheidungen für die Markteinführung des „ergo-design-natur"-Stuhls ist gefallen. Nun steht wieder eine Besprechung an, zu der die Geschäftsführer alle erforderlichen Abteilungs- und Gruppenleiter eingeladen haben. Nicole Höver nimmt auch an dieser Sitzung teil. Frau Braun, die Assistentin der Geschäftsleitung, ist schon gespannt auf diesen Termin, denn sie hat – wie sie meint – eine bombige Idee für die Vermarktung ausgeklügelt. Bei der Besprechung meldet sie sich sofort zu Wort: „Meine Damen und Herren, bisher haben wir unsere Produkte einerseits an Großabnehmer und den Facheinzelhandel verkauft. Andererseits beliefern wir unsere Großkunden direkt. Schließlich verkaufen wir in unserer Verkaufsboutique an Selbstabholer. Interessant ist dabei, dass der Verkauf im Facheinzelhandel und in unserer Verkaufsboutique in den letzten Jahren zugenommen hat, der Umsatz mit Facheinzelhändlern jedoch zurückgegangen ist. Was halten Sie davon, wenn wir mit unserem neuen Programm verstärkt SB-Einrichtungshäuser beliefern? Ich denke da z. B. an die Möbel-Abholmärkte. Das wäre doch ein Knüller, wir könnten dadurch ganz neue Zielgruppen ansprechen." Herr Müller antwortet sofort: „Solange ich hier etwas zu sagen habe, kommt das gar nicht infrage! Wir sind ein seriöses Haus und haben einen guten Ruf zu verlieren. Wir können unsere Waren nicht einfach an jeder Straßenecke anbieten." Frau Braun ist entsetzt, mit einer solchen Reaktion hatte sie nicht gerechnet. Ist ihre Idee wirklich so schlecht wie Herr Müller meint?

ARBEITSAUFTRÄGE
◆ Sammeln Sie Argumente für die Standpunkte von Frau Braun und Herrn Müller.
◆ Erläutern Sie in einem Kurzreferat den direkten und indirekten Absatzweg am Beispiel der Bürodesign GmbH, einem Lieferer der Primus GmbH.
◆ Bilden Sie in Ihrer Klasse zwei Arbeitsgruppen, in denen folgende Themen zu bearbeiten sind: 1. „Onlineshopping unterstützt den Groß- und Außenhandel", 2. „Onlineshopping ist eine Gefahr für den Groß- und Außenhandel". Führen Sie anschließend in der Klasse eine Podiumsdiskussion zu diesem Thema durch.

Die Distributionspolitik (Distribution = Verteilung) beschäftigt sich im Rahmen der Absatzsystemgestaltung mit Entscheidungen über die Absatzmethode, die Absatzwege und die Absatzorgane.

● **Absatzmethoden (physische Distribution)**

Unter der Festlegung der Absatzmethode wird die Wahl zwischen Strecken- und Lagergeschäft verstanden.

Lagergeschäft

Hersteller
→ Lieferung, Rechnung
← Auftrag, Bezahlung
Groß- und Außenhändler
→ Lieferung, Rechnung
← Auftrag, Bezahlung
Kunde

Streckengeschäft (vgl. S. 24)

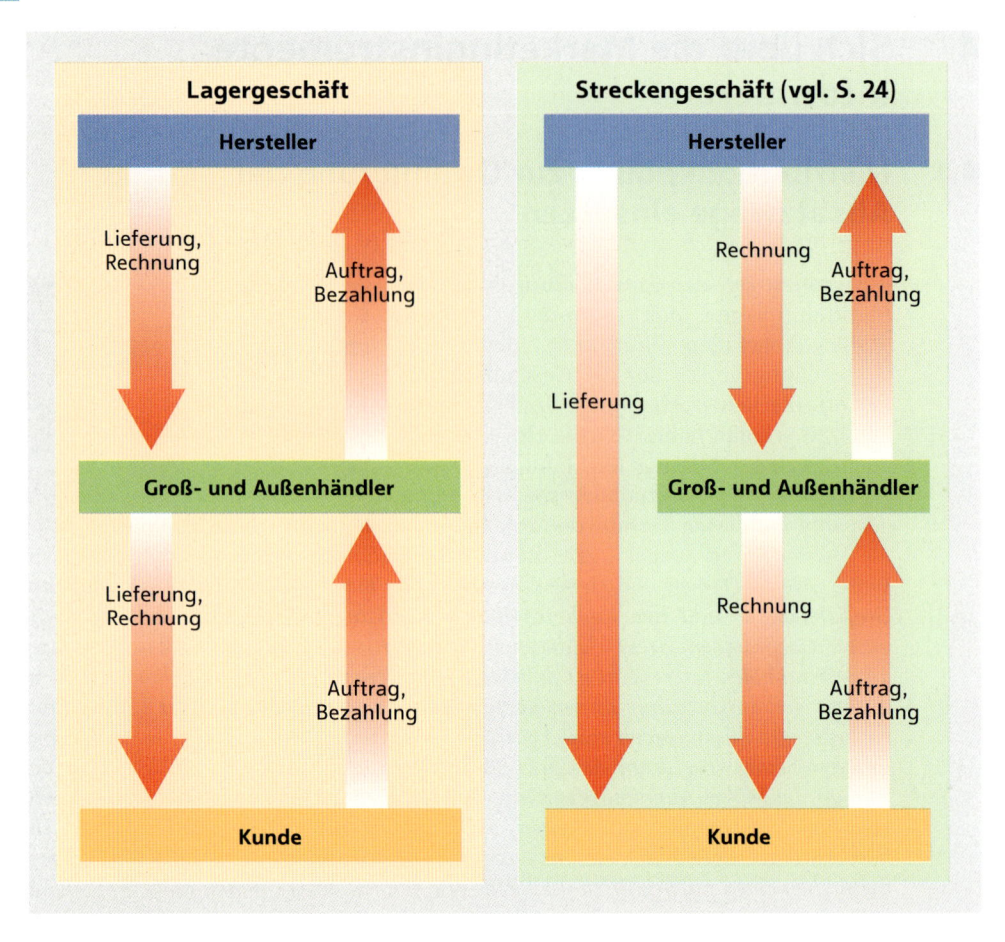

Hersteller
← Rechnung
← Auftrag, Bezahlung
Groß- und Außenhändler
↓ Lieferung (direkt zum Kunden)
← Rechnung
← Auftrag, Bezahlung
Kunde

Die Groß- und Außenhandelsunternehmung kann sich für eine der beiden Absatzmethoden oder – in der Praxis häufig anzutreffen – für eine Kombination daraus entscheiden.

Beispiel Die Primus GmbH hat sich überwiegend für das Lagergeschäft entschieden und lässt sich alle Waren nach Duisburg liefern. Wenn bei Großaufträgen der Standort von Hersteller und Kunde so nah beieinanderliegen, dass Transportwege durch das Streckengeschäft erheblich verringert werden können, entscheidet sich die Primus GmbH – auch unter ökologischen Gesichtspunkten – für diese Absatzmethode.

Neben dem Lager- oder Streckengeschäft kann sich der Groß- und Außenhändler auch für das sog. **Rackjobbing** entscheiden, bei dem er in Einzelhandelsverkaufsstätten Teile der Verkaufsfläche anmietet und sein Warenangebot dort selbst betreut. Der Rackjobber bietet Waren für eigene Rechnung an, die das Sortiment des Einzelhandelsbetriebes ergänzen.

● Absatzwege

Im Rahmen der Absatzwegeentscheidung hat eine Groß- und Außenhandlung die Festlegung zu treffen, ob auf direktem oder indirektem Wege distribuiert werden soll, d.h., ob die Ware ohne Einschaltung betriebsfremder Absatzorgane (= **direkter Absatz**) oder unter Einschaltung betriebsfremder Absatzorgane (= **indirekter Absatz**) zum Kunden gelangen soll.

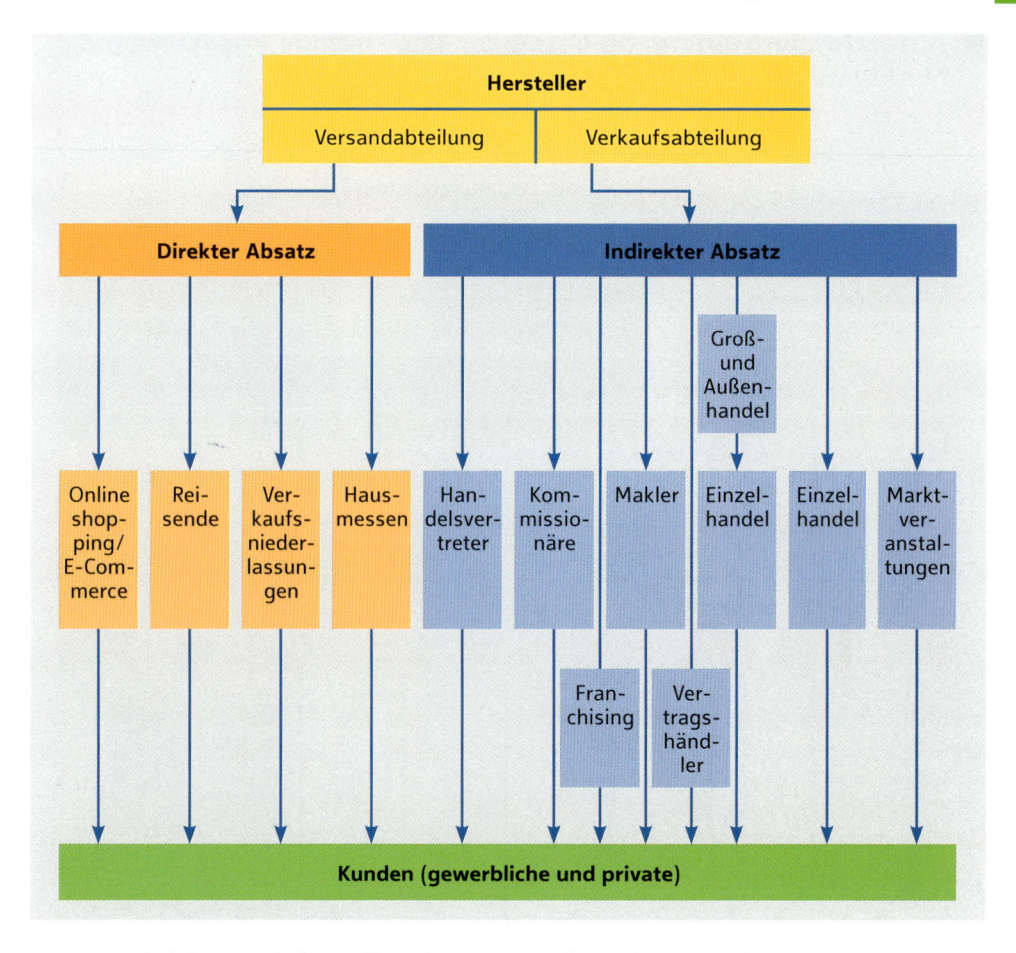

Sich über die Marketinginstrumente informieren

```
                        Hersteller
              Versandabteilung | Verkaufsabteilung
                    ↓                ↓
         Direkter Absatz        Indirekter Absatz
```

Direkter Absatz				Indirekter Absatz					
Online shopping/ E-Commerce	Reisende	Verkaufsniederlassungen	Hausmessen	Handelsvertreter	Kommissionäre	Makler	Einzelhandel	Einzelhandel	Marktveranstaltungen

(Groß- und Außenhandel über: Einzelhandel)

Franchising / Vertragshändler

Kunden (gewerbliche und private)

Grundsätzlich lässt sich feststellen, dass mit zunehmender Wertigkeit von Produkten die Länge des Absatzweges abnimmt.

Beispiel Während Investitionsgüter meist direkt vom Hersteller zum Kunden gelangen, führt der Absatzweg von Gütern des täglichen Bedarfs meist über mehrere Stufen.

○ Direkter Absatz

Beim direkten Absatz beliefert ein Unternehmen den Endabnehmer direkt. Das ist nur möglich, wenn zu den Endabnehmern auch Kontakt hergestellt werden kann. Für die Kontaktaufnahme sind verschiedene Formen denkbar.

Beispiele Reisende, Verkaufsniederlassungen, Hausmessen oder Versandhandel inklusive Onlinevertrieb

○ Indirekter Absatz

Die meisten Industriebetriebe beliefern den Endverbraucher indirekt. Sie vertreiben ihre Produkte über selbstständige Handelsunternehmen, d. h. über betriebsfremde Einrichtungen, wobei hier Absatzhelfer wie Kommissionäre, Handelsvertreter, Makler usw. eingesetzt werden können.

Beispiele Großhandel, Einzelhandel wie Warenhäuser, Kaufhäuser, Fachgeschäfte, Supermärkte, Marktveranstaltungen

● Absatzformen: unternehmenseigene und -fremde Absatzorgane, Marktveranstaltungen

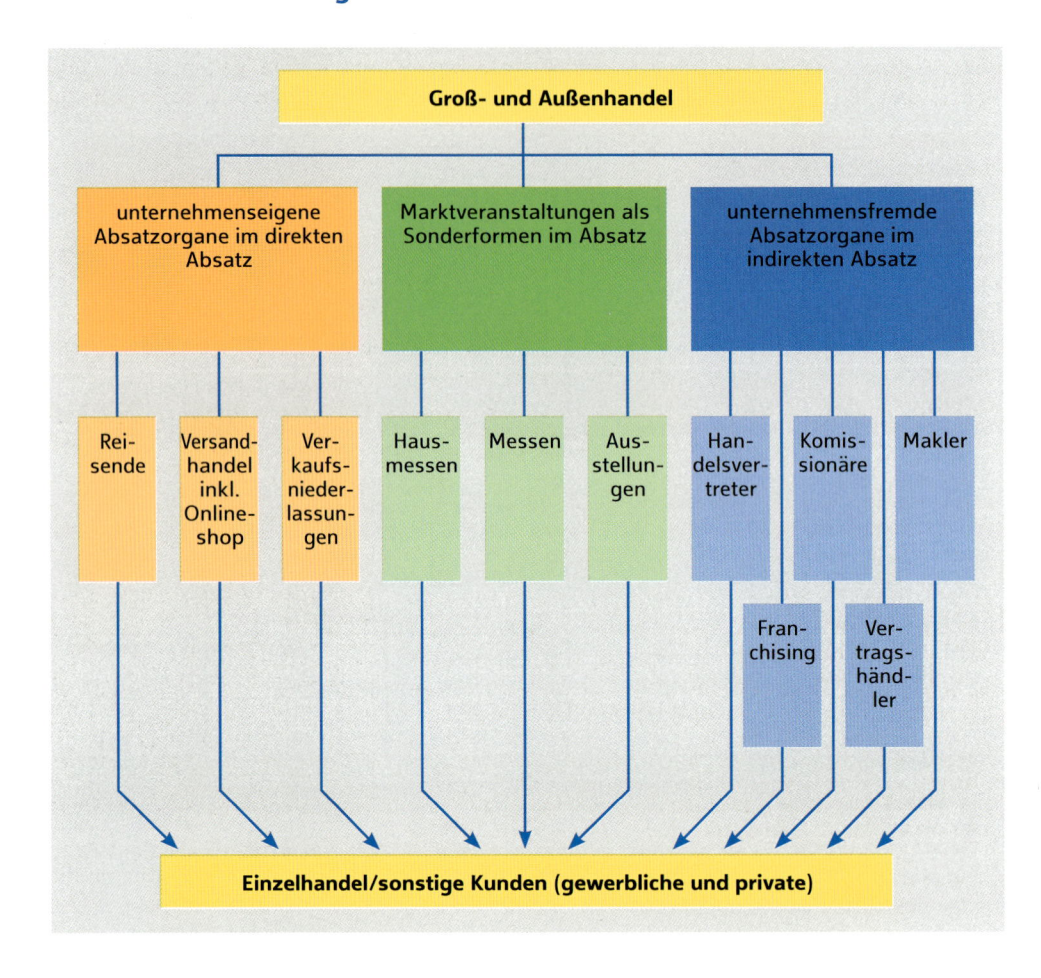

```
                        Groß- und Außenhandel
                                │
        ┌───────────────────────┼───────────────────────┐
        │                       │                       │
unternehmenseigene      Marktveranstaltungen als    unternehmensfremde
Absatzorgane im direkten    Sonderformen im Absatz   Absatzorgane im
     Absatz                                            indirekten Absatz
```

Unternehmenseigene Absatzorgane im direkten Absatz:
- Reisende
- Versandhandel inkl. Onlineshop
- Verkaufsniederlassungen

Marktveranstaltungen als Sonderformen im Absatz:
- Hausmessen
- Messen
- Ausstellungen

Unternehmensfremde Absatzorgane im indirekten Absatz:
- Handelsvertreter
- Kommissionäre
- Makler
- Franchising
- Vertragshändler

Einzelhandel/sonstige Kunden (gewerbliche und private)

○ Unternehmenseigene Absatzorgane (= direkter Absatz)

Die wichtigsten unternehmenseigenen Absatzorgane für den Groß- und Außenhändler sind der eigene Außendienst (Reisende), Verkaufsniederlassungen und der Versandhandel.

Eigener Außendienst (Reisende)

Ein Unternehmen beschäftigt Mitarbeiter **(Reisende)**, die im Außendienst Kunden beraten und Vertragsabschlüsse herbeiführen. Oft erhalten sie neben einem Grundgehalt (Fixum) und ihren Reisekosten (Spesen) zusätzlich Verkaufsprovision (Prämie für Absatzleistung). Sie besuchen die Kunden und präsentieren dort ihre Produkte über Kataloge oder digitale Präsentationen bzw. mit Mustern oder Modellen. Der Kontakt zu den Kunden kann auf verschiedenen Wegen hergestellt werden.

Beispiele
- gezielte Werbebriefe
- Anzeigen in Fachzeitschriften, auf die Kunden mit der Aufforderung zu einem „Vertreterbesuch" reagieren

- Anfragen von Kunden, Versenden von Angeboten
- Kontakte auf Messen und Ausstellungen
- gezielte Anrufe bei Kunden (Telefonmarketing)

Für den Einsatz eines Reisenden spricht die meist starke Identifikation mit der Ware bzw. dem Unternehmen. Reisende sind strikt weisungsgebunden und geben durch ihre Besuchsberichte wertvolle Marktinformationen. Allerdings entstehen durch die Gehaltszahlungen hohe Fixkosten.

Verkaufsniederlassungen (Verkaufsbüros)

Um eine größere Nähe zu den Abnehmern zu erreichen, werden häufig **Verkaufsniederlassungen** (Verkaufsfilialen, -büros) errichtet. Hierbei kommt der Kunde zum Handel und kann Produkte betrachten, ggf. ausprobieren und nach einer Beratung auswählen.

Beispiel Die Primus GmbH hat an ihrem Geschäftssitz in Duisburg eine Verkaufsboutique eingerichtet. Hier wird die gesamte Kollektion aller Waren ausgestellt.

Der Vorteil der Einrichtung von Verkaufsniederlassungen besteht vor allem in der Beratung und dem Service durch eigene Mitarbeiter. Nachteilig ist jedoch, dass ein eigenes Vertriebsnetz weitaus höhere Kosten verursacht als die Einschaltung von Absatzmittlern.

Versandhandel

Im Rahmen des Versandhandels wird das Sortiment über Kataloge, Anzeigen, Prospekte oder elektronische Medien (Onlinevertrieb) angeboten. Die Zustellung erfolgt durch die Deutsche Post AG, private Paketdienste oder eigene Auslieferung.

Beispiel Die Primus GmbH plant, ihr Sortiment – neben dem Katalog – in Zukunft über das Internet anzubieten. Interessierte Kunden können sich informieren und sofort online bestellen. Dabei gelten dieselben Lieferbedingungen wie im herkömmlichen Bestellverfahren: „Sechs-Stunden-Service ohne Aufschlag – bis 12 Uhr bestellt, bis 18 Uhr versandt".

E-Commerce als Onlinevertriebskanal

E-Commerce ist die Kurzform des englischen Begriffs **Electronic Commerce**, übersetzt elektronischer Handel oder elektronische Geschäftsabwicklung, und umfasst den Kauf und Verkauf von Waren und Leistungen über elektronische Wege, hauptsächlich den Handel im Internet. Dabei fallen jegliche Art von geschäftlichen Transaktionen sowie elektronisch abgewickelte Geschäftsprozesse unter den Begriff E-Commerce.

Die wachsende Digitalisierung betrifft nicht nur den Einzelhandel, auch im Groß- und Außenhandel gewinnt der elektronische Handel mehr und mehr an Bedeutung. Im Jahr 2008 entfielen noch bescheidene 1,4 % des Gesamtumsatzes im Groß- und Außenhandel auf den Onlinehandel, zehn Jahre später erwirtschafteten Unternehmen des Großhandels bereits mehr als 12 % ihrer Umsätze online.

Folgende Gründe sprechen für den **Einkauf im Internet** aus Sicht des Kunden:

- zeit- und ortsunabhängig einkaufen
- schnell und unkompliziert kaufen
- Vergleiche schnell und einfach möglich

- große Auswahl
- keine Anfahrt
- oft günstigerer Preis durch Preisvergleiche
- bestellbar rund um die Uhr

Gründe für den **Verkauf im Internet** aus Sicht des Großhändlers:

- viel größerer Markt, bessere Absatzmöglichkeiten
- vielfältige Marketingmöglichkeiten
- geringere Kosten für den Standort
- keine Ladenöffnungszeiten
- weniger Personal
- Automatisierung der Bezahlung und der Kaufabwicklung
- Ergänzung zum stationären Handel

Unternehmensfremde Absatzorgane (= indirekter Absatz)

Als unternehmensfremde Absatzorgane stehen für den Groß- und Außenhändler Handelsvertreter, Kommissionäre, Makler, das Franchising oder das Vertragshändlersystem zur Auswahl.

Verkauf über Handelsvertreter

Ein Handelsvertreter ist ein **selbstständiger Kaufmann**, der für andere Unternehmen Kontakte zu Kunden herstellt und Geschäfte vermittelt oder abschließt (§§ 84ff. HGB). Hierfür erhält er eine **Provision**.

Beispiel

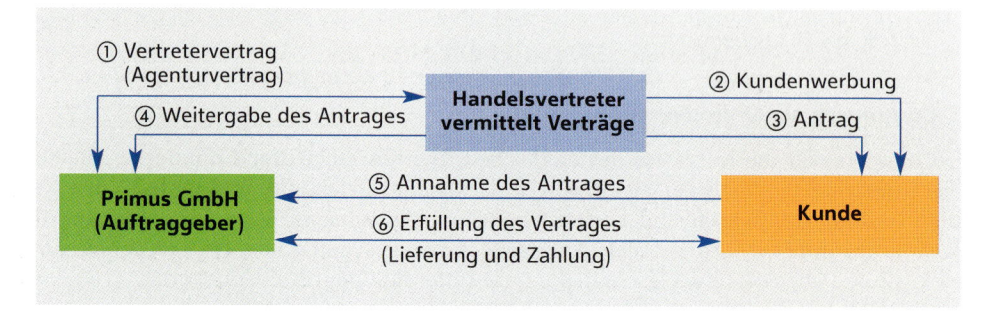

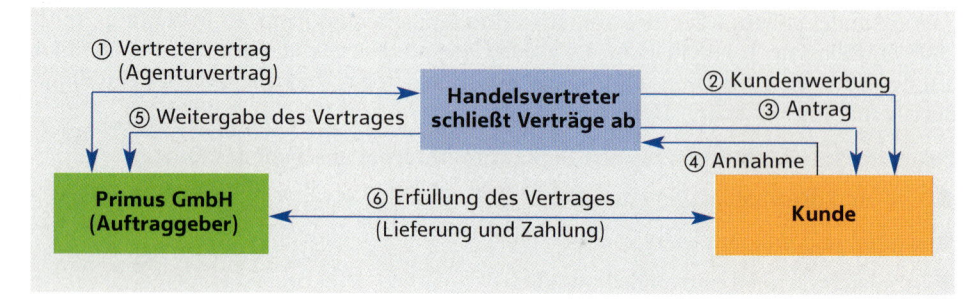

Diagramm 1: Handelsvertreter vermittelt Verträge
- ① Vertretervertrag (Agenturvertrag) zwischen Primus GmbH (Auftraggeber) und Handelsvertreter
- ② Kundenwerbung vom Handelsvertreter an Kunde
- ③ Antrag vom Kunde an Handelsvertreter
- ④ Weitergabe des Antrages an Primus GmbH
- ⑤ Annahme des Antrages von Primus GmbH an Kunde
- ⑥ Erfüllung des Vertrages (Lieferung und Zahlung) zwischen Primus GmbH und Kunde

Diagramm 2: Handelsvertreter schließt Verträge ab
- ① Vertretervertrag (Agenturvertrag) zwischen Primus GmbH (Auftraggeber) und Handelsvertreter
- ② Kundenwerbung vom Handelsvertreter an Kunde
- ③ Antrag vom Kunde an Handelsvertreter
- ④ Annahme vom Handelsvertreter an Kunde
- ⑤ Weitergabe des Vertrages an Primus GmbH
- ⑥ Erfüllung des Vertrages (Lieferung und Zahlung) zwischen Primus GmbH und Kunde

Für eine Groß- und Außenhandlung bedeutet der Einsatz von Handelsvertretern, dass sie zunächst keinen direkten Kontakt zu den Kunden aufbaut und der Handelsvertreter bei Ausscheiden oft die Kunden mitnimmt. Vorteilhaft sind jedoch wesentliche niedrigere Fixkosten und die häufig höhere Besuchshäufigkeit bei Kunden sowie die Marktkenntnis des Handelsvertreters.

Handelsvertreter verkaufen im indirekten Absatz die Waren der Groß- und Außenhändler, während Reisende zum direkten Absatz zählen. Beide treten im Namen des Groß- und Außenhändlers auf. Der Handelsvertreter kann jedoch für mehrere Unternehmen tätig sein. Ob eine Groß- und Außenhandlung sich für einen Handelsvertreter oder Reisenden entscheidet, hängt neben den genannten Vor- und Nachteilen auch von den **Kosten** ab. Häufig ist es bei geringerem Umsatz günstiger, mit Handelsvertretern zu arbeiten, da die Umsatzprovision erst mit dem Umsatz anfällt, während der Reisende sein Gehalt immer erhält. Bei höheren Umsätzen ist der Einsatz von Reisenden günstiger.

Beispiel Kostenvergleich zwischen eigenem Außendienst (Reisende) und Handelsvertretern: Reisende erhalten ein festes Gehalt, Reisekosten und Verkaufsprovision. Handelsvertreter erhalten nur eine Verkaufsprovision, die allerdings meist höher ist als die der Reisenden. Es stellt sich die Frage, welcher Vertriebszweig kostengünstiger ist.
Die Gehalts- und Reisekosten für einen Reisenden betragen pro Jahr 80 000,00 €, er erhält eine Verkaufsprovision von 2 % vom Umsatz. Ein Handelsvertreter erhält eine Umsatzprovision von 16 %. Für ihn fallen pro Jahr fixe Betreuungskosten in Höhe von 10 000,00 € an (Kataloge, Muster, Produktschulungen, Abrechnungskosten usw.).
Es ist herauszufinden, bei welchem Umsatz Reisende oder Handelsvertreter die niedrigeren Kosten haben. Dies kann rechnerisch erfolgen, indem die Kosten beider Absatzwege in einer Gleichung geschrieben werden:

$$\text{Kosten Reisender} = \text{Kosten Handelsvertreter, d.h.:}$$
$$2/100 \cdot \text{Umsatz} + 80\,000 = 16/100 \cdot \text{Umsatz} + 10\,000$$

Diese Gleichung wird nach der Unbekannten Umsatz aufgelöst und es ergibt sich, dass bei einem Umsatz von 0,5 Mio. € die Kosten beider Absatzwege gleich sind. Bei niedrigeren Umsätzen ist ein Handelsvertreter günstiger. Aussagen über die künftige Höhe des Umsatzes muss die Marktforschung liefern.

	Reisender (R)	Handelsvertreter (HV)
Fixe Kosten (€)	80 000,00	10 000,00
Provision (%)	2,00	16,00

Umsatz in €	Kosten R in €	Kosten HV in €	Umsatz in €	Kosten R in €	Kosten HV in €
0	80 000,00	10 000,00	350 000,00	87 000,00	66 000,00
50 000,00	81 000,00	18 000,00	400 000,00	88 000,00	74 000,00
100 000,00	82 000,00	26 000,00	450 000,00	89 000,00	82 000,00
150 000,00	83 000,00	34 000,00	500 000,00	90 000,00	90 000,00
200 000,00	84 000,00	42 000,00	550 000,00	91 000,00	98 000,00
250 000,00	85 000,00	50 000,00	600 000,00	92 000,00	106 000,00
300 000,00	86 000,00	58 000,00			

Eine Grafik verdeutlicht den Kostenvergleich. Sie erinnert an die **Break-even-Point-Analyse**, die bereits bei der Preispolitik benutzt wurde. In diesem Fall liegt der Break-even-point bei einem Umsatz von 500 000,00 €.

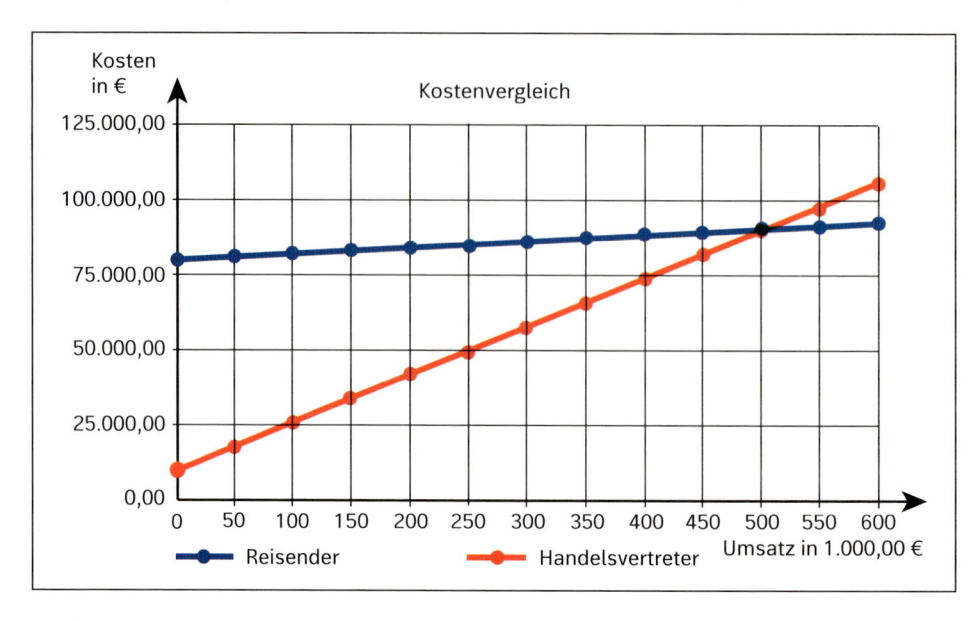

Besonders im Groß- und Außenhandel ist eine Kombination von stationärem Geschäft und E-Commerce Gewinn versprechend. Im B2B-Bereich (Business-to-Business) gehen einem Einkauf meist mehrere Entscheidungsschritte voraus. Spontankäufe, wie sie im B2C-Bereich (Business-to-Customer) vorkommen, sind die Ausnahme. Gerade im Großhandel sind die Bereiche Beratung und Kundenbetreuung daher besonders wichtig. Dafür stehen den Betrieben verschiedene Optionen zur Verfügung.

Eine Option sind unternehmenseigene Absatzorgane – darunter fallen vor allem Reisende, besser unter Außendienstmitarbeiter bekannt – oder unternehmensfremde Absatzorgane.

Beispiel für eine effektive Ergänzung von E-Commerce und klassischen Absatzmöglichkeiten in der Primus GmbH

Ein Unternehmen mit Standort in Frankfurt sucht für seine Büroerweiterung passende Bürodrehstühle und Arbeitstische. Der Verantwortliche, Herr Krüger, recherchiert zunächst im Internet und stößt bald auf die Website und den Webshop der Primus GmbH. Eine große Investition wie diese möchte das Unternehmen nicht tätigen, ohne die Möbel vorher gesehen zu haben. Anstelle einer Bestellung füllt er daher das Onlinekontaktformular aus. Daraufhin wird Herr Krüger von der Primus GmbH kontaktiert und ein paar Tage später macht sich ein Außendienstmitarbeiter auf den Weg nach Frankfurt, um die Produkte vorzustellen.

Das sog. „Klinkenputzen" und die Kaltakquise gehören so der Vergangenheit an. Außendienstmitarbeiter können viel effizienter eingesetzt werden, indem sie lediglich Betriebe aufsuchen, die zuvor Interesse bekundet und online einen Termin vereinbart haben.

Ebenso denkbar wäre, dass Herr Krüger ausschließlich zehn ihm bekannte Stühle nachbestellen möchte. Da ihm die Modelle genau bekannt sind, bestellt er diese direkt bei der Primus GmbH online über den Webshop. So sparen sowohl Herr Krüger als auch die Primus GmbH wertvolle Zeit, weil hier individuelle Beratung und Verhandlung nicht notwendig sind.

Verkauf über Kommissionär

Der Kommissionär ist ein **selbstständiger Kaufmann**, der gewerbsmäßig **Waren auf Rechnung eines anderen im eigenen Namen kauft oder verkauft** (§ 383 ff. HGB). Beim

Kommissionsgeschäft schließt der Käufer (Kommissionär) mit seinem Lieferer einen **Kommissionsvertrag** ab, wobei der Lieferer (Kommittent) Eigentümer der Ware bleibt. Der Kommissionär wird lediglich Besitzer der Ware. Er verkauft sie in seinem Namen, d. h., sein Kunde weiß nicht, dass die Ware dem Kommissionär nicht gehört. Die verkaufte Ware rechnet der Kommissionär mit seinem Lieferer ab und behält eine **Provision** ein. Nicht verkaufte Ware gibt er an den Lieferer zurück.

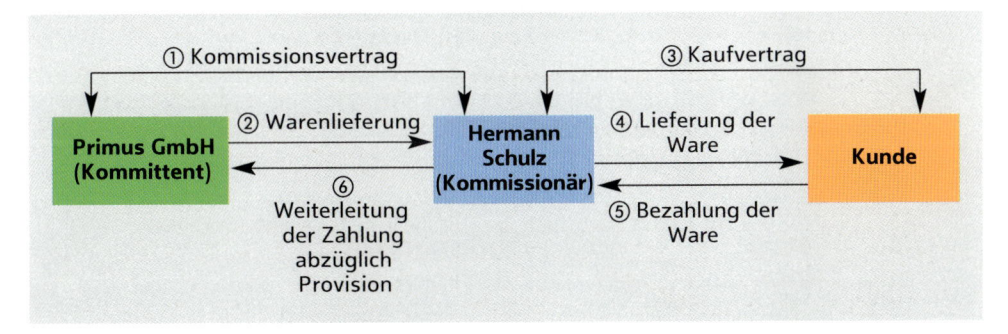

Beispiel Die Primus GmbH schließt mit dem Kommissionär Hermann Schulz einen Kommissionsvertrag ab. Die Primus GmbH wird dadurch zum Kommittenten. Schulz erhält von der Primus GmbH Waren, die er erst zu bezahlen braucht, wenn er selbst die Waren verkauft hat.

Verkauf über Makler

Ein Makler (§§ 93–104 HGB) **vermittelt nur von Fall zu Fall** den Abschluss von Verträgen. Er erhält für seine Dienstleistung eine **Courtage** (Maklerlohn). Sie ist i. d. R. je zur Hälfte von Käufer und Verkäufer zu tragen.

Vertragshändler

Ein Industriebetrieb und ein Handelsbetrieb schließen miteinander einen Vertrag, in dem sich der Händler verpflichtet, die Produkte des Herstellers nach dessen Marketingkonzept anzubieten. Der Vertragshändler ist **rechtlich selbstständiger Unternehmer** und vertreibt seine Produkte unter **eigenem Namen**. Er benutzt aber seinen Kunden gegenüber die Marke des Herstellers. Deshalb wirkt er auf einige Kunden wie eine Filiale (Außenstelle) des Industriebetriebes.

Beispiel Automobilhersteller vertreiben ihre Kraftfahrzeuge häufig über Vertragshändler, wobei der **einseitige und der mehrstufige Vertriebsweg** zu unterscheiden sind. Beim einstufigen Vertriebsweg wird ein Fahrzeug vom Hersteller über den Vertragshändler an Kunden geliefert. Bei einem mehrstufigen Vertriebsweg schaltet ein Hauptvertragshändler einen weiteren kleinen Vertragshändler ein, um z. B. auch in kleineren Städten für die Kunden präsent zu sein. Allein würde der zweite Vertragshändler aufgrund der zu geringen Verkaufszahlen keinen Händlervertrag bekommen.

Franchising

Hierbei handelt es sich um eine enge Kooperationsform, bei der der Franchisegeber (Franchisor = Kontraktgeber) aufgrund einer langfristigen Bindung dem rechtlich selbstständigen Franchisenehmer (Franchisee = Kontraktnehmer) gegen Entgelt das Recht einräumt, bestimmte Waren oder Dienstleistungen unter Verwendung der Firma, der Marke, der Ausstattung und der technischen und wirtschaftlichen Erfahrungen des Franchisegebers zu nutzen. Der Franchisenehmer tritt seinen Kunden gegenüber nicht in eigenem Namen auf, er verwendet den Namen seines Franchisegebers. Der Franchisegeber vergibt eine Konzession für ein von ihm entwickeltes Marketingprogramm, das sich bereits im Praxiseinsatz bewährt hat. Er erhält dafür i. d. R. ein einmaliges Entgelt und/oder eine Umsatzbeteiligung. Hierdurch kann er ein Vertriebsnetz ohne großen Investitionsaufwand errichten, erreicht hohe Marktnähe und kann schnell expandieren.

Beispiele für Franchising: McDonald's (Fast Food), Benetton (Textilien), OBI (Baumarkt; hier wird die Hälfte der Märkte im Franchising betrieben, die anderen Märkte gehören der OBI AG), Hertz (Autovermietung), Nordsee (Fisch), Burger King (Fast Food), Fressnapf (Tierfutter), dm (Drogerie), Coca-Cola (Getränke), Ibis (Hotels)

Vorteile für den Franchisenehmer	Nachteile für den Franchisenehmer
– weitgehende Selbstständigkeit im Rahmen des Vertrages – Nutzung des Know-hows des Franchisegebers – Förderung des Absatzes durch einheitliche Verkaufsraumgestaltung, Werbung, Verkaufsförderung sowie ein abgerundetes Sortiment – Nutzung von Dienstleistungen des Franchisegebers, wie z. B. zentrales Rechnungswesen, Kalkulation	– langfristige Bindung an ein Sortiments- und Präsentationskonzept – keine selbstständigen Sortimentsentscheidungen – hohe Kosten durch Eintritts- oder Franchiseentgelte – Das Insolvenzrisiko liegt beim Franchisenehmer.

Franchising oder das Vertragshändlersystem als weitere mögliche unternehmenseigene Absatzorgane spielen für den Groß-/Außenhändler i. d. R. keine wesentliche Rolle.

○ Marktveranstaltungen als Sonderformen des Absatzes

Marktveranstaltungen besitzen für den Groß- und Außenhändler den Vorteil, dass zahlreiche Anbieter und Nachfrager an einem Ort zusammengeführt werden.

Hausmessen (Hausausstellungen)

Hausmessen ermöglichen es dem Groß- und Außenhändler, sein Angebot repräsentativ einer großen Anzahl von Kunden gleichzeitig vorzustellen. In regelmäßigen Abständen können so die Kunden in den Betrieb eingeladen und über das Angebot bzw. die neuen Artikel informiert werden. Verträge können aufgrund der ausgestellten Muster abgeschlossen werden.

Beispiele
– Im Anschluss an eine internationale Messe für Büroorganisation veranstaltet die Primus GmbH eine Hausmesse, auf der sie ihren Kunden zeigt, dass viele Neuerungen der internationalen Messe schon über die Primus GmbH zu beziehen sind.
– Für die anderen Warengruppen hat die Kröger & Bach KG an ihrem Sitz in Duisburg einen Ausstellungsraum eingerichtet.

Messen

Messen sind Verkaufsveranstaltungen, die nur für das Fachpublikum (Wiederverkäufer und gewerbliche Verbraucher) in regelmäßigen Abständen an demselben Ort (Messeplatz) abgehalten werden. Verkäufe werden hier aufgrund von Mustern abgeschlossen. Für den Aussteller sprechen mehrere Gründe für die Beteiligung an einer Messe:

Sich über die Marketinginstrumente informieren

- Verkaufsmöglichkeiten
- Einführung neuer Produkte
- Gewinnung neuer Kunden
- Marktforschung und Marktinformation
- Repräsentation des Unternehmens

Eine Messe ist jedoch mit hohen Kosten für die Standentgelte, die Gestaltung des Messestandes, die Auswahl und Beschaffung von Werbemitteln (vgl. S. 149) und meist auch die Herstellung eines Messeprospektes verbunden.

Ausstellungen

Im Unterschied zu Messen wenden sich **Ausstellungen** auch an die Allgemeinheit. Ausstellungen dienen hauptsächlich der Repräsentation und Information, weniger dem Verkauf.

Beispiel Internationale Automobilausstellung in München

Distributionspolitik zur Optimierung der Absatzwege einsetzen

- Die **Distributionspolitik** beschäftigt sich mit der Gestaltung der Absatzmethoden, -wege und -organe.
- **Absatzmethoden**: Entscheidung zwischen **Lager-** oder **Streckengeschäft** sowie eine Kombination daraus und **Rackjobbing**
- **Absatzwege**: Der **direkte Absatz** kann durch die Geschäftsleitung selbst oder durch Reisende, Verkaufsniederlassungen, Hausmessen, Onlinevertrieb oder den Versandhandel erfolgen. Im **indirekten Absatz** (Verkauf über den Handel) kann der Groß- und Außenhändler sich zwischen der Einschaltung weiterer Groß- und Außenhändler, des Einzelhandels, von Handelsvertretern, Kommissionären, Maklern, dem Franchising, dem Vertragshändlersystem oder Marktveranstaltungen entscheiden.
- **E-Commerce**: Abwickeln des Einkaufens über Dienste des Internets (Onlineshop)
- **Absatzformen**:
  - **Unternehmenseigene Absatzorgane** (= direkter Absatz): Reisende, Verkaufsniederlassungen, Versandhandel
  - **Unternehmensfremde Absatzorgane** (= indirekter Absatz): Handelsvertreter, Kommissionäre, Makler, Franchising, Vertragshändler
  - **Marktveranstaltungen**: Hausmessen, Messen, Ausstellungen

---

1. Für viele Hersteller von Konsumartikeln (Lebensmittel, Gegenstände des täglichen Gebrauchs) ist der indirekte Absatz über den Einzelhandel der bedeutendste Absatzweg. Begründen Sie, weshalb die Hersteller diesen Absatzweg bevorzugen.

2. a) Beschreiben Sie die Vor- und Nachteile des Franchisingsystems aus der Sicht des Franchisegebers und -nehmers.
b) Erläutern Sie den Absatz über Handelsvertreter und nennen Sie Vor- und Nachteile für den Hersteller.

3. a) Erläutern Sie, weshalb es sinnvoll ist, mehrere Absatzwege zu kombinieren.
   b) Erläutern Sie, welche Gesichtspunkte zu berücksichtigen sind, wenn ein Unternehmen verschiedene Absatzwege kombiniert.

4. Erstellen Sie mithilfe einer Tabellenkalkulation eine Entscheidungshilfe für den Kostenvergleich zwischen Handelsvertretern und Reisenden. Berücksichtigen Sie beim Reisenden ein Jahresgehalt von 45 000,00 €, Reisekosten von 25 000,00 €, Personalnebenkosten von 60 % des Jahresgehaltes, Betreuungskosten von 10 000,00 € und eine Umsatzprovision von 2 %. Für den Handelsvertreter sind zu berücksichtigen: Umsatzprovision von 12 % und Kosten für Produktschulungen, Prospekte, Kataloge usw. von 6 000,00 €.

5. Die Primus GmbH möchte den Verkauf in ihrer Verkaufsboutique intensivieren. Die Geschäftsleitung möchte hierzu Rechtsanwälte, Notare und Steuerberater im Ruhrgebiet als Zielgruppe anschreiben. Entwerfen Sie einen Werbebrief.

6. Beschreiben Sie die Bedeutung des Groß- und Außenhandels für Industriebetriebe und für Endverbraucher.

7. Erläutern Sie die Unterschiede zwischen Handelsvertreter und Kommissionär sowie zwischen Franchising und Vertragshändler.

8. Beschreiben Sie den Ablauf eines Kaufes in einem Onlineshop.

9. Erläutern Sie jeweils aus der Sicht des Groß-/Außenhändlers und des Kunden Gründe für Onlinekäufe.

10. Rufen Sie einen Onlineshop Ihrer Wahl im Internet auf, suchen Sie nach den Allgemeinen Geschäftsbedingungen, drucken Sie diese aus und lesen Sie sie aufmerksam. Listen Sie alle Unklarheiten auf und besprechen Sie diese in der Klasse.

4.2 Maßnahmen im Rahmen der Kommunikationspolitik gestalten

Die Markteinführung des „ergo-design-natur"-Stuhls geht gut voran. Viele Vorüberlegungen sind schon angestellt, wie z. B. die Bestimmung der Absatzwege, die Preisfestlegung usw. Frau Klein, die Gruppenleiterin Büroeinrichtung, präsentiert der Geschäftsleitung und den Abteilungsleitern den neuen Bürostuhl. Stolz sagt sie: „Dies ist der beste Stuhl, den wir je in unserem Programm hatten." Sie schwärmt: „Dieser Stuhl verkauft sich von selbst, jeder, der ihn sehen wird, will ihn sofort haben! Einfach absolute Spitzenklasse, super!" Der Verkaufschef, Herr Winkler, bremst sie in ihrer Schwärmerei: „Nun mal halblang! Kein Produkt verkauft sich von selbst, mag es noch so toll sein. Bisher weiß doch noch niemand, dass es dieses neue Modell überhaupt gibt. Damit auch der letzte mögliche Abnehmer von ‚ergo-design-natur' erfahren hat, liegt noch eine Menge Arbeit vor uns." – „Genau!", meldet sich Frau Braun, „wir müssen ordentlich in Zusammenarbeit mit der Bürodesign GmbH die Werbetrommel rühren, jeder im Lande soll von unserer Neuentwicklung erfahren, wir bringen Fernsehspots, wir lassen Zeppeline über ganz Deutschland fliegen, die Prospekte abwerfen, in allen Zeitungen erscheinen Anzeigen über ‚ergo-design-natur'." Versonnen schließt sie die Augen und träumt bereits davon, in einem Werbespot selbst aufzutreten. Frau Primus holt sie wieder in die Wirklichkeit zurück: „Das ist doch dummes Zeug! Wir engagieren eine solide Werbeagentur, die macht für uns die Arbeit, denn dort sitzen Spezialisten." Herr Schubert, Gruppenleiter des Rechnungswesens, mischt sich sofort ein: „Bedenken Sie aber die Kosten, wir müssen sparsam mit unseren Finanzen umgehen." Frau Braun denkt bei sich: „Der sitzt auf dem Geld, als ob es sein eigenes wäre." Herr Winkler meldet sich wieder: „Jedes Mal die gleiche Zankerei, wenn wir ein neues Produkt auf den Markt bringen. Wir wissen doch alle, dass Werbung alleine nicht genügt. Wir müssen unser gesamtes Unternehmen in ein positives Licht setzen, die Öffentlichkeit schaut auf uns, wir müssen zusätzlich unser Image pflegen und unseren Außendienst vernünftig unterstützen."

ARBEITSAUFTRÄGE
◆ Erarbeiten Sie, welchen Einfluss Werbung, Verkaufsförderung und Öffentlichkeitsarbeit auf den Erfolg eines Unternehmens haben.
◆ Erstellen Sie eine Übersicht über die Instrumente der Kommunikationspolitik der Primus GmbH.

Die **Kommunikationspolitik** umfasst jede bewusste und geplante Gestaltung der auf den Markt gerichteten Informationen eines Unternehmens.

Zu den Instrumenten der Kommunikationspolitik zählen die **Absatzwerbung**, die **Verkaufsförderung** (Salespromotion), die **Öffentlichkeitsarbeit** (Public Relations) und der persönliche Verkauf im Rahmen von **Beratungs- und Verkaufsgesprächen**. Mit dem Übergang vom Verkäufer- zum Käufermarkt waren die Unternehmen in zunehmendem Maße gezwungen, ihre Absatzmärkte systematisch durch den Einsatz der Instrumente der Kommunikationspolitik zu erschließen und zu bearbeiten.

● Absatzwerbung

Die Werbung informiert über Produkte und Dienstleistungen eines Unternehmens. Sie ist ein Bindeglied zwischen Anbietern und Nachfragern von Produkten und nimmt gezielt Einfluss auf Kaufentscheidungen von Abnehmern.

Die Aufgaben der Werbung werden mit der **AIDA-Formel** umschrieben:

```
A = Attention   = Aufmerksamkeit erregen
I = Interest    = Interesse wecken
D = Desire      = Wünsche nach Produkten schaffen
A = Action      = Kauf der Produkte
```

> **PRAXISTIPP** Weitere Informationen zu der AIDA-Formel finden Sie im Internet unter www.solobusinesstribe.de/aida-formel.

○ Ziele der Absatzwerbung

Ziel der Absatzwerbung ist es, die potenzielle Zielgruppe über den geplanten Leistungsumfang zu informieren.

- **Bekanntmachung von Produkten bei den Abnehmern**: Nur durch Werbung können Abnehmer von der Existenz eines Produktes erfahren. Die Werbung informiert über den Grund- und Zusatznutzen eines Produktes bzw. einer Dienstleistung.

  Dadurch können ein **bestehendes Marktpotenzial** (= die Menge aller möglichen Abnehmer eines Produktes) ausgeschöpft und **neue Abnehmer** gewonnen werden. Außerdem sollen bereits vorhandene Abnehmer, z. B. **Stammkunden**, gehalten werden.

  Beispiele
  - Die Primus GmbH vertreibt ihre Waren vorwiegend an den Facheinzelhandel und gewerbliche Verbraucher. Durch Werbung werden die Kunden auf die Primus GmbH, ihr Sortiment und die sonstigen Leistungen aufmerksam gemacht.
  - Die Kröger & Bach KG vertreibt ihre Waren überwiegend über Discounter in Europa. Diese gewerblichen Kunden werden über Werbebriefe angesprochen.

- **Weckung von neuen Bedürfnissen**: Einen großen Teil der heute existierenden Produkte hat es vor 20 Jahren noch nicht gegeben. Die Bedürfnisse nach ihnen wurden erst durch Werbung geweckt. Es entstand ein Bedarf, da ein großer Teil der Bevölkerung bereit war, für diese Produkte Teile des Einkommens auszugeben.

  Durch das Wecken neuer Bedürfnisse entsteht ein neues Marktpotenzial und eine Nachfrage, die von Anbietern entsprechender Produkte befriedigt werden kann.

  Beispiele
  - MP3-Player: Die Unterhaltungsindustrie hatte durch Werbung das Bedürfnis geweckt, jederzeit und überall Musik hören zu können. Es entstand der Bedarf für MP3-Player, deren Funktion heute durch Smartphones und Musikstreamingdienste übernommen werden.
  - Faxgeräte: Die Telekommunikationsindustrie stärkte durch Werbung das Bedürfnis, schnell und kostengünstig schriftliche Mitteilungen zu versenden. Das „Faxen" etablierte sich als Kommunikationsweg, der heute bereits weitgehend durch unternehmensinterne und -externe Netze (Intranet/Internet) verdrängt wird.

○ Grundsätze der Werbung

Wahrheit	In erster Linie soll die Werbung der sachlichen Information der Kunden dienen. Zwar wird mit einer Werbebotschaft häufig versucht, bestimmte Assoziationen beim Kunden zu erwecken oder eine Scheinwelt mit Sachinhalten zu vermischen, um zum Kauf zu bewegen. Jedoch darf die Werbung keine Unwahrheiten beinhalten (vgl. S. 164).	**Beispiel** Ein Möbelfachhändler wirbt: „Alle unsere Stühle sind von der Stiftung Warentest mit ‚sehr gut' bewertet worden", obwohl nie ein Test durchgeführt wurde. Hier liegt ein grober Verstoß gegen das Gebot der Wahrheit in der Werbung vor.

Klarheit	Der Werbezweck ist eindeutig und unmissverständlich anzustreben. Der Kunde soll eindeutig über die Vorzüge eines Produktes informiert werden.	**Beispiel** Ein Spielwarengeschäft wirbt in der Vorweihnachtszeit für Modelleisenbahnen. Es soll die Produktlinie „Mini-Trax" durch besondere Preiswürdigkeit herausgestellt werden. In einer Anzeige wird aber nur ausgesagt: „Wir bieten Ihnen ein interessantes Angebot von Spielzeug aller Art!" Diese Aussage ist unklar und wird ihr beabsichtigtes Ziel nicht erreichen.
Wirksamkeit	Die Art und Weise der Werbung muss den Werbezweck unterstützen und den Marketingzielen dienen, sie muss wirksam sein.	**Beispiel** Ein Käsegroßhändler in Oberammergau möchte für ein Sonderangebot von Weichkäse werben. Der Geschäftsinhaber denkt an einen Fernsehspot. Diese Werbemaßnahme ist selbstverständlich unwirksam, da sie den Zielkreis der Umworbenen nicht trifft (starke Streuverluste).
Wirtschaftlichkeit	Die finanziellen Aufwendungen für die Werbemaßnahmen müssen in einem angemessenen Verhältnis zu ihrem möglichen Erfolg stehen.	**Beispiel** Die Primus GmbH möchte eine Warengruppe für Geschenkartikel einführen und plant für das erste Jahr einen Umsatz von 1,2 Mio. €. Eine Werbeagentur gibt für eine Werbekampagne ein Angebot in Höhe von 500 000,00 € ab. Die Geschäftsleitung lehnt daraufhin das Angebot wegen Unwirtschaftlichkeit ab.

Der Werbeplan sollte unter Berücksichtigung der Grundsätze der Werbung erstellt werden.

○ Arten von Werbung

Die Erscheinungsformen der Absatzwerbung sind reichhaltig. Folgende Abgrenzungen sind gebräuchlich.

Nach der **Zahl der Umworbenen** werden unterschieden:

- **Einzelumwerbung**: Werbung **eines Unternehmens** richtet sich direkt an **einen Umworbenen**. Die Kosten hierfür sind relativ hoch.

    Beispiel Die Primus GmbH wirbt für den Bürostuhl „ergo-design-natur" mit persönlichen Werbebriefen, die jeden Kunden direkt ansprechen.

- **Massenumwerbung**: Werbung **eines** Unternehmens richtet sich an **mehrere** Umworbene oder an die Allgemeinheit.

    Beispiel Die Primus GmbH wirbt für ihr Sortiment mit Anzeigen in Fachzeitschriften.

Nach der **Zahl der Werbenden** sind zu unterscheiden:

- **Einzel- oder Alleinwerbung**: Ein Unternehmen wirbt für sich allein.

  Beispiel Die Primus GmbH schaltet eine Anzeige.

- **Sammel-, Verbundwerbung**: Mehrere Unternehmen unterschiedlicher Branchen werben gemeinsam mit Angabe ihrer Firmen.

  Beispiel Als Anzeige werden in der Tageszeitung die Namen aller am Bau eines Einkaufszentrums beteiligten Unternehmen genannt.

- **Gemeinschaftswerbung**: Mehrere Unternehmen derselben Branche werben ohne namentliche Nennung der Werbenden gemeinsam für ihre Belange.

  Beispiel Im Werbefernsehen wird ein Spot eingeblendet mit dem Text: „Aus deutschen Landen frisch auf den Tisch."

○ Werbeplan

Es ist nicht sinnvoll, Werbung ohne sorgfältige Zielbestimmung, ohne Koordination mit den übrigen Marketinginstrumenten und ohne genaue Planung durchzuführen. In einem **Werbeplan** müssen deshalb folgende Punkte festgelegt werden:

Inhalt des Werbeplans	Beispiele
❶ Streukreis (Zielgruppe) Das ist die Personengruppe, die umworben werden soll, sie kann in spezielle **Zielgruppen** unterteilt werden. Der Streukreis wird durch Marktforschung festgestellt. Zielgruppen und somit der Streukreis können hinsichtlich soziografischer Merkmale (Alter, Familienstand, verfügbares Einkommen usw.), geografischer Merkmale (Bundesland, Stadt, Land usw.) oder verhaltensbezogener Merkmale (Einstellungen, Werte, Konsumverhalten, Statusbewusstsein usw.) unterschieden werden.	– Die Primus GmbH hat als Marktpotenzial alle Unternehmen und Freiberufler, die Bürobedarfsartikel benötigen. Sie verkauft ihre Produkte an gewerbliche Großabnehmer, kommunale Verwaltungen, Facheinzelhändler und direkt an Endabnehmer. Die Werbung der Primus GmbH umspannt somit einen großen Streukreis mit unterschiedlichen Zielgruppen. – Ein Hersteller von Alarmanlagen möchte seinen Absatz vergrößern. Sein Marktpotenzial sind alle Besitzer einer Immobilie. Die Anzahl ist bei den Grundbuchämtern zu erfahren. Der Streukreis der Werbung umfasst somit die Zielgruppen private Haushalte und Unternehmen.
❷ Werbebotschaft Hier wird festgelegt, **was** in der Werbung der Zielgruppe mitgeteilt werden soll. Durch die Werbung soll ein Produkt vom Nachfrager eindeutig identifiziert werden können, z. B. durch einen einprägsamen Namen, durch ein Markenzeichen, ein Logo, ein Symbol usw.	– Botschaft: Der neue Bürostuhl der Primus GmbH berücksichtigt neben formschönem Design die ergonomischen Bedürfnisse von Menschen. Ferner besteht er vorwiegend aus Naturstoffen, die umweltverträglich sind. Als Produktname wurde „ergo-design-natur" gewählt.

Inhalt des Werbeplans	Beispiele
Gleichzeitig muss in der Werbebotschaft der Zielgruppe ein besonderer Nutzen (Grund- und Zusatznutzen) des Produktes mitgeteilt werden. Ferner wird bestimmt, **wie** die Botschaft präsentiert wird, z. B. durch Auswahl geeigneter Sprache, Farben, Sounds, Aktionsformen usw., und wie dabei Verstand (rationale Werbung) oder Gefühl (emotionale Werbung) angesprochen werden soll.	– Eine Werbung für Rasierwasser für sportliche, junge, dynamische Männer könnte folgende Botschaften enthalten: „Prickelnd, erfrischend, jung, klar, echt, rein …" Wenn für dasselbe Produkt die Zielgruppe älterer, gut verdienender Männer (Managertyp) beworben wird, könnten folgende Attribute verwendet werden: „Verführerischer Duft, exklusiv, edel …" – Die Primus GmbH wählt für die Präsentation des neuen Bürostuhls „ergo-design-natur" eine klare informative Sprache, sie stellt den ergonomischen und ökologischen Aspekt des neuen Produkts heraus.
❸ Bestimmung der **Werbemittel** Mit Werbemitteln werden die **Werbebotschaften** an die Abnehmer herangetragen. Mögliche Auswahlkriterien der Werbemittelauswahl sind z. B. die Reichweite, die Darstellungsmöglichkeiten oder die Kontaktfrequenz der Zielgruppe.	– Anzeigen, Inserate, Beilagen in Zeitungen – Fernseh-, Kino-, Rundfunkspots – Plakate, Prospekte, Kataloge, Flugblätter – Schaufensterwerbung – Werbegeschenke – Werbebriefe – Bandenwerbung bei Sportveranstaltungen – Product-Placement (Produkte werden in Kino- oder Fernsehfilmen eingesetzt. In einer Krimi-Serie benutzt ein Detektiv immer ein Fernglas eines bestimmten Herstellers, ein Schauspieler trinkt ein bestimmtes Bier usw.)
Die Medien, welche die Werbemittel an die Zielgruppen herantragen, heißen **Werbeträger**. Durch sie soll die in den Werbemitteln enthaltene Werbebotschaft gestreut werden	– Zeitungen, Fachzeitschriften, Anzeigenblätter – Fernseh- und Rundfunkanstalten – Plakatwände, Litfaßsäulen, Schaufenster – Adressbücher, Datenbanken – Direktwerbung (Werbebriefe, Drucksachen, Wurfsendungen)
❹ **Streuzeit** Hier werden **Beginn und Dauer** der Werbung kalendermäßig festgelegt. Meist wird in einem Ablaufplan auch bestimmt, in welchem zeitlichen Umfang die Vorbereitungsarbeiten für die Werbung stattfinden (Fristen für Anzeigen in Zeitungen, Fristen für die Erstellung von Werbespots usw.).	– Die Lebkuchenfabrik Schmitz & Co. KG in Erlangen möchte für ihren neuen Geschenkkarton „Lebkuchen – die leckere Auswahl" im Weihnachtsgeschäft werben. Bereits im März werden hierzu Sendezeiten bei den Fernsehanstalten gebucht, die Mitte November täglich fünfmal ausgestrahlt werden sollen. Im Mai werden zusammen mit einer Werbeagentur die Werbespots gedreht. – Die Primus GmbH möchte für ihr neues Produkt „ergo-design-natur" in Fachzeitschriften werben. Hierzu muss festgelegt werden, zu welchem Zeitpunkt die Anzeigen erscheinen sollen. Die Werbeabteilung entschließt sich, die Anzeigen erstmalig im Monat September zu schalten, weil die Unternehmen häufig zum Jahresende die Budgetplanung für Büroausstattung festlegen.

Inhalt des Werbeplans	Beispiele
❺ **Streugebiet** Hier wird der **geografische Raum für die Werbung** festgelegt. Häufig bestimmt das Streugebiet die Auswahl der Werbemittel.	– Die Primus GmbH hat bei ihrer Werbung als Streugebiet Deutschland und wirbt u. a. in Fachzeitschriften mit Anzeigen. Für bestimmte Produkte kann sie kleinere Gebiete festlegen, z. B. Verkaufsbezirk Nordrhein-Westfalen.
❻ **Werbeintensität** Sie ergibt sich als **Verhältnis der eingesetzten Werbemittel zum Streugebiet und zur Zielgruppe** und legt die **Häufigkeit der Werbung** fest. Wenn die Auswahl der Werbemittel und -träger nicht auf das Streugebiet und die Zielgruppe abgestimmt ist, kommt es zu Streuverlusten.	– Ein kleines Fachgeschäft für Büromöbel in München inseriert einmal pro Woche in einer bundesweiten Fernsehzeitschrift. Es muss mit einem enormen Streuverlust rechnen, da die allermeisten Leser nicht im direkten Umfeld des Geschäfts ansässig sind und auch nicht mögliche Abnehmer von Büromöbeln sind. Eine Anzeige in einer Regionalzeitung oder gezielte Direktwerbung mit Werbebriefen würde zu einer höheren Werbeintensität führen.

Die Wirksamkeit von Werbemaßnahmen kann anhand verschiedener Kriterien überprüft werden. Hierzu können **Checklisten** erstellt werden.

Beispiel Text/Bild-Beurteilung einer Werbeanzeige der Primus GmbH:
- Ist der Text nach Darstellung und Inhalt auf den ersten Eindruck leicht und eindeutig verständlich?
- Ist der Text klar und einprägsam?
- Ist der Informationsgehalt des Textes genügend groß?
- Ist der Text mengenmäßig richtig auf die Zielgruppe und die anderen Gestaltungsbestandteile abgestimmt?
- Haben die Bildteile einen genügend starken Aussagewert?
- Welche Stimmungsqualität haben die Bildbestandteile?
- Ist das Verhältnis von Bild- und Textteilen bezogen auf die Gesamtaussage und die Zielgruppe ausgewogen?

PRAXISTIPP Weitere Informationen zur Gestaltung von Werbebriefen finden Sie unter www.textschmiede.de.

Mithilfe von **Nachfassbriefen** sollten Kunden, die auf ein Werbeangebot reagiert haben, auf die Möglichkeiten eines vorteilhaften Einkaufes hingewiesen werden. Die Attraktivität des Angebotes kann durch z. B. einen Bonus erhöht werden, wenn innerhalb einer bestimmten Frist bestellt wird.

○ Das Werbebudget

Das Werbebudget bzw. der Werbeetat ist der Betrag in Euro, der für Werbezwecke ausgegeben werden kann. Dieser Betrag kann auf einzelne Warengruppen, Waren oder spezielle Werbeaktionen aufgeteilt werden. Häufig wird er als Prozentanteil am Umsatz angegeben. Die Aufwendungen für Werbung werden in die Preiskalkulation der Waren einbezogen.

Beispiel Die Primus GmbH hat in den vergangenen Jahren regelmäßig etwa 4 % vom Jahresumsatz für Werbezwecke ausgegeben. Durch die Vermarktung des neuen Bürostuhls werden im ersten Jahr etwa 0,5 Mio. € Umsatz erwartet. Da es sich um eine Neueinführung handelt, sollen die

Werbeausgaben 6 % vom geplanten Umsatz betragen, also 30 000,00 €. Für diesen Betrag können z. B. Anzeigen geschaltet sowie Sonderprospekte, Plakate und Poster gedruckt und versandt werden.

Die Werbeerfolgskontrolle

Mit Werbemaßnahmen und -aktionen werden wirtschaftliche Ziele angestrebt. Sie verursachen Kosten. Deshalb ist es erforderlich, diese Maßnahmen auf ihren Erfolg hin zu kontrollieren. In jedem Unternehmen kann es geschehen, dass neue Waren nicht vermarktet werden können und zu einem „**Flop**" werden. Die Ursachen hierfür können im Produkt selbst liegen, z. B. wenn kein Bedarf für dieses Produkt auf dem Markt vorhanden ist oder der Preis zu hoch angesetzt war. Es kann aber auch eine „falsche Werbung" verantwortlich sein, wenn z. B. die Zielgruppe nicht richtig angesprochen wurde.

Beispiele
- Ein Software-Hersteller hat ein Programm entwickelt, das alle Finanzgerichtsurteile gespeichert hat. Der Benutzer gibt ein Stichwort ein, z. B. „Abschreibung auf Fuhrpark", und erhält alle dazu gesprochenen Urteile, die er sich bei Bedarf ausdrucken lassen kann. Das Softwarehaus wirbt in allen Computerzeitschriften. Das Produkt wurde ein Flop, weil die Zielgruppe mit der Auswahl der Werbeträger nicht getroffen wurde.
- Ein Konkurrent der Primus GmbH wollte mit exklusiven Bürostühlen in den Markt der privaten Endverbraucher eindringen. Für einen Stuhl wurde ein Preis von 649,00 € angesetzt. Dieser Preis war zu hoch, deshalb wurde das Produkt ein Flop.

Der wirtschaftliche Erfolg einer Werbeaktion ist durch **Umsatz- bzw. Absatzsteigerungen** messbar.

Beispiel Die Primus GmbH hatte mit der Warengruppe Büroeinrichtung einen Umsatz von 1,1 Mio. €. Innerhalb eines Jahres wurden in einer Aktion 200 ausgesuchte Unternehmen angeschrieben, die hausinterne Kurse durchführen. Die gesamte Aktion verursachte Kosten in Höhe von 30 000,00 € (Kosten für Schreibkräfte, Porto, Prospekte, Besuche des Außendienstes usw.). Nach einem Jahr ergab sich ein Umsatz mit der Warengruppe Büroeinrichtung von 1,33 Mio. €, also eine Steigerung um 21 %.

Neben den messbaren Größen im Absatz muss bei jeder Werbemaßnahme auch die psychologische Werbewirkung ermittelt werden. Hierzu zählt die Erhöhung des Bekanntheitsgrades des Unternehmens in der Öffentlichkeit.

Einschalten einer Werbeagentur

Viele Unternehmen überlassen die Werbung Spezialisten einer Werbeagentur. Diese haben i. d. R. eine höhere **Fachkompetenz** und sind **Experten** für spezielle Probleme, z. B. die Auswahl geeigneter Werbeträger, die Gestaltung von Werbemitteln usw. Außerdem haben sie **gute Kontakte zu den Medien** und arbeiten mit Marktforschungsinstituten zusammen, deren Ergebnisse sie mehrfach und somit kostengünstiger nutzen können. Sie beraten das Unternehmen in allen Fragen der Werbung gegen ein vereinbartes Honorar.

Besonderheiten im Groß- und Außenhandel

Durch die geringe Zahl der im Allgemeinen namentlich bekannten Abnehmer sind für den Groß- und Außenhandel als Werbemittel vor allem Werbebriefe in Verbindung mit Prospektmaterial sowie Bestell- und Preislisten interessant. Mit diesen Formen können hohe Werbeintensitäten bei geringen Streuverlusten erreicht werden.

Unsinnig wäre es dagegen für die meisten Groß- und Außenhandlungen, die Massenumwerbung zu wählen.

Für die Gestaltung der Werbebotschaft kommen im Groß- und Außenhandel auch eher informativ ausgelegte Gestaltungsweisen und auf emotionale Effekte verzichtende Formulierungen infrage.

○ Onlinemarketing

Die Schattenseite eines schier unendlich großen Marktes ist die ebenso große Anzahl an Konkurrenzunternehmen, denen das Unternehmen entgegensteht. Um sich von diesen abzuheben, ist eine gut durchdachte Marketingstrategie notwendig. Die verschiedenen Onlinemarketingmaßnahmen sollten dabei so gut wie möglich ausgeschöpft werden.

Unternehmenswebsite

Immer noch nutzen einige Unternehmen ihre Website nur als digitale Visitenkarte mit einfachen Informationen über den Standort, die Öffnungszeiten und die Kontaktdaten. Doch viele andere Unternehmen gewinnen über ihre Websites neue Kunden, erreichen neue Absatzmärkte und verkaufen Produkte direkt online über einen eigenen Onlineshop. Heute sollten Betriebe ihre Website und andere Onlinekanäle als ergänzenden oder eigenständigen Vertriebskanal betrachten.

Beispiel Ein Geschäftsneukunde wird online nur sehr unwahrscheinlich direkt eine große Warenbestellung bei der Primus GmbH auslösen. Die ersten Ziele der Primus GmbH sollten daher sein:
– Einsammeln von Kontaktdaten (Performance-Marketing),
– Bekanntmachung der Marke und das Vertrauen potenzieller Kunden gewinnen (Branding).
Dafür müssen die potenziellen Neukunden die Website aber zunächst finden.

Websites werden heute im Regelfall über Suchmaschinen wie Google, Bing usw. gefunden. Ein Groß- und Außenhandelsunternehmen sollte deshalb entweder durch **Suchmaschinenoptimierung** (SEO, engl.: Search Engine Optimization) oder über gezielte Werbeanzeigen (**Suchmaschinenwerbung**) seine Position stärken. Beides ist Teil des **Suchmaschinenmarketings**. In Deutschland und Europa erfolgen circa 95 % aller Onlinesuchanfragen über die marktführende Suchmaschine Google. Daher wird an dieser Stelle das Suchmaschinenmarketing (SEM, engl.: Search Engine Marketing) am Beispiel von Google erklärt.

Suchmaschinenwerbung

Unter Suchmaschinenwerbung oder SEA (Search Engine Advertising) versteht man das gezielte Platzieren von Onlinewerbeanzeigen, die zur jeweiligen Suchanfrage passen. Ein Vorteil ist dabei, dass die Werbung online sehr gezielt eingesetzt wird und deshalb zu einem sehr großen Anteil Nutzer erreicht, die am betreffenden Produkt interessiert sind. Ziel eines Groß- und Außenhandelsunternehmens sollte es hier sein, Werbeanzeigen von bestimmten Produkten für relevante Suchbegriffe zu platzieren.

Beispiel Herr Krieger, der Einkäufer für Büromöbel bei einem Versicherungskonzern in Frankfurt ist, sucht nach dem Suchbegriff „Büromöbel Raum Frankfurt" und findet an erster Stelle die Anzeige der Primus GmbH für ihren Bürodrehstuhl Modell 1640. Der hinterlegte Link führt ihn direkt auf die Produktdetailseite der Website und liefert ihm alle nötigen Details. Das Produkt überzeugt Herrn Krüger und er hinterlässt im Kontaktformular seine Kontaktdaten. Die Primus GmbH verzeichnet einen Neukunden, der ohne diese Anzeige nicht auf das Unternehmen aufmerksam geworden wäre.

Suchmaschinenoptimierung

Suchmaschinenoptimierung, oder kurz SEO, beinhaltet alle Maßnahmen, die dazu führen, die Sichtbarkeit einer Website und deren Inhalte innerhalb der Suchmaschine zu erhöhen.

Dazu gehören verschiedene Maßnahmen auf der Website und außerhalb davon. Beispiele für die Offpage-Optimierung sind der Aufbau externer Links, die Stärkung der Social-Media-Präsenz oder generell der Markenbekanntheit. Die Onpage-Optimierung ist sehr komplex, die Kriterien werden von den Suchmaschinen ständig angepasst, erweitert und verändert. Generell achten Suchmaschinen heute auf die User Experience, je mehr Nutzen eine Website den Besuchern bringt, desto besser wird ihre Platzierung bei den Suchanzeigen sein.

E-Mail-Marketing

Beim E-Mail-Marketing werden Informationen und Werbebotschaften an bestimmte Personenkreise per E-Mail gesendet, die sich zuvor für den Erhalt dieser Nachrichten registriert haben. Durch E-Mail-Marketing können sowohl Neukunden gewonnen als auch die Bindung zu Bestandskunden gestärkt werden.

Das E-Mail-Marketing ist eines der meistgenutzten und effektivsten Marketingmaßnahmen. Durch das Versenden von elektronischen Nachrichten mittels Verteiler können viele Interessenten schnell und kostengünstig mit relevanten Informationen versorgt werden. Da der Versand einer E-Mail i. d. R. kostenfrei ist, ist das E-Mail-Marketing ein sehr kosteneffizienter Kanal.

Newsletter sind Teil des E-Mail-Marketings und werden an eine bestimmte Liste von Nutzern, die sich zuvor dafür angemeldet haben, in regelmäßigen Abständen versendet. Die Inhalte sind meist informativer Natur, Newsletter sind keine Salesletter. Die Kundenbindung und der Nachweis des Expertenstatus stehen dabei im Vordergrund.

Beispiele für E-Mail-Marketing bei der Primus GmbH
- **Aktionen (Aktionsmarketing)**
  Das Laser-Multifunktionsgerät FX640 TI ist mit 199,00 € im Angebot. Mit einer entsprechenden E-Mail an alle bestehenden und ehemaligen Kunden werden diese schnell und einfach auf das Angebot aufmerksam gemacht.
  Die Primus GmbH **verschickt Rabattcodes** per E-Mail an die Kundenverteilerliste: „10% als Dankeschön für Ihre Treue" oder „Sommer-Rabattcode – 10% auf Ihre nächste Bestellung".
- **Tipps zum besseren Verkaufen verschicken (Content-Marketing)**
  Das Instrument E-Mail-Marketing kann von der Primus GmbH auch genutzt werden, um einen Mehrwert für ihre Kunden zu bieten. Mittels E-Mails werden Kunden mit wertvollen Tipps und Tricks versorgt, wie sie die Produkte besser an den Endverbraucher verkaufen können.

Diese Art des Marketings wird **Content-Marketing** genannt und dient in erster Linie der Kundenbindung durch Information, Beratung und Unterhaltung, dies kann aber auch in Form eines Newsletters erfolgen. Dabei ist jedoch zu beachten, dass Newsletter regelmäßig versendet werden sollten (beispielsweise wöchentlich, alle 14 Tage oder monatlich), was mit gewissem Aufwand verbunden ist.

Soziale Netzwerke (Social Media)

Diese Netzwerke sind Onlinedienste, die dem Informationsaustausch und Beziehungsaufbau dienen. Die vernetzten Gruppen und Einzelpersonen kommunizieren und interagieren je nach den technischen Möglichkeiten der jeweiligen Plattform.

Rund 90% der deutschen Unternehmen setzen auf Social Media als Mittel, um die Bekanntheit zu steigern, das Image zu verbessern sowie Kunden an sich zu binden. Man unterscheidet zwischen den **beruflichen oder Business-Netzwerken** (XING, LinkedIn) und den **privaten Netzwerken** (Facebook, Instagram, Twitter, YouTube, Pinterest usw.).

Besonders lohnend für Groß- und Außenhandelsunternehmen sind berufliche Netzwerke, die vor allem als Kontaktplattform für B2B-Geschäfte dienen. Da aber der Übergang zwischen beruflichen und privaten Netzwerken fließend ist, sollte je nach Branche entschieden werden, welche Plattform sinnvoll für das Unternehmen sein könnte. Mögliche Social-Media-Kanäle sind z. B. LinkedIn, Facebook und Instagram.

- **LinkedIn** ist weltweit die erfolgreichste Business-to-Business-Plattform. Sie dient als berufliche Plattform hauptsächlich der Kontaktanbahnung zwischen Unternehmen oder der Jobsuche von Mitarbeitern.

    Beispiel Mit einem gut gepflegten Unternehmensprofil auf der Plattform LinkedIn ist die Kontaktanbahnung mit möglichen Kunden besonders vielversprechend. Die Primus GmbH kann nach ihrer Zielgruppe suchen, indem sie die vorhandenen Nutzer auf der Plattform z. B. nach Branchen (wie etwa Büromaterial und -ausstattung) sortiert. Neben der direkten Ansprache von branchengleichen Unternehmen kann die Primus GmbH über ihr Unternehmensprofil von potenziellen Kunden auch selbst gefunden und kontaktiert werden. Auf sich aufmerksam machen sollte die Primus GmbH mit Posts, Bildern und Artikeln mit relevanten Inhalten (Content).

    Als Alternative zu LinkedIn bietet die Hamburger B2B-Plattform **XING** sehr ähnliche Funktionen, mit dem Unterschied, dass sie sich vor allem auf Deutschland, Österreich und die Schweiz fokussiert. Das kann je nach Branche ein Vor- oder auch ein Nachteil sein.

- **Facebook und Instagram** gelten nach wie vor als die weltweit bedeutensten Social-Media-Netzwerke. Bei Facebook und Instagram verschwimmen zunehmend private und berufliche Nutzer miteinander. Immer mehr Unternehmen nutzen Facebook und Instagram als Werbeplattform für sehr gezielt eingesetzte Werbeanzeigen.

    Beispiel Zu beachten ist, dass die Zielgruppe der Primus GmbH auf Facebook vorwiegend Privatpersonen sind. Menschen wollen auf den sozialen Netzwerken unterhalten werden.

    Aggressives Verkaufen, egal ob durch bezahlte Anzeigen oder organische Posts, wird hier zu wenig Erfolg führen. Das Netzwerk ist besonders für die Vertrauensbildung, den Beziehungsaufbau und die Imagesteigerung geeignet. Dies gelingt am besten durch guten und konstanten Content (Inhalte). Groß- und Außenhandelsunternehmen sollten auf Facebook sparsam mit offensichtlichen Verkaufsangeboten umgehen und stattdessen ihren Zielgruppen und Followern interessante und hilfreiche Inhalte bieten. Bilder und Videos erhalten auch hier, wie auf den meisten Social-Media-Plattformen, mehr Aufmerksam als lange Texte.

    Beispiel für einen Post der Primus GmbH auf Facebook, über den Tipps gegen Rückenschmerzen gegeben werden und nur ganz defensiv verkauft wird

Bannerwerbung oder Display Advertising

Früher mussten Unternehmen Websites selbst kontaktieren, um ihre Werbung dort platzieren zu können. Heute geschieht das über Werbenetzwerke, wie beispielsweise Google, und die Werbung wird automatisch auf passenden Websites eingestellt.

Beispiel Die Bannerwerbung der Primus GmbH kann beispielsweise auf Websites erscheinen, auf denen sich ihre Zielgruppe aufhält. So wird auf einer bekannten Elektronik-Testseite neben einem Blogbeitrag mit dem Titel „Laserdrucker kaufen: Darauf solltest du achten" ein Werbebanner für ein Angebot zu Laserdruckern platziert. So erreicht die Primus GmbH Menschen, die am Kauf von Laserdruckern Interesse zeigen, und damit die richtige Zielgruppe.

Es gibt also diverse Möglichkeiten für Groß- und Außenhandelsunternehmen, das Internet als Vertriebskanal zu nutzen und damit entweder direkt Produkte über den eigenen Shop zu verkaufen oder die Vertriebsmitarbeiter über Kontaktformular- und Terminanfragen in ihrer Arbeit zu unterstützen.

● Verkaufsförderung (Salespromotion)

Die Verkaufsförderungsmaßnahmen dienen der Motivation, Information und Unterstützung aller Beteiligten am Absatzprozess, den Verkäufern im Innen- und Außendienst, dem Einzel-, Groß- und dem Außenhandel. Ferner sollen sie die Werbung unterstützen, die sich an den Endverbraucher richtet. Gemessen an den Gesamtausgaben für die Kommunikationspolitik haben die Ausgaben für Verkaufsförderung in den letzten Jahren erheblich zugenommen. In einigen Bereichen und Branchen, z.B. der Lebensmittelindustrie, haben sie inzwischen einen Anteil von etwa 50%.

Zielgruppen der Verkaufsförderung: Adressaten der verkaufsfördernden Maßnahmen sind die eigenen Verkaufsorgane im Innen- und Außendienst, die Absatzmittler und die Verbraucher.

○ Verkaufspromotion

Diese Maßnahmen richten sich an das **Verkaufspersonal im Innen- und Außendienst**, dessen Leistungsfähigkeit und -bereitschaft verbessert werden soll.

Beispiele
Schulungen: Die Primus GmbH veranstaltet für ihre Verkaufsmitarbeiter folgendes Lehrgangsprogramm:
- **Produktschulung:** Hier wird den Mitarbeitern das gesamte Warenprogramm ihres Unternehmens vorgestellt, damit sie bei Verkaufsverhandlungen über die Funktionen und die Nutzenbreite ihrer Waren Bescheid wissen.
- **Grund- und Aufbaukurs für Inneneinrichtung von Büros:** In einer Seminarreihe werden den Mitarbeitern Grund- und Fachkenntnisse der Innenarchitektur, der Ergonomie, der Farbgestaltung und der unterschiedlichen Gestaltung verschiedener Büroformen (Großraumbüro, Chefbüro usw.) vermittelt.
- **Verkaufstraining und Rhetorik:** Hier werden Fähigkeiten der Gesprächsführung, der Argumentationstechnik, Techniken der Kundenansprache und -betreuung, Telefonverkaufstechniken u. Ä. trainiert.
- **Info-Dienst:** Die Mitarbeiter erhalten monatlich eine geeignete Auswahl aus Presseberichten, Fachaufsätzen und Fachliteratur zum eigenen Studium.

- **Motivation:** Insbesondere die Mitarbeiter des Verkaufsaußendienstes werden durch gezielte Motivationsmaßnahmen zu Leistungssteigerungen angeregt. Hierzu gehören Provisions- und Prämiensysteme, Verkäuferwettbewerbe mit attraktiven Preisen und sonstige finanzielle Anreize. Ebenfalls zählt hierzu die private Benutzung eines repräsentativen Geschäftswagens.
- **Verkaufsunterstützung:** Alle Verkaufsmitarbeiter der Primus GmbH erhalten einen repräsentativen Aktenkoffer für ihre Preislisten, Kataloge und Prospekte. Ferner haben sie ein Smartphone, damit sie jederzeit mit der Zentrale in Verbindung treten können. Sie verfügen über ein leistungsstarkes Notebook mit einem Drucker und einem mobilen Internetzugang, womit sie über ihr Smartphone Texte, Tabellen und Notizen empfangen und versenden können. Für Demonstrations- und Präsentationszwecke können sie über einen mobilen Beamer verfügen, mit dem sie ihre Produktpalette vorführen können. Diese Informationen können sie potenziellen Kunden als Blu-ray kostenlos überlassen.

○ **Händlerpromotion**

Beim indirekten Absatzweg über Groß- und Außenhandel sowie Einzelhandel müssen die Händler durch geeignete Maßnahmen bewegt werden, die vom Hersteller angebotenen Produkte in ihr Sortiment aufzunehmen und zu verkaufen. Alle Aktionen erfolgen i. d. R. in enger Zusammenarbeit mit den jeweiligen Herstellern. Hierzu werden folgende Promotionaktivitäten eingesetzt:

Art der Händlerpromotion	Erläuterungen	Beispiele
Ausbildung und Information des Handels (Verkaufsschulungen)	Das Personal der Groß- und Einzelhändler wird von den Herstellern geschult und ständig mit Produktinformationen versorgt.	Spezielle Händlerzeitschriften, die vom Hersteller herausgegeben werden, Händler-Meetings oder -Tagungen, Ausbildung von Verkäufern des Händlers (Herstellerseminare mit hauseigenen Zertifikaten)
Beratung bei der Gestaltung der Verkaufsräume und der Kundenbetreuung	Der Hersteller gibt dem Händler konkrete Hilfen für den Verkauf seiner Produkte in seinen Verkaufsräumen und für seine Werbung.	Hilfen bei der Einteilung der Verkaufsfläche, der Warenplatzierung, Bereitstellen von Regalen, Vitrinen, Displays (Verkaufsständer, Poster, Schaufensterdekoration u. Ä.), Verpackungsmaterial, Druck von Prospekten und Katalogen für Händler usw.
Preis- und Kalkulationshilfen	Der Hersteller empfiehlt den Händlern Verkaufspreise.	Einführungs- und Mengenrabatte, Verkaufsaktionen mit Sonderrabatten
Motivation des Handels	Die Hersteller motivieren den Handel durch Anreize, seine Produkte zu verkaufen.	Händlerpreisausschreiben, Händlerwettbewerbe, Produktdemonstrationen beim Händler, Ausrichten von Verkaufsshows beim Händler, Schaufensterwettbewerbe usw.

Verbraucherpromotion

Maßnahmen der Verbraucherpromotion beziehen sich auf den Ort des Verkaufs an den Endverbraucher, den sog. **POS (Point of sale)**, also den Verkaufsraum eines Groß- und Außenhändlers. Das Ziel besteht darin, den Verbraucher auf bestimmte Produkte des Herstellers aufmerksam zu machen, ihn mit den Produkten in Kontakt zu bringen und einen Kaufanreiz zu schaffen (Verkaufsaktionen).

Beispiele Preisausschreiben für Kunden, Produktproben (z. B. Lebensmittel), Modenschauen bei Textilien, Aktionen mit Prominenten (Autogrammstunden im Warenhaus), Displays im Verkaufsraum usw.

Die Beteiligung des Groß- und Außenhandels an Verbraucherpromotionsmaßnahmen ist jedoch eher die Ausnahme.

Besonderheiten im Groß- und Außenhandel

Für den Produktionsverbindungs- und den Investitionsgütergroßhandel ist festzustellen, dass dort i. d. R. nur Verkaufsförderungsmaßnahmen möglich sind, die dem Ziel einer sachlichen Information und Überzeugung dienen. Dazu gehören vor allem informatives Schrift- und Bildmaterial, Warenproben und die Fortbildung des Personals. Für den Konsumgütergroßhandel sind oft auch die Verbraucherpromotions in enger Zusammenarbeit mit Einzelhandel und Hersteller interessant.

PRAXISTIPP Weitere Informationen erhalten Sie z. B. über eine Recherche bei Google Scholar (scholar.google.de) mit dem Begriff „Salespromotion".

Öffentlichkeitsarbeit (Public Relations)

Maßnahmen der Öffentlichkeitsarbeit (PR-Arbeit) eines Unternehmens beziehen sich nicht auf ein bestimmtes Produkt oder eine Produktreihe, sondern auf das Bild des Unternehmens, sein Image in der Öffentlichkeit. Sie sind getragen durch den Gedanken:

> „Tue Gutes und sprich darüber!"

Wirksamkeit der PR-Arbeit

Für die PR-Arbeit wird wie für die Werbung und die Verkaufsförderung ein Etat bereitgestellt. Eine exakte Kontrolle der Wirksamkeit ist jedoch nicht immer möglich, da mit Öffentlichkeitsarbeit kein direkter Umsatzzuwachs bei einzelnen Produkten angestrebt wird. Jedoch kann eine gezielte PR-Arbeit auch **wirtschaftliche Erfolge** erzielen, wenn das Image eines Unternehmens in der Öffentlichkeit verbessert wird. Letztlich kann gute PR-Arbeit zum Überleben eines Unternehmens beitragen und seine Wettbewerbsfähigkeit stärken.

Beispiel Das Bild von Lebensversicherungsgesellschaften war in der Öffentlichkeit jahrelang geprägt durch Begriffe wie „Sterbegeld, Todesfall, Witwen, Waisen usw.". Umsatzzuwächse waren nur in bescheidenem Maße zu erzielen, weil Lebensversicherungen mit einem negativen Image belastet waren. Durch aktive Öffentlichkeitsarbeit verschiedener Unternehmen konnte dieses Image teilweise korrigiert werden. Heute verbindet man mit einer Lebensversicherung (wie Umfragen ergeben haben) die Begriffe „Sicherheit, Sparen für den Ruhestand, Finanzierungshilfe usw.". Dadurch konnte die Zahl der abgeschlossenen Verträge erheblich gesteigert und der Bestand der Gesellschaften gesteigert werden.

Maßnahmen der PR-Arbeit

Der Katalog möglicher PR-Arbeit ist unerschöpflich, es liegt an der Kreativität des einzelnen Unternehmens, sinnvolle PR-Aktivitäten zu initiieren. Häufig sind PR-Effekte auch recht preisgünstig zu erzielen. In jedem Fall ist es aber wichtig, die Öffentlichkeit über diese Aktivitäten zu informieren. Deshalb sind gute Kontakte zur Presse und zu den Medien Basis jeder PR-Arbeit. Auch hierbei können sich Unternehmen der Hilfe von Experten (PR-Agenturen) bedienen.

Beispiele Die Primus GmbH hat im Rahmen ihrer Öffentlichkeitsarbeit folgende Maßnahmen und Aktivitäten durchgeführt:
- **Einrichtung einer Pressestelle:** Diese Funktion nimmt die Assistentin der Geschäftsleitung, Frau Braun, in Zusammenarbeit mit der Abteilung Verkauf/Marketing wahr. Sie informiert Journalisten über die Geschäftstätigkeit des Unternehmens, berichtet ihnen von Umstellungen im Sortiment, von größeren Investitionen, Mitarbeiterjubiläen usw.
- Jedes Jahr wird ein **Tag der offenen Tür** durchgeführt. Eingeladen sind neben der Presse alle Bürger, die sich für die Waren der Primus GmbH interessieren. Sie werden kostenlos bewirtet und erhalten einen Unternehmensprospekt sowie einen Katalog. Für Kinder werden Spielstände aufgestellt.
- Die Primus GmbH fördert einen örtlichen Fußballverein (**Sponsoring**). Es werden Trikots mit Firmenaufschrift und Bälle zur Verfügung gestellt. Jährlich wird ein Fußballturnier ausgerichtet, das bereits Charakter eines kleinen Volksfestes hat. Ausgespielt wird der begehrte „Primus-Pokal".
- Die Geschäftsführung der Primus GmbH stiftet jährlich einen beträchtlichen Betrag für Kindergärten. Ebenfalls werden **Geld- und Sachspenden** für karitative Zwecke bereitgestellt.
- Frau Primus ist als Prüferin für die Ausbildungsberufe Kauffrau/Kaufmann für Groß- und Außenhandelsmanagement und Kaufmann/Kauffrau für Büromanagement bei der IHK bestellt, sie schreibt regelmäßig Artikel zur beruflichen Aus- und Fortbildung mit Nennung ihres Unternehmens (**Veröffentlichungen**).
- Die Primus GmbH legt großen Wert auf gute Ausbildung in ihrem Hause. Über ihre Aus- und Fortbildungsaktivitäten berichtet sie regelmäßig in der **Presse**. Einige Schulungsveranstaltungen sind auch für betriebsfremde Interessenten zugänglich.
- Die Primus GmbH gibt Studenten und Schülern die Möglichkeit zur **Absolvierung von Betriebspraktika**. Es ist ein Fonds eingerichtet worden, aus dem jährlich eine herausragende Examensarbeit prämiert wird.
- Die Primus GmbH informiert über die Presse die Öffentlichkeit, dass bei allen Waren ihres Sortimentes von ihren Lieferern ausschließlich umweltschonende Materialien verwendet und ökologisch vertretbare Produktionsverfahren eingesetzt (**Umweltschutz**) wurden.

Corporate Identity (CI)

Die Palette an Produkten und Dienstleistungen auf den Märkten wird immer größer. Gleichzeitig verwischen aber immer mehr die Unterschiede zwischen den einzelnen Produkten. Für Unternehmen, die sich auf dem Markt behaupten wollen, wird es daher zunehmend wichtiger, sich durch klare Image- und Profilgebung abzuheben.

Eine Möglichkeit, das Unternehmen in der Öffentlichkeit als geschlossene Einheit zu präsentieren, ist das Konzept der Corporate Identity. Hierbei handelt es sich um das Bestreben, eine **eindeutige Identifizierung (Erkennung) des Unternehmens** durch die Kunden, Lieferer und Mitbewerber zu ermöglichen. Corporate Identity zielt dabei auf eine Außenwirkung auf dem Markt. Dort sollen die Produkte mit dem **Qualitätsmerkmal „made by …"** erkennbar sein. Vor allem bei Konsumgütern vermitteln Image und Wert eines Produktes einen für den Verbraucher erstrebenswerten Lebensstil. Zwischen zwei bekannten Unternehmen wird der Kunde i. d. R. Produkte desjenigen Unternehmens bevorzugt kaufen, welches das bessere Image hat.

Beispiel Die Primus GmbH hat ihre Arbeitsabläufe und Verantwortlichkeiten in einem Qualitätsmanagement-Handbuch beschrieben und durch ein Autorisierungsunternehmen[1] zertifizieren (= bescheinigen) lassen (**Qualitätsaudit 9000**).

Die gewünschte Außenwirkung wird durch das visuelle Erscheinungsbild des Unternehmens erreicht (**Corporate Design**). Hierzu gehören z. B. einheitliche Firmenfarben und -symbole, die Einrichtung der Gebäude, die Kleidung der Mitarbeiter oder etwa die Gestaltung von Briefköpfen und Vordrucken.

Beispiel Die Primus GmbH präsentiert ihr Firmenlogo auf allen Briefen, Rechnungen, Lieferscheinen, Lkws, Visitenkarten usw.

Corporate Identity zielt auch auf unternehmensinterne Wirkungen. Angestrebt wird eine **Identifizierung der Mitarbeiter mit dem Unternehmen**. Hierzu gehören ein einheitlicher Führungsstil in allen Abteilungen und Maßnahmen der Personalförderung und -entwicklung. Gut **ausgebildete und motivierte Mitarbeiter** sind ein wesentlicher Wettbewerbsfaktor für Unternehmen. In den Ausbildungsstand der Mitarbeiter müssen enorme Summen investiert werden. Durch die Identifizierung der Mitarbeiter mit ihrem Unternehmen soll erreicht werden, dass diese Ausgaben sich lohnen und qualifiziertes Personal nicht zu Mitbewerbern abwandert.

Maßnahmen im Rahmen der Kommunikationspolitik gestalten

- **Werbung**
  - Die Werbung ist ein **Bindeglied zwischen Anbietern und Nachfragern** von Produkten. Werbung bietet **für Unternehmen** eine Möglichkeit der **Bestandssicherung** und für **Verbraucher** die Möglichkeit, sich **über** ein vielfältiges **Warenangebot zu informieren.**
  - Ziele der Werbung:
    - **Ausschöpfen eines bestehenden Marktpotenzials** durch Bekanntmachung von Produkten bei den Abnehmern
    - **Schaffung eines neuen Marktpotenzials** durch Weckung neuer Bedürfnisse
    - **Gewinnung neuer Kunden, Halten vorhandener Kunden**

---

[1] *TÜV-CERT, VDE*

- **Grundsätze der Werbung:**
  - Wahrheit • Wirtschaftlichkeit • Klarheit • Wirksamkeit
- Im **Werbeplan** werden festgelegt:
  - **Streukreis** (umworbene Personengruppe)
  - **Werbebotschaft** (Inhalte der Werbung für Zielgruppe)
  - **Werbemittel** (Anzeige, Fernsehspot)
  - **Werbeträger** (Zeitung, Fernsehanstalt)
  - **Streuzeit** (Beginn und Dauer der Werbung)
  - **Streugebiet** (geografischer Werbebereich)
  - **Werbeintensität** (Häufigkeit der Werbung)
- Das **Werbebudget** legt die Höhe der Ausgaben für die Werbung fest.
- Die **Werbeerfolgskontrolle** überprüft, ob die Werbemaßnahmen zu einem Umsatzzuwachs geführt haben.
- **Werbeagenturen** übernehmen gegen Entgelt Planung und Realisation von Werbemaßnahmen. Sie helfen durch Fachkompetenz und Kontakte zu den Medien.
- **Formen des Onlinemarketings:**
  - Über die **Unternehmenswebsite** werden neue Kunden gewonnen, neue Absatzmärkte erreicht und über Onlineshops als eigenständigen Vetriebskanal Waren verkauft.
  - Einsatz von **Suchmaschinenoptimierung** (Offpage-Optimierung oder Onpage-Optimierung)
  - **E-Mail-Marketing** durch Newsletter, Aktionsmarketing, Rabattcodes und Content-Marketing (Kundenbindung durch Information, Beratung und Unterhaltung)
  - **Social Media:** LinkedIn, Facebook und Instagram
  - **Bannerwerbung (Display Advertising):** Platzierung von Werbung über Werbenetzwerke

- **Verkaufsförderung (Salespromotion):** Diese Maßnahmen dienen der **Motivation, Information und Unterstützung** aller Beteiligten am Absatzprozess.
  - **Verkaufspromotions** beziehen sich auf das eigene **Verkaufspersonal**.
    - **Schulungen** (Produktkunde und Verkaufstechnik)
    - **Motivationsmaßnahmen** (finanzielle Anreize)
    - **Verkaufsunterstützung** (Prospekte, Präsentationsmedien)
  - **Händlerpromotions** richten sich an **Groß- und Einzelhändler** sowie an Handelsvertreter.
    - Ausbildung und Information
    - Beratung bei Verkaufsraumgestaltung und Kundenbetreuung
    - Preis- und Kalkulationshilfen
    - Motivationshilfen (Verkaufswettbewerbe)
  - **Verbraucherpromotion** richtet sich an den **Endverbraucher** am Ort des Verkaufsgeschehens **(POS)**, z.B. Preisausschreiben, Displays im Verkaufsraum, Produktproben.

- Die **Öffentlichkeitsarbeit (Public Relations)** eines Unternehmens bezieht sich nicht auf einzelne Produkte, sondern soll ein **positives Bild bzw. Image des Unternehmens in der Öffentlichkeit erzeugen** und verstärken.
  - **Maßnahmen** sind z.B.: Sponsoring, Spenden, Kundenzeitschriften, Berichte über erfolgreichen Umweltschutz usw.

> – **Corporate Identity** umfasst Maßnahmen, die das Unternehmen in der Öffentlichkeit als geschlossene Einheit präsentieren und Mitarbeitern helfen, sich mit ihrem Unternehmen zu identifizieren.

1. Beschreiben Sie das Marktpotenzial von Herstellern für
   a) Kühlschränke,
   b) Autoradios,
   c) Büroschreibtische,
   d) Blu-ray-Player,
   e) Blu-ray-Laufwerke für Computer.

2. Zählen Sie aus Ihrem Erfahrungsbereich Marktpotenziale auf, die vor fünf Jahren noch nicht vorhanden waren, und erläutern Sie, welche neuen Bedürfnisse damit geweckt wurden.

3. Die Primus GmbH benötigt für die Vermarktung des neuen Bürostuhls „ergo-design-natur" einen Werbeplan. Sie sollen dabei behilflich sein. Als Werbebudget wird von der Primus GmbH ein Betrag von 30 000,00 € zur Verfügung gestellt. Dokumentieren Sie alle Ihre Arbeiten in einer hierfür angelegten „Werbeplan-Mappe". Machen Sie sich für alle Arbeiten einen zeitlichen Ablaufplan.
   a) Legen Sie den Streukreis fest. Dabei können Sie auch verschiedene Zielgruppen bestimmen.
   b) Formulieren Sie die Werbebotschaft. Stellen Sie den Nutzen des Produktes für die Zielgruppe(n) heraus, wählen Sie eine geeignete Sprache. Entwerfen Sie ein Werbeposter.
   c) Geben Sie an, welche Werbemittel und Werbeträger ausgewählt werden sollen. Entwerfen Sie eine Anzeige in einer Fachzeitschrift, skizzieren Sie den Ablauf eines Werbespots im Fernsehen (etwa 30 Sekunden). Ermitteln Sie die Kosten für Anzeige bzw. Werbespot.
   d) Legen Sie die Streuzeit fest.
   e) Bestimmen Sie das Streugebiet.
   f) Machen Sie Vorschläge, wie der Erfolg Ihrer Werbekampagne gemessen werden kann.

4. Erläutern Sie, welche Vorteile Sie durch die Einschaltung einer Werbeagentur haben.

5. Der Inhaber einer großen Werbeagentur behauptet: „Wir sind der Motor der Wirtschaft!" Sammeln Sie Argumente für und gegen diese Aussage und stellen Sie sie in einer Liste gegenüber.

6. Frau Berg, die Abteilungsleiterin Verwaltung, spricht mit Herrn Winkler, dem Verkaufsleiter. Sie sagt: *„Ist es eigentlich nötig, dass für Ihre Verkäufer jährlich Tausende von Euro ausgegeben werden, um sie in Verkaufstechnik zu schulen? Reicht es nicht aus, wenn jeder Verkäufer ein Buch erhält, das er dann selbst lesen kann?"* Herr Winkler antwortet: *„Die Ausgaben für die Verkäuferschulung sind gut angelegt, sie rentieren sich."* Erläutern Sie, was Herr Winkler damit meint.

7. Im Rahmen der Verbraucherpromotion möchte die Primus GmbH über den Facheinzelhandel ein Preisausschreiben durchführen. Entwickeln Sie hierzu ein Konzept. Bedenken Sie, dass das Preisausschreiben letztlich einen Kaufanreiz für Produkte der Primus GmbH ausüben soll, zumindest aber die Produkte den Kunden näher bringen soll.

8. Erläutern Sie den Grundgedanken der PR-Arbeit „Tue Gutes und sprich darüber!".

9. Beschreiben Sie an selbst gewählten Beispielen, weshalb der Erfolg der PR-Maßnahme nicht exakt gemessen werden kann.

10. Untersuchen Sie den Katalog für PR-Arbeiten der Primus GmbH (vgl. S. 158 f.).
    a) Welche Maßnahmen sind Ihrer Meinung nach besonders wirksam, welche sind weniger wirksam? Begründen Sie jeweils Ihre Meinung.
    b) Machen Sie Vorschläge zur Ergänzung von PR-Maßnahmen, die kostengünstig, aber wirksam sind.

11. Erläutern Sie in einem Referat die verschiedenen Möglichkeiten des Onlinemarketings. Nutzen Sie hierbei geeignete Möglichkeiten der Visualisierung.

4.3 Wettbewerbsrechtliche Grenzen durch Einhaltung des Gesetzes gegen den unlauteren Wettbewerb beachten

Die Bürodesign GmbH, Lieferer der Primus GmbH, hat als Hersteller von Büromöbeln viel Geld in die Entwicklung des neuen Bürostuhls „ergo-design-natur" investiert. Aus diesem Grunde möchte sie sich davor schützen, dass Konkurrenten dieses Produkt kopieren und damit an den Markt gehen. *„Wir haben den Stuhl doch nicht neu erfunden, deshalb können wir auch kein Patent anmelden"*, meint Herr Stein, der Geschäftsführer der Bürodesign GmbH. *„Aber den Namen können wir zumindest schützen lassen"*, antwortet die Geschäftsführerin der Bürodesign GmbH, Frau Friedrich.

ARBEITSAUFTRÄGE
- Stellen Sie fest, ob es für die Bürodesign GmbH möglich ist, den Namen eines Produktes schützen zu lassen.
- Untersuchen Sie weitere Möglichkeiten, wie die Bürodesign GmbH die Entwicklung des „ergo-design-natur" vor Nachahmung schützen kann.
- Erläutern Sie die Bedeutung des Produktsicherheitsgesetzes für die Primus GmbH und die Bürodesign GmbH.

Um sicherzugehen, dass es im Kampf um Marktanteile fair zugeht, hat der Gesetzgeber eine Reihe von Gesetzen und Verordnungen erlassen, die Verbraucher und Mitbewerber vor unlauteren Maßnahmen schützen sollen.

● **Gesetz gegen den unlauteren Wettbewerb**

In einer marktwirtschaftlichen Wirtschaftsordnung ist der harte Wettbewerb des Händlers um die Gunst des Kunden unternehmerischer Alltag. Um sicherzustellen, dass es in diesem Kampf fair zugeht, hat der Gesetzgeber eine Reihe von Gesetzen und Verordnungen erlassen, die Verbraucher und Mitbewerber vor unlauteren Maßnahmen schützen. Die wichtigste Rechtsgrundlage ist das **Gesetz gegen den unlauteren Wettbewerb** (UWG).

Da es unmöglich ist, die vielen Möglichkeiten unfairen Verhaltens in einem Gesetz zu erfassen, ist im Paragraf 1 der Zweck des Gesetzes beschrieben, in dem es heißt:

§ 1 UWG – Zweck des Gesetzes
Dieses Gesetz dient dem Schutz der Mitbewerber, der Verbraucherinnen und Verbraucher sowie der sonstigen Marktteilnehmer vor unlauteren geschäftlichen Handlungen. Es schützt zugleich das Interesse der Allgemeinheit an einem unverfälschten Wettbewerb.

Was als lauter oder als unlauter zu gelten hat, ergibt sich in der Praxis erst durch den **Richterspruch**. In der Vergangenheit hat die Rechtsprechung folgende Verhaltensweisen als wettbewerbswidrig verboten:

- **Zusendung unbestellter Waren** mit dem Hinweis, die Waren entweder zu bezahlen oder zurückzusenden

    Beispiel Das Versandhaus Wuttke e. K. schickt allen Brautpaaren ein Aussteuerpaket im Wert von 400,00 € zu. In einem beiliegenden Schreiben wird das Brautpaar aufgefordert, bei Nichtgefallen das Paket innerhalb von sieben Tagen zurückzuschicken. Geschieht dies nicht, ist der Rechnungsbetrag innerhalb von 30 Tagen fällig.

- **Psychologischer Kaufzwang**

    Beispiel Nicole Höver wird kostenlos von einem Busunternehmen in ein Ausflugslokal gefahren und zum Mittagessen eingeladen. Anschließend wird ihr im Rahmen einer Verkaufsveranstaltung eine Rheumadecke angeboten. Als Nicole kein Interesse zeigt, erinnert sie der Verkäufer an die Einladung zum Essen und an die kostenlose Busfahrt und bringt sie so in eine peinliche Situation.

- **Anlocken mit übermäßigen Vorteilen**, die mit der angebotenen Ware nichts zu tun haben

    Beispiel Das Kaufhaus Klein bietet allen Kunden im hauseigenen Friseursalon einen kostenlosen Haarschnitt an.

- **Ruinöser Wettbewerb**: Grundsätzlich kann ein Kaufmann seine Ware so billig verkaufen wie er will. Unzulässig ist aber die Werbung mit Niedrigpreisen, wenn erhebliche Teile des Sortiments unter den Selbstkosten verkauft werden. Dient das Unterbieten der Preise des Mitbewerbers dazu, diesen vom Markt zu verdrängen, so ist dies wettbewerbswidrig.

    Beispiel Gegenüber der Bäckerei Bach eröffnet ein Supermarkt mit eigener Backwarenabteilung. Bach verlangt 0,25 € für ein Brötchen. Der Supermarkt bietet ein Brötchen für 0,15 € an. Nachdem Bach den Preis auf 0,10 € reduziert, setzt der Supermarkt seinen Preis auf 0,05 € herab und bietet große Teile seines Backwarensortiments unter dem Selbstkostenpreis, bis Bach sein Geschäft schließen muss.

- **Vergleichende Werbung**: Jeder Händler darf seine Ware selbstverständlich anpreisen. Vergleichende Werbung ist grundsätzlich erlaubt, sofern der Vergleich nicht irreführend oder verunglimpfend ist. Es dürfen aber nur nachprüfbare oder typische Eigenschaften der Waren gegenübergestellt werden.

    Beispiel Werbung mit diesem Slogan ist nicht erlaubt: „Die Waren unseres Konkurrenten Autoteile-Schulz GmbH haben eine minderwertige Qualität."

Neben dem § 5 ff. enthält das UWG bestimmte **Tatbestände**, die ausdrücklich verboten sind. Hierzu zählen:

- **Irreführende Angaben**, z. B. über sich selbst oder die geschäftlichen Verhältnisse, die Ware oder Leistung, insbesondere über die Beschaffenheit, den Ursprung, die Herstellungsart der Ware oder die Preisbemessung.

    Beispiele
    - Gemüsehändler Grün betreibt einen Verkaufsstand in der Fußgängerzone. In Handzetteln wirbt er mit der Geschäftsbezeichnung „Internationales Obst- und Gemüsehaus".
    - Lebensmittel-Einzelhändler Ludwig e. K. bietet Eier „aus Freilandhaltung" an. In Wirklichkeit kauft er die Eier bei einem Betrieb, der Hühner in Käfigen hält.

- Die Werbung mit Preisnachlässen, die in Wirklichkeit nicht gewährt werden, ist verboten („**Mondpreise**"). Bei Werbung mit Preissenkungen muss der angegebene Ausgangspreis eine angemessene Zeit lang gefordert worden sein.

    Beispiel Ein Teppicheinzelhändler gibt als Verkaufspreis für einen Teppich einen sog. Mondpreis an, der dann sensationell gesenkt wird. So soll der Teppich angeblich 4 900,00 € gekostet haben, jetzt kostet er nur noch 1 900,00 €. In Wirklichkeit wurde der Preis von 4 900,00 € nie verlangt.

- Ebenso darf nicht mit besonders günstigen Angeboten geworben werden, wenn keine **ausreichende Verfügbarkeit der beworbenen Waren** sichergestellt ist. Die Klausel „Solange der Vorrat reicht" ist nicht ausreichend, wenn nicht auch eine angemessene Menge des beworbenen Artikels zur Verfügung steht.

    Beispiel Ein Discounter wirbt in seiner Anzeige für einen Computer zu einem sehr günstigen Preis. Der Discounter hat von diesem Artikel aber nur fünf Stück vorrätig.

Grundsätzlich muss der Händler jede besonders angebotene Ware für eine gewisse Zeit in ausreichender Menge am Lager haben. Mit dieser Regelung soll die sog. „**Lockvogelwerbung**" verhindert werden, bei der ein Händler die Kunden mit besonders günstigen Angeboten in den Laden lockt. Die Sonderangebote sind hierbei in der Praxis jedoch nur in kleiner Menge am Lager. Für welchen Zeitraum der Vorrat reichen muss, ist im Gesetz nicht geregelt. Die Ware muss jedoch an dem Tag, der dem Erscheinungsdatum der Anzeige folgt, in jedem Fall vorrätig sein, d. h., die Ware muss für zwei Verkaufstage reichen.

- Die **Belästigung der Verbraucher durch unerbetene Telefon- oder E-Mail-Werbung** ist ebenfalls unzulässig (= unzumutbare Belästigung). Genauso unzulässig sind die Schleichwerbung, die Ausnützung der Unerfahrenheit von Kindern und Jugendlichen, die Beeinträchtigung der Entscheidungsfreiheit durch die Ausübung von Druck und die Koppelung von Gewinnspielen mit dem Erwerb einer Ware.

    Beispiel Ein Einzelhändler verspricht einem Kunden in einem Werbeschreiben, dass er nach der Bestellung einer Ware garantiert einen Gewinn von 10 000,00 € erhalten würde. In Wirklichkeit erhält der Kunde nur die Ware gegen Bezahlung, in einer Fußnote hat der Einzelhändler vermerkt, dass das Losverfahren über den Gewinn entscheidet. Der Kunde muss die bestellte Ware nicht bezahlen, da kein Kaufvertrag zustande gekommen ist.

- Unter bestimmten engen Voraussetzungen wird z. B. Verbraucherverbänden ein **Gewinnabschöpfungsanspruch** gegenüber unlauteren Unternehmen zugestanden. Dadurch soll sichergestellt werden, dass sich vorsätzliche Unlauterkeit nicht lohnt, wenn durch sie auf Kosten einer Vielzahl von Abnehmern ein Gewinn erzielt wird.

Beispiel In einem an eine Vielzahl von Verbrauchern gerichteten Werbeschreiben wird mit in Wahrheit nicht bestehenden Gewinnmöglichkeiten geworben, wobei zur Erlangung weiterer Informationen eine 0190er-Nummer angerufen werden muss. Der Schaden bei den einzelnen Anrufern ist verhältnismäßig gering, sodass es sich für den Einzelnen nicht lohnt, gegen den mühsam zu ermittelnden Absender rechtlich vorzugehen. Der Versender der unlauteren Werbung hat aber durch Rückläufe über entgeltpflichtige 0190er-Rufnummern einen Gewinn aus seiner Werbung gezogen. Diesen Gewinn muss er herausgeben.

- **Bestechung von Angestellten**

    Beispiel Um einen Großauftrag zu erlangen, zahlt ein Großhändler an den Einkäufer einer Behörde 1 000,00 €.

- **Anschwärzung:** geschäftsschädigende Behauptungen über die Konkurrenz

    Beispiel Großhändler Braun behauptet wider besseres Wissen gegenüber Kunden und Vertretern, sein Konkurrent Schwarz KG stehe kurz vor der Zahlungsunfähigkeit.

- **Benutzung fremder Unternehmens- und Geschäftsbezeichnungen**

    Beispiel Großhändler Braun kopiert das Unternehmenszeichen eines großen Werkzeugherstellers, um von dessen guten Ruf zu profitieren.

- **Verrat von Geschäfts- und Betriebsgeheimnissen**

    Beispiel Der Auszubildende Klein bessert seine Ausbildungsvergütung dadurch auf, dass er die Liste der Lieferanten seines Betriebes an die Konkurrenz verkauft.

Wer gegen die genannten Tatbestände verstößt, muss mit folgenden **Rechtsfolgen** rechnen:

- **Unterlassung:** Auf Antrag der Konkurrenz, von Verbraucherverbänden oder der Industrie- und Handelskammer ergeht ein Gerichtsurteil, in dem der Beklagte aufgefordert wird, z. B. irreführende Angaben über seine geschäftlichen Verhältnisse zu unterlassen (**Abmahnung**). Verstößt er hiergegen, muss er mit einer Geldstrafe rechnen.

- **Schadenersatz:** Wer z. B. wissentlich irreführende Angaben über die Ware oder Leistung macht, muss den entstandenen Schaden ersetzen.

- **Freiheits- oder Geldstrafe:** Der Verrat von Geschäfts- und Betriebsgeheimnissen kann mit einer Freiheitsstrafe bis zu drei Jahren bestraft werden.

Damit es bei Verstößen gegen das UWG nicht immer gleich zu Prozessen kommt, gibt es bei den Industrie- und Handelskammern **Einigungsstellen**, die sich um eine gütliche Einigung der Beteiligten bemühen.

Zu den wichtigsten Kontrollinstanzen der Werbung zählen der Bundesverband der **Verbraucherzentralen** (ca. 350 bundesweit), die **Verbraucherverbände** (Interessenverbände der Verbraucher/-innen gegenüber Wirtschaft und Gesetzgeber) und die **Stiftung Warentest**. Sie arbeiten unabhängig und haben sich die Information und Aufklärung der Verbraucher zum Ziel gesetzt. Alle haben das Ziel, Transparenz über Produkte, Qualität und Eigenschaften von Waren und Dienstleistungen zu schaffen.

PRAXISTIPP Weitere Informationen zum UWG finden Sie unter www.gesetze-im-internet.de/uwg_2004.

Werberat

Auch die Wirtschaft hat für den Markt Spielregeln geschaffen. Insbesondere der Deutsche Werberat hat Verhaltensregeln für die Werbung geschaffen und wacht über deren Einhaltung.

Aufgaben und Ziele des Werberates

Der Deutsche Werberat

... ist eine Institution der Wirtschaft. Seine selbstdisziplinierte Arbeit entfaltet er auf diesem Gebiet. Dem Mechanismus sind daher Bereiche außerhalb der werbenden Wirtschaft nicht unterworfen – wie z. B. Werbemaßnahmen der politischen Parteien, staatlicher Instanzen, der Kirchen, der Gewerkschaften oder von sozialen Einrichtungen.

Aufgaben des Gremiums

- Werbung im Hinblick auf Inhalt, Aussage und Gestaltung weiterzuentwickeln und Missstände festzustellen und zu beseitigen
- Leitlinien selbstdisziplinären Charakters zu entwickeln
- Grauzonen im Vorfeld der gesetzlichen Grenzen zu ermitteln und Darstellungen, die anstößig oder unzuträglich sind, zum Schutze der Umworbenen abzustellen

Grundlagen der Entscheidungen

Vier zentrale Maßstäbe bilden die Grundlage für Entscheidungen des Werberats:
- die allgemeinen Gesetze,
- die zahlreichen werberechtlichen Vorschriften – sie verbieten Unlauterkeit und Irreführungen in der Werbung,
- die Verhaltensregeln des Deutschen Werberats zu einigen Sozialbereichen – z. B. für die Werbung mit und vor Kindern in Fernsehen und Hörfunk oder für die Bewerbung von alkoholischen Getränken,
- die aktuell herrschende Auffassung über Sitte, Anstand und Moral in der Gesellschaft. Dazu zählen nicht nur die Verhaltensweisen der Bürger im öffentlichen Leben, sondern auch die dargestellte Wirklichkeit in den redaktionellen Teilen der Medien.

Quelle: Vgl. Zentralverband der deutschen Werbewirtschaft ZAW e.V./Deutscher Werberat: Aufgaben und Ziele. In: www.werberat.de/aufgaben-und-ziele [28.11.2020].

Beschwerden beim Werberat

Jeder Bürger hat das Recht, über diskriminierende bzw. unlautere Werbung beim Werberat Beschwerde einzulegen.

PRAXISTIPP Auf der Website des Deutschen Werberates gibt es zahlreiche Hinweise und Hilfestellungen zu Beschwerden und Sanktionen: www.werberat.de.

Emotionale Werbung

Werbung ist immer ein Abbild des Zeitgeistes und entwickelt sich aus der gegenwärtigen Kultur. Insofern sind also Einschätzungen über Originalität, Geschmack, Ästhetik und Zulässigkeit von Werbung jeweils von gesellschaftlich akzeptierten Werten bestimmt, die sich im Lauf der Zeit verändern können. Wenn Werbung aus vorwiegend objektiven und nachprüfbaren Aussagen und Tatsachen besteht, spricht man von **informativer Werbung**.

Beispiel Kraftfahrzeugwerbung: „Dieses Fahrzeug hat 120 kW, fünf Türen, ein Ladevolumen von 520 Litern, …"

Wenn jedoch durch Werbung in erster Linie Gefühle übermittelt oder bestimmte Empfindungen des Kunden gezielt erzeugt werden, spricht man von **emotionaler Werbung**.

Beispiel Kraftfahrzeugwerbung: „Grenzenlose Freiheit und Fahrspaß mit dem neuen XL …"

Gründe emotionaler Werbung

Emotionale Werbung hat verschiedene Gründe und Ursachen. Sie entstammen der Wettbewerbsstruktur heutiger Märkte.

- Viele Artikel des täglichen Gebrauchs sind heute weitgehend ähnlich oder **austauschbar**. Die Unterschiede werden teilweise künstlich hergestellt, indem über emotionale Werbung dem Verbraucher Erlebnis- und Gefühlswelten vorgestellt werden.

    Beispiel Haarshampoos können vom Verbraucher meist nicht bezüglich ihrer Produkteigenschaften exakt unterschieden werden. Die Werbung erzeugt hierbei für verschiedene Marken Unterschiede bezüglich Image und Erlebniswelt.

- Die meisten Märkte sind heute **gesättigt**. In den meisten Haushalten befinden sich bereits eine Vielzahl von technischen Geräten (Flachbildschirm-Fernseher, Hi-Fi-Anlage, Staubsauger, Kühlschrank, PC usw.). Das bedeutet, dass Hersteller und Handel nur mit Schwierigkeiten neue Produkte vermarkten können. Daher wird über emotionale Werbung der Wunsch nach neuen Produkten bzw. nach Ersatzprodukten ausgelöst.

    Beispiel Der Bedarf an Kleidung ist in deutschen Haushalten meist befriedigt. Über die Erzeugung von Modetrends werden aber Verbraucher veranlasst, ständig neue Kleidung zu kaufen.

- Etliche Märkte sind für die Verbraucher nicht **transparent**, d. h., sie kennen nicht alle Anbieter und Produkte mit ihren Unterschieden. Hieraus entsteht Unsicherheit. Emotionale Werbung greift diese Unsicherheit auf und nutzt sie für ihre Interessen.

    Beispiel Werbung einer Versicherungsgesellschaft: „Machen Sie sich Sorgen um Ihre Altersversorgung? Haben Sie Probleme mit dem Tarif-Wirrwarr? – Dann kommen Sie zu uns! Wir lösen Ihre Probleme!"

Gewerblicher Rechtsschutz

Bestimmte Leistungen genießen den Rechtsschutz durch den Gesetzgeber, um sie vor Missbrauch zu schützen.

Gewerbliche Schutzrechte

	Patent	Gebrauchsmuster	Marke	Eingetragenes Design
Gegenstand des Rechtsschutzes:	technische Erfindungen (Gegenstände, Stoffe, Herstellungs- und Arbeitsverfahren)	technische Erfindungen (Neuerungen an Gegenständen, keine Verfahren)	Wort-, Bild-, Hörmarken, 3D-Marken zur Kennzeichnung und Unterscheidung von Waren oder Dienstleistungen	äußere Gestaltung (Form, Farbgebung) eines zwei- oder dreidimensionalen Gegenstandes
Voraussetzungen:	Neuheit, Erfindungshöhe, gewerbliche Anwendbarkeit	Neuheit, Erfindungshöhe, gewerbliche Anwendbarkeit	Unterscheidungskraft	Neuheit und Eigenart
Erteilung der Schutzrechte durch:	Deutsches Patent- und Markenamt			
Schutzdauer:	20 Jahre	3 Jahre (Verlängerung bis höchstens 10 Jahre)	10 Jahre (Verlängerung um jeweils weitere 10 Jahre)	25 Jahre (muss alle 5 Jahre aufrechterhalten werden)

nationale Schutzverfahren

© Bergmoser + Höller Verlag AG   128 710

○ Patentschutz

§ 1 PatG
(1) Patente werden für Erfindungen auf allen Gebieten der Technik erteilt, sofern sie neu sind, auf einer erfinderischen Tätigkeit beruhen und gewerblich anwendbar sind.

Patente werden im Patentblatt bekannt gemacht. Bei einem **Sach- oder Erzeugnispatent** wird die erfundene Sache geschützt, bei einem **Verfahrenspatent** wird ein Herstellungsverfahren geschützt. Ein Patentinhaber kann seine Erfindung einem anderen überlassen, indem er ihm gegen ein Lizenzentgelt eine **Lizenz** erteilt.

Beispiel Die Bürodesign GmbH hat ein Verfahren zur schraublosen Verbindung von Regalbrettern entwickelt und als Patent angemeldet. Sie hat dieses Verfahren drei Unternehmen in den Niederlanden überlassen und erhält dafür regelmäßig Lizenzentgelte.

Der Patentschutz dauert höchstens 20 Jahre, danach kann jedermann die bisher geschützte Erfindung verwerten.

○ Markengesetz

§ 1 MarkenG – Geschützte Marken und sonstige Kennzeichen
Nach diesem Gesetz werden geschützt:
1. Marken,
2. geschäftliche Bezeichnungen,
3. geografische Herkunftsangaben.

Marken dienen dazu, in Wort und Bild eigene Erzeugnisse von denen anderer Hersteller oder Händler zu unterscheiden. Sie sind ein wichtiges Werbemittel auf Geschäftsbriefen, in Anzeigen und Katalogen. Nach der Anmeldung beim Deutschen Patent- und Markenamt werden sie zehn Jahre lang geschützt.

Beispiele

○ **RAL Gütezeichen**

Als gemeinsame Initiative der damaligen Regierung und der deutschen Privatwirtschaft wurde 1925 der Reichs-Ausschuss für Lieferbedingungen fortan „RAL" gegründet (heute RAL Deutsches Institut für Gütesicherung und Kennzeichnung e. V.). Ziel war es, eine Regelung für eine Vereinheitlichung und Präzisierung von technischen Lieferbedingungen zu erreichen. RAL Gütezeichen als Wort-/Bildmarke kennzeichnen Produkte und Dienstleistungen, die ausnahmslos nach hohen, individuell definierten Qualitätskriterien hergestellt bzw. angeboten werden. Nur solche Hersteller und Dienstleister erhalten das RAL Gütezeichen für ihr Produkt oder ihre Leistung, die die jeweils festgelegten strengen Güte- und Prüfbestimmungen einhalten. RAL legt unter Einbeziehung z. B. von Herstellern und Anbietern, Handel und Verbraucherverbänden, Prüfinstituten und Behörden in einem Anerkennungsverfahren individuelle Anforderungen für die jeweiligen RAL Gütezeichen fest. Produkte und Dienstleistungen mit RAL Gütezeichen unterliegen einer stetigen Eigen- und kontinuierlichen neutralen Fremdüberwachung.

Beispiele

○ **Gebrauchsmusterschutz**

§ 1 GebrMG
(1) Als Gebrauchsmuster werden Erfindungen geschützt, die neu sind, auf einem erfinderischen Schritt beruhen und gewerblich anwendbar sind.

Geschützt werden Neuerungen an Arbeitsgerätschaften und Gebrauchsgegenständen (Werkzeuge, Haushaltsgeräte), jedoch keine Verfahren.

Beispiel Die Primus GmbH lässt in ihren Schreibtischen bei Bedarf einen kleinen Safe einbauen, dessen Gebrauch nur während der vorher eingestellten Zeiten möglich und deshalb mit einer Zeitschaltuhr gekoppelt ist. Dieses Gebrauchsmuster reicht sie beim Deutschen Patent- und Markenamt zum gewerblichen Schutz ein.

○ Designschutz

§ 2 DesignG – Designschutz
(1) Als eingetragenes Design wird ein Design geschützt, das neu ist und Eigenart hat.
(2) Ein Design gilt als neu, wenn vor dem Anmeldetag kein identisches Design offenbart worden ist. Designs gelten als identisch, wenn sich ihre Merkmale nur in unwesentlichen Einzelheiten unterscheiden.
[...]

Als Designs werden Darstellungen in der Fläche (zweidimensional) einschließlich der verwendeten Farbkombinationen bezeichnet.

Beispiele Tapeten-, Stoffmuster, Schriftzeichen

Modelle sind dreidimensionale Erzeugnisse. Hier können Formen und Farbkombinationen geschützt werden.

Beispiele Geschirr, Möbel, Schmuck

Wettbewerbsrechtliche Grenzen durch Einhaltung des Gesetzes gegen den unlauteren Wettbewerb beachten

- Das **Gesetz gegen den unlauteren Wettbewerb (UWG)** **schützt Verbraucher und Mitbewerber** vor unlauteren Maßnahmen.

  Durch das UWG sind **folgende Handlungen verboten**:
  - Handlungen, die gegen die guten Sitten verstoßen
  - Werbung mit „Mondpreisen" und mit Lockvogelangeboten
  - Belästigung der Verbraucher durch unerbetene Telefon- und E-Mail-Werbung
  - irreführende Angaben, Bestechung von Angestellten
  - Anschwärzung von Konkurrenten
  - Benutzung fremder Unternehmens- und Geschäftsbezeichnungen
  - Verrat von Geschäfts- und Betriebsgeheimnissen

- Wer gegen die Tatbestände des UWG verstößt, kann auf **Unterlassung** verklagt und für **Schadenersatz** in Anspruch genommen werden. In bestimmten Fällen muss er sogar mit einer **Freiheitsstrafe** rechnen.

- Der **Deutsche Werberat** erstellt und überwacht Verhaltensregeln in der Werbung.

- **Gewerblicher Rechtsschutz** (Missbrauchsschutz durch gesetzliche Vorschriften):
  - Patentgesetz
  - Designgesetz
  - Gütezeichenschutz
  - Markengesetz
  - Gebrauchsmustergesetz

Sich über die Marketinginstrumente informieren

1. a) Erläutern Sie den Sinn des Gesetzes gegen den unlauteren Wettbewerb.
b) Bilden Sie fünf eigene Beispiele für Verstöße gegen das Gesetz gegen den unlauteren Wettbewerb.

2. Ein Mitbewerber der Primus GmbH wirbt mit folgender Aussage: „Jeder, der einen Schreibtisch kauft, erhält gratis einen Bürostuhl!" Überprüfen Sie, ob diese Werbeaussage zulässig ist.

3. Erläutern Sie Patent-, Marken-, Gütezeichen-, Gebrauchsmuster- und Designschutz mit je einem Beispiel.

4. Erarbeiten Sie, wie die Bürodesign GmbH ihre Entwicklung „ergo-design-natur" vor Missbrauch schützen kann.

5. Prüfen Sie, welche der nachfolgenden Sachverhalte gegen das UWG verstoßen. Begründen Sie Ihre Entscheidung.
a) Zur Neueröffnung des Baumarktes Braun KG gibt es ein kaltes Buffet. Im Anschluss daran werden die Kunden aufgefordert, die Eröffnungsangebote wahrzunehmen. Als der Kunde Klein ohne Einkäufe den Laden verlassen will, nötigt Braun ihn mit dem Hinweis auf das kostenlose Essen zum Kauf eines Werkzeugkastens.
b) Zu einer Werbeveranstaltung für Küchengeräte werden die Kunden mit der Ankündigung angelockt, dass jeder Besucher kostenlos eine Kaffeemaschine erhält.
c) Der Fachmarkt Fein e. K. verkauft so lange Werkzeuge unter dem Bezugs-/Einstandspreis, bis der gegenüberliegende Baumarkt Braun KG schließen muss.
d) Gemüsehändler Bauer verkauft Erdbeeren unter dem Bezugs-/Einstandspreis, da diese nicht mehr lagerfähig sind.
e) Erika Schneider ist leidenschaftliche Fotografin. Als sie am Morgen eine Anzeige des Verbrauchermarktes in der Zeitung findet, in der Blu-rays mit Anleitungen zur Erstellung von professionellen Bildern zu einem sensationellen Preis angeboten werden, fährt sie sofort los. Im Verbrauchermarkt steht sie jedoch vor einem leeren Regal.

6. a) Erläutern Sie die Aufgaben des Deutschen Werberates.
b) Rufen Sie die Seite www.werberat.de/pressemitteilungen-ruegen im Internet auf und suchen Sie nach aktuellen Einzelfällen. Teilen Sie sich die Arbeit in der Klasse auf. Bilden Sie Arbeitsgruppen. Jede Gruppe berichtet über einen Einzelfall nach Wahl.
c) Geben Sie konkrete Beispiele für Bereiche an, für die der Deutsche Werberat Verhaltensregeln bzw. besondere Empfehlungen ausgesprochen hat.
d) Jeder Bürger hat das Recht, über diskriminierende bzw. unlautere Werbung beim Werberat Beschwerde einzulegen. Beschreiben Sie, wie Sie eine solche Beschwerde einreichen können. Recherchieren Sie hierzu auch im Internet.

7. Geben Sie konkrete Beispiele für informative und emotionale Werbung an.

8. Erläutern Sie, wo die Grenzen emotionaler Werbung liegen. Diskutieren Sie Ihre Ergebnisse in der Klasse.

9. Bilden Sie je ein Beispiel für für Werbung, die
a) gegen gesetzliche Vorschriften verstößt,
b) gegen den guten Geschmack verstößt und ethisch-moralische Grenzen überschreitet.

4.4 Preispolitik berücksichtigen

4.4.1 Märkte und Preisbildung erklären können

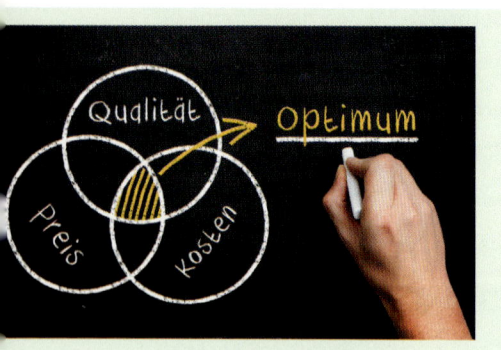

Empört erscheint Herr Winkler, der Leiter der Verkaufs-/Marketingabteilung, bei Frau Primus. *„Stellen Sie sich vor, wir haben einen weiteren Großauftrag an die COLOGNE OFFICE EQUIPMENT GmbH verloren! Die können zu Preisen anbieten, da können wir einfach nicht mithalten."* „Sie wissen, dass die COE ein europaweit tätiger Konzern ist", erwidert Frau Primus *„die kaufen in Mengen und zu Konditionen ein, die für uns nicht möglich sind."* „Und irgendwann gibt es dann nur noch zwei oder drei große Konzerne in der Branche, die den Markt unter sich aufteilen und machen können, was sie wollen. Von der geplanten Gewinnbeteiligung brauchen wir dann auch nicht mehr zu reden", ergänzt Nicole Höver, die bei dem Gespräch ebenfalls anwesend ist. *„Das sind nun mal die Gesetze des Marktes",* erwidert Frau Primus, *„wir müssen uns auf unsere Stärken besinnen, den Kundendienst und die individuelle Beratung."* Herr Winkler ist skeptisch. *„Ob die Kunden deshalb einen höheren Preis akzeptieren?"*

ARBEITSAUFTRÄGE
- Erläutern Sie die unterschiedlichen Marktarten und Marktformen.
- Stellen Sie fest, wie sich die Preisbildung auf dem Markt vollzieht, und erläutern Sie diese anhand einer grafischen Darstellung.
- Das Modell der Preisbildung im vollkommenen Markt unterstellt, dass die Verbraucher keine Präferenzen haben. Erläutern Sie, wie die Primus GmbH Präferenzen der Verbraucher nutzen könnte.

Die **Nachfrage** der Haushalte oder Unternehmen, die Güter erwerben wollen, und das **Angebot** der Unternehmen, die Güter absetzen wollen, treffen in der Volkswirtschaft auf dem **Markt** zusammen. Aus diesem Grund wird die Wirtschaftsordnung der Bundesrepublik Deutschland als **soziale Marktwirtschaft** bezeichnet.

● Marktarten

Da jedes Gut seinen eigenen Markt hat, kann man verschiedene Marktarten unterscheiden. Nach der **Art der gehandelten Güter** lassen sich die Märkte folgendermaßen einteilen:

○ Faktormärkte

- Auf dem **Arbeitsmarkt** werden Arbeitsleistungen gegen Entgelt gehandelt.
  Beispiel Die Primus GmbH sucht in einer Stellenanzeige einen Mitarbeiter für das Lager.

- Auf dem **Immobilienmarkt** findet der Handel mit Grundstücken und Gebäuden statt.

    Beispiel Die Primus GmbH mietet eine Lagerhalle.

- Auf dem **Kapitalmarkt** findet die Vermittlung von Krediten statt.

    Beispiel Die Sparkasse Duisburg bietet der Primus GmbH ein Darlehen zu einem Zinssatz von 3 % an.

Gütermärkte

- **Konsumgütermarkt**: Nachfrager sind die privaten Haushalte, Anbieter die Unternehmen.

    Beispiel Eine Hausfrau kauft im Supermarkt einen Joghurt.

- **Investitionsgütermarkt**: Nachfrager und Anbieter sind hier die Unternehmen.

    Beispiel Der Geschäftsführer der Primus GmbH verhandelt mit einem Hersteller über den Kauf einer EDV-Anlage.

Marktformen

Nach der **Zahl der Marktteilnehmer** lassen sich die Märkte in in die Marktfomen (vgl. S. 113) Angebotspolypol, Angebotsoligopol und Angebotsmonpol unterscheiden.

Beispiele für Marktfomen
- **Angebotspolypol:**
  der Markt für Süßwaren
- **Angebotsoligopol:**
  der Markt für Mineralöl und Kraftstoffe
- **Angebotsmonopol:**
  der Markt für die Beförderung von Gütern und Personen auf der Schiene durch die Deutsche Bahn AG

Der Markt erfüllt zwei wichtige Aufgaben (**Funktionen**):

- Er dient der **Vermittlung** der Güter zwischen Anbietern und Nachfragern und
- er dient der **Bewertung** der Güter, d.h., auf dem Markt wird der Preis für die gehandelten Güter ermittelt.

Die Preisbildung im Angebotspolypol auf dem vollkommenen Markt

Die unterschiedlichen Interessen der Marktteilnehmer werden am Markt über den Preis zum Ausgleich gebracht (**Ausgleichsfunktion des Marktpreises**). Hohe Preise

- erfordern vom Käufer den sparsamen Umgang mit diesen knappen Gütern (**Erziehungsfunktion des Marktpreises**),
- signalisieren den Marktteilnehmern, dass das Gut relativ begrenzt vorhanden ist (**Signalfunktion des Marktpreises**),
- liefern den Anbietern Anreize, dieses Gut vermehrt zu produzieren, sie lenken somit ihre Produktionsfaktoren auf diese lukrativen Märkte (**Lenkungsfunktion des Marktpreises**).

Der **vollkommene Markt** ist durch folgende **Merkmale** gekennzeichnet:

- Die Güter sind **homogen**, d.h., sie gleichen sich in Art, Aufmachung und Qualität völlig.

    Beispiel Landeier der Güteklasse A Extra

- Es besteht vollkommene **Markttransparenz**, d.h., alle Marktteilnehmer haben die vollständige Übersicht über den Markt und reagieren sofort auf Veränderungen.

    Beispiel Eine Hausfrau auf dem Wochenmarkt kennt die Mengen, die Qualität und die Preise aller angebotenen Eier.

- Käufer und Verkäufer orientieren sich bei Angebot und Nachfrage ausschließlich am Preis der Ware. Die Käufer haben **keine Präferenzen** (Vorlieben) für bestimmte Anbieter oder Waren.

    Beispiel So zahlen sie z. B. keinen höheren Preis, weil
    - die Verkäuferin in einem Geschäft freundlicher ist (**persönliche** Präferenz),
    - der Kundendienst bei einem bestimmten Markenartikel besser ist (**sachliche** Präferenz),
    - ein Tankstellenshop am Donnerstag bis 22:30 Uhr geöffnet hat (**zeitliche** Präferenz),
    - der „Tante-Emma-Laden" gleich um die Ecke liegt (**räumliche** Präferenz).

Um diese Preisbildung zu erklären, ist es zunächst notwendig, das Angebot der Unternehmen und die Nachfrage der Haushalte näher zu betrachten.

○ Nachfrage der Haushalte

Sie zeigt im Hinblick auf Preis und Menge folgende typische Merkmale:

- Je niedriger der Preis für ein Gut ist, desto höher ist die Nachfrage.
- Je höher der Preis für ein Gut ist, desto niedriger ist die Nachfrage.

Die Nachfrager sind also bestrebt, ein Gut so preiswert wie möglich einzukaufen. Dieses Verhalten bezeichnet man als **Nutzenmaximierung**.

Beispiel In Siegburg, einer Stadt mit 40 000 Einwohnern, lassen sich im Hinblick auf die wöchentliche Nachfrage nach Eiern auf dem Wochenmarkt folgende Preis-Mengen-Verhältnisse ermitteln:

Preis je Ei in €	0,25	0,20	0,15	0,10	0,05
Nachfrage in Stück	15 000	20 000	25 000	30 000	35 000

○ Angebot der Unternehmen

Es zeigt im Hinblick auf Preis und Menge folgende typische Merkmale:

- Je niedriger der Preis für ein Gut ist, desto geringer ist das Angebot.
- Je höher der Preis für ein Gut ist, desto größer ist das Angebot.

Die Anbieter verfolgen das Ziel der **Gewinnmaximierung**. Bei hohen Marktpreisen bieten sie große Mengen an Gütern an, um entsprechend hohe (maximale) Gewinne zu erwirtschaften. Sinken die Preise, weichen sie auf andere Märkte aus oder scheiden ganz aus dem Markt aus.

Beispiel Der Siegburger Wochenmarkt wird von drei Hühnerfarmen beliefert. In Abhängigkeit vom Preis ergeben sich folgende Preis-Mengen-Verhältnisse:

Preis je Ei in €	0,25	0,20	0,15	0,10	0,05
Angebot in Stück	35 000	30 000	25 000	20 000	15 000

Angebots- und Nachfragekurve können in einem Koordinatensystem **zusammengefasst** werden.

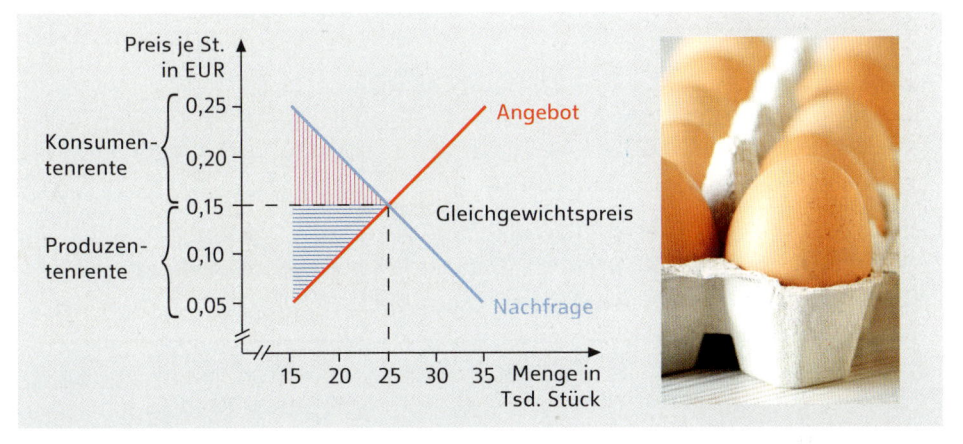

Angebots- und Nachfragekurve schneiden sich beim Preis von 0,15 €. Zu diesem Preis werden 25 000 Eier angeboten und 25 000 Eier nachgefragt. Alle Anbieter, die bereit sind zu diesem Preis zu verkaufen, können ihre gesamte Produktion absetzen. Alle Nachfrager, die bereit sind diesen Preis zu zahlen, können die gewünschte Menge Eier erwerben. Alle Anbieter, die die Eier auch zu einem niedrigeren Preis hätten anbieten können, erhalten eine Produzentenrente. Ebenso erzielen alle Nachfrager, die bereit wären, einen höheren Preis zu zahlen, eine Konsumentenrente.

Da der Preis für die angebotene und nachgefragte Menge in dieser Situation genau gleich ist, wird er als **Gleichgewichtspreis** bezeichnet.

Liegt der Marktpreis über dem Gleichgewichtspreis, ist das Angebot größer als die Nachfrage. Es entsteht ein **Angebotsüberhang**. Diese Situation wird auch als **Käufermarkt** bezeichnet.

Liegt der Marktpreis unter dem Gleichgewichtspreis, ist die Nachfrage größer als das Angebot. Es entsteht ein **Nachfrageüberhang**. Diese Situation wird auch als **Verkäufermarkt** bezeichnet.

Wie die Abbildung des Gleichgewichtspreises zeigt, sind bei einem Preis von 0,15 € Angebot und Nachfrage genau gleich, d. h., alle Anbieter verkaufen ihre Ware und alle Nachfrager erhalten ihre Ware. Der Markt ist geräumt (**Markträumungsfunktion des Marktpreises**).

Sind die Nachfrager bereit einen höheren Marktpreis zu zahlen, weitet sich das Angebot aus. Der Preis hat hier eine **Lenkungsfunktion (Marktregulierungsmechanismus)**, er lenkt den Einsatz der betrieblichen Produktionsfaktoren in einen Erfolg versprechenden Markt.

Beispiel Beim Preis von 0,25 € sind die Anbieter bereit 35 000 Eier zu liefern. Diesem Angebot steht aber lediglich eine Nachfrage von 15 000 Eiern gegenüber. Es besteht ein **Angebotsüberhang** von 20 000 Eiern. Da die Anbieter nur einen Teil ihrer Ware absetzen können, werden sie die Preise senken. Bei einer Preissenkung auf 0,20 € werden noch 30 000 Eier angeboten. Die Nachfrage steigt auf 20 000 Stück, d. h., der Angebotsüberhang beträgt nur noch 10 000 Eier. Senken die Anbieter ihre Preise ein weiteres Mal auf 0,15 €, sind angebotene und nachgefragte Menge genau gleich groß, der Gleichgewichtspreis ist erreicht.

Beim Preis von 0,05 € beträgt die Nachfrage 35 000 Eier. Dieser Nachfrage steht aber lediglich ein Angebot von 15 000 Eiern gegenüber. Es besteht ein **Nachfrageüberhang** von 20 000 Eiern. Da die Nachfrage größer ist als das Angebot, werden die Anbieter ihre Preise erhöhen. Beim Preis von 0,10 € erhöht sich das Angebot auf 20 000 Eier, die Nachfrage sinkt jedoch auf 30 000 Eier, d. h., der Nachfrageüberhang verringert sich auf 10 000 Stück. Erhöhen die Anbieter die Preise ein weiteres Mal auf 0,15 €, ist der Gleichgewichtspreis erreicht.

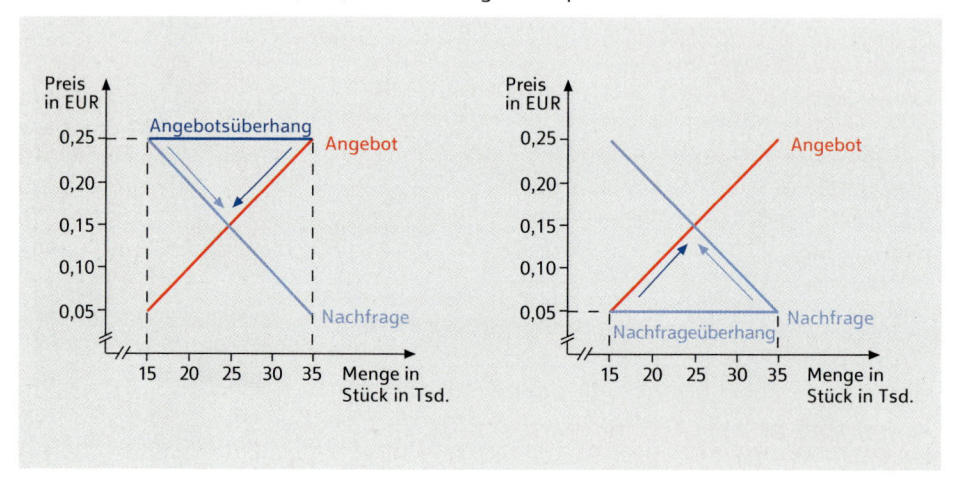

○ **Änderung der Angebots- und Nachfragesituation:**

● **Erhöht sich** bei gleichbleibender Nachfrage **das Angebot**, verschiebt sich die Angebotskurve nach rechts. Der Preis sinkt.

> **Beispiel** Da ein weiterer Anbieter in den Markt eintritt, erhöht sich die angebotene Menge um 5 000 auf 30 000 Stück. Die Angebotskurve verschiebt sich nach rechts von A_0 nach A_1. Der Gleichgewichtspreis sinkt entsprechend von 0,15 auf 0,10 €.

● **Sinkt** bei gleichbleibendem Angebot die **Nachfrage**, verschiebt sich die Nachfragekurve nach links. Der Preis sinkt.

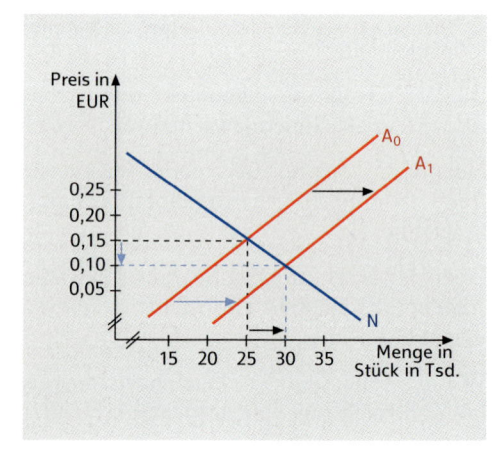

Beispiel Durch Gerüchte über nicht artgerechte Hühnerhaltung sinkt die Nachfrage nach Eiern von 25 000 auf 20 000 Stück. Die Nachfragekurve verschiebt sich nach links von N_0 nach N_1. Der Gleichgewichtspreis sinkt von 0,15 € auf 0,10 €.

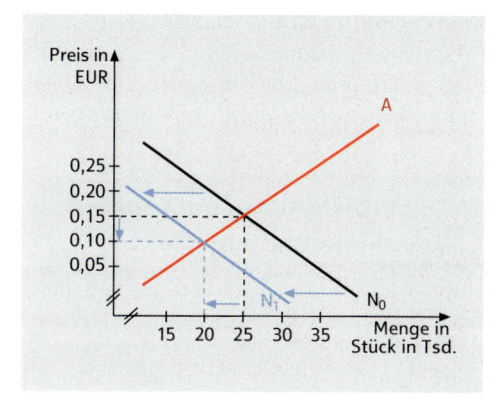

● Die Preisbildung im Angebotspolypol auf dem unvollkommenen Markt

In der Praxis sind die Bedingungen des vollkommenen Marktes i. d. R. **nicht gegeben**.

● **Die Güter sind nicht homogen:**

Beispiele
– Aufgrund der Markenbindung entscheiden sich Käufer, z. B. bei Zigaretten, für „ihre" Marke.
– Deutsche Pkws der Mittelklasse sind technisch fast gleichwertig. Trotzdem sind Autofahrer überzeugt, nur mit „ihrer" Marke das beste Auto zu fahren.

● **Es besteht keine Markttransparenz:**

Beispiel Aufgrund der Größe und der Vielschichtigkeit der Märkte ist eine vollständige Übersicht i. d. R. nicht möglich.

● **Die Käufer haben Präferenzen:**

Beispiel Seit die Primus GmbH einen 24-Stunden-Bestellservice eingerichtet hat, steigt die Nachfrage bei gleichen Preisen deutlich. Die Kunden haben offensichtlich zeitliche Präferenzen.

Da die Bedingungen des vollkommenen Marktes nicht gegeben sind, kann der Anbieter die Preise innerhalb einer bestimmten **Bandbreite** ändern, ohne dass die Kunden darauf reagieren. Aber auch die Kunden haben oft keine eindeutige Vorstellung über den Preis der gewünschten Ware, sodass es auch hier zu einem **Preisspielraum** kommt.

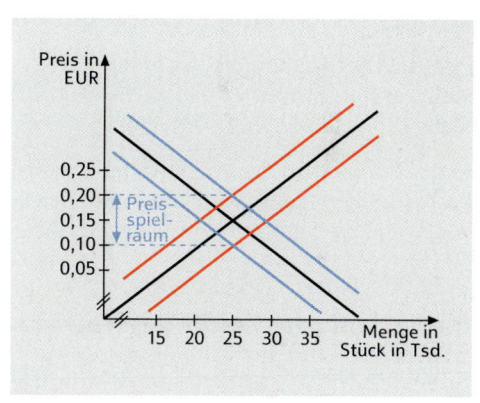

● Die Preisbildung im Angebotsoligopol auf dem vollkommenen Markt

Im Oligopol auf einem vollkommenen Markt bieten wenige Anbieter homogene Güter an, es herrscht Markttransparenz und die Nachfrager haben keine Präferenzen.

Senkt ein Anbieter den Preis, werden theoretisch alle Nachfrager bei diesem Anbieter kaufen. In dieser Situation werden die anderen Anbieter die Preise ebenfalls senken, um ihre Kunden zu halten. Da sich die Gesamtnachfrage kaum erhöht, hat sich am Ende der Preissenkungsrunde lediglich der Gewinn der Anbieter verringert. Da die Anbieter durch Preisvariationen also nur Nachteile haben, versuchen sie den Preis starr **(Preisstarrheit)** zu halten oder den Markt unvollkommen zu machen.

● Die Preisbildung im Angebotsoligopol auf dem unvollkommenen Markt

Durch Einsatz des absatzpolitischen Instrumentariums **(Produkt-/Sortiments-, Preis-, Konditionen-, Kundendienst-, Distributions-, Kommunikationspolitik)** wird der Oligopolist versuchen, Präferenzen für sein Produkt zu schaffen. Gelingt ihm dies, ist der Markt unvollkommen. Der Oligopolist hat jetzt einen Preisspielraum, innerhalb dessen er seine Preise variieren kann, ohne dass es zu entsprechenden Mengenvariationen kommt.

Aufgrund eines ähnlichen (homogenen) Produktes und ähnlicher Kostenstrukturen sind die Oligopolisten bei Veränderungen der Rohstoff- oder Warenkosten oder der Lohn- und Lohnnebenkosten gleich betroffen. Aus diesem Grund werden sie i. d. R. die Preise in einem **abgestimmten Verhalten** gemeinsam heraufsetzen. Dabei kann in jeder Preisrunde ein anderer Anbieter die **Preisführerschaft** übernehmen, sodass sich die Mengenverluste der Preisführer langfristig ausgleichen.

Beispiel Die Benzinpreise werden bei steigenden Mineralölpreisen heraufgesetzt. Dabei übernimmt abwechselnd jeweils ein Mineralölkonzern die Preisführerschaft.

● Die Preisbildung im Angebotsmonopol

Der Angebotsmonopolist ist in der Preisfestsetzung frei, da er eine **marktbeherrschende Stellung** hat. Erhöht er den Preis, sinkt die nachgefragte Menge, senkt er ihn, steigt die Menge.

In der Praxis wird der Angebotsmonopolist jedoch nicht den Preis festlegen, sondern **die Preis-Mengen-Relation suchen, bei der sein Gewinn maximal ist**. Dies ist dann gegeben, wenn die Differenz zwischen Umsatzerlösen und Gesamtkosten am größten ist.

● Die Preiselastizität der Nachfrage

Sollen Käuferreaktionen auf Preisänderungen eingeschätzt werden, kann das **Modell der Preiselastizität der Nachfrage** herangezogen werden. Es macht Aussagen über das Verhältnis einer prozentualen Nachfrageänderung eines Gutes zu einer prozentualen Preisänderung dieses Gutes.

- Eine **elastische Nachfrage** liegt vor, wenn die prozentuale Mengenänderung größer als die prozentuale Preisänderung ist. Preiserhöhungen bewirken hier grundsätzlich einen deutlichen Umsatzrückgang, Preissenkungen eine deutliche Umsatzsteigerung ($E_N > 1$).

- Eine **unelastische Nachfrage** liegt vor, wenn die prozentuale Mengenänderung kleiner als die prozentuale Preisänderung ist. Preiserhöhungen bewirken hier keinen deutlichen Umsatzrückgang, Preissenkungen keine deutliche Umsatzsteigerung ($E_N < 1$).

Preiselastizität der Nachfrage = $\dfrac{\text{prozentuale Mengenänderung der Nachfrage}}{\text{prozentuale Preisänderung}}$

Ziel eines Unternehmens muss es sein, die Preiselastizität der Nachfrage bei seinen Produkten zu verringern und so den preispolitischen Spielraum auszuweiten. Dies kann z. B. durch Markenbildung oder eine Verstärkung der Kundenbindung geschehen.

> **Beispiel** Die Primus GmbH bietet unter der Marke „Primus" Artikel aus den Warengruppen Bürotechnik, Büroeinrichtung, Verbrauch und Organisation an. Bei diesen Artikeln handelt es sich um Waren von guter Qualität zu günstigen Preisen. Die Geschäftsleitung hofft, durch diese **Handelsmarken** Kunden an das Unternehmen binden zu können. Ist das geschehen, sollen die Preise erhöht werden.

Märkte und Preisbildung erklären können

- Das Zusammentreffen von Angebot und Nachfrage bezeichnet man als Markt.

- Nach der **Art der gehandelten Güter** unterscheidet man:

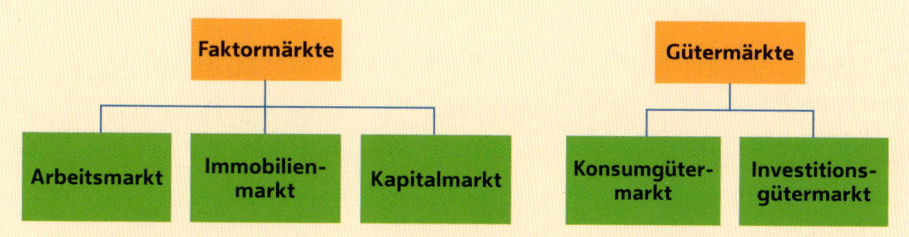

  Faktormärkte: Arbeitsmarkt, Immobilienmarkt, Kapitalmarkt

  Gütermärkte: Konsumgütermarkt, Investitionsgütermarkt

- Nach der **Zahl der Marktteilnehmer** unterscheidet man vor allem:
  - **Angebotspolypol**
    - viele Anbieter
    - viele Nachfrager
  - **Angebotsoligopol**
    - wenige Anbieter
    - viele Nachfrager
  - **Angebotsmonopol**
    - ein Anbieter
    - viele Nachfrager

- Im **Angebotspolypol auf dem vollkommenen Markt** bildet sich der **Gleichgewichtspreis** dort, wo die angebotene und die nachgefragte Menge gleich groß sind.

- Der **vollkommene Markt** ist durch folgende Merkmale gekennzeichnet:
  - Die Güter sind homogen.
  - Es besteht vollkommene Markttransparenz.
  - Die Käufer haben keine Präferenzen.

- Im **Angebotspolypol auf dem unvollkommenen Markt** kann der Anbieter die Preise innerhalb eines **Preisspielraums** ändern, ohne dass die Kunden reagieren.

- Im **Angebotsoligopol auf dem vollkommenen Markt** herrscht **Preisstarrheit**, da die Anbieter aus Preisvariationen nur Nachteile haben.

- Im **Angebotsoligopol auf dem unvollkommenen Markt** kommt es zu einem **abgestimmten Verhalten** der Anbieter, die ihre Preise gemeinsam verändern.

- Im **Angebotsmonopol** kann der Monopolist Preis und Menge freisetzen. Er wird die Preis-Mengen-Relation suchen, bei der sein Gewinn maximal ist.

- Die **Preiselastizität der Nachfrage** gibt das Verhältnis einer prozentualen Nachfrageänderung eines Gutes zu einer prozentualen Preisänderung dieses Gutes an.

LF 6 Ein Marketingkonzept entwickeln

1. Erläutern Sie anhand von Beispielen, durch welche Merkmale der vollkommene Markt gekennzeichnet ist.

2. Führen Sie Beispiele aus der Praxis an, in denen die Bedingungen des vollkommenen Marktes nicht erfüllt sind.

3. Stellen Sie die Bildung des Gleichgewichtspreises grafisch dar und erläutern Sie Gleichgewichtspreis und -menge.

4. Erläutern Sie die Situation des Angebots- und Nachfrageüberhangs anhand eines Beispiels.

5. In unten stehender Grafik ist das Verhalten von Anbietern und Nachfragern am Markt dargestellt. Ermitteln Sie
   a) Gleichgewichtspreis und Menge,
   b) den Nachfrageüberhang bei einem Preis von 30,00 €,
   c) den Angebotsüberhang bei einem Preis von 80,00 €.

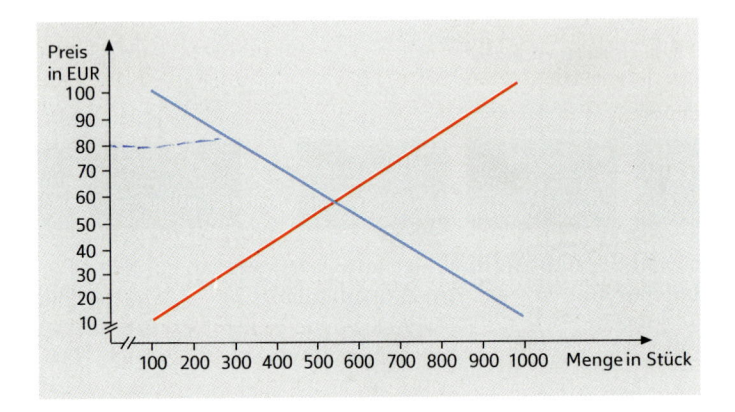

6. „Für den Polypolisten im vollkommenen Markt ist der Preis ein Datum."
Begründen Sie diese Aussage.

7. Erläutern Sie, wie sich der Polypolist einen Preisspielraum schaffen kann.

8. Stellen Sie dar, warum im Angebotsoligopol auf dem unvollkommenen Markt i. d. R. Preisstarrheit herrscht.

9. Erläutern Sie die Rolle des Preisführers im Angebotsoligopol auf dem unvollkommenen Markt.

10. Erläutern Sie den Begriff der Preiselastizität der Nachfrage und stellen Sie dar, wie die Primus GmbH eine preisunelastische Nachfrage nach ihren Produkten erreichen kann.

11. Unterscheiden Sie elastische und unelastische Nachfrage.

12. Erläutern Sie
   a) Polypol, Oligopol und Monopol,
   b) die Preiselastizität der Nachfrage.

4.4.2 Möglichkeiten der Preisfestsetzung ermitteln

Wenn ein neues Produkt auf den Markt gebracht wird, stellt sich automatisch die Frage, zu welchem Preis es angeboten werden soll. Diese Überlegung ergibt sich auch bei der Primus GmbH. Im Rahmen der neuen Produktlinie „ergo-design-natur" ist von der Primus GmbH ein neuer Büroschreibtischsessel entwickelt worden. Die Abteilungs- und Gruppenleiter sowie die Geschäftsführung sitzen in einer Besprechung. Heinz Schubert, der Gruppenleiter des Rechnungswesens, sagt: *„Auf alle Fälle muss der Preis so hoch angesetzt werden, dass unsere Kosten gedeckt sind und zusätzlich ein ordentlicher Gewinn erzielt wird."* Der Abteilungsleiter Verkauf/Marketing, Josef Winkler, meint: *„Wir müssen vorsichtig sein, am besten orientieren wir uns an der Konkurrenz und unterbieten sie im Preis, dann – ich übertreibe einmal – können wir so viel verkaufen, wie wir wollen."* Frau Primus gibt zu bedenken: *„Wir müssen erst einmal herausfinden, wie viel unsere Kunden bereit sind, für einen ‚ergo-design-natur'-Büroschreibtischsessel zu bezahlen. Wenn dieser Preis bekannt ist, können wir kalkulieren, ob wir zu diesem Preis verkaufen können. Falls nicht, müssen wir preiswertere Lieferer finden."* Hier meldet sich sofort Herr Müller, der Geschäftsführer: *„Unsere Kalkulationszuschlagssätze sind vorgegeben, da lässt sich nichts ändern."*

ARBEITSAUFTRÄGE
- Bestimmen Sie Kriterien, woran man sich bei der Preisgestaltung für ein Produkt oder Dienstleistung orientieren kann.
- Erläutern Sie unterschiedliche Preisstrategien, die die Primus GmbH anwenden könnte.
- Beschreiben Sie in einem Referat die kosten-, nachfrage- und konkurrenzorientierte Preisbildung.

Die Preisbildung eines Produktes ist von folgenden Faktoren abhängig, die alle genau untersucht und berücksichtigt werden müssen: **Kosten, Konkurrenz, Nachfrage**. Hierbei sind **Preisuntergrenzen** zu berücksichtigen (langfristige Deckung der Kosten) und **Preisobergrenzen** zu beachten (Kaufkraft der Kunden, Preise der Mitbewerber).

● Kostenorientierte Preisbildung

Bei dem Verkauf von Produkten müssen die angefallenen **Kosten** gedeckt werden. Die genaue Untersuchung der Kosten ist Aufgabe der Kostenrechnung. Hier zeigt sich die enge **Verzahnung des Marketings mit dem Rechnungswesen**.

Für die Kalkulation unterscheidet man **Einzel- und Gemeinkosten**. Einzelkosten sind der Ware unmittelbar zurechenbar, während Gemeinkosten indirekt über einen prozentualen Zuschlag der Ware zugerechnet werden müssen.

Beispiele
- **Einzelkosten:** Bezugs-/Einstandspreis der Werkstoffe, Dienstleistungen und Waren, Verkaufsprovision, Ausgangsfrachten
- **Gemeinkosten:** Gehälter, Lagermiete, Gebäudeversicherungen

Einzelkosten sind immer **variable Kosten**, d. h., sie steigen und fallen mit der Absatzmenge der Waren. Gemeinkosten können **variable oder fixe Kosten** sein. Fixe Kosten sind nicht von der Absatzmenge der Waren abhängig.

Bei der kostenorientierten Preisgestaltung werden neben den Kosten angemessene Gewinnzuschläge im Verkaufspreis berücksichtigt. Bei dieser Vorgehensweise ist ein Unternehmen allerdings nicht sicher, ob es zu diesem kalkulierten Nettoverkaufspreis seine Waren auf dem Markt verkaufen kann, da der **Marktpreis** nicht nur vom eigenen Angebot, sondern auch vom Angebot der Konkurrenz und von der Nachfrage bestimmt wird.

Beispiel Kostenorientierte Zuschlagskalkulation der Primus GmbH aus der Warengruppe 3 für Drehsäule für Aktenordner, Art.-Nr. 182B238

Kalkulationsschema:

Bezugs-/Einstandspreis	100 %			192,25 €
+ Handlungskosten	70 %			134,58 €
Selbstkostenpreis	170 %	100	%	326,83 €
+ Gewinnzuschlag			17,645 %	57,67 €
Nettoverkaufspreis				384,50 €

Die Zuschlagskalkulation kann vereinfacht werden, indem man die Handlungskosten und den Gewinn zu einem Zuschlag, dem sog. **Kalkulationszuschlagssatz**[1] zusammenfasst. Der Kalkulationszuschlag wird errechnet, indem die Differenz zwischen Bezugs-/Einstandspreis und Nettoverkaufspreis in Prozenten des Bezugs-/Einstandspreises ausgedrückt wird.

$$\text{Kalkulationszuschlagssatz} = \frac{(\text{Nettoverkaufspreis} - \text{Bezugs-/Einstandspreis})}{\text{Bezugs-/Einstandspreis}} \cdot 100$$

Beispiel Die Primus GmbH kalkuliert dann folgendermaßen:

$$\text{Kalkulationszuschlagssatz} = \frac{(384{,}50 - 192{,}25)}{192{,}25} \cdot 100 = 100\,\%$$

Bezugs-/Einstandspreis	192,25 €
+ Kalkulationszuschlag 100 %	192,25 €
Nettoverkaufspreis	384,50 €

Bei Feststellung der **Preisuntergrenze** wird geprüft, zu welchem Preis man eine Ware mindestens kostendeckend anbieten kann.

Beispiel Für die Drehsäule für Aktenordner liegt die Preisuntergrenze bei 326,83 € (= Selbstkostenpreis).

In der Praxis werden Tabellenkalkulationsprogramme für die Zuschlagskalkulation eingesetzt.

● Nachfrageorientierte Preisbildung

Die Preisbildung darf nicht auf Kosten- und Gewinnberechnungen verzichten, sie muss sich aber vor allem an der Nachfrage orientieren. Hier sind die Preisvorstellungen möglicher Kunden zu berücksichtigen. Informationen hierzu muss die Marktforschung liefern.

---

[1] *Im Einzelhandel beinhaltet der Kalkulationszuschlagssatz zusätzlich die Umsatzsteuer.*

Man geht in vielen Fällen von der Annahme aus, dass die Kunden eher einen niedrigen als einen hohen Preis akzeptieren. Jedoch sind Kunden auch bereit einen hohen Preis zu zahlen, wenn sie ein akzeptables Verhältnis zwischen dem Preis eines Produktes und ihrer individuellen Einschätzung des Nutzens (insbesondere des Zusatznutzens) erkennen können. Man sagt: „Das **Preis-Leistungs-Verhältnis** muss stimmen." Ein hoher Preis ist oft nur durch besondere Betonung des Zusatznutzens eines Produktes durchzusetzen. Jedoch sind hierzu erhebliche Investitionen in die Kommunikationspolitik (vgl. S. 145 ff.) für Produkte zu leisten. Die hierfür entstandenen Kosten werden in den Verkaufspreis der Produkte einkalkuliert.

Beispiel Zur Körperpflege benötigt der Mensch eigentlich pro Monat nur ein Stück einfache Kernseife zum Preis von 1,00 € (vielleicht kommen noch die Ausgaben für einen Waschlappen hinzu). Durch Betonung des Zusatznutzens (angenehmer Duft, Prestige, Imagegewinn usw.) konnte die „Seifenindustrie" in den letzten Jahrzehnten Milliarden Umsätze erzielen. So ist es nicht verwunderlich, wenn heute einige Menschen monatlich mehr als 100,00 € für ihre Körperpflege ausgeben, z. B. für Duschgels, Shampoos, Badeöle, Duftwässer, Cremes, Sprays, Parfüms usw.

● Konkurrenzorientierte Preisbildung

Neben Kosten- und Nachfragegesichtspunkten orientiert man sich auch an den Preisen der Konkurrenz. Zwei Formen sind üblich:

- **Orientierung am Branchenpreis** (durchschnittlicher Marktpreis): Diese Preisbildung setzt folgende Marktsituation voraus:
  1. Die **Produkte** sind weitgehend **homogen** (gleichartig).
  2. Es gibt **viele Konkurrenten** (Polypol, vgl. S. 173).

  Beispiel Die Preise für Büroschreibtischsessel der Mitbewerber der Primus GmbH liegen zwischen 85,00 € und 270,00 €. Die Primus GmbH beschließt, ihren Preis ebenfalls in diesem Bereich festzulegen.

- **Orientierung am Preisführer**: Ein Preisführer ist ein Anbieter, dem sich die übrigen Konkurrenten aufgrund seiner starken Marktposition weitgehend anschließen, wenn er seine Preise variiert. Oft ist der Preisführer derjenige Anbieter mit dem größten Marktanteil. Preisführer können auch mehrere Anbieter gemeinsam sein.

  Beispiel Wenn die großen Mineralölkonzerne den Preis für Benzin erhöhen, schließen sich kleinere Produzenten häufig an und erhöhen ihren Preis ebenfalls.

● Preisstrategien

Bisher wurden nur Preisunter- und -obergrenzen betrachtet. Eine Preisstrategie ist ein Verhalten des Anbieters auf dem Markt, das kurzfristig diese Grenzen unberücksichtigt lässt, um jedoch langfristig einen Umsatzzuwachs oder eine Erhöhung des Marktanteils zu erreichen.

- **Preisdifferenzierung**: Hierbei wird für ein und dasselbe Produkt von verschiedenen Abnehmern bzw. Abnehmergruppen ein unterschiedlicher Preis verlangt.

  Beispiele Die Geschäftsleitung der Primus GmbH möchte für den neuen Büroschreibtischsessel „ergo-design-natur"-Stuhl diese Strategie verfolgen, um möglichst viele Abnehmer individuell ansprechen zu können und praktiziert folgende Preisdifferenzierungen:

Arten	Beispiele
Mengenmäßige Preisdifferenzierung	Es wird eine Mengenrabatt-Staffel erstellt. Ein Büroschreibtischsessel kostet 225,00 €, ab 100 Stück 205,00 € und ab 500 Stück nur noch 190,00 €.
Zeitliche Preisdifferenzierung	Der Nettoverkaufs- oder Katalogpreis des neuen Stuhls beträgt 225,00 €, während der Einführungsphase (sechs Monate) wird jedoch ein Sonderpreis von 199,50 € festgelegt.
Personelle Preisdifferenzierung	Besondere Abnehmergruppen erhalten einen Sonderpreis von 202,50 €. Hierzu zählen z. B. karitative und soziale Einrichtungen (Rotes Kreuz, Behindertenwerkstätten, Jugendeinrichtungen).
Räumliche Preisdifferenzierung	Inlandskunden zahlen den Normalpreis, Auslandskunden einen Zu- oder Abschlag, je nach Marktsituation.

- **Mischkalkulation (Ausgleichskalkulation)**: Um ein Produkt auf dem Markt platzieren zu können, muss aus Konkurrenzgründen manchmal der Preis so niedrig angesetzt werden, dass kaum noch ein Gewinn übrig bleibt. Dann müssen andere Produkte zur Gewinnsicherung des Unternehmens beitragen. Fehlende Gewinne bzw. Verluste bei einigen Produkten (**Ausgleichsnehmer**) werden durch höhere Gewinne anderer Produkte (**Ausgleichsgeber**) ausgeglichen.

- **Psychologische Preisfestsetzung**: Der Preis wird so festgesetzt, dass der Abnehmer den Eindruck einer knappen Preiskalkulation erhält.

    Beispiele
    - In Supermärkten findet man sehr häufig Preise wie 0,79 €, 1,98 € usw. Sie erwecken den Eindruck einer besonderen Preiswürdigkeit.
    - Die Primus GmbH bietet den Artikel Registraturlocher zu 9,98 € an.

- **Hochpreispolitik (Premiumpolitik)**: Das Absatzprogramm und das Sortiment eines Unternehmens zielen auf Abnehmer mit gehobenen Ansprüchen. Die Produkte werden als besonders exklusiv herausgestellt, um einen auf Dauer hohen Marktpreis erzielen zu können. Motto: „Es war schon immer etwas teurer, einen besonderen Geschmack zu haben!"

- **Niedrigpreispolitik (Promotionspolitik)**: Das Absatzprogramm und das Sortiment zielen auf preisbewusste Abnehmer. Niedrige Dauerpreise (Discountpreise) sollen zu hohen Absatzzahlen verhelfen.

- **Marktabschöpfungspolitik (Skimmingpolitik)**: Es wird versucht, bei der Markteinführung möglichst hohe Preise zu realisieren, damit bereits in der Einführungsphase hohe Umsätze zu erzielen sind. Wenn später die Konkurrenz mit vergleichbaren Produkten auf den Markt kommt, kann das Preisniveau gesenkt werden.

- **Marktdurchdringungspolitik (Penetrationspolitik)**: In der Einführungsphase werden besonders niedrige Preise verlangt, damit das Produkt sich möglichst schnell auf dem Markt festigen kann. Später werden die Preise dann angehoben. Meist ist damit eine Produktvariation verbunden.

Die preispolitischen Maßnahmen müssen immer mit den übrigen Instrumenten des Marketings abgestimmt werden, damit eine optimale Wirkung erzielt wird.

Preisstellungssysteme

Bruttopreissystem

Beim Bruttopreissystem werden den Kunden aus verschiedenen Anlässen vom Verkäufer Preisnachlässe (Rabatte) gewährt. Der Bruttopreis abzüglich Rabatt ergibt den Einkaufspreis des Kunden. Ausgangspunkt für die Kunden ist zunächst die Preisliste, auf die es je nach Kunde und Auftragshöhe die vorgesehenen Rabatte gibt.

Beispiele Die Primus GmbH bietet folgende Rabatte an:
- 5 % **Mengenrabatt** bei Abnahme von 10 Stück
- 1 % **Treuerabatt** für langjährige an das Unternehmen gebundene Kunden
- 30 % **Wiederverkäuferrabatt** für Wiederverkäufer (Groß- und Außenhandel, Einzelhandel) für die Übernahme der Verkaufsfunktion
- 1,5 % **Bonus** als Umsatzrückvergütung, wenn ein Jahresumsatz von z. B. 75 000,00 € erreicht wird.

Mithilfe der angebotenen Rabatte kann jeder Kunde durch seine individuelle Entscheidung den Bezugs-/Einstandspreis zu seinen Gunsten beeinflussen. Aus der Sicht des Verkäufers ist das Bruttopreissystem dadurch besonders geeignet, Kunden langfristig zu binden und zu größeren Umsätzen oder Abnahmemengen zu bewegen.

Nettopreissystem

Beim Nettopreissystem, das im Groß- und Außenhandel zum Zwecke der Transparenzerhöhung hauptsächlich zum Einsatz gelangt, wird zum Bezugs-/Einstandspreis des Groß- und Außenhandels ein Kosten- und Gewinnaufschlag addiert („Cost-plus-System"). Kostenvorteile bei Großaufträgen können nur noch über **Staffelpreise** erreicht werden.

Beispiel

Artikel	Abnahme in Paketen	Preis je Paket in €
Kopierpapier X-Offit 500 Blatt	1 – 10	6,45
	11 – 20	6,40
	21 – 30	6,30
	31 – 40	6,20

Da der in Rechnung zu stellende Betrag festgelegt wird, fördert das Nettopreissystem die Markttransparenz und somit die direkte Vergleichbarkeit der Anbieter.

Möglichkeiten der Preisfestsetzung ermitteln

- **Kostenorientierte Preisbildung** setzt eine genaue Analyse der Kostenstruktur eines Unternehmens voraus. Die Kosten werden unterteilt in **fixe und variable Kosten**. Bei der kostenorientierten Preisbildung werden alle Kosten und angemessenen Gewinnzuschläge im Nettoverkaufspreis berücksichtigt.

- **Nachfrageorientierte Preisbildung** berücksichtigt zunächst die Preisvorstellungen der Abnehmer. Ein hoher Preis wird durch Betonung des Zusatznutzens des Produktes begründet.

- **Konkurrenzorientierte Preisbildung** richtet sich am Branchenpreis oder am Preisführer aus.
- **Preisstrategien:**
  - **Preisdifferenzierung:** mengenmäßig, zeitlich, räumlich, personell
  - **Mischkalkulation:** Produkte mit hohem Gewinn gleichen niedrige Gewinne bzw. Verluste bei anderen Produkten aus.
- **Psychologische Preisfestsetzung:** Eindruck der knappen Kalkulation wird erweckt.
- **Hochpreispolitik:** Sortiment zielt auf Abnehmer mit gehobenen Ansprüchen.
- **Niedrigpreispolitik:** Sortiment zielt auf preisbewusste Abnehmer.
- **Marktabschöpfungspolitik:** hohe Preise bei Markteinführung.
- **Marktdurchdringungspolitik:** niedrige Preise bei Markteinführung.
- **Preisstellungssysteme**
  - **Bruttopreissystem** = Der zu zahlende Betrag ergibt sich erst nach Abzug von Preisnachlässen.
  - **Nettopreissystem** = Der zu zahlende Betrag wird sofort festgelegt.

1. Das Rechnungswesen der Primus GmbH liefert Daten für die kostenorientierte Preisbildung. Erläutern Sie mit Beispielen
a) fixe und variable Kosten,   b) Einzel- und Gemeinkosten.

2. Berechnen Sie für folgende Artikel den Nettoverkaufspreis.

	Bezugs-/Einstandspreis in €	Handlungskostenzuschlagssatz in %	Gewinnzuschlagssatz in %
a)	2,60	25	12,5
b)	86,00	15	$8^{1}/_{3}$
c)	136,00	10	10
d)	422,00	$16^{2}/_{3}$	15

3. Die Primus GmbH will einige neue Artikel in ihr Sortiment aufnehmen.

Artikel	Bezugspreis/Einstandspreis in €	Nettoverkaufspreis in €
1	278,00	619,00
2	24,80	68,19
3	846,60	1 299,00
4	0,96	3,89

a) Erläutern Sie das Kalkulationsschema zur Ermittlung des Nettoverkaufspreises.
b) Ermitteln Sie für die Artikel den zugrunde gelegten Kalkulationszuschlagssatz.

c) Erläutern Sie den Kalkulationszuschlag.
d) Geben Sie an, bei welchem Preis die Preisuntergrenze für diese Artikel liegt, wenn mit einem Gewinnzuschlag von jeweils 40 % gerechnet wurde.

4. Erläutern Sie die Aussage „Das Preis-Leistungs-Verhältnis muss stimmen!" anhand von Beispielen aus Ihrem eigenen Erfahrungsschatz.

5. Herr Müller von der Primus GmbH möchte bei der Markteinführung des „ergo-design-natur"-Büroschreibtischsessels die Hochpreispolitik verfolgen. Frau Primus ist für die Niedrigpreispolitik.
a) Erläutern Sie beide Strategien.
b) Finden Sie Argumente für Herrn Müller und für Frau Primus.
c) Entscheiden Sie sich für eine der beiden Strategien und begründen Sie Ihre Entscheidung.

6. Herr Krazek ist ein erfahrener Mitarbeiter im Verkauf bei der Primus GmbH. Er sagt: *„Wir müssen das Eisen schmieden, solange es heiß ist. Deshalb sollten wir den Markt abschöpfen, solange uns die Konkurrenz noch nicht im Nacken sitzt."* Sein Kollege, Herr Berg, meint hingegen: *„Meine Erfahrung sagt mir, dass wir erst mal den Markt durchdringen sollten, danach können wir den Rahm abschöpfen."*
a) Erläutern Sie, welche Preisstrategien die beiden Herren verfolgen möchten.
b) Zu welcher Strategie raten Sie? Begründen Sie Ihre Entscheidung.

4.4.3 Konditionen- und Servicepolitik als preispolitische Maßnahme gestalten

„Wenn wir die neue Kollektion von ‚ergo-design-natur' auf den Markt bringen, müssen wir uns überlegen, ob wir nicht mal ganz neue Wege beschreiten. Insbesondere unsere Zahlungsbedingungen sollten wir neu gestalten. Ich denke da an eine Verlängerung des Zahlungsziels, indem wir den Abnehmern die Möglichkeiten bieten, die Büromöbel sofort zu erhalten, aber erst nach fünf Monaten zu bezahlen", sagt Herr Winkler, der Abteilungsleiter Verkauf/Marketing. *„Halt, so geht das aber nicht!"*, ruft sofort Frau Berg dazwischen. *„Wir haben enorme Kosten, und die können wir nur tragen, wenn die Kunden möglichst schnell bezahlen. Sollen die sich doch einen Kredit aufnehmen, wenn sie kein Bargeld haben. Außerdem beklagen wir ohnehin schon die schleppenden Zahlungseingänge unserer Kunden. Wenn wir schon die Zahlungsbedingungen ändern, dann so, dass unsere Kunden schneller bezahlen."*

ARBEITSAUFTRÄGE
♦ Beschreiben Sie, wie die Zahlungsbedingungen von der Primus GmbH gestaltet werden können, sodass sie einerseits für Kunden einen Kaufanreiz bieten, aber andererseits den Wunsch der Primus GmbH auf schnelle Zahlung erfüllen.
♦ Erläutern Sie an Beispielen die Servicepolitik.

● Konditionenpolitik

Beim Absatz von Produkten legt ein Unternehmen Konditionen (Bedingungen) fest, zu denen er seine Produkte verkaufen möchte. Dabei ist entscheidend, dass bei der Gestaltung der Konditionen **Kaufanreize** gegeben werden. Diese Kaufanreize müssen sich positiv von den Konditionen anderer Anbieter unterscheiden. Häufig liegen die Verkaufspreise für Produkte durch Marktgegebenheiten fest (Konkurrenzpreise). Gerade dann bleibt meist nur noch ein Gestaltungsspielraum im Rahmen der Konditionenpolitik für den Anbieter übrig. Sofern durch die Konditionen Kosten für den Anbieter anfallen, müssen sie in der Preiskalkulation berücksichtigt werden.

LF 2
- **Lieferbedingungen**: Die Gestaltung der Lieferbedingungen ist ein wichtiges Instrument des Marketings. Oft sind für Abnehmer die Produkte verschiedener Hersteller austauschbar bezüglich Preis, Ausstattung und Qualität. Die Entscheidung für einen bestimmten Lieferer hängt dann z.B. von den Lieferkonditionen ab.

LF 2
- **Beförderungskosten**: Nach der gesetzlichen Regelung muss sich ein Käufer seine Waren beim Lieferer auf eigene Kosten abholen (§ 447 BGB). Im Rahmen der Konditionenpolitik kann jedoch ein Unternehmen seinen Kunden entgegenkommen, indem es einen Teil oder die gesamten Beförderungskosten übernimmt. Dies gilt ebenfalls für die Verpackungskosten und die Kosten für eine Transportversicherung.

  Beispiel Die Primus GmbH beliefert alle Abnehmer im gesamten Bundesgebiet ab 250,00 € Umsatz zuzüglich Mehrwertsteuer porto- und frachtfrei. Der Mindestauftragswert beträgt 50,00 €.

Zusätzlich können sogenannte **Frankogrenzen** festgelegt werden. Diese beinhalten die Übernahme von Fracht- und Verpackungskosten durch den Verkäufer ab einem bestimmten Einkaufswert oder einer bestimmten Einkaufsmenge.

LF 2
- **Lieferzeit**: Für Käufer ist häufig entscheidend, dass sie die Lieferzeit selbst bestimmen können. So wünschen manche Abnehmer, dass die Lieferung sofort, zu einem festgelegten späteren Zeitpunkt oder in bestimmten Teillieferungen erfolgen soll. Durch eine kundengerechte Gestaltung der Lieferbedingungen können Kaufentscheidungen von Abnehmern günstig beeinflusst werden.

  Beispiel Die Primus GmbH vereinbart mit ihren Abnehmern flexible Lieferzeiten, bei Bedarf kann ein fester Lieferzeitpunkt gewählt werden.

LF 2
- **Zahlungsbedingungen**: Wenn über den Zahlungszeitpunkt im Kaufvertrag nichts ausgesagt ist, so gilt die gesetzliche Regelung, d.h., der Käufer hat sofort bei Übergabe der Ware zu zahlen. Auch hier kann eine großzügige Erweiterung dieser Regelung Kaufanreize geben.

  Beispiel Rechnungen der Primus GmbH sind innerhalb von 30 Tagen zu begleichen.

LF 2
- **Zahlungsziel**: Ein Zahlungsziel liegt vor, wenn ein Verkäufer Ware liefert und dem Käufer einräumt, erst zu einem bestimmten späteren Zeitpunkt zu zahlen. Dies kann

LF 4 beim Käufer zu erheblichen Kosteneinsparungen führen, insbesondere dann, wenn er den Kaufpreis mit **Fremdkapital** finanzieren muss.

  Beispiel Die Primus GmbH liefert der Klöckner-Müller-Elektronik AG Büromöbel für einen Schulungsraum im Wert von 85 000,00 €. Sie gewährt der AG ein außerordentliches Zahlungsziel von drei Monaten. Obwohl die AG das Geld zur Bezahlung zur Verfügung hat, nutzt sie das Zahlungsziel aus, da sie vorübergehend eine gute kurzfristige Anlage für Barkapital hat

LF 2 (**Verzinsung** zu 2 %). Hieraus ergibt sich für sie ein Zinsvorteil von 425,00 €.

$$\text{Berechnung: Zinsen} = \frac{\text{Kapital} \cdot \text{Monate} \cdot \text{Zinssatz}}{100 \cdot 12} = \frac{85\,000{,}00 \cdot 3 \cdot 2}{100 \cdot 12} = 425{,}00\ €$$

- **Skonto**: Skonto ist ein Nachlass für vorzeitige Zahlung. Zwar wird ein Zahlungsziel vereinbart, jedoch wird dem Kunden erlaubt, z. B. 2 % vom Rechnungspreis abzuziehen, wenn er innerhalb der kürzeren Skontofrist die Rechnung bezahlt.
- **Rabatte (Preisnachlässe)**: Rabatte sind Nachlässe auf den kalkulierten Preis aus unterschiedlichen Anlässen. Zu unterscheiden sind die **Sofortrabatte**, die bereits bei Rechnungserteilung abgezogen werden, von den **nachträglich gewährten Rabatten**.
    - Sofortrabatte:

Mengenrabatt	Nachlass bei Abnahme größerer Mengen
Treuerabatt	Nachlass für langjährige Kunden
Wiederverkäuferrabatt	Nachlass für Einzelhändler und Großverbraucher (Produktionsbetriebe, Gaststätten, Krankenhäuser u. a.)
Naturalrabatte	Sie werden in Form von Waren als Drauf- oder Dreingabe gewährt. **Draufgabe**: kostenlose Zugabe auf die bestellte Menge **Beispiel** Ein Kunde der Primus GmbH bestellt 100 Stück eines Artikels. Er erhält 110 Stück, von denen aber nur 100 berechnet werden. **Dreingabe**: Von der bestellten Menge wird ein Teil nicht berechnet. **Beispiel** Ein Kunde der Primus GmbH bestellt 100 Stück eines Artikels, die auch geliefert werden. Ihm werden aber nur 90 Stück in Rechnung gestellt.
Sonderrabatte	Sie werden im Rahmen bestimmter Aktionen gewährt, wie z. B. – **Einführungsrabatt** bei Aufnahme neuer Artikel ins Sortiment, – **Messerabatt** auf Bestellungen bei Messen und Ausstellungen, – **Rabatte** an Großverbraucher wie Schulen, Krankenhäuser, Stadtverwaltungen, – **Personalrabatt** für Belegschaftsmitglieder.

   - **Nachträglich gewährte Rabatte**: Überschreitet ein Kunde den in den AGB oder im Angebot angegebenen Mindestumsatz im Geschäftsjahr, wird ihm eine **Umsatzrückvergütung (Bonus)** gewährt. Ziel der Bonusgewähung ist es, Kunden in einem vereinbarten Zeitraum zu einer größeren Abnahmemenge zu motivieren. Mit der Anknüpfung an einen Zeitraum sind längerfristige Kundenbindung und Kundentreue erreichbar. Mithilfe unterschiedlicher Rabatte können zielgerichtet Preisdifferenzierungen vorgenommen werden.
- **Finanzierung**: Viele Unternehmen bieten ihren Kunden Finanzierungshilfen an. Diese beinhalten insbesondere den Ratenkauf sowie den Kauf auf Kredit. Häufig werden die Kredite über bestimmte Kreditinstitute abgewickelt, mit denen die Unternehmen zusammenarbeiten.

   Beispiel Die Primus GmbH entschließt sich, ihren Abnehmern die Möglichkeit einzuräumen, Büromöbel auf Kredit zu kaufen. Hierbei arbeitet sie mit der Sparkasse Duisburg zusammen, die den Kunden der Primus GmbH bei Bedarf einen Kredit zur Verfügung stellt.
- **Garantie, Kulanz** (vgl. S. 29): Die **Sachmängelhaftung** für die Lieferung mangelfreier Produkte beträgt nach gesetzlicher Regelung zwei Jahre. Häufig verlängern Lieferer

diese Frist, um ihren Kunden entgegenzukommen und sich von dem Angebot der Konkurrenz abzuheben (Garantie).

Beispiel Die Primus GmbH übernimmt für alle Waren eine Mindestgarantie von 36 Monaten.

Im Rahmen der Kulanz kann ein Unternehmen auch Leistungen erbringen, zu denen es gesetzlich oder vertraglich nicht verpflichtet ist.

Beispiel Ein Rechtsanwalt kauft bei der Primus GmbH eine Schreibtischkombination in Eiche. Nach einer Woche bittet er um Umtausch in eine Kombination in Esche. Die Primus GmbH ist rechtlich zu diesem Umtausch nicht verpflichtet. Im Wege der Kulanz liefert sie jedoch die neue Kombination und nimmt die alte zurück.

- **Mindermengenzuschläge und Mindestabnahmemengen**: Aus Kostengründen verlangen viele Groß- und Außenhandlungen oft die Abnahme einer bestimmten Mindestmenge. Kunden, die trotzdem weniger bestellen wollen, wird ein Mindermengenzuschlag berechnet.

Beispiel Die AGB der Primus GmbH sehen einen Mindestauftragswert von 100,00 € vor.

- **Valutierung**: Bei der Valutierung datiert man eine Rechnung für einen Vertragsabschluss vor. Zahlung und Zahlungsbedingungen (z. B. Skonto) beziehen sich entsprechend auf das vordatierte Rechnungsdatum.

Beispiel Viele Onlinehändler werben im Weihnachtsgeschäft damit, dass die Bezahlung oder die erste Rate erst in drei Monaten fällig wird. Der Kauf erfolgt im Dezember. Die Rechnung wird jedoch auf März datiert.

● Servicepolitik

LF 1 Service- und Kundendienstleistungen sind ein wichtiges Instrument des Marketings. Hierin kann für die Abnehmer ein entscheidendes Auswahlkriterium für die Wahl des Lieferanten bestehen. Diese Leistungen können für die Kunden entweder kostenfrei oder kostenpflichtig sein.

Beispiel Die Primus GmbH bietet beim Verkauf ihrer Waren folgende Leistungen an:
- Einrichtungsberatung durch qualifizierte Innenarchitekten (Gestaltung von Arbeitsräumen, Beratung bei der Auswahl von Büromöbeln)
- Lieferung der Büromöbel und fachmännischer Aufbau
- Rücknahme und Entsorgung von alten Büromöbeln
- Kundenbetreuung bei Problemen der Auftragsabwicklung
- Produktberatung
- telefonische Bestellannahme
- Sechs-Stunden-Service: Bei einem Bestelleingang bis 12:00 Uhr gelangen die Artikel bis 18:00 Uhr zum Versand.
- Kreditkartenzahlung

○ Serviceleistungen

Zu den **Serviceleistungen** zählen diejenigen Dienste, die vor (Pre-Sales-Serviceleistungen), während oder nach dem Einkauf (After-Sales-Service) angeboten werden. Die **warenunabhängigen** Serviceleistungen sind generell auf den Kunden gerichtet und sollen seine Beschaffungstätigkeit erleichtern.

Beispiele Kundenbetreuung, Unterstützung des Einzelhandels bei Marketingaktivitäten, betriebswirtschaftliche Beratung und Schulung, Personalschulung

Im Mittelpunkt der **warenabhängigen** Serviceleistungen kann sowohl die Ware als auch der Kunde stehen. Sie sollen die Ingebrauchnahme der Ware, die Erhaltung und Verbesserung der Gebrauchstauglichkeit und die Entsorgung vereinfachen.

Beispiele Installation, Reparatur, Wartung, Pflege, Gebrauchsberatung, Waren- oder Investitionskredite, Kulanz, Zustellung, Entsorgung, Garantie, Rücknahme von Produkten nach Nutzungsdauer (Pre-Sales-Service-Leistungen = Serviceleistungen, die bereits vor dem Verkauf eines Produktes den Kunden angeboten werden)

Serviceleistungen werden immer mehr zu einem wichtigen Marketinginstrument. Hierin kann für die Abnehmer ein entscheidendes Auswahlkriterium für die Wahl des Lieferanten bestehen.

Ferner kann nach technischen und kaufmännischen Serviceleistungen unterschieden werden.

- **Technische Serviceleistungen**: Technische Serviceleistungen werden häufig als **Kundendienst** bezeichnet.

    Beispiel Auszug aus der Aufstellung über technische Serviceleistungen der Primus GmbH:
    - **Zustellservice**: Wir liefern Ihnen sperrige Waren (Schreibtische, Regalelemente usw.) direkt nach Hause.
    - **Installationsservice**: Elektrogeräte (Alarmanlage, Tischkopierer usw.) werden bei Ihnen zu Hause von unserem fachkundigen Personal aufgebaut und installiert.
    - **Reparaturservice**: Waren, die Sie beim Primus GmbH erworben haben, können im betriebseigenen Reparaturdienst gewartet werden, dies gilt insbesondere für Tischkopierer, Smartphones, Notebooks.
    - **Ersatzteilservice**: Für unsere Waren garantieren wir Ihnen, dass wir schnellstens Ersatzteile beschaffen. Für die meisten Verschleißteile unterhalten wir ein reichhaltiges Vorratslager.

- **Kaufmännische Serviceleistungen**: Hierzu gehören alle Dienstleistungen des Groß- und Außenhändlers, die mit der Kaufvorbereitung und -durchführung in Zusammenhang stehen.

    Beispiel Auszug aus der Aufstellung über kaufmännische Serviceleistungen der Primus GmbH:
    - **Auftragsannahme**: Wir unterhalten einen telefonischen Auftragsdienst rund um die Uhr (Telefon: 0203 44536-90, Fax: 0203 44536-98). Sie können telefonisch, per E-Mail oder per Fax Waren bestellen bzw. reservieren lassen. Wenn Sie zu uns kommen, stehen die Waren bereits abholbereit für Sie zur Verfügung. Natürlich können Sie auch weiterhin schriftlich, z. B. per Postkarte oder Brief, bestellen.
    - **Informationsservice**: Wir informieren Sie ständig über unser Sortiment und unsere Sonderaktionen. Sehen Sie in den Fachzeitungen nach, wöchentlich erscheint dort unsere „Primus-Beilage". In unseren Verkaufsräumen haben wir für Sie das Info-Center eingerichtet. Dort finden Sie Fachzeitschriften und Testberichte über zahlreiche Artikel unseres Hauses. Neu ist unsere „INFO-Datenbank", an einem PC können Sie selbst Testberichte über unsere Artikel abrufen. Ein Mitarbeiter hilft Ihnen gerne dabei. Für nur 2,50 € erhalten Sie unsere Primus-Blu-ray mit den wichtigsten Inhalten unserer INFO-Datenbank. Hiermit können Sie in Ruhe stöbern und über unseren Auftragsservice direkt bestellen.

PRAXISTIPP Bieten Sie immer Serviceleistungen und Zusatzartikel an. Seien Sie nicht verärgert, wenn der Kunde die Serviceleistungen und Zusatzartikel ablehnt.

Konditionen- und Servicepolitik als preispolitische Maßnahme gestalten

- Die **Gestaltung der Konditionen** muss darauf abgestimmt sein, dass für die Kunden Kaufanreize entstehen. Sofern durch die Konditionen Kosten verursacht werden, müssen sie in der Preiskalkulation berücksichtigt werden.
  - Die **Lieferbedingungen** umfassen die Beförderungskosten und die Lieferzeit.
  - Die **Zahlungsbedingungen** regeln das **Zahlungsziel**, **Skonto**, **Rabatte** und **Finanzierungshilfen**.
  - Die **Garantie** kann über den gesetzlichen Rahmen der **Sachmängelhaftung** (zwei Jahre) hinausgehen.
  - **Kulanz**: Leistung des Lieferers ohne gesetzliche Verpflichtung.
  - Eine Valutierung ermöglicht die Vordatierung einer Rechnung und verändert entsprechend die Zahlungsbedingungen.

- **Service und Kundendienst** können kostenfrei oder kostenpflichtig sein.

- **Serviceleistungen**: Dienstleistungen, die vor, während oder nach dem Einkauf zusätzlich angeboten werden
  - **technische Serviceleistungen** = Kundendienst: Unterweisung im Gebrauch, Installation, Inspektion, Wartung, Reparatur, Ersatzteilbeschaffung, Überlassung von Ersatzgeräten
  - **kaufmännische Serviceleistungen** = alle Dienstleistungen, die mit Kaufvorbereitung und -durchführung in Zusammenhang stehen: Produktinformation, Produktberatung, Zustellung, Umtausch, Pflegedienst, Änderung, Reparatur, Ersatzteilhaltung, Erleichterung bei der Auftragserteilung und -abwicklung, Schulung, Kreditgewährung

---

1. Überlegen Sie sich Gründe, weshalb Lieferer ihren Kunden ein Zahlungsziel einräumen.

2. Es ist verständlich, dass Kunden lieber eine Garantiefrist haben, die die gesetzlich vorgeschriebene Frist von zwei Jahren übersteigt. Für den Lieferer können dadurch langfristige Verpflichtungen und ggf. Kosten entstehen. Zählen Sie Gründe auf, weshalb sich die Primus GmbH trotzdem zu längeren Garantiefristen entschließen könnte.

3. Geben Sie an, welche Vorteile die Primus GmbH und einer ihrer Kunden durch die Ausnutzung von Skonto haben.

4. Überlegen Sie sich, welche Kundendienst- und Serviceleistungen Sie als Privatverbraucher bereits in Anspruch genommen haben und sammeln Sie die Ergebnisse in einer Liste.

5. Werten Sie Anzeigen in Zeitungen bezüglich der Angabe von Liefer- und Zahlungsbedingungen aus, beschaffen Sie sich Liefer- und Zahlungsbedingungen von Unternehmen (Geschäftsbedingungen bei Kaufverträgen) und stellen Sie Unterschiede heraus.

6. a) Erstellen Sie eine Liste von Service- und Kundendienstleistungen, die die Primus GmbH ihren Kunden anbieten kann.
b) Formulieren Sie für die Primus GmbH konkrete Konditionen für die Bezahlung und die Lieferung von Produkten.

7. Erstellen Sie mit einem Tabellenkalkulationsprogramm eine Entscheidungshilfe für die Ausnutzung eines Zahlungsziels oder den Abzug von Skonto. Ziel ist es, ein praktikables

Instrument zu entwickeln, bei dem ein Rechnungsbetrag, ein Skontosatz und der marktübliche Zinssatz einzugeben sind. Aus diesen Werten ist eine eventuelle Kosteneinsparung bei Skontoausnutzung zu berechnen.

8. Erläutern Sie die verschiedenen Rabattarten und geben Sie an, wie Finanzierungshilfen des Lieferers kaufanreizend wirken können.

9. Einige Handelsunternehmen bieten ihren Kunden gegen Abschluss einer Versicherung eine Verlängerung der Garantie an. Beurteilen Sie diese Maßnahme aus der Sicht des Unternehmens und des Kunden.

5 Die Marketinginstrumente kombinieren am Beispiel der Primus GmbH

5.1 Den Marketingmix für den „ergo-design-natur" einsetzen

Die Verkaufs- und Marketingabteilung der Primus GmbH hat inzwischen alle absatzpolitischen Instrumente, die für die Einführung des neuen Bürostuhls „ergo-design-natur" infrage kommen, analysiert. *„Jetzt müssen wir die einzelnen Instrumente nur noch auflisten und dann in einem Konzept zusammenfassen"*, sagt Herr Holl aus dem Bereich Büroeinrichtung. *„So einfach geht das denn doch nicht. Schließlich müssen wir uns genau überlegen, welche Instrumente wir zur Einführung einsetzen wollen und wie diese dann zusammenpassen"*, erläutert ihm Dorothea Klein, seine Vorgesetzte. *„Richtig! Und wir müssen vor allem den Einsatz aller Instrumente auf die von der Geschäftsleitung vorgegebenen Marketingziele ausrichten"*, ergänzt Herr Winkler, der Abteilungsleiter. *„Am besten tragen wir zunächst nochmal die Ausgangsdaten zusammen und überlegen dann gemeinsam, welche Marketinginstrumente für die Einführung sinnvoll sein könnten. Die Geschäftsleitung möchte übermorgen das Gesamtkonzept mit uns diskutieren."*

ARBEITSAUFTRÄGE
- Erarbeiten Sie Gründe für die Abstimmung der einzelnen absatzpolitischen Instrumente im Hinblick auf die Marketingzielsetzung.
- Erstellen Sie ein Schema, das Auskunft über die Bedeutung der einzelnen Marketinginstrumente der Primus GmbH im Rahmen des Gesamtmarketingkonzepts gibt.

Im Rahmen des **Marketingmix** kombiniert ein Unternehmen sein absatzpolitisches Instrumentarium unter Berücksichtigung seiner Marketingziele. Die Bedeutung der einzelnen Instrumente hängt im Wesentlichen vom jeweiligen Unternehmen (z. B. Hersteller, Handel) und vom Käufer (z. B. Endverbraucher, Einkäufer eines Unternehmens) ab. Ein optimales Zusammenwirken der einzelnen Instrumente kommt nur dann zustande, wenn die Marketinginstrumente harmonisch zusammenwirken.

Der Marketingmix ist zudem kein starres System, sondern er muss sich ständig den sich ändernden Marktgegebenheiten anpassen. Je nachdem, in welcher Produktlebenszyklusphase (vgl. S. 203) sich ein Unternehmen mit seinem Produkt befindet, müssen die Instrumente ggf. modifiziert und optimiert werden.

● Absatzmarketingkonzept für den Bürostuhl „ergo-design-natur"

Situations-analyse	Sortiments-/ Produktpolitik	Preis-, Konditionen- und Kundendienstpolitik	Distributions-politik	Kommunikationspolitik
– Unternehmenssituation – Absatzmarkt – Konkurrenz – Zielgruppe – Marketingziele – Marketingstrategie	– Sortimentsaufbau – Sortimentserweiterung – Sortimentsvariation – Sortimentsbereinigung	– Preisfestlegung – Preisstrategiefestlegung – Konditionen – Service/Qualität	– Absatzmethoden – Absatzwege – Absatzorgane	– Absatzwerbung – Verkaufsförderung – Öffentlichkeitsarbeit – Verkaufsgespräche – gesetzliche Regelungen

○ Situationsanalyse

Im Rahmen einer Situationsanalyse beschreibt ein Unternehmen die Ausgangsdaten für das Absatzmarketingkonzept. Hierzu gehört eine Kurzbeschreibung der Unternehmenssituation, des Absatzmarktes, der Konkurrenzsituation, der Zielgruppe und der Zielsetzung. Alle Daten basieren auf Erhebungen im Rahmen der Marktforschung.

- **Unternehmenssituation:** Die Primus GmbH als Groß- und Außenhandlung für Bürobedarf konnte in den letzten Jahren eine zunehmende Konzentration im Bereich des Einzelhandels beobachten. Folge dieser Entwicklung war die Schließung einiger Facheinzelhandelsgeschäfte, zum Teil jahrelange Kunden der Primus GmbH. Neue Kunden konnten dagegen im Bereich der Großverbraucher gewonnen werden, da hier zunehmend der Wunsch nach einer Komplettlösung für den Bürobedarf beobachtet werden konnte.

In einer Situation des Käufermarkts und der damit verbundenen starken Nachfragemacht, der steigenden Mobilität der Käufer und der zunehmenden Konkurrenz ist die Gewinnspanne der Primus GmbH immer mehr unter Druck geraten. Zudem neigen insbesondere öffentliche Institutionen aufgrund der Defizite öffentlicher Haushalte zu immer größerem Sparverhalten, wenn es um zusätzliche Ausgaben geht. Auch beim privaten Verbraucher ist mit einem Rückgang der Nachfrage zu rechnen.

- **Absatzmarktbeschreibung:** Als potenzielle Kunden für den neuen Bürostuhl „ergo-design-natur", der der Warengruppe Büroeinrichtung zugeordnet wird, kommen zunächst alle derzeitigen Kunden der Primus GmbH infrage. In der genannten Warengruppe konnte zudem eine Umsatzsteigerung festgestellt werden. Grundsätzlich sind in der Büromöbelbranche derzeit rückläufige Umsatzzahlen zu beobachten. Hiervon nicht so stark betroffen sind allerdings Büromöbel, die gesundheitsfördernd sind, da viele Menschen nicht mehr die Zeit haben, ihrem Körper auf andere Weise „etwas Gutes zu tun". Die meisten Menschen sind auch bereit, entsprechend höhere Preise zu zahlen. Zudem neigen immer mehr Unternehmen dazu, ihre Arbeitsplätze ergonomisch zu gestalten, da ein besserer Arbeitsschutz viel Geld sparen kann, wenn die Arbeitnehmer weniger erkranken.

Beispiel Der deutsche Gewerkschaftsbund hat gesundheitsschädigende Arbeitsbedingungen als Hauptursache für den Krankenstand in Betrieben und die hohe Frühinvalidität bezeichnet. Ergonomisch gestaltete Arbeitsplätze können dieser Tendenz entgegenwirken.

- **Konkurrenzsituation**: Von den direkten Konkurrenten der Primus GmbH bietet bisher einer ein ähnliches Produkt an. Dieses ist jedoch, wie alle Produkte des Konkurrenten, qualitativ erheblich hochwertiger angesiedelt und entsprechend teurer. Zudem beliefert dieser Konkurrent vor allem den ortsansässigen Facheinzelhandel und keine Großverbraucher.

- **Zielgruppe**: Als Hauptzielgruppen für den Bürostuhl „ergo-design-natur" kommen ökologisch orientierte Unternehmen und öffentliche Verwaltungen infrage, welche die Gesundheit ihrer Arbeitnehmer im Auge haben. Weitere Kunden könnten im Bereich des Sanitätsfacheinzelhandels gefunden werden, da hier der Privatverbraucher Lösungen für seine Gesundheitsprobleme sucht.

- **Marketingziele**: Aufgrund der vorliegenden Situationsanalyse haben die Geschäftsführer der Primus GmbH für die Einführung des Bürostuhls „ergo-design-natur" folgende Ziele zusammengefasst:
  – Erreichung eines Marktanteils von 5 % innerhalb von einem Jahr,
  – Umsatzerwartung für das erste Geschäftsjahr: 200 000,00 €,
  – Schaffung eines Bekanntheitsgrades der Produktlinie von 50 %.

- **Marketingstrategie**: Die Primus GmbH hat sich entschlossen, für die Einführung des „ergo-design-natur" mit einer Kombination aus Differenzierungsstrategie und Marktsegmentierungsstrategie vorzugehen. Zum einen will sich die Primus GmbH mithilfe der Kundendienstpolitik bewusst von den Konkurrenten abheben (Differenzierung), zum anderen soll der Markt in Teilgruppen nach den Abnehmergruppen Endverbraucher in der Verkaufsboutique, Facheinzelhandel, öffentliche Großverbraucher und karitative Einrichtungen (Marktsegmentierung) zur besseren Bearbeitung segmentiert werden.

○ Sortiments- und Produktpolitik

- **Einflussgrößen auf die Sortimentsanpassung**: Nachdem das Rechnungswesen in Zusammenarbeit mit dem Controlling grundsätzlich einen positiven Deckungsbeitrag für den neuen Bürostuhl „ergo-design-natur" erwartet, spielen für die Primus GmbH vor allem die **Auswahl** des **künftigen Lieferers** in Bezug auf die Qualitätsanforderungen und die **Umweltverträglichkeit** der Produktbestandteile eine wichtige Rolle.

- **Einordnung in den Sortimentsaufbau**: Der **Artikel** Bürostuhl „ergo-design-natur", der dem **Kernsortiment** der Primus GmbH zugeordnet wird, soll in den **Sorten** schwarz, dunkelgrün, jadegrün, karminrot und azurblau angeboten werden.

- **Sortimentspolitische Entscheidung**: Mit der Einführung des „ergo-design-natur" erfolgt im Rahmen einer **Sortimentserweiterung** eine **Differenzierung**.

○ Preis-, Konditionen- und Kundendienstpolitik

Ein Schwerpunkt im Absatzmarketingkonzept für den „ergo-design-natur" soll auf den Bereich des Kundendienstes und der Konditionen gelegt werden, da die derzeitige Unternehmenssituation einen starken Preiskampf vermuten lässt und daher schon von Anfang an weitere Wege zur Abhebung von der Konkurrenz gefunden werden müssen.

- **Preispolitik**: Bei der Preisgestaltung orientiert sich die Primus GmbH vor allem an den **Kosten**. Die Vollkostenrechnung hat ergeben, dass der Listenverkaufspreis bei 225,00 € liegen muss. Dieser Preis liegt ca. 75,00 € unter dem des einzigen Konkurrenten, der jedoch höherwertige Bezugsstoffe verwendet. Im Rahmen einer Preisdifferenzierung sollen folgende Arten praktiziert werden:

Art	Konkrete Gestaltung
Mengenmäßige Preisdifferenzierung	Staffelpreise: ab 1 Stück 225,00 €, ab 5 Stück 215,00 €, ab 10 Stück 199,50 €
Zeitliche Preisdifferenzierung	In der Einführungsphase von sechs Monaten gilt ein Sonderpreis von 199,50 €.
Personelle Preisdifferenzierung	Abnehmergruppen mit besonderer Multiplikatorfunktion (z. B. Stadtverwaltungen) und soziale Einrichtungen (z. B. Rotes Kreuz, Behindertenwerkstätten, Jugendeinrichtungen) erhalten einen Sonderpreis von 202,50 €.
Räumliche Preisdifferenzierung	Inlandskunden zahlen den Normalpreis, Auslandskunden je nach Marktsituation einen Zu- oder Abschlag.

- **Konditionenpolitik**: Wie oben beschrieben gewährt die Primus GmbH für den Bürostuhl „ergo-design-natur" sowohl einen **Mengen**- als auch einen **Einführungsrabatt**. Weitere Rabatte sind zunächst nicht vorgesehen. Im Gegensatz zu den Allgemeinen Geschäftsbedingungen gilt bei den **Lieferbedingungen** zunächst eine kostenfreie Zustellung im Ruhrgebiet. Alle weiteren Kunden im Bundesgebiet beliefert die Primus GmbH porto- und frachtfrei ab einem Auftragswert von 250,00 € zuzüglich Mehrwertsteuer. Erfolgt die Bestellung bis 12:00 Uhr, so geht die Ware bis 18:00 Uhr in den Versand und wird i. d. R. am nächsten Tag ausgeliefert. Die **Zahlungsbedingungen** der Primus GmbH erlauben ein Zahlungsziel von 30 Tagen. Bei Zahlung innerhalb von zehn Tagen werden 2% Skonto gewährt. Die **Garantie** für diesen Bürostuhl wird auf drei Jahre festgesetzt. Weiterhin können alle Kunden, die innerhalb der Einführungsphase kaufen, von der **Valutierung** ihrer Rechnung bis zum Ende dieser Phase Gebrauch machen.

- **Kundendienstpolitik**: Die Primus GmbH plant, die Einführung des neuen Bürostuhls durch einige gesundheitsfördernde Maßnahmen, Schulungen und Beratungen für ihre Kunden zu begleiten. Zu diesem Zweck kann Herr Holl, ein Mitarbeiter im Verkauf der Primus GmbH, von den Kunden angefordert werden. Herr Holl soll vor Ort die ergonomische Situation der Arbeitsplätze analysieren und ein passendes Einrichtungskonzept erarbeiten. Gleichzeitig bietet die Primus GmbH für ihre Kunden einmal im Monat eine kostenlose Rückenschule an. Neben diesen **warenunabhängigen** Serviceleistungen wird auch ein warenabhängiger Service geboten: Reparatur und kostenlose Zustellung im Ruhrgebiet.

○ Distributionspolitik

Für den Verkauf des Bürostuhls „ergo-design-natur" beschließt die Primus GmbH, die bisherigen Absatzwege und -organe beizubehalten. Der **indirekte Absatz** erfolgt an Großkunden über **Handelsvertreter** und der **direkte Absatz** über die **Verkaufsboutique und den Onlinehandel** an den Endverbraucher. Als Ergänzung soll in Zukunft zudem der **Versandhandel** über die Internetadresse möglich werden. Im Rahmen des **indirekten Absatzes** wird der **Facheinzelhandel** beliefert. Die Primus GmbH ist auf den Messen ORGATEC in Köln und der Fachmesse für Arbeitsschutz in Düsseldorf vertreten. Daneben veranstaltet die Primus GmbH jährlich im Anschluss an die ORGATEC eine **Hausmesse**.

○ Kommunikationspolitik

Ausgehend von der Situationsanalyse und den Entscheidungen der Sortiments-, Preis-, Konditionen-, Kundendienst- und Distributionspolitik werden für die Einführung des neuen Bürostuhls „ergo-design-natur" folgende Maßnahmen geplant:

- **Absatzwerbung**: Der Schwerpunkt der bisherigen marketingpolitischen Entscheidungen liegt in der Sortimentserweiterung, der Konditionen- und Kundendienstpolitik. Zunächst ist eine **Einzelwerbung** durch die Primus GmbH geplant. Der **Werbeplan** wird wie folgt aufgestellt:

Inhalt des Werbeplans	Maßnahmen im Rahmen der Einführung des Bürostuhls „ergo-design-natur"
Streukreis	Der Markt für den „ergo-design-natur" umfasst Großverbraucher, Behörden und Facheinzelhändler sowie den Endverbraucher in der Verkaufsboutique.
Werbebotschaft	Botschaft: „formschönes Design, Berücksichtigung ergonomischer Bedürfnisse, ökologisch ‚einwandfrei'"; die Präsentation erfolgt in einer klaren informativen Sprache und stellt die ergonomischen und ökologischen Aspekte des neuen Produkts sowie der Zusatzleistungen der Primus GmbH heraus.

Beispiel für den Text einer Anzeige auf der Website der Primus GmbH:

Tun Sie etwas für Ihre Gesundheit!

➡ Der neue Bürostuhl „ergo-design-natur" ist ein körpergerecht geformter Stuhl, der nach ergonomischen und arbeitsmedizinischen Erkenntnissen gefertigt ist. Die Wirbelsäule wird aufgerichtet, die inneren Organe werden durchblutet, und durch den orthopädischen Sitzkeil kippt das Becken nicht mehr ab. Herz und Lunge werden entlastet und das Gehirn besser durchblutet. Er ist zudem ökologisch „einwandfrei", da er voll recyclingfähig und wiederverwertbar ist.

➡ Der „ergo-design-natur" hat eine Sicherheitsgasfeder nach DIN 4551, ist medizinisch getestet und GS-geprüft.

Inhalt des Werbeplans	Maßnahmen im Rahmen der Einführung des Bürostuhls „ergo-design-natur"
Werbemittel und Werbeträger	Für die Einführungsphase sind Prospekte, eine Internetseite und die Direktwerbung geplant. Persönliche Werbebriefe werden per Post und über E-Mail an die derzeitigen und potenziellen Kunden versandt.
Streuzeit	Alle Werbemittel sollen im August und September erscheinen, damit die Unternehmen bis zum Ende des Jahres noch Gelegenheit haben, die Büroeinrichtung mit in das neue Budget einzuplanen. Entsprechend wird auch der Termin für die ersten Serviceleistungen festgesetzt.
Streugebiet	Die Primus GmbH will zunächst ihren Schwerpunkt in Nordrhein-Westfalen setzen, damit alle Kunden optimal von den Serviceleistungen profitieren können.
Werbeintensität	Die gezielte Direktwerbung soll aus einem Werbebrief und einem Antwortbrief bestehen.

Da durch die Vermarktung des neuen Bürostuhls im ersten Jahr ein Umsatz von etwa 0,5 Mio. € erwartet wird, soll das **Werbebudget** prozentual davon bestimmt werden. Aufgrund der Neueinführung sollen 6% vom Umsatz als Werbebudget verwendet werden, also 30 000,00 €. Nach dem Abschluss der Einführungswerbeaktionen ist geplant, die potenziellen Kunden im Rahmen der **Werbeerfolgskontrolle** anzurufen und ihnen kurze Fragen zum Produkt zu stellen. Natürlich werden auch die entsprechenden Umsatzzahlen ständig beobachtet.

- **Verkaufsförderung**: Durch eine **Verkaufspromotion** sollen die Verkaufsmitarbeiter für den Verkauf der neuen Produktlinie geschult werden. Zudem erfolgt ein Kurs zur ergonomischen Gestaltung von Büros. Die Händler des Facheinzelhandels erhalten im Rahmen der **Händlerpromotion** die Möglichkeit, sich ebenfalls über die neue Produktlinie und eine ergonomische Gestaltung von Arbeitsplätzen zu informieren. Gleichzeitig bietet die Primus GmbH den Händlern Kurse für Rückenschulung an. In der Einführungsphase wird es einen Händlerwettbewerb geben, der als ersten Preis die komplette Büroausstattung für den Unternehmensleiter verspricht.

- **Öffentlichkeitsarbeit**: Zur Einführung des neuen Bürostuhls plant die Primus GmbH ihren jährlichen **Tag der offenen Tür**. Eingeladen sind neben der Presse auch alle Kunden, die sich für die neue Produktlinie und die anderen Waren der Primus GmbH interessieren. In diesem Zusammenhang finden Vorträge zur ergonomischen Gestaltung von Arbeitsplätzen und Vorführungen einer sinnvollen Rückenschule statt.

- **Beratungs- und Verkaufsgespräche**: In Zusammenarbeit mit einem Spezialisten hat die Primus GmbH für die Einführung des Bürostuhls „ergo-design-natur" eine Ablaufskizze für ein Verkaufsgespräch entwickelt. Der **Schwerpunkt** liegt hierbei in der **Bedarfsermittlung** und der **Argumentation**. Darüber hinaus soll im Rahmen des **Telefonmarketings** auch eine längere Nachkontaktphase aufgebaut werden.

Den Marketingmix für den „ergo-design-natur" einsetzen

- Im **Marketingmix** kombiniert ein Unternehmen seine marketingpolitischen Instrumente unter Berücksichtigung der jeweiligen Ausgangssituation. Als optimal wird der Marketingmix dann bezeichnet, wenn die Kombination der Instrumente harmonisch und zielgerecht ist. Im Hinblick auf eine marktorientierte Unternehmensführung sollten die gewählten Instrumente ständig beobachtet und ggf. an neue Marktgegebenheiten angepasst werden.

- Der Marketingmix zur **Einführung des Bürostuhls „ergo-design-natur"** setzt Schwerpunkte in der **Konditionen-** und **Kundendienstpolitik**. Zudem bietet sich die Einzelwerbung im Rahmen der **Kommunikationspolitik** an, um potenzielle Kunden ohne große Streuverluste über die Sortimentserweiterung zu informieren.

1. Planen Sie für Ihren Ausbildungsbetrieb eine Sortimentserweiterung aus wirtschaftlichen oder ökologischen Gründen. Entwickeln Sie einen entsprechenden Marketingmix für die Einführung der neuen Warengruppe bzw. des neuen Artikels. Stellen Sie Ihr Ergebnis auf einem Plakat dar und präsentieren Sie es vor der Klasse.

2. Die Cash-and-carry-Großhandlung Food GmbH steht vor dem Planungsproblem, ihr Sortiment für Tiefkühlfertigprodukte neu zu überdenken, da, entgegen dem allgemeinen Trend, die Umsätze stark zurückgegangen sind. Generelles Ziel des Unternehmens ist dabei die Ausweitung des Marktanteils durch eine Umsatzsteigerung bei den Tiefkühl-Produkten (TK-Produkten).
Auszug aus einer Fachzeitschrift:

> **Bequemlichkeit** – engl. convenience – hat in deutschen Küchen ohnehin Konjunktur: Der amerikanische Appetit auf vorgefertigte Nahrungsmittel oder fix und fertig zubereitete Speisen hat die Deutschen angesteckt. Dass diese Bequemlichkeit ihren Preis hat, vermuten nicht nur Verbraucherverbände. Umso neidvoller blickt der Handel daher auf die Tankstellen-Shops, die die Convenience-Kunden bisher fast alleine bedienten. Im traditionellen Handel machten diese Produkte bisher nur ein bis zwei Prozent aus. Das Convenience-Feld wollen die Händler aber nicht kampflos verloren geben – können sie auch nicht.

Die der Food GmbH zugrunde liegende Zielgruppenanalyse für Endverbraucher orientiert sich stark an dem durch die Sinus-Studie beschriebenen hedonistischen Milieu: stark jugendlich geprägt (zwei Drittel sind jünger als 25 Jahre), Streben nach Genuss, Abwechslung, Zerstreuung und intensivem Leben. Das Hier und Jetzt verdeckt Gedanken an das Morgen. Bürgerliche Karriere und Spießertum werden abgelehnt. Man lebt in einer Ästhetik der starken Reize. Interessant ist ferner, dass die Käufer von Fertiggerichten von ihrer psychologischen Grundeinstellung für Neuerungen prinzipiell aufgeschlossen sind und auch noch ein relativ hohes Preisniveau akzeptieren. Die TK-Gerichte werden zurzeit in vier Zubereitungen (Hähnchenbrustfilet, Kabeljaufilet, Chopsuey und Rinderstreifen), in einem Karton verpackt, angeboten. Die Listenverkaufspreise der Produkte liegen derzeit zwischen 1,49 € und 1,68 €. Die Distribution erfolgt ausschließlich in Ladengeschäften der Food GmbH.

Erarbeiten Sie ein sinnvolles Absatzmarketingkonzept für die Food GmbH. Informieren Sie sich dafür vorab über die Produktvielfalt im Tiefkühlfertiggerichtbereich. Präsentieren Sie Ihre Ergebnisse vor der Klasse.

5.2 Verbesserungsvorschläge durch das Absatzcontrolling für Marketingmaßnahmen ableiten

Die Geschäftsleitung der Primus GmbH beobachtet seit Längerem einen Umsatzrückgang bei den Warengruppen „Verbrauch" und „Organisation". Nach dem ersten Quartal im neuen Geschäftsjahr meldet Herr Zimmer, zuständig für Controlling, eine Besorgnis erregende Abweichung der tatsächlichen Umsätze von den Umsatzerwartungen. Mit diesen Zahlen begibt sich Herr Müller zu Frau Primus. „Frau Primus, haben Sie schon die neuesten Umsatzzahlen der Warengruppen 3 und 4 gelesen?"

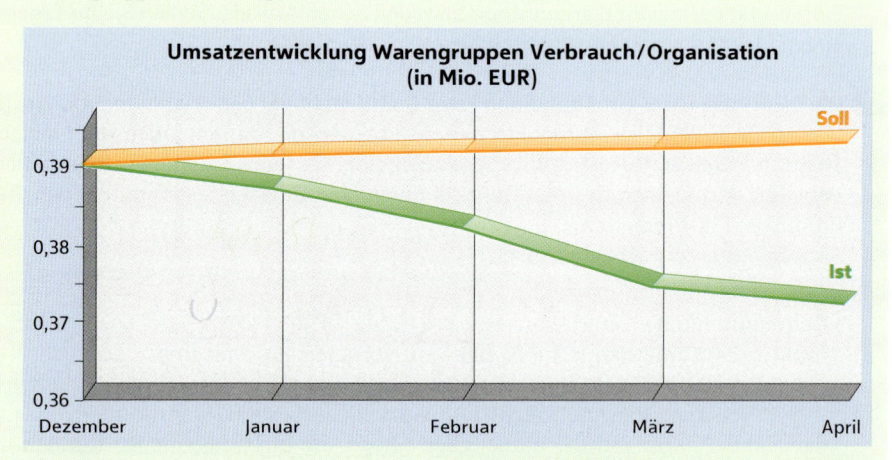

Umsatzentwicklung Warengruppen Verbrauch/Organisation (in Mio. EUR)

Soll / Ist – Dezember, Januar, Februar, März, April (0,36 – 0,39)

Frau Primus betrachtet die entsprechenden Übersichten aus der Controlling-Abteilung: *„Ich denke, wir müssen hier sofort handeln. Daher werde ich eine Hausmitteilung an unsere Abteilungsleiter verfassen, damit wir gemeinsam einen Maßnahmenkatalog entwickeln können. Zu diesem Zweck muss Herr Zimmer uns allerdings noch weitere Zahlen aufbereiten."*

ARBEITSAUFTRÄGE
- Beschreiben Sie präzise die Aussage der vorliegenden Grafik und stellen Sie erste Mutmaßungen an, wie es zu dieser Entwicklung kam.
- Machen Sie Vorschläge, welche zusätzlichen Daten oder Übersichten für das Treffen der Geschäftsleitung mit den Abteilungsleitern sinnvoll wären.
- Erläutern Sie allgemein, welche Informationen ein Controller zur ABC-Analyse der Kunden, zur Renner-Penner-Liste und zur Deckungsbeitragsrechnung benötigt.

Aufgaben des Absatzcontrollings

Das Absatzcontrolling ist ein **Teilbereich** des Controllings. Angesichts der besonderen Anforderungen an eine systematisch marktorientierte Unternehmensführung gehen Groß- und Außenhandelsunternehmen dazu über, sog. Funktionsbereichs-Controller einzurichten. Dabei nimmt das Absatzcontrolling eine besonders wichtige Stellung ein.

Beispiel In der Primus GmbH werden die Controllingaufgaben im Absatz-, Beschaffungs-, Lager- und Personalbereich durch den Controller Herrn Zimmer in Zusammenarbeit mit den jeweiligen Abteilungsleitern durchgeführt und koordiniert. Die Ergebnisse des Absatzcontrollings gehen sofort an die Geschäftsleitung, während die anderen Ergebnisse nur auf den Quartalsmeetings der Abteilungsleiter besprochen werden.

Wie in allen Controllingbereichen gilt es auch beim Absatzcontrolling, für künftige **Entscheidungen** und **Planungen Informationen** mit geeigneten **Methoden** zu gewinnen. Nur die systematische Informationsgewinnung und -verarbeitung ermöglicht eine zielgerichtete **Steuerung** des Unternehmens bzw. den effektiven Einsatz der absatzpolitischen Instrumente (vgl. S. 133 ff.).

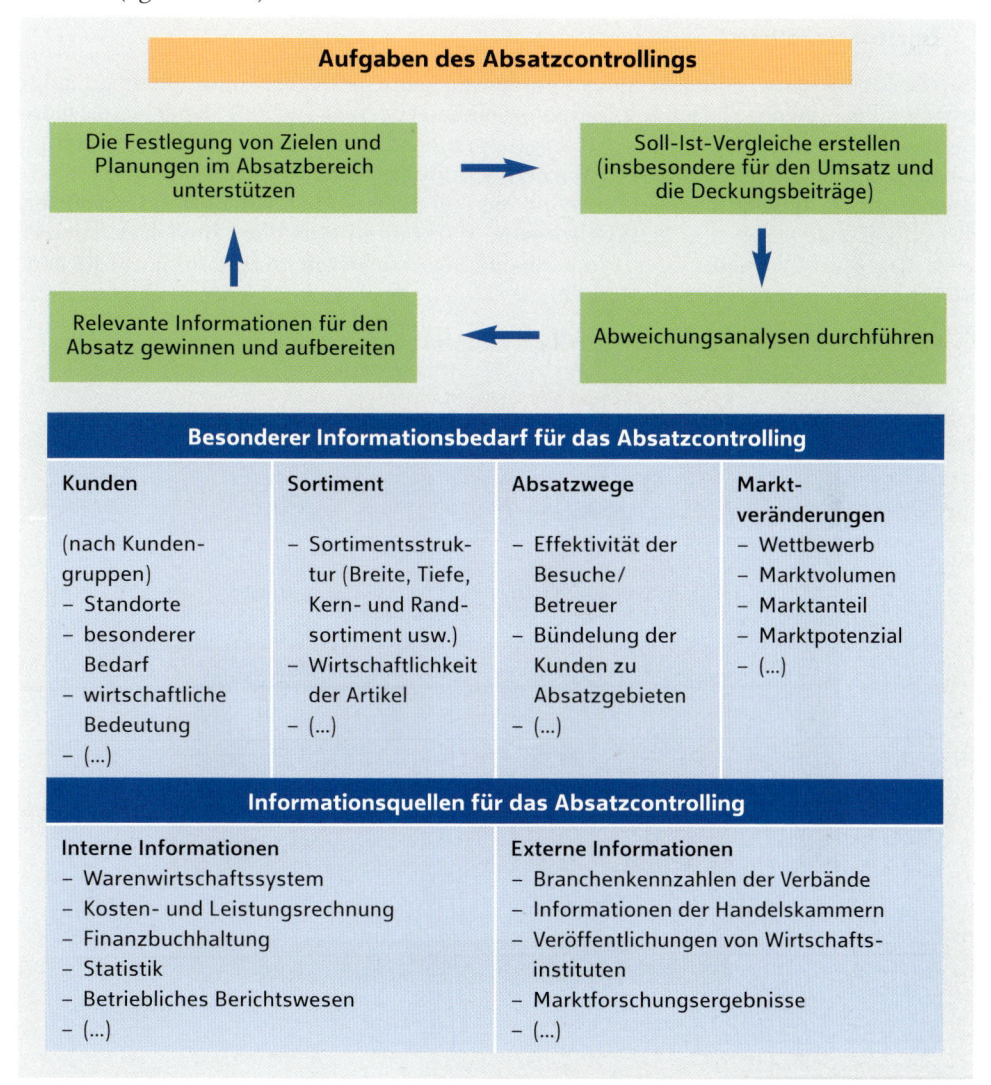

Aufgaben des Absatzcontrollings

- Die Festlegung von Zielen und Planungen im Absatzbereich unterstützen
- Soll-Ist-Vergleiche erstellen (insbesondere für den Umsatz und die Deckungsbeiträge)
- Abweichungsanalysen durchführen
- Relevante Informationen für den Absatz gewinnen und aufbereiten

Besonderer Informationsbedarf für das Absatzcontrolling

Kunden	Sortiment	Absatzwege	Marktveränderungen
(nach Kundengruppen)	– Sortimentsstruktur (Breite, Tiefe, Kern- und Randsortiment usw.)	– Effektivität der Besuche/Betreuer	– Wettbewerb
– Standorte	– Wirtschaftlichkeit der Artikel	– Bündelung der Kunden zu Absatzgebieten	– Marktvolumen
– besonderer Bedarf	– (…)	– (…)	– Marktanteil
– wirtschaftliche Bedeutung			– Marktpotenzial
– (…)			– (…)

Informationsquellen für das Absatzcontrolling

Interne Informationen	Externe Informationen
– Warenwirtschaftssystem	– Branchenkennzahlen der Verbände
– Kosten- und Leistungsrechnung	– Informationen der Handelskammern
– Finanzbuchhaltung	– Veröffentlichungen von Wirtschaftsinstituten
– Statistik	– Marktforschungsergebnisse
– Betriebliches Berichtswesen	– (…)
– (…)	

Strategisches und operatives Absatzcontrolling

Ebenso wie die strategische Absatzplanung (vgl. S. 131) ist das **strategische Absatzcontrolling** als Planungsvoraussetzung mittel- und langfristig ausgelegt. Gesamtwirtschaftliche Entwicklungen, Veränderungen der Kundenstruktur, ökologische Rahmenbedingungen, technische Entwicklungen und langfristig absehbare Trends sind typische strategisch relevante Informationen. Das **operative Absatzcontrolling** befasst sich mit der Steuerung und Kontrolle von Absatzaktivitäten, die kurzfristig bzw. aktuell durchgeführt werden. Der Einsatz sämtlicher Maßnahmen des absatzpolitischen Instrumentariums kann hinsichtlich der Wirksamkeit und des jeweiligen Zielerreichungsgrades beobachtet werden, sodass kurzfristig Korrekturen möglich sind.

Beispiel Bei der Markteinführung des „ergo-design-natur" führt die Primus GmbH bei wichtigen Kunden eine Händlerschulung durch. Mittels einer Telefonbefragung wird bei den entsprechenden Kunden unmittelbar nach der Maßnahme die Kundenzufriedenheit überprüft. Diese Informationen haben Auswirkungen auf die künftigen Schulungen.

Portfolioanalyse

Bei der Produktentwicklung in Industrieunternehmen wird die Portfolioanalyse zur langfristigen Planung des Fertigungsprogramms eingesetzt. Aber auch im Handel kann diese Methode helfen, Warengruppen, Artikelgruppen oder auch einzelne Artikel strategisch einzuordnen und darauf aufbauend **Marketingstrategien** zu entwickeln. Dies bezieht sich sowohl auf das Beschaffungs- als auch auf das Absatzmarketing. Die **Boston Consulting Group** hat hierzu das sog. **Marktwachstum-Marktanteil-Portfolio** entwickelt. Hierbei wird das **Marktwachstum** der Produkte mit dem **relativen Marktanteil** verglichen. Marktwachstum und relativer Marktanteil werden dabei als hoch oder niedrig klassifiziert.

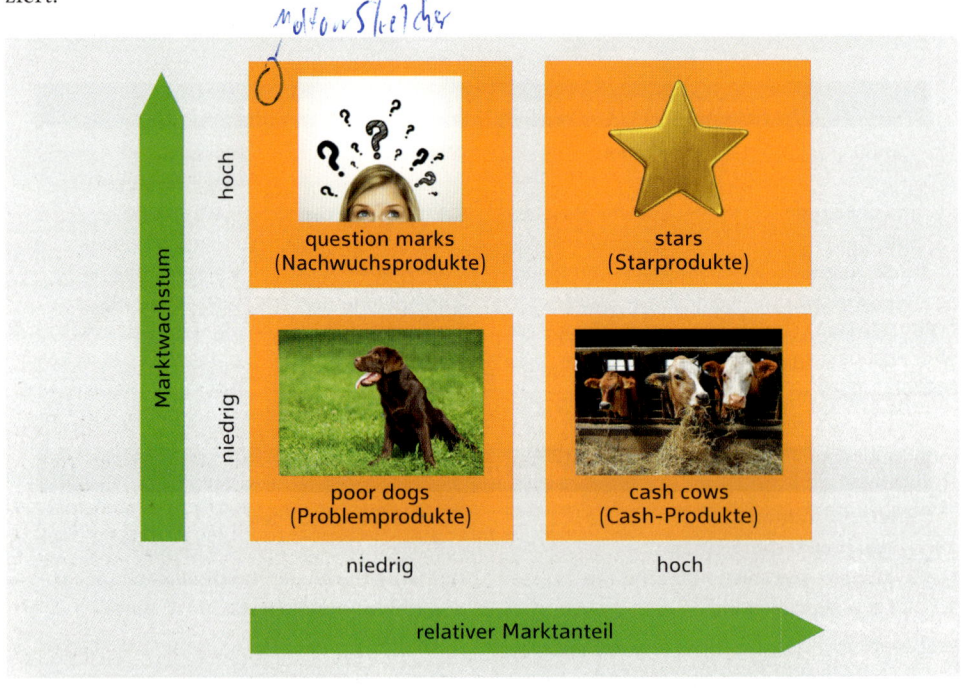

	niedrig	hoch
hoch (Marktwachstum)	question marks (Nachwuchsprodukte)	stars (Starprodukte)
niedrig (Marktwachstum)	poor dogs (Problemprodukte)	cash cows (Cash-Produkte)

relativer Marktanteil →

Durch diese Zuordnung entstehen vier Felder, die mit den englischen Begriffen **stars** (Sterne), **cash cows** (Geldkühe), **question marks** (Fragezeichen) und **poor dogs** (arme Hunde) bezeichnet werden.

Beispiel In der Warengruppe „Büroeinrichtung" ist der „ergo-design-natur" für die Primus GmbH ein Nachwuchsprodukt und soll besonders gefördert werden. Dagegen ist die Position des Bürodrehstuhls Modell 1640 die eines Problemproduktes, sodass man darüber nachdenkt, diesen aus dem Sortiment zu entfernen. Im Beschaffungsbereich versucht die Primus GmbH, Starprodukte zu identifizieren und in das Sortiment aufzunehmen.

> **PRAXISTIPP** Ordnen Sie – vielleicht zusammen mit Ihrem Ausbilder – Artikel oder ganze Warengruppen aus dem Sortiment Ihres Ausbildungsbetriebes in die Felder der Matrix ein. Diskutieren Sie dann, welche Marketingstrategien aufgrund der jeweiligen Position sinnvoll erscheinen.

○ Produktlebenszyklus

Jedes Produkt unterliegt einem sog. **Lebenszyklus**. Das Konzept basiert auf der Annahme, dass der Lebenszyklus eines Produkts von dessen Markteinführung bis zur Elimination bestimmten Gesetzmäßigkeiten folgt. Grundlage der Phaseneinteilung ist die Veränderung des Umsatzes im Zeitablauf. Dabei wird im Allgemeinen ein s-förmiger Verlauf der Umsatzkurve unterstellt.

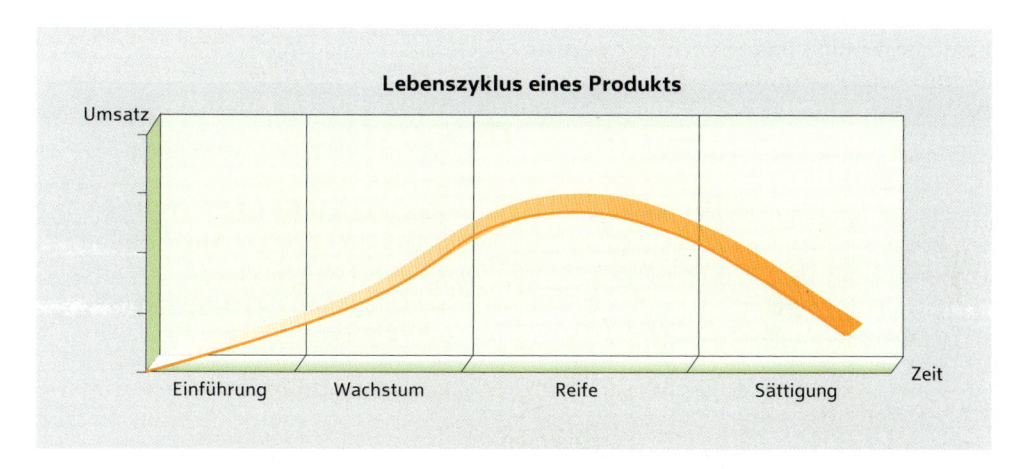

Lebenszyklus eines Produkts

Umsatz – Einführung – Wachstum – Reife – Sättigung – Zeit

Beispiel Die Bürodesign GmbH lieferte der Primus GmbH bisher den Bürodrehstuhl Modell 1630. Nach der Einführungsphase, die mit dem Erscheinen des Produkts begann und mit dem Erreichen der Gewinnschwelle endete, stiegen die Umsätze langsam. Der Bürodrehstuhl Modell 1630 erwirtschaftete jedoch aufgrund der hohen Ausgaben für Marketingaktivitäten einen Verlust. Während der Wachstumsphase setzte sich das Produkt langsam am Markt durch, der Umsatz wuchs und das Produkt erwirtschaftete Gewinn. Auch in der Reifephase stieg der Umsatz noch an, der Gewinn ging aber bereits zurück. In dieser Phase entschied sich die Bürodesign GmbH, die Hebel zum Einstellen von Sitz- und Rückenfläche auszutauschen und den Bürodrehstuhl bedienerfreundlicher zu gestalten (Produktvariation). Der „neue" Bürodrehstuhl erhielt den Namen Modell 1640. Trotz der Veränderungen stagnierte die Nachfrage nach dem Bürodrehstuhl. Der Umsatz hat seinen Höhepunkt überschritten und beginnt zu sinken (Sättigungsphase). Die letzte Phase ist durch einen weiteren Umsatzrückgang gekennzeichnet. Jetzt können die Kosten nicht mehr kompensiert werden; das Produkt macht Verlust.

Sobald der Controller und die Unternehmensleitung erkennen, dass der Rückgang der Umsatzerlöse nicht mehr aufzuhalten ist, muss besonderer Wert auf den Kauf neuer oder alternativer Produkte gelegt werden. Zusätzliche Marketingmaßnahmen für das alte Produkt wären sinnlos. Wenn sich Unternehmensleitung und Controlling intensiv mit den Produktlebenszyklen beschäftigen, können die Lebenszyklen einzelner Produkte aufeinander abgestimmt werden. Jedes Unternehmen benötigt genügend Produkte, die die aufwendige Einführungs- und Wachstumsphase bereits abgeschlossen haben, um neue Produkte zu finanzieren. Für den Groß- und Außenhändler kann der Produktlebenszyklus also Ausgangspunkt für seine Sortiments- (vgl. S. 203) und Bestellmengenpolitik sein.

Alle Instrumente des Absatzcontrollings können Bestandteil eines Kriterienkatalogs für eine **Stärken-** und **Schwächen-Analyse** (vgl. S. 131) sein. Die Stärken- und Schwächen-Analyse ist ein wichtiges Instrument der strategischen Planung. Aus ihr kann ein Unternehmen Verbesserungsvorschläge und Lösungsansätze für die Zukunft entwickeln.

Bevor eine Stärken- und Schwächen-Analyse durchgeführt wird, sollte jedes Unternehmen einen Kriterienkatalog der für das Unternehmen bedeutsamen Stärken und Schwächen erstellen (z. B. Produktqualität, Lebensdauer, Service).

● Instrumente des operativen Absatzcontrollings

Die Daten des Rechnungswesens und insbesondere des Warenwirtschaftssystems liefern die Grundlage für zahlreiche **quantitative Kennzahlen** des operativen Absatzcontrollings. Hinzu kommen **qualitative Kennzahlen**, die mit der steigenden Bedeutung der Kundenbindung ebenfalls immer wichtiger werden.

Quantitative Kennzahlen	Qualitative Kennzahlen

– Umsatzanteile einzelner Kunden (ABC-Analyse)
– Umsatz, Umsatzanteile und Umsatzentwicklung von Warengruppen bis zum einzelnen Artikel (Renner-Penner-Listen)
– Deckungsbeitrag je
  - Kunde/Absatzgebiet
  - Artikel
  - Auftrag/Verkaufs-/Außendienstmitarbeiter
	– Kundenbesuchszahl je Außendienstmitarbeiter
	– Umsatz je Kundenkontakt
	– Bekanntheitsgrad im Verhältnis zum eingesetzten Werbebudget
	– Folgeaufträge nach Auftragsabwicklung
	– Kundenbindung
	– Neukundengewinnung
	– Kundenzufriedenheit

○ Permanente Umsatzkontrollen

Die Grundlage des operativen Absatzcontrollings bilden **permanente Kontrollen** der erzielten Umsätze. Diese kann der Kaufmann täglich, wöchentlich, monatlich usw. aus dem **Warenwirtschaftssystem** abrufen und den Einsatz seines absatzpolitischen Instrumentariums entsprechend anpassen. Diese regelmäßigen Kontrollen bilden die Grundlage für weitere Analysen und die Erstellung von aussagekräftigen Statistiken.

> **PRAXISTIPP** Klären Sie, welche Kennzahlen im Tagesgeschäft Ihres Ausbildungsbetriebes von besonderer Bedeutung sind. Hieran können Sie dann auch Ihr Handeln ausrichten.

◯ ABC-Analyse

Hat eine Groß- und Außenhandlung eine Vielzahl von Kunden, ist es häufig nicht möglich, jedem Kunden die gleiche Aufmerksamkeit zu widmen. Das interne und externe Verkaufspersonal ist gezwungen, Schwerpunkte zu setzen. Die **ABC-Analyse** ist ein methodisches Hilfsmittel, um festzustellen, welchen Kunden besondere Aufmerksamkeit geschenkt werden sollte. Sie klassifiziert die Kunden der Unternehmung nach der mengen- und wertmäßigen Struktur. Erfahrungsgemäß entsteht dadurch folgende Kundenstruktur:

A-Kunden	Mengenmäßig wenige Kunden haben einen hohen Umsatzanteil (ca. 75 % des Gesamtumsatzes, ca. 15 % Mengenanteil).
B-Kunden	Nehmen sowohl mengen- als auch wertmäßig eine Mittelstellung ein (ca. 20 % des Gesamtumsatzes, ca. 35 % Mengenanteil).
C-Kunden	Mengenmäßig viele Kunden haben einen geringen Umsatzanteil (ca. 5 % des Gesamtumsatzes, ca. 50 % Mengenanteil).

Beispiel Die Primus GmbH hat den jährlichen Umsatz ihrer Kunden ermittelt und nach dem jeweiligen Anteil geordnet.

Kunde	Mengenanteil in Stück	Mengenanteil in %	Umsatzanteil in €	Umsatzanteil in %
1 Stadtverwaltung Duisburg	1	1,75 %	2 300 000,00	64 %
2 Klöckner-Müller Elektronik AG	1	1,75 %	285 000,00	8 %
3 Herstadt Warenhaus GmbH	1	1,75 %	185 000,00	5 %
4 Krankenhaus GmbH Duisburg	1	1,75 %	105 000,00	3 %
5 Modellux GmbH & Co. KG	1	1,75 %	240 000,00	7 %
6 Computerfachhandel Bosch	1	1,75 %	145 000,00	4 %
7 Bürofachgeschäft H. Blank e. K.	1	1,75 %	75 000,00	2 %
8 Carl Wägli Bürobedarf	1	1,75 %	90 000,00	3 %
9 Sonstige Kunden	50	86 %	142 300,00	4 %
Gesamt	58		3 562 300,00	100 %

Kunden	Umsatzanteil	Mengenanteil
A-Kunden (1, 2, 5)	79 %	5,1 %
B-Kunden (3, 4, 6, 7, 8)	17 %	8,9 %
C-Kunden (9)	4 %	86 %

Den A-Kunden kann nun besondere Aufmerksamkeit geschenkt werden durch:

- intensive telefonische und persönliche Betreuung,
- gemeinsame Marktanalyse und -beobachtung,
- individuell genau festgelegte Bestellmengen, -zeitpunkte und Sicherheitsbestände,
- Just-in-time-Belieferung,
- Wahl zuverlässiger und leistungsfähiger Lieferer,

- exakte Bedarfsberechnungen,
- genaue Überwachung der Bestellmengen und -zeitpunkte.

Neben der Festlegung von Strategien für A-Kunden können aus der ABC-Analyse auch Verhaltensweisen gegenüber den B- und C-Kunden abgeleitet werden.

Beispiel Um Absatzkosten zu senken, legt die Primus GmbH fest, dass für die Frei-Haus-Belieferung bestimmte Mindestbestellmengen erforderlich sind.

LF3 ○ **Renner-Penner-Listen**

○ **Deckungsbeitragsrechnung und -analyse**

LF10 Als Instrument der Erfolgsanalyse ist die Deckungsbeitragsrechnung für das operative Absatzcontrolling von besonderer Bedeutung. Die Deckungsbeitragsrechnung kann mit ganz unterschiedlichen Bezugsgrößen durchgeführt werden und dient vielfältigen Zwecken:

Kunden	Verkaufsgebiete	Aufträge	Warengruppen	Artikel
Bezugsobjekte: Die Deckungsbeitragsrechnung bezieht sich auf ...					

Deckungsbeitragsrechnung

Zweck: Die Deckungsbeitragsrechnung dient der Bestimmung ...				
Gewinn - optimales Sortiment	Rangfolge der Artikel	Preisuntergrenzen	Rangfolge der Kunden	Rangfolge der Verkaufsgebiete	Produktivität – Raum – Personal

Um einen besseren Einblick in die Ertragskraft einzelner Artikel zu erhalten, sollten Warengruppen gebildet werden. Der Deckungsbeitrag der einzelnen Produktgruppen kann dann auf die jeweiligen Umsatzerlöse bezogen werden.

Beispiel

	Bürotechnik	Büroeinrichtung	Verbrauch/Organisation
Umsatzerlöse in €	1 157 520,00	1 818 300,00	366 283,25
– variable Kosten in €	682 500,00	870 000,00	238 750,00
= Deckungsbeitrag in €	475 020,00	948 300,00	127 533,25

Produktgruppe	Deckungsbeitrag in %
Bürotechnik	41,03
Büroeinrichtung	52,15
Verbrauch/Organisation	6,82

Die Kennziffer Deckungsbeitrag in Prozent der Umsatzerlöse kann dem Unternehmen als marktorientierte Entscheidungshilfe dienen. Im Rahmen des Marketings können Warengruppen oder Artikel mit höheren prozentualen Deckungsbeiträgen verstärkt berücksichtigt werden und damit auch insgesamt einen höheren Gewinn ermöglichen.

Verbesserungsvorschläge durch das Absatzcontrolling für Marketingmaßnahmen ableiten

- Allgemein verfolgt das Absatzcontrolling die gleichen **Aufgaben** wie andere Teilbereiche des Controllings: Informationen gewinnen und aufbereiten, um Entscheidungen und Planungen zu unterstützen. Es werden **Soll-Ist-Vergleiche** erstellt und **Abweichungsanalysen** durchgeführt.

- Das Absatzcontrolling hat einen besonderen **Informationsbedarf** hinsichtlich
  - Kunden
  - Sortiment
  - Absatzwege
  - Marktveränderungen

- Man unterscheidet **interne** (z. B. das Warenwirtschaftssystem) und **externe** (z. B. Branchenkennzahlen der Verbände) **Informationsquellen**.

- Das **strategische Absatzcontrolling** ist mittel- und langfristig orientiert, das **operative Absatzcontrolling** befasst sich mit der Steuerung und Kontrolle kurzfristiger oder aktueller Absatzmarktaktivitäten.

- **Instrumente des Absatzmarktcontrollings**

Strategisch ausgerichtete Instrumente	Operativ ausgerichtete Instrumente
– Portfolioanalyse – Produktlebenszyklus	– quantitative Kennzahlen – qualitative Kennzahlen – ABC-Analyse – „Renner-Penner-Listen" – Deckungsbeitragsrechnung

1. Erläutern Sie die Bedeutung des Absatzmarktcontrollings in Ihrem Ausbildungsbetrieb.

2. Der Controller der Primus GmbH stellt in den Bereichen „Verbrauch" und „Organisation" bei einigen Artikeln einen negativen Deckungsbeitrag fest. Leiten Sie daraus Argumente
a) der Verkaufsabteilung für die Belassung im Sortiment und
b) des Controllers für eine Sortimentsbereinigung ab.
Führen Sie dazu eine Podiumsdiskussion durch.

3. Der Controller stellt folgende Produktlebenszyklen fest:

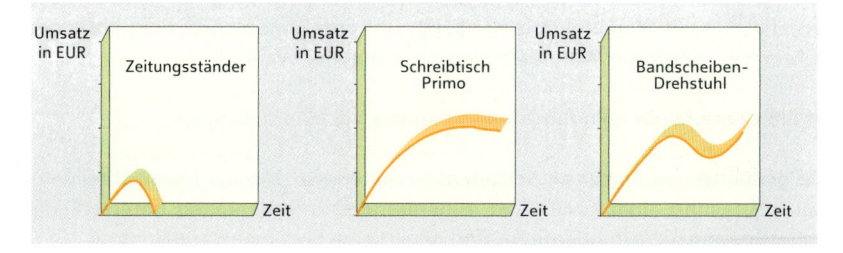

Erarbeiten Sie die Möglichkeiten der Beeinflussung der Lebenszyklen
a) durch den Controller,
b) durch die Geschäfts- bzw. Abteilungsleitung.

4. Das Absatzcontrolling ist in vielen Handelsbetrieben im Warenwirtschaftssystem integriert. Stellen Sie ein solches Warenwirtschaftssystem
a) durch ein Referat,
b) im Rahmen einer Betriebsführung in Ihrem Ausbildungsbetrieb dar.

Wiederholung zu Lernfeld 6

Übungsaufgaben

1. Nennen Sie je fünf
a) innerbetriebliche Quellen,   b) außerbetriebliche Quellen
zur Beschaffung von Marktinformationen.

2. a) Nennen Sie im Rahmen der Marktforschung je zwei Informationsquellen der
1. Primärforschung,   2. Sekundärforschung.
b) Erläutern Sie zwei Aufgaben der Marktforschung im Bereich der Beschaffung.

3. Eine Groß- und Außenhandelsunternehmung hat ein Marktforschungsinstitut mit einer Kundenbefragung zum Artikel XY beauftragt. Das Ergebnis ist in einem Polaritätsprofil, welches die Ausprägungen verschiedener Kriterien zwischen besonders gut und besonders schlecht erfasst, nachstehend auszugsweise angegeben.
a) Nennen Sie zwei Gründe, die für die Beauftragung einer auf Marktforschung spezialisierten Unternehmung sprechen.
b) Erläutern Sie, welche Erkenntnisse die Groß- und Außenhandlung aus diesem Profil gewinnen kann.

Polaritätsprofil Artikel XY:

positiv	+ 3 + 2 + 1 0 – 1 – 2 – 3	negativ
lange Haltbarkeit		geringe Haltbarkeit
hervorragende Verarbeitung		mangelhafte Verarbeitung
Liefertermineinhaltung		Lieferterminüberschreitung

4. Eine Groß- und Außenhandlung beliefert verschiedene Betriebsformen von Einzelhandelsunternehmungen. Das Sortiment der Groß- und Außenhandelsunternehmung ist breit und flach. Der Umsatz ist rückläufig. Entwerfen Sie für die Groß- und Außenhandelsunternehmung ein Marketingmix-Konzept,, um dem Umsatzrückgang entgegenzuwirken (Branchen- und/oder Warenbeispiele nach eigener Wahl).

5. Erläutern Sie einige Kundenbindungsmaßnahmen an je einem Beispiel.

6. Über eine geplante umfangreiche Sortimentserweiterung sind die Finanzabteilung und die Verkaufsabteilung einer Groß- und Außenhandelsunternehmung unterschiedlicher Auffassung. Nennen Sie Argumente für und gegen eine Sortimentserweiterung.

7. Eine Groß- und Außenhandelsunternehmung hat keine eigene Lagerkapazität für die Aufnahme zusätzlicher Artikel. Trotzdem muss das Sortiment aufgrund der Marktgegebenheiten erweitert und verändert werden. Schlagen Sie der Geschäftsleitung geeignete Maßnahmen vor und erläutern Sie Vorteile und ggf. Nachteile der einzelnen Maßnahmen.

8. Die Primus GmbH möchte durch eine Änderung ihrer Preis- und Konditionenpolitik eine Absatzsteigerung erreichen.
 a) Nennen Sie drei Möglichkeiten der Preis- und Konditionenpolitik, die besonders geeignet sind, den Umsatz zu erhöhen.
 b) Formulieren Sie die drei von Ihnen in a) genannten Konditionen so, dass sie in Angebotsschreiben aufgenommen werden können.

9. Erklären Sie im Rahmen der Preispolitik
 a) das Nettopreissystem,   b) das Bruttopreissystem.

10. Eine Groß- und Außenhandelsunternehmung beabsichtigt, eine völlig neue Warengruppe in ihr Sortiment aufzunehmen. Im Rahmen des Marketingmix sind dabei auch Überlegungen zur Preis- und Konditionenpolitik für diese Warengruppe erforderlich. Zeigen Sie an einem Warenbeispiel Ihrer Wahl Möglichkeiten der Preisfestsetzung (-gestaltung), Preisstellung (Preissysteme) und Konditionengestaltung auf.

11. Eine Groß- und Außenhandlung prüft, ob für den Vertrieb neuartiger Artikel Reisende oder Handelsvertreter eingesetzt werden sollen.
 a) Ermitteln Sie die Jahreskosten für den Reisenden und für den Handelsvertreter (der Rechenweg ist anzugeben).
 b) Nennen Sie insgesamt fünf weitere Gründe, die die Entscheidung für/gegen Reisende bzw. Handelsvertreter beeinflussen können.

Kosten für den Reisenden	Fixum je Monat	3 500,00 €
	Sonstige Kosten je Monat	2 000,00 €
	Provision	2 % vom Umsatz
Kosten für den Handelsvertreter	Auslagenersatz	600,00 €/Monat
	Provision	5 % vom Umsatz

Der erwartete Umsatz beträgt 2 Mio. €/Jahr.

12. a) Erläutern Sie die folgenden Vertriebsformen des direkten und indirekten Absatzweges: 1. Franchising,   2. Makler,   3. Rackjobber.
 b) Nennen Sie je zwei wirtschaftliche Vorteile des Rackjobber-Vertriebssystems für den 1. Groß- und Außenhändler als Rackjobber, 2. Vertragspartner (z. B. Einzelhändler).

13. Eine Kölner Groß-und Außenhandelsunternehmung steht vor der Entscheidung, zur Erschließung des norddeutschen Marktes
 a) Handelsvertreter einzusetzen oder b) eigene Verkaufsniederlassungen einzurichten. Erläutern Sie je zwei Vorteile dieser beiden Vertriebsformen für die Groß- und Außenhandelsunternehmung.

14. a) Erläutern Sie Messe und Ausstellung.
 b) Nennen Sie unter Angabe der Produktart jeweils einen Ort in Deutschland, an dem regelmäßig eine 1. Messe, 2. Ausstellung stattfindet.

15. Eine Groß- und Außenhandelsunternehmung hat bisher ihre Waren nur in Nordrhein-Westfalen vertrieben. Da eine Ausweitung des Absatzgebietes in andere Bundesländer geplant ist, prüft sie Möglichkeiten des Verkaufs über Absatzmittler (indirekter Absatz). Beschreiben Sie die verschiedenen Formen des indirekten Absatzes und erläutern Sie Vor- und Nachteile.

16. Nennen Sie
 a) fünf Möglichkeiten, neue Bezugsquellen zu ermitteln,
 b) drei Gründe, die den Käufer veranlassen können, nicht das preisgünstigste Angebot zu wählen.

Gebundene Aufgaben zur Prüfungsvorbereitung

1. Welche der folgenden Sachverhalte bilden einen Verstoß gegen das Gesetz gegen den unlauteren Wettbewerb?
 1. Ein Warenhaus veranstaltet ein Kinderfest und verschenkt dabei Luftballons.
 2. Ein Büromöbelgroßhändler kopiert das Geschäftssymbol eines bekannten Herstellers auf sein Geschäftspapier.
 3. Der Einkäufer einer Supermarktkette erhält von einer Wurstfabrik einen Geschenkgutschein über 25 Meter Dauerwurst.
 4. Ein Ausbilder beauftragt seinen Auszubildenden, in der Berufsschule seine Klassenkameraden über die Preiskalkulation der Konkurrenz zu befragen.
 5. Ein Groß- und Außenhändler gewährt allen Kunden 2,5 % Skonto bei Zahlung innerhalb von 25 Tagen nach Rechnungseingang.

2. Welche der folgenden Gesetze gehören zum gewerblichen Rechtsschutz?
 1. Patentgesetz
 2. Kartellgesetz
 3. Produktsicherheitsgesetz
 4. Gewerbesteuergesetz
 5. Gebrauchsmustergesetz

3. Was versteht man unter Marktanalyse?
 1. die methodische Untersuchung der fortlaufenden Marktentwicklung
 2. die methodische Untersuchung der Marktverhältnisse zu einem bestimmten Zeitpunkt
 3. die methodische Untersuchung der Marktverhältnisse zurückliegender Zeiträume
 4. die permanente Untersuchung der Marktverhältnisse
 5. die langfristige Vorhersage einer zu erwartenden Marktsituation

4. Ein Produkt soll auf dem direkten Absatzweg vertrieben werden. Welcher Sachverhalt beschreibt diese Art des Verkaufs?
 1. Erzeuger – Einzelhandel – Endverbraucher
 2. Erzeuger – Groß- und Außenhandel – Endverbraucher
 3. Erzeuger – Reisender – Endverbraucher
 4. Erzeuger – Handelsvertreter – Groß- und Außenhändler – Endverbraucher
 5. Erzeuger – Kommissionär – Endverbraucher

5. Ein Unternehmen untersucht während eines Jahres fortlaufend den Markt für ein Produkt. Wie lautet der Fachausdruck für diese Untersuchung?
 1. Markterkundung
 2. Marktanalyse
 3. Marktbeobachtung
 4. Konkurrenzbeobachtung
 5. Marktprognose

Wiederholung zu Lernfeld 6 – Gebundene Prüfungsaufgaben

6. Welche der folgenden Marketingaktivitäten gehören nicht zu einem Werbeplan?
1. Festlegung des Verkaufspreises
2. Bestimmung der Zielgruppe
3. Festlegung des Streukreises
4. Produktvariation und -elimination
5. Entscheidungen über Werbeträger und -mittel

7. Ordnen Sie die folgenden Entscheidungen den einzelnen marketingpolitischen Instrumenten zu.
a) Festlegung der Verkaufspreise
b) Festlegung von Lieferbedingungen
c) Sortimentsgestaltung
d) Festlegung der Absatzwege
e) Auswahl von Werbemitteln und -trägern

1. Kommunikationspolitik
2. Distributionspolitik
3. Preispolitik
4. Produkt- und Sortimentspolitik
5. Konditionen- und Servicepolitik

8. Welche der folgenden Aussagen über die Kommunikationspolitik sind richtig?
1. Werbung soll die Aufmerksamkeit der Kunden auf die Waren und Dienstleistungen lenken, Bedürfnisse wecken sowie neue Kunden gewinnen und den Kundenstamm erhalten.
2. Grundsätze bei der Werbung sind: Klarheit, Wahrheit, Wirksamkeit, Wirtschaftlichkeit und eine damit verbundene soziale Verantwortung.
3. Der Werbeplan gibt Auskunft über den Streukreis der Werbung, die Streuzeit, das Streugebiet.
4. Die Öffentlichkeitsarbeit (Public Relations) ist Bestandteil der Verkaufsförderung.
5. Verkaufsförderung (Salespromotion) ist Bestandteil der Absatzwerbung, z. B. durch den Einsatz von Propagandisten oder durch Zeitungsanzeigen.

9. Bei welchem Beispiel handelt es sich um Sammelwerbung?
1. Ein Kaufmann lässt an alle Haushaltungen einen Werbebrief verteilen.
2. An der Bushaltestelle werden Plakate angebracht mit der Aufschrift: „Fahr mit der Bahn."
3. Im Werbefernsehen wird ein Spot eingeblendet mit dem Text: „Aus deutschen Landen frisch auf den Tisch."
4. Als Anzeige werden in der Tageszeitung die Namen aller am Bau eines Einkaufszentrums beteiligten Unternehmen genannt.
5. Auf einer Messe werden kostenlos Kosmetikbehandlungen mit Produkten eines Herstellers angeboten.

10. Die Primus GmbH erweitert ihr Verkaufsgebiet. Mit verschiedenen Maßnahmen sollen die Waren den Kunden vorgestellt werden. In welchem Fall handelt es sich dabei um Verkaufsförderung?
1. Die Primus GmbH führt eine Pressekonferenz anlässlich einer Jubiläumsfeier durch.
2. Die Primus GmbH gestaltet die firmeneigenen Fahrzeuge mit dem Logo der Primus GmbH.
3. Die Primus GmbH fördert das Kinder- und Jugendzentrum Duisburg.
4. Die Primus GmbH schaltet in Fachzeitschriften Anzeigen.
5. Die Primus GmbH führt eine Hausmesse durch.

11. Die Primus GmbH hat Schreibtischlampen als neues Produkt in ihr Sortiment aufgenommen. Dabei erfolgte eine Ausweitung des Leistungsprogramms auf Gebiete, auf denen die Primus GmbH bisher nicht tätig war. Wie nennt man diese Ausweitung?

1. Diversifikation
2. Sortimentsbereinigung
3. Produktvariation
4. Sortimentskooperation
5. Produktgestaltung

12. Welchen Vorteil hat der Einsatz eines Handlungsreisenden für die Primus GmbH?
1. Durch den Einsatz des Handlungsreisenden werden dem Unternehmen Kosten erspart, da er in keinem festen Arbeitsverhältnis steht.
2. Der Handlungsreisende konzentriert sich auf die Waren des Unternehmens, da er fest angestellt ist.
3. Der Handlungsreisende trägt das Absatzrisiko, da er nur auf Erfolgsbasis arbeitet.
4. Der Handlungsreisende verfügt über umfangreiche Marktkenntnisse, da er mehrere Produkte von verschiedenen Unternehmen vertreten kann.
5. Neue Absatzgebiete lassen sich auf jeden Fall schneller und preisgünstiger erschließen, da der Handlungsreisende nur auf Erfolgsbasis arbeitet.

13. Für ihre Werbeaktivitäten sucht die Primus GmbH geeignete Werbeträger. Prüfen Sie, welche der folgenden Begriffsgruppen ausschließlich Werbeträger beinhalten.
1. TV-Werbespots, Prospektmaterial, öffentliche Verkehrsmittel
2. Display-Material, Beilagen, Anzeigen
3. Außenwerbung, Lesezirkel-Aufkleber, Zeitungsinserate
4. Tageszeitungen, Hörfunk, Filmtheater
5. Plakate, Rundfunkspots, Publikumszeitschriften

Ungebundene Aufgaben zur Prüfungsvorbereitung

1. Sie sind Mitarbeiter/-in in der Primus GmbH. Ihr Unternehmen musste in letzter Zeit Umsatzeinbußen hinnehmen. Ein Grund dafür ist, dass ein Konkurrent den deutschen Markt erobern will und eine aggressive Preispolitik betreibt. Deshalb sollen Sie die bisherige Absatzpolitik überprüfen und neue Absatzstrategien entwickeln.
  a) In der Marktforschung unterscheidet man die Primär- und Sekundärforschung. Kennzeichnen Sie diese beiden Marktforschungsmethoden und nennen Sie jeweils zwei Beispiele.
  b) Sie wollen zukünftig Ihre Kunden bei der Werbung für die Warengruppe „Büroeinrichtung" unterstützen. Schlagen Sie zwei praktische Beispiele für Werbemittel und Werbeträger vor und begründen Sie Ihre Wahl.
  c) Die Primus GmbH will in Zukunft neben Reisenden auch Handelsvertreter einsetzen. Erläutern Sie zwei Argumente, die für diese Maßnahme sprechen.
  d) Aufgrund der Wettbewerbssituation sind Sie gezwungen, den Artikel Bürostuhl „ergo-design-natur" zum Preis von 230,00 € netto anzubieten. Überprüfen Sie, zu welchem Bezugs-/Einstandspreis Sie diesen Artikel höchstens einkaufen dürfen, wenn Sie 25 % Handlungskosten und 15 % Gewinn berücksichtigen müssen.

2. Die Hage AG, ein Hersteller für Elektrogeräte und Lieferant der Primus GmbH, plant die Einführung eines Kaffee-/Teeautomaten für Großraumbüros, der dem Anspruch nach umweltschonender Herstellung und anspruchsvollem Design genügen soll.
Das Gerät soll aus recyceltem Kunststoff hergestellt und nach Ablauf der Lebensdauer im Rahmen einer Rücknahmegarantie dem Recycling zugeführt werden. Die Gestaltung wird von einem bekannten Designer vorgenommen, der dem Gerät eine unverwechselbare

Form geben soll. Das Gerät soll dem Großhandel unter dem Namen „Öko-Design-Kaffee-/Teeautomat" zu einem um 10 % über dem Branchendurchschnitt liegenden Preis angeboten werden.

Als das Projekt auf einer Konferenz der Abteilungsleiter der Primus GmbH vorgestellt wird, sind diese eher skeptisch. Man ist der Meinung, der Verbraucher sei nicht bereit, einen höheren Preis für einen „Öko-Design-Kaffee-/Teeautomaten" zu zahlen. Und außerdem seien die Kunden, die auf Ökologie und anspruchsvolles Design achten, grundverschieden.

a) Armin Hack macht den Vorschlag, die Wünsche der Kunden im Rahmen der Marktforschung zu ermitteln. Stellen Sie fest, welche Marktdaten die Primus GmbH zur Neueinführung des Kaffee-/Teeautomaten benötigt, und machen Sie Vorschläge, wie die erforderlichen Daten beschafft werden können.

b) Die Geschäftsleitung legt fest, dass die Daten über den Markt im Rahmen einer Befragung von 30 Einzelhandelsbetrieben erhoben werden sollen. Sie erhalten den Auftrag, den erforderlichen Fragebogen zu erstellen. Formulieren Sie geeignete Fragen für diesen Fragebogen.

Die Auswertung der Befragung zeigt, dass das Thema „Umwelt" von 68 % der Befragten als wichtigstes Thema angesehen wird. 63 % sind bereit, für ein ökologisch vertretbares Produkt einen 10 % über dem Durchschnitt liegenden Preis zu zahlen. 80 % der Befragten sind der Meinung, dass ökologisch vertretbare Produkte und anspruchsvolles Design gut zusammenpassen.

c) Auf der Grundlage der Befragung entscheidet die Geschäftsleitung, dass der „Öko-Design-Kaffee-/Teeautomat" produziert werden soll. Legen Sie eine Marketingstrategie für das neue Produkt fest und erläutern Sie Ihre Entscheidung.

d) In einer weiteren Sitzung der Geschäftsleitung wird die Preisstrategie diskutiert. Der Verkaufsleiter möchte im Rahmen der „Skimmingpolitik" einen deutlich hohen Einführungspreis festlegen, der Produktionsleiter ist für die „Penetrationspolitik", d. h. einen niedrigen Einführungspreis, um eine schnelle Markteinführung zu sichern. Sie werden aufgefordert, die Vor- und Nachteile dieser preispolitischen Strategien darzustellen und eine begründete Auswahl für eine Strategie zu treffen.

e) Im Rahmen der Konditionen- und Servicepolitik sollen Sie Vorschläge ausarbeiten, die die gewählte Preisstrategie sinnvoll unterstützen.

3. Sie sind Mitarbeiter/-in der Primus GmbH und nehmen als Vertreter/-in Ihres Unternehmens an einer Sitzung der Bürodesign GmbH teil.

a) Die Abteilungsleiter der Bürodesign GmbH diskutieren Möglichkeiten der Distributionspolitik. Der Leiter des Rechnungswesens schlägt vor, den Einzelhandel direkt zu beliefern und den Großhandel auszuschalten. So könne man zu günstigeren Preisen anbieten als die Konkurrenz. Sammeln Sie Argumente für die Beibehaltung der Belieferung des Großhandels. Argumentieren Sie aus der Sicht der Primus GmbH.

b) Die Bürodesign GmbH möchte den Verkauf der Regalsysteme im Einzelhandel durch Maßnahmen der Verkaufsförderung unterstützen und bittet Sie, hierzu Vorschläge zu erarbeiten. Besuchen Sie ein Möbelhaus oder ein SB-Warenhaus und stellen Sie fest, welche Maßnahmen der Verkaufsförderung in diesen Unternehmen eingesetzt werden.

c) Erstellen Sie einen Katalog von Verkaufsförderungsmaßnahmen für die Bürodesign GmbH.

d) Die Bürodesign GmbH möchte die geplanten Verkaufsförderungsmaßnahmen durch Öffentlichkeitsarbeit unterstützen. Erarbeiten Sie Vorschläge für konkrete Public-Relations-Maßnahmen.

e) Stellen Sie eine Liste der wettbewerbsrechtlichen Regeln zusammen, die die Bürodesign GmbH bei den geplanten Maßnahmen beachten muss.

4. Zur Sortimentsvertiefung im Bereich der Bürodrehstühle der Primus GmbH soll u. a. die Messeneuheit „Think" der Steelcase Werndl AG eingeführt werden. Das Besondere an diesem Bürodrehstuhl im mittleren Preissegment ist, dass „er weiß, was seine Benutzer wollen"; es ist „ein Stuhl, der mitdenkt."
Man überlegt, diese revolutionäre Neuentwicklung den Stammkunden der Primus GmbH entweder durch Besuche von Außendienstmitarbeitern oder über eine Hausmesse zu präsentieren.
a) Nennen Sie für die Primus GmbH
1) drei Vorteile, 2) drei Nachteile
einer Bekanntmachung über Außendienstmitarbeiter.
b) Die Entscheidung ist zugunsten der Bekanntmachung über Außendienstmitarbeiter gefallen.
Erstellen Sie eine Checkliste mit vier Punkten, die im Vorfeld der Besuche der Außendienstmitarbeiter von der Verkaufsabteilung zu klären sind.
c) Erläutern Sie die wesentlichen Unterschiede zwischen einem Reisenden und einem Handelsvertreter.
d) Beschreiben Sie die wesentlichen Aufgaben einer Hausmesse.
e) Schreiben Sie eine Einladung zu der Hausmesse an die Stammkunden der Primus GmbH.

5. Die Primus GmbH will sich mit einem Premiumbürostuhl als Eigenmarke von den Wettbewerbern abgrenzen und ein Alleinstellungsmerkmal schaffen.
a) Führen Sie vier Eigenschaften an, wofür die neue Marke stehen könnte.
b) Ein Maßnahme, um die Positionierung von der Primus GmbH in der Branche festzustellen, wäre Benchmarking (Branchenvergleich). Erläutern Sie anhand von zwei Aspekten die Bedeutung von Benchmarking für die Primus GmbH.
c) Die Primus GmbH will in Ihrer Preispolitik den starken Wettbewerb berücksichtigen. Sie sprechen sich dafür aus, bereits in der Frühphase der Produkteinführung die Rückwärtskalkulation anzuwenden. Nennen Sie vier Daten, die Sie für diese Vorgehensweise benötigen.
d) Erläutern Sie zwei Schlussfolgerungen, die die Primus GmbH aus dem Ergebnis der Rückwärtskalkulation ableiten kann.
e) Das Controllig der Primus GmbH hat bereits eine erste Break-Even-Point-Analyse vorgenommen, damit Sie der Erfolgschancen des neuen Premiumbürodrehstuhls besser einschätzen können. Aufgrund ihrer Angaben zum geplanten Verkaufspreis wurde als Gewinnschwelle ein Absatz in Höhe von 3 084 Stück pro Periode ermittelt. Dabei geht die Primus GmbH von folgenden Annahmen aus:
– Verkaufspreis (Stück)   195,00 €
– Gesamtkosten: 185 000,00 €
– Variable Stückkosten   135,00 €
Nach Rücksprache mit Ihrem Vorgesetzten nehmen Sie eine eigene Berechnung des Break-Even-Points (Gewinnschwelle) vor, bei der Sie von 10 % höheren variablen Stückkosten ausgehen.
Ermitteln Sie unter Angabe eines nachvollziehbaren Lösungsweges die veränderte Gewinnschwelle in Stück pro Periode.

LERNFELD 7

Außenhandelsgeschäfte anbahnen

1 Kulturelle Rahmenbedingungen von Außenhandelsgeschäften berücksichtigen

Lutz Kröger, Geschäftsführer der Kröger & Bach KG, wird für einen Podcast zur chinesischen Geschäftskultur interviewt.

Interviewer: *„Herr Kröger, Sie haben nun 20 Jahre Erfahrung im Handel mit China. Denken Sie an Ihr erstes Meeting mit chinesischen Geschäftsleuten. Woran erinnern Sie sich spontan?"*

Lutz Kröger: (lacht) *„Ich bekam auf einer Handelsmesse eine Visitenkarte überreicht und steckte sie sofort in die Tasche. Dann ging ich direkt zum geschäftlichen Teil über."*

Interviewer: *„War das falsch?"*

Lutz Kröger: *„Aus meiner Sicht war das völlig normal, ich stand unter Zeitdruck und wollte keine Zeit mit Small Talk verlieren. Mein chinesischer Gesprächspartner fand das sehr unhöflich. Er hätte erwartet, dass ich seine Visitenkarte mit beiden Händen annehme, aufmerksam lese, ihn dann freundlich ansehe und mich wertschätzend für die Aushändigung der Karte bedanke."*

Interviewer: *„Da sind Sie gleich ins Fettnäpfchen getreten. Gibt es noch mehr solcher Fallstricke im Umgang mit chinesischen Partnern?"*

Lutz Kröger: *„Meistens liegt das Problem in der Kommunikation. Man versteht chinesische Geschäftspartner schnell falsch, wenn man nicht mit ihrem kulturellen Hintergrund vertraut ist."*

Interviewer: *„Aber das lässt sich doch ändern."*

Lutz Kröger: *„Natürlich. Interkulturelle Kompetenz ist heute das Schlüsselwort."*

摸着石头过河

Mit den Füßen nach den Steinen tastend den Fluss überqueren.

ARBEITSAUFTRÄGE

◆ Erläutern Sie den Begriff der Geschäftskultur.
◆ Sowohl für Herrn Kröger als auch für den chinesischen Gesprächspartner war es das erste Treffen mit einem Handelspartner aus dem jeweils anderen Land. Erläutern Sie, wie beide das besagte „Fettnäpfchen" hätten vermeiden können.
◆ Erklären Sie, wie interkulturelle Kompetenz erworben werden kann.

● Andere Länder, andere Sitten: Unterschiede in der Geschäftskultur

Wie Menschen sich im Geschäftsleben üblicherweise verhalten, wie sie handeln und miteinander kommunizieren, was sie wertschätzen oder ablehnen und welche geschäftlichen Gepflogenheiten sich daraus insgesamt ergeben, wird mit den Begriffen **Geschäftskultur** oder **Business Mentality** bezeichnet. Diese ist über das Verhalten, das Handeln und die Kommunikation der Geschäftspartner direkt wahrnehmbar.

Wer Kontakt zu ausländischen Lieferanten oder Kunden unterhält, wird bei diesen oft Unterschiede zur eigenen „inländischen" Geschäftskultur feststellen. Manches wird als anders oder gar als fremd empfunden. Denn Einstellungen, Denk- und Verhaltensweisen sowie Erwartungen spiegeln die jeweiligen kulturellen, religiösen und politischen Verhältnisse wider, in denen Menschen aufgewachsen sind und leben.

Merkmale der Geschäftskultur (Beispiele)	Josef Hop-Singh, Kröger & Bach KG, berichtet von seinen Erfahrungen im internationalen Handel
Rituale 	„Deutsche kommen bei Geschäftsterminen gerne schnell zur Sache. Asiatische Geschäftspartner steigen lieber zunächst über einen ausgiebigen Small Talk in die Verhandlungen ein."
Sach- und Personenorientierung 	„Besonders im asiatischen und arabischen Kulturkreis hat das persönliche Verhältnis zu anderen Geschäftspartnern Vorrang vor der Sache. Ich habe schon oft erlebt, dass unsere Exportabteilung erst ein Angebot abgeben durfte, nachdem man dem Kunden ihm bekannte Personen als Referenz genannt hat."
Hierarchie, Verantwortung und Entscheidung 	„Wenn wir längerfristige Lieferverträge mit chinesischen Unternehmen abschließen, begleite ich Herrn Kröger zu den Meetings. Zunächst war es für mich dort sehr schwierig. Als normaler Angestellter wurde ich von chinesischen Chefs oder Verkaufsleitern höchstens als Dolmetscher betrachtet, nicht aber als kompetenter Einkäufer. Sie wollten nur mit Herrn Kröger sprechen. Herr Kröger hatte uns beide dort eher als Team vorgestellt, das haben die chinesischen Partner anfangs weder verstanden noch akzeptiert. Inzwischen werde ich aber nicht mehr ignoriert, sondern als weiterer Gesprächspartner wahrgenommen."

Kulturelle Rahmenbedingungen von Außenhandelsgeschäften berücksichtigen

Merkmale der Geschäftskultur (Beispiele)	Josef Hop-Singh, Kröger & Bach KG, berichtet von seinen Erfahrungen im internationalen Handel
Berufs- und Privatleben 	„In Asien wird zwischen dem Berufs- und Privatleben nicht so scharf getrennt wie bei uns, das ist meine Erfahrung. Ich erhalte aus Japan oder aus China E-Mails, die samstags oder sonntags auch noch spätabends versandt werden. In der kommenden Woche wundern sich die Mitarbeiter dort, warum ich die E-Mails erst am Montag beantworte und nicht schon am Wochenende von zu Hause aus."
Kommunikation 	„In Deutschland sind wir daran gewöhnt, die Dinge unmittelbar beim Namen zu nennen, wenn es z. B. mit einem Auftrag nicht vorangeht: ‚Das ist schlecht gelaufen, das war so nicht vereinbart' usw. In Asien, aber auch in Südamerika, wird eher indirekt formuliert, also ein Fehler oder eine Unzufriedenheit mehr angedeutet oder umschrieben. Man möchte den Gesprächspartner nicht vor den Kopf stoßen und selbst auch nicht bloßgestellt werden. Deshalb empfindet man deutsche Direktheit oft als gewöhnungsbedürftig."
Verschriftlichung und Verträge 	„Deutsche Unternehmer – so auch Herr Kröger – möchten gerne alles bis ins kleinste Detail vertraglich und vor allem schriftlich regeln. Für unsere chinesischen Partner haben schriftliche Abmachungen aber nicht den gleichen hohen Stellenwert. Wer viel notiert und aufschreibt, hat zum Geschäftspartner kein Vertrauen, so die Meinung dort. Auch ist es in China üblich, dass zwischen Vertrag und Lieferung vieles noch nachträglich geändert wird. Direkt beim ersten Auftrag gab es da unschöne Auseinandersetzungen mit dem Lieferanten, weil Herr Kröger ihm sofort Vertragsbruch vorwarf. Inzwischen haben sich beide Seiten aneinander gewöhnt. Wir sind jetzt etwas lockerer und risikofreudiger und unsere chinesischen Partner verstehen unser Bedürfnis nach eindeutigen, klaren Festlegungen."
Vertragserfüllung 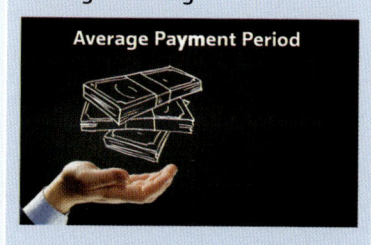	„Manche unserer Kunden aus Südeuropa waren bei Inlandsgeschäften daran gewöhnt, erst später – also deutlich nach dem Zahlungsziel – zu zahlen, im Gegenzug aber auch länger auf die Erfüllung eigener Forderungen zu warten. So gewähren sich die Unternehmen dort gegenseitig praktisch fortlaufend Kredit. Und das gegenseitige Vertrauen, dass – wenn auch spät – tatsächlich gezahlt wird, ist groß. Als wir anfingen, nach Südeuropa zu liefern, mussten wir uns mit dieser Gepflogenheit erstmal schmerzlich auseinandersetzen. Das war Neuland für uns."

Über das Erfahrungswissen aus der geschäftlichen Praxis hinaus gibt es zahlreiche Untersuchungen, die kulturbedingte Unterschiede im Handeln von Menschen in Arbeits- und Geschäftsprozessen zum Gegenstand machen.[1]

Beispiel Die „Culture Map"[2] vergleicht auf der Basis von Daten aus über 30 Ländern deren Geschäftskultur in Bezug auf acht Dimensionen (hier ein gekürzter Auszug für Frankreich, China und Japan):

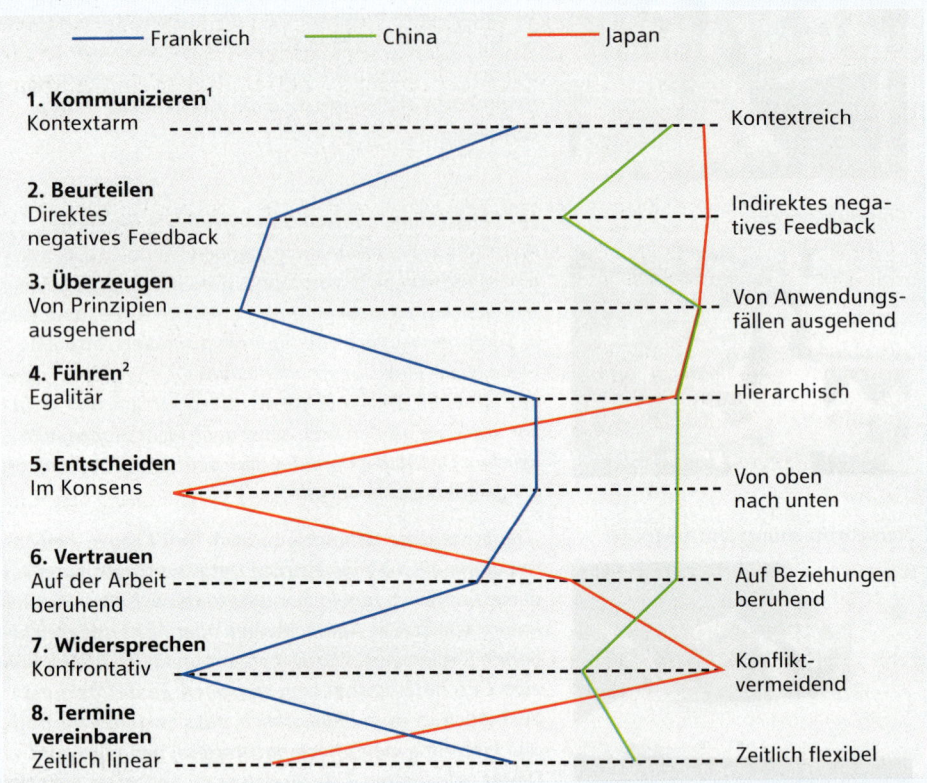

| | Frankreich | China | Japan |

1. Kommunizieren[1]
Kontextarm — Kontextreich

2. Beurteilen
Direktes negatives Feedback — Indirektes negatives Feedback

3. Überzeugen
Von Prinzipien ausgehend — Von Anwendungsfällen ausgehend

4. Führen[2]
Egalitär — Hierarchisch

5. Entscheiden
Im Konsens — Von oben nach unten

6. Vertrauen
Auf der Arbeit beruhend — Auf Beziehungen beruhend

7. Widersprechen
Konfrontativ — Konfliktvermeidend

8. Termine vereinbaren
Zeitlich linear — Zeitlich flexibel

1. In Kulturen kontextarmer Kommunikation (**Low Context Culture**[3]) wird alles präzise ausgedrückt, direkt beim Namen genannt und Unklares bei Bedarf genau erklärt. Es gibt keinen oder nur kaum Interpretationsspielraum. Gemeint ist das, was gesagt wird. Dagegen beruht bei kontextreicher Kommunikation (**High Context Culture**[4]) die Interpretation der Nachricht stark auf dem Zusammenhang = dem **Kontext** der Situation, z. B. auf der Beziehung zwischen den Kommunikationspartnern (z. B. Alter, Verbundenheit, Grad der Über- und Unterordnung). Weil die Menschen dieser Kultur über persönliche Beziehungen familiär, freundschaftlich und/oder beruflich intensiv miteinander vernetzt sind, wird vieles untereinander stillschweigend als bekannt vorausgesetzt und deshalb gar nicht erst angesprochen, sondern „zwischen den Zeilen" gelesen und verstanden.

2. Egalitäre Führung ist partnerschaftlich bzw. teamorientiert und überlässt den Mitarbeiterinnen und Mitarbeitern Spielraum zur Mitgestaltung und zur eigenen Entscheidung. Dagegen betont hierarchische Führung das Über- bzw. Unterordnungsverhältnis über Anweisungen, Gehorsam und Kontrolle.

---

[1] Die GLOBE-Studie, unter Leitung von Robert J. House, erforscht fortlaufend seit 1991 mit den Daten von über 17 000 Managern des mittleren Managements aus 951 Unternehmen und 62 Ländern den Zusammenhang zwischen Gesellschaftskultur, Geschäfts- und Unternehmenskultur und Führungsstilen, https://globeproject.com/

[2] Vgl. Meyer, Erin: Die Culture Map – Ihr Kompass für das internationale Business, übersetzt von Andreas Schieberle und Marlies Ferber, 1. Auflage, Weinheim: Wiley-VCH 2018 (Darstellung gekürzt).

[3] Vgl. Hall, Edward T.: Beyond Culture, 1. Auflage, New York: Anchor Press 1976.

[4] Vgl. ebenda

Interkulturelle Kompetenz

Wer die Geschäftskultur ausländischer Handelspartner kennt und versteht, kann folgenschwere Fehleinschätzungen und Missverständnisse vermeiden. Hier ist **interkulturelle Kompetenz** gefordert, also die Fähigkeit, zusammen mit Menschen aus anderen (Geschäfts-)Kulturen erfolgreich zu handeln. Interkulturelle Kompetenz wird im Zuge der internationalen Arbeitsteilung und Globalisierung immer wichtiger: Unternehmen, die im Außenhandel erfolgreich sein wollen, müssen sich mit den kulturell geprägten Standards des Verhaltens und der Kommunikation ihrer ausländischen Handelspartner auseinandersetzen, sich auf diese einstellen und sie produktiv nutzen. Daher sind Aufbau und Entwicklung interkultureller Kompetenz wichtige Aufgaben innerhalb der **Personalentwicklung** in Unternehmen, die im Außenhandel tätig sind.

Beispiele
- In der Kröger & Bach KG werden regelmäßig betriebsinterne und -externe Fortbildungen bzw. Schulungen (Seminare, Workshops, Konferenzen) zur Geschäftskultur in den Ländern der Handelspartner (z. B. China, USA) durchgeführt. Auch werden Beschäftigte kurz-, mittel- oder langfristig zu Niederlassungen, Tochtergesellschaften oder befreundeten Unternehmen in den Partnerländern entsandt.
- Die Auszubildenden der Primus GmbH nutzen das EU-Förderprogramm **Erasmus+,** um über berufliche Auslandsaufenthalte die Arbeits- und Geschäftskultur(en) in den Ländern der EU und weiterer ausgewählten Länder (z. B. Türkei) kennenzulernen.

Aufgrund des zunehmenden Informationsbedarfs gibt es inzwischen ein großes Angebot von Medien, Seminaren und Beratung zum Themenkomplex „internationale Geschäftskultur – interkulturelle Kompetenz":

- Praxisratgeber in verschiedenen Formaten (Bücher, E-Books, Fachzeitschriften, Pocket-Guides, Apps, Blog-Serien), darunter zahlreiche länderspezifische Publikationen von IHK, AHK und Wirtschaftsverbänden

- Seminare und Webinare von Anbietern der Fort- und Weiterbildung

- individuelle Angebote spezialisierter Unternehmensberatungen

Ratgeber und Seminare über fremde Geschäftskultur können eine gute Orientierung bieten, mit welchen Bedingungen man bei Geschäftspartnern aus dem jeweiligen Partnerland rechnen sollte. Doch in keiner Kultur herrschen völlig gleichartiges Denken und Verhalten, es gibt stets eine Bandbreite möglicher Denk- und Verhaltensweisen. Zur Vermeidung von pauschalen Zuschreibungen sollten Informationen und Auskünfte über ausländische Geschäftskultur also stets hinterfragt und **im realen Kontakt vorsichtig überprüft** werden – durch Beobachtung und Fragen: „Mit den Füßen nach den Steinen tastend den Fluss überqueren" (vgl. Handlungssituation auf S. 215).

Beispiel Nicole Chamberlain, Kröger & Bach KG, berichtet von ihren Erfahrungen einer Geschäftsreise nach São Paulo: „Ich hatte in Düsseldorf ein Vorbereitungsseminar über Verkaufsverhandlungen in Brasilien besucht. Dort wurde berichtet, dass brasilianische Managerinnen und Manager einen lockeren Umgang mit der Zeit pflegen und bei Terminen stundenlang auf sich warten lassen. Das habe ich dann in São Paulo aber gar nicht so erlebt. Alle Firmenvertreter waren pünktlich und erwarteten das auch von mir. Ich war froh, dass ich meinen eigenen Zeitplan nicht so eng gestrickt hatte und überall rechtzeitig ankam. Ansonsten hätte das peinlich werden können."

Kulturelle Rahmenbedingungen von Außenhandelsgeschäften berücksichtigen

- **Verhaltens-, Handlungs- und Kommunikationsmuster** in Geschäftsprozessen sind kulturell geprägt.
- **Merkmale einer Geschäftskultur** (z. B. Rituale, Wertschätzung schriftlicher Verträge) können daher international stark voneinander abweichen.
- Im Kontakt mit ausländischen Handelspartnern, insbesondere aus fremden Kulturen, können Probleme und Missverständnisse auftreten, wenn man die fremde Geschäftskultur mit den eigenen kulturellen Maßstäben misst.
- **Interkulturelle Kompetenz** bedeutet, sich seiner eigenen kulturellen Prägung und der des ausländischen Handelspartners bewusst zu werden, um so Missverständnisse und Ablehnung zu vermeiden und gewinnbringend zu kooperieren.
- Informationsquellen über fremde Länder und deren Geschäftskultur sind heute reichlich vorhanden. Eigene berufliche Mobilität (Auslandsaufenthalte) ist ebenso hilfreich beim Aufbau **interkultureller Kompetenz**.

1. Erläutern Sie, wie deutsche Geschäftsleute die Geschäftskultur ihrer chinesischen Handelspartner wahrnehmen – und umgekehrt.
    a) Nutzen Sie zur Recherche frei zugängliche Informationsquellen und stellen Sie Ihre Ergebnisse übersichtlich gegliedert gegenüber.
    b) Erläutern Sie an drei Beispielen, wie Sie sich diese Informationen beim Kontakt mit Mitarbeiterinnen und Mitarbeitern aus chinesischen Unternehmen zunutze machen könnten.

2. Erläutern Sie, welchen konkreten Nutzen Auszubildende aus Programmen internationaler Mobilität (z. B. Erasmus+) beim Aufbau interkultureller Kompetenz ziehen können.

3. Schauen Sie sich die Grafik zur „Culture Map" (S. 218) an.
    a) Wo vermuten Sie, ist in dieser Matrix Deutschland angesiedelt? Erläutern Sie Ihre Annahmen.
    b) Wo könnte es im geschäftlichen Kontakt möglicherweise zu Konflikten kommen, wenn Handelspartnern die hier aufgezeigten kulturellen Unterschiede nicht bewusst sind? Erläutern Sie dies an drei Beispielen der Skalen 1–8 aus der Matrix.

4. Bei drei Meetings zu Exportgeschäften kommen jeweils zwei Partner aus unterschiedlichen Kulturkreisen zusammen. Die Kommunikationssprache ist Englisch, das alle gleichermaßen gut beherrschen:

Meeting	Geschäftspartner 1	Gesprächspartner 2
a	Low Context Culture	Low Context Culture
b	Low Context Culture	High Context Culture
c	High Context Culture	High Context Culture

Erklären Sie, bei welchem Meeting Sie am ehesten interkulturelle Kommunikationsprobleme erwarten.

5. Erläutern Sie, warum es schwierig ist, die Merkmale einer Geschäftskultur für ein bestimmtes Land inhaltlich eindeutig festzulegen.

2 Risiken von Außenhandelsgeschäften analysieren und bedarfsgerecht absichern

2.1 Kreditrisiken: Forderungsverluste beim Export vermeiden

Miroslav Krazek, Gruppenleiter Export, kann der Geschäftsleitung der Primus GmbH Positives berichten: „Glowna Ltd., unser neuer Kunde aus Russland, hat im ersten Auftrag für über 50 000,00 € bestellt. Wir liefern CIF Kaliningrad." Sonja Primus ist begeistert, hat aber Fragen: „Herzlichen Glückwunsch. Wie möchte der Kunde zahlen – im Voraus? Es ist ja immerhin ein Erstgeschäft. Außerdem gilt für Russland immer noch das Kreditrisiko Stufe 3, ich habe gerade mal nachgesehen." Miroslav Krazek entgegnet: „Ja, ich weiß, aber Glowna Ltd. scheint finanziell gut aufgestellt zu sein. Trotzdem wird auf jeden Fall dokumentäre Zahlung vereinbart."

ARBEITSAUFTRÄGE
- Erläutern Sie, wie die Primus GmbH die Kreditwürdigkeit des russischen Kunden überprüfen könnte.
- Erläutern Sie, was Frau Primus mit „Kreditrisiko Stufe 3" meint.
- Erklären Sie, warum Herr Krazek auf dokumentärer Zahlung besteht.

Große räumliche Entfernungen zwischen den Vertragspartnern, unterschiedliche Rechtsverhältnisse und Probleme in der Beherrschung der jeweiligen Landessprache erhöhen im Außenhandelsgeschäft das Risiko, dass der Kunde zu spät oder nicht zahlt (**Kreditrisiko**).

Die **Bonitätsprüfung** des Auslandskunden über Ländergrenzen hinweg ist meist aufwendiger als im Inland. Spezialisiert auf solche Prüfungen und Auskünfte sind

- international tätige Banken, Handelskammern oder Auskunfteien,
- Forfaitierungsgesellschaften, Exportkreditversicherer.

● Maßnahmen zur Kreditsicherung im Außenhandelsgeschäft

○ Vereinbarung geeigneter Zahlungsbedingungen

Vor dem Hintergrund der **Risikobelastung** von Außenhandelsgeschäften kommt der Vereinbarung geeigneter Zahlungsbedingungen eine besondere Bedeutung zu. Für den Lieferer steht die **Sicherung des Zahlungseingangs**, für den Käufer **die Sicherung des Lieferungseingangs** im Vordergrund. Daneben spielt der Zahlungszeitpunkt im Hinblick auf eine möglicherweise notwendige **Vorfinanzierung** eine Rolle.

Verpflichtet sich ein Vertragspartner, **Vorleistungen** zu übernehmen, übernimmt er ein höheres, unter Umständen das gesamte Risiko:

Vorleistungen	Beispiele
– des Käufers: Vorauszahlung (cash before delivery) – Anzahlung (payment on account)	Die Primus GmbH fordert Vorauszahlung, wenn ein Auslandskunde in seiner Bonität ungünstig beurteilt wird oder seinen Sitz in einem Staat mit unsicheren politischen Verhältnissen hat. Bei Auslandsgeschäften mit langer Lieferzeit oder bei Sonderbestellungen verlangt die Primus GmbH eine Anzahlung von 30 % des Auftragswertes.
– des Verkäufers: Rechnung mit oder ohne Zahlungsziel (payment after receipt of invoice)	Lieferungen der Primus GmbH an den Computerfachhandel Martina van den Bosch, NL-Venlo, mit Zahlungsziel von 20 Tagen; seit Jahren bestehen sehr gute Geschäftsbeziehungen.

Zug-um-Zug-Vereinbarungen sorgen für einen Risikoausgleich zwischen den Vertragspartnern: Erst mit der Leistung des einen Vertragspartners (Ware) wird die des anderen (Zahlung) fällig.

Beispiel „Zahlung bei Lieferung" (cash on delivery). Bei dieser Zahlungsbedingung übergibt die Primus GmbH ihren Kunden die Ware nur gegen direkte Bezahlung.

Der tatsächliche **Waren-/Geldaustausch** ist aber insbesondere im Übersee-Außenhandel eher die Ausnahme. Während der langen Transportdauer auf See ist die Ware aus Sicht des Exporteurs nur gebundenes Kapital, was für ihn Zins- und Liquiditätsverluste bedeutet. Andererseits wird der Importeur daran interessiert sein, möglichst schon während der Transportzeit die Verfügungsgewalt über die Ware zu bekommen, um sie seinen Kunden rechtzeitig anbieten zu können. Bei einer Zahlung vor Übergabe der Ware am Bestimmungsort wird der Importeur jedoch Sicherheiten verlangen. Gelöst wird dieses Problem durch **dokumentäre Zahlungen**: Die Zahlung wird fällig, wenn dem Käufer bestimmte **Dokumente** vorgelegt werden, die z. B. die Art und den Wert der Ware sowie ihre Verschiffung belegen (Handelsrechnung, Konnossement). Je nach Risikobelastung des Geschäfts kommen als Zahlungsbedingung das **Dokumenteninkasso (Dokumente gegen Kasse, Dokumente gegen Akzept)** oder das **Dokumentenakkreditiv** infrage:

○ Dokumenteninkasso (Inkasso = Einzug von geschuldeten Beträgen)

Der Gläubiger lässt durch eine Bank den Zahlungsbetrag vom **Schuldner gegen Vorlage bestimmter Dokumente** einziehen. Die Vereinbarung kann sofortige **Zahlung (Dokumente gegen Kasse)** oder Akzeptierung eines Wechsels **(Dokumente gegen Akzept)** vorsehen. Dokumenteninkassi sind **vom Warengeschäft losgelöst**. Sie werden nach den **Einheitlichen Richtlinien für Inkassi (ERI)** der Internationalen Handelskammer Paris abgewickelt.

● Dokumente gegen Kasse (Documents against Payment – D/P)

Beispiel Die Scanda Møbelfabrikk A/S, Norwegen, verkauft an die Primus GmbH 200 Bürostühle; Zahlungsbedingung: D/P bei erster Präsentation (= sobald die Dokumente vorgelegt werden). Nach der Verladung der Ware in Oslo ① erhält der Exporteur das Transportpapier ② (Konnossement) und gibt es als Auftraggeber zusammen mit dem Inkassoauftrag sowie weiteren Dokumenten ③ an die DNB-Kreditkassen (Einreicherbank). Von dort aus werden die Dokumente ④ an die von der Primus GmbH (Bezogener) benannte Sparkasse Duisburg (vorlegende Bank) geschickt. Diese händigt der Primus GmbH die Dokumente gegen Zahlung aus ⑤, ⑥. Gegen Vorlage der Dokumente im Bestimmungshafen erhält die Primus GmbH die Ware ⑦, ⑧. Der Zahlungsbetrag wird dem Auftraggeber über die beteiligten Banken gutgeschrieben ⑨, ⑩.

- **Dokumente gegen Akzept** (Documents against Acceptance – D/A): Im Gegensatz zu „Dokumente gegen Kasse" bezahlt der Bezogene nicht sofort bei Vorlage der Dokumente, sondern er akzeptiert einen Wechsel, den der Auftraggeber des Dokumentengeschäfts (Exporteur) i. d. R. bei seiner Bank zum Diskont einreichen wird.

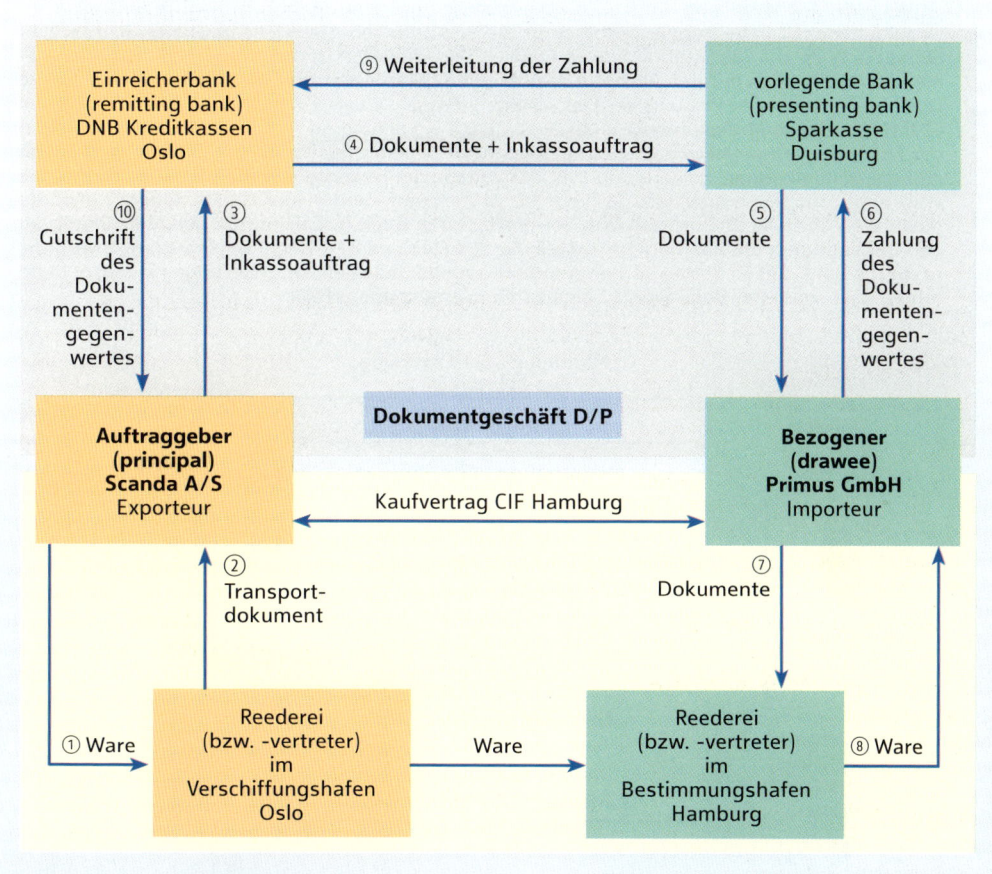

```
                    ⑨ Weiterleitung der Zahlung
    Einreicherbank  ←─────────────────────────  vorlegende Bank
    (remitting bank)                            (presenting bank)
    DNB Kreditkassen                            Sparkasse
    Oslo            ④ Dokumente + Inkassoauftrag  Duisburg
                    ─────────────────────────→

    ⑩              ③                           ⑤           ⑥
    Gutschrift     Dokumente +                 Dokumente   Zahlung
    des            Inkassoauftrag                          des
    Doku-                                                  Doku-
    menten-                                                menten-
    gegen-                                                 gegen-
    wertes                          Dokumentgeschäft D/P   wertes

    Auftraggeber                                Bezogener
    (principal)                                 (drawee)
    Scanda A/S     Kaufvertrag CIF Hamburg      Primus GmbH
    Exporteur      ←───────────────────────→    Importeur

                   ②                           ⑦
                   Transport-                  Dokumente
                   dokument

                   Reederei                    Reederei
    ① Ware         (bzw. -vertreter)           (bzw. -vertreter)   ⑧ Ware
    ────→          im            Ware   ────→  im                  ────→
                   Verschiffungshafen          Bestimmungshafen
                   Oslo                        Hamburg
```

Vor- und Nachteile der Zahlungsvereinbarung „D/P bei erster Präsentation"

	Exporteur	Importeur
Vorteile	Verfügung über die Ware, solange die Zahlung noch nicht erfolgt ist	Dokumente als Sicherheiten, dass die Lieferung auf das Transportmittel erfolgt ist
Nachteile	verbleibendes Risiko der Warenabnahme (Einlösung der Papiere)	Zahlung ohne Prüfung der Ware, Vorfinanzierung des Zeitraums zwischen Bezahlung und Eintreffen der Ware

○ Dokumentenakkreditiv (Documentary Credit, Letter of Credit – L/C)

Ein **Kreditinstitut verpflichtet sich** vertraglich, auf Weisung und Rechnung des Auftraggebers (Importeur) **zur Zahlung gegen Vorlage bestimmter Dokumente.**

Dokumentenakkreditive sind **vom Warengeschäft losgelöst.** Sie werden nach **den Einheitlichen Richtlinien für Dokumentenakkreditive (ERA)** der Internationalen Handelskammer Paris abgewickelt.

Beispiel Die Primus GmbH schließt mit der Glowna Ltd., Kaliningrad, ein Exportgeschäft über 200 Multifunktionsdrucker ab. Zahlungsbedingung: unwiderrufliches Dokumentenakkreditiv (Sichtzahlung).
Möglicher Ablauf: Die Glowna Ltd. beauftragt die russische Investbank mit der Eröffnung des Akkreditivs ①. Die Investbank eröffnet das Akkreditiv und teilt dies der Sparkasse Duisburg mit ② (vgl. S.W.I.F.T.-Mitteilung auf S. 226). Diese muss der Primus GmbH das Akkreditiv avisieren (= ankündigen) ③. Die Primus GmbH prüft die Bedingungen des Akkreditivs (vgl. S. 225) und liefert die Ware auf das Schiff in Travemünde ④. Sie erhält das Transportpapier (Bordkonnossement) ⑤ und gibt es mit den weiteren lt. Akkreditiv geforderten Dokumenten an die Sparkasse Duisburg ⑥. Nach der Prüfung der Dokumente zahlt diese den Akkreditivbetrag an die Primus GmbH ⑦ und gibt die Dokumente an die Investbank in Kaliningrad ⑧. Zwischen den Banken wird der Akkreditivbetrag verrechnet ⑨. Die Investbank belastet das Konto der Glowna Ltd. ⑩ und gibt die Dokumente an sie heraus ⑪. Mit der Vorlage der Dokumente erhält die Glowna Ltd. die Ware ⑫ ⑬. Die hier modellhaft dargestellte Abwicklung kann in der Praxis anders ablaufen: Wenn die Zahlstelle in Duisburg von der eröffnenden Bank in Kaliningrad **vor Auszahlung an den Begünstigten** die Zahlung/Bereitstellung des Dokumenten-Gegenwerts verlangt, wird die russische Bank diesen Betrag vorher dem Auftraggeber belasten. Verzögerungen in dieser Kette führen dazu, dass der Begünstigte seine Zahlung erst später erhält.

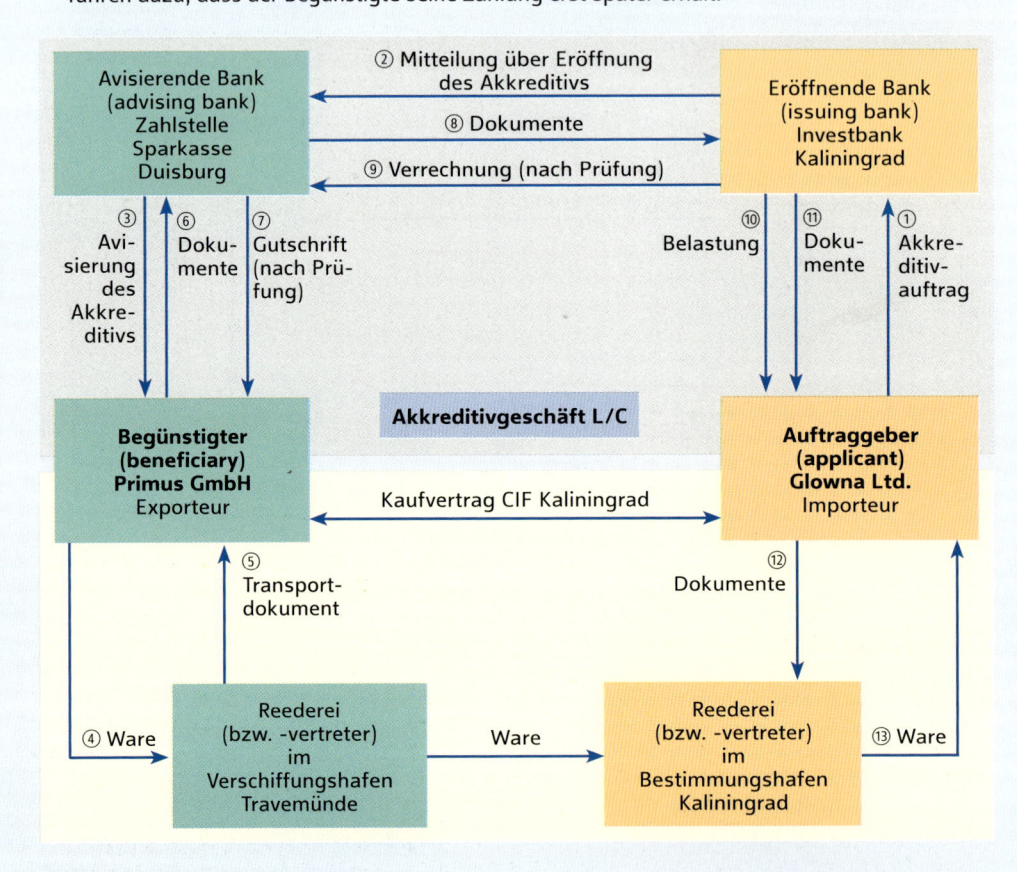

Im Akkreditiv ist festzulegen, wann die Zahlung an den Begünstigten fällig werden soll:

- Bei **Sichtzahlung** muss die Bank bei Vorlage der Dokumente zahlen.
- Ist im Kaufvertrag ein Zahlungsziel vereinbart worden, wird im Akkreditiv
  - ein entsprechend späterer Fälligkeitstermin angegeben (**hinausgeschobene Zahlung**) oder
  - die eröffnende Bank dazu verpflichtet, einen vom Begünstigten vorgelegten Wechsel zu akzeptieren (**Akzeptleistung**).

Dokumentenakkreditive sollten **unwiderruflich** (irrevocable) sein. Nur so wird garantiert, dass die Bank ihre einmal erklärte Zahlungsverpflichtung nicht rückgängig machen kann. **Widerrufliche** Akkreditive spielen daher im Außenhandel kaum eine Rolle.

Möchte sich der Begünstigte zusätzlich gegen eine mögliche Zahlungsunfähigkeit der eröffnenden Bank oder gegen ein Transfer- bzw. Konvertierungsrisiko absichern, wird er auf einer **Bestätigung** des Akkreditivs, z. B. durch die avisierende Bank, bestehen. Diese **verpflichtet** sich dadurch wie die eröffnende Bank zur Zahlung.

Für den Exporteur ist das unwiderrufliche Dokumentenakkreditiv ein Instrument der **Kreditsicherung**, da er ein **abstraktes Schuldversprechen** erhält. Auch bei Streitigkeiten aus dem Kaufvertrag oder bei Zahlungsunfähigkeit des Importeurs **muss** die Bank den Akkreditivbetrag auszahlen. Dies setzt aber voraus, dass der Begünstigte **alle Bedingungen** des Akkreditivs erfüllt, z. B.:

	im Akkreditiv genannten	
Einhaltung des ...		... spätesten Verschiffungstermins („LATEST DAY OF SHIPMENT")
Beibringung der ...		... Dokumente („DOCUMENTS REQUIRED")
Einhaltung der ...		... Frist der Dokumentenvorlage („PERIOD FOR PRESENTATION")

Sobald das Akkreditiv dem Begünstigten vorliegt, muss er sorgfältig prüfen, ob

- der Inhalt mit dem Kaufvertrag übereinstimmt,
- die Akkreditivbedingungen (Dokumente, Lieferzeit usw.) für ihn erfüllbar sind.

Sind sie es nicht, sind Änderungen nur im Einvernehmen aller am Akkreditivgeschäft Beteiligten möglich (Beteiligte im Sinne der ERA (vgl. S. 223) sind: Auftraggeber, eröffnende Bank, Begünstigter; beim bestätigten Akkreditiv ist die bestätigende Bank ebenfalls Beteiligter).

Grundsätzlich trägt der Begünstigte (= Exporteur) im Akkreditivgeschäft die Bankkosten, die in seinem Land anfallen. Er wird diese Kosten in der Kalkulation berücksichtigen bzw. dem Kunden gesondert in Rechnung stellen. Die Art der Kostenaufteilung sollte auf jeden Fall im Kaufvertrag festgehalten werden.

Beispiel Inhalt eines unwiderruflichen Dokumentenakkreditivs:
Am 5. Februar 20.. geht bei der Sparkasse Duisburg eine S.W.I.F.T.[1]-Nachricht der Investbank Kaliningrad ein (Akkreditiveröffnung zugunsten der Primus GmbH). Die Stadtsparkasse avisiert der Primus GmbH das Dokumentenakkreditiv und informiert sie dabei mit folgender Mitteilung über den Akkreditivinhalt:

---

[1] S. W. I. F. T. (Society for Worldwide Interbank Financial Transaction): Betreibergesellschaft eines internationalen Netzes zur Datenfernübertragung für den Nachrichtenaustausch zwischen Kreditinstituten. Die Bezeichnungen der Datenfelder (z. B. „FORM OF DOCUMENTARY CREDIT") werden in der Datenfernübertragung in Codes (z. B. „:40A:") verschlüsselt. Weitere Informationen: www.swift.com.

SPARKASSE DUISBURG

EMPFAENGER:
SPARKASSE
DUISBURG
KOENIGSTRASSE 23
47051 DUISBURG

S. W. I. F. T. – NACHRICHT – MT 700 – ABSENDER INVB RU 22
VOM . .-02-05., 14:26 UHR

**ISSUE OF A DOCUMENTARY CREDIT
(AKKREDITIVEROEFFNUNG)**

NACHRICHTEN-ART 700 / TEIL 1 VON 1

ISSUING BANK:
INVESTBANK
SHEVCHENKO STREET 11
236016 KALININGRAD
RU RUSSIAN FEDERATION

:40A: **FORM OF DOCUMENTARY CREDIT**
IRREVOCABLE

:20: **DOCUMENTARY CREDIT NUMBER**
LCINV3466421

:31C: **DATE OF ISSUE**
. .-02-05

:31D: **DATE AND PLACE OF EXPIRY**
. .-03-15 GERMANY

:50: **APPLICANT**
GLOWNA LTD.
MOSKOWSKY PROSPEKT 320
236006 KALININGRAD OBL./RUSSIA

:59: **BENEFICIARY**
PRIMUS GMBH
KOLONIESTRASSE 2-4
47057 DUISBURG/GERMANY

:32B: **CURRENCY CODE AND AMOUNT**
EUR****** 51 300,00***

:40E: **APPLICABLE RULES**
UCP LATEST VERSION

:41D: **AVAILABLE WITH/BY**
SPARKASSE DUISBURG BY PAYMENT

:43P: **PARTIAL SHIPMENT**
NOT ALLOWED

:43T: **TRANSSHIPMENT**
NOT ALLOWED

:44A: **PLACE OF TAKING IN CHARGE/ DISPATCH FROM PLACE OF RECEIPT**
DUISBURG

:44E: **PORT OF LOADING/AIRPORT OF DEPARTURE**
TRAVEMUENDE

:44F: **PORT OF DISCHARGE/AIRPORT OF DESTINATION**
KALININGRAD

:44B: **PLACE OF FINAL DESTINATION/FOR TRANSPORTATION TO .../PLACE OF DELIVERY**
KALININGRAD

:44C: **LATEST DAY OF SHIPMENT**
. .-02-28

:45A: **DESCRIPTION OF GOODS**
200 PCS MULTIFUNCTION PRINTER PRIMUS T AS PER ORDER-NO. 98-0188786-RUS CIF KALININGRAD

:46A: **DOCUMENTS REQUIRED**
THREEFOLD FULL SET OF CLEAN ON BOARD BILLS OF LADING, ISSUED TO ORDER AND BLANK ENDORSED, NOTIFY APPLICANT, SIGNED COM-MERCIAL INVOICES IN DUPLICATE,

CERTIFICATE OF ORIGIN F.R. GERMANY,

INSURANCE POLICY FOR 110 PERCENT OF CIF-INVOICE AMOUNT, CERTIFICATE ACCORDING TO RUSSIAN SAFETY REGULATIONS, ISSUED IN RUSSIAN BY TECHNISCHER UEBERWACHUNGS-VEREIN RHEINLAND

:71B: **CHARGES**
ALL BANKING CHARGES OUTSIDE RUSSIAN FEDERATION, INCLUDING ADVISING COMMISSION, ARE FOR ACCOUNT OF BENEFICIARY.

:48: **PERIOD FOR PRESENTATION**
DOCUMENTS TO PRESENTED WITHIN 10 DAYS AFTER ISSUANCE OF SHIPPING DOCUMENTS BUT WITHIN THE VALIDITY OF THE CREDIT.

:78: **INSTRUCTIONS TO PAYING/ ACCEPTING/NEGOTIATING BANK**
AFTER RECEIPT OF YOUR AUTHENTI-CATED S.W.I.F.T. CONFIRMING THE DOCUMENTS HAVE BEEN PRESENTED IN STRICT CONFORMITY WITH L/C-TERMS YOU ARE AUTHORIZED TO DEBIT OUR ACCOUNT YOURSELF.

*****ENDE AKKREDITIV-EROEFFNUNG*****

○ Forderungsverkauf, Versicherungen und Garantien

Forfaitierung

Mit dieser Form des **regresslosen** Ankaufs kann der Exporteur das dem Importeur gewährte Zahlungsziel risikolos finanzieren. Der Exporteur veranlasst den Auslandskunden zur **Ausstellung eines Solawechsels**[1]. Dieser enthält **das Versprechen des Ausstellers**, an den genannten Wechselnehmer (Exporteur) oder an dessen Order zu zahlen. Der Exporteur verkauft den Solawechsel an eine Bank oder ein Spezialinstitut und schließt mit einem **Angstindossament**[2] seine Haftung aus (Zusatz: „Ohne Rückgriff" bzw. „without recourse"). Der Käufer des Solawechsels, **Forfaiteur** genannt, diskontiert den Wechselbetrag und übernimmt dafür **alle Risiken** der Forderungen. Der Forfaiteur verzichtet somit auf die Möglichkeit, auf den Wechselverkäufer Rückgriff zu nehmen; deshalb wird er auf zusätzlichen Sicherheiten des Wechselschuldners, z. B. einer Bankbürgschaft, bestehen (avalierter[3] Solawechsel). Der Exporteur als Verkäufer der Forderung trägt nur noch das **Sachmängelhaftungsrisiko**: Er haftet weiterhin gegenüber dem Importeur für Mängel aus dem Grundgeschäft, gegenüber dem Forfaiteur dafür, dass überhaupt eine Forderung existiert. Er haftet jedoch nicht mehr für die Zahlungsverpflichtung des Importeurs.

Der von der Bank berechnete Diskontsatz setzt sich zusammen aus den Refinanzierungskosten der Bank, je nach Währung und Laufzeit (z. B. auf Basis des **EURIBOR**[4]) und der **Marge** (Spanne für Bearbeitung, Risiko, Gewinn). Daneben wird bei Geschäften mit Vorlaufzeit eine **Bereitstellungsprovision** verlangt. Banken kaufen Forderungen i. d. R. ab 50 000,00 € mit Laufzeiten ab einem Monat bis mehreren Jahren an (kurz- und mittelfristige Finanzierung).

Beispiel Möglicher Ablauf einer Fortfaitierung

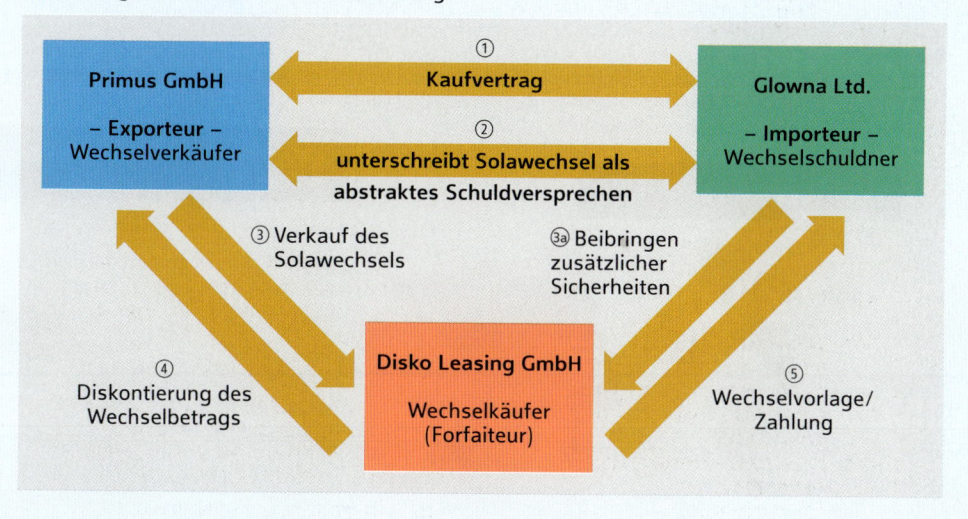

Primus GmbH – Exporteur – Wechselverkäufer
① Kaufvertrag
Glowna Ltd. – Importeur – Wechselschuldner
② unterschreibt Solawechsel als abstraktes Schuldversprechen
③ Verkauf des Solawechsels
③a Beibringen zusätzlicher Sicherheiten
Disko Leasing GmbH Wechselkäufer (Forfaiteur)
④ Diskontierung des Wechselbetrags
⑤ Wechselvorlage/Zahlung

---
[1] Beim Solawechsel (Eigenwechsel) verpflichtet sich der **Aussteller** selbst zur Zahlung einer Geldsumme. Deshalb entfällt die gesonderte Angabe eines Zahlungspflichtigen (Bezogenen)
[2] Indossament: Schriftlicher Übertragungsvermerk auf einem Orderpapier
[3] Aval: Bürgschaft, insbesondere für einen Wechsel.
[4] European Interbank Offered Rate: in der EU gültiger Zinssatz, zu dem sich Banken untereinander Geld leihen.

Beispiel Margen einer deutschen Bank für die Forfaitierung von Auslandsforderungen (2020)

Land des Schuldners	Maximale Laufzeit in Jahren	Risikostufe	Margen p. a. bei Laufzeiten ...	
			bis 1 Jahr	über 1 Jahr
Litauen	7	mittel	1–1,5 %	1,8–2,5 %
Polen	7	niedrig	0,5–1 %	1–2 %
Russland	7	mittel	1–1,5 %	1,8–2,5 %
Tschechien	5	mittel	1–1,5 %	1,8–2,5 %
USA	7	niedrig	0,5–1 %	1–2 %

Export-Factoring (vgl. S. 430 ff.)

Liefern Exporteure an einen festen Kundenkreis mit Zahlungszielen bis drei Monaten, ergibt sich ein fortlaufender (revolvierender) Kreditbedarf. Der Factoringnehmer finanziert 80 bis 90 % der Rechnungsbeträge. Factoring ist demnach für Einzel- oder Kleinexporte nicht geeignet.

Warenkreditversicherung

Die Versicherung zahlt eine Entschädigung, wenn eine offene Forderung aus Lieferungen und Leistungen an einen Abnehmer im In- und Ausland ausfällt, zum Beispiel wegen Zahlungsunfähigkeit. Die Höhe der Prämie richtet sich nach einer Vielzahl von Faktoren: zum Beispiel Bonität und individuelle Finanzkennzahlen des Abnehmers, Branchenrisiko, Höhe der Versicherungssumme und des gewünschten Selbstbehalts, Laufzeit des Zahlungsziels und **Risikoeinstufung** des Ziellandes.

Beispiel Der Kreditversicherer Euler Hermes veröffentlicht regelmäßig weltweite „Country Risk Ratings", die das Kreditausfallrisiko von Unternehmen in einem bestimmten Land auf einer vierstufigen Skala bewerten (low, medium, sensitive, high risk):

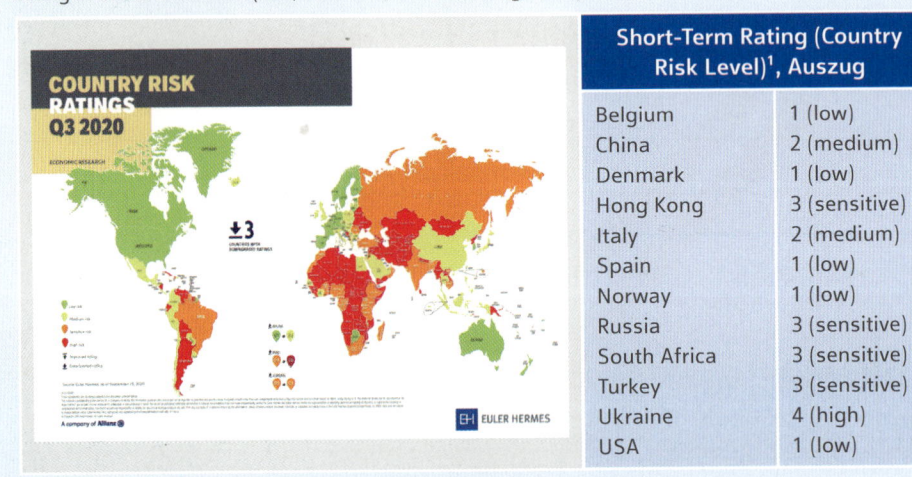

Short-Term Rating (Country Risk Level)[1], Auszug	
Belgium	1 (low)
China	2 (medium)
Denmark	1 (low)
Hong Kong	3 (sensitive)
Italy	2 (medium)
Spain	1 (low)
Norway	1 (low)
Russia	3 (sensitive)
South Africa	3 (sensitive)
Turkey	3 (sensitive)
Ukraine	4 (high)
USA	1 (low)

Staatliche Exportkreditgarantie („Hermesdeckung", vgl. S. 253 ff.)

Bei Lieferungen in Entwicklungs- und Schwellenländer und/oder bei langen Laufzeiten von Auslandsforderungen könnte es teilweise schwierig werden, einen Kreditversicherer

---
[1] *Euler Hermes Country Risk Ratings, June 2020 Review*

zu finden, der zur Deckung des Risikos bereit ist. Für solche „nicht marktfähigen Risiken" kann der Exporteur eine staatliche Exportkreditgarantie beantragen. Gegen Zahlung eines Entgelts (Prämie) wird das Kreditrisiko abgesichert. Die Selbstbeteiligung beträgt 15 %.

Bankgarantie

Die Bankgarantie wird im Außenhandel zur Absicherung des Kreditrisikos eingesetzt. Erklärt die Bank des Importeurs eine **Zahlungsgarantie** zugunsten des Exporteurs, muss sie an ihn im **Garantiefall** die **Garantiesumme** auszahlen. Beteiligte am Garantievertrag sind somit die Bank (Garantin) und der Exporteur (Garantienehmer, Begünstigter) im Auftrag des Importeurs (Auftraggeber als Kunde der Bank).

Mit der Übernahme der Garantie übernimmt die Bank eine **abstrakte Zahlungsverpflichtung**, d. h., sie muss unabhängig davon zahlen, ob der zugrunde liegende Kaufvertrag ordnungsgemäß erfüllt worden ist oder nicht. Erklärt der Exporteur, dass der Garantiefall eingetreten ist (der Kunde also nicht zahlt), hat die Bank – ohne Rücksprache mit dem Auftraggeber – auf diese „**erste Anforderung**" hin zu zahlen. Der Exporteur muss nicht nachweisen, dass der Garantiefall tatsächlich eingetreten ist.

Beispiel Die Primus GmbH vereinbart für zukünftige Geschäfte mit der Glowna Ltd., dass diese durch ihre Hausbank, die Investbank Kaliningrad, eine Bankgarantie stellen lässt. Die Investbank könnte die Garantieerklärung unmittelbar gegenüber der Primus GmbH abgeben (**direkte Bankgarantie**).
Die Primus GmbH möchte aber eine inländische Bank als Garantin, was sie der Glowna Ltd. mitteilt. Die Investbank beauftragt daraufhin die Geschäftsbank AG, Düsseldorf, als sog. Zweitbank die Garantieerklärung gegenüber der Primus GmbH abzugeben (**indirekte Bankgarantie**).
Nimmt die Primus GmbH die Garantie in Anspruch, muss die Geschäftsbank AG zahlen. Diese wird anschließend die Investbank in Rückhaftung nehmen, die sich ihrerseits an die Glowna Ltd. als Auftraggeber wenden wird.

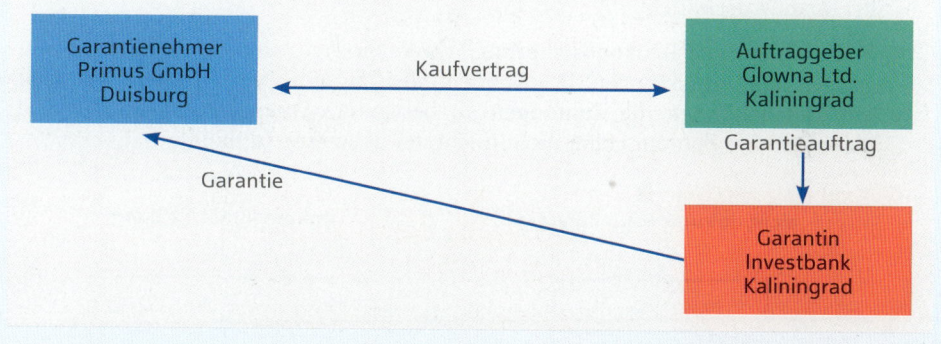

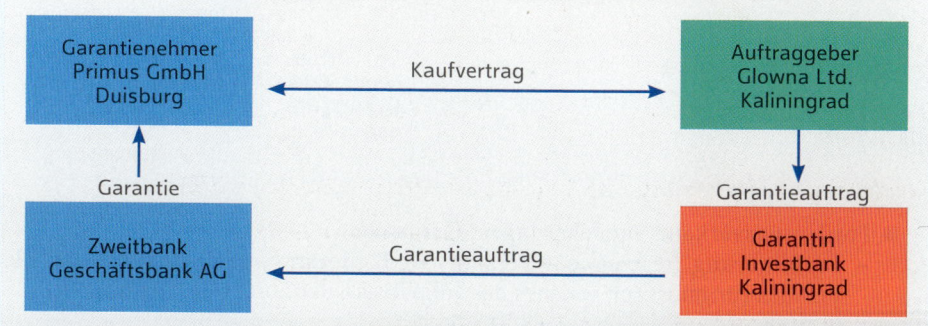

Zahlungsgarantie als direkte Bankgarantie

- Garantienehmer Primus GmbH Duisburg — Kaufvertrag — Auftraggeber Glowna Ltd. Kaliningrad
- Garantieauftrag
- Garantin Investbank Kaliningrad
- Garantie

Zahlungsgarantie als indirekte Bankgarantie

- Garantienehmer Primus GmbH Duisburg — Kaufvertrag — Auftraggeber Glowna Ltd. Kaliningrad
- Garantieauftrag
- Garantin Investbank Kaliningrad
- Zweitbank Geschäftsbank AG — Garantieauftrag
- Garantie

Die Kosten einer Bankgarantie sind abhängig von der Höhe des Garantiebetrags, der Laufzeit und dem Bearbeitungsaufwand. Daneben spielt – wie bei jeder Kreditvergabe – die Kreditwürdigkeit des Auftraggebers eine entscheidende Rolle. Je mehr Sicherheiten der Auftraggeber seiner Bank beibringen kann (bis hin zur vollständigen Hinterlegung des Garantiebetrags bei der Bank), desto geringer sind die Kosten. Direkte Bankgarantien verursachen weniger Kosten als indirekte, da nur **eine** Bank eingeschaltet ist, die i. d. R. im Heimatland des Auftraggebers ansässig ist.

Bankgarantien werden i. d. R. **befristet**, d. h., sie verfallen zu einem bestimmten Datum, das in der Garantieerklärung angegeben wird.

Beispiel Der Kaufvertrag zwischen der Primus GmbH und der Glowna Ltd. wird am 15.03.20.. abgeschlossen. Voraussichtlicher Liefertermin ist der 15.04.20.., die Glowna Ltd. erhält ein Zahlungsziel von 14 Tagen. Die Primus GmbH besteht auf einer Befristung der Zahlungsgarantie bis zum 20.05.20.., damit der Zahlungszeitpunkt aus dem Kaufvertrag nicht in die Zeit nach dem Verfalldatum der Bankgarantie fällt, falls sich die Lieferung verzögert.

Bei indirekten Garantieerklärungen können hier Probleme auftauchen: Die – aus Sicht des Auftraggebers – ausländische Garantieerklärung der Zweitbank unterliegt den **dort** geltenden Rechtsregeln. Viele ausländische Rechtsordnungen erkennen befristete Garantieerklärungen jedoch nicht an. Sie gelten dort so lange, bis der Garantienehmer sie zurückgibt. Somit könnte der Garantienehmer noch Zahlung aus der Bankgarantie verlangen und erhalten, obwohl deren Verfalldatum längst überschritten ist.

Kreditrisiken: Forderungsverluste beim Export vermeiden

- **Ein erhöhtes Kreditrisiko** im Außenhandel besteht aufgrund international abweichender Rechtsverhältnisse und großer räumlicher Entfernung zum Kunden. Eine Bonitätsprüfung ist möglicherweise erschwert, oft aber aufwendiger als bei Inlandsgeschäften.

- **Maßnahmen zur Risikoabsicherung**: Vereinbarung geeigneter Zahlungsbedingungen, die Vorleistungen* des Kunden oder Zug-um-Zug-Geschäfte** beinhalten. Dabei können die Zahlungen an bestimmte Dokumente gebunden sein (dokumentäre Zahlung) oder nicht (nicht dokumentäre Zahlung):

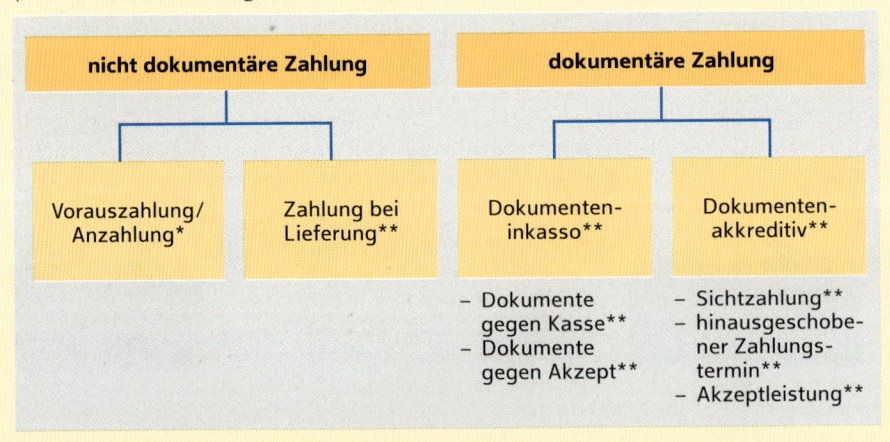

nicht dokumentäre Zahlung		dokumentäre Zahlung	
Vorauszahlung/ Anzahlung*	Zahlung bei Lieferung**	Dokumenteninkasso**	Dokumentenakkreditiv**
		– Dokumente gegen Kasse** – Dokumente gegen Akzept**	– Sichtzahlung** – hinausgeschobener Zahlungstermin** – Akzeptleistung**

- **Forderungsverkauf, Versicherungen, Garantien**
    - **Forfaitierung** (regressloser Verkauf der Forderung – Solawechsel – an ein Finanzierungsinstitut, welches das volle Risiko der Forderung übernimmt)

Risiken von Außenhandelsgeschäften analysieren und bedarfsgerecht absichern

- **Ausfuhrkreditversicherung** (mit Selbstbeteiligung)
- **staatliche Exportkreditgarantie** „Hermesdeckung" (mit Selbstbeteiligung)
- **Bankgarantie** als Zahlungsgarantie: abstrakte, unwiderrufliche Zahlungsverpflichtung der Bank

1. Im Außenhandel sind grundsätzlich folgende Zahlungsbedingungen denkbar:
- Akkreditiv
- Dokumente gegen Akzept
- Dokumente gegen Zahlung
- Vorauszahlung
- Zahlung bei Lieferung
- Zahlungsziel

Ordnen Sie diese Zahlungsbedingungen nach dem zunehmenden Risiko für den Begünstigten (Exporteur). Tragen Sie eine 1 für das geringste, eine 6 für das höchste Risiko ein.

2. Die Glowna Ltd./Kaliningrad wollte in den Vertragsverhandlungen mit der Primus GmbH die Lieferbedingung „DDP Kaliningrad", verbunden mit der Zahlungsbedingung „D/P bei Dampfers Ankunft" (= Ankunft des Schiffs in Kaliningrad), vereinbaren.
a) Erläutern Sie die vorgeschlagene Lieferbedingung.
b) Erklären Sie, welcher Unterschied bei der Zahlungsbedingung im Vergleich zu „D/P bei erster Präsentation" besteht.

3. Die Maschinenbau AG, Kaarst, möchte Textilmaschinen für 2 Mio. € an die Textilfabrik Wing Lei Ltd. nach Hongkong liefern (CIF). Diese lässt bei der Hongkong and Shanghai Banking Corporation ein unwiderruflich bestätigtes Dokumentenakkreditiv (Sichtzahlung) eröffnen. Akkreditivbedingung: spätester Verschiffungstermin Rotterdam 22. Juni. Avisierende Bank: Commerzbank Düsseldorf.
a) Erläutern Sie die Abwicklung dieses Akkreditivgeschäfts.
b) Welche Vorteile hat die Maschinenbau AG durch diese Zahlungsform?
c) Die Maschinenbau AG gerät mit der Produktion der Maschinen leicht in Verzug. Am 23. Juni (Datum des Konnossements) wird die Ware verschifft. Der Liefertermin in Hongkong wird sich nicht verzögern. Die Commerzbank weigert sich, den Akkreditivbetrag gegen die vorgelegten Dokumente auszuzahlen. Der Verkaufsleiter der Maschinenbau AG ist sauer: „Schließlich haben wir den Kaufvertrag ordnungsgemäß erfüllt. Die Ware wird pünktlich am Ziel sein!" Erläutern Sie die rechtliche Situation.

4. Auszug aus der Informationsbroschüre eines Kreditinstituts, das Bankgarantien für Importeure anbietet: „Wir empfehlen Ihnen in Ihrem eigenen Interesse, in Ihren Verträgen möglichst nur direkte, befristete Zahlungsgarantien zu vereinbaren."
Erläutern Sie mögliche Gründe für diese Empfehlung.

5. „Die Forfaitierung ist ein Allround-Instrument bei der Sicherung von Auslandsforderungen." Nehmen Sie zu dieser Aussage Stellung.

2.2 Währungsrisiken: Forderungen und Verbindlichkeiten gegen Wechselkursschwankungen absichern

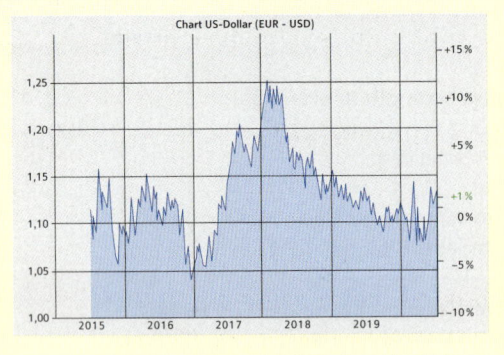

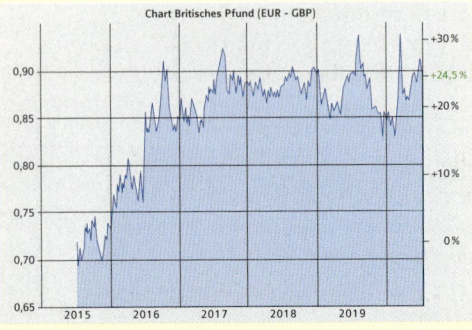

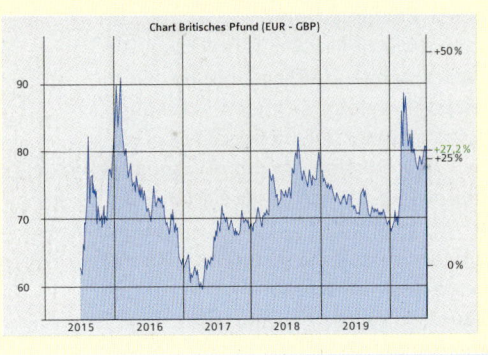

LF 3

"Warum zahlt unser Kunde aus Kaliningrad nicht in Rubel, sondern in Euro? Das mit dem Geldumtausch dürfte doch kein Problem sein", möchte Andreas Brandt vom Gruppenleiter Export, Miroslav Krazek, wissen.

Herr Krazek erklärt ihm: „Die Abwicklung des Geldumtauschs ist nicht das Problem. Zwischen unserer Angebotskalkulation, dem Auftrag mit Lieferung und der Zahlung vergehen beim Export aber oft Monate. Und in dieser Zeit kann sich der Wechselkurs der Währungen zu unserem Nachteil verändern. Wir bekommen dann später weniger Euro ausgezahlt als vorher kalkuliert." Andreas Brandt kontert: „Aber der Wechselkurs könnte sich auch zu unserem Vorteil ändern. Kann man da nicht ein bisschen zocken?"

Herr Krazek ist nicht begeistert: „Verzockt haben sich dabei schon viele. Aber im Kern haben Sie nicht ganz unrecht. Mit etwas Glück könnte man einen zusätzlichen Gewinn realisieren. Aber das will alles sehr sorgfältig überlegt sein."

ARBEITSAUFTRÄGE

- Erläutern Sie, worin das Währungsrisiko für die Primus GmbH
  a) als Exporteur,
  b) als Importeur
  besteht.
- Erläutern Sie, inwiefern man innerhalb von Risikomaßnahmen einen „zusätzlichen Gewinn" realisieren könnte.

Bei Außenhandelsgeschäften kann vereinbart werden, die Zahlung **in Landeswährung des ausländischen Partners** oder in einer **Drittwährung**, z. B. US-Dollar (= USD), zu leisten. Verändert sich der **Wechselkurs** in der Zeit zwischen Vertrags**abschluss** und Vertrags**erfüllung** (Zahlung), kann dies für das inländische Unternehmen Gewinne, aber auch **Verluste** bedeuten:

	Euro (= EUR) gegenüber Fremdwährung (USD)	Währungsrisiko › Verlust
Importeur	Abwertung: Euro-Wechselkurs sinkt (z. B. von 1,00 EUR = 1,1400 USD auf 1,1000 USD)	Der tatsächliche Einstandspreis ist höher als vorkalkuliert.

	Euro (= EUR) gegenüber Fremdwährung (USD)	Währungsrisiko › Verlust
Exporteur	Aufwertung: Euro-Wechselkurs steigt (z. B. von 1,00 EUR = 1,1400 USD auf 1,1900 USD)	Der tatsächliche Verkaufserlös ist niedriger als vorkalkuliert.

Beispiel Import: Die Primus GmbH kauft am 15. April Computerhardware bei Silvermann & Smith Co. Ltd.

Bezugs-/Einstandspreis: 45 600,00 USD, Kurs am 15. April: 1,00 EUR = 1,1400 USD

Vorkalkulierter Bezugs-/Einstandspreis der Ware: 45 600 : 1,1400 = 40 000,00 EUR

Lieferung und Zahlung erfolgen am 15. Juni d. J., Kurs am 15. Juni:

   1,00 EUR = 1,1000 USD

Tatsächlicher Bezugs-/Einstandspreis der Ware: 45 600 : 1,1000 = 41 454,55 EUR

Erhöhung des Bezugs-/Einstandspreises: 41 454,55 − 40 000,00 = 1 454,55 EUR

Seit dem 1. Januar 1999 hat der **Euro** in den Staaten **der Europäischen Wirtschafts- und Währungsunion EWWU die Landeswährungen abgelöst**. Die gemeinsame Euro-Währung **beseitigt das Währungsrisiko** innerhalb der EWWU und vereinfacht den gemeinschaftlichen Handel. Dadurch stehen den Unternehmen größere Märkte zur Verfügung, auf denen mehr Wettbewerb besteht.

Deutsche Unternehmen versuchen meist, das Währungsrisiko durch die **Vereinbarung der Zahlung in Euro** zu umgehen. Sollte dies nicht möglich sein, können andere Instrumente eine **sichere Kalkulationsbasis** schaffen (Kurssicherungsgeschäfte):

- **Devisentermingeschäft**: Beim Abschluss von Außenhandelsgeschäften
  - **kaufen Importeure** bei ihrer Bank Devisenbeträge, die sie zum späteren Zahlungstermin **benötigen**, zu einem festen Kurs (Terminkurs),
  - **verkaufen Exporteure** ihrer Bank Devisenbeträge, die sie zum späteren Zahlungstermin **erhalten**, zu einem festen Kurs (Terminkurs).

Beispiel

15. April: 1,00 EUR = 1,1400	Für das Importgeschäft mit Silvermann & Smith Co. Ltd. kauft die Primus GmbH für den 15. Juni 45 600,00 USD zum Euro-Terminkurs von 1,125.
15. Juni: Euro-Kurs (USD)	Die Primus GmbH kann über die 45 600,00 USD zu dem vereinbarten Terminkurs von 1,125 verfügen. Da der Terminkurs hier um 0,015 niedriger ist als der Tageskurs (Kassakurs) vom 15. April, erhöht sich der zu kalkulierende Bezugs-/Einstandspreis um (45 600 : 1,125) − (45 600 : 1,1400) = 533,33 EUR.
1,0900	Ohne Devisentermingeschäft entstünde ein Verlust von (45 600 : 1,0900) − (45 600 : 1,1400) = 1 834,86 EUR (s. o.). Verrechnet mit den Kosten des Devisentermingeschäfts von 533,33 EUR (s. o.) verbleibt ein Vorteil von 1 301,53 EUR.
1,1900	Ohne Devisentermingeschäft entstünde ein Gewinn von (45 600 : 1,1400) − (45 600 : 1,1900) = 1 680,67 EUR. Dieser entgeht der Primus GmbH, da sie den USD-Betrag zum Terminkurs von 1,125 abnehmen muss. Zusammen mit den Kosten des Devisentermingeschäfts von 533,33 EUR entsteht ein Verlust von 2 214,00 EUR.

- **Devisenoptionsgeschäft**: Bei Abschluss von Außenhandelsgeschäften wird mit der Bank gegen Zahlung einer **Prämie** ein Umrechnungskurs vereinbart und die **Option** (= das Recht) erworben, zu einem späteren Zeitpunkt bei der Bank einen bestimmten Devisenbetrag zu diesem Umrechnungskurs zu kaufen bzw. zu verkaufen.

  Beispiel

15. April: 1,00 EUR = 1,1400	Für das Importgeschäft mit Silvermann & Co. Ltd. (vgl. S. 233) erwirbt die Primus GmbH die Option, am 15. Juni 45 600,00 USD zum Euro-Kurs von 1,1400 zu kaufen. Die Bank berechnet 600,00 EUR Optionsprämie.
15. Juni: Euro-Kurs (USD) 1,1000	Die Primus GmbH entscheidet, ob sie die Option ausübt – d. h. zum Kurs von 1,1400 kauft – oder nicht. Die Option wird ausgeübt. Verrechnet mit der Optionsprämie von 600,00 EUR ist der Verlust 854,55 EUR geringer als ohne Devisenoptionsgeschäft.
1,1900	Die Option wird nicht ausgeübt. Es entsteht ein Gewinn von 1 680,67 EUR, der um die gezahlte Optionsprämie von 600,00 EUR gemindert wird.

- **Fremdwährungskonto**: Ein Außenhändler, der seine Export- und Importgeschäfte in der gleichen Fremdwährung, z. B. US-Dollar, abrechnet, richtet ein Konto für diese Fremdwährung ein. Kursschwankungen bedeuten dann z. B. Verluste bei ausgehenden Zahlungen, aber Gewinne bei eingehenden Zahlungen. Für die Salden bleibt das Kursrisiko jedoch bestehen.

- **Fremdwährungskredit**: Beim Abschluss eines **Exportvertrags** in fremder Währung nimmt der Exporteur einen Kredit auf
  - in dieser Fremdwährung,
  - in Höhe des zu erwartenden Zahlungseingangs,
  - den er sofort **in Euro** gutgeschrieben bekommt.

  Der Exporteur tilgt den Kredit mit der eingehenden Forderung. Ist der Euro-Wechselkurs inzwischen gestiegen (Abwertung der Fremdwährung), spielt dies keine Rolle, da die eingehende Forderung und die zu tilgende Kreditsumme in gleicher Währung lauten.

- **Forfaitierung** (vgl. S. 227): Banken diskontieren unter bestimmten Voraussetzungen Auslandsforderungen **ohne Rückgriffsmöglichkeiten** gegen den Exporteur, sodass eine vollständige Risikodeckung gegen Währungs-, Kredit- und politische Risiken gegeben ist.

  Beispiel Die Primus GmbH verkauft eine in drei Monaten fällige Auslandsforderung über 110 000,00 USD an die Sparkasse Duisburg (Kurs EUR/USD 1,2450). Nach Abzug des Diskonts verbleiben der Primus GmbH 87 028,11 EUR, die sie sofort gutgeschrieben bekommt, sodass das Währungsrisiko entfällt.

Währungsrisiken: Forderungen und Verbindlichkeiten gegen Wechselkursschwankungen absichern

- **Währungsrisiko**: Kursschwankungen des Euro gegenüber Fremdwährungen können, sofern in Fremdwährung fakturiert wird, folgende Auswirkungen haben:
  - Verluste bei Verbindlichkeiten (bei fallendem Euro-Kurs)
  - Verluste bei Forderungen (bei steigendem Euro-Kurs)

- **Maßnahmen zur Risikoabsicherung**:
  - Fakturierung in Euro
  - Devisentermingeschäft
  - Devisenoptionsgeschäft
  - Fremdwährungskonto (verbleibendes Risiko für den Saldo), Fremdwährungskredit
  - Forfaitierung

1. Die Kröger & Bach KG verkauft am 15.04.20.. 1500 Handkreissägen an die Arana KT, Jerewan/Armenien, EXW Duisburg, für 38 900,00 USD. Kassakurs am 15.04.20..: 1 EUR = 1,1400 USD. Am 15.06.20.. geht der fällige USD-Betrag auf dem Konto der Kröger & Bach KG ein und wird zum dann gültigen Tageskurs (Kassakurs 1 EUR = 1,1900 USD) in Euro gutgeschrieben.
   a) Berechnen Sie den auf der Basis des Kurses vom 15.04.20.. vorkalkulierten und am 15.06.20.. tatsächlich erzielten Euro-Gegenwert des USD-Verkaufserlöses.
   b) Berechnen Sie die Abweichung in Prozent.
   c) Gehen Sie davon aus, dass der zum 15.04.20.. kalkulierte Euro-Gegenwert einen Gewinnzuschlag von 10 % enthielt. Berechnen Sie den am 15.06.20.. tatsächlich erzielten Gewinnzuschlag in Euro und in Prozent (zwei Nachkommastellen).

2. Die Kröger & Bach KG hat den Angebotspreis für ein Exportgeschäft zunächst intern auf 52 500,00 USD kalkuliert, ausgehend vom aktuellen Kassakurs von 1 EUR = 1,1299 USD. Nun kommen Bedenken wegen der zu erwartenden Kursentwicklung EUR/USD auf. Deshalb fragt man bei der Bank die Konditionen für ein Devisentermingeschäft mit dreimonatiger Laufzeit an und bekommt einen Terminkurs von 1 EUR = 1,145 USD angeboten.
   a) Erläutern Sie das Devisentermingeschäft als Möglichkeit, das Währungsrisiko für den Exporteur abzusichern.
   b) Berechnen Sie den Euro-Gegenwert des kalkulierten USD-Angebotspreises auf Basis des Kassakurses.
   c) Berechnen Sie die Kosten der Kurssicherung.
   d) Bevor dem Kunden der Angebotspreis vorgelegt wird, sollen die Kosten der Kurssicherung noch darin einkalkuliert werden, sodass weiterhin der ursprünglich errechnete Euro-Gegenwert (siehe b) erzielt wird. Berechnen Sie den neuen Angebotspreis in US-Dollar.

3. Die Primus GmbH kann bei der Richard D. Wesley Inc., Washington/USA, 100 Laserdrucker bestellen (DDP Duisburg, Bezugs-/Einstandspreis 34 000,00 USD). Der Zeitraum Bestellung – Lieferung – Zahlung beträgt 40 Tage. Eine Abwertung des Euro (Sinken des Kurses EUR/USD) um bis zu 3 (USD-)Cents ist wahrscheinlich. Der Lieferer macht das Angebot, das Kursrisiko durch die Vorauszahlung des gesamten Betrags zu umgehen. Dafür gewährt er noch einmal einen Preisnachlass von 1 000,00 USD. Nehmen Sie zu Vor- und Nachteilen dieses Vorschlags aus Sicht der Primus GmbH Stellung und unterbreiten Sie ggf. einen Alternativvorschlag.

4. Die Primus GmbH schließt am 10. Juli mit einem taiwanesischen Lieferer einen Kaufvertrag ab über Computerhardware im Wert von 60 000,00 USD, Lieferung und Zahlung am 10. Oktober. Der Kassakurs des EUR/USD am 10. Juli beträgt 1,2255. Die Sparkasse Duisburg macht am 10. Juli folgende Angebote:
– 60 000,00 USD zum 10. Oktober, Terminkurs 1,2080
– Devisenkaufoption für 60 000,00 EUR/USD über drei Monate Laufzeit, vereinbarter Kurs 1,2255, Optionsprämie 1 046,51 EUR

a) Berechnen Sie für beide Alternativen die Kosten der Kurssicherung.
b) Am 10. Oktober liegt der Kassakurs des EUR/USD bei 1.) 1,2003, 2.) 1,2340, 3.) 1,2523. Vergleichen Sie, welche Alternative jeweils günstiger ist.
c) Devisenoptionsgeschäfte sind teurer als Devisentermingeschäfte. Erläutern Sie dafür mögliche Gründe.

2.3 Transportrisiken vermindern, abwälzen und absichern

Fahrer schlief: Tablets für 95 000 Euro aus Lkw gestohlen

Wien, 15.06.20.. – Während der Fahrer im Führerhaus schlief, räumten Unbekannte seinen Lkw aus.

Nach Angaben der Polizei hatte der 29 Jahre alte Fahrer einer Duisburger Spedition seinen Lkw abends auf dem unbewachten Rastplatz der A4 kurz vor Wien abgestellt und sich dann schlafen gelegt. Am Morgen dann die böse Überraschung: Die Plane des Sattelaufliegers war aufgeschlitzt; von zehn Paletten fehlten die geladenen Pakete. Wie ein Polizeisprecher mitteilte, handelte es sich um Computerhardware, die aus Budapest kam und für ein Unternehmen in Deutschland bestimmt war. Der Wert der gestohlenen Ware wird auf rund 95 000 € geschätzt, der Schaden am Lkw auf rund 2 500 €.

Schlechte Nachrichten für die Primus GmbH. Ein Großauftrag einer Behörde in Nordrhein-Westfalen über 400 Tablets „Primus Open" steht vor dem Aus. Die Geräte wurden auf dem Transportweg nahe Wien gestohlen. Andreas Brandt wundert sich: *„So eine teure Ladung – nur unter einer Plane? Muss so etwas nicht besser gesichert sein?"* Marc Cremer zuckt mit den Achseln: *„Klingt komisch, ist aber so. Die Ware sehen wir nicht wieder. Und das Schlimmste – so schnell bekommen wir keinen Ersatz, wo jetzt die Nachfrage nach Tablets so groß ist."* Andreas fragt weiter: *„Wer kommt denn jetzt für den Schaden auf?"* Da ist Marc Cremer allerdings beruhigt: *„Unsere Gütertransportversicherung wird den Schaden zahlen. Hätten wir die nicht, blieben uns nur Sonderziehungsrechte für 900 kg. Aber damit kann sich jetzt die Versicherung rumärgern."* Davon hat Andreas noch nichts gehört: *„Sonderziehung? Ist das so etwas wie beim Lotto?"*

ARBEITSAUFTRÄGE
- Den Bezugspreis der gestohlenen Tablets kalkuliert die Primus GmbH mit 100 000,00 €. Erläutern Sie, welche weiteren Nachteile sie durch den Verlust der Ware erleidet.
- Erläutern Sie die Haftung des Frachtführers in diesem Fall.

Entwicklung des internationalen Warentransports

Der internationale Handel ist in den letzten Jahrzehnten schneller gewachsen als die Produktion von Gütern. Internationale Warentransporte sind deshalb im gleichen Zeitraum stark angestiegen. Ausgelöst wurde dieses Wachstum durch verschiedene Faktoren:

Internationale Arbeitsteilung in der globalisierten Wirtschaft: Immer mehr Zulieferer aus fernen Ländern sind an der Fertigung beteiligt („Global Sourcing").

Just-in-time-Konzepte Erhöhung von Fahrtenzahlen und der Transportentfernung

Internationalisierung der Absatzmärkte: Überproportionales Wachstum des Welthandels mit Investitions- und Konsumgütern, Zunahme der Transporte von **höherwertigen Stückgütern**

Technologische Entwicklungen im Transportwesen (z. B. Containerverkehr) und in der Kommunikationstechnik: Stärkerer **Wettbewerb** in diesen Branchen führt zu **Kostensenkungen** für den Warentransport im Außenhandelsgeschäft.

Beispiel Die Auswirkungen der **Corona-Pandemie zu Beginn des Jahres 2020** haben der Kröger & Bach KG schlagartig offenbart, wie **anfällig** und **risikobehaftet** die internationalen **Supply-Chain-Systeme** im Zeitalter des „Global Sourcings" sind – und die mit ihr verbundenen weltweiten **Transportketten**. Als die chinesischen Produzenten, bei denen man jahrelang eingekauft hat, ihre Betriebe schließen mussten, fiel in der Folge auch ein Großteil der **Transportkapazitäten** weg. So war es dem Duisburger Unternehmen nicht möglich, kurzfristig auf andere chinesische Lieferanten, die noch produzieren konnten, auszuweichen. Die Kröger & Bach KG konnte wichtige Kunden monatelang nicht beliefern.

Transportrisiken im Außenhandel

Im Außenhandel sind – über **Ländergrenzen** hinweg – meist **größere räumliche Entfernungen** zu überbrücken. Dadurch ist die Auswahl entweder auf **bestimmte Verkehrsträger** beschränkt (See- oder Luftfracht bei Interkontinentaltransporten) oder es ist notwendig, verschiedene Verkehrsträger zu kombinieren (z. B. Bahn-/See-/Lkw-Transport). So können sich vielgliedrige **multimodale** Transportketten mit der entsprechenden Anzahl von Umladevorgängen ergeben.

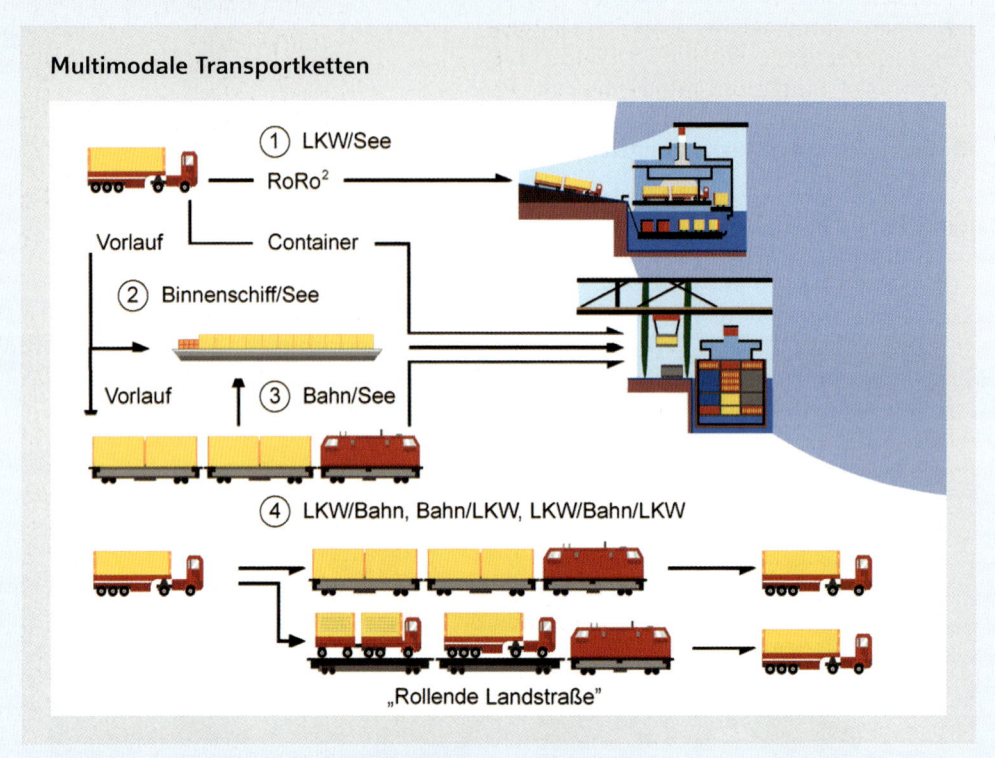

Multimodale Transportketten

① LKW/See
RoRo[2]
Vorlauf — Container
② Binnenschiff/See
Vorlauf
③ Bahn/See
④ LKW/Bahn, Bahn/LKW, LKW/Bahn/LKW
„Rollende Landstraße"

Mit jedem **Umschlagsvorgang** und jeder **Zwischenlagerung** ist gegenüber direkten („ungebrochenen") Transporten grundsätzlich ein zusätzliches Beschädigungs- und Diebstahlrisiko verbunden. Auch erhöht sich das Risiko, dass die Ware verloren geht oder fehlverladen wird und nicht bzw. verspätet beim Empfänger ankommt. Auch **Wartezeiten** an den Grenzen können für zusätzliche Verzögerungen sorgen. Ebenfalls kann **nicht vorausgesetzt** werden, dass mit der zu transportierenden Ware auf der langen Transportkette überall so **sorgfältig** umgegangen wird, wie sich die Handelspartner das wünschen.

Auch kann von der **Verkehrsinfrastruktur** (Straßen, Transportmittel, Umschlagsstationen) im Bestimmungs- oder Herkunftsland der Waren ein besonderes Transportrisiko ausgehen.

Beispiel Ausbaugrad und technischer Zustand des Schienennetzes in Schwellen- und Entwicklungsländern sowie in entlegenen Regionen von Industrieländern

Das Gleiche gilt für **klimatische Einwirkungen**: Hitze, Kälte, wiederkehrende plötzliche Temperaturwechsel, Sonneneinstrahlung und Luftfeuchtigkeit können einer Ware – insbesondere bei langer Transportdauer – nachhaltig zusetzen. Darüber hinaus haben **Verkehrsträger bzw. Transportarten**, die im internationalen Warenverkehr genutzt werden, ein jeweils eigenes **Risikoprofil**.

---

[1] Hier dargestellt für Lieferungen nach dem Ausland.
[2] RoRo: Roll-on/Roll-off-Schiffe
[3] Frühere Bezeichnung: Combined Transport Organisator (CTO).

Internationaler Lkw-Gütertransport

Der Lkw hat sich im internationalen landgebundenen Stückgutverkehr zum Transportmittel Nr. 1 entwickelt, da er Außenhändlern den direkten Haus-zu-Haus-Verkehr auch über große Entfernungen ermöglicht. Im Bereich des Vorlaufs (Anfuhr) und Nachlaufs (Zufuhr) bei multimodalen Verkehren ist der Lkw praktisch konkurrenzlos. Der Zuwachs höherwertiger Güter bei kleineren Transportmengen („Just-in-time-Lieferung") kommt vor allem dem Lkw-Transport mit seiner zeitlichen und räumlichen Flexibilität zugute.

Der rasant gewachsene Lkw-Verkehr belastet den Verkehrsfluss insbesondere auf den europäischen Hauptverkehrswegen. Termindruck, Verspätungen und Unfälle sind die Folge. Auch wird immer wieder darüber berichtet, dass Lenk- und Ruhezeiten nicht eingehalten werden. Durch starken Wettbewerb bzw. Preiskampf zwischen den Frachtführern, die EU-weit ihre Leistungen anbieten, kann die logistische Qualität leiden, wenn nicht ausreichend qualifiziertes Personal eingesetzt wird. Beim internationalen Lkw-Transport wird die Ladung über längere Strecken hohen physikalischen Kräften ausgesetzt. Transportschäden sind häufig auf mangelnde Ladungssicherung zurückzuführen. Das hohe Aufkommen an leicht verkäuflicher höherwertiger Ladung im internationalen Straßengüterverkehr hat das Risiko des Frachtdiebstahls stark erhöht.

Beispiel In Europa ist das Transitland Deutschland mit über 2 Mrd. € Schadenssumme pro Jahr (Stand: 2018) am stärksten vom Frachtdiebstahl betroffen. Davon entfallen allein 75 % auf den Diebstahl aus Lkws. Über 70 % der Diebstähle werden auf ungesicherten Parkplätzen verübt.

Internationaler Eisenbahngütertransport

Der Eisenbahntransport hat im internationalen Güterverkehr Wettbewerbsvorteile beim direkten Landtransport (Gleisanschluss → Gleisanschluss) **großer Gütermengen** über weite Entfernungen. Für den regelmäßigen grenzüberschreitenden Transport von Massen- bzw. Massenstückgütern wie Montan, Chemie und Baustoffe werden meist komplette Züge gewählt (**Ganzzug**).

Schienentransportunternehmen mit ausländischen Partnern erarbeiten für Großkunden entsprechende Transportlösungen. Ebenso sind **Einzelwagenbuchungen** über Speditionen möglich.

Bei den Beförderungsleistungen im internationalen Frachtverkehr haben vor allem die europäischen Eisenbahnen in den letzten Jahrzehnten Marktanteile zugunsten des Lkw-Frachtverkehrs verloren. Dafür werden unterschiedliche Gründe genannt, z.B. fehlende Flexibilität und Schnelligkeit der Bahn, vor allem aber die insgesamt noch **mangelhafte Verkehrsinfrastruktur** der europäischen Eisenbahnen.

Das **Beschädigungsrisiko** bei Bahntransporten ist abhängig davon, ob die Ware im offenen oder geschlossenen Waggon bzw. Container transportiert werden kann. Der Transport im europäischen Schienennetz ist zwar erschütterungsarm, beim Rangiervorgang (Zusammenstellung der Züge aus Waggons) wirken aber stets starke Prallkräfte auf die Ladung ein. Das Diebstahlrisiko ist bei abgestellten geschlossenen Waggons mit festen Wänden relativ gering. Container können so angeordnet werden, dass deren Türen sich gegenseitig blockieren.

Neue Projekte zum internationalen Eisenbahngütertransport offenbaren, wo spezifische Risiken dieses Verkehrsträgers vermutet werden können.

Beispiel Die Kröger & Bach KG überlegt, bei ihren China-Importen den Eisenbahntransport als klimafreundliche Alternative zu Schiff und Flugzeug zu nutzen. Über die 12 000 km lange Direktverbindung von Chongqing nach Duisburg laufen pro Woche 35 Containerzüge, die 18 Tage für die Strecke benötigen und damit 21 Tage schneller sind als ein Schiffstransport.

Der erste chinesische Güterzug auf dem Weg zum Duisburger Hafen

Lutz Kröger ist interessiert, hat sich aber Stichworte und offene Fragen notiert:

Risiken Bahnfracht Chongqing – Duisburg:
- *12 000 km Entfernung Landweg*
- *verschiedene Spurbreiten der Bahngleise entlang der Strecke (mindestens 2x Umladen)*
- *Durchfahren mehrerer Länder (politische Risiken?)*
- *mehrere Ländergrenzen auf der Strecke (Dauer der Zollabfertigung, Probleme?)*
- *extremes Klima (Hitze, Kälte – Containerschweiß usw.)*
- *Container mit Heizung/AC notwendig (Dieselgenerator, was ist im Winter bei –25 °C?)*
- *Bergung bei Transportschäden (Regelungen in den einzelnen Ländern?)*

● Seefrachtverkehr

Der Transport mit Seeschiffen (Überseeverkehr, Küstenschifffahrt, Fährverkehr) nimmt im Außenhandel eine herausragende Stellung ein: Über 80 % des gesamten Welthandels bzw. 95 % des interkontinentalen Warentauschs laufen über den Seeweg.

Während des Transports auf See sind die Sendungen bis zu sechs Wochen unterschiedlichen äußeren Einflüssen ausgesetzt:

Bewegung durch Seegang, Überstapelung durch andere Ladung, Gerüche, Staub, Schmutz, eintretendes Wasser und Kondenswasser.

Beispiel Bei einer Passage von Hamburg nach New York treten ca. 100 000 Lastwechsel durch das Schwanken des Schiffs auf, das bei schwerem Wetter in bis zu 30° Schräglage fährt.

Bereits 70 % der Schiffsfracht laufen als Containerfracht. Im Hamburger Hafen beträgt der **Containerisierungsgrad** bei der Stückfracht sogar 98 % (Stand: 2019). Mit dem Einsatz von Containern entfällt im Schiff das zeitraubende Stauen unterschiedlicher Ladung. Die Container können bereits im Hinterland des Hafens oder beim Befrachter (Versender) beladen und sicher verschlossen werden. Damit wird das Risiko von Diebstahl und Beschädigungen deutlich verhindert. Der Vorteil der Abgeschlossenheit des Containers kann jedoch zum Nachteil geraten, wenn der Transportbehälter den klimatischen Einwirkungen des Seewegs (s. o.) ausgesetzt wird. Ohne Gegenmaßnahmen in der Transportverpackung oder im Container (z. B. durch chemische Trocknungsmittel) drohen meist Feuchtigkeitsschäden an der Ladung.

> **Beispiel** Beim internationalen Containertransport sind Tau- oder Nässeschäden und deren Verhinderung ein intensiv diskutiertes Problem:
> – Bei kalten Außentemperaturen kondensiert Feuchtigkeit an der kalten Innenseite des Containers („**Containerschweiß**") und tropft schließlich auf die Ladung („**Containerregen**").
> – Durch Sonneneinstrahlung erwärmt sich die Containerluft schneller als die Ladung, sodass auf dieser die hohe Luftfeuchtigkeit des Innenraums kondensiert („**Ladungsschweiß**").

Schimmelbildung auf der Verpackung einer Containerladung

Das Überbordgehen ganzer Container sorgt in den Medien für Schlagzeilen, ist aber – gemessen am jährlichen Containerfrachtaufkommen – ein sehr seltenes Ereignis.

● Luftfracht

Die **Beförderungsmenge** im Luftfrachtverkehr ist gegenüber der gesamten mit dem Ausland ausgetauschten Frachtmenge verschwindend gering. Der **Wert** der per Luftfracht transportierten Güter macht jedoch ca. 10–15 % des gesamten grenzüberschreitenden Güteraustauschs aus. Bis zum Beginn der Corona-Pandemie im Frühjahr 2020 und ihren weltwirtschaftlichen Auswirkungen war der Luftfrachtsektor ein Wachstumsmarkt. Der Grund liegt in den zunehmenden Anforderungen an Schnelligkeit und Zuverlässigkeit in einer international vernetzten Wirtschaft. Per Luftfracht werden vor allem zeitsensible und wertvolle Transportgüter mit geringem Gewicht bzw. Volumen befördert.

> **Beispiel** Die Kröger & Bach KG wählt für die erste Lieferung Bohrhämmer an ihren neuen Kunden in Milwaukee/Wisconsin den Lufttransport, damit die Ware innerhalb weniger Tage zum vereinbarten Termin verfügbar ist.

Darüber hinaus ermöglicht der Lufttransport für manche Waren überhaupt erst den Absatz über weite Entfernungen (z. B. Frischfisch, Obst, Gemüse, Schnittblumen).

Kurze Transportzeiten, hohe technische Standards und strenge Sicherheitsbestimmungen sorgen dafür, dass das Transportrisiko des Luftfrachtverkehrs gering ist. Trotzdem sind Beschädigungen der Ladung möglich, z. B. beim Be- und Entladen oder wenn die hohen Beschleunigungskräfte des Flugzeugs auf das Transportgut einwirken. Aufgrund der meist wertvollen Ladungen kommen auch Diebstähle vor, aber wegen der hohen Sicherheitsbestimmungen an Flughäfen in weitaus geringerem Umfang als bei anderen Verkehrsträgern. Häufiger kommt es vor, dass Ladung (zunächst) nicht befördert wird, weil sie nicht richtig oder ausreichend deklariert worden ist. Auch kann das Transportgut fehlverladen werden. Verzögerungen können sich durch Flugausfälle oder durch Störungen des Flugbetriebs (Streik, Schließung von Flughäfen) ergeben.

> **Beispiel** Die Luftfrachtspedition der Kröger & Bach KG vertauscht vor der Übergabe an die Airline versehentlich die Etiketten (Labels) der Ladung mit einer anderen Luftfrachtsendung. So gelangen die zu liefernden Bohrhämmer nicht zum Kunden nach Wisconsin. Bis der Fehler entdeckt, die fehlverladene Ware wiedergefunden und zum richtigen Empfänger gebracht wird, kann viel Zeit vergehen. Die Kröger & Bach KG kann so ihr enges Zeitfenster zur Belieferung an den Kunden nicht einhalten. Doch gerade wegen des Termindrucks hatte die Kröger & Bach KG die teure Luftfracht gewählt und sich fest darauf verlassen. Darum trifft sie diese Verzögerung nun besonders hart.

● Haftung für Transportrisiken

Insgesamt ergibt sich bei internationalen Handelsgeschäften ein vergleichsweise höheres Risiko, dass die Ware auf dem Transport

- beschädigt wird,
- verloren geht,
- gestohlen wird,
- verspätet ankommt.

Insofern sollte man sich bereits bei der Anbahnung von Außenhandelsgeschäften darüber im Klaren sein, wer im Schadensfall haftet. Dazu müssen zunächst die **Rechtsverhältnisse** des internationalen Transportgeschäfts und des zugrunde liegenden Handelsgeschäfts betrachtet werden.

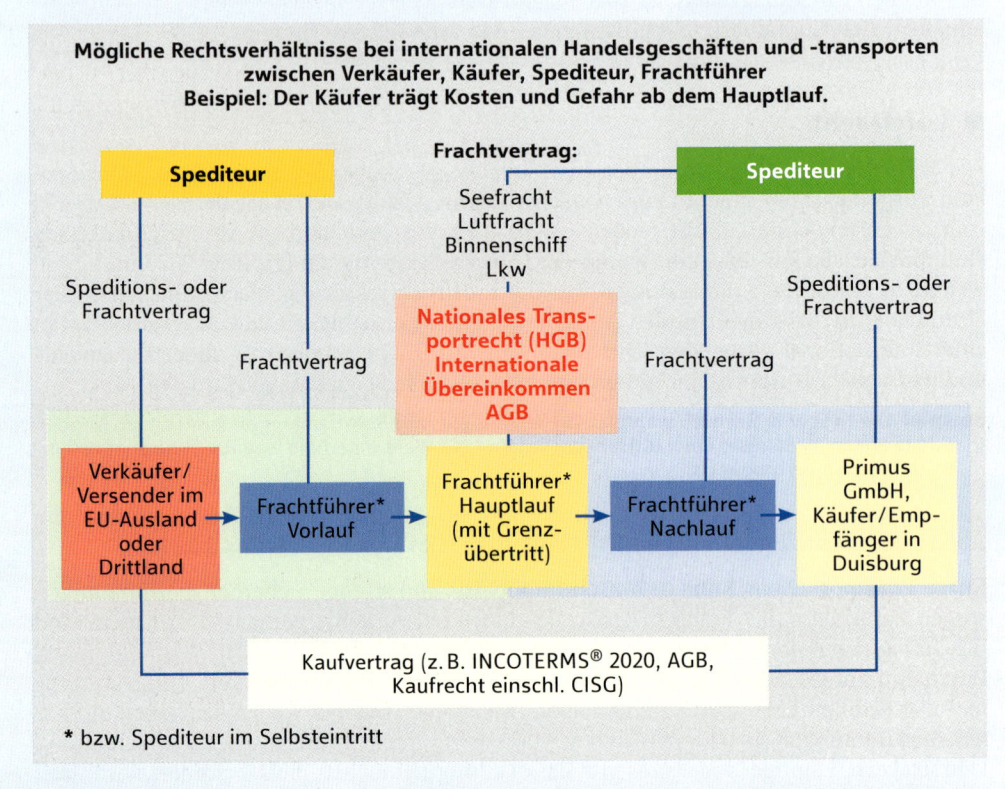

Mögliche Rechtsverhältnisse bei internationalen Handelsgeschäften und -transporten zwischen Verkäufer, Käufer, Spediteur, Frachtführer
Beispiel: Der Käufer trägt Kosten und Gefahr ab dem Hauptlauf.

```
            Spediteur                                          Spediteur
                                   Frachtvertrag:
                                   Seefracht
                                   Luftfracht
                                   Binnenschiff
                                   Lkw
Speditions- oder                                            Speditions- oder
Frachtvertrag                                               Frachtvertrag
                    Frachtvertrag                 Frachtvertrag
                                 Nationales Trans-
                                 portrecht (HGB)
                                 Internationale
                                 Übereinkommen
                                 AGB

Verkäufer/                   Frachtführer*                        Primus
Versender im    Frachtführer*  Hauptlauf    Frachtführer*      GmbH,
EU-Ausland       Vorlauf      (mit Grenz-    Nachlauf         Käufer/Emp-
oder                          übertritt)                      fänger in
Drittland                                                     Duisburg

          Kaufvertrag (z. B. INCOTERMS® 2020, AGB,
                 Kaufrecht einschl. CISG)
```

* bzw. Spediteur im Selbsteintritt

Aus dem internationalen **Kaufvertrag** schuldet der Verkäufer dem Käufer die ordnungsgemäße Lieferung der Ware. Am Lieferort (INCOTERMS® 2020, vgl. S. 281 ff.) geht die Gefahr vom Verkäufer auf den Käufer über.

Der Frachtführer schuldet aus dem **Frachtvertrag** den ordnungsgemäßen Transport des Frachtgutes und ist bei Transportschäden seinem Auftraggeber bzw. dem Eigentümer der Ware gegenüber haftpflichtig. Bei Frachtverträgen für internationale Transporte ergänzen bzw. verdrängen **internationale Übereinkommen** das nationale (inländische) Recht. Auch wurden internationale Übereinkommen faktisch in deutsches Recht eingearbeitet (z. B. Haag-Visby-Regeln zur Haftung beim Seetransport, in Deutschland eingearbeitet in das 5. Buch des HGB).

Beispiel Die Primus GmbH hat in Budapest 400 Tablets zur Bedingung „FCA Cargo City Budapest" gekauft und trägt ab dort Kosten und Gefahr der Lieferung. Die in Duisburg ansässige Intrada Spedition GmbH wird von der Primus GmbH beauftragt, den Transport bis zu ihrem Geschäftssitz in der Koloniestraße zu besorgen. Das Speditionsunternehmen könnte nun einen Frachtvertrag mit einem Frachtführer abschließen, entscheidet sich aber, den Transport mit eigenen Fahrzeugen durchzuführen (Selbsteintritt). In beiden Fällen gilt das **Internationale Übereinkommen über den Beförderungsvertrag im internationalen Straßengüterverkehr CMR**. Durch dieses Abkommen wird u. a. die Haftung des Frachtführers geregelt.

Internationale Übereinkommen sind allerdings nur nach **endgültiger Übernahme** in dessen **Beitrittsländern** rechtskräftig (= **Ratifizierung** durch Parlamentsbeschluss und Unterschrift des Staatsoberhaupts). Bei der Risikoanalyse ist daher zu überprüfen, ob und welches nationale oder internationale Transportrecht jeweils zutrifft.

Beispiel Das **Montrealer Abkommen** von 1999 regelt u. a. Haftungsfragen der internationalen Luftfracht. Es löste das **Warschauer Abkommen** von 1929 (letzte Fassung 1958) ab und gilt in 92 Staaten (Stand: 2020), in Deutschland seit 2004. Das Warschauer Abkommen gilt somit weiter in den Staaten, die das Montrealer Abkommen noch nicht ratifiziert haben.

Im Falle eines Transportschadens haftet der Frachtführer bei internationalen Transporten, abhängig von der Transportart, unabhängig oder abhängig vom Verschulden. Außerdem bestehen Haftungsgrenzen und -ausschlüsse für die verschiedenen Transportarten (vgl. Übersicht auf S. 244).

Der zu zahlende Schadenersatz wird in Sonderziehungsrechten (**SZR**[1]) angegeben.

Beispiel Das Gewicht der aus dem Lkw der Intrada Spedition GmbH gestohlenen Tablets beträgt 900 kg. Das Speditionsunternehmen (Frachtführer durch Selbsteintritt) ist mit maximal 8,33 SZR/kg Transportgut schadenersatzpflichtig (**Art. 23 Ziffer 3 CMR**):

900 · 8,33 SZR = 7497 SZR
1 € = 0,8189 (15.06.20..)
7497 SZR : 0,8189 = 9154,96 €

Die Intrada Spedition GmbH muss den maximalen Schadenersatz von 9154,96 € leisten, da der Marktwert der Tablets höher liegt. Mit der Zahlung sind lt. CMR alle Schadenersatzansprüche aus dem Schadensfall abschließend abgegolten.

● Transportrisiken vermindern

Aufgrund der höheren Risikobelastung sollte bei internationalen Handelsgeschäften Vorsorge getroffen werden, um Transportrisiken bereits im Vorfeld zu vermeiden. Dazu gehört vor allem, **Logistikpartner und Transportarten sorgfältig auszuwählen** und mit ihnen schon während der Anbahnung internationaler Handelsgeschäfte alle risikorelevanten Fragen bezüglich des Transports zu klären. Speditionsunternehmen mit langjähriger Markterfahrung bieten eine breite Palette von Transportarten und damit verbundenen Dienstleistungen an. Sie sind oft **Spezialisten** für bestimmte **internationale Frachtrelationen**, deren Risikomerkmale sie kennen und einschätzen können.

Beispiel Die Primus GmbH hatte die Intrada Spedition GmbH mit der Abwicklung des Transports der Tablets beauftragt, weil sie im Straßengütertransport mit Osteuropa über eine große Erfahrung verfügt und zuverlässige Frachtführer für die Frachtrelation (= Verbindung) Budapest–Duisburg unter Vertrag hat oder den Transport gleich selbst übernimmt. Gerade deshalb ist man in der Primus GmbH geschockt von dem Diebstahl der Tablets. Zusammen mit der Intrada Spedition GmbH und dem Transportversicherer wird analysiert, wie der Diebstahl hätte vermieden werden können.

---

[1] Künstliche Währung des internationalen Währungsfonds IWF, deren Wert täglich neu festgelegt wird. SZR werden u. a. als Recheneinheit für internationale Haftungsansprüche verwendet.

Haftung des Frachtführers bei internationalen Transporten

Transportmittel	Lkw	Eisenbahn	Seeschiff	Binnenschiff	Flugzeug
Rechtsquelle	CMR Übereinkommen über den Beförderungsvertrag im internationalen Straßengüterverkehr	CIM Übereinkommen über den internationalen Eisenbahnverkehr	§§ 476 – 619 HGB	CMNI Budapester Übereinkommen über den Vertrag über die Güterbeförderung in der Binnenschifffahrt	MÜ Montrealer Übereinkommen
Haftung des Frachtführers	unabhängig vom Verschulden	unabhängig vom Verschulden	abhängig vom Verschulden, aber Verschulden wird vermutet (umgekehrte Beweislast)	abhängig vom Verschulden, aber Verschulden wird vermutet (umgekehrte Beweislast)	unabhängig vom Verschulden
Haftung für Arten von Schäden	– Güterschäden: Beschädigung und Verlust – Vermögensschäden: z. B. Überschreitung der Lieferfrist	– Güterschäden: Beschädigung und Verlust – Vermögensschäden: z. B. Überschreitung der Lieferfrist	– Güterschäden: Beschädigung und Verlust – Vermögensschäden: z. B. Überschreitung der Lieferfrist	– Güterschäden: Beschädigung und Verlust – Vermögensschäden: z. B. Überschreitung der Lieferfrist	– Güterschäden: Beschädigung und Verlust – Vermögensschäden: z. B. Überschreitung der Lieferfrist
Haftungsausschlüsse (Beispiele)	– höhere Gewalt – ungenügende Verpackung oder Markierung – natürliche Beschaffenheit des Gutes	– höhere Gewalt – ungenügende Verpackung oder Markierung – natürliche Beschaffenheit des Gutes	– nicht abwendbares Ereignis – ungenügende Verpackung oder Markierung – Gefahren der See	– nicht abwendbares Ereignis – ungenügende Verpackung oder Markierung	– Eigenart der Güter oder innewohnender Mangel – ungenügende Verpackung oder Markierung – Kriegshandlung, hoheitliches Handeln
Haftung/Schadenersatz für … Güterschäden	Wert des Transportgutes, max. 8,33 SZR/kg Rohgewicht[1]	Wert des Transportgutes, max. 17 SZR/kg Rohgewicht[1]	Wert des Transportgutes, max. 2 SZR/kg Rohgewicht oder 666,67 SZR je Stück oder Einheit (Es gilt der höhere Betrag.)	Wert des Transportgutes, max. 2 SZR/kg Rohgewicht oder 666,67 SZR je Stück oder Einheit (Es gilt der höhere Betrag.)	Wert des Frachtstücks, max. 19 SZR/kg Gewicht (Rohgewicht)
… Überschreitung der Lieferfrist	max. bis zur Höhe der Fracht	max. vierfache Fracht	ohne Begrenzung, nach den Verzugsregeln des BGB	max. bis zur Höhe der Fracht	max. 19 SZR/kg
… Güterfolgeschäden	nein, kein Schadenersatz	nein, kein Schadenersatz	nein, kein Schadenersatz	nein, kein Schadenersatz	nein, kein Schadenersatz
Wegfall der Haftungsgrenze (unbegrenzte Haftung)	Vorsatz oder Verschulden, das dem Vorsatz gleichkommt	Vorsatz oder Leichtfertigkeit, sodass ein Schaden wahrscheinlich zu erwarten ist	Vorsatz oder Leichtfertigkeit, sodass ein Schaden wahrscheinlich zu erwarten ist	Vorsatz oder Leichtfertigkeit, sodass ein Schaden wahrscheinlich zu erwarten ist	kein Wegfall der Haftungsgrenze

[1] Rohgewicht, Bruttogewicht = Nettogewicht der Ware + Tara (Verpackung)

Besondere Sorgfalt ist auch bei der **Verpackung der Ware** nötig: Der Verkäufer ist dafür verantwortlich, die Ware **transportgerecht und exportfähig**[1] zu verpacken. Dabei müssen die Anforderungen von Transportart bzw. Verkehrsmittel beachtet werden. Dies ist besonders anspruchsvoll, wenn bei multimodalen Transporten **verschiedene Transportarten** mit unterschiedlichen Risikoprofilen aufeinanderfolgen. Wie die Ware korrekt zu verpacken ist, sollte deshalb mit der Spedition oder dem Frachtführer eindeutig geklärt werden. Bei Bedarf können auch spezialisierte Unternehmen das **professionelle Verpacken** der Ware übernehmen. Ist fehlerhafte Verpackung (mit-)verantwortlich für einen **Transportschaden** an der Ware, entfällt die Haftung des Frachtführers bzw. der Versicherungsschutz einer Transportversicherungspolice (vgl. S. 247).

● Transportrisiken abwälzen

Durch entsprechende Vertragsgestaltung können Transportrisiken auf den jeweils anderen Handelspartner abgewälzt werden. Ob dies möglich und auch immer sinnvoll ist, hängt vom Einzelfall ab (vgl. S. 285f.).

> **Beispiel** Die Kröger & Bach KG schließt Exportverträge mit außereuropäischen Kunden meist so ab, dass die Gefahr der Beschädigung und des Verlusts der Ware bereits mit Übergabe an den Frachtführer in Deutschland auf den Kunden übergeht.

● Transportrisiken absichern

Aufgrund der Begrenzungen bei der Transporthaftung und der Berechnungsformel **SZR · Gewicht** ergeben sich regelmäßig große Differenzen zwischen dem tatsächlichen Güterschaden und dem möglichen Schadenersatz. Diese Lücke stellt ein erhebliches Risiko dar, insbesondere dann, wenn das Gewicht des Transportgutes niedrig und dessen Marktwert hoch ist.

> **Beispiel** Bei einem Marktwert von 100 000,00 € für die gestohlenen Tablets verbliebe der Primus GmbH nach Abzug des Schadenersatzes von 9 154,96 € ein Güterschaden von 90 845,04 €.

Darüber hinaus sind Güterfolgeschäden (z.B. Produktionsausfall in der Industrie) in den Bedingungen der Transporthaftungsordnungen grundsätzlich ausgeschlossen.

Eine weitergehende Absicherung gegen Güter- und Vermögensschäden ist durch **vertragliche Vereinbarungen mit dem Frachtführer** möglich.

> **Beispiel** Die Intrada Spedition GmbH bietet bei internationalen Lkw-Transporten an, gegen Frachtzuschläge eine weitergehende Haftung zu übernehmen für
> a) den angegebenen Warenwert (Wertdeklaration, Art. 24 CMR),
> b) Vermögensschäden, z.B. entgangenen Gewinn (besonderes Interesse an der Lieferung, Art. 26 CMR).
> Die Zuschläge werden im Frachtvertrag ausdrücklich vereinbart und in den CMR-Frachtbrief eingetragen.

Mit dem Abschluss einer **Transportversicherung** kann das Transportrisiko **unabhängig von der Transporthaftung** des Spediteurs oder Frachtführers abgesichert werden. Die Ware wird für die **Wegstrecke** versichert, für die der Versicherungsnehmer lt. Kaufvertrag das **Risiko** zu übernehmen hat (vgl. S. 282ff.). Möglich ist auch eine **Haus-zu-Haus-Klausel**, d.h. eine Gesamtversicherung eines einzigen

---

[1] Die besonderen Anforderungen der Transportart und der Einfuhrbestimmungen im Bestimmungsland sind zu beachten, vgl. S. 281ff..

Transportversicherers für den gesamten Transportweg. Exporteur und Importeur teilen dann die Kosten im Kaufvertrag untereinander auf.

Der **Gegenstand einer Transportversicherung** kann sich auf alle geldwerten Schäden beziehen, die durch den Verlust oder die Beschädigung der transportierten Ware entstehen (**versicherbares Interesse**):

- Wert der Ware
- Fracht
- entgangener Gewinn
- Einfuhrabgaben (Zoll, Verbrauchsteuern, Einfuhrumsatzsteuer)
- weitere Kosten (Güterfolge- und Vermögensschäden, Aufräumungs-, Bergungs- und Reinigungskosten)

Transportversicherungen können als **Einzelpolicen** (für einzelne Transporte) oder als **Generalpolicen** (für alle anfallenden Transporte innerhalb eines Jahres) abgeschlossen werden.

Beispiel Die Primus GmbH hatte den Transport der Tablets von Budapest nach Duisburg mit 110 000,00 € (Einstandspreis 100 000,00 € zzgl. entgangenen Gewinns 10 000,00 €) mit einer Einzelpolice versichert.

Versicherte Gefahren und Schäden: Für die Versicherung von grenzüberschreitenden Warentransporten bieten international standardisierte Versicherungsbedingungen die notwendige Transparenz über den angebotenen Versicherungsschutz. Die **International Underwriting Association of London (IUA)**, in der praktisch alle weltweit tätigen Versicherungsgesellschaften vertreten sind, gibt die **Institute Cargo Clauses (ICC)** heraus. Diese Versicherungsbedingungen für den Gütertransport sind der internationale Standard, an dem sich auch die deutschen DTV-Güterversicherungsbedingungen[1] orientieren. So wird auch in den INCOTERMS® 2020 auf die Institute Cargo Clauses Bezug genommen.

Beispiel Bei Vereinbarung der Lieferbedingung CIP hat der Verkäufer eine Transportversicherung mit Deckungsumfang ICC A abzuschließen.

Nach den **Institute Cargo Clauses A (kurz: ICC A, vergleichbar: DTV-Güter 2000/2011)** leistet die Versicherung volle Deckung gegen alle denkbaren bekannten und noch unbekannten Transportrisiken (**All-Risk-Deckung**). Ausgeschlossen sind lediglich Risiken wie Krieg, Kernenergie oder Terrorismus.

Dagegen bietet eine Transportversicherungspolice nach den Versicherungsbedingungen **ICC C (vergleichbar: DTV-Güter, eingeschränkte Deckung)** nur eine **eingeschränkte Deckung** gegen vorab genau bezeichnete Schadenereignisse:

- Explosion, Brand
- Transportmittel:
  - Stranden, Aufgrundlaufen, Kentern (Wasser)
  - Überschlagen, Entgleisen (Land)
  - Kollision oder Berühren mit Gegenständen
- Entladen in einem Nothafen

---

[1] *DTV= vormals Abkürzung für „Deutscher Transport-Versicherungsverband", seit 1995 übernommen vom Fachbereich Transport im Gesamtverband der deutschen Versicherungswirtschaft e. V. (GDS)*

- Große Havarei[1]: Aufopferung, Überbordwerfen, Bergungskosten

Der Versicherungsnehmer muss im Schadenfall nachweisen, dass ein Schadenereignis aus dieser Liste tatsächlich zu dem Transportschaden geführt hat.

Beispiel Ein zur Versicherungsbedingung ICC C versichertes Transportgut wird auf hoher See bei schwerem Seegang durch eindringendes Wasser beschädigt. Es besteht kein Versicherungsschutz nach der Mindestdeckung von ICC C, da kein gelistetes Schadenereignis vorliegt.

Für Außenhändler kann es sinnvoll sein, Versicherungen für Transporte abzuschließen, für die sie nicht oder nur teilweise die Gefahr tragen. Eine Schutzversicherung[2] deckt das Risiko folgender Situationen ab:

- **Import**: Bei der verbreiteten Lieferbedingung „CIF-Bestimmungshafen" muss der **Exporteur** eine Transportversicherung mit einer Mindestversicherungssumme des CIF-Kaufpreises zuzüglich 10 % entgangenen Gewinns nach den Bedingungen der Institute Cargo Clauses Typ C[3] abschließen. Diese erreichen bei den versicherten Gefahren aber nicht den Umfang der DTV 2000/2011, eingeschränkte Deckung. Im Falle eines Transportschadens könnte der **Importeur** also ggf. keine Versicherungsleistung erhalten. Gleiches gilt, wenn der Exporteur es versäumt, den Warentransport zu versichern, oder die – meist ausländische – Versicherungsgesellschaft aus anderen Gründen die Leistung verweigert. In beiden Fällen würde die Schutzversicherung eintreten und dem Importeur den nicht regulierten Schaden ersetzen.

- **Export**: Nach der Lieferbedingung „FOB-Verschiffungshafen" trägt der Importeur das Risiko ab Übergang Schiffsreling. Er muss also selbst für den Abschluss einer Versicherungspolice sorgen. Geschieht dies nicht und tritt ein Transportschaden ein, wird der Importeur möglicherweise weniger oder gar nicht zahlen wollen. Für den Verkäufer kann es dann – je nach Zahlungsbedingung – sehr schwierig werden, die Forderung einzutreiben. Sollte dies mit zumutbaren Mitteln nicht gelingen, kann der Exporteur die Leistung der Schutzversicherung in Anspruch nehmen.

Mit dem Abschluss einer Transportversicherung werden **Standardrisiken** abgesichert. So verbleibt beim Versicherungsnehmer ein **Restrisiko**. Die Leistungspflicht der Versicherung entfällt beispielsweise bei

- mangelhafter Verpackung des Transportguts,
- natürlichem Verderb einer Ware (Schimmel, Fäulnis),
- behördlichem oder hoheitlichem Eingriff (z. B. Beschlagnahme durch den Zoll),
- Kriegshandlungen, Aufruhr, Plünderung.

Im **Einzelfall** kann es daher schwierig sein, den eingetretenen Transportschaden auch reguliert zu bekommen.

Beispiel Die Kröger & Bach KG importiert Haselnusskerne aus der Türkei. Eine Lieferung ist verschimmelt in Duisburg angekommen. Aus Sicht der Kröger & Bach KG hat der Frachtführer die Ware in einem ungeeigneten Container transportiert, was zu dem Schaden geführt hat. Der Frachtführer lehnt die Haftung ab, weil Schimmel an Trockenfrüchten, genauso wie Austrocknung, zu den natürlichen Eigenschaften und Gefahren dieses Transportgutes gehöre. Der Transportversicherer schließt sich dieser Meinung an und verweigert deshalb die Regulierung des Schadens.

---

[1] Große Havarei: Befindet sich das Schiff auf See in einer extremen Notlage, kann der Kapitän dem Schiff oder der Ladung bewusst Schaden zufügen, um schlimmere Schäden zu vermeiden, z. B. durch den Seewurf von Ladung.

[2] entsprechend DTV-Schutz- und Konditionendifferenzversicherungsklausel für DTV-Güter 2000/2011

[3] Bezeichnung für die von der International Underwriting Association of London (IUA) herausgegebenen Transportversicherungsbedingungen

Ebenso wird es beispielsweise schwierig sein, für Transporte durch Regionen mit hohen politischen Risiken (vgl. S. 252) überhaupt ein Versicherungsangebot zu bekommen.

● Prämienberechnung

Versicherungsgesellschaften sind bestrebt, in ihren Transportversicherungsprämien alle maßgeblichen **Risikofaktoren** zu erfassen und zu gewichten. Aufgrund der Deregulierung der Märkte in der EU gibt es keine verbindlichen Tarife. So hat jede Versicherungsgesellschaft ihr eigenes Tarifmodell, in dem sich sowohl allgemein gültige Faktoren als auch individuelle Erfahrung und subjektive Auslegung widerspiegeln. Allerdings folgen die meisten Verträge standardisierten Risikobeschreibungen und Prämiensätzen, die in London, dem Zentrum der Transportversicherung, empfohlen werden. Die Transportversicherungen unterhalten weltweit ein dichtes Netz von „Havariekommissaren", die als landes- und ortskundige Agenten das Transportrisiko im betreffenden Land bzw. in einer bestimmten Region einschätzen können. Ihre Informationen sind die Grundlage für eine fortlaufende Aktualisierung der Prämiensätze.

Die zu zahlende Gesamtprämie hängt von verschiedenen Einflussfaktoren ab:

Einflussfaktoren auf die Höhe der Transportversicherungsprämie	Erläuterung/Beispiele
Höhe des versicherten Interesses	Art und Höhe der eingeschlossenen geldwerten Schäden (s. o.)
Art der Ware	Grad der Empfindlichkeit gegen Beschädigung, Diebstahlgefahr, Gefahrgutneigung
Deckungsumfang	Eingeschränkte oder volle Deckung
Deckungserweiterungen	Kriegsklausel, Güterfolgeschäden
Zielort	Zustand der Verkehrsinfrastruktur auf dem Transportweg, Klima (extreme Kälte, Hitze oder Luftfeuchtigkeit), Kriminalitätsrate, politische Verhältnisse
Art des Verkehrsmittels	Je nach Verkehrsmittel unterschiedliches Unfall-, Beschädigungs- und Diebstahlrisiko, (vgl. S. 239 ff.) z. B. Art der Federung beim Lkw, Flagge und Alter des Seeschiffs
Zahl der Umladungen	Je mehr Umladungen, desto höheres Beschädigungs- und Diebstahlrisiko
Zahl der Zwischenlagerungen	Je mehr Zwischenlagerungen, desto höheres Beschädigungs- und Diebstahlrisiko
Art der Zwischenlagerung	Offenes/geschlossenes, überwachtes/nicht überwachtes Lager > Diebstahl- und Beschädigungsrisiko

Zwischen den einzelnen Transportversicherungen können erhebliche Prämienunterschiede bestehen. Computerprogramme von Finanzdienstleistern können hierbei eine erhebliche Hilfe sein, um die günstigste Versicherungsgesellschaft zu ermitteln.

Meist wird eine Grundprämie mit entsprechenden Risikozuschlägen fällig:

Beispiel für eine – vereinfachte – Prämienberechnung: Versicherung des Lkw-Transports von Budapest nach Duisburg

	Eingeschränkte Deckung	Volle Deckung
Art der Güter (Auszug)	Beitragssatz in %	
Maschinen aller Art, sofern nicht nachstehend einzustufen	0,298	0,387
Empfindliche Maschinen, z. B. Haushalts-, Textil-, Druckmaschinen	0,425	0,553
Präzisions- und Büromaschinen, Informations- und Telekomunikationstechnik, Prüfungs- und Versuchsapparate	0,510	**0,863**
Textilien (ohne Teppiche)	0,255	0,332
Radio-, Phono-, Fernseh-, Video-, Foto-/Filmapparate	0,638	0,829
Glas, Porzellan, Keramik, Steingut, Glasvitrinen, sofern nicht Einrichtungsgegenstände	1,400	1,820
Haushaltsgeräte aus Metall/Holz	0,255	0,332
Möbel	0,255	0,332
Schmuck, Kunstgegenstände, lebende Tiere, Antiquitäten, Briefmarken, Münzen	Auf Anfrage	Auf Anfrage
Versichertes Interesse:		
Bezugspreis	100 000,00 €	
10 % imaginärer Gewinn	10 000,00 €	
Summe	110 000,00 €	
Grundprämie	110 000 · 0,00863	949,30 €
Zuschläge		
Transportart		
Lkw-Transport	**20 %**	**189,86 €**
Lkw-Transport, Container	8 %	
Binnenschiff konventionell	5 %	
Binnenschiff Container	3 %	
Seeschiff konventionell	8 %	
Seeschiff Container	6 %	
Eisenbahn konventionell	9 %	
Eisenbahn Container	7 %	
Flugzeug	–	
Länder des Transportwegs (es gilt nur der höchste Prozentsatz)		
Deutschland		
EU-Staaten ohne Beitrittsländer 2004	2 %	
Übrige EU-Staaten, übriges Westeuropa und Skandinavien	**10 %**	**94,93 €**
Osteuropa einschließlich Russland	40 %	
Nordamerika	5 %	
Übrige Gebiete	Auf Anfrage	
Umladung oder Zwischenlagerung		
Pro Vorgang	2 %	
Verzicht auf Selbstbeteiligung von 5 %	**25 %**	**237,33 €**
Gesamtprämie		**1 471,42 €**

LF 7 Außenhandelsgeschäfte anbahnen

Transportrisiken vermindern, abwälzen und absichern

- **Transportrisiko: Risikomerkmale bei internationalen Handelsgeschäften**
  - größere Entfernungen, vergleichsweise längere Transportzeiten
  - Zahl der Umladungen bei multimodalen Transporten
  - Bedingungen in den Transportländern (Verkehrsinfrastruktur, Klima)
  - Risikoprofil der verwendeten Verkehrsträger
  - Verbindung zu politischen Risiken (z. B. bei Beschlagnahme der Ware)

- **Haftung des Frachtführers** nach nationalem Recht (HGB) und internationalen Übereinkommen – je nach Verkehrsträger (CMR, CIM, CMNI, MÜ)
  - Haftungsgrenze: x,xx SZR · kg Rohgewicht des Transportguts

- **Transportrisiken vermindern**
  - sorgfältige Auswahl von Spediteur/Frachtführer
  - Beachtung der Verpackungsvorschriften

- **Transportrisiken abwälzen**
  - Vertragsgestaltung: Der Handelspartner übernimmt die Gefahr ganz oder teilweise.

- **Transportrisiken absichern**
  - Haftungsgrenze anheben (Wertdeklaration in Frachtvertrag und Frachtbrief)
  - Abschluss einer Transportversicherung

- **Abschluss einer Transportversicherung**
  - volle oder eingeschränkte Deckung gegen Standardrisiken des Transports
  - Schutzversicherung zur ergänzenden Absicherung fremder Versicherungsverträge (z. B. bei Lieferbedingung CIF)
  - als Einzel- oder Generalpolice
  - verbleibende Leistungsausschlüsse (z. B. politische Risiken, die auf den Transport einwirken)
  - Prämienberechnung im Wesentlichen ohne Vorgaben, nach Preispolitik des Versicherers

1. Die Primus GmbH erhält 30 Schreibtische aus New York, die per 20"-Schiffscontainer nach Rotterdam geliefert werden. Das Rohgewicht der Ladung beträgt 1,2 (metrische) t, der Marktwert liegt bei 32 000,00 €. Bei der Öffnung des Containers im Bestimmungshafen entdeckt man erhebliche Feuchtigkeitsschäden an den Holzmöbeln, deren Wertverlust total ist. Die Primus GmbH trägt Kosten und Gefahr ab Verladung auf das Schiff in New York und hat als Befrachter den Frachtvertrag mit dem Schiffsreeder abgeschlossen. Dieser weigert sich aber gegenüber der Primus GmbH, den Schaden anzuerkennen. Feuchtigkeitsschäden im Seecontainer seien ein bekanntes Risiko, gegen das der Befrachter hätte vorsorgen müssen.

a) Erläutern Sie, welche Rechtsverhältnisse zwischen den einzelnen Parteien vorliegen.
b) Erläutern Sie für diesen Fall die Frachtführer-Haftungsregeln und die Höhe des möglichen Schadenersatzes.
c) Beurteilen Sie, unter welchen Voraussetzungen die Primus GmbH Schadenersatzansprüche
  - gegenüber dem Frachtführer,

Risiken von Außenhandelsgeschäften analysieren und bedarfsgerecht absichern

– gegenüber dem Verkäufer der Schreibtische geltend machen könnte.
d) Erläutern Sie, wie sich die Primus GmbH hier vor dem Transportrisiko hätte schützen können.

2. Ein bulgarischer Frachtführer, der mit einer Lkw-Lieferung von Sofia nach Duisburg beauftragt werden soll, bietet der Primus GmbH an, gegen Zahlung eines Frachtzuschlags eine Wertdeklaration einzutragen.
a) Erläutern Sie, wie die Haftung des Frachtführers bei internationalen Lkw-Gütertransporten grundsätzlich geregelt ist.
b) Erläutern Sie, welche Auswirkung die Wertdeklaration auf die Haftung des bulgarischen Frachtführers hat.
c) Erläutern Sie, unter welchen Voraussetzungen eine Wertdeklaration sinnvoll sein kann.
d) Statt der Wertdeklaration könnte die Primus GmbH den Transport Sofia–Duisburg über eine Einzelpolice ihres Düsseldorfer Transportversicherers absichern. Erläutern Sie, nach welchen Kriterien die Primus GmbH die beiden Angebote vergleichen sollte.

3. Die Kröger & Bach KG kauft bei der Wu Hu Ltd., Shanghai, Elektrogeräte zur Lieferbedingung CIF „Port of Duisburg". Das chinesische Unternehmen schließt für den Transport bis zum Bestimmungsort Duisburg-Hafen bei der COIC China Ocean Insurance, International Department, Beijing, zugunsten der Kröger & Bach KG eine Transportversicherung im vorgeschriebenen Umfang nach den „Institute Cargo Clauses C" ab.
a) Erläutern Sie den Deckungsumfang der genannten Versicherung.
b) Erläutern Sie, welche Möglichkeiten die Kröger & Bach KG hätte, den bestehenden Versicherungsschutz zu erhöhen.

2.4 Politische Risiken: Ländergefahren einschätzen und absichern

Miroslav Krazek, Gruppenleiter Export der Primus GmbH, ist besorgt: „Was für ein Ärger! In Russland wird es Behörden und anderen Einrichtungen des öffentlichen Sektors untersagt, Computer- und Telekommunikationsgeräte im Ausland zu kaufen. Steht hier im Newsletter eines Kreditversicherers. Hoffentlich gibt das in Zukunft keinen Ärger mit unseren Lieferungen an Glowna Ltd. in Kaliningrad." Elke Sommer beschwichtigt ihn: „Glowna Ltd. ist doch keine Behörde, außerdem müsste man sehen, ob es überhaupt Konkurrenzprodukte aus russischer Produktion gibt. Was soll uns denn da passieren?"
Herr Krazek bleibt skeptisch: „Plötzlich kommt ein allgemeines Einfuhrverbot und unsere Ware wird vom russischen Zoll beschlagnahmt, bevor sie beim Kunden ankommt. Oder unserem Kunden wird behördlich verboten, unsere Rechnung zu bezahlen." Frau Sommer hat Zweifel: „Ein Staat verbietet einem Importeur, an den ausländischen Lieferer zu zahlen? Von so einem

>>> CREDIT INSURANCE 24

Länder- und Branchenbewertungen: Russland „Made in Russia"[1]

Im Bereich Informations- und Kommunikationstechnologie (IKT) ist es dem öffentlichen Sektor nun untersagt, Computer-, Telekommunikations- und Haushaltsgeräte zu importieren, wenn es lokale Hersteller gibt, die vergleichbare Waren anbieten.

---
[1] Vgl. Coface Handbook Country Risk 2017

Fall habe ich noch nie gehört." Herr Krazek bleibt bei seiner Meinung: „*Ist alles schon vorgekommen. Denken Sie mal an die Zeit der Eurokrise. Da haben selbst EU-Länder vorübergehend Zahlungen ins Ausland verboten."*

ARBEITSAUFTRÄGE
◆ Erläutern Sie, welchen politischen Risiken Exporteure grundsätzlich ausgesetzt sein können.
◆ Begründen Sie, welche Branchen bzw. Exportgeschäfte besonders betroffen sein dürften.
◆ Erläutern Sie Möglichkeiten, politische Risiken bei Exportgeschäften abzusichern.

Staatliche Maßnahmen oder **politische Ereignisse** können dazu führen, dass die Abwicklung von Außenhandelsgeschäften gefährdet oder unmöglich gemacht wird. Wesentliche Erscheinungsformen sind in der folgenden Tabelle aus der Sicht eines deutschen **Exporteurs** dargestellt:

Erscheinungsform	Auswirkungen
Kriegshandlungen, Unruhen	– Verluste, wenn bereits bestellte Waren nicht in das unsichere Land versandt werden können – Beschädigung, Zerstörung oder Beschlagnahme der Ware im Bestimmungsland
Embargo	– Verhängung des Verbots, Waren in ein Land auszuführen – Verluste, wenn bereits bestellte Waren nicht in das Embargo-Land versandt werden dürfen
Zahlungsverbot, Moratorium (Zahlungsaufschub)	Ausfall oder Verzögerung des Zahlungseingangs, wenn zahlungsfähige und -bereite Kunden staatlich daran gehindert werden, ihre Auslandsverbindlichkeiten zu bezahlen

Transferrisiko, Konvertierungsrisiko	– z. B. aufgrund von Devisenknappheit im Land des Importeurs Verbot oder Verzögerung
	  – von Zahlungen in das Ausland,
	  – des Umtauschs in die im Kaufvertrag vereinbarte Währung
	– Zins- und Forderungsverluste

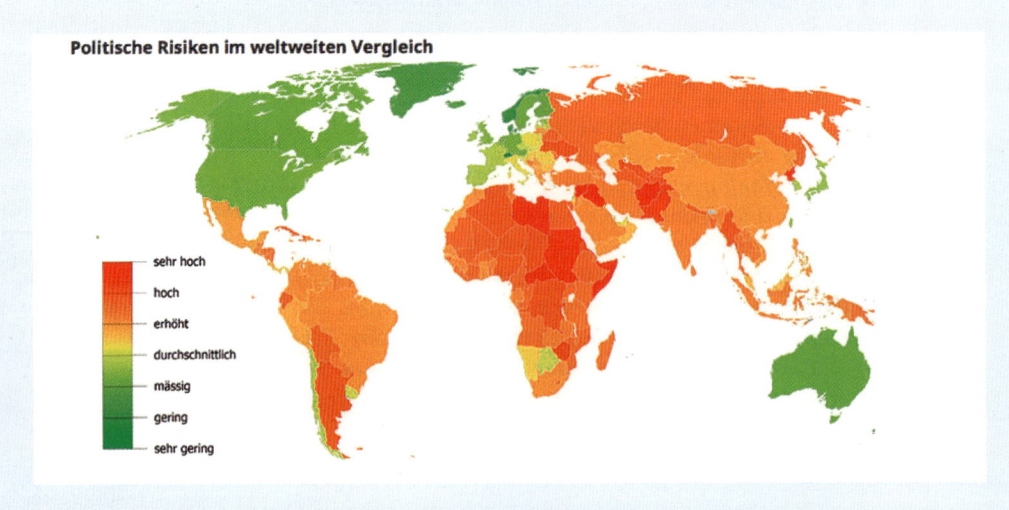

Politische Risiken im weltweiten Vergleich

- sehr hoch
- hoch
- erhöht
- durchschnittlich
- mässig
- gering
- sehr gering

Internationale Spannungen zwischen Staaten werden oft von **Handelskonflikten** und **Wirtschaftssanktionen** begleitet, die z. B. in Form von **Strafzöllen** oder **Einfuhrverboten** zunehmend als politisches Risiko in den Blick geraten.

Beispiel Im Jahr 2018 verhängten die USA und die Türkei im Zuge eines miteinander ausgetragenen politischen Konflikts gegenseitige Strafzölle, die im Handel zwischen beiden Ländern kurzfristig wirksam wurden. In der Folge sank der bereits stark unter Druck stehende Kurs der Türkischen Lira nochmals.

● Politische Risiken absichern

Gibt es einen Anlass, bei einem Land politische Risiken zu vermuten – z. B. bei Entwicklungsländern oder Staaten des Mittleren Ostens –, sollten weitere Informationen eingeholt werden. Als Informationsquellen kommen dafür zunächst die international tätigen Kreditinstitute und Auskunfteien infrage. Eine gute Einschätzung liefern vor allem Unternehmen, die bei Auslandsgeschäften eine Absicherung gegen politische Risiken anbieten (z. B. Forfaiteure, Euler Hermes Gruppe).

○ Forfaitierung

Die vollständige Risikodeckung kann auch politische Risiken umfassen, wenn Finanzierungsinstitute bereit sind, Forderungen aus Verkäufen in Ländern mit nennenswerten politischen Risiken zu forfaitieren. Die Konditionen dafür sind dabei nach Ländern gestaffelt (entsprechend der Höhe des jeweiligen politischen Risikos).

○ Staatliche Exportkreditgarantie („Hermesdeckung")

Die Euler Hermes Gruppe und die PricewaterhouseCoopers GmbH übernehmen im Auftrag der Bundesrepublik Deutschland Exportgarantien und Exportbürgschaften für deutsche Unternehmen. Abgedeckt werden das Kreditrisiko und politische Risiken.

Art der Hermesdeckung	Schuldner im Ausland
Ausfuhrgarantie*	staatliche Stellen, Körperschaften öffentlichen Rechts
Ausfuhrbürgschaft*	Privatpersonen oder Unternehmen
* Die Begriffe dienen nur der systematischen Unterscheidung der Deckungsformen innerhalb der Hermesdeckung, sie entsprechen nicht der Begriffsbedeutung innerhalb des Bankrechts oder des bürgerlichen Rechts.	

Für die Übernahme der Deckung wird ein Entgelt erhoben, das sich aus der Multiplikation des abzusichernden Forderungsbetrags mit einem **Entgeltsatz (%)** ergibt. Dieser wird schrittweise ermittelt, wodurch die Risiko bestimmenden Faktoren entsprechend einbezogen werden.

1. Schritt	In welchem Land (Bestellerland) hat unser Schuldner seinen Sitz? Welcher Länderkategorie 0 bis 7 wird dieses Land zugeordnet?
	Die Länderkategorie drückt allgemein die Kreditwürdigkeit von Schuldnern im jeweiligen Bestellerland aus:
	Länderkategorie 0: niedrigstes Kreditrisiko = niedrigstes Entgelt für die Absicherung
	Länderkategorie 7: höchstes Kreditrisiko = höchstes Entgelt für die Absicherung

2. Schritt	Um welche Käuferkategorie handelt es sich bei unserem Schuldner?
	Die Käuferkategorie drückt die individuelle Kreditwürdigkeit des Schuldners aus. Diese wird unter Berücksichtigung der Ergebnisse externer Ratings ermittelt, die von darauf spezialisierten Ratingagenturen oder Banken in Ratingcodes der Gruppen A (höchste Kreditwürdigkeit) bis D (niedrigste Kreditwürdigkeit) vergeben werden. Innerhalb der Gruppen werden die Abstufungen durch die Anzahl der Buchstaben und Plus- und Minuszeichen verfeinert:

Käuferkategorie	Erläuterung	Ratingbeispiel aus Länderkategorie 2
SOV+	Privater Käufer/Bank mit besserem Rating als SOV des Bestellerlands	A+
SOV	Zentralbank oder Finanzministerium des Bestellerlands	A
SOV-	Sonstiger Staatlicher Besteller	—
CC0	Private Besteller/Banken	A
CC1		BBB
CC2		BB+
CC3		BB
CC4		B+
CC5		B oder schlechter

Forderungsdeckungen mit Restlaufzeiten von weniger als zwei Jahren

Länderkategorie → | 0/1 | 2 | 3 | 4 | 5 | 6 | 7 |

geringstes Risiko ────────────────→ höchstes Risiko

Käufergruppe	0/1	2	3	4	5	6	7
SOV+	0,27 0,0086	0,45 0,0092	0,63 0,0125	0,81 0,0197	1,17 0,0334	1,53 0,0465	1,89 0,0682
SOV/CC0	0,30 0,0095	0,50 0,0102	0,70 0,0139	0,90 0,0219	1,30 0,0371	1,70 0,0517	2,10 0,0758
SOV-	0,33 0,0105	0,55 0,0112	0,77 0,0153	0,99 0,0241	1,43 0,0409	1,87 0,0569	2,31 0,0834
CC1	0,35 0,0165	0,55 0,0180	0,75 0,0208	0,95 0,0279	1,37 0,0426	1,79 0,0562	2,23 0,0806
CC2	0,40 0,0218	0,60 0,0234	0,80 0,0279	1,00 0,0367	1,43 0,0518	1,87 0,0655	2,36 0,0871
CC3	0,46 0,0254	0,66 0,0302	0,86 0,0337	1,06 0,0440	1,50 0,0601	1,96 0,0800	
CC4	0,51 0,0345	0,71 0,0395	0,91 0,0459	1,11 0,0574	1,56 0,0771		
CC5	0,56 0,0510	0,76 0,0553	0,96 0,0622	1,16 0,0773			

Der Entgeltsatz wird aus **Grundentgelt** und **Zeitentgelt** berechnet.

Beispiel Die Primus GmbH möchte eine Auslandsforderung über 50 000,00 € mit einer Restlaufzeit von 12 Monaten durch eine Hermesdeckung absichern lassen. Es handelt sich um einen Schuldner der Kategorie CC2 aus Russland, das zur Länderkategorie 4 gehört.

Grundentgelt + Zeitentgelt	= Entgeltsatz (kaufmännisch gerundet auf 2 Nachkommastellen)
1,00 % + 0,0367 % · 12	= 2,2004 %

Berechnung des Entgelts

50 000,00 € · 0,022004 =	1 100,00 €
zuzüglich	
Antragsentgelt	200,00 €
Ausfertigungsentgelt für die Deckungsurkunde	50,00 €
gesamt	1 350,20 €

Die Primus GmbH muss 1 350,20 € Entgelt für die Hermesdeckung bezahlen.

Die Selbstbeteiligung im Schadensfall beträgt 5 % bei politischen Risiken, bei wirtschaftlichen Risiken 15 %.

Hermesdeckungen helfen bei der Erschließung schwieriger Auslandsmärkte. Sie unterstützen Bemühungen, auch in wirtschaftlich bzw. politisch ungünstigen Zeiten Wirtschaftsbeziehungen zu anderen Ländern zu unterhalten. 75 % der Hermesdeckungen entfallen auf die Absicherung von Forderungen an Käufer in Entwicklungs- und Schwellenländer.

Politische Risiken: Ländergefahren einschätzen und absichern

- **Politische Risiken**
  - ergeben sich aus
    - der **Sicherheitslage** (innere und äußere Sicherheit),
    - der politischen, wirtschaftlichen und sozialen **Situation**,
    - dem **staatlichen Handeln**
    im **Land des Handelspartners**
  - stehen außerhalb des Einflussbereichs von Exporteur und Importeur

- **Erscheinungsformen**
  - äußere oder innere Instabilität (Kriege, Unruhen)
  - staatliche Maßnahmen (Embargo, Ein- oder Ausfuhrverbote)
  - ZM-Risiken (Zahlungsverbot, Moratorium)
  - KT-Risiken (Konvertierung, Transfer)

- **Risikomaßnahmen**
  - Risikoanalyse, Länderinformationen
  - Forfaitierung
  - Hermesdeckung

---

1. Erläutern Sie an je einem Beispiel, wie sich politische Risiken bei Außenhandelsgeschäften auf die anderen drei Risiken
   a) Kreditrisiko,
   b) Währungsrisiko,
   c) Transportrisiko
   auswirken können.

LF 7 Außenhandelsgeschäfte anbahnen

2. Die Kröger & Bach KG hat auf einer Handelsmesse Kontakte zu ukrainischen Handelsgruppen aufgenommen und ist daran interessiert, Elektrowerkzeuge und Unterhaltungselektronik in die Ukraine zu liefern. Lutz Kröger hat im Internet einen Ländervergleich gefunden, in dem u. a. das politische Risiko der Ukraine bewertet wird. Er bittet Sie um eine erste Einschätzung der folgenden Übersicht.

Politisches Risiko Ukraine: 7 Punkte (1 schwach, 7 hoch)

Regierung und politisches System	Messung	Wert	Letztes Update	Frequenz	Zeitabdeckung
Index Rechtsstaatlichkeit (−2,5 schwach; 2,5 stark)	Punkte	−0,72	2018	jährlich	1996–2018
Index Effektivität Regierung (−2,5 schwach; 2,5 stark)	Punkte	−0,42	2018	jährlich	1996–2018
Korruptionskontrolle (−2,5 schwach; 2,5 stark)	Punkte	−0,87	2018	jährlich	1996–2018
Index Regulierungsqualität (−2,5 schwach; 2,5 stark)	Punkte	−0,22	2018	jährlich	1996–2018
Mitspracherecht und Verantwortlichkeit (−2,5 bis 2,5)	Punkte	−0,01	2018	jährlich	1996–2018
Korruptionswahrnehmungsindex, 100 = keine Korruption	Punkte	30	2019	jährlich	2001–2019
Index politische Rechte, 7 (schwach) – 1 (stark)	Punkte	3	2020	jährlich	1991–2020
Index bürgerliche Freiheiten, 7 (schwach) – 1 (stark)	Punkte	3	2020	jährlich	1991–2020

Zahlen entnommen von: www.theglobaleconomy.com/Ukraine/, Aufruf am 15.08.2020

a) Nehmen Sie eine erste Bewertung der Quelle hinsichtlich ihrer Zuverlässigkeit vor.
b) Stellen Sie die einzelnen Ergebnisse der Tabelle als Balkendiagramme (ggf. mit Plus-/Minus-Skala) dar.
c) Erläutern und bewerten Sie die festgestellten Messwerte in Bezug auf das politische Risiko von Handelsgeschäften mit der Ukraine.
d) Unterbreiten Sie Vorschläge, welche weiteren Schritte die Kröger & Bach KG zur genauen Analyse des politischen Risikos folgen lassen könnte.

3. Nachdem Versicherungen gegen politische Risiken lange Zeit als „exotisch" galten, gehören solche Versicherungsprodukte heute immer mehr zum Standard. Erläutern Sie mögliche Gründe für diese Entwicklung.

4. Die Primus GmbH möchte an die Glowna Ltd./Kaliningrad Waren im Wert von 62 000,00 € exportieren und die Zahlung durch eine Hermesdeckung absichern. Die Glowna Ltd. gehört zur Kundenkategorie CC3, Russland zur Länderkategorie 4. Der Risikozeitraum beträgt 80 Tage, Antragsgebühr 400,00 €, Urkundengebühr 50,00 €.
a) Berechnen Sie das Entgelt für die Hermesdeckung.
b) Vergleichen Sie das Ergebnis mit dem Entgelt für ein Geschäft mit einem Kunden aus der Länderkategorie 1 (bei sonst gleichen Bedingungen).
c) Russland ist seit 1999 innerhalb der Hermes-Länderkategorien von Rang 7 auf Rang 4 gestiegen. Nennen Sie dafür mögliche Gründe.

3 Rechtliche Rahmenbedingungen internationaler Handelsgeschäfte berücksichtigen

3.1 Rechtliche Besonderheiten im Außenhandel beachten

Auf einer Messe in Wien hat die Primus GmbH mit einem neuen Kunden, der lettischen TecBalt SIA, einen Kaufvertrag über die Lieferung von 1000 Tablets „Primus Go" abgeschlossen. Heute ist die Ware am Erfüllungsort in Riga eingetroffen – und es gibt Ärger: Marts Sildnicks, Geschäftsführer von TecBalt SIA, fühlt sich von der Primus GmbH hintergangen: Es seien Geräte geringeren Standards geliefert worden als vereinbart, man habe Kunden verloren und verlange Schadenersatz.

Der Auszubildende Andreas Brandt hat das Telefonat von Marts Sildnicks angenommen und berichtet Nicole Höver von dem Gespräch: *„Ganz schön aufgebracht, der Herr Sildnicks. Die Lieferung hatte er schon nach Russland weiterverkauft und seine Kunden machen richtig Druck. Da herrschen wohl eher harte Sitten. Unser Gruppenleiter für den Einkauf, Herr Krazek, kann sich gar nicht vorstellen, was bei uns falsch gelaufen sein könnte."*

„Mal angenommen, wir einigen uns nicht mit TecBalt und es kommt zum Prozess: Gilt dann eigentlich unser deutsches BGB oder lettisches Recht?", will Nicole Höver wissen. Andreas Brandt meint: *„Keine Ahnung, ich würde erst mal auf lettisches Recht tippen, denn da sitzt der Käufer."* Nicole Höver ist unsicher: *„Lettland und Deutschland sind doch in der EU. Gibt es da nicht ein EU-Recht?"* Georgios Paros, ebenfalls in der Ausbildung zum Kaufmann für Groß- und Außenhandelsmanagement, hat eine Idee: *„Ihr habt vergessen, dass der Vertrag in Wien geschlossen worden ist. Bestimmt gelten dann auch österreichische Gesetze." „So ein Quatsch, Georgios",* belehrt Andreas seinen Kollegen, *„österreichisches Recht kann doch dabei gar keine Rolle spielen."* Georgios entgegnet: *„Vielleicht schon, weißt du es besser? Vielleicht gilt ja keins von allen, alter Schwede."*

ARBEITSAUFTRÄGE
- Stellen Sie fest, welches Kaufvertragsrecht für den Exportvertrag der Primus GmbH mit TecBalt SIA infrage kommt und welcher Gerichtsstand gilt.
- Erläutern Sie, inwiefern kulturelle Bedingungen bei internationalen Kaufverträgen eine Rolle spielen können.
- Nehmen Sie an, der dargestellte Rechtsstreit müsste vor einem lettischen Gericht verhandelt werden. Erläutern Sie mögliche Probleme aus Sicht der Primus GmbH.

● Abweichende nationale Rechtsbedingungen

Wer in Deutschland mit inländischen Geschäftspartnern Handel treibt, unterliegt bei Anbahnung, Abschluss und Erfüllung der Verträge den Bestimmungen des deutschen BGB und HGB. Sobald jedoch ein internationales Geschäft vorliegt, der Handelspartner also seinen Sitz im Ausland hat, wird dieser vertraute Rechtsrahmen verlassen. In ausländischen Gesetzen spiegeln sich die jeweiligen **nationalen und kulturellen Bedingungen** wider, deren Zusammenhang für den deutschen Handelspartner oft nur schwer zu durchschauen ist. Umgekehrt gilt dies für ausländische Handelspartner, die sich mit deutschem Recht auseinandersetzen müssen. Probleme sind vorprogrammiert, wenn man versucht, das eigene Vorverständnis in Bezug auf Regelungen und Begriffe auf das Recht des anderen Landes „eins zu eins" zu übertragen.

Beispiele Nach ausländischen Rechtsordnungen ist die vertragliche Vereinbarung eines verlängerten oder erweiterten **Eigentumsvorbehalts** meist unüblich oder nicht möglich. Aber auch der einfache Eigentumsvorbehalt ist nicht ohne Weiteres rechtswirksam:
- In manchen Ländern muss er ausdrücklich schriftlich vereinbart oder in den AGB besonders hervorgehoben werden (z. B. Frankreich). In den USA ist zur Vereinbarung des Eigentumsvorbehalts ein separater Vertrag notwendig („security interest").
- Um gegenüber anderen Gläubigern eines Schuldners zu gelten, muss der Eigentumsvorbehalt bei Gericht oder einem Registeramt registriert werden (z. B. Italien, Schweiz, USA). Andere Länder sehen dafür die notarielle Beurkundung vor (z. B. Spanien).

● **Internationales Privatrecht als Kollisionsrecht**

Bei internationalen Handelsgeschäften treffen die voneinander abweichenden rechtlichen Bestimmungen aufeinander, sie **kollidieren**. Welches Kaufvertragsrecht für den jeweiligen Vertrag letztlich gilt, regelt als **Kollisionsrecht** das Internationale Privatrecht (**IPR**). Dessen Regelungen sind in Deutschland über die EU-Verordnung (EG) Nr. 593/2008 („ROM-I-VO") und das Einführungsgesetzbuch zum BGB (**EGBGB**) gültig. Die darin genannten **Anknüpfungspunkte** geben Auskunft darüber, welche Rechtsordnung jeweils zur Anwendung kommt: Vorrang hat der Wille der Vertragspartner (Parteiautonomie). Ihnen ist überlassen, das für den Vertrag anwendbare Recht frei zu wählen (Art. 3 (1) ROM-I-VO).

Beispiel Die Kröger & Bach KG vereinbart mit ihrem chinesischen Lieferanten Zanghian Textiles, Shanghai: „Für den Kaufvertrag wird deutsches Recht zugrunde gelegt."

Die Rechtswahl erfolgt entweder ausdrücklich im Vertrag oder in den AGB. Soll ausländisches Recht gelten, muss der Vertragsinhalt sich nach dessen Bestimmungen richten. Meist ist es notwendig, einen spezialisierten deutschen Juristen mit Kenntnissen des ausländischen Rechts oder direkt einen ausländischen Juristen hinzuzuziehen.

In Bezug auf die Rechtswahl besteht ein Interessenkonflikt, da der deutsche wie der ausländische Handelspartner es vorziehen wird, den ihm jeweils vertrauten Rechtsrahmen zu wählen und als Vertragsgrundlage durchzusetzen.

● Fehlt die Rechtswahl, gilt nach deutschem Kollisionsrecht i. d. R. das Recht des Staates des Lieferers, weil dieser mit Produktion und/oder Handel die „charakteristische Leistung" des Vertrages erbringt (Art. 4 (1) ROM-I-VO). Sollte der Kaufvertrag aber eine enge Verbindung zum Vertragsrecht des Käuferlandes oder eines Drittlandes aufweisen, ist dessen Recht anzuwenden (Art. 4 (§) ROM-I-VO).

Beispiel Die Primus GmbH bestellt 50 Schreibtische bei Dupont S. A., Lyon/Frankreich. Die Bestellung wird von dem Lieferanten angenommen, ohne dass eine Rechtswahl vereinbart ist. Für den Kaufvertrag gilt französisches Recht, weil Dupont S. A. die vertragscharakteristische Leistung erbringt und der Sitz des Unternehmens in Frankreich ist.

● Für Handelsgeschäfte innerhalb der EU gilt das Europäische Zivilverfahrensrecht (EuGVO). Danach kann ein Vertragspartner an seinem Sitz oder am Erfüllungsort (Ort der Lieferung) verklagt werden.

Beispiel Die TecBalt SIA kann wegen der angeblichen Schlechtlieferung die Primus GmbH in Lettland (Erfüllungsort) oder in Deutschland (Sitz des Verkäufers) verklagen. Die Primus

GmbH kann aber z. B. im Falle eines Zahlungsverzugs die TecBalt SIA nur in Lettland verklagen, da Sitz des Vertragspartners und Erfüllungsort in Lettland liegen.

- Verweist bei fehlender Rechtswahl das deutsche Recht aufgrund der vorliegenden „charakteristischen Leistung" auf ausländisches Recht, schließt dies das **Kollisionsrecht** der ausländischen Rechtsordnung ein. Ist darin jedoch die Anwendung deutschen Rechts vorgeschrieben, erfolgt ein Rückverweis auf das deutsche Recht (Art. 4 (1) EGBGB).

  Beispiel Die Bürotec GmbH schließt einen Importvertrag mit dem Büromöbelhersteller Brasil Furniture S.A. aus São Paolo. Es wird keine Rechtswahl vereinbart. Das deutsche Recht verweist aufgrund der „charakteristischen Leistung" – das brasilianische Unternehmen ist Hersteller und Lieferer – auf die Anwendung brasilianischen Rechts. Das brasilianische Kollisionsrecht jedoch verweist aufgrund anderer Anknüpfungspunkte zurück auf das deutsche Recht. Somit wird für den Vertrag deutsches Recht angewendet.

- Es ist möglich, dass für unterschiedliche Rechtsfragen desselben Falls Rechtsordnungen verschiedener Länder anwendbar sind.

  Beispiel Die Primus GmbH schließt mit dem Unternehmer Lazlo Tolnay aus Budapest einen Exportvertrag über einen Container Büromöbel ab. Für den Vertrag wird die Anwendung deutschen Rechts vereinbart. Die Firma Tolnay gerät in Zahlungsverzug. Vor dem Amtsgericht Duisburg stellt sich heraus, dass der Kunde nach ungarischem Recht nicht geschäftsfähig ist. Für die Frage der Geschäftsfähigkeit ist die Staatsangehörigkeit des Käufers der stärkere Anknüpfungspunkt. Somit gilt in dieser Frage das Recht **Ungarns**. Der Vertrag mit einem Geschäftsunfähigen führt nach **deutschem Recht** schließlich zur Unwirksamkeit des Vertrags und zu den damit verbundenen Rechtsfolgen.

Ist ein deutsches Gericht für einen Rechtsstreit zuständig, bei dem ausländisches Recht gilt, müssen die betreffenden ausländischen Gesetze mit der im Ausland aktuell geltenden Rechtsprechung angewendet werden. Dies setzt mitunter aufwendige Recherchen voraus, bei denen die streitenden Parteien das Gericht unterstützen müssen.

- **Internationales Kaufrecht**

Das UN-Kaufrecht (CISG[1]) vom 11. April 1980 versucht die Probleme zu lösen, die in internationalen Kaufverträgen aufgrund abweichender nationaler Rechtsvorschriften entstehen können. Es formuliert **einheitliche Rechtsvorschriften für grenzüberschreitende Warenverkaufsverträge**. Alle bedeutenden Industrieländer (2016/84) sind diesem Abkommen beigetreten, sodass über zwei Drittel des deutschen Im- und Exports mit Unternehmen aus **CISG-Vertragsstaaten** erfolgen.

> Das UN-Kaufrecht
> - ist der **Teil des deutschen Rechts**, der sich auf **internationale Handelskäufe** bezieht,
> - gilt **automatisch**, wenn es nicht ausdrücklich im Vertrag ausgeschlossen wird,
> - **verdrängt** in seinem Anwendungsbereich nationale Regelungen.

Beispiel Die Kröger & Bach KG trifft mit ihrem Kunden in Japan vertraglich folgende Rechtswahl: „Für den Vertrag gilt deutsches Recht." Als Teil des deutschen Rechts gelten aber die Regelungen des UN-Kaufrechts für den betreffenden Vertrag noch **vor** denen des BGB und HGB. Wollte man die Geltung des UN-Kaufrechts ausschließen, müsste folgende Vereinbarung getroffen werden: „Für den Vertrag gilt deutsches Recht unter Ausschluss des UN-Kaufrechts."

---

[1] *Convention on Contracts for the International Sale of Goods (CISG).*

Gegenstand des UN-Kaufrechts sind Fragen des **Zustandekommens internationaler Kaufverträge** und der **Rechte und Pflichten der Vertragspartner**. Damit werden die wichtigsten Fragen internationaler Handelskäufe vereinheitlicht. Für alle **nicht** durch das UN-Kaufrecht geregelten Sachverhalte, z. B. Anfechtung und Gültigkeit von Verträgen oder Produkthaftung, ist weiterhin der **Rückgriff auf das nationale Kollisionsrecht** notwendig.[1]

> **Beispiele für Abweichungen des UN-Kaufrechts vom deutschen Recht (Inlandsverträge)**
>
> - Angebote sind stets widerruflich (Art. 15 f. UN-Kaufrecht[1]).
> - Das Schweigen auf ein kaufmännisches Bestätigungsschreiben ist keine Annahme (Art. 18 (1)).
> - Ein Rücktritt vom Vertrag aus mangelhafter Lieferung ist bei „wesentlicher Vertragsverletzung" möglich (z. B. Art. 49, Vertragsaufhebung durch den Verkäufer).
> - Der Erfüllungsort für die Zahlung des Käufers liegt im Zweifel beim Verkäufer (Art. 57).
> - Jede Vertragsverletzung begründet eine Schadenersatzpflicht, auch wenn kein Verschulden vorliegt (Art. 74).

● **Handelsbräuche**

Eine weitere wesentliche Rechtsgrundlage für zweiseitige Handelsgeschäfte stellen „die im **Handelsverkehr geltenden Gewohnheiten und Gebräuche**" (§ 346 HGB) dar, die noch **vor** gesetzlichen Bestimmungen gelten können. Auch Handelsbräuche unterscheiden sich international, was bei Außenhandelsgeschäften zu unterschiedlicher Vertragsauslegung führen kann. Zur Vermeidung dieses Problems hat die **Internationale Handelskammer Paris** Regeln veröffentlicht, die für die Auslegung handelsüblicher Lieferbedingungen gelten; die **INCOTERMS**®[2] (**IN**ternational **CO**mmercial **Terms**, letzte Fassung 2020) sind international anerkannter Handelsbrauch, ihre Kenntnis im Außenhandelsgeschäft ist unerlässlich (vgl. S. 278 ff.).

Beispiel Der Lieferant Silverman & Smith Co., Ltd., Melbourne, Australien, bietet Waren an zur Lieferbedingung „EXW according to INCOTERMS® 2020". Die Primus GmbH weiß, dass sie bei EXW (= EX WORKS, vgl. S. 282) die Kosten und Gefahren des gesamten Transports zu tragen hat.

● **Produkthaftungsrecht am Beispiel USA**

Herstellern und Händlern aus dem Ausland ist das Produkthaftpflichtrecht in den USA zweifellos ein unergründliches Rätsel. Trotz der Attraktivität des amerikanischen Marktes wirken die Risiken eines Prozesses oder einer Schadenersatzforderung abschreckend.

---

[1] Übliche Abkürzung für die offizielle deutsche Bezeichnung „Übereinkommen der Vereinten Nationen über Verträge über den internationalen Warenverkauf"

[2] „INCOTERMS®" ist eine eingetragene Marke der Internationalen Handelskammer (ICC). INCOTERMS®2020 ist einschließlich aller seiner Teile urheberrechtlich geschützt. Die ICC ist Inhaberin der Urheberrechte an den INCOTERMS®2020. Bei den vorliegenden Ausführungen handelt es sich um inhaltliche Interpretationen zu den von der ICC herausgegebenen Lieferbedingungen durch die Autoren. Diese sind für den Inhalt, Formulierungen und Grafiken in dieser Veröffentlichung verantwortlich. Für die Nutzung der INCOTERMS® in einem Vertrag empfiehlt sich die Bezugnahme auf den Originaltext des Regelwerks. Dieser kann über ICC Germany unter www.iccgermany.de und www.incoterms2020.de bezogen werden.

Rechtliche Rahmenbedingungen internationaler Handelsgeschäfte berücksichtigen

International können sich neben dem Kaufrecht auch die Rechtsregeln zur Produktsicherheit und -haftung von den europäischen bzw. deutschen unterscheiden, was für Exporteure hohe Risiken bedeuten kann. Dies wird am Beispiel der USA deutlich, wo die jährlichen Kosten für Schadenersatz und Prozesse aus Produkthaftung inzwischen die 350-Mrd.-USD-Grenze überschritten haben.

Merkmale des Produkthaftungs- und Prozessrechts in den USA:

- 50 einzelstaatliche, voneinander abweichende Regelungen zur Produkthaftung

- kein hohes Kostenrisiko für den Kläger, da Anwälte meist ein Erfolgshonorar erhalten

- Entscheidung durch eine Laienjury, die möglicherweise dazu neigt, mit dem Geschädigten zu sympathisieren

- Der Kläger hat das Recht des „Beweises des ersten Anscheins", es muss kein unmittelbarer Zusammenhang zwischen Produkt und Schädigung nachgewiesen werden.

- An den Hersteller werden hohe Ansprüche gestellt, Risiken von Herstellungsfehlern oder falscher Verwendung der Produkte durch die Konsumenten zu vermeiden. Darüber hinaus ist er zur dauernden Überwachung der in den Markt gebrachten Produkte verpflichtet.

Beispiele
– In den USA übertrifft aufgrund der hohen Vorsorgeauflagen an die Hersteller in manchen Jahren die Zahl der zurückgerufenen Pkws die der produzierten.
– Auf **Gebrauchsanweisungen** müssen Hersteller den Verbraucher vor bekannt gewordenen bzw. denkbaren Falschverwendungen und deren Folgen warnen:
Klimaanlage: „Avoid dropping air conditioners out of windows."
Staubsauger: „Do not use to pick up anything that is currently burning."
Haarcreme: „Do not use as an ice cream topping."

- Unternehmen haften auch für fehlerhafte Produkte, wenn deren Planungs- und Herstellungsprozess mit größter Sorgfalt durchgeführt worden ist. Dabei haften alle **gesamtschuldnerisch**, die mit Produktion oder Verkauf des schädigenden Produkts direkt oder indirekt in Beziehung stehen.

Beispiel Ein ausländischer Zulieferer verkauft Autobremsen an Automobilproduzenten in den USA. Im Rahmen der Gefährdungshaftung haften z. B. der Importeur der Bremsen, der Automobilproduzent und die Vertragshändler für die produzierten Fahrzeuge als Gesamtschuldner. Der ausländische Zulieferer haftet ebenfalls, wenn ihm „minimal contacts" zum Markt der USA nachgewiesen werden, z. B. wenn er dort für seine Produkte wirbt. Wird angenommen, dass Gesundheitsschäden durch einen bestimmten Bremsentyp verursacht worden sind, und ist der Schaden nicht einem bestimmten Hersteller zuzurechnen, haften alle Hersteller des Bremsentyps entsprechend ihrem Marktanteil.

- Darüber hinaus kann das Gericht einen Strafschadenersatz („punitive damage") verhängen, der der Abschreckung dienen soll:

Beispiel Eine 81-jährige Frau in den USA verbrühte sich an einem Becher Kaffee, den sie bei einem Hamburger-Restaurant gekauft hatte. Die Restaurantkette musste 200 000,00 USD Schadenersatz und 2,7 Mio. USD „punitive damage" bezahlen. Seitdem wird in den USA auf Kaffeebechern vor dem heißen Inhalt gewarnt.

- **Risikomaßnahmen**
  - zur Einschätzung der Risiken Informationsbeschaffung vor dem Exportgeschäft, Einschaltung von beratenden Fachleuten
  - strikte Befolgung ausländischer Sicherheitsvorschriften
  - sorgfältige Gestaltung von Gebrauchsanweisungen
  - Abschluss von Produkthaftpflichtversicherungen (Prämienhöhe entsprechend der Risikolage im Exportland)

- **Internationale Schiedsverfahren**

Im Falle von Streitigkeiten mit ausländischen Handelspartnern spielen **Schiedsverfahren** eine besondere Rolle. **Ohne** Einschaltung staatlicher Gerichte versuchen die **Parteien** (= streitende Vertragspartner), ihren Streitfall **endgültig**, also mit einer **Streitentscheidung** (Urteil, Vergleich), zu beenden. Dabei wenden sie sich meist an **institutionelle Schiedsgerichte**: Diese haben auf der Basis des nationalen und internationalen Rechts[1] eigene **Schiedsgerichtsordnungen** erarbeitet, organisieren das Schiedsverfahren und regeln die Bezahlung der Schiedsrichter. International bekannte Schiedsgerichte bzw. -organisationen sind beispielsweise der Schiedsgerichtshof der internationalen Handelskammer in Paris, das Schiedsgericht der Züricher Handelskammer und die Deutsche Institution für Schiedsgerichtsbarkeit (DIS).

Beispiel Exportverträge der Primus GmbH enthalten regelmäßig folgende Schiedsklausel (hier ins Deutsche übersetzt):
- Alle Streitigkeiten, die sich im Zusammenhang mit diesem Vertrag oder über seine Gültigkeit ergeben, werden nach der Schiedsgerichtsordnung der Deutschen Institution für Schiedsgerichtsbarkeit e.V. (DIS) unter Ausschluss des ordentlichen Rechtsweges endgültig entschieden.
- Der Ort des schiedsrichterlichen Verfahrens ist Berlin.
- Die Anzahl der Schiedsrichter beträgt drei.
- Das anwendbare materielle Recht ist das deutsche Recht.
- Die Sprache des schiedsrichterlichen Verfahrens ist Englisch.

Gegenüber der Prozessführung vor staatlichen Gerichten sehen Außenhändler folgende **Vorteile von Schiedsverfahren**:

- Die streitenden Parteien bestellen die Schiedsrichter (vgl. S. 263). Sie kommen meist jeweils aus dem Land der bestellenden Partei und sind sachkundig in Bezug auf Waren (z.B. Rohstoffe, Maschinen) sowie branchenspezifische Handelsbräuche.

- Das Schiedsgericht kennt nur eine Instanz, dadurch ist die Verfahrensdauer meist kürzer (i.d.R. höchstens sechs Monate).

- Die Beteiligten werden nicht durch staatliche Prozessordnungen eingeengt, sondern können das Verfahren relativ frei gestalten.

  Beispiel Möglicher Ablauf eines internationalen Schiedsverfahrens nach DIS-Schiedsgerichtsordnung (vgl. S. 263):
  Die Primus GmbH hatte 1000 Tablets im Wert von 45 000,00 € nach Lettland geliefert. TecBalt SIA, Riga, hatte als Importeur Vorkasse geleistet und tritt wegen mangelhafter Lieferung vom Vertrag zurück. Gefordert wird die Rückzahlung des Kaufpreises. Versuche, zu einer einvernehmlichen Lösung zu gelangen, scheitern. TecBalt SIA ruft unter Bezugnahme auf die Schiedsklausel aus dem Lieferungsvertrag das Schiedsgericht an.

---

[1] *Schiedsrichterliches Verfahren nach deutschem Recht: §§ 1025–1066 ZPO*
CISG-Modellgesetz für die internationale Wirtschafts-Schiedsgerichtsbarkeit

Rechtliche Rahmenbedingungen internationaler Handelsgeschäfte berücksichtigen

Kläger TecBalt SIA, Riga	DIS-Geschäftsstelle, Berlin	Beklagter Primus GmbH, Duisburg

① Kläger → DIS:
- Klageschrift (6 Ausfertigungen)
- Benennung eines Schiedsrichters
- Bezahlung:
- DIS-Bearbeitungsgebühr, Vorschuss für die Schiedsrichter

② DIS → Beklagter:
- Unverzüglicher Versand der Klageschrift
- Aufforderung, einen Schiedsrichter zu benennen

③ Beklagter → DIS:
- Klageerwiderung
- Benennung eines weiteren Schiedsrichters

④ Bestellung der zwei Schiedsrichter

⑤ Benennung des dritten Schiedsrichters als Vorsitzenden

⑥ Bestellung des Vorsitzenden

⑦ Information über Konstituierung des Schiedsgerichts (an beide Parteien)

Schiedsgericht
⑧ Beginn des Erkenntnisverfahrens

Tagungstermin(e) in Berlin
Ermittlung des Sachverhalts über
- Schriftstücke (Verträge, andere Dokumente)
- Anhörung der Parteien, von Zeugen und Sachverständigen

Mündliche Verhandlung möglich
- wenn nicht in der Schiedsvereinbarung ausgeschlossen
- auf Antrag einer Partei
oder durch das Schiedsgericht selbst angesetzt

⑨ Beendigung des Erkenntnisverfahrens
Fristsetzung an Parteien, dass das Verfahren endet und keine Vorträge mehr zugelassen werden

⑩ Beendigung des Schiedsverfahrens
durch
Vergleich
(einvernehmliche Beilegung des Streits)
oder
Schiedsspruch (mit Begründung)
Kostenentscheidung¹

⑪ Übersendung des Schiedspruchs

Der Schiedsspruch ist endgültig und hat für die Parteien die Wirkung eines rechtskräftigen Urteils.

---

¹ Die Kosten des Verfahrens trägt beim Schiedsspruch die unterlegene Partei. Wenn die Parteien zum Teil unterliegen bzw. obsiegen, teilt das Schiedsgericht die Kosten angemessen auf.

- Die Verfahren sind nicht öffentlich, wodurch Vertraulichkeit garantiert ist.
- Aufgrund internationaler Abkommen[1] sind Schiedssprüche international vollstreckbar.

● Ausschreibungen

Außenhandelsverträge werden z. T. aufgrund von **Ausschreibungen** geschlossen, in denen interessierte Unternehmen zur **Abgabe von verbindlichen Angeboten** aufgefordert werden. Der jeweils zu deckende Bedarf wird dabei technisch und kaufmännisch bis ins Detail definiert und in meist umfangreichen **Ausschreibungsunterlagen** (sog. „Lastenheften") fixiert, die von potenziellen Anbietern gegen ein Entgelt angefordert werden können.

Auftraggeber, die ihren Bedarf über Ausschreibungen decken, sind vor **allem Behörden** oder **staatliche bzw. halbstaatliche Unternehmen**. Oft ist die Beschaffung Teil eines internationalen Entwicklungsprojekts, in das **öffentliche Finanzinstitute** eingebunden sind, z. B. die Weltbank-Gruppe, regionale Entwicklungsbanken oder die Vereinten Nationen (UN).

Ziel von Ausschreibungen ist es, den günstigsten Anbieter in Bezug auf Preis, Qualität und sonstige Leistungen (z. B. Kundendienst nach Kauf) zu ermitteln. Durch möglichst viel **Wettbewerb zwischen den Anbietern** sollen niedrige Einkaufspreise erzielt werden.

Der Kreis der Unternehmen, die als Anbieter zugelassen werden, wird durch die Art des Ausschreibungsverfahrens geregelt. Ausschreibungen werden in amtlichen Mitteilungen, in Fachzeitschriften und auf Internetseiten verschiedener Institutionen veröffentlicht.

Räumlicher Bezug		Offene Ausschreibung	Geschlossene Ausschreibung
Beispiele	**Teilnehmerkreis**	**Teilnehmerkreis**	
nationale Ausschreibung	im jeweiligen Land ansässige Unternehmen	alle interessierten Unternehmen, Beschränkungen z. B. nur in Form von zu erbringenden Befähigungsnachweisen oder der Pflicht zur Benennung eines Vertreters vor Ort	beschränkter Kreis von Unternehmen; z. B. solche, die ein Vorauswahlverfahren oder eine Registrierung durchlaufen haben
EU-weite Ausschreibung	in der EU ansässige Unternehmen		
internationale Ausschreibung	Unternehmen aller Länder		

Beispiel Auszug aus dem Text einer EU-weiten Ausschreibung von Lehrmitteln für Schulen in Bulgarien, wie sie in der Online-Version des EU-Amtsblatts für das öffentliche Auftragswesens TED (Tenders Electronic Daily) veröffentlicht wird.

TED veröffentlicht jährlich rund 235 000 Ausschreibungen im Wert von ca. 545 Milliarden Euro (2020), ted.europa.eu

---

[1] New Yorker Übereinkommen über die Anerkennung und Vollstreckung ausländischer Schiedssprüche vom 10. Juni 1958, in Deutschland gültig seit 1964.

> **Förderprogramm der EU – Lehrmittel, EDV (Berufsschulen) – Datum:** 10.02.20.. – **Bulgarien**
>
> **Abgabetermin:** 20.03.20.. **Finanzierung:** EU-Kommission/Europäische Union, **Referenznummer:** EuropeAid/122665/D/SUP/BG. Offenes Verfahren, Phare-Programm.
>
> **Finanzierung:** Finanzierungsübereinkommen für das Projekt Phare 20.. – BG20 . / 016-711.11.01 „Entwicklung von Humanressourcen und Beschäftigungsförderung".
>
> **Öffentlicher Auftraggeber:** Ministry of Labour and Social Policy, European Funds, International Programmes and Projects Directorate, Sofia, Republik Bulgarien
>
> **Beschreibung des Auftrags:** Es sollen Ausbildungsmittel für 6 berufsbildende Schulen in jedem der 6 Planungsgebiete Bulgariens beschafft werden. Die erforderliche Ausrüstung soll in den 6 Schulen in den Städten Vratsa, Pleven, Varna, Burgas, Plovdiv und Sofia angeliefert, installiert und in Betrieb genommen werden. Ferner sind Schulungen zur Bedienung der gelieferten Ausrüstung durchzuführen. Schließlich sind die Rechnerräume von weiteren 120 berufsbildenden Schulen in ganz Bulgarien mit einheitlicher Computerausrüstung und einheitlichen Peripheriegeräten auszustatten.
>
> **Geplante Losanzahl/-nummer/-bezeichnung:** Die Ausschreibung beinhaltet die folgenden 14 Lose:
>
> **Los 1:** IT-Ausrüstung, spezielle Software und Hardware, audiovisuelle Lehrmittel und Büromaterial.
> (…)
>
> **Los 14:** Beschaffung von einheitlicher Computerausrüstung und einheitlichen Peripheriegeräten für 120 Schulen.
> (…)

○ **Chancen und Risiken bei der Teilnahme an Ausschreibungen**

50 Mrd. USD für Waren und Dienstleistungen werden weltweit jährlich aufgrund von Ausschreibungen umgesetzt. Die erfolgreiche Teilnahme an Ausschreibungen ermöglicht Unternehmen die Erschließung schwieriger Märkte, z.B. in Entwicklungs- und Schwellenländern, da die betreffenden Projekte meist von öffentlichen Finanzierungsinstituten abgesichert werden.

Ein Unternehmen, das an Ausschreibungen im Ausland teilnehmen will, ist vor eine Reihe von Problemen gestellt. Im Auslandsgeschäft ohne Ausschreibung hat es mehr Zeit dafür, den Bedarf des Kunden zu ermitteln, Informationen einzuholen, ein darauf zugeschnittenes Angebot zu erstellen und den Kunden in Verkaufsgesprächen und mit sonstigen Instrumenten zu akquirieren.

Bei **Ausschreibungen durch Auslandskunden** hingegen

- liegt meist nur der „anonyme" Ausschreibungstext vor,
- sind viele formale Verfahrensvorschriften der ausschreibenden Stelle strikt einzuhalten (das Angebot darf i.d.R. keinerlei Abweichungen vom Lastenheft aufweisen),
- bestehen mitunter Zweifel an der Offenheit der Ausschreibung (ggf. werden tatsächlich bestimmte Anbieter bevorzugt).

Dem Exportunternehmen wird es zunächst darum gehen, den Zeitraum bis zur Angebotsabgabe zu verlängern. Zum Beispiel wird es versuchen, bereits weit im Vorfeld einer Ausschreibung mit dem potenziellen Kunden Kontakt aufzunehmen, dessen Bedarf zu ermitteln und das Angebot darauf abzustellen. Diese bei Ausschreibungen übliche Praxis kann zur Folge haben, dass die Ausschreibung das vorgestellte Produkt bzw. die Gesamtkonzeption zugrunde legt. Ein Anbieter wird diese Gelegenheit jedoch nur wahrnehmen können, wenn er rechtzeitig Kenntnis von einer geplanten Ausschreibung hat. Die in diesem Zusammenhang notwendige Informationsfunktion übernehmen im Land der Ausschreibung spezialisierte Kontaktpersonen bzw. Niederlassungen des eigenen oder befreundeter Unternehmen. Diese können auch kurzfristig Ausschreibungsunterlagen beschaffen.

Rechtliche Besonderheiten im Außenhandel beachten

- In den einzelnen Staaten herrschen abweichende, d.h. **nicht vereinheitlichte** gesetzliche Bestimmungen zum **Kaufvertragsrecht**.
- Welches Recht für den internationalen Kaufvertrag gilt, regelt das Internationale Privatrecht jedes Landes als **Kollisionsrecht**.
- Anknüpfungspunkte des deutschen Kollisionsrechts sind z. B. **Rechtswahl** oder **charakteristische Leistung**.
- Das UN-Kaufrecht stellt ein **einheitliches internationales Kaufrecht** dar, das wichtige Fragen internationaler Verträge regelt.
- Für alle nicht durch das UN-Kaufrecht geregelten Fragen gilt **weiterhin das Kollisionsrecht** des jeweiligen Landes.
- Die zwischen den Vertragspartnern bzw. in der Branche üblichen **Handelsbräuche** gelten als besonderer Ausdruck des Willens der Vertragsparteien noch vor gesetzlichen Regelungen.
- Auch die Regelungen zur **Produkthaftung** sind international nicht einheitlich.
- Internationale **Schiedsgerichte** beenden Rechtsstreitigkeiten aus internationalen Verträgen endgültig ohne Einschaltung des meist längeren ordentlichen Rechtswegs.
- Wer kulturell bedingte **Mentalitätsunterschiede** erkennt und akzeptiert, kann seinen Vertragspartner besser einschätzen, was sich vorteilhaft auf Verhandlungen auswirkt.
- **Ausschreibungen** fordern interessierte Unternehmen zur Angebotsabgabe auf. Im Auslandsgeschäft ermöglichen sie oft den Markteintritt in schwierige Märkte.

1. Die Primus GmbH bestellt telefonisch 50 Schreibtische bei ihrem Lieferanten Dupont S. A., Lyon/Frankreich. In dem Telefonat wird die Lieferung mündlich zugesagt. Zur Sicherheit schickt Marc Cremer noch ein Schreiben an Dupont S. A. Darin bestätigt er die Bestellung und legt fest, dass dem Kaufvertrag deutsches Recht zugrunde liegen soll. Sollte Dupont S. A. damit nicht einverstanden sein, möge man sich bitte melden. Das Lyoner Unternehmen reagiert jedoch nicht auf das Schreiben der Primus GmbH.
Nach französischem Recht hat das Schweigen der Dupont S. A. auf das Bestätigungsschreiben der Primus GmbH keinerlei Rechtswirkung.

Begründen Sie, wie die Rechtswirkung aussähe
a) nach dem internationalen Privatrecht,
b) nach dem UN-Kaufrecht.

2. Die Regeln des internationalen Privatrechts sollen im Idealfall dazu führen, dass der gleiche Sachverhalt in allen Ländern nach dem gleichen Recht entschieden wird. Beurteilen Sie, ob dieses Ziel realistisch ist.

3. Die Kröger & Bach KG schließt mit der Bronski Ltd., Warschau, einen Importvertrag über Badtextilien ab. Als Gerichtsstand wird Duisburg vereinbart, der Schriftverkehr und der Vertrag sind in Deutsch abgefasst. Im Vertrag wird indirekt auf Bestimmungen des BGB Bezug genommen. Eine ausdrückliche Rechtswahl findet aber nicht statt.
a) Erläutern Sie, warum eine ausdrückliche Rechtswahl zu empfehlen ist.
b) Erläutern Sie, welche Anknüpfungspunkte des deutschen Kollisionsrechts in diesem Fall gelten könnten.
c) Die Vertragspartner wählen für den Vertrag letztlich die Anwendung schweizerischen Rechts. Nennen Sie mögliche Gründe für diese Rechtswahl. Welche Maßnahmen sollten die Vertragspartner vor einer derartigen Rechtswahl ergreifen?
d) Überprüfen Sie, welches Recht das deutsche Gericht nun auf den Vertrag anwenden würde.

4. Die Primus GmbH und Richard D. Wesley Inc., Columbia/USA, vereinbaren für ihre Handelsgeschäfte die Anwendung „US-amerikanischen Rechts". Es existiert jedoch kein „amerikanisches Recht", vielmehr hat jeder der 50 Staaten der USA ein eigenes Kaufrecht. Begründen Sie, welches Recht für die Verträge anwendbar ist.

5. Erläutern Sie die Vorteile, die mit dem einheitlichen UN-Kaufrecht für internationale Warenhandelsverträge (CISG) allgemein verbunden sind.

6. Das UN-Kaufrecht weicht in einigen Bestimmungen vom deutschen Recht für Inlandsverträge ab (vgl. die Übersicht auf S. 260). Erläutern Sie aus der Sicht eines deutschen Exporteurs mögliche Vor- und Nachteile dieser abweichenden Bestimmungen.

7. Erläutern Sie drei Merkmale, in denen sich das Produkthaftungsrecht der USA von dem in Deutschland unterscheidet.

8. Die Primus GmbH möchte einen Rechtsstreit mit einem russischen Importeur durch ein internationales Schiedsgericht (DIS) klären lassen. Ermitteln Sie, welche Gebühren beim Streitwert von 50 000,00 € anfallen (www.disarb.org, Gebührenrechner). Vergleichen Sie diese Kosten überschlägig mit denen eines Verfahrens vor einem ordentlichen deutschen Gericht (Rechtsanwalts- und Gerichtsgebühren: Übersichten im Internet). Erläutern Sie, welche Vor- und Nachteile ein Schiedsverfahren für die streitenden Parteien gegenüber einem Gerichtsverfahren hat.

9. Stellen Sie eine Liste von Informationsquellen zusammen,
a) anhand derer sich der Außenhändler über geplante und veröffentlichte Ausschreibungen informieren kann,
b) die Verfahrenshinweise zur erfolgreichen Teilnahme an Ausschreibungsverfahren geben.

10. a) Erläutern Sie, warum frühe Informationen über geplante Ausschreibungen für potenzielle Teilnehmer besonders wichtig sind.
b) Nennen Sie Stellen bzw. Personen, von denen Außenhändler diese Informationen erhalten könnten.
c) Erläutern Sie, inwiefern die frühe Einflussnahme durch mögliche Bieter eine Wettbewerbsverzerrung darstellen könnte, die dem eigentlichen Ziel der Ausschreibung widerspricht.

LF2 3.2 Das Abladegeschäft als klassische Kaufvertragsart des Überseehandels kennenlernen

Sent:	Tue, May 07, 20.. 08:15
From:	info@intrada-spedition.de
To:	miroslav.krazek@primus-bueroeinrichtung.de
Subject:	Auftrag 2010/9574/Rotterdam vom 15.04.20..

Guten Morgen Herr Krazek,

leider müssen wir Ihnen mitteilen, dass unser Lkw auf der Anfahrt nach Rotterdam mit einem Motorschaden liegengeblieben ist. Wir haben ein Ersatzfahrzeug organisiert, das jedoch die Zeitverzögerung nicht mehr einholen konnte und erst 6 Stunden später am Abladepunkt im Hafen war.
Die Abladung konnte somit nicht mehr erfolgen. Bitte teilen Sie uns heute mit, wie mit der Ladung zu verfahren ist. Ich werde Sie deswegen noch im Laufe des Tages anrufen.

Mit freundlichen Grüßen
ppa. Sebastian Arndt

„Diese Woche geht aber auch alles schief. Erst die Probleme mit dem lettischen Abnehmer und dann das: 60 Schreibtische sollen zur Perkins Ltd. nach New York und das Schiff ist weg. Der Kunde wartet auf die Ware!" Miroslav Krazek ist außer sich. Georgios Paros findet das alles nicht so tragisch: „Morgen wird doch auch noch ein Schiff nach New York auslaufen, dann kommt die Lieferung eben einen Tag später an." – „Wenn das mal so einfach wäre, Herr Paros. Wir müssten zunächst neuen Schiffsraum bekommen. Das Schlimmere ist, dass wir zeitlich zu knapp kalkuliert haben. Heute endet die vertragliche Abladezeit."

ARBEITSAUFTRÄGE
◆ Erläutern Sie die Art des Kaufvertrages, die diesem Überseegeschäft zugrunde liegt.
◆ Erklären Sie, welche Rechtsfolgen das Versäumen der Abladezeit für die Primus GmbH als Exporteur hat.

Über 90% des Welthandels laufen über den Seeweg. Typische Kaufvertragsart im Überseehandel ist das **Abladegeschäft**, bei dem der Exporteur verpflichtet wird, an einem bestimmten Seehafen (**Abladehafen**) die Ware **abzuladen**, damit diese zu einem **Bestimmungshafen** verschifft werden kann. Bei Beförderungen auf dem Landweg liegt somit im rechtlichen Sinn kein Abladegeschäft vor. Der **Erfüllungsort** für die Ware ist der Abladehafen, der Zeitpunkt des Kosten- und Gefahrenübergangs ist abhängig davon, welche Lieferungsbedingung (vgl. S. 278 ff.) vereinbart worden ist.

Beispiel Bei der Lieferbedingung FOB (Free On Board) gehen Kosten und Gefahr auf den Käufer über, sobald die Ware die Schiffsreling überschritten hat, bei FAS (Free Alongside Ship) bei Übergabe an den Verfrachter (Reederei, Schifffahrtslinie).

Die großen Entfernungen, die im Überseehandel überbrückt werden müssen, bringen Probleme für Exporteur und Importeur mit sich: Die Abladung der Ware löst i.d.R. die Zahlungspflicht des Kunden aus. Der tausende Kilometer entfernte Importeur möchte deshalb als Gegenleistung einen Nachweis über die Verschiffung haben und sich das Eigentum an der Ware sichern. So wäre es ihm möglich, mit der noch schwimmenden Ware zu disponieren und sie eigenen Abnehmern anzubieten. Gelöst wird dieses Problem durch Konnossemente. Dies sind Dokumente, die die Ware vertreten und das Eigentum an ihr verbriefen. Das Abladegeschäft ist somit immer auch **Dokumentengeschäft**, d.h., das form- und fristgerechte Erstellen, Anbieten und Annehmen von Dokumenten gerät für das Außenhandelsunternehmen zu einer eigenständigen vertraglichen (Haupt-) Leistung.

Beispiele
- **Warengeschäft:** Die Primus GmbH als **Exporteur** verpflichtet sich am 20.03.20.. durch Abschluss des Außenhandelskaufvertrags mit Perkins Ltd., New York, USA, die Ware – 60 Schreibtische „Schreibtisch Classic" – FOB Rotterdam auf das vom Importeur benannte Schiff der COSCA Lines (**Verfrachter**) abzuladen. Sie beauftragt damit am 15.04.20.. die Intrada Spedition GmbH, Duisburg. Die Intrada Spedition ist als **Ablader** am Hafen Rotterdam (**Abladehafen**) dafür zuständig, dem Verfrachter die Waren in der im Kaufvertrag genannten **Abladezeit** vom 06.05.20.. bis 07.05.20.. an das Schiff zu liefern (Abladung durch Dritte = fremde Abladung). Die Primus GmbH könnte auch selbst durch eigene Lkws/eigenes Personal die Ware an das Schiff bringen lassen (= eigene Abladung).
- **Dokumentengeschäft:** Das Konnossement wird vom Verfrachter ausgestellt und bestätigt die Verschiffung der Ware. Die Primus GmbH als Exporteur ist verpflichtet, den Importeur unverzüglich von der Abladung zu informieren und das Konnossement sowie ggf. weitere Dokumente bereitzustellen.

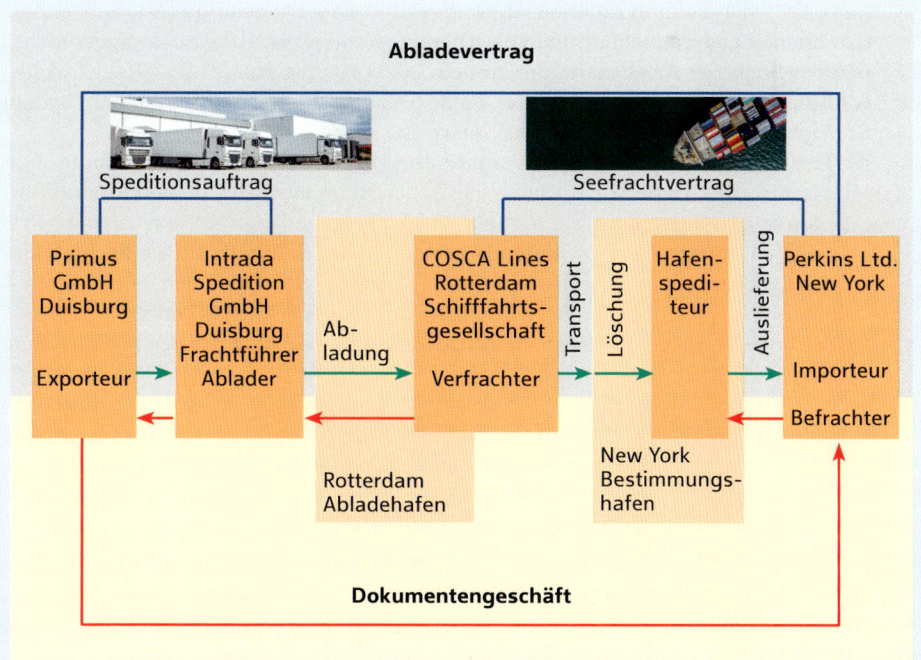

Die Vereinbarung der Abladezeit (Erfüllungszeit) ist ein wesentlicher Vertragsbestandteil. Mit einer **verspäteten Abladung** ist der Vertrag **nicht erfüllt**. Das Abladegeschäft ist damit ein **Fixgeschäft** im Sinne des § 376 HGB. Der Käufer braucht damit dem Verkäufer keine Nachfrist zu setzen und kann ggf. Schadenersatz statt der Leistung verlangen.

> **Das Abladegeschäft als klassische Kaufvertragsart des Überseehandels kennenlernen**
>
> - Kaufvertrag für Ware, die auf dem **Seeweg** zu verfrachten ist.
> - Die Ware ist an einen **Abladehafen** (Seehafen) zu liefern (abzuladen) und zu einem **Bestimmungshafen** zu verfrachten.
> - Die Einhaltung der **Abladezeit** ist eine Hauptpflicht, mit der der Vertrag steht und fällt – (**Warengeschäft als Fixgeschäft**).
> - Mit der Abladung wird i.d.R. die **Zahlungspflicht** des Käufers ausgelöst.
> - Die Lieferung der Ware geschieht zunächst in Form des sie vertretenden **Konnossements**, das dem Käufer das Eigentum an der Ware verbrieft (**Dokumentengeschäft**).

1. Definieren Sie folgende Begriffe: Ablader, Abladehafen, eigene Abladung, fremde Abladung, Befrachter, Verfrachter.

2. Erläutern Sie, warum das Dokumentengeschäft im Überseehandel eine große Rolle spielt.

3. Die Kröger & Bach KG schließt mit der Iwanow Ltd. aus Sankt Petersburg/Russland einen Exportvertrag über die Lieferung von 10 000 Thermo-Handschuhen ab, Lieferungsbedingung CIF Sankt Petersburg. Die Lieferung wird im Lager Duisburg von Kröger & Bach für den Kunden kommissioniert und soll mit eigenem Lkw nach Travemünde gebracht werden. Vertraglicher Abladezeitraum ist vom 20.03.20.. bis zum 21.03.20.. In Travemünde wird die Ware von einem Schiff der Baltic Shipping Ltd. als konventionelle Ladung an Bord genommen und nach Russland verschifft.
   a) Vom Hafen Travemünde gehen täglich Frachtschiffe nach Sankt Petersburg. Auch ist mitunter die kurzfristige Buchung von Schiffsraum möglich. Für die Kröger & Bach KG wäre es günstiger, die Ware erst am 23.03.20.. zu verladen, da man dann noch einen weiteren Auftrag nach Travemünde bringen muss. Erläutern Sie die Rechtsfolgen für das Geschäft mit dem russischen Vertragspartner, wenn man den vereinbarten Abladetermin nicht einhielte. Was würden Sie der Kröger & Bach KG raten?
   b) Zeichnen Sie für das dargestellte Abladegeschäft eine Ablaufskizze mit allen Beteiligten (vgl. S. 269).

3.3 Typische Vereinbarungen im Außenhandelsgeschäft festlegen `LF 2`

Der Primus GmbH liegt eine Anfrage ihres Kunden Carl Wägli, Bern, vor. Er sucht nach gepolsterten Bürosesseln, deren Schwinggestell aus schichtverleimtem, möglichst skandinavischem Holz ist. Die Ware solle unter seiner Sortimentslinie „Öko Line" vermarktet werden.

Marc Cremer, Gruppenleiter Import, ist in Eile: „Frau Jäger, was Herr Wägli sucht, führen wir noch nicht. Ich habe aber hier die E-Mail-Adresse eines Herstellers in Norwegen, dessen Produkt infrage kommt. Stellen Sie bitte eine Liste mit dessen Qualitätsangaben zusammen. Übrigens wünscht Herr Wägli nochmals die Zusendung unserer AGB. Herr Brandt, ein Stuhl hat bei Abnahme von 200 Stück einen Bezugs-/Einstandspreis von 900,00 NOK. Könnten Sie bitte den Bezugspreis in Euro ermitteln und den Verkaufspreis in Schweizer Franken, wenn wir wie üblich kalkulieren? Die aktuellen Kurse finden Sie in der Tageszeitung oder im Internet." Andreas Brandt ruft wenig später die Homepage der Hausbank auf und liest: „Kassakurs, Geldkurs, Briefkurs … Keine Ahnung, mit welchem Kurs ich da rechnen muss."

ARBEITSAUFTRÄGE
- Erläutern Sie, warum Allgemeine Geschäftsbedingungen im Außenhandelsgeschäft eine besonders wichtige Funktion haben.
- Erläutern Sie, wodurch die Qualität einer Ware bestimmt werden kann.
- Beschaffen Sie sich die aktuellen Kurse für EUR/NOK und EUR/CHF. Ermitteln Sie für einen Sessel den Einstandspreis in Euro. Kalkulieren Sie auf der Basis des geltenden Kalkulationszuschlags der Warengruppe 2 (Büroeinrichtung) den Verkaufspreis in Schweizer Franken.

Für Kaufverträge im Außenhandel gelten keine **Formvorschriften**. Die Schriftform in einer international üblichen Geschäftssprache ist jedoch besonders zu empfehlen, um Missverständnisse zu vermeiden, die z. B. aufgrund international abweichender Handelsbräuche oder unterschiedlicher Mentalitäten der Vertragspartner entstehen könnten. Um den damit verbundenen Aufwand bei Anbahnung und Abschluss von Außenhandelsverträgen zu begrenzen, verwenden im Außenhandel tätige Unternehmen meist Allgemeine Geschäftsbedingungen (AGB), welche die in der Branche üblichen Handelsbräuche kodifizieren und auch in den Sprachen der Importländer, zumindest aber in den dort üblichen internationalen Geschäftssprachen, vorliegen. Da die rechtssichere Formulierung und Übersetzung von AGB eine aufwendige Angelegenheit sind, nutzen Außenhändler oft die Muster-AGB oder Musterverträge der Vereine bzw. Verbände, denen sie angehören.

Beispiele
- Die Kröger & Bach KG hat ihre individuellen AGB um Bedingungen für Außenhandelsverträge ergänzt. Die AGB liegen in den Sprachen Deutsch, Englisch und Spanisch vor.
- Die Wichartz GmbH, Importeur für Trockenfrüchte und Gewürze, legt ihren Außenhandelsverträgen die Geschäftsbedingungen des Waren-Vereins Hamburger Börse e. V. zugrunde.
- Außenhändler für Kaffee verwenden regelmäßig den European Coffee Contract (ECC) der European Coffee Federation (ECF) als Grundlage für den Handel mit Rohkaffee.

Bestimmung von Qualität, Menge, Preis und Verpackung

Qualitätsbestimmung

Bei Außenhandelsgeschäften sind oft solche Warengattungen Kaufgegenstand, die erhebliche Qualitätsunterschiede aufweisen können und/oder üblicherweise in ihrer Qualität schwanken (z. B. Naturprodukte wie Rohkaffee und Baumwolle). Darüber hinaus können Qualitätsbezeichnungen international voneinander abweichen. Deshalb sollte die Qualität der Ware bereits bei der Geschäftsanbahnung unmissverständlich bestimmt und im späteren Vertrag genau festgelegt werden. Bei **Naturprodukten** geschieht dies meist über die Angabe des Herkunftslandes, die Beschreibung der Ware und ggf. Nennung des Erntejahrs.

Beispiel Qualitätsbestimmung beim Kaffeeimport

Vertragliche Vereinbarung	Erläuterung
Colombia Medellín	Herkunftsland Kolumbien, Anbaugebiet Medellín
washed arabica coffee	gewaschener Arabicakaffee (botanisch: Coffea arabica)
excelso	hohe Qualitätsstufe (einwandfreier Geschmack, kein Insektenbefall, kaum fehlerhafte Bohnen)
german preparation	deutsche Aufbereitung (nochmals erhöhte Qualitätsanforderungen in Bezug auf Geschmack und äußere Form der Kaffeebohnen)
crop 21/22	Erntejahr 2021/2022

Wenn ein Kaufvertrag keine besonderen Angaben zur Qualität enthält, ist der Verkäufer, wie üblich, berechtigt, Ware von mittlerer Art und Güte zu liefern. Daneben kann die Lieferung von Durchschnittsqualität ausdrücklich mit der Klausel „**faq**" (fair average quality) vereinbart werden. Für Produkte, die an der Börse gehandelt werden, gibt es international festgelegte Qualitätsstandards.

Beispiel Die Kaffeebörse in London legt mit klar definierten Durchschnittsqualitäten (Standards) fest, welche Kaffees an der Börse gehandelt werden können. Sie werden in einer Liste veröffentlicht.

Kauf nach Probe/nach Muster

Beim Kauf nach Probe/Muster muss die gelieferte Ware der Probe/dem Muster entsprechen. Abweichungen sind nur in geringem Umfang möglich (z. B. bei Holzmaserungen und -farben, die natürlichen Schwankungen unterliegen).

Beispiel Die Primus GmbH vereinbart vertraglich mit dem norwegischen Hersteller der Bürostühle die in der folgenden Tabelle aufgeführten Qualitätsmerkmale. Holz- und Stoffmuster werden als besonderer Vertragsbestandteil aufgenommen.

Merkmal	Qualitätsbestimmung der zu liefernden Schwingstühle
Herkunft	Holzteile nur aus norwegischer Birke
Zusammensetzung	Schwingrahmen aus achtfach verleimtem Schichtholz; Polster aus Polyätherschaumfüllung RG 40 (1 m³ Schaum wiegt 40 kg); Bezugsstoff 70 % Schurwolle, gemäß Muster
Eigenschaften	Holzteile astfrei, gemäß Muster Schaumstoffteile FCKW-frei Lack und Leim frei von Lösungsmitteln und Formaldehyd
Normerfüllung	Bezug und Schaumstoff schwer entflammbar nach DIN 4120 B1

○ **Mengenbestimmung**

Die Bestimmung der zu liefernden Menge unterliegt bei Außenhandelsgeschäften gewissen **Besonderheiten**. Werden diese nicht beachtet, kann es zu Kalkulationsfehlern und Unstimmigkeiten bei der Vertragserfüllung kommen.

Besonderheit	Beispiele	Maßnahmen
Maßeinheiten und Handelsgewichte weichen vom metrischen System ab (vor allem in den ehem. Commonwealth-Ländern).	1 pound (lb) ca. 0,454 kg 1 quarter (qr) 12,7 kg 1 (long) ton 1 016,05 kg 1 short ton 907,185 kg	– sorgfältige Umrechnung in das metrische System – ausdrückliche Vereinbarung metrischer Einheiten (10 tons à 1000 kg)
Handelsübliche Bezeichnungen sind z. T. ungenau.	Ballen, Sack, Kiste, Trommel	Ergänzung durch ein einheitliches Maß (Meter, Kilogramm, Liter)
Circa-Klauseln werden vereinbart, wenn exaktes Einhalten von Mengen nicht möglich oder unwirtschaftlich ist.	Massengüter (z. B. Erdöl, Holz, Getreide). Je nach Branche werden Abweichungen von 2 bis 10 % (nach oben und unten) vereinbart.	Berücksichtigung möglicher Mengenabweichungen in der Kalkulation
Warengewicht oder -größe verändert sich auf langen Transporten. Käufer trägt Gefahr des natürlichen Schwundes (Versendungskauf).	Naturprodukte (Trockenfrüchte, Getreide, Baumwolle) verändern Gewicht durch Feuchtigkeitsaufnahme oder -abgabe.	– Berücksichtigung des natürlichen Schwunds bei der Kalkulation – Vereinbarung, dass nur das ausgelieferte Gewicht bezahlt wird (Seetransport)

Beispiel In Indien sind neben dem metrischen System traditionell noch indische und britische Maßsysteme gebräuchlich. Die Scanda Møbelfabrikk A/S, Norwegen, vereinbart deshalb vertraglich mit einem in Indien ansässigen Stofflieferanten die Lieferung folgender Menge: „100 bales of cotton à 200 running meters".

○ Preisbestimmung

Bereits bei der Abgabe oder Einholung von Auslandsangeboten ist zu überlegen, ob

- Mengenabweichungen bei der Ware einkalkuliert werden müssen,
- im Zeitraum zwischen Angebot, Vertrag und Zahlung Kursschwankungen zu erwarten sind,
- der ausländische Handelspartner z. B. aufgrund der Landesmentalität Rabatte, nachträgliche Preisnachlässe oder kostenfreie Verlängerung des Zahlungsziels gewährt/erwartet,
- Kosten für die Absicherung von Risiken anfallen.

○ Umrechnung von Währungen beim Ein- und Verkauf

- Werden Waren im Ausland (Fremdwährungsländer) beschafft, müssen die Bezugs-, Einstandspreise in Euro ermittelt werden, um den **Angebotsvergleich** zu ermöglichen. Dies erfordert die **Umrechnung von Fremdwährung in Euro**.
- Bei Geschäften mit ausländischen Kunden ist **für Angebote auf Fremdwährungsbasis** die **Umrechnung von Euro in Fremdwährung** notwendig.

○ Verpackung

Die besonderen **Transportrisiken** (vgl. S. 237 ff.) bei Außenhandelsgeschäften machen es erforderlich, mit dem ausländischen Vertragspartner genaue Vereinbarungen über die Transportverpackung zu treffen.

Dies betrifft zunächst **die Art der Verpackung** und darüber hinaus ihre Markierung (zur Kennzeichnung der Warenherkunft und des Bestimmungsorts/Empfängers). Dabei muss der Versender vielfältige Anforderungen berücksichtigen:

Beispiel Anforderungen an die Verpackung bei Außenhandelsgeschäften

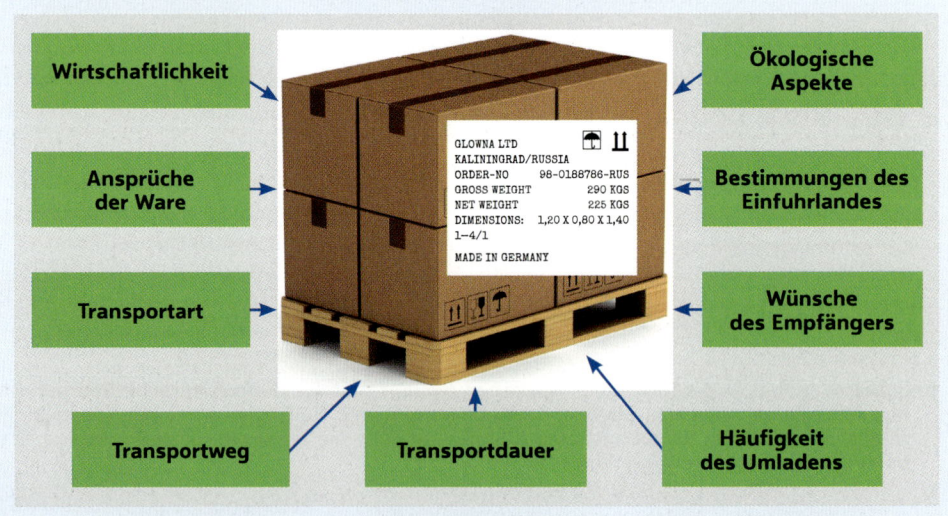

- Wirtschaftlichkeit
- Ansprüche der Ware
- Transportart
- Transportweg
- Transportdauer
- Ökologische Aspekte
- Bestimmungen des Einfuhrlandes
- Wünsche des Empfängers
- Häufigkeit des Umladens

Die Verpackung wird insbesondere bei Seetransporten vermehrt Feuchtigkeit, Klimawechseln, Stößen und z. T. langen Lagerzeiten in Häfen ausgesetzt. Je mehr Umladevorgänge der Transport bedingt, desto größer ist – je nach Ladetechnik und -sorgfalt – die Beanspruchung der Verpackung.

Beispiel Da im Bestimmungshafen Kaliningrad mit langen Lagerzeiten zu rechnen ist, vereinbart die Glowna Ltd., Kaliningrad, mit der Primus GmbH vertraglich „den Einsatz von überdurchschnittlich widerstandsfähiger Seeverpackung. Die Verpackung muss für die Lagerung unter freiem Himmel bis zu einem Jahr Dauer geeignet sein."

Bei der Wahl des Verpackungsmaterials und der Art der Markierung sind darüber hinaus **die Bestimmungen des Einfuhrlandes** wesentlich:

Beispiele
– Die USA verbieten den Einsatz von Heu- und Strohverpackungen und verlangen ein Gesundheitszeugnis, dass Holzverpackungen frei sind von Pestiziden und anderen Schadstoffen. Bei schweren Verstößen kann die Ware beschlagnahmt und vernichtet werden. Andere Staaten verlangen bei Holzwolle, Heu- und Strohverpackungen ein Desinfektionszeugnis.
– Warenlieferungen, die nach Zentralafrika verschifft werden, benötigen meist bestimmte Markierungen (z. B. grüne Kreuze mit 30-cm-Balken), damit die Waren im afrikanischen Bestimmungshafen sortiert werden können.

Werden Verpackungs- oder Markierungsvorschriften des Einfuhrlandes nicht beachtet, kann es passieren, dass die Ware an der Grenze zurückgewiesen, beschlagnahmt oder in einen falschen Zolltarif (vgl. S. 304 ff.) eingeordnet wird.

Mit dem Wunsch nach einer neutral verpackten Ware (ohne Hinweis auf den Versender der Ware) möchte der **Empfänger** verhindern, dass ihn seine Kunden übergehen und zukünftig direkt bei seinem Lieferer bestellen.

Beispiel Die Glowna Ltd. vereinbart mit der Primus GmbH ausdrücklich die „Lieferung in neutraler Aufmachung", um ihren Abnehmern nicht den eigenen Lieferer preiszugeben.

● Sonstige im Außenhandelsgeschäft typische Vereinbarungen

Auslandsverträge enthalten regelmäßig Angaben über

- das anzuwendende bzw. ausgeschlossene Kaufrecht (vgl. S. 258 ff.),

- einen vertraglichen Gerichtsstand oder ein Schiedsverfahren (vgl. S. 262),

- Erfüllungsort und -zeit für Ware und Zahlung,

- die Beförderung der Ware,

- einen Destinationsvorbehalt des Käufers (d.h., der Käufer kann sich nach Vertragsabschluss für den Bestimmungshafen entscheiden),

- Erfüllungsort und -zeit für die Dokumente (vgl. S. 288 ff.).

Beispiel Auszug aus den AGB der Kröger & Bach KG, Duisburg

> Dem Kaufvertrag wird deutsches Recht zugrunde gelegt.
> (...)
> Alle Streitigkeiten, die sich mit diesem Vertrag oder über seine Gültigkeit ergeben, werden nach der Schiedsgerichtsordnung der Deutschen Institution für Schiedsgerichtsbarkeit e.V. unter Ausschluss des ordentlichen Rechtsweges endgültig entschieden.
> (...)
> Erfüllungsort für die Lieferung der Ware im Abladegeschäft ist der im Vertrag zu benennende Abladehafen. Ist für die Erfüllung ein Zeitraum gesetzt, kann der Verkäufer jederzeit in dem Zeitraum, spätestens bis zum letzten Tag, abladen.
> (...)

Das Schiff darf während der Reise zwischen Abladehafen und Bestimmungshafen keinen Hafen anlaufen, der weiter vom Abladehafen entfernt ist als der Bestimmungshafen. Nur Zwischenhäfen, die auf einem Wege liegen, dürfen angelaufen werden. Insofern ist grundsätzlich direkte Beförderung vereinbart. Hat der Verkäufer den Schiffsraum zu besorgen, muss er mit dem Verfrachter entsprechende Vereinbarungen treffen.
(...)
Behält sich der Käufer die Angabe des Bestimmungshafens vor, so darf die Ware nur in Übereinstimmung mit der Destination abgeladen werden. Der Käufer ist verpflichtet, die vorbehaltene Destination zwei Wochen vor Beginn der Abladezeit zu erklären, spätestens fünf Geschäftstage nach Vertragsschluss.
(...)
Der Verkäufer hat dem Käufer spätestens drei Geschäftstage nach Abladung den Namen des Schiffes mitzuteilen, mit dem die vertraglich vereinbarte Ware verladen wurde (Verschiffungsanzeige).
(...)
Die Lieferung der Dokumente ist eine Hauptleistung aus dem Vertrag. Der Verkäufer hat dem Käufer an dessen Geschäftssitz spätestens, wenn das Schiff den Bestimmungshafen erreicht, einen Satz reiner Konnossemente zu liefern.

Typische Vereinbarungen im Außenhandelsgeschäft festlegen

- Es gelten **keine Formvorschriften**, die Schriftform ist empfehlenswert.
- Außenhandelsunternehmen verwenden AGB zur Kodifizierung der in ihrer Branche **üblichen Handelsbräuche**.
- **Warenbezogene Vereinbarungen** können bezüglich der Qualität, der Menge, des Preises und der Verpackung getroffen werden.
- Qualitätsbestimmung
  - Vertragsgestaltung
    - ohne Vereinbarung: Lieferung von Durchschnittsqualität
    - faq-Klausel (ausdrücklich vereinbarte Durchschnittsqualität)
    - Kauf nach Probe/nach Muster
  - Qualitätsvereinbarung
    - bei Naturprodukten Angabe des Herkunftslandes, Beschreibung der Ware, Nennung des Erntejahrs
    - bei an der Börse gehandelten Waren Angabe des internationalen Qualitätsstandards
    - bei anderen Waren z. B. Angabe der Herkunft und Hersteller, Zusammensetzung, Eigenschaften, Erfüllung von Normen
- Mengenbestimmung
  - **Probleme**: Abweichung von metrischen Maßeinheiten, ungenaue Mengenbezeichnungen, Cirka-Klauseln, natürlicher Schwund
  - **Maßnahmen**: Vereinbarung metrischer Einheiten bzw. genaue Umrechnung, Ergänzung ungenauer Mengenbezeichnungen um metrisches Maß, Berücksichtigung natürlichen Schwunds bei der Kalkulation
- Preisbestimmung
  - Beachtung möglicher Mengenabweichungen und/oder Kursschwankungen
  - Einbeziehung eventueller Zahlungsverzögerungen
  - Aufnahme der Kosten für Risikomaßnahmen in die Preiskalkulation

- **Verpackung:** Aufgrund der besonderen Transportrisiken sind im Außenhandelsgeschäft genaue Vereinbarungen über die **Verpackung** zu treffen. Mögliche Auswahlkriterien sind Wirtschaftlichkeit, ökologische Aspekte, Ansprüche der Ware, Transportart, -weg, -dauer, Umladehäufigkeit, Empfängerwünsche und Bestimmungen des Einfuhrlandes.

- **Sonstige Vereinbarungen**
  - anzuw**endendes/auszuschließendes Kaufrecht**
  - **Gerichtsstand, Schiedsklausel**
  - **Erfüllungsort**
  - **Beförderu**ng der Ware, Destinationsvorbehalt

1. Erläutern Sie, warum es notwendig ist, für an der Börse gehandelte Naturprodukte internationale Qualitätsstandards festzulegen.

2. Der neue Einkaufssachbearbeiter einer Hamburger Importunternehmung übersieht bei einer Bestellung von „10 tons hazelnutkernels", dass es in dem Exportland noch handelsüblich ist, unter der Gewichtseinheit „ton" eine „short-ton" (vgl. S. 273) zu verstehen. Außerdem vergisst er, den natürlichen Gewichtsschwund von 5 % einzurechnen, der zulasten des Käufers geht. Der Warenwert beträgt 22 000,00 USD, Kurs: EUR/USD 1,1155. An Bezugskosten fallen 2 500,00 € an.
Berechnen Sie den Bezugs-/Einstandspreis pro Kilogramm Ware in Euro und die Differenz zu dem Bezugs-/Einstandspreis, den der Sachbearbeiter ursprünglich (gleicher Kurs) ermittelt hat.

3. Die Primus GmbH nimmt mit in- und ausländischen Konkurrenten an einer internationalen Ausschreibung zur Möblierung eines Hotelneubaus in Bulgarien teil. Der Auftrag hat aus Sicht der Primus GmbH eine Größenordnung von rund 100 000,00 €, das Angebot ist in US-Dollar abzugeben. Bis zur Auftragsvergabe werden 60 Tage vergehen, die Abwicklung bis zur Zahlung wird nochmals 90 Tage dauern. Erläutern Sie, welche Probleme die Primus GmbH bei der Bestimmung des Angebotspreises hat.

4. Die Primus GmbH möchte 100 Designer-Schreibtische nach New York verschiffen (Warenwert 125 000,00 €).
  a) Geben Sie an, welche Anforderungen an die Verpackung dieser Sendung gestellt werden.
  b) Nennen Sie Quellen, bei denen sich die Primus GmbH genauer über die Verpackungs- und Markierungsvorschriften der USA informieren könnte.

5. a) Erläutern Sie die Bedeutung der Beförderungsklausel aus den AGB der Kröger & Bach KG (S. 276: „Das Schiff darf während der Reise …").
  b) Die Kröger & Bach KG (Importeur) will mit einem Hersteller aus Brasilien einen Kaufvertrag „CIF Receife" abschließen. Dabei wird übersehen, dass beide Vertragspartner ihre jeweiligen AGB als Vertragsbestandteil einbringen. Ohne näher auf dieses Problem einzugehen, wird der Vertrag abgeschlossen und die Erfüllung (Lieferung, Zahlung, Dokumente) eingeleitet. Nach der Beförderungsklausel der AGB des Exporteurs dürfen bei der Verschiffung Umwege gefahren werden, was den AGB der Kröger & Bach KG widerspricht. Welche Bedingung gilt aber, wenn beide Partner auf ihren AGB beharren? In der Praxis wird dieses Problem „Battle of Forms" genannt. Recherchieren Sie zur Beantwortung dieser Frage im Internet (Suchbegriff ggf. eingrenzen über „Seiten auf Deutsch") und fassen Sie Ihre Ergebnisse schriftlich zusammen.

3.4 INCOTERMS® 2020: Geeignete internationale Lieferbedingungen auswählen

Eigentlich hätte alles so schön sein können: Die Verkaufsniederlassung der Kröger & Bach KG in Chicago hat 5000 Bohrhämmer „DIY123" mit einem Auftragswert über 150 000,00 USD an ILDA Grocery Inc., Milwaukee, verkauft. Von der Duisburger Zentrale aus wurde die Luftfracht direkt nach Milwaukee veranlasst. Doch etwas ist schiefgelaufen. Lutz Kröger spricht verärgert Viliana Kaiser, Gruppenleiterin Export USA, an.

Lutz Kröger: „Frau Kaiser, haben Sie die Abrechnung für den Auftrag von ILDA Grocery gesehen? Plötzlich sollen wir 27,5 % Einfuhrzoll zahlen? Was ist denn da passiert?"

Viliana Kaiser: „Ich weiß es nicht. Der US-Zoll will von uns über 40 000,00 USD. Die Kollegen aus Chicago sind auch entsetzt. Sie meinten, die Einfuhr wäre normalerweise zollfrei. Vielleicht klärt sich ja noch alles auf."

Lutz Kröger: „Hoffentlich! Sonst gerät der Auftrag schwer ins Minus. Und wieso waren wir überhaupt für die Verzollung in den USA zuständig?"

Viliana Kaiser: „Es wurde DDP Milwaukee vereinbart, erinnern Sie sich nicht? Wir wollten doch vollen Service bieten, um den Kunden zu gewinnen."

Lutz Kröger: „Aber zu welchem Preis? Von DDP wird dem Exporteur immer abgeraten. Jetzt wissen wir, warum."

ARBEITSAUFTRÄGE

- Erläutern Sie, welche Verpflichtungen der Verkäufer mit der Bedingung „DDP Milwaukee, INCOTERMS® 2020" übernommen hat.
- Beurteilen Sie die Aussage von Herrn Kröger: „Von DDP wird dem Exporteur immer abgeraten."
- Überprüfen Sie, ob eine andere Klausel der INCOTERMS® 2020 für das Handelsgeschäft mit ILDA Grocery Inc. infrage gekommen wäre.

Bei internationalen Handelsgeschäften ist es üblich, Lieferbedingungen mithilfe der **INCOTERMS®** festzulegen, die Exporteuren und Importeuren entscheidende Vorteile bieten:

- Die Lieferungsbedingungen der INCOTERMS® sind in klarer Sprache **vorformuliert und eindeutig festgelegt**. Dadurch entfallen individuelle Absprachen, die Zeitaufwand, Kosten und mögliche Rechtsunsicherheit verursachen.

- Die INCOTERMS® sind – mit regelmäßigen Neuordnungen – seit fast 90 Jahren im Einsatz und werden damit weltweit **im internationalen Handel akzeptiert**.

- Die Zahl von **elf Klauseln** in den **Gruppen E, F, C und D** ermöglicht die Vereinbarung ganz unterschiedlicher Lieferbedingungen. INCOTERMS® sind damit bedarfsgerecht einsetzbar.

- Als **Handelsbrauch** sind INCOTERMS® kein Gesetz, sondern eine Empfehlung, den Inhalt internationaler Lieferbedingungen zu gestalten. So können die Klauseln von den Vertragspartnern einfach übernommen oder auch noch individuell angepasst werden.

Die INCOTERMS® regeln nur die **Lieferbedingungen** von Handelsgeschäften. Lediglich die Gruppe C bestimmt darüber hinaus, dass eine Transportversicherung abgeschlossen werden muss – hier durch den Verkäufer. Nicht erfasst werden durch die INCOTERMS® alle weiteren Vereinbarungen, z. B. die Frage, wann gezahlt werden muss oder wann das Eigentum an der zu liefernden Ware vom Exporteur auf den Importeur übergeht. Auch mögliche Probleme bei der Erfüllung des Kaufvertrags, z. B. der Zahlungsverzug, bleiben ausgeklammert.

Die INCOTERMS® wurden seit ihrer Begründung im Jahre 1936 immer wieder überarbeitet und neu gefasst. So existieren heute neun **INCOTERMS®-Versionen**, von denen die letzten aus den Jahren 2000, 2010 und 2020 datieren. Alle Versionen sind aber weiterhin gültig. Um Auslegungsprobleme und Rechtsstreitigkeiten zu vermeiden, sollte deshalb unbedingt im Vertrag das Jahr ihrer Veröffentlichung angegeben werden.

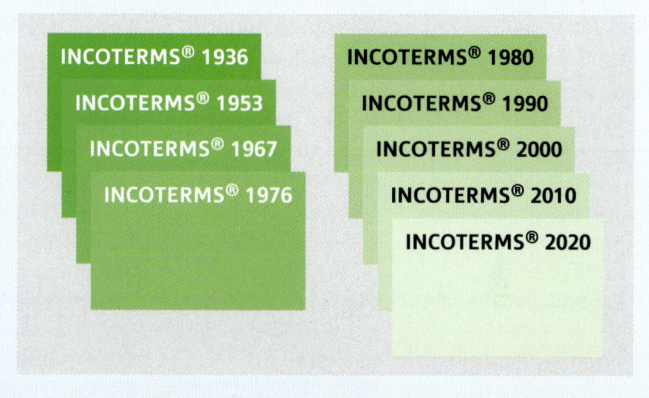

INCOTERMS® 1936
INCOTERMS® 1953
INCOTERMS® 1967
INCOTERMS® 1976
INCOTERMS® 1980
INCOTERMS® 1990
INCOTERMS® 2000
INCOTERMS® 2010
INCOTERMS® 2020

Beispiele
- In dem Exportvertrag der Kröger & Bach KG mit der ILDA Grocery Inc. (vgl. S. 278) wurde als Lieferbedingung „DDP 8239 W. Good Hope Road, Milwaukee, according **INCOTERMS® 2020**" festgelegt.
- Die Primus GmbH kauft seit Jahren bei Richard D. Wesley, Inc., Washington D.C., USA, Hard- und Software zur Lieferbedingung „CIP Frankfurt International Airport, according **INCOTERMS® 2010**". Da dies immer problemlos funktioniert hat, sehen beide Vertragspartner keinen Anlass, auf die aktuelle INCOTERMS®-Version umzustellen.

● INCOTERMS® 2020: Überblick über die Gruppen E, F, C und D

Bei der Entscheidung, welche Lieferbedingung aus den elf möglichen INCOTERMS® vereinbart werden soll, müssen Verkäufer (Exporteur) und Käufer (Importeur) miteinander klären, wie sie die **Verpflichtungen** bzw. **Lasten der Lieferung** untereinander aufteilen wollen. Einen ersten Zugang dazu bietet die Einteilung der INCOTERMS® in vier Gruppen: E, F, C und D.

Die „verkäuferfreundlichste" Klausel **EXW** (Gruppe E) bildet mit der „käuferfreundlichsten" Klausel **DDP** (Gruppe D) das Gegensatzpaar. Dazwischen sind die Lieferbedingungen der Gruppen F und C angesiedelt, sodass sich von E nach D aus Sicht des Verkäufers zunehmende, aus Sicht des Käufers abnehmende Verpflichtungen ergeben:

INCOTERMS® 2020

E	F	C	D
EXW	FCA, FAS, FOB	CFR, CIF, CPT, CIP	DAP, DPU, DDP

Käufer: abnehmende Verpflichtungen von E nach D →

Verkäufer: zunehmende Verpflichtungen von E nach D →

E (EXW): Der Verkäufer muss die exportfähig verpackte Ware lediglich für den Käufer bereithalten. Bereits ab der Beladung trägt der Käufer sämtliche Kosten und Gefahren.

F (FCA, FAS, FOB): Der Verkäufer muss die Ware an den Frachtführer übergeben. Der Käufer hat das Transportmittel zu organisieren und den Transport zu bezahlen. Ab der Übergabe an den Frachtführer trägt der Käufer alle weiteren Kosten und Gefahren.

C (CFR, CIF, CPT, CIP): Der Verkäufer organisiert und bezahlt das Transportmittel einschließlich Haupttransport bis zum Bestimmungsort. Die Gefahr geht aber bereits am Ort des Verkäufers mit der Übergabe an den Frachtführer auf den Käufer über. Der Verkäufer muss eine Transportversicherung zugunsten des Käufers abschließen.

D (DAP, DPU, DDP): Der Verkäufer trägt Kosten und Gefahren bis zum vereinbarten Ort beim Käufer. Bei DDP übernimmt der Verkäufer zusätzlich die Einfuhrabwicklung und zahlt die Einfuhrabgaben.

Die **Klauseln FAS, FOB und CIF** sind nur beim Schiffstransport anwendbar.

Die Tabellen auf den Seiten 282-283 zeigen am Beispiel des Exportgeschäfts mit ILDA Grocery Inc., Milwaukee, wie die INCOTERMS® 2020 zum Einsatz kommen könnten. Dabei wird verdeutlicht, mit welchen Verpflichtungen die Vertragspartner jeweils belastet werden und wann Kosten und Gefahren vom Verkäufer auf den Käufer übergehen. Die Tabellen erhalten auch zusätzliche Erläuterungen über Gestaltungsmöglichkeiten, z. B. durch Festlegung eines alternativen Bestimmungsorts.

Auf den Seiten 281-286 wird genauer erklärt, wie die Vertragspartner bei Verwendung der INCOTERMS® 2020

- Kosten- und Gefahrenübergang bestimmen,
- das Transportrisiko absichern,
- die Zuständigkeiten für Ausfuhr und Einfuhr regeln und
- letztlich eine für sie geeignete Lieferbedingung wählen.

Kosten- und Gefahrenübergang bestimmen

Zunächst ist zu vereinbaren, ob bzw. bis wohin der Verkäufer den Transport zu organisieren und zu bezahlen hat. Dieser möglichst genau festzulegende **Ort** wird **in der Vertragsklausel ausdrücklich genannt** und dadurch als **Bestimmungsort** gekennzeichnet. An diesem findet der **Kostenübergang** zwischen Verkäufer und Käufer statt. Ab dem Bestimmungsort übernimmt der Käufer alle weiter anfallenden Kosten.

Zur exakten Kostentrennung muss darüber hinaus festgelegt werden, wer

- bei Drittlandsgeschäften die Abwicklung der Zollverfahren im Ausfuhrland und/oder im Einfuhrland übernimmt,
- am jeweiligen Bestimmungsort für das Be-, Um- oder Entladen zuständig ist und
- die Kosten hierfür trägt.

Weiterhin ist zwischen den Vertragspartnern zu klären, wer für welchen Streckenabschnitt das Transportrisiko trägt, also die Gefahr, dass die Ware beschädigt wird, gestohlen wird oder abhandenkommt. Es muss festgelegt werden, an welchem Ort der Verkäufer seine Pflicht zur Lieferung erfüllt hat. An diesem **Lieferort** erfolgt der **Gefahrenübergang** vom Verkäufer auf den Käufer.

Bestimmungsort und Lieferort sind identisch in den INCOTERMS® 2020 – Gruppen E, F und D (**Einpunktklausel**).

In der Gruppe C dagegen weichen sie voneinander ab (**Zweipunktklausel**). Bei CFR, CIF, CPT und CIP ist der Lieferort somit nicht aus dem Text der Klausel erkennbar, da darin nur der Bestimmungsort genannt wird.

Beispiel Die Kröger & Bach KG exportiert Elektrogeräte nach Milwaukee, USA. Die Waren werden im Lager am Geschäftssitz Schifferstraße 25, 47059 Duisburg an die Intrada Spedition GmbH als ersten Frachtführer übergeben. Je nach vereinbarter Lieferbedingung ergeben sich folgende Unterschiede:

Vereinbarte Lieferbedingung gemäß INCOTERMS® 2020	Bestimmungsort Kostenübergang	Lieferort Gefahrenübergang	Klausel
„FCA Schifferstraße 25, 47059 Duisburg"	Schifferstraße 25, 47059 Duisburg	Schifferstraße 25, 47059 Duisburg	Einpunktklausel

Die Kröger & Bach KG übergibt in ihrem Lager die Ware an den ersten Frachtführer. Beladung und Ausfuhrabwicklung gehen zu ihren Lasten. Ab der Übergabe trägt der Käufer aus den USA alle weiteren Kosten und Gefahren. Wie bei allen F-Klauseln hat der Käufer dem Verkäufer bei Vertragsschluss bzw. spätestens zum vertraglich vereinbarten Zeitpunkt den Frachtführer, die Transportart, das Datum der Übernahme und den genauen Ort der Abholung (z. B. „Schifferstraße 25, Tor 2") zu benennen.

LF 7 Außenhandelsgeschäfte anbahnen

Die Kröger & Bach KG, Schifferstraße 25, 47059 Duisburg, liefert an ILDA Grocery Inc., 823 W. Good Hope Road, Milwaukee, Wisconsin/USA:

Die Kosten trägt der …

Die Gefahren trägt der …

Die Transportversicherung trägt der …

Legende:

Verkäufer (rot)	Käufer (blaugrau)
Verkäufer (orange)	Käufer (grün)
Verkäufer (gelb)	

INCOTERMS® 2020	Bestimmungsort / Kostenübergang	Lieferort / Gefahrenübergang	1. Beladen	2. Anfuhr (Vorlauf)	3. Ausfuhr	4. Umladen	5. Haupttransport	6. Einfuhr	7. Umladen	8. Zufuhr (Nachlauf)	9. Entladen
EXW Ex Works	„EXW Schifferstraße 25, 47059 Duisburg", Bereitstellung der Ware		Käufer	Käufer	Käufer	Käufer	Käufer	Käufer	Käufer	Käufer	Käufer
FCA Free Carrier	„FCA Schifferstraße 25, 47059 Duisburg"[1], Übergabe an den Frachtführer		Verkäufer	Käufer	Käufer	Käufer	Käufer	Käufer	Käufer	Käufer	Käufer
FAS Free Alongside Ship	„FAS Buchardkai, Port of Hamburg", Bereitstellung am Kai längsseits des Schiffs		Verkäufer	Verkäufer	Verkäufer	Verkäufer	Käufer	Käufer	Käufer	Käufer	Käufer
FOB Free On Board	„FOB Buchardkai, Port of Hamburg", Lieferung auf das Schiff		Verkäufer	Verkäufer	Verkäufer	Verkäufer	Käufer	Käufer	Käufer	Käufer	Käufer

Einpunktklausel

[1] Alternativ könnte als Bestimmungsort auch das Gelände einer Spedition gewählt werden, wenn die Kröger & Bach KG mit eigenem Lkw dorthin liefert und die Ware entladebereit zur Verfügung stellt. Dann ginge noch zusätzlich die Anfuhr zulasten des Verkäufers.

Rechtliche Rahmenbedingungen internationaler Handelsgeschäfte berücksichtigen

INCOTERMS® 2020	Bestimmungsort / Kostenübergang	Lieferort / Gefahrenübergang	1. Beladen	2. Anfuhr (Vorlauf)	3. Ausfuhr	4. Umladen	5. Haupttransport	6. Einfuhr	7. Umladen[1]	8. Zufuhr (Nachlauf)	9. Entladen
CFR Cost and Freight	„CFR Port of New York"	Buchardkai, Hafen Hamburg, Lieferung auf das (erste[2]) Schiff	rot	orange	orange	orange	grün	grün	gestreift	hellblau	grün
CIF Cost Insurance and Freight	„CIF Port of New York"	a. b.	rot	orange	orange	orange	grün	grün	gestreift	hellblau	grün
CPT Carriage Paid To	„CPT Freight Terminal Chicago Rockford Airport"[3]	Schifferstraße 25, 47059 Duisburg, Übergabe an den (ersten) Frachtführer[4]	rot	orange	orange	orange	gelb	grün	gestreift	hellblau	grün
CIP Cost and Insurance Paid To	„CIP Freight Terminal Chicago Rockford Airport"[3]		rot	orange	orange	orange	grün	grün	gestreift	hellblau	grün
DAP Delivered At Place	„DAP 8239 W. Good Hope Road, Milwaukee"[5], Bereitstellung der Ware	8239 W. Good Hope Road, Milwaukee – vereinbart werden	orange	orange	orange	orange	orange	rot	rot	orange	grün
DPU Delivered At Place Unloaded	„DPU 8239 W. Good Hope Road, Milwaukee"[5], Bereitstellung der Ware (mit Entladung)		orange	orange	orange	orange	orange	rot	rot	orange	orange
DDP Delivered Duty Paid	„DDP 8239 W. Good Hope Road, Milwaukee"[5], Bereitstellung der Ware		orange	orange	orange	orange	orange	orange	orange	orange	grün

Zweipunktklausel: CFR, CIF, CPT, CIP
Einpunktklausel: DAP, DPU, DDP

[1] Wenn die Kosten für das Entladen und das weitere Handling am Bestimmungsort (Terminal Handling Charges) bereits in der Frachtrate enthalten sind, die der Verkäufer lt. Transportvertrag zu bezahlen hat, gehen diese eindeutig zu seinen Lasten. Ansonsten können Transportverträge vorsehen, dass der Käufer die Kosten für das Handling am Bestimmungsort trägt bzw. dass die Kosten zwischen Verkäufer und Käufer aufgeteilt werden.
[2] Vertraglich kann geregelt werden, dass der Gefahrenübergang erst später – bei Umladung auf ein anderes Schiff – beginnt, z. B. wenn mehrere Schiffstransporte aufeinanderfolgen.
[3] Alternativ könnte auch der Bestimmungsort auch der Geschäftssitz des Käufers – 8239 W. Good Hope Road, Milwaukee – vereinbart werden.
[4] Wie bei Nr. 2, wenn beispielsweise im multimodalen Transport verschiedene Frachtführer nacheinander eingesetzt werden. Auch hier kann vereinbart werden, dass der Gefahrenübergang entsprechend später erfolgt.
[5] Als Bestimmungs- und Lieferort könnte auch ein Ort im Bereich der Zufuhr (Nachlauf) gewählt werden, z. B. ein Flughafen bzw. ein Lkw- oder Eisenbahnterminal nahe Milwaukee, von dem der Käufer die Ware abholen könnte.

Vereinbarte Lieferbedingung gemäß INCOTERMS® 2020	Bestimmungsort Kostenübergang	Lieferort Gefahrenübergang	Klausel
„CIP Freight Terminal Chicago Rockford Airport"	Freight Terminal Chicago Rockford Airport	Schifferstraße 25, 47059 Duisburg	Zweipunktklausel

Die Kröger & Bach KG hat den Transport bis zum Flughafen Chicago zu organisieren und bis dahin auch alle Kosten zu übernehmen. Mit der Übergabe an den ersten Frachtführer in Duisburg ist aber die Lieferung erfolgt. Dadurch hat die ILDA Grocery Inc. bereits ab Duisburg alle Gefahren zu übernehmen. Zum Risikoausgleich ist die Kröger & Bach KG bei CIP verpflichtet, auf eigene Kosten eine Transportversicherung zugunsten des Käufers aus den USA abzuschließen.

● **Transportrisiko absichern**

Die INCOTERMS® 2020 schreiben lediglich bei zwei C-Klauseln – **CIF und CIP** – den Abschluss einer Transportversicherung vor. Deshalb sind die Vertragspartner bei den Lieferbedingungen der übrigen Gruppen frei darin zu entscheiden, ob, durch wen und in welchem Umfang eine Transportversicherung abgeschlossen werden soll. CIF und CIP setzen **Mindeststandards** für den Deckungsumfang: Bei **CIF** ist dies die eingeschränkte Deckung der **Institute Cargo Clauses C**, bei **CIP** die volle Deckung der **Institute Cargo Clauses A (All Risks)** (vgl. S. 246). Den Vertragspartnern steht es frei, den Versicherungsschutz jeweils zu erhöhen.

Beispiel Für die Exportgeschäfte der Kröger & Bach KG auf Basis „CIF ..." mit Kunden in den USA erhöhen die Vertragspartner regelmäßig den Deckungsschutz durch Abschluss einer Transportversicherung gemäß Institute Cargo Clauses A (All Risks).

● **Zuständigkeiten für Ausfuhr und Einfuhr berücksichtigen**

INCOTERMS® 2020	Ausfuhr	Wer ist **grundsätzlich** zuständig für die Abwicklung der Formalitäten, Kosten des Verfahrens und Zahlung der Abgaben (= „Freimachung")?	Einfuhr
	Verkäufer		Käufer
	EXW: Käufer	Ausnahme	DDP: Verkäufer

Der **Verkäufer** ist bei fast allen Lieferbedingungen der INCOTERMS® 2020 für die Ausfuhrabwicklung zuständig und übernimmt auch die dabei anfallenden Kosten. Lediglich bei **EXW** hat der **Käufer** die Ausfuhrabwicklung zu übernehmen, weil er praktisch mit sämtlichen Pflichten aus der Lieferung belastet wird (Maximalverpflichtung des Käufers).

Umgekehrt verhält es sich beim Einfuhrverfahren. Für dieses ist fast immer der **Käufer** zuständig, mit Ausnahme von DDP. Bei **DDP** übernimmt der **Verkäufer** auch die Verzollung im Bestimmungsland (Maximalverpflichtung des Verkäufers).

Mit dieser deutlichen Abgrenzung regeln die INCOTERMS® 2020, dass ein Vertragspartner für die Zollabwicklung nur in dem Land zuständig sein sollte, in dem er auch seinen

Sitz hat: der Verkäufer im Exportland, der Käufer im Einfuhrland. Ausnahmen sind, wie gezeigt, nur in geringem Umfang vorgesehen.

Beispiel Möchte die Kröger & Bach KG zur Bedingung „DDP …" in ein Drittland liefern, muss sie über dessen Einfuhrbestimmungen genaueste Kenntnisse haben, z.B. über Genehmigungspflichten der Einfuhr, Einfuhrdokumente und -abgaben, mögliche Zollvergünstigungen. Sie muss das gesamte Verfahren mit dem ausländischen Zoll vorausschauend steuern können und in der Lage sein, Einfuhrabgaben mit ausländischen Behörden abzurechnen. Zur Zahlung der fälligen ausländischen Einfuhrumsatzsteuer ist meist eine Registrierung bei der ausländischen Finanzbehörde notwendig. Der damit insgesamt verbundene Aufwand und die möglichen Unwägbarkeiten (z. B. abweichende Tarifierung der Ware durch den ausländischen Zoll) stellen ein nicht zu unterschätzendes Kosten- und Erfüllungsrisiko für den Exporteur dar. Deshalb scheidet DDP aus Sicht des Exporteurs meist aus.

Verkäufer und Käufer sind lt. INCOTERMS® verpflichtet, sich gegenseitig bei der Durchführung des jeweiligen Zollverfahrens zu unterstützen, indem sie sich z.B. bei Sicherheits- und Grenzkontrollen kooperativ verhalten, den Vertragspartner über beizubringende Dokumente informieren bzw. notwendige Dokumente zur Verfügung stellen.

● Eine geeignete Lieferbedingung aus den INCOTERMS® 2020 auswählen

Bei der Auswahl einer Lieferbedingung aus den INCOTERMS® 2020 ist zunächst zu berücksichtigen, ob diese auch für die **beabsichtigte Transportart** infrage kommt.

Beispiele
- Wird die Lieferung Elektrohämmer der Kröger & Bach KG mit dem Lkw zum Flughafen Köln-Bonn transportiert und von dort aus weiter mit dem Flugzeug nach Chicago, scheiden alle Schifffahrtsklauseln der INCOTERMS® 2020 aus.
- Soll die Ware am Lieferort Duisburg einem Frachtführer übergeben werden, der die Ware per Lkw nach Rotterdam bringt, von wo aus sie per Schiff nach New York transportiert wird, kann ebenfalls keine Schifffahrtsklausel gewählt werden, da das Schiff nicht das erste Verkehrsmittel ist, auf das geliefert wird.

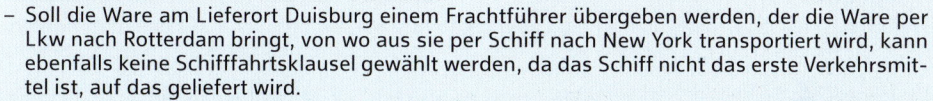

Je nach den individuellen Gegebenheiten des Handelsgeschäfts ist es möglich, dass einzelne INCOTERMS® 2020 aus anderen Gründen von vornherein nicht infrage kommen.

Beispiele
- Der US-amerikanische Kunde der Kröger & Bach KG hat keinen Geschäftssitz in der Europäischen Union. Dadurch könnte dieser in der EU nicht zollrechtlicher Ausführer sein, sondern müsste eine in der EU ansässige Spedition mit der Erledigung der Formalitäten beauftragen. Steuerung und Kontrolle dieser Abläufe von Milwaukee/Wisconsin aus bedeuteten einen hohen Aufwand für ein alltägliches Außenhandelsgeschäft, das dadurch für den Käufer wenig attraktiv wäre. Daher scheidet EXW aus Sicht des Käufers hier aus.
- Glowna Ltd., Kaliningrad, teilt der Primus GmbH mit, dass ihre Hausbank Lieferungen aus dem Ausland zukünftig nur noch vorfinanziert, wenn der Versicherungsschutz dafür im russischen Inland erworben worden ist. Dadurch entfallen praktisch die zwischen den Vertragspartnern bisher vereinbarten Lieferbedingungen CIF oder CIP.

Letztlich werden die Vertragspartner aus den infrage kommenden INCOTERMS® 2020 diejenige Klausel wählen wollen, die ihren **Interessen** jeweils am nächsten kommt und insgesamt **die größten Vorteile** bietet. Dabei stehen insbesondere beim Gefahrenübergang unterschiedliche Interessenlagen einander gegenüber: Aufgrund der besonderen **Risiken** internationaler Lieferungen – lange Strecken, wechselnde Verkehrsträger und Frachtführer, Grenzübertritt – möchten beide Vertragspartner naturgemäß das eigene Risiko kleinhalten. Beide würden grundsätzlich einen Lieferort = Gefahrenübergang nah bei ihrem jeweiligen Geschäftssitz bevorzugen.

Andererseits werden Exporteur und Importeur miteinander abwägen, wer von beiden am besten dazu in der Lage ist, den Transport mit der notwendigen Qualität und zu vertretbaren Kosten selbst zu übernehmen oder über Speditionen bzw. Frachtführer zu organisieren.

Beispiele
- Die Kröger & Bach KG möchte bei ihren vietnamesischen Lieferanten möglichst zur Bedingung „FCA Containerterminal Hanoi" kaufen. Dem Duisburger Unternehmen gelingt es damit, den größten Teil des Transportwegs selbst in der Hand zu haben. Von seiner vietnamesischen Niederlassung ist es zusammen mit eingespielten Logistikpartnern sehr gut dazu in der Lage, Lieferungen in alle Welt terminsicher und kostengünstig zu steuern.
- Die Primus GmbH beschafft bei Jansen BV Kantoormachines, NL-Venlo, Bürotechnik zur Lieferbedingung „EXW Venlo ...". Die Ware lässt sie von der Duisburger Intrada Spedition GmbH abholen, die täglich in der niederländischen Provinz Limburg unterwegs ist. Der Verkäufer stellt die Ware auf Rollbehältern zur Verfügung, die vom Fahrer des Frachtführers problemlos übernommen werden. Auch entfällt beim EU-Binnenhandel das Zollverfahren. Aufgrund des günstigen Preises sowie des überschaubaren Aufwands und Risikos wird die Primus GmbH auch zukünftig bei diesem Lieferanten zur Bedingung EXW einkaufen.

Kollidieren Interessenlagen miteinander, wird sich – wie bei Inlandsgeschäften – mit seiner Lieferungsbedingung derjenige Vertragspartner durchsetzen, der die stärkere Verhandlungsposition hat. Diese ergibt sich meist aus der **Marktstellung** der Vertragspartner. Da die meisten Märkte heute Käufermärkte sind, bei denen das Angebot die Nachfrage übertrifft und ein starker Wettbewerb herrscht, ist der Käufer meist im Vorteil.

Beispiel Die ILDA Grocery Inc. ist ein Lebensmitteldiscounter mit über 200 Filialen im Norden der USA. Für die Kröger & Bach KG ist es sehr wichtig, das Unternehmen als Kunden zu gewinnen, da man auf eine regelmäßige Geschäftsbeziehung hofft. Für die Konditionen des Erstgeschäfts hat das Verkaufsbüro in Chicago Rücksprache mit der Geschäftsleitung in Duisburg genommen. Letztlich hat man sich dann auf die fragliche Lieferbedingung „DDP ... Milwaukee" eingelassen.

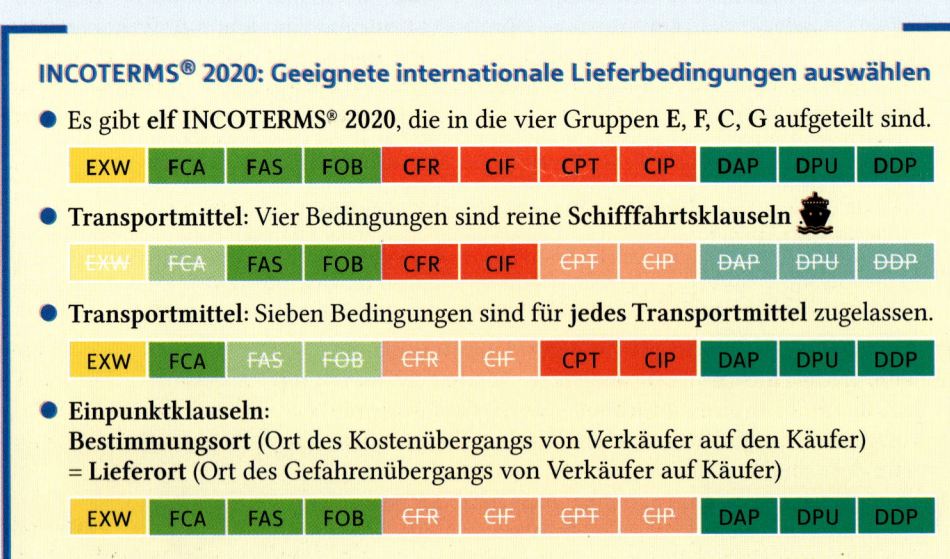

INCOTERMS® 2020: Geeignete internationale Lieferbedingungen auswählen

- Es gibt **elf INCOTERMS® 2020**, die in die vier Gruppen E, F, C, G aufgeteilt sind.

EXW	FCA	FAS	FOB	CFR	CIF	CPT	CIP	DAP	DPU	DDP

- **Transportmittel**: Vier Bedingungen sind reine **Schifffahrtsklauseln** ⛴

~~EXW~~	~~FCA~~	FAS	FOB	CFR	CIF	~~CPT~~	~~CIP~~	~~DAP~~	~~DPU~~	~~DDP~~

- **Transportmittel**: Sieben Bedingungen sind für **jedes Transportmittel** zugelassen.

EXW	FCA	~~FAS~~	~~FOB~~	~~CFR~~	~~CIF~~	CPT	CIP	DAP	DPU	DDP

- **Einpunktklauseln:**
  Bestimmungsort (Ort des Kostenübergangs von Verkäufer auf den Käufer)
  = **Lieferort** (Ort des Gefahrenübergangs von Verkäufer auf Käufer)

EXW	FCA	FAS	FOB	~~CFR~~	~~CIF~~	~~CPT~~	~~CIP~~	DAP	DPU	DDP

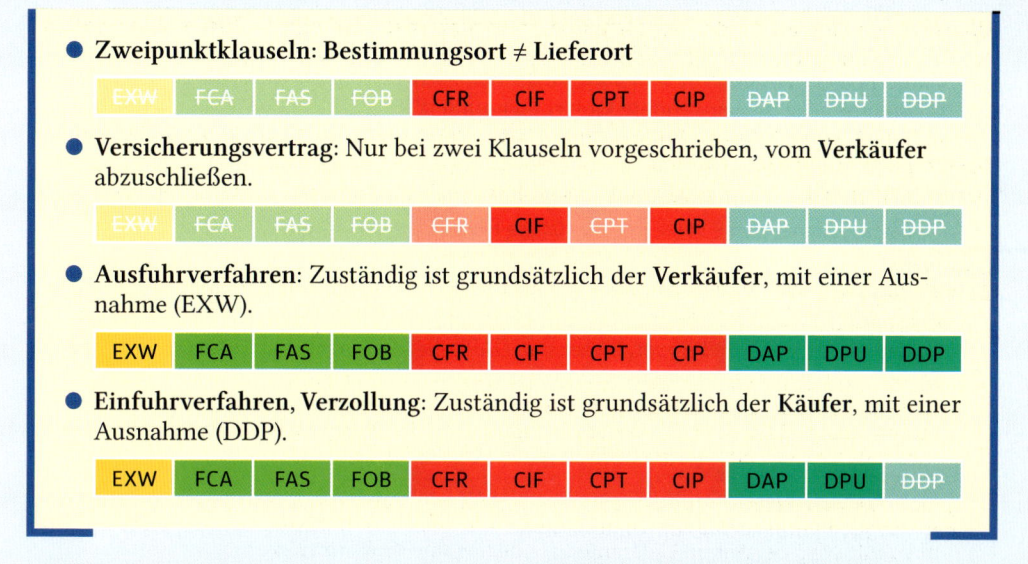

Rechtliche Rahmenbedingungen internationaler Handelsgeschäfte berücksichtigen

- **Zweipunktklauseln: Bestimmungsort ≠ Lieferort**

  | ~~EXW~~ | ~~FCA~~ | ~~FAS~~ | ~~FOB~~ | CFR | CIF | CPT | CIP | ~~DAP~~ | ~~DPU~~ | ~~DDP~~ |

- **Versicherungsvertrag**: Nur bei zwei Klauseln vorgeschrieben, vom **Verkäufer** abzuschließen.

  | ~~EXW~~ | ~~FCA~~ | ~~FAS~~ | ~~FOB~~ | ~~CFR~~ | CIF | ~~CPT~~ | CIP | ~~DAP~~ | ~~DPU~~ | ~~DDP~~ |

- **Ausfuhrverfahren**: Zuständig ist grundsätzlich der **Verkäufer**, mit einer Ausnahme (EXW).

  | EXW | FCA | FAS | FOB | CFR | CIF | CPT | CIP | DAP | DPU | DDP |

- **Einfuhrverfahren, Verzollung**: Zuständig ist grundsätzlich der **Käufer**, mit einer Ausnahme (DDP).

  | EXW | FCA | FAS | FOB | CFR | CIF | CPT | CIP | DAP | DPU | ~~DDP~~ |

1. Nennen Sie jeweils die infrage kommende/-n Klausel/-n der INCOTERMS® 2020:
   a) Der Verkäufer bezahlt Transportkosten auch über den Lieferort hinaus.
   b) Der Käufer schließt den Beförderungsvertrag für den Haupttransport ab und übernimmt auch für diesen die Kosten.
   c) Der Abschluss einer Transportversicherung ist nicht vorgeschrieben.
   d) Der Käufer trägt die Gefahr ab dem in der jeweiligen Klausel benannten Ort („X benannter Ort").
   e) Der Käufer teilt dem Verkäufer den Namen des zu beladenden Schiffs mit, darüber hinaus den Verladezeitpunkt und genauen Ankunftsort.

2. Die Primus GmbH möchte für ihren Kunden 4Tec Ltd. in Brookfield, Kanada, Büromöbel im Container über Rotterdam nach Halifax verschiffen lassen. Die Vertragspartner vereinbaren „Port of Halifax" als Bestimmungsort. Die Primus GmbH soll mindestens den Beförderungsvertrag für den Haupttransport abschließen und die Kosten für diesen bezahlen. 4Tec Ltd. soll für die Abwicklung des kanadischen Einfuhrverfahrens und die Zahlung der Einfuhrabgaben zuständig sein. Die Primus GmbH wird die exportfähig verpackte Ware im eigenen Lkw zum Containerterminal im Hafen Rotterdam bringen, wo sie dem Frachtführer übergeben wird und als Teilladung in einen Container gelangt. Nach vollständiger Beladung wird der Container dann auf ein Containerschiff verladen.
   a) Grenzen Sie ein, welche Klauseln der INCOTERMS® 2020 hier vorab wegfallen.
   b) Erläutern Sie, welche der verbleibenden Lieferbedingungen für den Käufer
      – die höchsten
      – die geringsten
      Verpflichtungen bedeutet.

3. Die INCOTERMS® regeln die Lieferbedingungen eindeutig, sind aber lediglich eine Empfehlung an die Vertragspartner. Daher können sie auch von diesen individuell geändert werden. Erläutern Sie mögliche Auswirkungen auf die Abwicklung des Handelsgeschäfts, wenn die Vertragspartner **umfangreiche** individuelle Änderungen oder Ergänzungen am Text der Lieferbedingungen vornehmen.

4. Die Primus GmbH hat Probleme mit ihrem neuen Möbellieferanten, der Titulescu S. R. L. aus Bukarest/Rumänien. Es wird per Lkw zur Bedingung „CPT Duisburg Intermodal Terminal"

geliefert. Die Qualität der Möbel ist sehr gut, leider kommen sie aber regelmäßig mit Transportschäden am Duisburger Terminal an. Sonja Primus ist ungehalten: *„Unser rumänischer Lieferant ist offenbar nicht sehr sorgfältig in der Auswahl seiner Frachtführer."*
a) Erläutern Sie die verwendete Lieferbedingung „CPT ...".
b) Erläutern Sie, was die Primus GmbH unternehmen müsste, um eine Verbesserung der Lieferqualität zu erreichen, wenn CPT als Lieferbedingung beibehalten werden soll.
c) Schlagen Sie zwei Lieferbedingungen gemäß INCOTERMS® 2020 vor, die in diesem Fall möglicherweise vorteilhafter für die Primus GmbH wären.

5. Die Kröger & Bach KG verhandelt von ihrem Büro in China aus mit der Global Trading Ltd., Vereinigte Arabische Emirate, über die Lieferung von 1000 Stück Küchenmaschinen ab Shanghai. Als Lieferbedingung bietet sie „DAP Jebel Ali Port Dubai, DP Truck Terminal 1" an.
a) Geben Sie an, wie durch diese Bedingung folgende Pflichten geregelt sind:
   1. Kostenübergang
   2. Gefahrenübergang
   3. Transportversicherung
   4. Erledigung der Ausfuhrformalitäten
   5. Erledigung der Einfuhrformalitäten
   6. Zahlung der Einfuhrabgaben
b) Die Kröger & Bach KG kalkuliert den Auftrag wie folgt:
   – Angebotspreis 94 495,00 USD, darin berücksichtigt:
   – Handlungskostenzuschlag: 25 %
   – Gewinnzuschlag: 15 %
   – Transport, Handling in den Häfen: 2 500,00 EUR
   – Transportversicherung: 1 500,00 EUR
   – Finanzierungszuschlag für den DAP-Preis: 6,0 % p. a., 60 Tage
   – Kurs EUR/USD Geld: 1,0771, Brief: 1,0831
   ba) Ermitteln Sie den Angebotspreis auf volle Euro abgerundet, Kurs: EUR/USD 1,0879.
   bb) Ermitteln Sie davon ausgehend den Einstandspreis auf volle hundert Euro abgerundet, zu dem die Kröger & Bach KG die Küchenmaschinen höchstens einkaufen dürfte.

4 Dokumente für den internationalen Warenverkehr korrekt vorbereiten

Die Primus GmbH liefert Multifunktionsdrucker an Glowna Ltd., Kaliningrad/Russland. Die Geräte beschafft die Primus GmbH in Hongkong und verkauft sie unter ihrer Handelsmarke „Primus T".
Nach der Verschiffung ab Travemünde reicht Elke Sommer, Sachbearbeiterin im Export, das Bordkonnossement zusammen mit weiteren Dokumenten bei der Sparkasse Duisburg ein, um Zahlung aus dem Akkreditiv zu erhalten. Dort wird bemängelt, dass auf dem Ursprungszeugnis statt wie vereinbart „Hong Kong (SAR)" nun „People's Republic of China"

stehe. Im Übrigen fehle der Konformitätsnachweis der Ware für Russland. Frau Sommer ist ärgerlich: *„Hongkong gehört doch zu China, was soll denn an dem Ursprungszeugnis falsch sein? Und außerdem habe ich die EU-Konformitätserklärung eingereicht."* Den Sachbearbeiter der Sparkasse beeindruckt das nicht: *„Sie haben nach der Akkreditivvereinbarung ein Ursprungszeugnis ‚Hong Kong (SAR)' beizubringen – und ein TR (EAC)-Konformitätszertifikat oder eine TR (EAC)-Konformitätserklärung. Ohne dieses Zeugnis dürfen wir die Akkreditivsumme nicht an Sie auszahlen, das Gleiche gilt für das Ursprungszeugnis."*

ARBEITSAUFTRÄGE

- Stellen Sie fest, welche Aufgabe die genannten Dokumente im Außenhandelsgeschäft mit Glowna Ltd. haben.
- Überprüfen Sie, wie die Primus GmbH ihren Fehler im Dokumentengeschäft hätte vermeiden können.

Erfüllungspflichten beim Dokumentengeschäft

Bei Außenhandelsgeschäften hat der Verkäufer neben dem eigentlichen **Warengeschäft** (ordnungsgemäße Lieferung) i. d. R. eine weitere Verpflichtung. Er muss dem Käufer bestimmte, vertraglich vereinbarte Dokumente zukommen lassen **(Dokumentengeschäft)**. Mit der **Übergabe der Dokumente** sind oft **weitreichende Rechtsfolgen** verbunden, z. B. die Übertragung des Eigentums an der Ware. Deshalb konzentriert sich bei der Auftragsbearbeitung im Außenhandel das Interesse auf die Frage, ob alle notwendigen Papiere beisammen und ordnungsgemäß ausgefertigt („aufgemacht") sind.

Transportdokumente

Konnossement (Bill of Lading – B/L)

Es wird vom Verfrachter (Reederei) als **Urkunde** ausgestellt und bestätigt, dass die Ware verschifft **(Bordkonnossement)** oder zur Verschiffung übernommen worden ist **(Übernahme-Konnossement)**. Gleichzeitig verpflichtet sich der Aussteller, die Ware an den berechtigten Inhaber dieser Urkunde auszuhändigen. Ist das Konnossement „to order" (an Order) ausgestellt, kann es durch Indossament übertragen werden (Orderpapier). Es ist ein **Warenwertpapier** mit verschiedenen Funktionen:

Funktion	Beispiel Lieferung an die Glowna Ltd., Russland, CIF Kaliningrad
Beweispapier	Die Primus GmbH beweist die vereinbarungsgemäße Lieferung (Zeit, Ort, Menge) äußerlich unversehrter Ware. Der Verfrachter bestätigt dies mit der Datumsangabe und einem Vermerk, z. B. **„clean on board"**.
Verfügungspapier	Ist die Glowna Ltd. im Besitz der Original-Konnossemente, kann sie die Ladung z. B. auf dem Seeweg nach St. Petersburg umleiten, wenn sie die Ware zwischenzeitlich dorthin weiterverkauft hat.
Legitimationspapier	Die Glowna Ltd. weist mit dem Konnossement im Hafen Kaliningrad ihren Anspruch auf Herausgabe der Ware nach.
Traditionspapier	Mit der Übergabe des Konnossements an die Glowna Ltd. erhält diese das Eigentum an der Ware (tradere [lat.]: übertragen).

Das Konnossement **vereinfacht** und **beschleunigt** somit die Abwicklung des Erfüllungsgeschäfts und dient gleichzeitig als **Kreditmittel**.

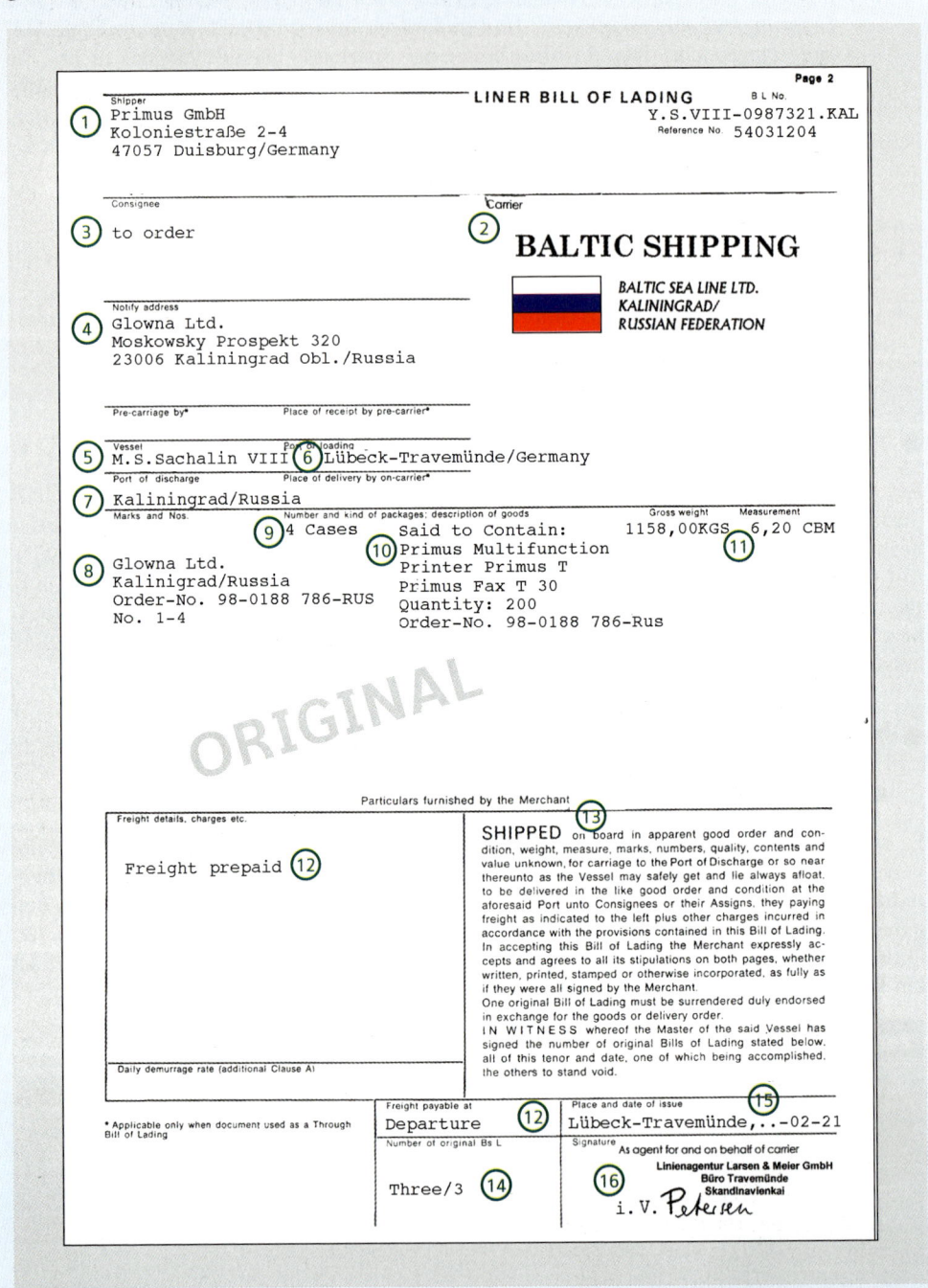

LINER BILL OF LADING — Page 2
B L No. Y.S.VIII-0987321.KAL
Reference No. 54031204

Shipper ①
Primus GmbH
Koloniestraße 2-4
47057 Duisburg/Germany

Consignee ③
to order

Carrier ②
BALTIC SHIPPING
BALTIC SEA LINE LTD.
KALININGRAD/
RUSSIAN FEDERATION

Notify address ④
Glowna Ltd.
Moskowsky Prospekt 320
23006 Kaliningrad Obl./Russia

Pre-carriage by* — **Place of receipt by pre-carrier***
Vessel ⑤ M.S. Sachalin VIII — **Port of loading** ⑥ Lübeck-Travemünde/Germany
Port of discharge ⑦ Kaliningrad/Russia — **Place of delivery by on-carrier***

Marks and Nos. — **Number and kind of packages; description of goods** — **Gross weight** — **Measurement**

⑧ Glowna Ltd.
Kalinigrad/Russia
Order-No. 98-0188 786-RUS
No. 1-4

⑨ 4 Cases
⑩ Said to Contain:
Primus Multifunction
Printer Primus T
Primus Fax T 30
Quantity: 200
Order-No. 98-0188 786-Rus

⑪ 1158,00 KGS — 6,20 CBM

ORIGINAL

Particulars furnished by the Merchant

Freight details, charges etc.
Freight prepaid ⑫

⑬ SHIPPED on board in apparent good order and condition, weight, measure, marks, numbers, quality, contents and value unknown, for carriage to the Port of Discharge or so near thereunto as the Vessel may safely get and lie always afloat, to be delivered in the like good order and condition at the aforesaid Port unto Consignees or their Assigns, they paying freight as indicated to the left plus other charges incurred in accordance with the provisions contained in this Bill of Lading. In accepting this Bill of Lading the Merchant expressly accepts and agrees to all its stipulations on both pages, whether written, printed, stamped or otherwise incorporated, as fully as if they were all signed by the Merchant.
One original Bill of Lading must be surrendered duly endorsed in exchange for the goods or delivery order.
IN WITNESS whereof the Master of the said Vessel has signed the number of original Bills of Lading stated below, all of this tenor and date, one of which being accomplished, the others to stand void.

Daily demurrage rate (additional Clause A)

*Applicable only when document used as a Through Bill of Lading.

Freight payable at Departure ⑫
Number of original Bs L Three/3 ⑭

Place and date of issue ⑮ Lübeck-Travemünde,..-02-21
Signature ⑯ As agent for and on behalf of carrier
Linienagentur Larsen & Meier GmbH
Büro Travemünde
Skandinavienkai
i.V. Petersen

Erläuterungen zum Konnossement (Bill of Lading, B/L):

① ② Der Shipper (Ablader) übergibt dem Carrier (Verfrachter) die Ware. Shipper kann z.B. der Exporteur selbst (hier: Primus GmbH) oder je nach Lieferbedingung ein beauftragter Spediteur sein.

③ Dieses B/L ist ausgestellt an die Order des Shippers (Orderkonnossement ohne Namensnennung). Die Übertragung der Rechte auf einen anderen (z.B. Empfänger der Ware, Bank im Akkreditivgeschäft) erfolgt per Indossament.

④ Adresse, an die der Carrier z.B. die Ankunft des Schiffes im Bestimmungshafen melden kann.

⑤ Name des Seeschiffes

⑥ Verschiffungshafen

⑦ Bestimmungshafen

⑧ Markierung der Kisten **LF2**

⑨ Anzahl der Packstücke und Art der Verpackung

⑩ Kennzeichnung (Beschreibung) der Waren; „SAID TO CONTAIN": Hinweis des Carriers, die Angaben des Shippers übernommen zu haben.

⑪ Bruttogewicht in kg, umschlossener Raum in m³

⑫ Hinweise, dass Fracht und sonstige Abgaben im Verschiffungshafen entrichtet worden sind. (Lieferbedingungen: CIF Kaliningrad). **LF3**

⑬ **Verschiffungs**bestätigung (⇒ **Bord**konnossement) **LF10**

Vermerk der Verschiffung äußerlich unversehrter Ware (⇒ **reines** Konnossement, **clean** B/L)

⑭ Die Anzahl der Originalkonnossemente bestimmt der Shipper. Üblich sind drei Originale („full set 3/3"), die getrennt versandt werden, um das Verlustrisiko zu vermindern. Gegen Übergabe aber **nur eines** Originals wird die Ware im Bestimmungshafen ausgeliefert. Die anderen werden damit wertlos (vgl. B/L-Text: „... one of which being accomplished, the others to stand void."). Deshalb muss der Empfänger des Konnossements besonders darauf achten, **alle** Originale ausgehändigt zu bekommen.

⑮ Das Datum des B/L dient dem Exporteur z.B. als Nachweis für die Einhaltung
● der Lieferfrist (aus dem Kaufvertrag),
● des „spätesten Verschiffungstermins" (aus dem Dokumentenakkreditiv). **LF3**

⑯ Der Linienagent vertritt hier den Carrier.

○ Negotiable FIATA Multimodal Transport Bill of Lading (FBL)[1]

Das FBL ist ein Durchkonnossement für den multimodalen (kombinierten) Transport, d.h., es umfasst die Beförderung durch mehrere Transportmittel/-unternehmer einschließlich der Umschlagvorgänge an den Terminals. Es wird vom Spediteur ausgestellt, der als Multimodal Transport Operator (MTO), für die gesamte Lieferkette zuständig ist (vgl. S. 238). Das FBL dokumentiert das Beförderungs- bzw. Auslieferungsverspre-

---
[1] *Transport Bill of Lading; Document for specific use of FIATA Members. Reproduction authorized by FIATA. Copyright reserved © FIATA / Zurich – Switzerland 6.92.*

chen des MTO und ist – wie das Seekonnossement – Warenwertpapier: Es ist ausdrücklich **negoziierbar** („negotiable"), d. h., es kann zu Finanzierungszwecken bei Banken eingesetzt werden.

○ Internationaler Frachtbrief im Straßengüterverkehr (CMR)[1]

Im **grenzüberschreitenden** Güterkraftverkehr wird der CMR-Frachtbrief verwendet, dem ein Übereinkommen über den **Beförderungsvertrag** im internationalen Straßengüterverkehr **(CMR)** zugrunde liegt. Es wurde von den meisten europäischen Staaten übernommen. Danach muss ein Beförderungsvertrag in einem **CMR-Frachtbrief** festgehalten werden, wenn **mindestens ein beteiligter Ort** (Übernahme-, Abladeort) in einem der CMR-Vertragsstaaten liegt.

Im Gegensatz zum Konnossement ist der CMR-Frachtbrief nur ein **Beweis- und Warenbegleitpapier**, aber kein Warenwertpapier. Er wird vom **Frachtführer** ausgestellt, dessen Auftraggeber und Vertragspartner der **Absender** ist. Die **drei Originalausfertigungen** des Frachtbriefs werden von **Frachtführer und Absender** unterschrieben. Solange die zweite Originalausfertigung noch nicht dem Empfänger ausgehändigt wurde, hat der Absender noch die Verfügung über die Ware (**Verfügungspapier**).

Beispiel für CMR-Frachtbrief
Die Kröger & Bach KG (**Absender**) beauftragt die Intrada Spedition GmbH (**Frachtführer**) mit dem Lkw-Transport von Waren vom Hafen Rotterdam zu ihrem Lager in der Schifferstraße 25, Duisburg. Die Kröger & Bach KG ist somit gleichzeitig **Empfänger**.

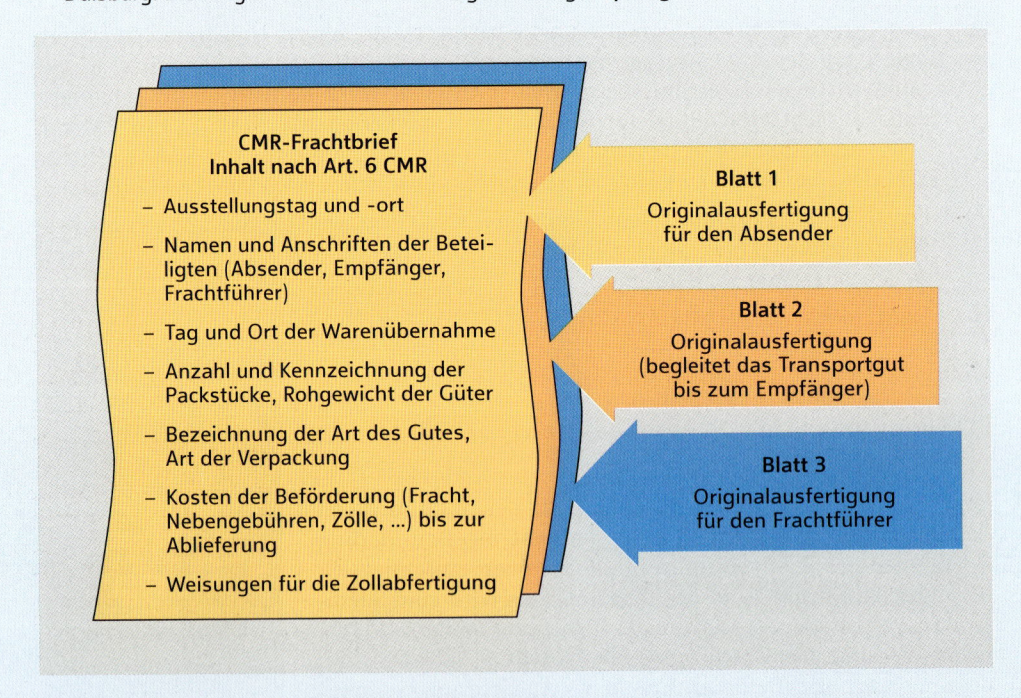

CMR-Frachtbrief Inhalt nach Art. 6 CMR
- Ausstellungstag und -ort
- Namen und Anschriften der Beteiligten (Absender, Empfänger, Frachtführer)
- Tag und Ort der Warenübernahme
- Anzahl und Kennzeichnung der Packstücke, Rohgewicht der Güter
- Bezeichnung der Art des Gutes, Art der Verpackung
- Kosten der Beförderung (Fracht, Nebengebühren, Zölle, ...) bis zur Ablieferung
- Weisungen für die Zollabfertigung

Blatt 1 Originalausfertigung für den Absender

Blatt 2 Originalausfertigung (begleitet das Transportgut bis zum Empfänger)

Blatt 3 Originalausfertigung für den Frachtführer

---

[1] *Convention relative au Contract de transport international de Marchandise par Route*

Der Frachtführer ist darauf angewiesen, vom Absender **korrekte und vollständige Daten**, z. B. von Ort und Tag der Übernahme, Art des Gutes usw. mitgeteilt zu bekommen. Der Absender ist deshalb dem Frachtführer gegenüber haftbar für unrichtige oder unvollständige Angaben (Art. 7 (1) CMR).

Wird mit dem Frachtführer eine höhere Haftungsgrenze für Transportschäden vereinbart (statt Höchstgrenze des Art. 23 CMR, vgl. S. 245), wird diese ebenfalls im Frachtbrief eingetragen (Art. 6 (2) d CMR).

Beispiel Für den Transport von Rotterdam nach Duisburg werden der Warenwert mit 90 000,00 € sowie ein „besonderes Interesse" von 30 000,00 € für weitere Vermögensschäden im CMR-Frachtbrief eingetragen.

○ Internationaler Eisenbahnfrachtbrief (CIM[1])

Vergleichbar mit dem CMR-Frachtbrief ist der **CIM-Frachtbrief** für den europäischen Bahn-Güterverkehr. Er besteht aus:

Frachtbrief	Wird dem Empfänger zusammen mit der Ware ausgehändigt
Frachtkarte	Zur Abrechnung bei der Güterabfertigung der Empfangsstation
Empfangsschein	Zur Güterabfertigung der Empfangsstation
Frachtbriefdoppel	Abgestempeltes Exemplar als Beweis- und Verfügungspapier für den Absender
Versandschein	Zur Güterabfertigung am Versandbahnhof

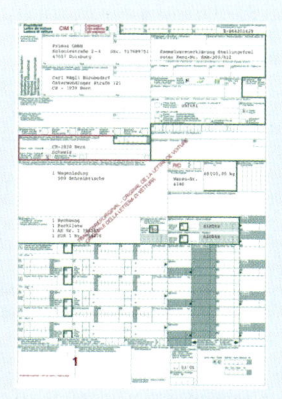

○ IATA[2]-Luftfrachtbrief (Airway Bill)

Die Luftfahrtgesellschaften stellen einen von der IATA vereinheitlichten Luftfrachtbrief aus, der aus drei Originalen und der Anzahl benötigter Kopien besteht:

- „Original 1" ist für den ausstellenden Luftfrachtführer bestimmt,
- „Original 2" erhält der Empfänger,
- „Original 3" wird dem Absender ausgehändigt.

● Versicherungsdokumente

Bei der **Transportversicherungspolice** werden folgende Formen unterschieden:

- **Einzelpolice**: Versicherung eines einzelnen, bestimmten Warentransports.

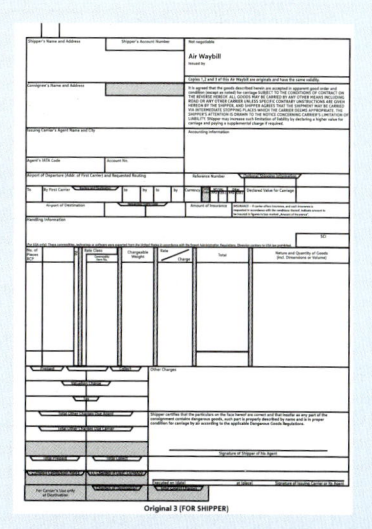

---

[1] Convention internationale concernant le transport de marchandises par chemins de fer
[2] International Air Transport Association

| Einzelversicherung
Marine/CargoPolicy	☐
Güterversicherungszertifikat
Cargo Insurance Certificate	☒

| Versicherungssumme
Sum Insured | Ausfertigungsort/-tag
Place and date of Issue | Exemplare
Issues | Einzelversicherungs-Nr. _____
Policy-No. | |
|---|---|---|---|---|
| | | | General-Police-Nr.
Open Cover No.
025584-789 | Zertifikat-Nr.
Certificate No.
00236 |
| EUR 56 430,00
(= 110 %) | Köln, 20.02. .... | 2 | | |

Hiermit wird bescheinigt, dass aufgrund der oben genannten Einzelversicherung / General-Police Versicherung übernommen worden ist gegenüber: / This is to certify that insurance has been granted under the above Policy / Open Cover to:

Primus GmbH, Koloniestr. 2–4, 47057 Duisburg / Germany

für Rechnung wen es angeht, auf nachstehend näher bezeichnete Güter: / for account of whom it many concern, on following goods:

200 MULTIFUNCTION PRINTER PRIMUS T
ORDER - NO. - 98 - 0188 786 - RUS
CREDIT NO. LCINV3466421
GROSS 1.158,00 KGS

für folgende Reise (Transportmittel, Reiseweg) / for the following voyage (conveyance, route):
M. S. SACHALIN VIII

FROM TRAVEMÜNDE PORT TO KALININGRAD PORT

*Von Haus zu Haus, sofern nicht anderweitig vereinbart, gemäß Ziffer 8 der DTV-Güter 2000, Volle Deckung
From warehouse to warehouse, unless otherwise agreed, in accordance with no. 8 of the DTV Cargo 2000, Full Cover*

Schäden zahlbar an den Inhaber dieser Einzelversicherung/dieses Zertifikates. Mit Schadenzahlung gegen eine Ausfertigung werden die anderen ungültig. Claims payable to the holder of this Policy / Certificate. Settlement under one copy shall render all others null and void.

Bedingungen / Conditions.
A. DTV-Güterversicherungsbedingungen 2000 (DTV-Güter 2000)/DTV Cargo Insurance Conditions 2000 (DTV Cargo 2000) Volle Deckung / Full Cover (siehe Rückseite)
B. Bedingungen der oben genannten Einzelversicherung / General-Police / Terms and conditions od the above Policy/Open Cover.
C. Besondere Bedingungen/Klauseln:
   Special Conditions/Clauses:
   1. Kriegsklausel für die Versicherung von Seetransporten sowie von Lufttransporten im Verkehr mit dem Ausland nach den DTV-Güter 2000 / War Clauses for the insurance of goods carried by sea and air transports to and from foreign countries governed by the provisions of DTV Cargo 2000
   2. Streik- und Aufruhrklauseln für die Versicherung nach den DTV-Güter 2000 / Strikes, Riots and Civil Commotions Clause for insurances governed by DTV Cargo 2000

CLAIMS PAYABLE AT DESTINATION FOR THE FULL INVOICE VALUE PLUS 10 % PCT.

| Anweisungen für den Schadensfall siehe Rückseite
See overleaf for Instructions to be followed in case of loss or damage.
Im Schadensfall unverzüglich hinzuziehen:
In case of loss or damages immediately contact: | Names und in Vollmacht der beteiligten Gesellschaften:
For and on behalf of all insurance companies participating:
*Musterversicherung
Hedge-Allee 21, 20251 Hamburg* |
|---|---|

Lars Krogiar Russia Ltd,
13, Gapsalskaya Street
198035 St. Petersburg
Telefon: +7812 325639
Fax: + 7812 251651
survey@krog.ru

- **Generalpolice**: Versicherungsvertrag mit einer bestimmten Laufzeit (z. B. ein Jahr), innerhalb derer Transporte abgesichert sind. Für die einzelnen Warensendungen werden auf Anforderung des Versicherungsnehmers vom Versicherer **Versicherungszertifikate** ausgestellt. Außenhandelsunternehmen, die laufend besonders viele Zertifikate benötigen, erhalten von Versicherern auch Blankoexemplare, die sie dann selbst ausfüllen. Dies setzt ein besonderes Vertrauensverhältnis zwischen Versicherungsgesellschaft und Versichertem voraus, da die Versicherungsgesellschaft auch dann leisten muss, wenn der Versicherte das Zertifikat fahrlässig oder vorsätzlich falsch ausgefüllt hat.

Beispiel Für den Seetransport Travemünde–Kaliningrad aus dem Exportgeschäft CIF-Kaliningrad mit der Glowna Ltd. fordert die Primus GmbH bei ihrem Transportversicherer ein Versicherungszertifikat in zwei Originalausfertigungen an. Diese Urkunde (vgl. S. 245 ff.) ist ein Inhaberpapier. Ein Exemplar schickt sie an die Glowna Ltd. bzw. an deren Bank, die damit einen Nachweis über das Bestehen der Versicherung hat und weiß, an wen sie sich im Schadenfall wenden kann. Ansprechpartner sind meist örtliche „**Havariekommissare**", die vom Transportversicherer mit Aufgaben der Schadensregulierung beauftragt sind. Im Schadenfall ist der Inhaber des Originalzertifikats anspruchsberechtigt. Hat das Versicherungsunternehmen aufgrund eines Exemplars geleistet, sind alle anderen Originale wertlos.

Wird das Außenhandelsgeschäft von Banken finanziert, ist der höchstmögliche Deckungsumfang meist Bedingung der Finanzierung.

Beispiel Die Investbank Kaliningrad schreibt der Glowna Ltd. für den Transport des von ihr finanzierten Importgeschäfts mit der Primus GmbH (CIF Kaliningrad, Absicherung durch Dokumentenakkreditiv) eine „volle Deckung" vor. Die Primus GmbH schließt eine entsprechende Police ab. Den Aufpreis zwischen der gemäß CIF geforderten Mindestdeckung und der vollen Deckung zahlt lt. Kaufvertrag die Glowna Ltd. Gemäß den ERA müssen die Angaben in der Versicherungspolice bzw. im Versicherungszertifikat genau mit den Vorgaben des Akkreditivs übereinstimmen, von den Versicherern unterzeichnet sein und kein späteres Datum tragen als das Transportdokument.

● Zolldokumente

Die **Einfuhrvorschriften** der verschiedenen Länder verlangen die Vorlage bestimmter Zolldokumente. Sind diese nicht vollzählig oder nicht ordnungsgemäß aufgemacht, wird die Ware an der Zollstelle möglicherweise zurückgewiesen.

Beispiel Nach den Informationen der Primus GmbH fordert Russland u. a. folgende Begleitpapiere (2020)
- Handelsrechnung, zweifach, in russischer und englischer Sprache
- Ursprungszeugnis, einfach
- Packliste, fünffach, in russischer Sprache
- Preisliste, zweifach, vorzugsweise IHK-bestätigt
- Kopie des ABD (vgl. Schülerbuch Band 1, S. 285)
- Kaufvertrag (in deutscher/englischer und russischer Sprache)
- TR[1] (EAC)-Konformitätszertifikat oder TR (EAC)-Konformitätserklärung

Ist der Importeur für das Einfuhrverfahren zuständig, wird er dem Exporteur genaue Anweisungen über die beizubringenden Dokumente geben und diese in den Kaufvertrag aufnehmen. Der Exporteur kann sich anhand der **Konsular- und Mustervorschriften** („**K & M**", Herausgeber: IHK Hamburg) oder bei seiner örtlichen IHK über die Einfuhrbestimmungen der einzelnen Länder informieren.

---

[1] TR = Technische Reglements

LF 7 Außenhandelsgeschäfte anbahnen

● Übersicht über Handels- und Zolldokumente (Auswahl)

Handelsrechnung (commercial invoice) Grundlage für die Verzollung und für die Überwachung des Devisenverkehrs	Wird auf dem Rechnungsvordruck des Exporteurs ausgestellt und von ihm unterschrieben; sie enthält neben den üblichen Rechnungsbestandteilen insbesondere folgende Angaben: – Anzahl, Art und Markierung der Packstücke – Warennummer lt. Zolltarif – genaue Bezeichnung der Ware – Liefer- und Zahlungsbedingungen Für Muster oder Artikel ohne Handelswert muss ein Nominal- oder Verkehrswert zu Zollzwecken angegeben werden.
Konsulatsfaktura (consular invoice)	Inhalt wie Handelsrechnung, jedoch auf einem Vordruck, der vom Einfuhrland vorgeschrieben wird; das Konsulat des Einfuhrlandes beglaubigt, dass der Warenwert tatsächlich dem angegebenen Wert entspricht, damit z. B. eine wertgerechte Verzollung vorgenommen werden kann. Die Konsulatsfaktura soll im Außenhandel mit devisenarmen Ländern die sog. „Überfakturierung" verhindern. Darunter versteht man die Praxis, mittels überhöhter Rechnungen mehr Devisen zugeteilt zu bekommen als nötig.
Zollfaktura (customs invoice)	Jede Handelsrechnung dient Verzollungszwecken, deshalb ist der Begriff „Zollfaktura" zunächst irreführend; Inhalt wie Handelsrechnung, Funktion wie Konsulatsfaktura, wird vor allem von den Ländern des ehemaligen Commonwealth verlangt; Ausfertigung stets in englischer Sprache; durch den Exporteur, der den Warenwert nochmals ausdrücklich bestätigt. Es genügt die weitere Bestätigung durch einen Zeugen.
Proforma-Rechnung	Rechnung, die keine Zahlungspflicht auslöst, z. B. bei kostenlosen Mustersendungen; devisenarme Länder verlangen Angebote in Form der Proforma-Rechnung, um Devisen zuzuteilen.
Packliste (packing list)	Insbesondere bei umfangreichen Warensendungen ist für Zoll- und Versicherungszwecke eine Packliste erforderlich. Diese enthält eine genaue Auflistung der Packstücke mit allen notwendigen Angaben (Art, Markierung, Inhalt, Gewicht).
Ursprungszeugnis ⇒ Zur Einordnung in den richtigen Zolltarif; Einfuhrüberwachung bei kontingentierter Ware **(certificate of origin)**	Urkunde, die das Ursprungsland der Ware bestätigt; das Ursprungsland (Herstellungsland) der Ware ist z. B. bei der Gewährung von Zollbegünstigungen entscheidend. In Deutschland ist für die Ausstellung meist die IHK zuständig, die den Angaben des Antragstellers folgt. Dieser haftet für deren Richtigkeit. Für Waren aus Entwicklungsländern gibt es ein eigenes internationales Formblatt (Ursprungszeugnis Form A), das im Ursprungsland bestätigt wird.

Warenverkehrsbescheinigung ⇒ Für Waren aus Präferenzräumen	EUR. 1: Formblatt für den Warenverkehr (ab bestimmten Wertgrenzen[1], mit Präferenzräumen, z. B. EWR[2], der Exporteur fertigt die EUR. 1 aus und lässt sie an der Zollstelle abstempeln. Zum Nachweis des Warenursprungs wird die Lieferantenerklärung (s. u.) benötigt.
Lieferantenerklärung	Ursprungsnachweis bei der Ausstellung der Warenverkehrsbescheinigung; wird vom Lieferer in eigener Verantwortung ausgefertigt
Dokumente über die Beschaffenheit der Ware	z. B. Werkstatttest, Qualitätszertifikat, Zertifikat, das die Übereinstimmung der Ware mit den Normen des Einfuhrlandes bestätigt (wird z. B. vom TÜV ausgestellt), Gesundheitszeugnis

Dokumente für den internationalen Warenverkehr korrekt vorbereiten

- Verpflichtungen des Exporteurs im Erfüllungsgeschäft:
  - Lieferung der Ware (**Warengeschäft**),
  - Andienung von Dokumenten (**Dokumentengeschäft**)
    - Das **Konnossement** ist ein Warenwertpapier und vereint in sich die Funktion des Beweis-, Verfügungs-, Legitimations- und Traditionspapiers.
    - **Internationale Frachtbriefe** sind keine Warenwertpapiere, jedoch Beweis-, Verfügungs- und Reklamationspapiere.

Wichtige Dokumente bei Außenhandelsgeschäften

Gewöhnliche Sendungen	Versicherungsdokumente	Zolldokumente

– Konnossement
  – Bordkonnossement
  – Übernahmekonnossement
– Internationale Frachtbriefe
  – CMR-Frachtbrief
  – CIM-Frachtbrief
  – IATA-Luftfrachtbrief
	– Transportversicherung
	  – Einzelpolice
	  – Generalpolice
	  – Zertifikate
		– Handelsrechnung
		– Konsulatsfaktura
		– Zollfaktura
		– Proforma-Rechnung
		– Packliste
		– Ursprungszeugnis
		– Warenverkehrsbe scheinigung
		– Lieferantenerklärung
		– Dokumente zur Beschaffenheit der Ware

---

[1] z. B. im EWR-Warenverkehr Überschreitung von 6 000,00 €; bis zur Wertgrenze reicht eine Ursprungserklärung z. B. auf der Handelsrechnung
[2] EWR: Europäischer Wirtschaftsraum der EU-Staaten mit den EFTA-Staaten Island, Lichtenstein, Norwegen

LF 7 Außenhandelsgeschäfte anbahnen

1. Unterscheiden Sie den Begriff des Warenwertpapiers am Beispiel des Konnossements von dem des Warenbegleitpapiers (internationale Frachtbriefe).

2. Ein deutscher Exporteur beauftragt einen Frachtführer, Frischfisch per Lkw-Fracht von Hamburg nach Zürich zu liefern. Aus Versehen wird im CMR-Frachtbrief ein falsches Kfz-Kennzeichen eingetragen, was dem Schweizer Zoll bei einer Stichprobenkontrolle auffällt. Bis zur Klärung werden Lkw und Fahrer an der Grenze festgehalten, die Ladung verdirbt.
   a) Erläutern Sie, welche wirtschaftlichen Schäden den Beteiligten durch den falsch ausgestellten Frachtbrief entstanden sind.
   b) Beurteilen Sie, wer die Haftung für die Schäden bei folgenden Voraussetzungen übernimmt:
      – Der Frachtführer hatte den Frachtbrief erstellt und vom Absender unterschreiben lassen.
      – Der Absender hatte das Frachtbriefformular gewohnheitsmäßig vorab ausgefüllt und das Lkw-Kennzeichen der letzten Fahrten übernommen. Der Fahrer des Frachtführers hat den Frachtbrief nicht überprüft und den Fehler übersehen.

3. Erläutern Sie die wirtschaftliche Funktion des Konnossements.

4. Die Primus GmbH liefert an die Bürobedarfshandlung Carl Wägli in Bern zur Lieferbedingung „DDP Bern" 100 Bürodrehstühle Steifensand, Art. Nr. 120B592. Es kommt grundsätzlich der Bahn- oder Lkw-Transport infrage:
   a) **Bahntransport:** Herr Schumacher bringt die Ware mit dem Lkw bis zum DB-Frachtzentrum Duisburg.
      Beschreiben Sie den Belegfluss des CIM-Frachtbriefs beim Transport von Bahnstation Duisburg bis Bahnstation Bern und zeigen Sie dabei die rechtliche Bedeutung dieses Dokuments auf.
   b) **Lkw-Transport:** Die Primus GmbH beauftragt die internationale Spedition Henze KG, Am Schlüterhof 39, 47059 Duisburg, mit der Abwicklung des Transports. Die Henze KG erhält die Handelsrechnung, Lieferantenerklärung sowie Warenverkehrsbescheinigung EUR. 1 Nr. L-985678 und wird durch Selbsteintritt Frachtführer. Die Ware wird am 30. April übernommen und soll über das Zollamt Basel/Weil am Rhein in den zollrechtlich freien Verkehr der Schweiz überführt werden; Anzahl der Packstücke: 100; Markierung PRI-HE-98.579 CH, 01-100. Das Bruttogewicht beträgt 950 kg. Das Kfz-Kennzeichen lautet DU-HT-2148.
      1. Beschaffen Sie sich einen CMR-Frachtbrief und füllen Sie ihn so vollständig wie möglich aus.
      2. Erklären Sie die Funktion der genannten Dokumente.
      3. Erläutern Sie die Bedeutung der 1. Originalausfertigung (Blatt 2) beim CMR-Frachtbrief.

5. Erläutern Sie den Unterschied zwischen dem Ursprungszeugnis und der Lieferantenerklärung.

6. Erklären Sie, inwiefern sich die Proforma-Rechnung von der Handelsrechnung unterscheidet.

5 Zollverfahren bei der Einfuhr unterscheiden und Einfuhrabgaben ermitteln

LF 2
LF 3

Lukas Breuer, Auszubildender bei der Kröger & Bach KG, spricht Josef Hop-Singh vom Einkauf China an: „Ich habe im Internet ziemlich gute E-Bikes gefunden, aus China. 100 Stück passen in einen Container, der Stückpreis beträgt dann 400,00 USD. Die versicherte Fracht bis Hamburg kostet 2 800,00 USD, dazu kommen 945,00 EUR für die Lkw-Fracht von Hamburg zu uns. Ohne Zwischenhandel direkt vom Produzenten, der ist seriös und hat gute Bewertungen. Und nur 6 % Drittlandszoll. Das Angebot finde ich extrem günstig. Solche E-Bikes kosten hier im Einzelhandel oft fast 2 000,00 EUR."

Josef Hop-Singh bleibt gelassen: „Ja, schön. Aber die Europäische Kommission hat 2019 gegen China einen Ausgleichszoll und einen Antidumpingzoll auf E-Bikes verhängt. Soviel ich weiß, sind das 17,2 % plus 62,1 %." Lukas wundert sich: „Was? Das wären ja insgesamt 79,3 % Zoll. Kann das stimmen?"

„Nein", entgegnet Josef Hop-Singh, „85,3 %. Sie haben Ihre 6 % Drittlandszoll vergessen. Trotzdem, einfach mal durchrechnen."

ARBEITSAUFTRÄGE
- Die E-Bikes werden bestellt, geliefert und von Hamburg aus in das Duisburger Lager der Kröger & Bach KG transportiert. Dort werden sie kommissioniert und an Kunden in der EU geliefert. Erläutern Sie dabei mögliche Abläufe der Zollverfahren.
- Erläutern Sie die Begriffe Drittlandszoll, Ausgleichszoll und Antidumpingzoll.
- Erläutern Sie, warum die Europäische Kommission Ausgleichszölle und Antidumpingzölle auf E-Bikes mit Ursprung China verhängt hat.

● **Einfuhranmeldung und Zollverfahren**

Sämtliche Einfuhren in die EU werden von den Zollstellen überwacht. Mit Überschreitung der Zollgrenze wird die Ware zur **Nichtgemeinschaftsware**, über deren Eintreffen die zuständige Zollstelle zu informieren ist (**Gestellung**). **Anmelder** ist der für die Einfuhrabwicklung zuständige Vertragspartner, i. d. R. der in der EU ansässige Importeur = Einführer. Er hat die Einfuhr- bzw. Zollanmeldung zusammen mit den notwendigen Dokumenten einzureichen. Für Waren mit einem Transaktionswert ab 20 000,00 € muss zusätzlich eine Zollwertanmeldung abgegeben werden.

Bei der Zollanmeldung wird die die Art der zollrechtlichen Bestimmung gewählt, z. B. die **Überlassung der Ware zum zoll- und steuerrechtlich freien Verkehr** oder ein besonderes Zollverfahren.

Die Zollanmeldung erfolgt auf elektronischem Wege über die Teilnahme an **ATLAS®-Einfuhr** oder als **Internetzollanmeldung** (analog zu ATLAS®-Ausfuhr). Darüber hinaus kann die Anmeldung noch schriftlich über das Formular 0737 („Einheitspapier", Exemplare 6–8) erfolgen. Bei allen Vorgängen kann sich der Einführer von einem Dienstleister (z. B. Zollagent, Spediteur) **zollrechtlich vertreten** lassen.

LF 3

Beispiel Die 100 von der Kröger & Bach KG in China bestellten E-Bikes werden vom Hafen Tianjin aus nach Hamburg verschifft. Sie müssen bei der Zollstelle HZA Hamburg-Hafen zur Einfuhr angemeldet werden.

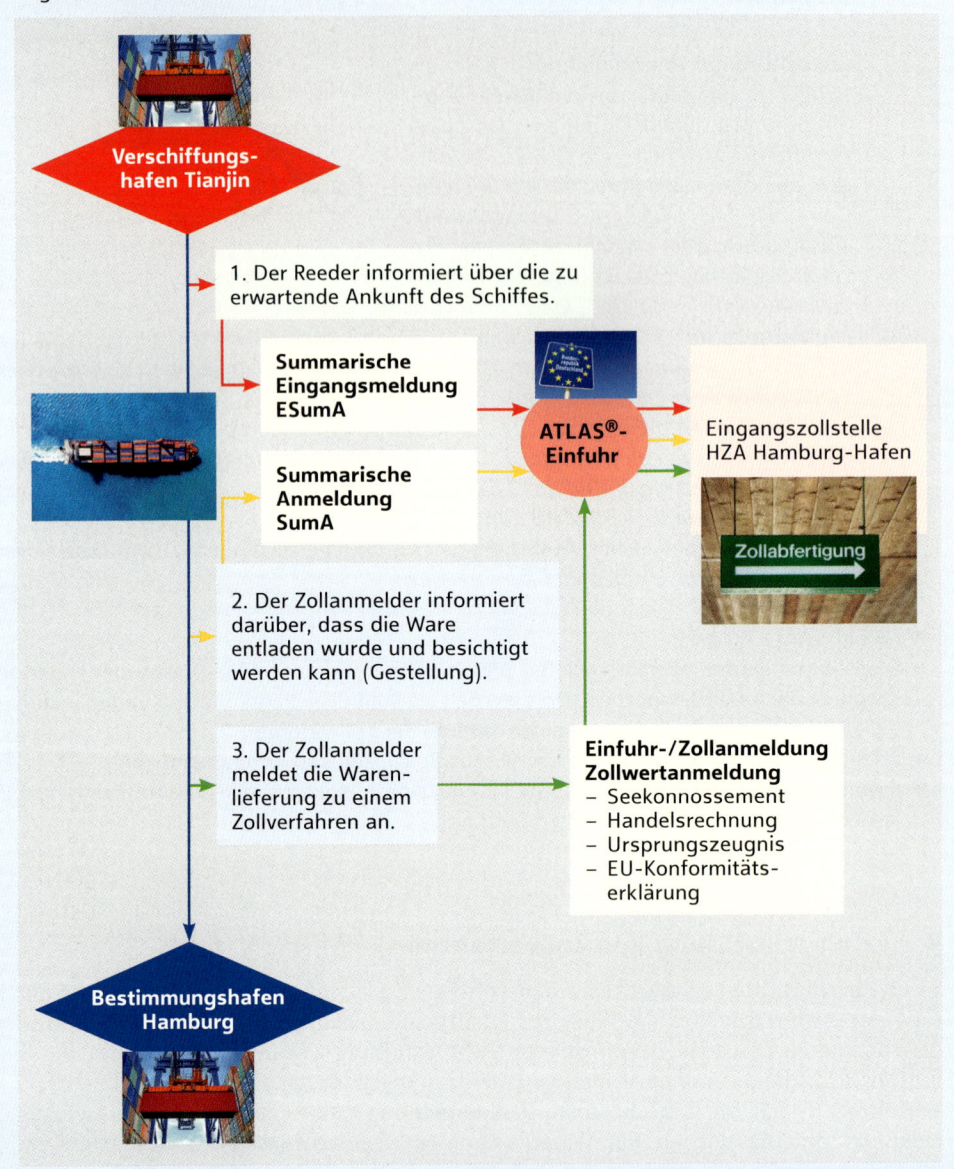

Verschiffungshafen Tianjin

1. Der Reeder informiert über die zu erwartende Ankunft des Schiffes.

Summarische Eingangsmeldung ESumA

Summarische Anmeldung SumA

ATLAS®-Einfuhr

Eingangszollstelle HZA Hamburg-Hafen

Zollabfertigung

2. Der Zollanmelder informiert darüber, dass die Ware entladen wurde und besichtigt werden kann (Gestellung).

3. Der Zollanmelder meldet die Warenlieferung zu einem Zollverfahren an.

Einfuhr-/Zollanmeldung Zollwertanmeldung
– Seekonnossement
– Handelsrechnung
– Ursprungszeugnis
– EU-Konformitätserklärung

Bestimmungshafen Hamburg

Wenn dem Anmelder frühzeitig alle Einfuhrdokumente vorliegen, kann die Zollanmeldung (3.) schon vor der summarischen Anmeldung SumA (2.) erfolgen. Dadurch kann das Zollverfahren beschleunigt werden.

Die Zollstelle prüft in einem mehrstufigen Verfahren Waren und Papiere. Sie überprüft zunächst, ob die Ware genehmigungsfrei eingeführt werden darf oder ob Einfuhrbeschränkungen oder -verbote bestehen.

Beispiel Textilwaren mit Ursprung Nordkorea dürfen nicht in die Europäische Union eingeführt werden (Stand: Juli 2020).

● Überlassung zum zoll- und steuerrechtlich freien Verkehr

Die Zollstelle dokumentiert den Abfertigungsvorgang und setzt den **Einfuhrabgabenbescheid** fest. Bei gewerblichen Einfuhren werden dem Zollpflichtigen zehn Tage Ziel zur Zahlung eingeräumt. Das Zollverfahren endet mit der Überlassung (Freigabe) der Sendung aus dem Zollverkehr. Die Nichtgemeinschaftsware wird zur **Gemeinschaftsware**, d.h., sie kann vom Unternehmen im Wirtschaftsgebiet der EU z.B. weiterverkauft oder anderweitig endgültig verwendet werden.

> **Beispiel** Nach der Gestellung und dem Eintreffen der Ware im Hafenterminal prüft die Eingangszollstelle Hamburg-Hafen die Zollanmeldung, Container/Ware und Dokumente, setzt den Zollbescheid mit den Einfuhrabgaben fest und gibt den Container zur Abholung frei. Das Statistische Bundesamt erhält eine Kontrollmitteilung zur statistischen Erfassung des Einfuhrvorgangs (vgl. analog Ausfuhrverfahren). Alle Benachrichtigungen und Bescheide ergehen zeitgleich per ATLAS®-Einfuhr an die Kröger & Bach KG. Nach der Freigabe wird der Lkw zur Kröger & Bach KG nach Duisburg gebracht. Dort wird der Wareneingang bearbeitet, die Ware kommissioniert und an die Kunden ausgeliefert.

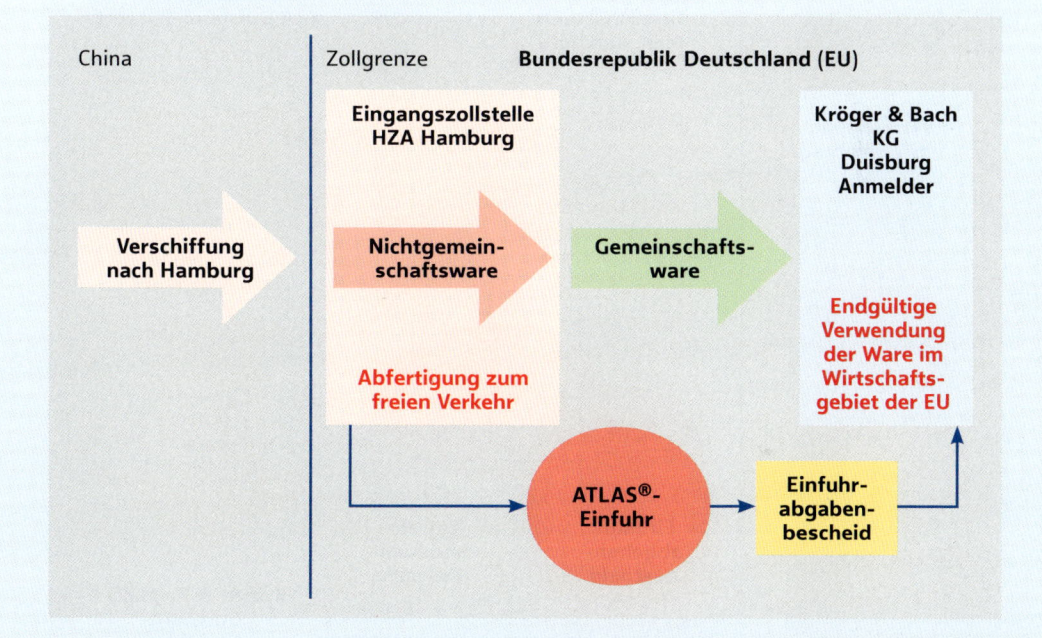

● Abfertigung zum besonderen Verkehr

Soll die Drittlandsware nicht oder erst später endgültig in den Wirtschaftskreislauf des EU-Zollgebiets eingehen, wird die Abfertigung zum besonderen Verkehr (= zu einem besonderen Zollverfahren) angemeldet. Die Lieferung kann dabei über die Zollgrenze in die EU gelangen, ohne dass Einfuhrzölle erhoben werden.

○ Versandverfahren

Beim **Versandverfahren T1** wird die Nichtgemeinschaftsware von der Grenzzollstelle an eine andere EU-Zollstelle überwiesen. Sie bleibt bis zur Beendigung des Versandverfahrens unter Zollverschluss (z.B. verplombter Container), damit nichts verändert oder ausgetauscht wird („Nämlichkeitssicherung"). Die Ware kann dann an einer anderen Binnenzollstelle zum freien Verkehr oder einer Grenzzollstelle zur Ausfuhr in ein Drittland abgefertigt werden. Dieses Verfahren wird auf elektronischem Wege über **ATLAS®-Versand (NCTS[1])** beantragt.

Beispiel Die Kröger & Bach KG möchte die Lieferung aus China nicht in Hamburg, sondern bei dem für sie günstig gelegenen Zollamt in Duisburg-Ruhrort zum freien Verkehr abfertigen lassen. Die Kröger & Bach KG oder der von ihr beauftragte Grenzspediteur beantragt über den ATLAS®-Versand an der Grenzzollstelle in Hamburg (Abgangsstelle) das Versandverfahren mit der Versandmeldung T1. Die Abgangsstelle verplombt den Container und lässt ihn nach Duisburg passieren. In Duisburg wird das Zollgut der Bestimmungszollstelle in Duisburg-Ruhrort gestellt, die die Ware zum freien Verkehr abfertigt und damit das Versandverfahren beendet. Alle Handlungsschritte werden in ATLAS® dokumentiert, sodass auch die Eingangszollstelle in Hamburg darüber informiert ist, dass Einfuhr und Verzollung der über sie in die EU gelangten Waren abgeschlossen worden sind.

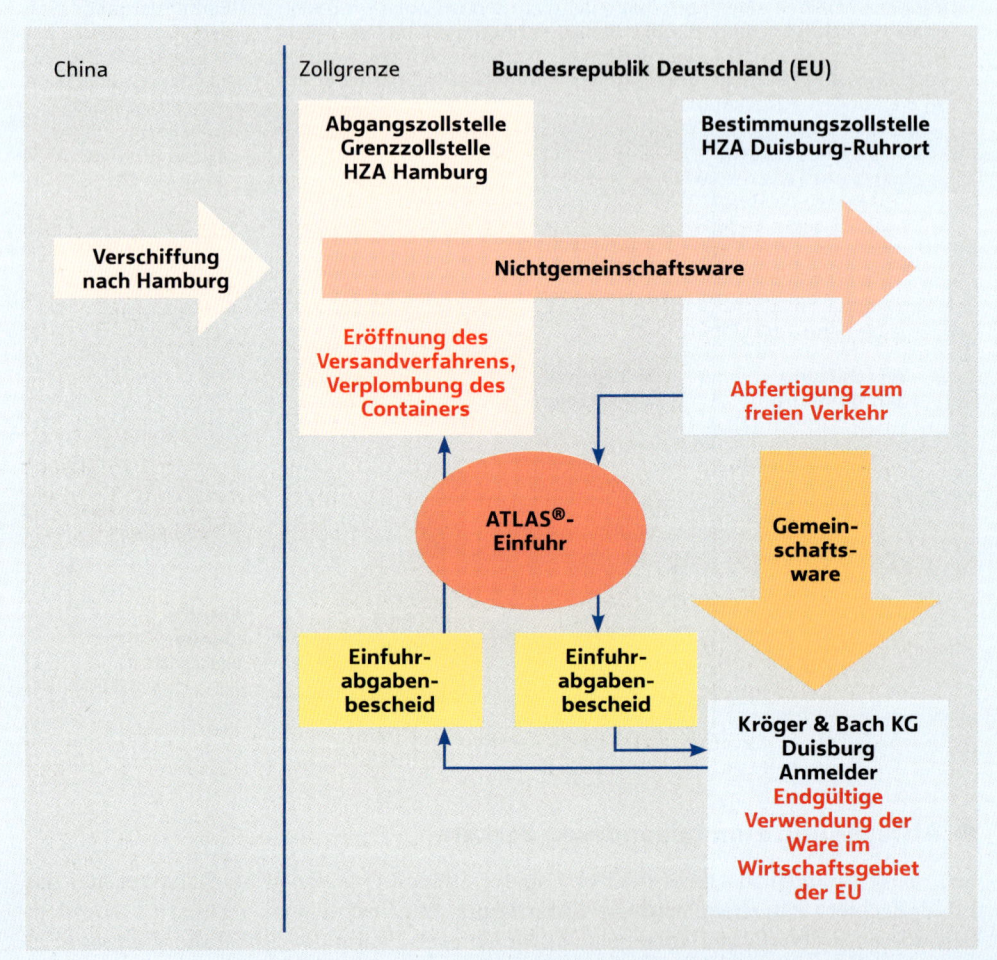

○ **Vorübergehende Einfuhr**

Wird eine Drittlandsware z. B. nur vorübergehend (Höchstgrenze zwei Jahre) in das Zollgebiet der EU gebracht, ist eine Zollermäßigung oder -befreiung möglich.

---

[1] NCTS = New Computerized Transit System

Beispiel Die Silverman & Smith Co. Ltd., Melbourne /Australien, führt für die CeBit-Messe/Hannover vorübergehend Ausstellungsware nach Deutschland ein. Bei der Abfertigung im Zollamt Hannover-Flughafen legt der beauftragte Spediteur das Carnet A.T.A.[1] vor, das von der State Chamber of Commerce & Industry, Melbourne, ausgegeben wurde. Diese bürgt gegenüber dem Einfuhrland für eine mögliche Zollabgabe, falls die Ware nicht wieder ausgeführt wird. Deshalb verzichten die Zollstellen bei Vorlage des Carnets A.T.A. auf die Zahlung oder Hinterlegung von Zollabgaben.

○ Veredelung

Im **aktiven Veredelungsverkehr** (zollfrei) werden Drittlandswaren zur Ausbesserung, Auf- oder Weiterverarbeitung in die EU eingeführt und danach wieder ausgeführt. Werden EU-Waren in einem Drittland veredelt **(passiver Veredelungsverkehr)**, wird bei der Wiedereinführung in das Zollgebiet der EU nur der **Differenzzoll** (s. u.) fällig.

Beispiele
- Die Scottgard AG behandelt Bezugsstoffe, die aus der Republik Moldau eingeführt werden, mit speziellen schmutzabweisenden Chemikalien und führt die Ware wieder in die Republik Moldau aus (zollfreie aktive Veredelung).
- Die Bürodesign GmbH führt Bezugsstoffe in die Republik Moldau aus, um sie dort nähen zu lassen (passive Veredelung). Bei der Einfuhr der fertig genähten Bezüge aus der Republik Moldau ist nur der Differenzzoll zu entrichten:

Zollwert der fertigen Bezüge	25 000,00 € · Zollsatz 10 %	= 2 500,00 €
− Zollwert des Bezugsstoffs	16 000,00 € · Zollsatz 8 %	= 1 280,00 €
= Zu entrichtender Zoll (Differenzzoll)		1 220,00 €

○ Zolllager

Zolllager sind **öffentliche oder private Lagerräume** oder sonstige Orte (abgeschlossene Freiflächen, Silos, Tanks usw.), die unter **zollamtlicher Überwachung** stehen. In ihnen können Nichtgemeinschaftswaren vorübergehend oder langfristig **zollfrei** gelagert werden. Dies ist vorteilhaft, wenn die Ware beispielsweise

- wieder in ein Drittland ausgeführt werden soll (Transitfunktion),
- noch keinen Käufer hat und ihre weitere Bestimmung unklar ist,
- Teil eines Großimports ist und erst nach und nach verkauft werden kann.

Die Zahlung von Einfuhrabgaben wird im Fall der Wiederausfuhr somit ganz vermieden bzw. beim Weiterverkauf in die EU auf den Zeitpunkt der Abfertigung zum freien Verkauf verschoben.

Beispiel Die Kröger & Bach KG hat aus Vietnam 8000 TV-Soundsysteme importiert. Der Zollsatz beträgt 14 %. Über die ATLAS®-Einfuhr wird die zollrechtliche Bestimmung „Überführung in ein privates Zolllager" eingegeben. Die Ware wird im Zolllager Typ CWP (LC, privates Zolllager) des Speditionsunternehmens Intrada Spedition GmbH eingelagert:
- 4000 Stück gehen an einen deutschen Lebensmitteldiscounter für dessen Non-Food-Sortiment. Für diese Anzahl an Geräten wird dann in der ATLAS®-Einfuhr eine Beendigungsmitteilung eingegeben und die Abfertigung in den freien Verkehr beantragt. Maßgebend für die Höhe der Einfuhrabgaben sind die Bemessungsgrundlagen, die zur Zeit der Zollanmeldung zum freien Verkehr gelten. Beträgt der Zollsatz bisher 14 % und steigt er bis zum Zeitpunkt der Anmeldung zum freien Verkehr auf 18 %, ist dieser höhere Satz anzuwenden.
- 1000 Geräte gelangen nach Ungarn in ein anderes privates Zolllager, das von den dortigen Behörden überwacht wird. Die Intrada Spedition GmbH meldet für die Kröger & Bach KG das Versandverfahren T1 an.

---

[1] A.T.A.: Admission Temporaire des Marchandises/Temporary Admission (Zollscheinheft für vorübergehende Einfuhr)

– 3000 der Soundsysteme werden nach Russland exportiert, ohne dass in der EU Einfuhrabgaben zu zahlen sind. Dazu wird über die ATLAS®-Ausfuhr eine Ausfuhranmeldung erzeugt und über die Ausfuhrzollstelle in Duisburg-Ruhrort abgewickelt. Die Ausgangszollstelle in Gmina Kuźnica versendet über PUESC (IT-Portal des polnischen Zolls) den Ausgangsnachweis an die Ausfuhrzollstelle. Zolllager- und Ausfuhrverfahren sind damit abgeschlossen.

Zollgebiet der EU

Nichtgemeinschaftsware → 1. Überführung in das Zolllagerverfahren → Transport → 2. Zolllager der Intrada Spedition GmbH, Duisburg Lagerung der Waren → 3. Beendigung des Zolllagerverfahrens: Überführung in den zollrechtlichen freien Verkehr, der Einfuhr abgaben → Gemeinschaftsware

3. Beendigung des Zolllagerverfahrens: Wiederausfuhr der Nichtgemeinschaftsware Zollanmeldung für das Ausfuhrverfahren

3. Beendigung des Zolllagerverfahrens: Überführung in ein Versandverfahren, Versandmeldung T1

● **Einfuhrabgaben berechnen**

○ **Zölle**

Für Waren, die aus Drittländern in das Zollgebiet der EU eingeführt werden, ist grundsätzlich **Zoll**[1] zu entrichten. Die Bemessungsgrundlage für den Zoll (= Zollabgabe, Zollbetrag) ist in den meisten Fällen der Wert der angemeldeten Ware (**Wertzoll**). Es sind aber auch andere Bemessungsgrundlagen (**Gewichtszoll**) möglich.

Beispiele
– Für die von der Kröger & Bach KG aus China eingeführten E-Bikes gilt ein **Wertzoll** (6 % Regelzollsatz plus 17,2 % Ausgleichszoll plus 62,1 % Antidumpingzoll, jeweils auf den **Zollwert**, vgl. S. 306).
– Bei der Einfuhr von Reiswaffeln werden gleichzeitig **Wertzoll** und **Gewichtszoll** als **gemischter Zoll** fällig (8,3 % Regelzollsatz auf den Zollwert plus 46,00 €/100 kg Gewicht).

Die Höhe des Zollsatzes ergibt sich aus dem **gemeinsamen Zolltarif TARIC**[2], der einheitlich in allen Ländern der EU gilt. Für jede einzelne Tarifnummer (Ware) sind Zollsätze hinterlegt. Welcher Zollsatz anzuwenden ist, ergibt sich aus der **Art der Ware** und deren **Ursprungsland** (Land der Herstellung).

---
[1] Ausnahme: Einfuhren bis zum Wert von 150,00 € sind zollfrei (Stand: Juli 2020).
[2] Tarif intégré des Communautés européennes (Integrierter Tarif der Europäischen Union)

Beispiel Zollsätze für E-Bikes mit Ursprung CN (China)
TARIC-Code **8711609010** … Fahrräder mit Hilfsmotor, mit Elektromotor angetrieben (… Nenndauerleistung ≤ 250 W)

ZC	Gebietscode	MN-Schl.	Maßnahmeart	Maßnahmen	Beginn	Ende	Ordnungs. Nr.	Weitere Informationen
–	1011	103	Drittlandszollsatz	6 %	01.09.2017	–	–	Rechtsvorschrift
C999	CN	552	Endgültiger Antidumpingzoll; AÜV-Kennzahl 96 (für Einfuhren aus dem betroffenen Land)	62,1 % Andere	19.01.2019	–	–	Rechtsvorschrift
C999	CN	554	Endgültiger Ausgleichszoll; AÜV-Kennzahl 97 (für Einfuhren aus dem betroffenen Land)	17,2 % Andere	19.01.2019	–	–	Rechtsvorschrift

Datenbankabfrage vom 15.07.2020 bei auskunft.ezt-online.de, Suche über TARIC und Ursprung (s. o.)

Der Regelzollsatz für Einfuhren in die EU ist der **Drittlandszollsatz**. Von diesem wird abgewichen, wenn die Europäische Union Handelsabkommen mit Drittstaaten schließt, z. B. mit der Türkei, mit Südkorea oder den Staaten der EFTA (Norwegen, Schweiz, Island, Liechtenstein). Dann wird ein **Präferenzzollsatz** angewendet, der niedriger ist als der Drittlandszollsatz.

Beispiel Für den Handel mit Ursprungswaren zwischen den EFTA-Staaten und der Europäischen Union gilt ein Präferenzzollsatz von 0 % (Nullzollsatz).

Neben dem Regelzoll können in der EU auch **zusätzliche Zölle** anfallen:

Ausgleichszoll	Genießen Produzenten in einem Drittland **besondere staatliche Vergünstigungen,** wie Steuerbefreiungen, subventionierte Energieversorgung oder Exportprämien für die auszuführende Ware, können sie dadurch die Preise der EU-Produzenten unterbieten. Deren Wettbewerbsnachteile sollen **Ausgleichszölle** beseitigen.
Antidumpingzoll	Anbietern aus Drittländern ist es oft möglich, aufgrund niedriger Arbeitskosten und geringer Umweltauflagen viel kostengünstiger zu produzieren als Produzenten in der EU. Aufgrund ihrer Kapitalkraft und Liquidität sind sie darüber hinaus oft dazu in der Lage, ihre Produkte **unterhalb der Produktionskosten** auf dem Weltmarkt anzubieten. Damit möchten sie z. B. neue Absatzmärkte erschließen, Marktanteile gewinnen oder Wettbewerber aus dem Markt drängen. Diesem **Preisdumping** (engl. to dump = abladen) sollen **Antidumpingzölle** entgegenwirken, indem sie die Preise der fraglichen Einfuhrwaren in der EU an ein wettbewerbsgerechtes Niveau heranführen.
Zusatzzoll	Bei Handelsstreitigkeiten zwischen Staaten verschiedener Zollgebiete (z. B. USA – EU, USA – Türkei, USA – China) werden einseitig oder gegenseitig Zusatzzölle eingeführt, die in der Öffentlichkeit als „Strafzölle" wahrgenommen werden.

Der **Zollwert** ist der Wert der einzuführenden Waren, also der Rechnungspreis ab Werk, zuzüglich der **bis zur EU-Außengrenze** anfallenden Transport-, Versicherungs- und Nebenkosten (Transaktionswert). Preisnachlässe (Rabatt, Skonto) vermindern den Zollwert. Der Zollwert ist die **Bemessungsgrundlage für die Berechnung des fälligen Zolls** (= des Zollbetrags).

Beispiel
Die Kröger & Bach KG beantragt am 21.05.20.. die Überführung der aus China importierten E-Bikes in den zoll- und steuerrechtlich freien Verkehr. Es ergibt sich folgender **Zollbetrag**:

TARIC 8711609010, CN, C999		40 000,00	USD
Preis ab Werk 400,00 USD Menge 100			
Skonto		−800,00	USD
Bareinkaufspreis		39 200,00	USD
Transport/Versicherung bis EU-Grenze		2 800,00	USD
Summe		42 000,00	USD
Kurs 21.05.20..: 1,00 EUR = 1,2000 USD			
Zollwert		35 000,00	EUR
10011 Drittlandszoll	6 %	2 100,00	EUR
C999 Ausgleichszoll	17,20 %	6 020,00	EUR
C999 Antidumpingzoll	62,10 %	21 735,00	EUR
Summe Zollbetrag		29 855,00	EUR

○ Einfuhrumsatzsteuer

Auf Importe aus Drittstaaten ist **Einfuhrumsatzsteuer (EUSt.)**[1] zu entrichten, um die Drittlandswaren mit der gleichen Umsatzsteuer zu belasten wie inländische Umsätze. Der **Regelsteuersatz** der Einfuhrumsatzsteuer beträgt in Deutschland somit 19 %, der **ermäßigte Satz** 7 %. Die gezahlte Einfuhrumsatzsteuer wird in der Umsatzsteuervoranmeldung als **Vorsteuer** geltend gemacht.

Beispiel Die Kröger & Bach KG hat für die Einfuhr der E-Bikes **29 855,00 € Zoll** zu entrichten. Bei der Festsetzung der Einfuhrumsatzsteuer sind neben diesem Zollbetrag die auf EU-Gebiet entstandenen Transport- und Nebenkosten – Transport vom Hamburger Hafen nach Duisburg – in Höhe von 945,00 € (vgl. Handlungssituation auf S. 299) in die Bemessungsgrundlage einzubeziehen:

Zollwert	35 000,00	EUR
Zollbetrag	29 855,00	EUR
Transportkosten Hamburg-Hafen –Duisburg	945,00	EUR
Bemessungsgrundlage der EUSt.	65 800,00	EUR
19 % EUSt	12 502,00	EUR
Gesamtbetrag der Einfuhrabgaben:		
Zollbetrag	29 855,00	EUR
Einfuhrumsatzsteuer	12 502,00	EUR
Summe	42 357,00	EUR

---

[1] Ausnahme: Einfuhren bis zum Wert von 22,00 € sind einfuhrabgabenfrei (Stand: Juli 2020).

○ Verbrauchsteuern

Werden verbrauchsteuerpflichtige Waren (z. B. Kaffee, Spirituosen, Mineralöl) in das Zollgebiet der EU eingeführt, wird die jeweils zutreffende Verbrauchsteuer als weitere Einfuhrabgabe fällig. **Verbrauchsteuern sind umsatzsteuerpflichtig.** Dadurch wird „**Steuer auf die Steuer**" erhoben, es kommt zu einer **Steuerakkumulation** (lat. accumulare = anhäufen).

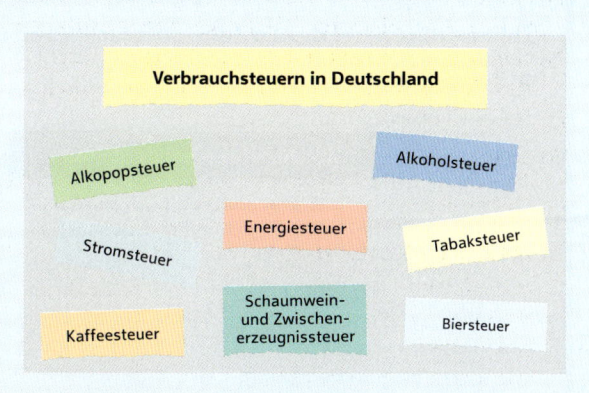

Verbrauchsteuern in Deutschland

- Alkopopsteuer
- Alkoholsteuer
- Stromsteuer
- Energiesteuer
- Tabaksteuer
- Kaffeesteuer
- Schaumwein- und Zwischenerzeugnissteuer
- Biersteuer

Beispiel Die Kröger & Bach KG importiert aus den USA per Luftfracht Memphis–Frankfurt 500 Kartons à 6 Stück 0,7-l-Flaschen Bourbon-Whisky, 40 % Alkoholgehalt. Die deutsche Alkoholsteuer beträgt 1 303,00 €/Hektoliter reinen Alkohols.
Rechnung:
500 · 6 · 0,7 l · 0,4 = 840 l reiner Alkohol
840 · 1 303,00 € : 100 = 10 945,20 €
Neben dem Zoll sind 10 945,20 € Alkoholsteuer als weitere Einfuhrabgabe zu entrichten, die ebenfalls der Einfuhrumsatzsteuer unterliegt:

TARIC 22083011 000, US 695, Bourbon-Whisky		Einfuhrabgaben	
Preis ab Werk 59,96 USD Menge 500		29 980,00	USD
Versicherte Luftfracht Memphis–Frankfurt	2 000,00		USD
Die Luftfracht entfällt zu 85 % auf die Strecke außerhalb der EU.		1 700,00	USD
Summe		31 680,00	USD
Kurs: 1,00 EUR = 1,200 USD Zollwert		26 400,00	EUR
1011 Drittlandszoll 0 %		0,00	EUR
695 Zusatzzoll 25 %		6 600,00	EUR
Die Luftfracht entfällt zu 15 % auf die Strecke innerhalb der EU.	(300,00 USD)	250,00	EUR
Alkoholsteuer		10 945,20	EUR
Bemessungsgrundlage für die EUSt.	Summe	44 195,20	EUR
Einfuhrumsatzsteuer 19 %		8 397,09	EUR

Gesamtbetrag der Einfuhrabgaben:

Zollbetrag   6 600,00 €
Alkoholsteuer   10 945,20 €
Einfuhrumsatzsteuer 8 397,09 €
Summe   25 942,29 €

Zollverfahren bei der Einfuhr unterscheiden und Einfuhrabgaben ermitteln

- **Zollverfahren bei der Einfuhr (EU)**

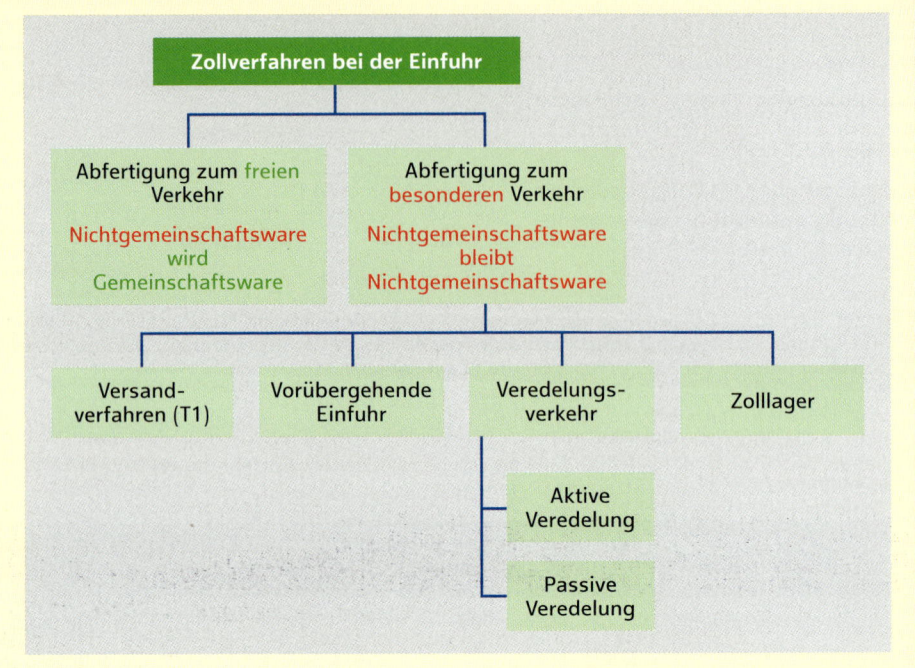

```
                    Zollverfahren bei der Einfuhr
                    /                          \
      Abfertigung zum freien        Abfertigung zum
           Verkehr                  besonderen Verkehr
      Nichtgemeinschaftsware        Nichtgemeinschaftsware
             wird                         bleibt
      Gemeinschaftsware             Nichtgemeinschaftsware
                                    /      |       |       \
                              Versand-  Vorüber-  Veredelungs-  Zolllager
                              verfahren gehende   verkehr
                              (T1)      Einfuhr    |
                                                   ├── Aktive Veredelung
                                                   └── Passive Veredelung
```

- **Zoll**: Abgabe (Steuer) auf importierte Waren

- **TARIC**: gemeinsamer EU-Zolltarif, Verzollung erfolgt nach TARIC-Warennummer

- **Zollarten**:
  - **Wertzoll** (Zollsatz in Prozent vom Zollwert)
  - **Gewichtszoll** (Euro-Betrag Zoll pro Gewichtseinheit)
  - **gemischter Zoll** (Zollsatz in Prozent vom Zollwert + Euro-Betrag Zoll pro Gewichtseinheit)

- **Zollwert**: Preis ab Werk zzgl. Transport-, Versicherungs- und Nebenkosten bis zur EU-Grenze

- **Höhe des Zollsatzes**: abhängig von Ware und Ursprungsland
  - Drittlandszoll → Regelzoll
  - Präferenzzoll → vergünstigter Zoll (Begünstigung von Ländern, mit denen Handelsabkommen bestehen)
  - Ausgleichszoll → Ausgleich von im Drittland gewährten Subventionen
  - Antidumpingzoll → Anhebung wettbewerbsverzerrender Niedrigpreise von Importgütern
  - Zusatzzoll → Druckmittel bei Handelskonflikten

- **Verbrauchsteuern**: Für importierte Waren, die verbrauchsteuerpflichtig sind (z. B. Kaffee, Alkohol, Mineralölerzeugnisse), gehört die entsprechende Verbrauchsteuer zu den Einfuhrabgaben.

- **Einfuhrumsatzsteuer**: Umsatzsteuer, die bei der Einfuhr fällig wird
  - Bemessungsgrundlage:
    - Zollwert
    - + Zollbetrag
    - + Transportkosten innerhalb der EU
    - + ggf. Verbrauchsteuern (z. B. Kaffee-, Alkohol-, Energiesteuer)
  - EUSt-Steuersatz in Deutschland:
    - Regelsteuersatz 19 %
    - ermäßigter Steuersatz 7 %

1. Erläutern Sie die Begriffe „Nichtgemeinschaftsware" und „Gemeinschaftsware".

2. „Die besondere zollrechtliche Behandlung des aktiven und passiven Veredelungsverkehrs sichert der deutschen Industrie die Teilnahme an internationalen Wertschöpfungsketten." Erklären Sie diese Aussage.

3. Erläutern Sie, bei welchen Zollverfahren die „Nämlichkeitssicherung" der Ware eine Rolle spielt.

4. Die Sedig GmbH (Holzhandel) importiert zollpflichtige Tropenhölzer aus afrikanischer, südamerikanischer und südasiatischer Produktion. Der Gesamtjahresbedarf wird jeweils jährlich geordert und kommt in wenigen großen Lieferungen im Rotterdamer Hafen an. Erläutern Sie,
   a) welche Probleme sich für die Sedig GmbH aufgrund der großen Bestell- und Liefermenge ergeben,
   b) welche Vorteile das Unternehmen durch die Nutzung des Zolllagers hat,
   c) wie das Zolllagerverfahren eröffnet und beendet wird.

5. Bestimmen Sie für die Fälle a–d mithilfe der folgenden Angaben den jeweils anzuwendenden Prozentsatz des Wertzolls:
   – Präferenzzollsatz: 0 %   – Drittlandszollsatz: 6 %   – Ausgleichszollsatz: 10 %
   – Antidumpingzollsatz: 25 %   – Zusatzzollsatz: 15 %

Import	Für die Importware aus dem Ursprungsland gilt ...
a	... der Regelzollsatz.
b	... ein vergünstigter Zollsatz aufgrund eines Handelsabkommens.
c	... ein besonderer Einfuhrzoll zur Kompensation von staatlichen Vergünstigungen für die Produzenten im Ursprungsland.
d	... ein kurzfristiger Sonderzoll im Rahmen eines Handelsstreits.

6. Die Kröger & Bach KG bezieht aus Kolkata 10 000 Stück 100-g-Verkaufseinheiten Reiswaffeln, Warenursprung Indien. Der Preis CIP Rotterdam beträgt 10 500,00 USD. Es werden 2 % Skonto gewährt. Für den Transport von Rotterdam nach Duisburg fallen 350,00 EUR an. Der Präferenzzollsatz beträgt 4,8 %, der Gewichtszoll 46,00 EUR pro 100 kg; Kurs EUR/USD: 1,180.
   a) Berechnen Sie die fälligen Einfuhrabgaben.
   b) Erläutern Sie, warum die Kröger & Bach KG bei der Einfuhr ein Ursprungszeugnis vorlegen muss.

c) Der Drittlandszollsatz für Reiswaffeln beträgt 8,3 % (Gewichtszoll s. o.). Berechnen Sie, um wie viel Euro bzw. Prozent sich der Bezugspreis bei Ansatz des Drittlandszollsatzes verändern würde.

7. Eine neuartige Gesichtscreme aus den USA wird in das Sortiment der Kröger & Bach KG aufgenommen. Die erste Lieferung von 25 000 Verkaufseinheiten soll per Luftfracht zur Lieferbedingung FCA Richmond Airport zum Flughafen Frankfurt gelangen. Die Cremedosen erhalten noch in den USA bei einem Industrieservice Verkaufsverpackungen für den deutschen Markt. Außerdem erstellt ein Labor in Richmond einen Konformitätsnachweis für die EU-Zollbehörden, damit die Creme auf dem europäischen bzw. deutschen Markt verkauft werden darf.
   a) Erläutern Sie, was die EU mit der Forderung eines Konformitätsnachweises bei der Einfuhr von kosmetischen Produkten bezweckt.
   b) Berechnen Sie den Bezugspreis für die 25 000 Verkaufseinheiten mit den zu entrichtenden Einfuhrabgaben nach den folgenden Angaben (Kurs EUR/USD: 1,180):

Verkaufspreis, Lieferbedingung FCA, 2 % Skonto	112 500,00 USD
Rechnungsbetrag für die Verpackung, 2 % Skonto	2 500,00 USD
Rechnungsbetrag für den Konformitätsnachweis, nicht skontierfähig	1 200,00 USD
Versicherte Luftfracht Richmond–Frankfurt, Flugstrecke außerhalb der EU: 6000 km, Flugstrecke innerhalb der EU: 900 km	3 800,00 USD
Transport Frankfurt–Duisburg	500,00 EUR
Drittlandszoll	5 %

6 Auswirkungen internationaler Handelsabkommen auf den Außenhandel einschätzen

China fordert Freihandelsabkommen mit der EU

Der chinesische Außenminister Wang Yi hat am Montag, den 16. Dezember, die Aufnahme von Freihandelsgesprächen mit der EU [...] gefordert. [...] „Wir sollten die Gelegenheit nutzen", sagte er auf einer Veranstaltung des European Policy Centre.

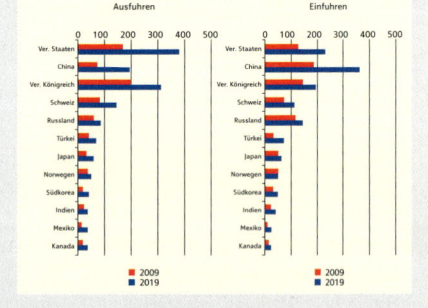

Quelle: Jorge Valero: China fordert Aufnahme von Freihandelsgesprächen mit der EU, 10.12.2019 unter: https://www.euractiv.de/section/finanzen-und-wirtschaft/news/china-fordert-aufnahme-von-freihandelsgespraechen-mit-der-eu/ [20.01.2021].

Lukas Breuer gefällt, was er da liest: „Haben Sie das in der Zeitung gesehen? Mit dem Freihandelsabkommen würden die hohen EU-Einfuhrzölle auf chinesische E-Bikes doch wegfallen, oder? Dann könnten wir richtig loslegen mit dem Import." Herr Hop-Singh ist skeptisch: „Das wäre zumindest möglich. Ob tatsächlich genau diese Zölle wegfallen würden, ist fraglich. Es gibt immer ein paar Ausnahmen. Abgesehen davon gilt die alte Regel: Bis ein Handelsabkommen ratifiziert wird, dauert es oft lange Jahre. Und Freihandelsabkommen sind da noch eine ganz andere Nummer."

ARBEITSAUFTRÄGE
- Erläutern Sie den Unterschied zwischen Handelsabkommen und Freihandelsabkommen.
- Erläutern Sie, welche Vorteile die Partnerländer durch die Vereinbarung von (Frei-)Handelsabkommen erzielen wollen.
- Erläutern Sie, ob die Kröger & Bach KG unmittelbar von einem Freihandelsabkommen mit China profitieren könnte.

● Teilhabe an der internationalen Wertschöpfung

In der EU hängen über 30 Millionen Arbeitsplätze vom Export ab, was nahezu jedem siebten Arbeitsplatz in Europa entspricht. In Deutschland ist sogar jeder vierte Arbeitsplatz direkt oder indirekt vom Export abhängig.

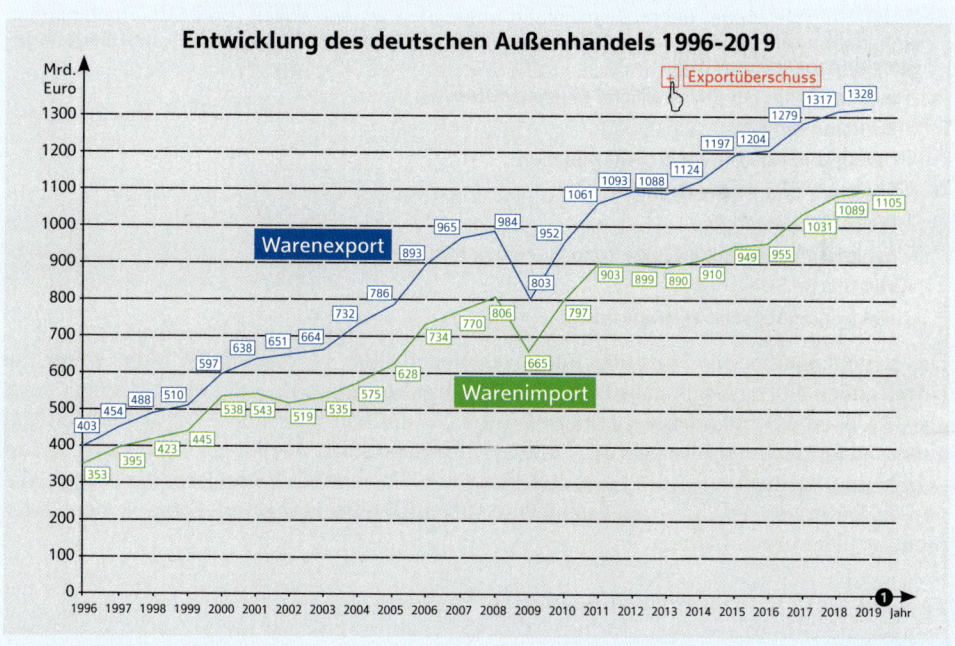

Entwicklung des deutschen Außenhandels 1996-2019

Zahlen nach: www.destatis.de

Das Diagramm verdeutlicht die enge Verzahnung der europäischen, insbesondere der deutschen Wirtschaft mit dem globalen Wirtschaftssystem und den internationalen Wertschöpfungsketten.

● Abbau von Handelsbeschränkungen

Ermöglicht wurde der Zugang zu internationalen Märkten durch den weltweiten **Abbau von Handelsbeschränkungen** in den letzten acht Jahrzehnten.

Insgesamt unterscheidet man **tarifäre** und **nicht tarifäre Handelsbeschränkungen**:

- **Tarifäre**[1] **Handelsbeschränkungen** sind **Zölle**, die die Importe verteuern. Inländische Produkte, die nicht mit Zöllen belastet werden, erhalten einen Wettbewerbsvorteil. Werden Agrarprodukte in das Gebiet der EU eingeführt, erhebt die Zollbehörde **Abschöpfungen**, um die Preise vom niedrigeren Weltmarktniveau auf das höhere Preisniveau der EU zu heben.

- **Nicht tarifäre Handelsbeschränkungen (NTH)** umfassen alle anderen Formen von Handelshemmnissen. Die inländischen Produkte bzw. Produzenten werden geschützt, indem der Marktzugang für ausländische Anbieter erschwert wird.

Während die Verhängung von **Einfuhrbeschränkungen** als protektionistische Maßnahme eindeutig dem Schutz der inländischen Produzenten dient, sind die Beweggründe für die Entwicklung anderer nicht tarifärer Handelshemmnisse nicht unbedingt auf dieses Ziel zurückführbar.

Technische Vorschriften und Normen haben ihren Sinn in der Rationalisierung der Produktionsprozesse und dem Erreichen einheitlicher Qualitätsstandards. Sind diese Normen z. B. nur innerhalb der EU gültig, stellen sie – beabsichtigt oder nicht – grundsätzlich ein Handelshemmnis für Anbieter aus dem Ausland dar.

Beispiel Für Spielzeuge, die in Deutschland angeboten werden sollen, sind Sicherheitsnormen einzuhalten und zu überprüfen (z. B. nach DIN EN 71 bzw. dem Lebensmittel- und Bedarfsgegenständegesetz (LMBG):
- mechanische und physikalische Eigenschaften
- Entflammbarkeit
- Gehalt und Austritt von Schwermetallen
- Speichel- und Schweißechtheit
- Weichmachergehalt
- hygienische und mikrobiologische Eigenschaften
- elektrische Sicherheit
- elektromagnetische Verträglichkeit

Die handelshemmende Wirkung kann vermieden oder vermindert werden, wenn die betreffenden Normen sich an **internationale Vorgaben** anlehnen oder nicht strenger sind, als sie z. B. zum Schutz der Sicherheit oder der Gesundheit sein sollen. Dies ist jedoch von außen nicht eindeutig überprüfbar. Findige Handelspolitiker werden dadurch kaum davon abgehalten, weiterhin für die Festschreibung von Normen und Standards zu sorgen, die von inländischen Produzenten leicht, von der ausländischen Konkurrenz schwer oder nicht erfüllt werden können.

---

[1] *Tarifär (tariflich), Adjektiv zu Tarif: Verzeichnis fester Bedingungen (Preise) für bestimmte Leistungen, ursprünglich besonders für Zolltarife verwendet*

Nicht tarifäre Handelsbeschränkungen (NTH)	Beispiel	Erläuterung
Beschränkungen der Einfuhrmenge	Kontingentierung Einfuhrverbot	Einfuhrkontingente der EU für Schuhe und Textilien aus China Einfuhrverbot der EU für hormonbehandeltes Rindfleisch aus den USA
Freiwillige Exportbeschränkung	Selbstverpflichtung des Produktionslandes, den Export bestimmter Güter in ein anderes Land zu beschränken	Selbstverpflichtung Chinas, das Exportwachstum von zehn Textilprodukten in die EU für einen Zeitraum von zwei Jahren auf 8 % und 12,5 % zu begrenzen
Administrative Handelsbeschränkungen	Industrie, Gesundheits- und Sicherheitsstandards Verpackungsvorschriften	Europäische bzw. deutsche Normen und Sicherheitsstandards Verpackungsvorschriften der USA zu Holz- und Strohverpackungen
Staatliches Handeln	Bevorzugung inländischer Anbieter Subventionen für inländische Produzenten (vgl. S. 305)	Vergabe von Rüstungsaufträgen an inländische Anbieter, Beeinflussung internationaler Ausschreibungen Gemeinsame Marktordnungen für die Landwirtschaft in der EU, z. B. durch Subventionen Preisgarantien der USA für die inländische Zuckerindustrie
Bürokratische Schikanen	Zollabfertigung, Beschaffung von Einfuhrdokumenten	Dauer und Art der Grenzabfertigung, Anforderungen an Dokumente, Mentalität sonstiger Behörden im Einfuhrland
Rechtsunsicherheit	Schutz geistigen Eigentums Durchsetzung von Rechtsansprüchen	Mangelnde Unterstützung durch Behörden bei Produktpiraterie Unberechenbarkeit von Gerichten, Verschleppung von Zivil- oder Strafverfahren

Handelsbeschränkungen führen dazu, dass der **Zugang zu ausländischen Märkten verteuert oder anderweitig erschwert** wird. Das Wirtschaftswachstum wird geschwächt. Die Vorteile internationaler Arbeitsteilung können nur dann wirksam werden, wenn jedes Land seine Wettbewerbsvorteile in diesen Prozess einbringen kann.

Der **Abbau von tarifären und nicht tarifären Handelsbeschränkungen** wird in internationalen **Handels**- bzw. in weitergehenden **Freihandelsabkommen** vereinbart. Man unterscheidet dabei **bilaterale** (zwei Staaten sind Vertragspartner) und **multilaterale Abkommen** (mehr als zwei Staaten sind Vertragspartner).

Handelsabkommen	Beispiele für Vereinbarungen der Vertragsparteien
	– Aufbau oder Ausbau von gegenseitigen Handelsbeziehungen, ggf. Abbau bestehender Handelskonflikte – Vereinfachung von Rechtsvorschriften für Importe und Exporte – schrittweiser Abbau von Zöllen – schrittweise Erhöhung von Höchstgrenzen für Importe – Abnahme von (höheren) Mindestmengen bestimmter Waren als ein- oder mehrseitige Verpflichtung

Beispiele
- Die VR China und die USA vereinbarten 2020 ein erstes Handelsabkommen, das den zweijährigen Handelsstreit zwischen beiden Ländern beenden sollte. China verpflichtete sich, mehr Energie, Industrieausrüstung, Agrarerzeugnisse und Dienstleistungen in den USA einzukaufen und im Gegenzug mehr gegen die unkontrollierte Verwertung des US-Technologie-Knowhows in China zu unternehmen.
- Die EU schließt Handelsabkommen u. a. als **Assoziierungsabkommen**, um mögliche EU-Beitrittsländer wirtschaftlich und politisch der EU anzunähern. Mit der Republik Moldau wurde im Juni 2014 ein solches Abkommen geschlossen, das die gegenseitigen Zölle bis zum Jahr 2020 vollständig abbaute.

Freihandelsabkommen (= Handelsabkommen mit weitergehenden Vereinbarungen)	Beispiele für Vereinbarungen der Vertragsparteien
	– Abschaffung sämtlicher Handelsbeschränkungen – gegenseitige Anerkennung technischer Standards oder deren gemeinsame Vereinheitlichung – gegenseitiger Schutz von Investitionen – Einsatz von Schiedsgerichten bei Rechtsstreitigkeiten (vgl. S. 263)

Beispiele  
- 2017 traten in der EU Teile des Freihandelsabkommens **CETA** zwischen der EU und Kanada in Kraft, das mit der fast vollständigen Abschaffung von Zöllen und der gegenseitigen Anerkennung von Normen und Vorschriften praktisch alle Handelsbeschränkungen abbaut. Darüber hinaus enthält das Abkommen z. B. noch Vereinbarungen zum gegenseitigen Investitionsschutz sowie zur Arbeitnehmerfreizügigkeit.
- Seit 2014 gilt ein Freihandelsabkommen zwischen der VR China und der Schweiz, das zur gegenseitigen Abschaffung von Zöllen und nicht tarifären Handelshemmnissen geführt hat.

● Die WTO als Institution internationaler Handelsabkommen

Die **WTO** (engl. World Trade Organization) ist die international bedeutendste Organisation für den Handel. Sie wurde im Jahr 1994 mit Sitz in Genf gegründet. Die WTO ist die **Institution internationaler Handelsabkommen**, von denen das **GATT** (General Agreement on Tariffs and Trade) vom 30.10.1947 das bekannteste ist. Auf der Grundlage des GATT wurden bis 1994 weltweit drastische Zollsenkungen beschlossen.

Der WTO gehören 164 Mitgliedstaaten an (Stand: 2020), unter denen fast alle Industrieländer vertreten sind. Deutschland gehört der WTO seit 1995 an, die VR China seit 2001.

Als Welthandelsorganisation mit eigener Völkerrechtspersönlichkeit ist die WTO in der Lage, Handelsstreitigkeiten zwischen ihren Mitgliedern durch Mehrheitsbeschluss zu regeln. So tritt der Allgemeine Rat als ständiges Gremium aller Mitglieder auch als Streitschlichtungsausschuss zusammen, dessen Entscheidungen für die Mitglieder bindend sind. Ein unabhängiges Gremium (Panel) von Experten prüft, ob das beklagte Mitglied WTO-Regeln bzw. -Abkommen verletzt. Bleibt die beklagte Partei bei ihren Verstößen, kann die geschädigte Partei gegen sie Sanktionen verhängen (z. B. Strafzölle).

Beispiele
- Die WTO gestattete 2019 den USA, Strafzölle gegen die EU in Höhe von 7,5 Mrd. USD zu verhängen, weil die EU-Staaten durch Subventionen der Airbus einen Wettbewerbsvorteil verschafften.
- Im gleichen Jahr genehmigte die WTO der VR China Strafzölle gegen die USA in Höhe von 3,6 Mrd. USD wegen Wettbewerbsverstößen.

Grundprinzipien der WTO

Meistbegünstigung/Nichtdiskriminierung	Alle Vorteile, die einem einzelnen Mitglied in Bezug auf den Warenverkehr gewährt werden, müssen auch den anderen Mitgliedern gewährt werden.	Ein Land ermöglicht einem anderen WTO-Mitglied ein vereinfachtes Zollverfahren bei der Einfuhr von Waren. Den anderen WTO-Mitgliedern muss diese Vereinfachung ohne Ausnahme ebenfalls gewährt werden.
Reziprozität	Vorteile werden auf Gegenseitigkeit gewährt.	Gewährt das eine Land dem anderen Zollvorteile, soll das begünstigte Land dem anderen die gleichen Zollvorteile zurückgewähren.
Inländerprinzip	Ausländische Waren werden inländischen gleichgestellt.	Ausländische Waren aus anderen WTO-Staaten dürfen nicht durch Gesetze und Verodnungen schlechter behandelt werden als inländische.
Transparenz	Die am Außenhandel Beteiligten müssen sich problemlos über relevante Regelungen und Beschränkungen des Außenhandels informieren können.	Einfuhrbestimmungen, Zolltarife und sonstige Beschränkungen müssen veröffentlicht werden, z. B. in amtlichen Bekanntmachungen im Internet.
Abbau von Handelshemmnissen	Schutz der inländischen Wirtschaft ist durch Zölle möglich.	Einfuhrkontingente und -verbote (nur solche aus protektionistischen Gründen) sind nicht zulässig.

Die WTO verfolgt einen Liberalisierungskurs mit dem Ziel, den Handel auch in Bereichen voranzutreiben, in denen bisher protektionistische Maßnahmen den Wettbewerb einschränken. So bestehen inzwischen über 600 Handelsabkommen unter dem Dach der WTO.

Die Arbeit der WTO wird zunehmend infrage gestellt, weil die USA seit einigen Jahren eine national ausgerichtete, protektionistische Handelspolitik favorisieren.

Beispiel „US-Präsident Donald Trump beschuldigte die WTO, sein Land ‚über den Tisch ziehen' zu wollen. Die Richter würden ihre Kompetenzen überschreiten und Verfahren bewusst in die Länge ziehen. [...] Dabei haben die USA die WTO in Handelsstreitigkeiten so oft genutzt wie kein anderes Land, und sie haben die meisten Verfahren gewonnen. Doch Präsident Trump kann mit internationalen Organisationen und deren Regeln nichts anfangen. Er denkt nach seinem Motto ‚America first!' national und kann gerade im Handelskrieg mit China keine Vorgaben gebrauchen.
Am Sitz der Welthandelsorganisation in Genf ist es ein offenes Geheimnis, dass die USA gerne zu einer Welthandelsordnung zurückkehren würden, wie sie vor der WTO galt. Eine Ordnung, in der die USA andere Länder in Handelsfragen mit aggressiven Methoden unter Druck setzen konnten, ohne Konsequenzen fürchten zu müssen. Scheitert die WTO, wären die Regeln des Welthandels außer Kraft gesetzt und es würde das Recht des Stärkeren gelten."
Quelle: Norddeutscher Rundfunk: US-Blockade setzt WTO schachmatt, 10.12.2019. In: www.tagesschau.de/wirtschaft/wto-streitschlichtung-101.html [28.11.2020].

● Handelsabkommen und Präferenzräume

Wenn die WTO im Wesentlichen darauf basiert, dass sich die Mitgliedstaaten Meistbegünstigung und Inländerbehandlung (s. o.) gewähren, widerspricht dies im Grundsatz der Bildung von Präferenzräumen[1] wie **Freihandelszonen** oder **Zollunionen**, bei denen sich nur wenige Länder gegenseitig Vorteile einräumen.

Freihandelszone: Zwischen den Mitgliedsstaaten werden Zölle und andere Handelshemmnisse abgeschafft. Gegenüber Drittländern behalten sie jedoch ihren eigenen Zolltarif und ihre individuelle Handelspolitik.

Zollunion: Die Mitgliedstaaten erheben einheitliche Zollsätze gegenüber Drittländern.

Beispiel Die Staaten der Europäischen Union bilden eine gemeinsame Freihandelszone und Zollunion.

Dennoch fördert die WTO ausdrücklich den Abschluss von Handelsabkommen, z. B. wenn dadurch **bestehende Handelsschranken abgebaut** oder das Ziel der **europäischen Integration** vorangetrieben werden sollen. Trotzdem ist das Prinzip der **Nichtdiskriminierung** weiter zu beachten.

Beispiel Ein Außenzoll nach Bildung einer Freihandelszone darf nicht höher sein als der davor maßgebliche Durchschnitt der Außenzölle der Mitgliedsländer (Art. 24 (5) b GATT). Schließen sich Länder zu einer Freihandelszone zusammen und betrug ihr durchschnittlicher Außenzoll vorher jeweils 5 %, können sie nach Entstehung der Freihandelszone die außenstehenden Drittländer nicht mit 10 % belasten, währenddessen sie untereinander Freihandel treiben.

Mit dem Abschluss von Handelskommen verfolgt die Europäische Union **wirtschaftliche** und **politische Ziele**:

● Festigung der wirtschaftlichen und politischen Bindungen mit den Partnerländern

● Förderung der wirtschaftlichen und sozialen Entwicklung (z. B. bei Entwicklungs- und Schwellenländern)

● Vorbereitung eines EU-Beitritts (z. B. bei osteuropäischen Staaten)

Die entstehenden **Präferenzräume** ermöglichen den Vertragsländern einen zollbegünstigten oder zollfreien Warenaustausch, der zu niedrigeren Verkaufs- und Bezugspreisen führt. **Niedrigere Verbraucherpreise** sind ein Anreiz für **höheren Konsum**.

---

[1] *Präferenz: Bevorzugung (Substantiv zu präferieren, von lat. praeferre)*

Der **Präferenzzollsatz** (niedriger als der Drittlandszollsatz bzw. gleich null, vgl. S. 305) wird jedoch nur auf **Ursprungswaren der Vertragsländer** angewandt. Daher müssen bei der **Produktion** die notwendigen „heimischen" Wertschöpfungsanteile (Materialherkunft und/oder Be- und Verarbeitung im Vertragsland) erreicht werden. In den Präferenzregeln zu den jeweiligen Handelsabkommen sind die Anforderungen für die Ursprungseigenschaft genauer beschrieben und bei den Zollbehörden hinterlegt.

Minimalbehandlungen, wie das Abfüllen von Getränken in Flaschen oder Dosen, reichen nicht für die Einordnung als Ursprungsware aus. Dagegen werden in den Präferenzregeln Produktionsprozesse oder Materialanteile benannt, die zur Eigenschaft „Ursprungsware" führen.

Beispiel In den **Präferenzregeln zwischen der EU und Ägypten** gilt Bekleidung oder Bekleidungszubehör dann als Ursprungsware eines Vertragslandes, wenn es aus Garnen oder unbestickten Geweben ohne Ursprungseigenschaft hergestellt wird, deren Wert 40 v. H. des Ab-Werk-Preises der hergestellten Ware nicht überschreitet: Ein ägyptischer Textilfabrikant importiert Stoffe aus Vietnam, mit denen in Ägypten Hemden genäht werden, die für die zollfreie Einfuhr in die EU bestimmt sind. Ihr Stückpreis (EWX Kairo) beträgt 8,00 USD. Um als ägyptische Ursprungsware zu gelten, darf der Wertanteil der vietnamesischen Stoffe nicht mehr als 3,20 USD pro Hemd betragen.

Bei der Anbahnung und Abwicklung von Außenhandelsgeschäften mit Ursprungswaren sind die komplizierten Ursprungs- und Präferenzregeln zu beachten und die notwendigen Dokumente zu beschaffen. In den Handelsabkommen der EU wurden hierfür die formalen Anforderungen inzwischen stellenweise gesenkt.

Beispiel Die neueren Handelsabkommen EU ↔ Südkorea (2011), EU ↔ ÜLG Europäische Überseegebiete (2013), EU ↔ Kanada (2017) und EU ↔ Japan (2019) sehen als Ursprungsnachweis nur noch die Lieferantenerklärung vor, nicht mehr zusätzlich die Warenverkehrsbescheinigung EUR1.

Präferenzen werden in Handelsabkommen regelmäßig gegenseitig gewährt. In Ausnahmefällen gewährt ein Vertragspartner dem anderen einseitig Vorteile.

Beispiel Die EU gewährt einseitig Präferenzen für Entwicklungsländer (APS-Gruppe), ohne dass ihr im Gegenzug der Zugang zu deren Märkten erleichtert wird.

Übersicht[1] über Handelsabkommen der Europäischen Union
Hier: Präferenzgewährung für Ursprungswaren

Ägypten	G	Korea (Republik)	G
Albanien	G	Kosovo	G
Algerien	G	Libanon	G
Andenstaaten Ekuador, Kolumbien, Peru	G	MAR Länder des afrikanischen und pazifischen Raums	E
APS Entwicklungsländer	E	Marokko	G
Bosnien und Herzegowina	G	Mazedonien	G
CAM Zentralamerika	G	Mexiko	G
Cariforum (Karibik)	G	Montenegro	G
CAS Zentralafrika	G	Moldau	G
Chile	G	SADC	G
ESA Östliches und Südliches Afrika	G	Schweiz	G

[1] Die Übersicht zeigt eine Auswahl von Ländern.

EWR Europäischer Wirtschaftsraum	G	Serbien	G
Färöer	G	Singapur	G
Georgien	G	Syrien	E
Ghana	G	Tunesien	G
Israel	G	Türkei	G
Japan	G	Ukraine	G
Jordanien	G	ÜLG Überseegebiete der EU	E
Kanada	G	Westjordanland – Gazastreifen	G
		WPS Westpazifik-Staaten	G
		Vereinigtes Königreich	G[1]

Je nach Handelsabkommen

- G gewähren sich die Vertragsstaaten **gegenseitig** Präferenzen (EU ↔ Partnerland),
- E gewährt **die EU** ihrem Vertragspartner **einseitig** Präferenzen (EU → Partnerland).

● Auswirkungen auf Wirtschaftszweige der Vertragsländer

Ein liberalisierter, durch internationale Handelsabkommen gestützter Außenhandel ermöglicht seinen Teilnehmern **internationale Arbeitsteilung**. Jedes Land konzentriert sich dabei auf die Produktion derjenigen Güter, bei denen es – im Vergleich zu den anderen Vertragspartnern – die größten **Wettbewerbsvorteile** hat: Deutschland exportiert **technologisch und qualitativ anspruchsvolle Produktions- und Konsumgüter** wie Industrieausrüstung, Maschinen und Automobile, während Schwellenländer mit **niedrigen Arbeitskosten** bei **arbeitsintensiven Produkten** ihren Vorteil nutzen können. So werden Produkte wie Textilien, Schuhe, Unterhaltungselektronik sowie industrielle Vorprodukte kaum noch in den klassischen Industrieländern Nordamerikas oder Europas produziert, sondern aus China bzw. den Staaten Südostasiens importiert. In den USA oder Europa schrumpften in der Folge die betroffenen Branchen. Auch sinkt die Nachfrage nach einfacher Industriearbeit. Insofern können in einem Land nicht alle Industriezweige – und die in ihnen arbeitenden Menschen – gleichermaßen von der zusätzlichen Wertschöpfung des freien Handels und der internationalen Arbeitsteilung profitieren.

Beispiel In Deutschland werden rund 20 Mio. Paar Schuhe jährlich produziert, was lediglich 5 % des Inlandsmarktes von 400 Mio. Paar Schuhen entspricht. Seit Beginn der 1970er-Jahre sind die mengenmäßige Schuhproduktion in Deutschland und die Beschäftigtenzahl um fast 90 % zurückgegangen.

Quelle: Vgl. Bundesministerium für Wirtschaft und Energie: Schuhindustrie. In: www.bmwi.de/Redaktion/DE/Artikel/Branchenfokus/Industrie/branchenfokus-schuhindustrie.html [28.11.2020].

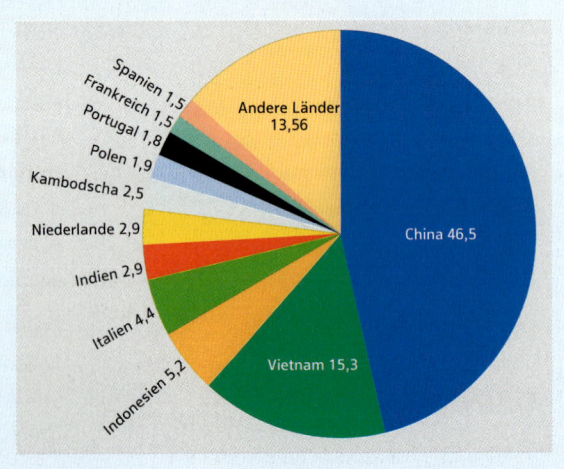

Spanien 1,5
Frankreich 1,5
Portugal 1,8
Polen 1,9
Kambodscha 2,5
Niederlande 2,9
Indien 2,9
Italien 4,4
Indonesien 5,2
Vietnam 15,3
China 46,5
Andere Länder 13,56

---

[1] Vorläufige Geltung ab 01.01.2021, Stand 24.12.2020

Auswirkungen internationaler Handelsabkommen auf den Außenhandel einschätzen

So geraten öffentliche **Proteste von Wirtschaftszweigen**, die sich durch die geplante Öffnung ihrer Märkte für ausländische Waren benachteiligt sehen, in den Blick. Die **Landwirtschaft** ist dabei aufgrund der weltweit stark unterschiedlichen Produktionsbedingungen (Klima, Fläche, Arbeitskosten, Umweltstandards) besonders betroffen. Eine vollständige Liberalisierung des Handels mit Agrarprodukten innerhalb von Handelsabkommen ist daher die Ausnahme.

Französische Bauern protestieren gegen das EU-Mercosur-Abkommen

Beispiel Das Handelsabkommen der EU mit dem gemeinsamen südamerikanischen Markt **Mercosur**[1] (Argentinien, Brasilien, Paraguay, Uruguay) sieht eine **Mengenobergrenze** (Quotierung) für die zollbegünstigte Einfuhr von besonders wettbewerbsfähigen südamerikanischen Agrarprodukten in die EU vor: Rindfleisch hoher Qualität, Geflügel, Zucker, Ethanol.

Auswirkungen internationaler Handelsabkommen auf den Handel mit EU- und Drittstaaten einschätzen

- **Handelshemmnisse**
  - **Tarifär**: Zölle, Abgaben
  - **Nicht tarifär**: alle anderen Arten von Handelshemmnissen

- **Handelsabkommen**
  - **Zahl der Partner**
    - **Bilateral**: zwei Vertragsstaaten
    - **Multilateral**: mehr als zwei Vertragsstaaten
  - **Inhalt**
    - rechtlicher Rahmen für Handelsbeziehungen
    - Aufbau oder Ausbau von Handelsbeziehungen
    - Abbau von Handelsbeschränkungen
    - weitergehende Vereinbarungen (**Freihandelsabkommen**): weitgehender/vollständiger Abbau von Handelsbeschränkungen (Freihandelszone), gegenseitige Anerkennung technischer Standards, gegenseitiger Investitionsschutz, Einsatz von Schiedsgerichten bei Rechtsstreitigkeiten

- **WTO**
  - Welthandelsorganisation mit Sitz in Genf (1994 gegründet, 164 Mitgliedstaaten)
  - Institution internationaler Handelsabkommen
  - Grundprinzip: faire Wettbewerbsbedingungen (z. B. durch Meistbegünstigung, Nichtdiskriminierung)
  - Streitschlichtungsausschuss bei Handelsstreitigkeiten

- **Vorteilsgewährung: Bildung von Präferenzräumen**
  - **Freihandelszone**: freier Warenaustausch ohne (wesentliche) Handelsbeschränkungen
  - **Zollunion**: gemeinsamer Zollsatz gegenüber Drittländern

---

[1] Abkürzung für **Mercado Común del Sur** (span. für Gemeinsamer Markt des Südens). Das Abkommen wurde am 28.06.2019 unterzeichnet, ist aber in der EU noch nicht ratifiziert (Stand: Juli 2020).

- **Präferenzräume der EU**
  - **EU-Binnenmarkt** als Freihandelszone und Zollunion
  - (Frei-)Handelsabkommen mit **Drittstaaten**: Gewährung von Präferenzen (Zollvergünstigungen) für **Ursprungswaren** (einseitig oder gegenseitig)
- **Auswirkungen auf die Wirtschaft der Länder/auf einzelne Wirtschaftszweige**: Von der zusätzlichen Wertschöpfung durch den Freihandel profitieren Länder bzw. Branchen mit **Wettbewerbsvorteilen** im jeweiligen Markt.

1. Die USA und die VR China schlossen 2020 ein Handelsabkommen, das den zwischen beiden Staaten bestehenden Handelskonflikt abbauen soll. Danach verpflichtet sich China einseitig, die bisherigen Importe aus den USA praktisch zu verdoppeln. 2021 soll der Einfuhrwert der zusätzlich von China aus den USA zu importierenden Güter, vor allem Maschinen, Flugzeuge und Fahrzeuge, bei 95 Mrd. USD liegen.
  a) Erläutern Sie die Besonderheit dieses Handelsabkommens.
  b) Beurteilen Sie, welche Auswirkungen dieses Handelsabkommen auf den Handel der EU mit China haben kann.
  c) „Das Handelsabkommen zwischen den USA und China [...] verstößt klar gegen WTO-Regeln..."
  Quelle: Institut für Weltwirtschaft Kiel: Handelsabkommen USA - China schadet vor allem auch Deutschland, 17.02.2020 unter: https://www.ifw-kiel.de/de/publikationen/medieninformationen/2020/handelsabkommen-usa-china-schadet-vor-allem-auch-deutschland/ [16.12.2020].)
  Erläutern Sie, welche Regeln hier gemeint sein könnten.

2. Das Handelsabkommen der EU mit dem gemeinsamen südamerikanischen Markt Mercosur (2019) sieht die Abschaffung von Zöllen auf die meisten Waren vor. Über 90 % der gegenseitigen Warenlieferungen wären damit zollfrei.

Einfuhren in das Gebiet des Mercosur: bisherige Einfuhrzollsätze	
Autos	35 %
Autoteile	14–18 %
Maschinen	14–20 %
Chemikalien	18 %
Kleidung, Textilien	35 %
Pharmazeutika	14 %
Lederschuhe	35 %
Käse	28 %
Wein	27 %
Schokolade	20 %
Spirituosen	20–35 %
Kekse	16–18 %
Softdrinks	20–35 %

  a) Erläutern Sie, welche Vorteile Exporteure in der EU und Importeure bzw. Konsumenten in den Mercosur-Ländern aus den Zollsenkungen ziehen können.
  b) Für die Warengruppe „Käse" wurde eine jährliche Mengenbegrenzung von 30 000 t festgeschrieben. Erläutern Sie dafür mögliche Gründe.
  c) Erläutern Sie, wie sich das Sortiment eines argentinischen Süßwarengroßhändlers nach Ratifizierung des Mercosur-Handelsabkommens verändern könnte.
  d) Das Handelsabkommen EU – Mercosur wird u. a. von deutschen Umweltverbänden heftig kritisiert. Erläutern Sie an zwei Beispielen, gegen welche Inhalte des Handelsabkommens sich diese Kritik richtet (Internetrecherche).

3. Zu den besonderen rechtlichen Bedingungen im Außenhandel gehört die Beilegung von Streitigkeiten durch Schiedsgerichte (vgl. S. 262). Im CETA-Handelsabkommen zwischen

Mit ausl. Geschäftspartnern über logistische Prozesse in der Fremdsprache Englisch kommunizieren

der EU und Kanada und im geplanten TTIP-Handelsabkommen zwischen der EU und den USA war die Einrichtung von Schiedsgerichten vorgesehen. Öffentliche Proteste, u.a. von Nichtregierungsorganisationen (NGOs), kritisierten an CETA und TTIP insbesondere die Möglichkeit der Einrichtung von Schiedsgerichten. Erläutern Sie, welche Argumente die Befürworter und Gegner der Schiedsgerichtsregelung ins Feld führen.

4. Waren, die zollbegünstigt oder zollfrei in Präferenzräumen gehandelt werden, müssen dort auch ihren Ursprung haben (Ursprungsware).
a) Erläutern Sie mögliche Kriterien, mithilfe derer die Ursprungseigenschaft einer Ware ermittelt werden kann.
b) Erläutern Sie, warum der Präferenzzollsatz nur Ursprungswaren begünstigt.
c) Nach Inkrafttreten des Freihandelsabkommens zwischen der Schweiz und der VR China zeigte sich, dass viele schweizerische Außenhändler für Einfuhren aus China nicht den Präferenzzollsatz (0 %) ausschöpfen, sondern das Importgut mit dem Drittlandszollsatz verzollen. Erläutern Sie dafür mögliche Gründe.

7 Mit ausländischen Geschäftspartnern im Rahmen logistischer Prozesse in der Fremdsprache Englisch kommunizieren

Lukas Breuer von der Kröger & Bach KG öffnet in seinem E-Mail-Postfach die folgende Nachricht:

Von:	Mr Cheng
Datum:	Dienstag, 9. Juni 20..
An:	Lukas Breuer
Betreff:	Shipment
Kröger & Bach KG Singapore Office	

Dear Mr Breuer

Shipment of 6,000 impact drills and cases per your order dated 10 February

This is to advise you that the electric drills you ordered have today been handed over to our forwarding agents Smith & Sons (Forwarding) Ltd. The drills have been packed in sturdy crates, clearly labelled to show the model number.

Our freight forwarders will ship the goods by boat to Hamburg and then by road to DODI's warehouse by the 15 July at the latest.

The required documents (commercial invoice, bill of lading, certificate of origin, packing list, insurance certificate) will accompany the goods.

We trust the consignment will arrive safely and on schedule.

Yours sincerely

Cheng

Lukas liest die E-Mail sorgfältig. Um eventuelle Unstimmigkeiten bei der Auftragsabwicklung zu vermeiden, überprüft er die Informationen in Mr. Chengs Mail anhand seiner Unterlagen. Nachdem Lukas festgestellt hat, dass alle Daten stimmen, informiert er Simone Eckardt, die ihn bittet, DODI über den Verlauf des Warentransportes per E-Mail zu informieren.

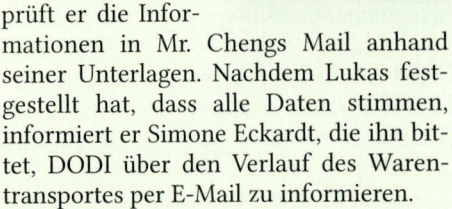

ARBEITSAUFTRÄGE
- Geben Sie in eigenen Worten den Inhalt der E-Mail auf Englisch wieder.
- Erläutern Sie auf Englisch, um welche Art von Geschäftsbrief es sich handelt und begründen Sie, warum eine solche Information für ein Groß- und Außenhandelsunternehmen notwendig ist.
- Erstellen Sie für Lukas die E-Mail-Information für DODI in deutscher Sprache.
- Erklären Sie in englischer Sprache die Dokumente bill of lading, commercial invoice, certificate of origin, packing list, insurance certificate (vgl. S. 288 ff.).

● Die Versandanzeige (advice of despatch = British English, dispatch = American English)

Weltweite Logistikprozesse erfordern ein hohes Maß an Kooperation von Käufer, Verkäufer und Transportunternehmen. Es ist zwingend erforderlich, jederzeit feststellen zu können, an welchem Punkt des Transportweges sich die Ware befindet.

Beispiel Die Kröger & Bach KG verlangt schnelle und verlässliche Lieferung zu den geringst möglichen Kosten. Dies gilt besonders für Termingeschäfte und hochwertige Artikel wie z. B. Elektrowerkzeuge, elektronische Geräte oder Ausrüstung und Computer. Im Falle einer verspäteten Lieferung muss die Ware exakt lokalisierbar sein, um die Gründe für die Verzögerung zu erkennen.

Dies hat dazu geführt, dass internationale Warenbewegungen zunehmend von einem engen Informationsfluss zwischen den beteiligten Parteien begleitet werden. Die vollständige Sendungsüberwachung (**door-to-door-visibility of shipments**) wird heutzutage stark erleichtert durch die satellitengestützte Verfolgung der Transportroute.

Die Versandanzeige ist eine der Informationen, die den Warenweg transparent machen. Der Verkäufer informiert den Käufer über die Verschiffung der Waren und den voraussichtlichen Ankunftstermin. Einige Käufer verlangen von den Speditionsunternehmen (forwarding agents) auch regelmäßige Zwischenberichte (progress reports), die sie über den augenblicklichen Aufenthaltsort der Sendung auf dem Laufenden halten. Dies ist besonders für Groß- und Außenhandelsunternehmen wichtig, da sie einerseits als Käufer über den Warenfluss informiert sein wollen, andererseits aber auch ihren Kunden Rechenschaft über den Verbleib der Ware ablegen müssen.

○ Advice of despatch – the letter plan

Wenn Sie Ihre Kunden in englischsprachigen Ländern über die Verschiffung der bestellten Ware informieren, greifen Sie zur Erstellung einer Versandanzeige auf die folgende Hilfe zur Strukturierung zurück:

Advice of despatch/letter plan

Opening	1. Refer to the goods ordered
Giving particulars	The following points can be mentioned as necessary (nach Bedarf):
	2. Speak about: – name of forwarding agents – terms of delivery (INCOTERMS® 2020) – terms of payment – mode of transport – details of packing – probable arrival time of the goods – documents enclosed or sent separately
Closing	3. Be polite

PRAXISTIPP Vereinbaren Sie mit Ihren Kunden, dass Sie ihnen Informationen über den Warenfluss, wie z. B. eine Versandanzeige des ausländischen Spediteurs, in englischer Sprache zusenden können. Dies erspart Ihnen den Arbeitsaufwand für die Übersetzung und damit Zeit.

○ Phrases used when writing an advice of despatch

Verwenden Sie die folgenden **Redewendungen**, um Ihren "letter plan" in eine sprachlich und inhaltlich einwandfreie Versandanzeige umzusetzen.

Opening

Beziehen Sie sich auf die Auftragserteilung Ihres Kunden und informieren Sie ihn über den Stand der Auftragsabwicklung.

Reference to the goods ordered

This is to advise (you) We are pleased to confirm We are pleased to inform you We are now able to confirm	that the goods you ordered	are now ready for despatch. have been shipped/ despatched today. were shipped on (date). have been made available for collection at our warehouse/ premises.
Hiermit teilen wir Ihnen mit, Wir freuen uns, Ihnen zu bestätigen, Wir freuen uns, Sie darüber zu informieren, Wir sind nun in der Lage, Ihnen zu bestätigen	dass die von Ihnen bestellten Waren	jetzt versandbereit sind. heute versandt worden sind. am (Datum) versandt wurden. in unserem Lager/ unseren Geschäftsräumen zur Abholung bereitstehen.

Giving particulars

Teilen Sie dem Empfänger die Einzelheiten des Versandes mit.

Forwarding agents

The goods will be packed and shipped by … (name of forwarder).
We have arranged for … (name of forwarder) to deliver the goods.
The goods have been handed over to … (name of forwarder).
(Name of forwarder) will be instructed to pack and ship the goods.

Die Waren werden von … (Name des Spediteurs) verpackt und versandt.
Wir haben veranlasst, dass … (Name des Spediteurs) die Güter verschickt/ ausliefert.
Die Waren wurden an … (Name des Spediteurs) übergeben.
(Name des Spediteurs) wird angewiesen, die Waren zu verpacken und zu versenden.

Means of transport/Terms of delivery (INCOTERMS® 2020)

Our freight forwarder(s) (name) will ship the goods		by sea/air/rail/road. as sea freight/air freight/rail freight/consolidated shipment/groupage consignment.
	The goods have been shipped FOB Kiel Delivery will be made to your premises	as requested. as per your instructions. according to your instructions.

The goods have been loaded on board MV "Heidi" which is due to dock at (name of port) on (date).

Unser(e) Spediteur(e) (Name) werden die Ware	per See/Luft/Bahn/Straße verschicken. als See-/Luft-/Bahnfracht/Sammeltransport/Sammelgut verschicken.
Die Güter sind FOB Kiel versandt worden Die Lieferung erfolgt zu Ihren Geschäftsräumen	wie gewünscht. gemäß Ihren Anweisungen.

Die Waren sind auf die MS „Heidi" (MV = motor vessel = Motorschiff) verladen worden, die im Hafen von (Name des Hafens) am (Datum) anlegen wird.

Packaging and shipping marks

The goods have been packed in	sturdy crates wooden boxes	and clearly labelled to show the model number. with the usual marks.

Our pallets/cardboard boxes are non-returnable.
We now need your instructions as regards packing and shipping marks.
The boxes are made of environmentally friendly material.

Die Waren sind in	stabilen Latten-/ Holzkisten	verpackt	und klar ausgezeichnet, um die Modellnummer anzuzeigen. versehen mit den üblichen Markierungen.

Unsere Paletten/Pappkartons können nicht zurückgegeben werden.
Wir benötigen nun Ihre Anweisungen im Hinblick auf die Verpackung und die Versandmarkierungen.
Die Kisten sind aus umweltfreundlichem Material hergestellt.

Terms of payment

| As soon as | the invoice amount has been transferred to our account no. (...) with the (name of bank) in (place) the letter of credit in our favour has been opened we have received your remittance for the goods ordered | the goods will be despatched. the consignment will be shipped to you immediately. |

Currency Cross Rates

	USD	EUR	JPY	GBP	CHF	AUD	NZD	CAD	CNY	HKD
USD		1.1831	0.0095	1.3180	1.0949	0.7264	0,6842	0,7609	0,1513	0,1289
EUR	0,8451		0,0080	1,1138	0,9252	0,6140	0,5784	0,6431	0,1277	0,1089
JPY	104,578	123,741		137,853	114,524	75,984	71,557	79,590	15,816	13,490
GBP	0,7584	0,8973	0,0072		0,8305	0,5511	0,5191	0,5772	0,1148	0,0978
CHF	0,9129	1,0804	0,0087	1,2036		0,6633	0,6251	0,6947	0,1382	0,1177
AUD	1,3757	1,6277	0,0131	1,8135	1,5060		0,9415	1,0471	0,2082	0,1774
NZD	1,4607	1,7282	0,0139	1,9256	1,5993	1,0611		1,1116	0,2211	0,1883
CAD	1,3136	1,5542	0,0125	1,7317	1,4385	0,9547	0,8990		0,1989	0,1601
CNY	6,6054	7,8042	0,0630	8,6966	7,2238	4,7939	4,5153	5,0207		0,8509
HKD	7,7525	9,1713	0,0741	10,218	8,4867	5,6315	5,3046	5,8984	1,1735	

Zahlen nach: http://www.aastocks.com/en/forex/quote/curcrossrates.aspx, 13.11.2020

| Sobald | der Rechnungsbetrag auf unser Konto Nr. (...) bei der (Name der Bank) in (Ort) überwiesen wurde, das Akkreditiv zu unseren Gunsten eröffnet worden ist, wir Ihre Überweisung für die bestellten Waren erhalten haben, | werden die Waren versandt. wird Ihnen die Sendung unverzüglich zugestellt. |

Reference to documentation

| The required documents | (commercial invoice, bill of lading, packing list, insurance certificate, certificate of origin | will accompany the goods. have been enclosed. |

The documents mentioned above have been sent to you under separate cover.
According to the conditions stipulated in the contract we enclose the following documents ...
We have enclosed our pro-forma invoice to enable you to open the letter of credit.

| Die gewünschten Dokumente | (Handelsrechnung, Konnossement, Packliste, Versicherungspolice, Ursprungszeugnis) | werden die Ware begleiten. wurden beigefügt. |

Die oben angegebenen Dokumente wurden Ihnen mit getrennter Post zugestellt.
Übereinstimmend mit den festgelegten Vertragsbedingungen, fügen wir die folgenden Dokumente bei ...
Wir haben unsere Proforma-Rechnung beigefügt, damit Sie das Akkreditiv eröffnen können.

Closing

Beenden Sie Ihren Brief mit dem Hinweis, dass die Waren pünktlich und einwandfrei Ihren Kunden erreichen werden, und geben Sie einen Ausblick auf weitere Geschäftsbeziehungen in der Zukunft.

Polite ending			
We trust We feel sure	that the consignment	will arrive	safely and on schedule. punctually and in good condition.
	that your order	will be carried out to your satisfaction.	
We would be pleased to receive further orders.			
Wir sind zuversichtlich, Wir sind sicher,	dass die Sendung	sicher und termingerecht eintreffen wird. pünktlich und einwandfrei ankommen wird.	
	dass Ihr Auftrag	zu Ihrer Zufriedenheit ausgeführt wird.	
Wir würden uns freuen, weitere Aufträge von Ihnen zu erhalten.			

● **Weitere logistische Fachbegriffe**

Im Folgenden finden Sie zusätzliche Begriffe und Formulierungen zu den Bereichen **Transport/Versand** und **Versicherung**.

Transport und Versand (forwarding)	
approx. = approximately	ungefähr
bale	Ballen
barrel	Fass (Holz)
cardboard, paperboard	Pappe
case with steel strapping	Kiste mit Stahlbandumreifung
lined with cushioning material	mit Füllmaterial verkleidet/ausgeschlagen (Kisten)
customs clearance	Zollabfertigung/Verzollung
disposable bag	Wegwerftasche
drum	Trommel (Metall/Ölfass)
environmentally friendly (non-polluting) material	umweltfreundliches Material
fragile	zerbrechlich
groupage consignment	Sammelgut

groupage rates	Sammelladungstarife/Gruppentarife
haulage contractor/carrier/haulier	Lkw-Unternehmer/Beförderungsunternehmer
haulage transport	Lkw-Transport
labelling	Etikettierung
lump sum	Pauschalbetrag
port of shipment/destination	Verschiffungs-/Bestimmungshafen
please collect the consignment at (place)	bitte holen Sie die Waren in (Ort) ab
the goods are to be collected at (place)	die Waren sind abzuholen in (Ort)
the total charges would amount to approx. ...	die Gesamtkosten/-gebühren würden sich auf ca. ... belaufen
to clear the goods through customs	die Zollabfertigung durchführen
to make arrangements for the goods to be stored in a bonded warehouse	arrangieren, dass die Waren in einem Zollverschlusslager eingelagert werden
to obtain a certificate of origin	ein Ursprungszeugnis erhalten

Die **Seeversicherung** übernimmt Risiken für einen großen Bereich des internationalen Handels. Man unterscheidet folgende drei Arten von Klauseln:

FPA (free of particular average=Havarie)	Allgemeine Havarie plus Hauptgefahren der Seefahrt (Sinken, Kollision, Feuer).
WPA (with particular average)	umfasst FPA plus geringere Gefahren der Seefahrt (Feuchtigkeit im Schiff, Wind usw.)
AR (against all risks)	umfasst WPA plus andere Arten von Schäden (Diebstahl, rauer Umgang mit der Ware, Einbruch usw.)

Insurance (Versicherung)

as per Cover Note enclosed	gemäß beiliegender Deckungszusage
floating policy	Abschreibepolice/Pauschalversicherung
insurance against all risks including breakage and pilferage	Versicherung gegen alle Risiken, einschließlich Bruch und Beraubung
insurance premium	Versicherungsprämie
marine insurance	Seeversicherung
M.S. Meyer has sustained average	M.S. (Motorschiff) Meyer hat Havarie erlitten

open policy	Generalpolice
the cargo is in damaged condition	die Ladung/Fracht ist beschädigt
the goods are insured free of particular average (FPA)/ with particular average (WPA)	die Waren sind versichert ohne besondere Havarie/mit besonderer Havarie
time policy	Zeitpolice
to arrange for the full insurance cover	die volle Versicherungsdeckung veranlassen
to send the enclosed insurance certificate no. (…) for the goods	anbei das Versicherungszertifikat Nr. (…) für die Waren senden
to take out insurance	eine Versicherung abschließen
valued policy	Police mit Wertangabe

Mit ausländischen Geschäftspartnern im Rahmen logistischer Prozesse in der Fremdsprache Englisch kommunizieren

- Die Versandanzeige **(advice of despatch)** ist eine Information des Verkäufers, mit der er den Käufer über die Verschiffung der Waren informiert. Zusätzlich können noch Zwischenberichte **(progress reports)** von den Spediteuren **(forwarding agents)** erstellt werden, die den Käufer über den jeweiligen Aufenthaltsort der Ware unterrichten. Dies erleichtert die vollständige Sendungsüberwachung **(door-to-door-visibility of shipment)** auf dem Transportweg.

- Die Erstellung einer Versandanzeige orientiert sich an einem "**letter plan**" mit den Bereichen "**Opening**", "**Giving Particulars**" und "**Closing**". Danach werden die Inhalte abhängig von den jeweiligen Anforderungen mithilfe **standardisierter Redewendungen (phrases)** konkretisiert.

- Inhalte können sein: Bezug auf den Auftrag **(reference to the order)**, Name des Spediteurs **(name of forwarding agent)**, Lieferungsbedingungen **(terms of delivery/INCOTERMS® 2020)**, Zahlungsbedingungen **(terms of payment)**, Art des Transportmittels **(mode of transport)**, Einzelheiten der Verpackung **(details of packing)**, voraussichtliche Ankunft der Waren **(probable arrival of the goods)**, Dokumente beiliegend oder separate Zustellung **(documents enclosed or sent separately)**.

- Die Kommunikation im Bereich logistischer Prozesse erfordert zusätzliche Kenntnisse von Redewendungen und/oder speziellem Vokabular. Informationen hierüber befinden sich in den Rubriken „**Transport and forwarding**" und „**Insurance**".

1. Handlungssituation
Sie arbeiten für den Medizintechnikgroß- und Außenhandel Meier Health Care, 87538 Balderschwang, Ludwigstr. 34, E-Mail: healthmeier@healthmeier.de.
Arbeitsauftrag Teilen Sie Ihrem britischen Kunden in London (Name und Anschrift nach Wahl) per E-Mail, Fax oder Brief mit, dass die am 15.02.20.. bestellten Waren versand-

bereit sind. Informieren Sie den Käufer über die Spedition (Name nach Wahl) und die Art des Transports. Lieferungsbedingung ist DDP. Lieferung nach Zahlungseingang auf dem Konto (nach Wahl). Dokumente werden der Ware beigelegt. Die Verpackung besteht aus stabilen Holzkisten, die nicht zurückgegeben werden müssen. Freundlicher Abschluss.

2. Handlungssituation/Rollenspiel
Versetzen Sie sich in die Lage von Lukas Breuer in der Handlungssituation zu Beginn des Kapitels (vgl. S. 321). Lukas liest die E-Mail von Mr Cheng und wundert sich über den Satz: "The drills have been packed in sturdy crates." „Seltsam", denkt er, „ich bin ziemlich sicher, dass die Bohrmaschinen in Plastikkoffern geliefert werden sollten. Da ist doch bestimmt was schiefgelaufen ..." In seinen Auftragsunterlagen findet er folgende Informationen: „... 6000 Schlagbohrmaschinen mit Schnellspannfutter im stabilen Plastikkoffer, mittlere Qualität, Verkauf unter der Marke ‚Kong', Farbe Schwarz, Liefertermin spätestens Ende Juli." Er entschließt sich, Mr Cheng anzurufen und das Problem zu besprechen.
Arbeitsauftrag Übernehmen Sie mit Ihrem Partner die beiden Rollen von Lukas und Mr Cheng und führen Sie das Telefongespräch (Tipp: Überlegen Sie, ob Lukas nicht einem Denkfehler unterliegt!). Entwerfen Sie einen Dialog in wörtlicher Rede, den Sie anschließend möglichst frei wiedergeben, ohne die Vorlage zu nutzen. Danach wechseln Sie die Rollen.

3. Handlungssituation
Sie arbeiten für den Groß- und Außenhändler Laflött & Mann GmbH, 32760 Detmold, Horststr. 45, E-Mail: info@lafloettmann.de.
Arbeitsauftrag Sie informieren Ihren britischen Kunden (Name und Anschrift nach Wahl) in englischer Sprache über den Versand der bestellten Waren per E-Mail oder Brief.

> Wir freuen uns, Ihnen mitzuteilen, dass die von Ihnen bestellten Artikel versandbereit sind. Wir haben unseren Spediteur Logistics International GmbH damit beauftragt, die Waren auszuliefern. Die Lieferung zu Ihren Geschäftsräumen wird entsprechend Ihren Anweisungen erfolgen.
> Die Möbel sind in stabilen Holzkisten verpackt, die mit Füllmaterial verkleidet sind.
> Sobald das Akkreditiv zu unseren Gunsten eröffnet ist, werden die Waren versandt.
> Die erforderlichen Dokumente (Handelsrechnung, Konnossement, Packliste, Versicherungsbestätigung, Ursprungszeugnis) sind Ihnen mit getrennter Post zugestellt worden.
> Wir sind sicher, dass Ihr Auftrag zu Ihrer Zufriedenheit ausgeführt wird.

4. Handlungssituation/Arbeitsauftrag
Entwerfen Sie eine Versandanzeige für einen ausländischen Kunden Ihres Ausbildungsbetriebes über typische Artikel, die Ihr Unternehmen vertreibt. Berücksichtigen Sie die Informationen des "letter plan" und die folgenden Punkte:
Eröffnung/Einleitung, die notwendigen Einzelheiten bezüglich Ware und Transport sowie einen freundlichen Briefabschluss.
Falls Ihr Unternehmen nur auf dem Binnenmarkt (domestic/home trade) tätig ist, entscheiden Sie sich für einen Namen und Produkte nach Wahl.

Wiederholung zu Lernfeld 7

Übungsaufgaben

1. Bei einem Gesprächstermin überreicht Ihnen eine Mitarbeiterin der IHK einen Pocket-Guide „Interkulturelle Kompetenz für die Westentasche" als zusammengefasste Information über die Geschäftskultur Ihres möglichen Partnerlandes.
   a) Erläutern Sie, warum interkulturelle Kompetenz bei der Anbahnung und Abwicklung von Außenhandelsgeschäften notwendig ist.
   b) Nennen Sie weitere Institutionen/Anbieter/Personen, die beim Aufbau interkultureller Kompetenz behilflich sein können.
   c) Erläutern Sie beispielhaft an den Bereichen „Hierarchie" und „Verschriftlichung", wie ausländische Geschäftskultur von deutscher abweichen kann.

2. Für ein Exportgeschäft wird die Zahlungsbedingung D/P vereinbart. Erläutern Sie zwei Möglichkeiten, wie der Exporteur das Kreditrisiko zusätzlich absichern könnte.

3. Die Kröger & Bach KG vereinbart für ein Exportgeschäft ein Dokumenteninkasso D/A.
   a) Erläutern Sie die genannte Zahlungsbedingung.
   b) Legen Sie aus der Sicht des Exporteurs begründet dar, welches Risiko mit dieser Zahlungsbedingung verbunden ist.

4. Die Kröger & Bach KG richtet bei ihrer Hausbank ein Fremdwährungskonto ein, da viele Außenhandelsgeschäfte auf US-Dollar-Basis abgerechnet werden. Erläutern Sie die Einrichtung des Fremdwährungskontos als Möglichkeit zur Absicherung des Währungsrisikos.

5. Die Primus GmbH beauftragt einen spanischen Frachtführer, per Lkw Waren von Lissabon nach Duisburg zu befördern.
   a) Nennen Sie die Bezeichnung des Frachtbriefs, der für diesen Transport ausgestellt wird.
   b) Erläutern Sie die Haftungsgrundsätze für den Frachtführer und dessen Haftungshöchstgrenzen.
   c) Erläutern Sie zwei Möglichkeiten für die Primus GmbH, sich gegen das verbleibende Transportrisiko abzusichern.

6. Erläutern Sie den Unterschied zwischen den Versicherungsbedingungen ICC – A und ICC – C.

7. Die Primus GmbH exportiert Waren nach Russland, Lieferbedingung „FOB Travemünde". Erläutern Sie, warum der Abschluss einer Exportschutzversicherung für die Primus GmbH vorteilhaft sein könnte.

8. Ein Lieferant aus Norwegen bietet der Primus GmbH Waren zur Lieferbedingung „DAP Koloniestraße 2–4, Duisburg, gemäß INCOTERMS® 2020" an.
   a) Erläutern Sie je zwei sich daraus ergebende Verpflichtungen für Verkäufer und Käufer.
   b) Die Primus GmbH hingegen ist sehr daran interessiert, zur Bedingung „FCA Oslo ..." abzuschließen. Erläutern Sie dafür zwei mögliche Gründe.

9. Erläutern Sie an zwei Beispielen, warum die Vereinbarung DDP gegenüber anderen Lieferbedingungen der INCOTERMS® 2020 ein höheres Kostenrisiko für den Exporteur beinhaltet.

10. Erklären Sie folgende Begriffe zum B/L:
a) Full set
b) On board
c) Clean

11. Erklären Sie den Unterschied zwischen „commercial invoice" und „pro forma invoice".

12. Erläutern Sie wirtschaftliche und politische Ziele, die die Europäische Union mit dem Abschluss von Handelsabkommen mit Drittländern verfolgt.

13. Ihr Ausbilder plant eine innerbetriebliche Schulungsmaßnahme und bittet Sie, hierfür einen Vortrag in englischer Sprache zu halten, in dem Sie einige Incoterms® 2020 erläutern. Er hat verschiedene Klauseln ausgewählt und gibt Ihnen zur Vorbereitung die unten angegebene Übersicht. Ergänzen Sie die Abkürzungen durch die vollen Namen der Incoterms® und erklären Sie die wesentlichen Regelungen in englischer Sprache.

Incoterms® Abbreviations	Name	Explanation/Rules
EXW		
FAS		
FOB		
CIF		
DDP		

Ungebundene und gebundene Prüfungsaufgaben

1. Als Mitarbeiter/-in der Exportabteilung der Kröger & Bach KG, Duisburg, liegt Ihnen eine Bestellung der Romanov Ltd., St. Petersburg, vor. Bestellt werden:
- 2500 Winkelschleifer KONG-Matic, Listenpreis: 29,70 USD/Stück
- Es werden 15 % Mengenrabatt gewährt.
- Lieferbedingung: sofort, CIP St. Petersburg, gemäß INCOTERMS® 2020
- Zahlungsbedingung: Dokumenteninkasso D/P

a) Berechnen Sie die Höhe des Auftragswertes in Euro. Nutzen Sie dazu die folgende Kurstabelle.

Geld	Brief
1,1658	1,1718

b) Übersetzen Sie die genannte Lieferbedingung ins Deutsche und erläutern Sie daraus
- zwei Pflichten der Kröger & Bach KG,
- zwei Pflichten der Romanov Ltd.

c) Nennen Sie für die genannte Lieferung
- den Kostenübergang,
- den Gefahrenübergang.

d) Erläutern Sie, warum bei diesem Geschäft die folgenden Dokumente beim Dokumenteninkasso eingereicht werden müssen:
- Versicherungspolice,
- Bill of Lading,
- Ursprungszeugnis.

2. Als Mitarbeiter/-in der Primus GmbH, Duisburg, werden Sie durch eine Zeitungsmeldung auf Norwegen als möglichen Exportmarkt aufmerksam:

> Norwegen zählt in Europa zu den Ländern mit dem höchsten Pro-Kopf-Einkommen und der niedrigsten Arbeitslosenquote. Es verfügt über eine hoch entwickelte Volkswirtschaft und gehört zu den Ländern mit den höchsten Lebensstandards weltweit.

a) Geben Sie zwei Institutionen an, bei denen Sie sich über Norwegen als Exportmarkt für das Sortiment der Primus GmbH informieren können.

Von der Nordic Retail S.A., einer Handelsgruppe aus Oslo, geht folgende Bestellung ein:
- 250 Primus Jet Kopiergeräte, Nettolistenpreis: 490,00 €
- Die Fakturierung muss in Norwegischen Kronen erfolgen.
- sofortige Lieferung, DDP Oslo, gemäß INCOTERMS® 2020
- Dokumenteninkasso D/P, zahlbar bei Oslo Postbanken

b) Erläutern Sie die genannte Lieferbedingung anhand von drei Aspekten.

c) Statt der gewünschten Lieferbedingung würden Sie lieber „DAP Oslo, gemäß INCOTERMS® 2020" wählen. Erläutern Sie, welchen Vorteil Sie sich von dieser Alternative versprechen.

d) Für Neukunden mit einem Umsatz von mehr als 100 000,00 € verwendet die Primus GmbH die Zahlungsbedingung Dokumentenakkreditiv. Geben Sie drei Unterschiede zwischen dieser Zahlungsbedingung und der in der Bestellung genannten Zahlungskondition an.

e) Beurteilen Sie, ob bei diesem Auftrag eine Akkreditivbestätigung durch die avisierende Bank notwendig erscheint.
f) Ermitteln Sie den Auftragswert in Euro nach den Angaben der Umrechnungstabelle.

Geld	Brief
10,6360	10,6840

g) Für die bestellten Geräte bestehen Lieferzeiten. Zwischen der Auftragsbestätigung an den Kunden und der Lieferung werden 60 Tage vergehen. Erläutern Sie zwei Möglichkeiten, wie die Primus GmbH das Geschäft mit Nordic Retail S.A. gegen das Währungsrisiko absichern könnte.

3. Sie sind Mitarbeiter/-in der Kröger & Bach KG, die in Casablanca/Marokko bei der Maghreb Fruits Corp. 1200 Kisten getrocknete Feigen kauft, HS Code 08042090, von Casablanca aus über den Hafen von Marseille. Von Marseille aus gelangt die Ware per Lkw-Transport nach Duisburg. Die EU und Marokko bilden aufgrund eines Handelsabkommens einen Präferenzraum. Ihnen liegen folgende Kalkulationsdaten vor:
– 1200 Kisten getrocknete Feigen, je Kiste 19,50 €   23 400,00 €
– Seefracht Casablanca–Marseille   900,00 €
– Seetransport-Versicherung   260,00 €
– Terminal Handling Charges im Hafen von Marseille   140,00 €
– versicherte Lkw-Fracht Marseille–Duisburg   450,00 €
– Drittlandszoll   8 %
– Präferenzzollsatzsatz   0 %
– ermäßigter Umsatzsteuersatz   7 %

a) Nennen Sie eine Lieferbedingung gemäß INCOTERMS® 2020, die diesem Geschäft zugrunde liegen könnte.
b) Bei der Einfuhrverzollung können die Nachweise zur Ursprungseigenschaft der Feigen nicht vorgelegt werden.
ba) Nennen Sie ein erforderliches Nachweisdokument.
bb) Berechnen Sie die Einfuhrabgaben für die Feigen.
bc) Weisen Sie die zusätzlichen Bezugskosten separat aus, die sich durch die fehlende Ursprungseigenschaft der Importfeigen für die Kröger & Bach KG ergeben.

4. Welche Aussagen treffen auf Lieferbedingungen der INCOTERMS® 2020 zu? Kreuzen Sie das Zutreffende in der nachfolgenden Tabelle an.
a) Dem Käufer wird der Abschluss einer Transportversicherung vorgeschrieben.
b) Dem Verkäufer wird der Abschluss einer Transportversicherung vorgeschrieben.
c) Der Gefahrenübergang findet vor dem Bestimmungsort statt.
d) Der Gefahrenübergang findet nach dem Kostenübergang statt.
e) Der Gefahrenübergang findet am Bestimmungsort statt.
f) Als Bestimmungsort kann der Geschäftssitz des Käufers festgelegt werden.
g) Der Käufer übernimmt die Einfuhrverzollung.
h) Lieferbedingung für alle möglichen Verkehrsträger

	a)	b)	c)	d)	e)	f)	g)	h)
EXW								
FCA								
FAS								

	a)	b)	c)	d)	e)	f)	g)	h)
FOB								
CIF								
CPT								
CIP								
DAP								
DPU								
DDP								
Keine								

5. Die Kröger & Bach KG hat in den letzten Jahren den Export von Elektrogeräten in die USA gesteigert, gleichzeitig aber mehr Waren, z. B. Spirituosen, von dort importiert. In einem Zeitraum von drei Monaten hat der Kurs des US-Dollars gegenüber dem Euro stark zugelegt. Prüfen Sie, welche Auswirkung diese Aufwertung des US-Dollars für die Kröger & Bach KG hat.
1. Die in die USA verkauften Elektrogeräte verteuern den dortigen Konsum.
2. Die aus den USA importierten Waren werden in Deutschland teurer.
3. Die aus den USA importierten Waren werden in der EU günstiger.
4. Die bevorstehende Geschäftsreise von Lutz Kröger in die USA wird günstiger.
5. Die Absatzchancen für eurofakturierte Exporte in die USA verändern sich nicht.

6. Bringen Sie die Schritte a) – f) in die richtige Reihenfolge 1 – 6:

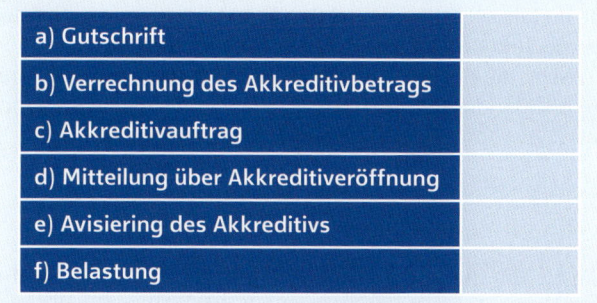

a) Gutschrift	
b) Verrechnung des Akkreditivbetrags	
c) Akkreditivauftrag	
d) Mitteilung über Akkreditiveröffnung	
e) Avisierung des Akkreditivs	
f) Belastung	

7. Ordnen Sie die folgenden Zahlungsbedingungen a)–f) nach dem geringsten (1) zum höchsten (6) Kreditrisiko des Exporteurs:

a) Vorkasse	
b) Dokumenteninkasso D/A	
c) Auf Rechnung, sofort netto Kasse	
d) Auf Rechnung, Zahlungsziel 30 Tage	
e) Dokumenteninkasso D/P	
f) Dokumentenakkreditiv L/C	

LERNFELD 8

Werteströme auswerten

1 Die Aufgaben und rechtlichen Bestimmungen des Jahresabschlusses erläutern

Kurz nach der Frühstückspause ruft Herr Müller Nicole Höver und Georgios Paros in sein Büro.
„Ich habe eine Überraschung für Sie. Einer unserer Hauptlieferanten, die Bürodesign GmbH, lädt uns zu ihrem traditionellen Neujahrsempfang ein – und weil deren Jahresabschluss diesmal so positiv ausgefallen ist, wird die Feier etwas größer. Nun, weil Sie beide in Ihrem ersten Ausbildungsjahr so gute Leistungen erbracht haben, wollte ich fragen, ob Sie nicht mitkommen möchten." Nicole und Georgios sind begeistert und sagen natürlich sofort zu.
Als sie auf dem Weg zurück in ihre Abteilungen sind, unterhalten sie sich noch kurz. Georgios fragt: „Sag mal, Nicole, so ein Jahresabschluss, woraus besteht der eigentlich und für wen und warum muss man den überhaupt erstellen?" Nicole antwortet: „So genau weiß ich das auch nicht. Vielleicht sollten wir uns das mal etwas genauer anschauen, bevor wir mit der Geschäftsleitung an dem Neujahrsempfang eines unserer wichtigsten Lieferanten teilnehmen."

ARBEITSAUFTRÄGE
- Erläutern Sie die Unterschiede im Jahresabschluss bei den Einzelunternehmen und den Personengesellschaften einerseits und den Kapitalgesellschaften andererseits.
- Erstellen Sie eine Mindmap, welche die Bestandteile eines Jahresabschlusses für Kapitalgesellschaften abbildet und aus der die zentralen Funktionen der einzelnen Bestandteile zu erkennen sind.

● **Jahresabschluss**

Die handelsrechtlichen Grundlagen für die Aufstellung des Jahresabschlusses sind im Wesentlichen im deutschen **Handelsgesetzbuch** (HGB) geregelt. Sie gelten für die überwiegende Zahl der in Deutschland tätigen Unternehmen und bilden somit auch die Rechtsgrundlage für dieses Lernfeld.

Die handelsrechtlichen Regelungen beziehen sich einerseits auf die Höhe (**Bewertungsvorschriften**), andererseits auf die Gliederung der Darstellung und Zuordnung der Inhalte zu Einzelpositionen (**Ansatzvorschriften**).

Das **Handelsgesetzbuch** stellt in Art und Umfang unterschiedliche Anforderungen an den Jahresabschluss. Eine dafür zentrale Bezugsnorm ist die Größe des Unternehmens.

Unterschieden wird dabei nach **kleinen, mittelgroßen und großen Kapitalgesellschaften**, für die die folgenden Schwellenwerte (§ 267 HGB) gelten[1]:

---
[1] Große Personenhandelsgesellschaften werden bezüglich der Anforderungen an die Rechnungslegung den großen Kapitalgesellschaften gleichgestellt (vgl. § 1 PublG).

Die Aufgaben und rechtlichen Bestimmungen des Jahresabschlusses erläutern

Unternehmenskategorien nach HGB

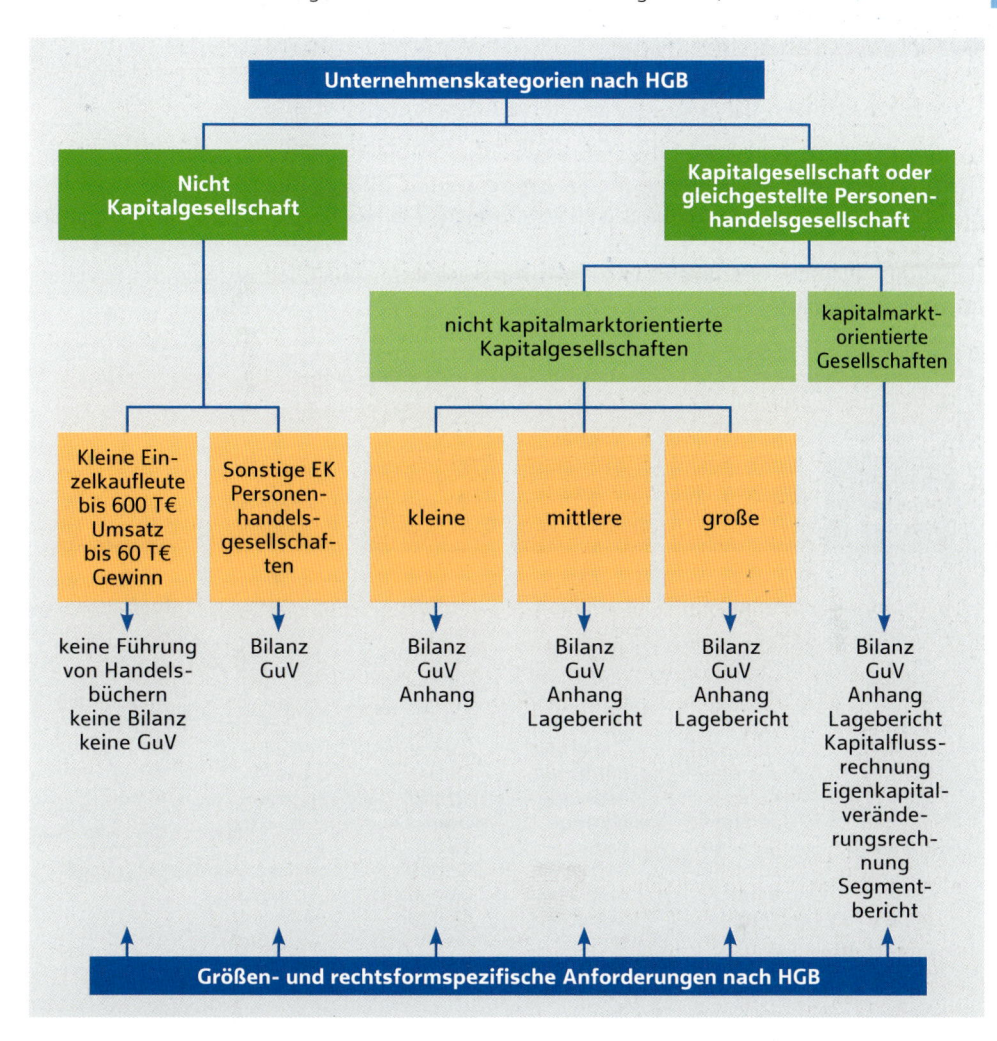

- Nicht Kapitalgesellschaft
  - Kleine Einzelkaufleute bis 600 T€ Umsatz bis 60 T€ Gewinn → keine Führung von Handelsbüchern, keine Bilanz, keine GuV
  - Sonstige EK Personenhandelsgesellschaften → Bilanz, GuV
- Kapitalgesellschaft oder gleichgestellte Personenhandelsgesellschaft
  - nicht kapitalmarktorientierte Kapitalgesellschaften
    - kleine → Bilanz, GuV, Anhang
    - mittlere → Bilanz, GuV, Anhang, Lagebericht
    - große → Bilanz, GuV, Anhang, Lagebericht
  - kapitalmarktorientierte Gesellschaften → Bilanz, GuV, Anhang, Lagebericht, Kapitalflussrechnung, Eigenkapitalveränderungsrechnung, Segmentbericht

Größen- und rechtsformspezifische Anforderungen nach HGB

	Bilanzsumme	Umsatzerlöse	Mitarbeiteranzahl
Kleine Kapitalgesellschaften	≤ 6,0 Mio. €	≤ 12,0 Mio. €	≤ 50
Mittelgroße Kapitalgesellschaften	≤ 20,0 Mio. €	≤ 40,0 Mio. €	≤ 250
Große Kapitalgesellschaften	> 20,0 Mio. €	> 40,0 Mio. €	> 250
Kapitalmarktorientierte Gesellschaften gelten immer als „groß".			

Werden zwei der drei Merkmale an den Abschlussstichtagen von zwei aufeinanderfolgenden Geschäftsjahren überschritten, wird die Kapitalgesellschaft der entsprechenden Größenklasse zugeordnet. Für Großunternehmen gelten besondere Publizitätsvorschriften nach §§ 1 und 3 PublG.

● Ziele des Jahresabschlusses

○ Informationen für unterschiedliche Adressaten

Grundsätzlich ist es das **Ziel des Jahresabschlusses**, dem Kaufmann selbst, seinen Vertragspartnern, dem Staat und weiteren **Interessenten** Informationen über die Lage und die Entwicklung der Unternehmung zu gewähren (§ 238 HGB). Der **Stakeholder-Gedanke** geht davon aus, dass eine Vielzahl an Interessentengruppen die Zielsetzung der Unternehmung bestimmt bzw. beeinflusst. Entsprechend unterschiedlich ist auch der jeweilige Informationsbedarf.

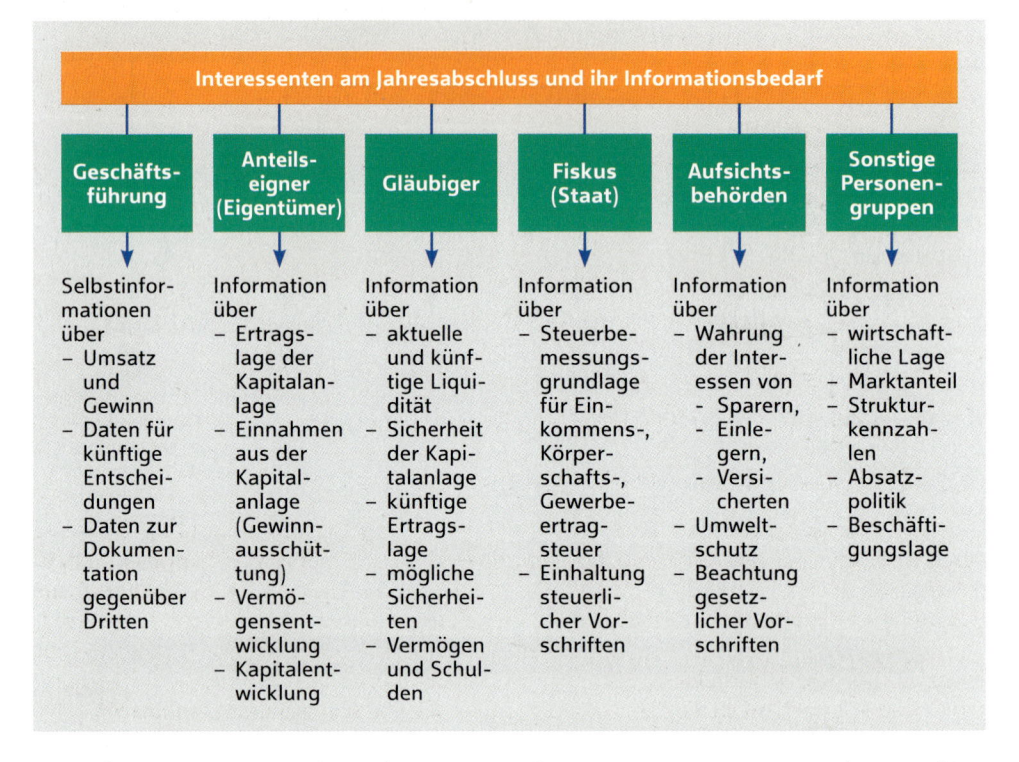

| | Interessenten am Jahresabschluss und ihr Informationsbedarf |

Geschäfts-führung	Anteils-eigner (Eigentümer)	Gläubiger	Fiskus (Staat)	Aufsichts-behörden	Sonstige Personen-gruppen

Selbstinformationen über
– Umsatz und Gewinn
– Daten für künftige Entscheidungen
– Daten zur Dokumentation gegenüber Dritten
	Information über
	– Ertragslage der Kapitalanlage
	– Einnahmen aus der Kapitalanlage (Gewinnausschüttung)
	– Vermögensentwicklung
	– Kapitalentwicklung
		Information über
		– aktuelle und künftige Liquidität
		– Sicherheit der Kapitalanlage
		– künftige Ertragslage
		– mögliche Sicherheiten
		– Vermögen und Schulden
			Information über
			– Steuerbemessungsgrundlage für Einkommens-, Körperschafts-, Gewerbeertragsteuer
			– Einhaltung steuerlicher Vorschriften
				Information über
				– Wahrung der Interessen von
				  - Sparern,
				  - Einlegern,
				  - Versicherten
				– Umweltschutz
				– Beachtung gesetzlicher Vorschriften
					Information über
					– wirtschaftliche Lage
					– Marktanteil
					– Strukturkennzahlen
					– Absatzpolitik
					– Beschäftigungslage

Besonders interessiert an der Dokumentation der **Vermögens-, Finanz- und Ertragslage** sowie deren **Entwicklung** sind die **Unternehmensleitung**, die **Anteilseigner** (Shareholder) und die **Gläubiger**.

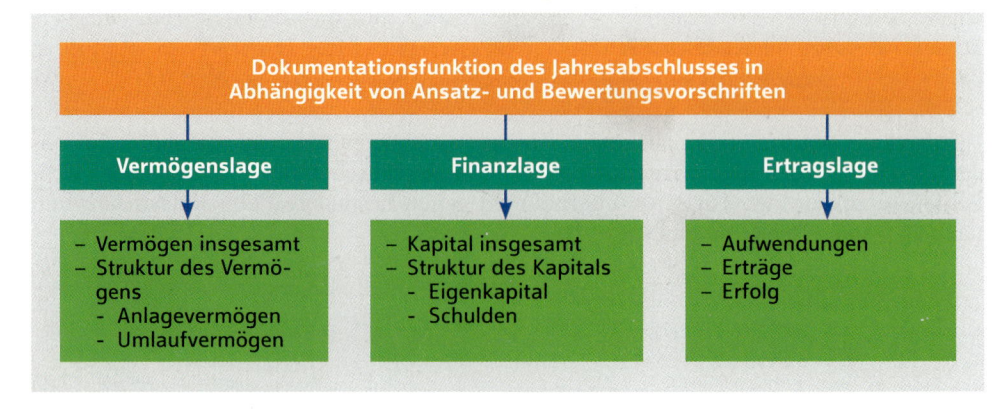

| | Dokumentationsfunktion des Jahresabschlusses in Abhängigkeit von Ansatz- und Bewertungsvorschriften |

Vermögenslage	Finanzlage	Ertragslage

– Vermögen insgesamt
– Struktur des Vermögens
  - Anlagevermögen
  - Umlaufvermögen
	– Kapital insgesamt
	– Struktur des Kapitals
	  - Eigenkapital
	  - Schulden
		– Aufwendungen
		– Erträge
		– Erfolg

Der Jahresabschluss nach HGB bildet die Grundlage für die steuerlich relevante Gewinnermittlung, sodass dieser für den Staat (die Finanzbehörden) maßgebend für die Ermittlung der Steuerschuld ist. Während kapitalmarktorientierte Unternehmen neben einer **Handelsbilanz** auch eine **Steuerbilanz** aufstellen müssen, dürfen mittelständische Unternehmen eine sog. **Einheitsbilanz** für Handels- und Steuerzwecke aufstellen.

Schwerpunkte in der Rechnungslegung

In Deutschland ist der Jahresabschluss durch den **Gläubigerschutz** geprägt. Das bedeutet, dass **Gläubiger** eines Unternehmens vor dem Ausfall ihrer Forderungen bewahrt werden sollen. Die Vorschriften des **HGB** führen dazu, dass die Unternehmen sich in Bewertungsfragen „**vorsichtig**" und daher ihr Vermögen eher zu „**niedrig**" als zu hoch darstellen, damit ein gewisses Mindesthaftungsvermögen unzweifelhaft zur Erfüllung der Forderungen von Gläubigern vorhanden ist.

Schwerpunkte in der Rechnungslegung	
zentrale Ausrichtung	– Gläubigerschutz
wichtige Prinzipien (Auswahl)	– Vorsichtsprinzip – Niederstwertprinzip

Gliederungsvorschriften für den Jahresabschluss

Einzelunternehmen und Personengesellschaften

Das HGB enthält für Einzelunternehmen und Personengesellschaften nur grobe Hinweise zur Gliederung der Bilanz und der Gewinn- und Verlustrechnung. So müssen gemäß § 247 HGB in der Bilanz das Anlage- und das Umlaufvermögen, das Eigenkapital, die Schulden sowie die Rechnungsabgrenzungsposten gesondert ausgewiesen und hinreichend gegliedert werden. Da jedoch für solche Unternehmen auch der **Grundsatz der Klarheit und Übersichtlichkeit** gilt, sollten sich auch Einzelunternehmen und Personengesellschaften an den Gliederungsvorschriften der Kapitalgesellschaften orientieren.

Kapitalgesellschaften

Im Unterschied zu Einzelunternehmen und Personengesellschaften haben große und mittelgroße **Kapitalgesellschaften** die Positionen in der Bilanz und in der Gewinn- und Verlustrechnung nach den **Vorschriften des Handelsgesetzbuches** (§ 266, 275 HGB) zu bezeichnen und anzuordnen. Diese Kapitalgesellschaften haben das **Bilanzgliederungsschema gemäß § 266 Abs. 2 und 3 HGB** anzuwenden.

Kleine Kapitalgesellschaften müssen nur eine **verkürzte Bilanz**, welche die mit Großbuchstaben und römischen Ziffern bezeichneten Posten des Gliederungsschemas gemäß § 266 HGB enthält, aufstellen und veröffentlichen:

Aktivseite	Bilanz der kleinen Kapitalgesellschaften	Passivseite

A. Anlagevermögen
   I. immaterielle Vermögensgegenstände
   II. Sachanlagen
   III. Finanzanlagen
B. Umlaufvermögen
   I. Vorräte
   II. Forderungen und sonstige Vermögensgegenstände
   III. Wertpapiere
   IV. Kassenbestand, Bundesbankguthaben, Guthaben bei Kreditinstituten
C. Rechnungsabgrenzungsposten
		A. Eigenkapital
		   I. gezeichnetes Kapital
		   II. Kapitalrücklage
		   III. Gewinnrücklagen
		   IV. Gewinnvortrag/Verlustvortrag
		   V. Jahresüberschuss/Jahresfehlbetrag
		B. Rückstellungen
		C. Verbindlichkeiten
		D. Rechnungsabgrenzungsposten

A	Gliederung der Jahresbilanz der großen Kapitalgesellschaften nach § 266 HGB	P

A. Anlagevermögen
   I. immaterielle Vermögensgegenstände
      1. selbst geschaffene gewerbliche Schutzrechte und ähnliche Rechte und Werte
      2. entgeltlich erworbene Konzessionen, Schutzrechte und ähnliche Rechte und Werte sowie Lizenzen an solchen Rechten und Werten
      3. Geschäfts- oder Firmenwert
      4. geleistete Anzahlungen
   II. Sachanlagen
      1. Grundstücke, grundstücksgleiche Rechte und Bauten einschließlich der Bauten auf fremden Grundstücken
      2. technische Anlagen und Maschinen
      3. andere Anlagen, Betriebs- und Geschäftsausstattung
      4. geleistete Anzahlungen und Anlagen im Bau
   III. Finanzanlagen
      1. Anteile an verbundenen Unternehmen
      2. Ausleihungen an verbundene Unternehmen
      3. Beteiligungen
      4. Ausleihungen an Unternehmen, mit denen ein Beteiligungsverhältnis besteht
      5. Wertpapiere des Anlagevermögens
      6. sonstige Ausleihungen
B. Umlaufvermögen
   I. Vorräte
      1. Roh-, Hilfs- und Betriebsstoffe
      2. unfertige Erzeugnisse, unfertige Leistungen
      3. fertige Erzeugnisse und Waren
      4. geleistete Anzahlungen
   II. Forderungen und sonstige Vermögensgegenstände
      1. Forderungen aus Lieferungen und Leistungen
      2. Forderungen gegen verbundene Unternehmen
      3. Forderungen gegen Unternehmen, mit denen ein Beteiligungsverhältnis besteht
      4. sonstige Vermögensgegenstände
		A. Eigenkapital
		   I. gezeichnetes Kapital
		   II. Kapitalrücklage
		   III. Gewinnrücklagen
		      1. gesetzliche Rücklage
		      2. Rücklagen für Anteile an einem herrschenden oder mehrheitlich beteiligten Unternehmen
		      3. satzungsmäßige Rücklagen
		      4. andere Gewinnrücklagen
		   IV. Gewinnvortrag/Verlustvortrag
		   V. Jahresüberschuss/Jahresfehlbetrag
		B. Rückstellungen
		   1. Rückstellungen für Pensionen und ähnliche Verpflichtungen
		   2. Steuerrückstellungen
		   3. sonstige Rückstellungen
		C. Verbindlichkeiten
		   1. Anleihen
		      davon konvertibel
		   2. Verbindlichkeiten gegenüber Kreditinstituten
		   3. erhaltene Anzahlungen auf Bestellungen
		   4. Verbindlichkeiten aus Lieferungen und Leistungen
		   5. Verbindlichkeiten aus der Annahme gezogener Wechsel und der Ausstellung eigener Wechsel
		   6. Verbindlichkeiten gegenüber verbundenen Unternehmen
		   7. Verbindlichkeiten gegenüber Unternehmen, mit denen ein Beteiligungsverhältnis besteht
		   8. sonstige Verbindlichkeiten
		      davon aus Steuern
		      davon im Rahmen der sozialen Sicherheit
		D. Rechnungsabgrenzungsposten
		E. passive latente Steuern

| A | Gliederung der Jahresbilanz der großen Kapitalgesellschaften nach § 266 HGB | P |

　　III. Wertpapiere
　　　　1. Anteile an verbundenen Unternehmen
　　　　2. eigene Anteile
　　　　3. sonstige Wertpapiere
　　IV. Schecks, Kassenbestand, Bundesbank-
　　　　guthaben, Guthaben bei Kreditinstituten
C. Rechnungsabgrenzungsposten
D. aktive latente Steuern
E. aktiver Unterschiedsbetrag aus der
　Vermögensverrechnung

● Besondere handelsrechtliche Gliederungs- und Ausweisvorschriften zur Bilanz für Kapitalgesellschaften

○ Eigenkapital der Kapitalgesellschaften

Nach § 266 Abs. 3 HGB ist das Eigenkapital der Kapitalgesellschaften folgendermaßen zu gliedern:

A. Eigenkapital
　　I. gezeichnetes Kapital
　II. Kapitalrücklage
　III. Gewinnrücklagen
　　　　1. gesetzliche Rücklagen
　　　　2. Rücklage für eigene Anteile
　　　　3. satzungsmäßige Rücklagen
　　　　4. andere Gewinnrücklagen
　IV. Gewinnvortrag/Verlustvortrag
　　V. Jahresüberschuss/Jahresfehlbetrag

Gezeichnetes Kapital

Mit dem gezeichneten Kapital ist das **Grundkapital** der AG bzw. das **Stammkapital** der GmbH gemeint. Das im Handelsregister eingetragene gezeichnete Kapital repräsentiert die Summe der Nennbeträge aller durch die Gesellschaft ausgegebenen Anteile (Aktien, GmbH-Anteile), zu deren Einzahlung die Gesellschafter gegenüber der Kapitalgesellschaft verpflichtet sind. Es repräsentiert das **Haftungskapital** der Gesellschaft gegenüber den Gläubigern, das auch dann in seiner vollen Höhe auszuweisen ist, wenn es noch nicht ganz eingezahlt ist.

Rücklagen

Rücklagen sind **Eigenkapital, das im Unternehmen gebunden werden soll**. Sie werden gebildet, um

- die Haftungsbasis zu verbessern,
- die Betriebsbereitschaft auch in strukturellen Krisen zu erhalten,
- Verluste ausgleichen zu können, ohne dass das feste Nominalkapital angegriffen wird,
- zukünftige außergewöhnliche Belastungen, die durch notwendige Erneuerung oder Umstellung hervorgerufen werden, finanzieren zu können.

Zu unterscheiden sind offene und stille Rücklagen.

Rücklagen	
Offene Rücklagen	**Stille Rücklagen**
Diese werden in der Bilanz neben dem „gezeichneten Kapital" als zusätzliches Eigenkapital auf der Passivseite ausgewiesen. Das HGB unterscheidet **Kapitalrücklagen** (z. B. Agio bei Ausgabe von Aktien über deren Nennwert) und **Gewinnrücklagen** aus dem Ergebnis des Geschäftsjahres.	Stille Rücklagen (stille Reserven) werden nicht in der Bilanz ausgewiesen. Sie entstehen durch die **Unterbewertung der Aktiva** oder durch die **Überbewertung von Schulden**. **Bilanzpolitisch** kommt ihnen eine hohe Bedeutung zu, weil mit ihrer Bildung oder Auflösung das Jahresergebnis beeinflusst und sogar reguliert werden kann.

Die **Gewinnrücklagen** werden aus dem Ergebnis des Geschäftsjahres oder früherer Jahre gebildet. Es liegt ein klassischer Fall der **Selbstfinanzierung** vor. Als zentrale Gewinnrücklagen lassen sich unterscheiden:

Gewinnrücklagen		
Gesetzliche Rücklage	**Satzungsgemäße Rücklage**	**Andere Gewinnrücklagen**
Gilt nur für Aktiengesellschaften und Kommanditgesellschaften auf Aktien. Gemäß § 150 AktG ist der zwanzigste Teil des um einen Verlustvortrag aus dem Vorjahr geminderten Jahresüberschusses in die gesetzliche Rücklage einzustellen, bis diese zusammen mit den Kapitalrücklagen den zehnten oder den in der Satzung bestimmten höheren Teil des Grundkapitals erreicht.	Der Gesellschaftsvertrag oder die Satzung der Gesellschaft können die verantwortlichen Organe der Gesellschaft verpflichten, – **zweckgebundene** Rücklagen für langfristig anstehende Aufgaben zu bilden, wie betriebliche Rationalisierung, Modernisierung und Erweiterung, oder – **zweckfreie** Rücklagen aus dem Jahresüberschuss zu bilden.	Von den Organen der Aktiengesellschaft können gemäß § 58 AktG aus dem verbleibenden Jahresüberschuss bis zu 50 % des Jahresüberschusses in andere Gewinnrücklagen eingestellt werden. Diese können für freie Zwecke verwendet werden.

Gewinnvortrag/Verlustvortrag, Jahresüberschuss/-fehlbetrag, Bilanzgewinn

Der **Gewinnvortrag** ist der „Rest" des Bilanzgewinns des vergangenen Jahres; der **Jahresüberschuss** ist der Gewinn des aktuellen Geschäftsjahres. Grundsätzlich geht das Bilanzgliederungsschema davon aus, dass die Bilanz vor der Entscheidung über die Gewinnverwendung aufgestellt wird. Wird die Bilanz aber nach teilweiser Gewinnverwendung aufgestellt, tritt an die Stelle der Positionen Gewinnvortrag/Verlustvortrag und Jahresüberschuss/-fehlbetrag die Position Bilanzgewinn/Bilanzverlust.

Beispiel Die Golden-AG mit einem Grundkapital von 5 000 000,00 €, einer bestehenden gesetzlichen Rücklage von 120 000,00 € und einer „anderen Gewinnrücklage" von 200 000,00 € hatte im abgelaufenen Geschäftsjahr Erträge von 9 560 000,00 € und Aufwendungen von 9 120 000,00 € erzielt.
Vom Vorstand werden 5 % des Jahresüberschusses den gesetzlichen Rücklagen und 20 % des verbleibenden Jahresüberschusses den „anderen Gewinnrücklagen" zugewiesen. Der restliche Gewinn wird als Bilanzgewinn ausgewiesen. Vom Jahresüberschuss in Höhe von 440 000,00 € werden also 22 000,00 € in die gesetzlichen Gewinnrücklagen und 83 600,00 € in die anderen Gewinnrücklagen eingestellt.

A	Bilanz Golden AG		P
	Eigenkapital		
	I. gezeichnetes Kapital		5 000 000,00
	II. Kapitalrücklagen		
	III. Gewinnrücklagen		
	1. gesetzliche		142 000,00
	2. andere		283 600,00
	IV. Bilanzgewinn		334 400,00

○ **Verbindlichkeiten**

Bei jedem gesondert ausgewiesenen Posten ist der Betrag der Verbindlichkeiten mit einer **Restlaufzeit bis zu einem Jahr** sowie der Verbindlichkeiten mit einer **Restlaufzeit von mehr als fünf Jahren** gesondert in der Bilanz oder im Anhang zu vermerken (§§ 268 Abs. 5 Satz 1, 285 Nr. 1a HGB). Außerdem ist dort zu jedem Posten der Gesamtbetrag der Verbindlichkeiten anzugeben, der durch Pfandrechte oder ähnliche Rechte gesichert ist, und zwar unter Angabe der Art und Form der Sicherheiten (§ 285 Nr. 1b HGB).

Für die Gliederung der Verbindlichkeiten nach Restlaufzeiten und für die Zuordnung gegebener Sicherheiten wird meistens die Form des **Verbindlichkeitenspiegels** im Anhang gewählt.

Beispiel Verbindlichkeitenspiegel der Primus GmbH

Art der Verbindlichkeit	Gesamt-betrag €	Davon mit einer Restlaufzeit von			Beträge in €	Art der Sicherheit
		bis 1 Jahr in €	1–5 Jahren in €	über 5 Jahren in €		
1. Verb. geg. Kreditinstituten	2 950 000,00	450 000,00		2 500 000,00	2 500 000,00	Grundpfandrechte
2. Verbindlichkeiten a. LL.	650 000,00	650 000,00			150 000,00	Forderungsabtretung
3. sonst. Verbindlichkeiten	720 000,00	720 000,00				

Kleine Kapitalgesellschaften dürfen ihre Verbindlichkeiten in einem Betrag und die Angaben zu den Sicherheiten zusammengefasst ausweisen.

Mit diesen Angaben wird ein Einblick in die Fälligkeitsstruktur der Verbindlichkeiten und das als Sicherheit in Anspruch genommene Vermögen, somit in die Liquidität und Finanzlage gewährt.

○ **Anlagenspiegel**

Kapitalgesellschaften müssen die Entwicklung des Anlagevermögens in einem Anlagenspiegel auf der Aktivseite der Bilanz oder im Anhang darstellen. Aus dieser Darstellung müssen hervorgehen:

- Anschaffungs- (AK) oder Herstellungskosten (HK) der zu Beginn des Geschäftsjahres vorhandenen Anlagen
- Zugänge zu AK oder HK im Laufe des Geschäftsjahres (Bruttoinvestition)
- Abgänge abgestoßener Anlagen zu AK oder HK im Laufe des Geschäftsjahres durch Verkäufe, Verschrottung u. Ä.
- Umbuchungen zu AK oder HK im Laufe des Geschäftsjahres (Anlagen im Bau, Anzahlungen)
- Zuschreibungen (wenn Gründe für außerplanmäßige Abschreibungen weggefallen sind)
- kumulierte Abschreibungen (Abschreibungen des Vorjahres und Abschreibung im Berichtsjahr)
- Buchwert zum 31.12. des Berichtsjahres
- Buchwert zum 31.12. des Vorjahres (Vergleichswert)

Der Anlagenspiegel ermöglicht Rückschlüsse auf die **Investitionspolitik (Bruttoinvestition, Ersatzinvestition, Nettoinvestition)**, die Abschreibungspolitik (Abschreibungen, Zuschreibungen) und den technischen Stand der Anlagen (Verhältnis von Buchwert zu AK oder HK).

○ Forderungen

Nach § 268 Abs. 4 HGB müssen Kapitalgesellschaften zu jedem Forderungsposten in der Bilanz oder im Anhang die Beträge mit einer **Restlaufzeit von mehr als einem Jahr** gesondert angeben. Mit dieser Angabe werden die Forderungen hinsichtlich ihrer Liquidität differenziert.

● Ableitung der Bilanz nach § 266 HGB aus dem SBK

Die Bilanz wird aus den Zahlen der Buchführung abgeleitet. Da die Zahl der Konten i. d. R. weit über die Zahl der Bilanzpositionen hinausgeht, müssen vielfach mehrere Konteninhalte zu einer Bilanzposition zusammengefasst werden. Vom Detail weg wird die Blickrichtung auf die **Kapitalstruktur** und die **Vermögensstruktur** gelenkt.

Schlussbilanzkonto	Bilanz nach § 266 HGB
Abschluss aller Bestandskonten lt. Kontenplan nach Abgleich mit den Inventurergebnissen	Zusammenfassung und Strukturierung der Vermögens- und Kapitalposten
Weist Positionen entsprechend dem Informationsbedarf der Finanzbuchhaltung aus	Ordnung und Gliederung der Positionen erfolgen nach den Vorschriften des § 266 HGB

Beispiel Die Finanzbuchhaltung der Primus GmbH erstellte zum Ende des Geschäftsjahres aufgrund der Ergebnisse lt. Buchführung und Inventar folgende Bilanz:

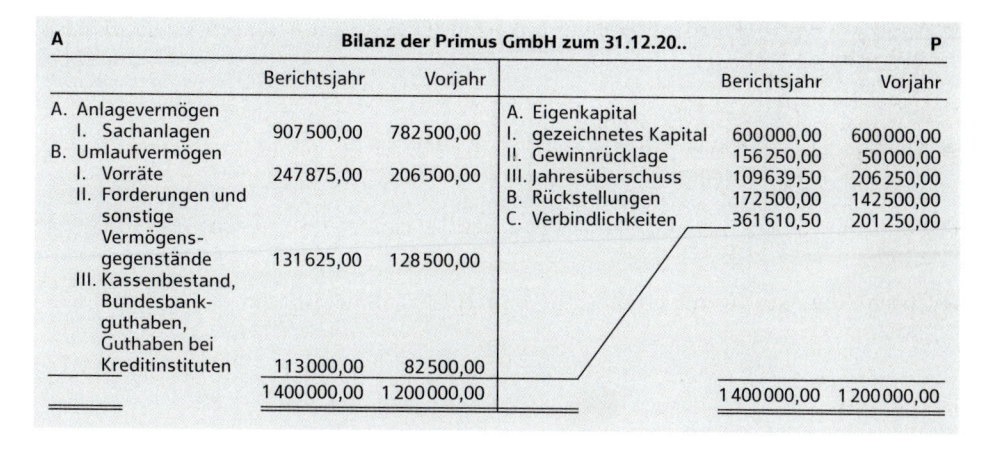

A	Bilanz der Primus GmbH zum 31.12.20..				P
	Berichtsjahr	Vorjahr		Berichtsjahr	Vorjahr
A. Anlagevermögen			A. Eigenkapital		
I. Sachanlagen	907 500,00	782 500,00	I. gezeichnetes Kapital	600 000,00	600 000,00
B. Umlaufvermögen			II. Gewinnrücklage	156 250,00	50 000,00
I. Vorräte	247 875,00	206 500,00	III. Jahresüberschuss	109 639,50	206 250,00
II. Forderungen und sonstige Vermögensgegenstände	131 625,00	128 500,00	B. Rückstellungen	172 500,00	142 500,00
III. Kassenbestand, Bundesbankguthaben, Guthaben bei Kreditinstituten	113 000,00	82 500,00	C. Verbindlichkeiten	361 610,50	201 250,00
	1 400 000,00	1 200 000,00		1 400 000,00	1 200 000,00

● **Gewinn- und Verlustrechnung der Kapitalgesellschaften**

Während die Bilanz der Darstellung der Vermögens- und Finanzlage dient, ist es Aufgabe der **GuV-Rechnung**, die **Ertragslage** darzustellen. Kleine und mittelgroße Kapitalgesellschaften dürfen die Posten 1 bis 5 gemäß § 275 Abs. 2 HGB zu einem Posten unter der Bezeichnung „**Rohergebnis**" zusammenfassen (§ 276 HGB).

Damit wird verhindert, dass interessierte Dritte (z. B. Konkurrenten) den Umsatz erfahren. Kleine Kapitalgesellschaften brauchen die GuV-Rechnung nicht zu veröffentlichen.

○ **Aufbau und Struktur der Gewinn- und Verlustrechnung nach § 275 Abs. 2 HGB**

Nach § 275 Abs. 2 HGB müssen Kapitalgesellschaften die GuV-Rechnung in **Staffelform** aufstellen. Die Aufwendungen und Erträge der Finanzbuchhaltung sind den untereinander angeordneten Teilergebnissen zuzuordnen. Mit dem Betriebsergebnis, Finanzergebnis und außerordentlichen Ergebnis werden so die **Erfolgsquellen** der Unternehmung verdeutlicht.

● **Das Betriebsergebnis**: Unter den Positionen 1 bis 4 werden Erträge, unter den Positionen 5 bis 8 Aufwendungen ausgewiesen.

Erträge des Handelsbetriebes werden artgemäß in Umsatzerlöse (Absatzleistungen) und sonstige betriebliche Erträge (z. B. Mieterträge, Provisionserträge) unterteilt.

Betriebliche Aufwendungen werden nach der Art der eingesetzten Produktionsfaktoren zusammengefasst und angeordnet: Aufwendungen für Waren (**Wareneinsatz**), Personalaufwand, Abschreibungen (vgl. S. 370 ff.), sonstige betriebliche Aufwendungen. Das Betriebsergebnis zeigt die wichtigsten sachzielbezogenen Erfolgsquellen.

● **Das Finanzergebnis**: Das Finanzergebnis wird durch Gegenüberstellung der Erträge und Aufwendungen aus Finanzanlagen und Kreditgeschäften ermittelt. Es wird also der Erfolg der Finanzwirtschaft der Unternehmung ohne Beachtung ihrer Sachzielbezogenheit ermittelt.

● **Das Ergebnis der gewöhnlichen Geschäftstätigkeit**: Betriebsergebnis und Finanzergebnis ergeben zusammen das Ergebnis der gewöhnlichen Geschäftstätigkeit.

Ergebnisse	Position der Gewinn- und Verlustrechnung		Kontenarten des Kontenrahmens
Betriebsergebnis	1. Umsatzerlöse	+	801, 871
	2. Erhöhung oder Verminderung des Bestandes an fertigen und unfertigen Erzeugnissen	+/–	–
	3. andere aktivierte Eigenleistungen	+	–
	4. sonstige betriebliche Erträge	+	242, 243, 246, 270, 271, 272, 274, 275, 276, 278, 872
	= Als Zwischensumme kann zur Erleichterung der Erfolgsanalyse die „Gesamtleistung" ausgewiesen werden.		
	5. Aufwendungen für Waren/Wareneingang	–	301
	= Als Zwischensumme kann der Saldo aus der Gesamtleistung und dem Warenaufwand vermerkt werden, der als „Rohergebnis" bezeichnet wird.		
	6. Personalaufwand	–	401, 402
	7. Abschreibungen	–	491
	8. sonstige betriebliche Aufwendungen	–	202, 203, 204, 205, 206, 207, 231, 233, 234, 41, 426, 427, 428, 43, 44, 45, 46, 47, 48
	= Als Zwischensumme kann der Saldo aus den Erträgen und den Aufwendungen als „Betriebsergebnis" ausgewiesen werden.		
Finanzergebnis	9. Erträge aus Beteiligungen	+	251
	10. Erträge aus anderen Wertpapieren und Ausleihungen des Finanzanlagevermögens	+	252, 253 26
	11. sonstige Zinsen und ähnliche Erträge	+	493, 494
	12. Abschreibungen auf Finanzanlagen und auf Wertpapiere des Umlaufvermögens	–	21
	13. Zinsen und ähnliche Aufwendungen		
	= Als Zwischensumme kann der Saldo aus den Finanzerträgen und -aufwendungen, das sog. „Finanzergebnis", ausgewiesen werden.		
	14. Ergebnis der gewöhnlichen Geschäftstätigkeit (Betriebsergebnis + Finanzergebnis)		
Außerordentliches Ergebnis	15. außerordentliche Erträge	+	241
	16. außerordentliche Aufwendungen	–	201
	17. außerordentliches Ergebnis		
	= Der Saldo aus dem Ergebnis der gewöhnlichen Geschäftstätigkeit und dem außerordentlichen Ergebnis ist das Ergebnis vor Steuern.		
Steuern	18. Steuern vom Einkommen und vom Ertrag	–	22
	19. sonstige Steuern	–	421, 422, 424
Ergebnis nach Steuern	20. Jahresüberschuss/Jahresfehlbetrag		93

---

[1] Im Handelsbetrieb werden die Warenbestandsveränderungen mit dem Aufwand für Waren verrechnet (vgl. Pos. 5).

- **Das außerordentliche Ergebnis:** Das außerordentliche Ergebnis grenzt gegenüber dem Ergebnis der gewöhnlichen Geschäftstätigkeit Erfolge ab, die durch höhere Gewalt oder unternehmensexterne Einflüsse hervorgerufen werden. Es handelt sich vielfach um einmalige Aufwendungen oder Erträge, mit deren Wiederkehr nicht zu rechnen ist.

    Beispiele Umweltschutzbestimmungen, kommunale Entscheidungen, Verluste aus Teilstilllegungen, organisatorische Umstellungen, Aufwand aufgrund von Katastrophen

Mit dem getrennten Ausweis will der Gesetzgeber verhindern, dass die Beurteilung des Ergebnisses der gewöhnlichen Geschäftstätigkeit verfälscht wird.

- **Das Ergebnis vor Steuern:** Das Ergebnis der gewöhnlichen Geschäftstätigkeit und das außerordentliche Ergebnis bilden zusammen das Ergebnis vor Steuern. Von diesem werden die Steuern vom Einkommen und vom Ertrag abgesetzt.

- **Jahresüberschuss/Jahresfehlbetrag:** Nach Abzug der Steuern ergibt sich ein **Jahresüberschuss** oder ein **Jahresfehlbetrag**.

Ableitung der GuV-Rechnung aus dem GuV-Konto der Finanzbuchführung

Wie bei der Aufstellung der Bilanz müssen auch bei der Entwicklung der GuV-Rechnung häufig mehrere Konteninhalte der Finanzbuchführung zu einer GuV-Position zusammengefasst werden.

Beispiel Ableitung der GuV-Rechnung der Primus GmbH aus dem GuV-Konto der Finanzbuchhaltung

S				Gewinn und Verlust			H
Aufwendungen		Berichtsjahr	Vorjahr	Erträge		Berichtsjahr	Vorjahr
211 Zinsaufwendungen		22 105,00	5 100,00	242 Mieterträge		126 000,00	60 000,00
301 Wareneingang/A.f.W.		1 936 250,00	1 798 300,00	261 Zinserträge		16 875,00	19 500,00
401 Löhne		465 000,00	445 000,00	801 Warenverkauf/UE		3 564 117,50	3 200 550,00
402 Gehälter		627 500,00	513 450,00				
421 Gewerbesteuer		40 607,50	30 500,00				
430 Energie/Brennstoff		90 003,00	66 000,00				
441 Werbe- und Reisekosten		78 400,00	43 450,00				
450 Provision		63 000,00	40 000,00				
641 Verpackungsmaterial		14 962,50	9 650,00				
462 Ausgangsfrachten		35 200,00	19 700,00				
471 Instandhaltung		79 600,00	15 100,00				
481 Bürobedarf		59 800,00	17 250,00				
482 Porto, Telekommunikation		21 925,00	10 300,00				
491 Abschreibungen		63 000,00	60 000,00				
060 Eigenkapital		109 639,50	206 250,00				
		3 706 992,50	3 280 050,00			3 706 992,50	3 280 050,00

	Berichtsjahr €	Vorjahr €
Berechnung des Rohergebnisses:		
Umsatzerlöse	3 564 117,50	3 200 550,00
+ sonstige betriebliche Erträge	126 000,00	60 000,00
− Aufwendungen für bezogene Waren	1 936 250,00	1 798 300,00
Rohergebnis	1 753 867,50	1 462 250,00
GuV-Rechnung der Primus GmbH für die Zeit vom 1. Januar bis 31. Dezember 20..		
1. Rohergebnis	1 753 867,50	1 462 250,00
2. Personalaufwand (Löhne und Gehälter)	1 092 500,00	958 450,00
3. Abschreibungen	63 000,00	60 000,00
4. sonstige betriebliche Aufwendungen	442 890,50	221 450,00
Betriebsergebnis	155 477,00	222 350,00
5. Zinsen u. Ä. Erträge	16 875,00	19 500,00
6. Zinsen u. Ä. Aufwendungen	− 22 105,00	5 100,00
Finanzergebnis	− 5 230,00	14 400,00
7. **Ergebnis der gewöhnlichen Geschäftstätigkeit**	150 247,00	236 750,00
8. Steuern vom Einkommen und vom Ertrag	40 607,50	30 500,00
Jahresüberschuss	109 639,50	206 250,00

● **Anhang**

Gleichrangiger Bestandteil des Jahresabschlusses der Kapitalgesellschaften ist neben Bilanz und Gewinn- und Verlustrechnung der **Anhang**. Seine Hauptaufgabe ist es, Angaben in der Bilanz und GuV-Rechnung insgesamt und zu Einzelpositionen zu erläutern. Die Inhalte des Anhangs sind in den §§ 284–288 HGB festgelegt:

● Allgemeine Angaben zur Darstellung, Bilanzierung und Bewertung

  Beispiele
  - Abweichungen vom Gliederungsschema
  - Änderung und Begründung von Bewertungsmethoden
  - Nicht mit dem Vorjahr vergleichbare Beträge

● Angaben und Erläuterungen zu Einzelpositionen der Bilanz

  Beispiele
  - Entwicklung der einzelnen Positionen des Anlagevermögens (Anschaffungswert, Zugänge, Abgänge, Abschreibungen des Jahres, Abschreibungen insgesamt, Buchwert)
  - Abschreibungen des Geschäftsjahres, insbesondere außerplanmäßige Abschreibungen
  - Einstellungen in freie Rücklagen
  - Verbindlichkeitenspiegel (Gliederung der Verbindlichkeiten nach Restlaufzeiten)

● Angaben und Erläuterungen zur Gewinn- und Verlustrechnung

  Beispiele
  - Aufgliederung der Umsätze nach Märkten und Tätigkeitsbereichen
  - Erläuterung der außerordentlichen Aufwendungen und Erträge (z. B. durch Vertriebsverbot notwendige Sortimentsbereinigungen)

● Sonstige Angaben

  Beispiele
  - Angaben zu Haftungsverhältnissen (Pfandrechte und sonstige Sicherheiten – Eventualverbindlichkeiten, z. B. mögliche Verbindlichkeiten aus der Übernahme von Bürgschaften)
  - durchschnittliche Beschäftigtenzahl
  - Namen aller Vorstandsmitglieder in der AG oder aller Geschäftsführer in der GmbH und der Mitglieder des Aufsichtsrates

Mit diesen Angaben soll der Einblick in die tatsächliche Vermögens-, Finanz- und Ertragslage verbessert werden.

◯ Lagebericht

Große und mittelgroße Kapitalgesellschaften haben neben dem Jahresabschluss (bestehend aus Bilanz, GuV-Rechnung und Anhang) einen **Lagebericht** zu erstellen (§ 264 Abs. 1 Satz HGB). Er ist demnach nicht Bestandteil des Jahresabschlusses, sondern ergänzt diesen um eine Gesamtbeurteilung des Unternehmens. Im Lagebericht sind der **Geschäftsverlauf**, das **Geschäftsergebnis** sowie die Lage der Kapitalgesellschaft so darzustellen, dass **„ein den tatsächlichen Verhältnissen entsprechendes Bild"** vermittelt wird. Deshalb hat der Lagebericht eine dem Umfang und der Komplexität der Geschäftstätigkeit entsprechende Analyse des Geschäftsverlaufes und der Lage der Gesellschaft zu enthalten. Je größer ein Unternehmen ist und je umfangreicher seine Geschäftstätigkeit, desto komplexer muss folglich der Lagebericht sein.

In der **Analyse des Geschäftsverlaufes** sind die für die Geschäftstätigkeit bedeutsamen **finanziellen Leistungsindikatoren**, wie Umsatz, Ertragslage und Vermögenslage, einzubeziehen und unter Bezugnahme auf die im Jahresabschluss ausgewiesenen Beträge und Angaben zu erläutern. Weiterhin ist im Lagebericht auf die **Risiken** der künftigen Entwicklung einzugehen. So muss er auf die **Risikomanagementziele und -methoden** der Gesellschaft eingehen. Eine systematische Risikoanalyse muss mindestens die

- Preisänderungs-,
- Ausfall- und
- Liquiditätsrisiken sowie
- Risiken aus Zahlungsstromschwankungen

umfassen.

Weiterhin soll der Lagebericht auf folgende Bereiche eingehen:

- Vorgänge von besonderer Bedeutung, die nach dem Schluss des Geschäftsjahrs eingetreten sind,
- die voraussichtliche Entwicklung der Kapitalgesellschaft,
- der Bereich Forschung und Entwicklung und
- bestehende Zweigniederlassungen der Gesellschaft.

● Prüfung und Veröffentlichung des Jahresabschlusses

Die Vermögens- und Ertragslage von Kapitalgesellschaften ist insbesondere für die **Kapitalgeber** und die **Gläubiger**, denen als Haftungskapital das Gesellschaftsvermögen zur Verfügung steht, von großem Interesse. Beide Zielgruppen wollen informiert werden über

- die wirtschaftliche Lage und Entwicklung,
- die Leistung der Geschäftsführung,
- wichtige Planungsvorhaben, wie Produktionsprogramm und Erschließung neuer Märkte.

Zur Information und zum Schutz dieser Personenkreise verpflichtet der Gesetzgeber die Kapitalgesellschaften zur **Veröffentlichung (Publizierung)** des Jahresabschlusses und des Lageberichtes im Bundesanzeiger sowie zur Einreichung beim zuständigen Handelsregister. Vorher müssen Jahresabschluss und Lagebericht durch unabhängige Abschlussprüfer geprüft werden. Dabei werden mittelgroßen und kleinen Kapitalgesellschaften erhebliche Erleichterungen eingeräumt (vgl. §§ 326–327a HGB).

● Unterzeichnung des Jahresabschlusses

Die Mitglieder des Vorstands bei der AG bzw. die Geschäftsführer bei der GmbH haben den **Jahresabschluss unter Angabe des Datums zu unterzeichnen**. Bei **Einzelunternehmen und Personalgesellschaften** müssen der Einzelunternehmer bzw. die persönlich haftenden Gesellschafter (OHG-Gesellschafter, Komplementäre der KG) persönlich unterzeichnen. Der Jahresabschluss und der Lagebericht sind **zehn Jahre** aufzubewahren.

Die Aufgaben und rechtlichen Bestimmungen des Jahresabschlusses erläutern

Bilanz	– in Kontenform
	– nach dem **Gliederungsschema** gemäß § 266 Abs. 2 und 3 HGB
	– **Kleine Kapitalgesellschaften** brauchen nur eine verkürzte Bilanz aufzustellen, in die nur die mit Großbuchstaben und römischen Ziffern bezeichneten Posten aufgenommen werden.
	  – **Kapitalgesellschaften** müssen folgende besondere Anforderungen an die Dokumentation des Vermögens und des Kapitals erfüllen:
	  – Darstellung der Entwicklung des Anlagevermögens im Anlagenspiegel
	  – Angabe der Forderungen mit einer Restlaufzeit von mehr als einem Jahr
	  – vertiefte Gliederung des Eigenkapitals: gezeichnetes Kapital, Rücklagen, Gewinn- oder Verlustvortrag, Jahresüberschuss/-fehlbetrag (oder Bilanzgewinn/-verlust)
	  – Angaben von Restlaufzeiten und gegebenen Sicherheiten für Verbindlichkeiten
	– Gliederung der Rücklagen (siehe unten)

Gewinn- und Verlustrechnung	– in **Staffelform** – nach dem **Gliederungsschema** gemäß § 275 HGB – Zusammenfassung der Aufwands- und Ertragsarten nach **Erfolgsquellen** – **Kleine Kapitalgesellschaften** dürfen die Posten Umsatzerlöse, sonstige betriebliche Erträge und Aufwand für Waren zum **Rohergebnis** zusammenfassen. – Ausweis des Gewinnes in der Bilanz als **Jahresüberschuss**, des Verlustes als **Jahresfehlbetrag, getrennt vom gezeichneten Kapital**, dem Haftungskapital
Anhang	– gleichrangiger Bestandteil des Jahresabschlusses neben Bilanz und Gewinn- und Verlustrechnung – Erläuterungen zur Bilanz und GuV-Rechnung insgesamt und zu Einzelpositionen
Lagebericht	– ergänzt den Jahresabschluss – informiert über Stand und Entwicklung der Unternehmung – informiert über Ereignisse und Maßnahmen, die die künftige Vermögens-, Finanz- und Ertragslage beeinflussen.

- ● Vorstand (AG) oder Geschäftsführer (GmbH) haben den Jahresabschluss (Bilanz, GuV-Rechnung, Anhang) unter Angabe des Datums der Fertigstellung **zu unterzeichnen**.
- ● Jahresabschluss und Lagebericht sind offenzulegen und **zehn Jahre** aufzubewahren.

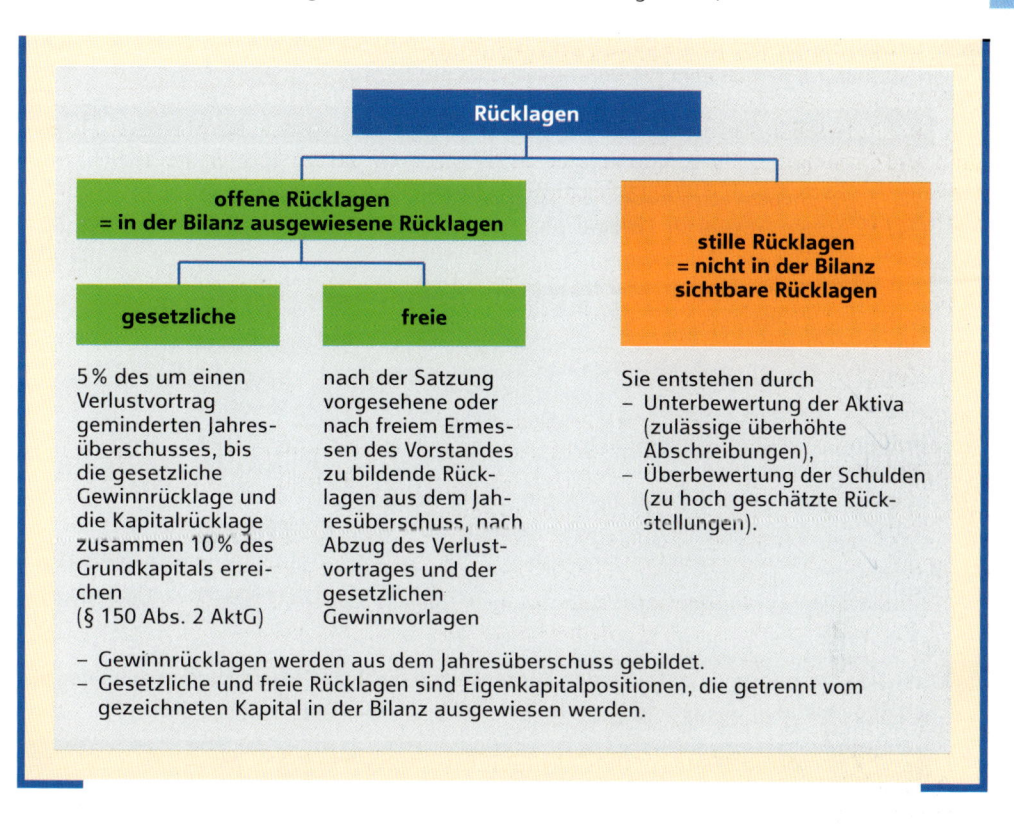

Rücklagen

offene Rücklagen = in der Bilanz ausgewiesene Rücklagen
- **gesetzliche**
- **freie**

stille Rücklagen = nicht in der Bilanz sichtbare Rücklagen

gesetzliche:
5 % des um einen Verlustvortrag geminderten Jahresüberschusses, bis die gesetzliche Gewinnrücklage und die Kapitalrücklage zusammen 10 % des Grundkapitals erreichen (§ 150 Abs. 2 AktG)

freie:
nach der Satzung vorgesehene oder nach freiem Ermessen des Vorstandes zu bildende Rücklagen aus dem Jahresüberschuss, nach Abzug des Verlustvortrages und der gesetzlichen Gewinnvorlagen

stille Rücklagen:
Sie entstehen durch
- Unterbewertung der Aktiva (zulässige überhöhte Abschreibungen),
- Überbewertung der Schulden (zu hoch geschätzte Rückstellungen).

- Gewinnrücklagen werden aus dem Jahresüberschuss gebildet.
- Gesetzliche und freie Rücklagen sind Eigenkapitalpositionen, die getrennt vom gezeichneten Kapital in der Bilanz ausgewiesen werden.

---

1. Erstellen Sie für eine kleine Kapitalgesellschaft die Gewinn- und Verlustrechnung in Staffelform gemäß den Vorschriften des § 275 HGB (vgl. S. 346) aufgrund der Salden der Erfolgskonten:

Konto	Kontenbezeichnung	Soll	Haben
21	Zinsen u. Ä. Aufwendungen	27 400,00	
22	Steuern vom Einkommen (Körperschaftsteuer)	368 600,00	
242	Betriebsfremde Erträge		24 000,00
26	Zinsen u. Ä. Erträge		38 150,00
301	Wareneingang/Aufw. für Waren	2 398 100,00	
401	Löhne	1 550 800,00	
402	Gehälter	1 267 500,00	
421	Gewerbesteuer	28 850,00	
422	Kfz-Steuer	36 000,00	
426	Versicherungen	24 850,00	
43	Energie, Betriebsstoffe	46 550,00	
44	Werbe- und Reisekosten	35 600,00	
481	Bürobedarf	6 900,00	
482	Porto, Telefon, Telekommunikation	4 500,00	
484	Rechts- und Beratungskosten	8 200,00	
491	Abschreibungen auf Sachanlagen	206 600,00	
801	Warenverkauf/Umsatzerlöse		6 497 800,00
		6 010 450,00	6 559 950,00

2. Erstellen Sie für eine kleine Kapitalgesellschaft (GmbH) die Gewinn- und Verlustrechnung in Staffelform gemäß dem Gliederungsschema auf S. 346.

Konto	Kontenbezeichnung	Soll	Haben
21	Zinsen u. Ä. Aufwendungen	19 800,00	
22	Steuern vom Einkommen (Körperschaftsteuer)	188 000,00	
242	Betriebsfremde Erträge		60 000,00
26	Zinsen u. Ä. Erträge		16 100,00
301	Wareneingang/Aufw. für Waren	1 008 000,00	
401	Löhne	872 000,00	
402	Gehälter	580 000,00	
421	Gewerbesteuer	92 000,00	
426	Versicherungen	38 000,00	
43	Energie, Betriebsstoffe	47 200,00	
481	Bürobedarf	64 000,00	
484	Rechts- und Beratungskosten	54 000,00	
491	Abschreibungen auf Sachanlagen	248 000,00	
801	Warenverkauf/Umsatzerlöse		3 450 000,00
		3 211 000,00	3 526 100,00

3. Erstellen Sie aufgrund der folgenden Kontensalden die Bilanz einer kleinen Kapitalgesellschaft gemäß den Gliederungsvorschriften des § 266 HGB (vgl. auch S. 340).

Konto	Kontenbezeichnung	Soll	Haben
021	Grundstücke	432 000,00	
023	Bauten auf eigenen Grundstücken	1 565 000,00	
031	Technische Anlagen und Maschinen	181 000,00	
033	Betriebs- und Geschäftsausstattung	239 000,00	
034	Fuhrpark	253 000,00	
061	gezeichnetes Kapital		1 880 000,00
065	Jahresüberschuss/-fehlbetrag		165 000,00
082	Verbindlichkeiten gegenüber Kreditinstituten		907 000,00
101	Forderungen a. LL.	87 500,00	
131	Kreditinstitute	229 550,00	
151	Kasse	3 250,00	
171	Verbindlichkeiten a. LL.		150 200,00
18	Umsatzsteuer		31 600,00
39	Warenbestände	143 500,00	
		3 133 800,00	3 133 800,00

4. a) Erläutern Sie die Bestandteile des Jahresabschlusses in Einzelunternehmen und in Kapitalgesellschaften.
b) Stellen Sie wesentliche Inhalte und Dokumentationsaufgaben der Bilanz, der GuV-Rechnung, des Anhangs und des Lageberichts zusammen.

5. Überprüfen Sie, welche Aussagen unter a) bis h) auf die Begriffe 1 bis 8 einer Bilanz einer Aktiengesellschaft zutreffen.
Begriffe:
1. gezeichnetes Kapital   5. satzungsmäßige Rücklagen

2. Kapitalrücklagen
3. Gewinnrücklagen
4. gesetzliche Rücklagen
6. Gewinnvortrag/Verlustvortrag
7. Jahresüberschuss/Jahresfehlbetrag
8. Eigenkapital

Aussagen:
a) Es ist der Gewinn bzw. Verlust des Geschäftsjahres.
b) Der Betrag ist im Handelsregister eingetragen.
c) Sie werden aus dem Jahresüberschuss lt. GuV-Rechnung einbehalten.
d) Zahlungen der Gesellschafter über den Nennwert der übernommenen Anteile hinaus werden hier ausgewiesen.
e) Es handelt sich um einen Ergebnisrest nach Ergebnisverwendungsbeschluss der Hauptversammlung.
f) 5 % des um einen Verlustvortrag gekürzten Jahresüberschusses sind hier so lange auszuweisen, bis sie zusammen mit der Kapitalrücklage 10 % des Grundkapitals erreicht hat.
g) Der Vorstand kann hier aufgrund einer vertraglichen Ermächtigung Teile des Gewinnes einstellen.
h) Dieser Begriff umschreibt die aus Innen- und Außenfinanzierung stammende Eigenfinanzierung.

6. Stellen Sie aus nachstehenden Angaben in Tausend Euro (T€) die GuV-Rechnung einer kleinen Kapitalgesellschaft auf und ermitteln Sie
a) das Rohergebnis,
b) das betriebliche Ergebnis,
c) das Finanzergebnis,
d) das Ergebnis der gewöhnlichen Geschäftstätigkeit,
e) den Jahresüberschuss.

Angaben	T€		T€
Wareneinsatz/Aufw. für Waren	2 450	außerordentliche Aufwendungen	540
Personalaufwand	1 850	außerordentliche Erträge	90
Abschreibungen	350	Körperschaftsteuer	150
Sonstige betriebliche Aufwendungen	480	Gewerbeertragsteuer	100
Zinserträge	260	Umsatzerlöse/Warenverkauf	5 925
Zinsaufwendungen	180	Sonstige betriebliche Erträge	175

7. Ermitteln Sie aus unten stehenden Angaben der Finanzbuchhaltung einer GmbH in Tausend Euro:
a) das Anlagevermögen,
b) das Umlaufvermögen,
c) das Eigenkapital,
d) das Fremdkapital,
e) den Aufwand,
f) den Ertrag,
g) den Jahresüberschuss.

S	940 SBK		H
Gebäude, Grundstücke	2 000	gezeichnetes Kapital	1 600
Geschäftsausstattung	380	Rücklagen	400
Fuhrpark	700	Jahresüberschuss	1 200
Warenbestand	600	Hypothekenschulden*	600
Forderungen a. LL.	760	Darlehensschulden*	500
Bankguthaben	560	Verbindlichkeiten a. LL.	700
	5 000		5 000

* mit einer Restlaufzeit über fünf Jahre

S	930 GuV		H
Wareneinsatz/Aufw. f. Waren	28 800	Umsatzerlöse/WV	50 000
Personalaufwand	16 000	Sonstige Erträge	2 000
Abschreibungen	1 200		
Sonstige Aufwendungen	4 800		

2 Die Vorarbeiten für den Jahresabschluss durchführen

2.1 Die Posten der Rechnungsabgrenzung bestimmen und in der Buchhaltung erfassen

Am 28. August 20.. wurde die Feuerversicherungsprämie für Geschäftsgebäude und Inventar der Primus GmbH für die Zeit vom 1. September des laufenden Geschäftsjahres bis zum 31. August des nächsten Jahres in Höhe von 3 600,00 € durch Banküberweisung bezahlt. Nicole Höver hat den Geschäftsfall mit folgendem Buchungssatz erfasst:

426 Versicherungen   3 600,00 €   an 131 Bank   3 600,00 €

Beim Jahresabschluss wurde dieser Aufwand in Höhe von 3 600,00 € in das GuV-Konto übernommen. Bei einer Betriebsprüfung durch die Finanzverwaltung wird diese Buchung beanstandet.

ARBEITSAUFTRÄGE
- Suchen Sie nach Gründen, warum diese Buchung beanstandet wurde.
- Bilden Sie den Korrekturbuchungssatz.

Während des Geschäftsjahres fallen gelegentlich Zahlungen für Aufwendungen oder Erträge an, die ganz oder teilweise dem folgenden Geschäftsjahr zuzurechnen sind. In diesen Fällen sind die Aufwendungen und Erträge anteilig auf die Jahre zu verteilen, in denen sie entstanden sind **(periodengerechte Erfolgsermittlung)**.

Ausgaben oder **Einnahmen im laufenden Geschäftsjahr**, die für **Aufwendungen** oder **Erträge nach dem Bilanzstichtag** getätigt werden, sind als Posten der Rechnungsabgrenzung zu erfassen. Zu unterscheiden sind **aktive und passive Rechnungsabgrenzungsposten**, die von allen Kaufleuten gesondert in der Bilanz auszuweisen sind (§§ 247, 266 HGB).

§ 250 HGB – Rechnungsabgrenzungsposten
(1) Als Rechnungsabgrenzungsposten sind auf der Aktivseite Ausgaben vor dem Abschlussstichtag auszuweisen, soweit sie Aufwand für eine bestimmte Zeit nach diesem Tag darstellen.
(2) Auf der Passivseite sind als Rechnungsabgrenzungsposten Einnahmen vor dem Abschlussstichtag auszuweisen, soweit sie Ertrag für eine bestimmte Zeit nach diesem Tag darstellen.
[...]

● Aktive Rechnungsabgrenzung (ARA)

Wird im laufenden Geschäftsjahr eine **Ausgabe für einen Aufwand des folgenden Geschäftsjahres** getätigt, dann darf sich diese Ausgabe nicht auf den Erfolg des laufenden Geschäftsjahres auswirken. Sie ist als Aufwand erst im folgenden Jahr zu erfassen. Bis zu diesem Zeitpunkt wird sie daher in der Bilanz auf dem aktiven Bestandskonto „**091 Aktive Rechnungsabgrenzung**" (ARA) gespeichert. Diese zeitliche Abgrenzung des Aufwandes wird als vorbereitende Abschlussbuchung durchgeführt.

Die Vorarbeiten für den Jahresabschluss durchführen

Beispiel 1 Am 28.08. wird die Feuerversicherungsprämie in Höhe von 3 600,00 € für den Zeitraum vom 01.09. bis zum 31.08. des nächsten Jahres per Banküberweisung gezahlt. Die Feuerversicherungsprämie für das Geschäftsgebäude und das Inventar betrifft den Aufwand zweier Geschäftsjahre. Zum Zwecke einer periodengerechten Erfolgsermittlung ist der Geschäftsfall so zu buchen, dass im alten Jahr nur 1 200,00 € (Versicherungsprämie für vier Monate) erfolgswirksam werden. Die Versicherungsprämie für die acht Monate des neuen Geschäftsjahres, also 2 400,00 €, dürfen erst im folgenden Geschäftsjahr erfolgswirksam werden.

Das Konto „091 Aktive Rechnungsabgrenzung" führt den Betrag von 2 400,00 € ins neue Geschäftsjahr hinüber und grenzt somit den Aufwand des alten Geschäftsjahres vom Aufwand des neuen Geschäftsjahres ab.

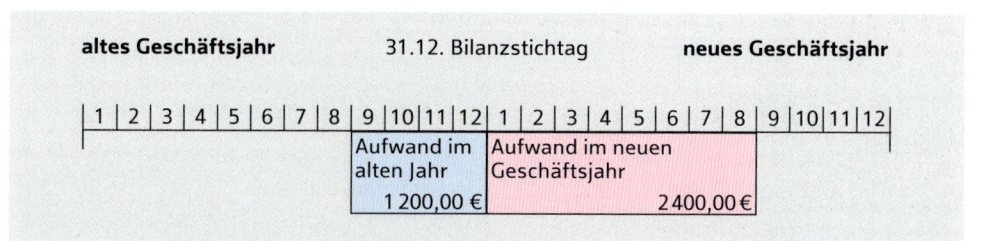

altes Geschäftsjahr	31.12. Bilanzstichtag	neues Geschäftsjahr
1 2 3 4 5 6 7 8 9 10 11 12	Aufwand im alten Jahr 1 200,00 €	Aufwand im neuen Geschäftsjahr 2 400,00 €

Buchungen im alten Geschäftsjahr			Buchungen im neuen Geschäftsjahr		
28.08.:	Zahlung durch Banküberweisung		02.01.	Eröffnung	
	426 Versicherungen	3 600,00		091 ARA	2 400,00
	an 131 Bank	3 600,00		an 910 EBK	2 400,00
31.12.:	zeitliche Abgrenzung		02.01.	Auflösung der aktiven Rechnungsabgrenzung	
	091 ARA	2 400,00		426 Versicherungen	2 400,00
	an 426 Versicherungen	2 400,00		an 091 ARA	2 400,00
31.12.:	Abschlussbuchungen				
	930 GuV	1 200,00			
	an 426 Versicherungen	1 200,00			
	940 Schlussbilanzkonto	2 400,00			
	an 091 ARA	2 400,00			

Kontenmäßige Darstellung der Buchungen im alten Geschäftsjahr:

S	426 Versicherungsbeiträge		H	S	091 ARA		H
131	3 600,00	091	2 400,00	426	2 400,00	940	2 400,00
		930	1 200,00				
	3 600,00		3 600,00				

S	930 Gewinn und Verlust		H	S	940 Schlussbilanzkonto		H
426	1 200,00			091	2 400,00		

im neuen Jahr:

S	091 ARA		H	S	426 Versicherungsbeiträge		H
910	2 400,00	426	2 400,00	091	2 400,00		

● Passive Rechnungsabgrenzung (PRA)

Wenn die Unternehmung im Laufe des Geschäftsjahres eine **Einnahme für einen Ertrag des folgenden Geschäftsjahres** erzielt, darf diese Einnahme den Erfolg des laufenden Geschäftsjahres nicht beeinflussen. Bis zu ihrer Erfassung als Ertrag wird sie daher auf dem passiven Bestandskonto „093 Passive Rechnungsabgrenzung" (PRA) gespeichert.

Beispiel 2 Am 2. Juni des laufenden Geschäftsjahres hat ein Mieter eines Lagerraumes seine lt. Vertrag im Voraus zu zahlende Miete für die Zeit vom 1. Juni bis zum 30. Mai d. f. J. in Höhe von 30 000,00 € durch Banküberweisung bezahlt.

Das Konto „093 Passive Rechnungsabgrenzung" führt den Betrag von 12 500,00 € ins neue Geschäftsjahr hinüber und grenzt somit den Ertrag des alten Geschäftsjahres vom Ertrag des neuen Geschäftsjahres ab.

altes Geschäftsjahr	31.12. Bilanzstichtag	neues Geschäftsjahr
1 2 3 4 5 6 7 8 9 10 11 12	1 2 3 4 5	6 7 8 9 10 11 12
	Ertrag im alten Jahr 17 500,00 €	Ertrag im neuen Geschäftsjahr 12 500,00 €

Buchungen im alten Geschäftsjahr				Buchungen im neuen Geschäftsjahr			
02.06.:	Zahlung durch Banküberweisung			02.01.	Eröffnung		
	131	Bank	30 000,00		910	EBK	12 500,00
		an 242 Betriebsfr. Ertr.	30 000,00			an 093 PRA	12 500,00
31.12.:	zeitliche Abgrenzung			02.01.	Auflösung der passiven Rechnungsabgrenzung		
	242	Betriebsfremde Erträge	12 500,00		093	PRA	12 500,00
		an 093 PRA	12 500,00			an 242 Betriebsfremde Erträge	12 500,00
31.12.:	Abschlussbuchungen						
	242	Betriebsfremde Erträge	17 500,00				
		an 930 GuV	17 500,00				
	093	PRA	12 500,00				
		an 940 SBK	12 500,00				

Kontenmäßige Darstellung der Buchungen
im alten Geschäftsjahr:

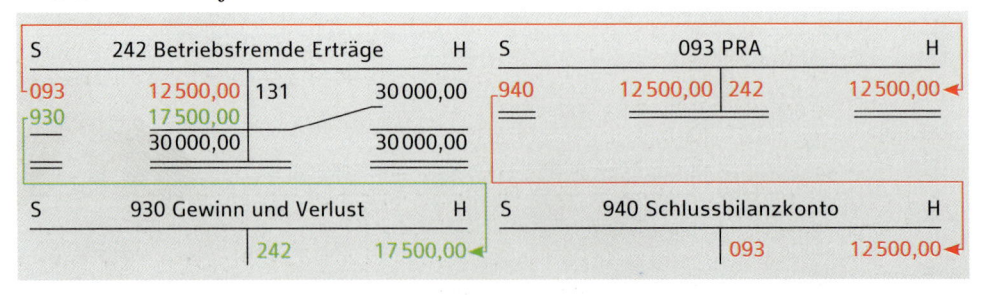

S	242 Betriebsfremde Erträge	H	S	093 PRA	H
093	12 500,00	131	30 000,00	940	12 500,00	242	12 500,00
930	17 500,00				
	30 000,00		30 000,00		

S	930 Gewinn und Verlust	H	S	940 Schlussbilanzkonto	H
		242	17 500,00			093	12 500,00

im neuen Jahr:

S	242 Betriebsfremde Erträge	H	S	093 PRA	H
	093　12 500,00 ◄ 242		12 500,00	910	12 500,00

Es ist durchaus üblich, die Rechnungsabgrenzung direkt bei der Erfassung der Ausgabe oder Einnahme vorzunehmen.

Buchungen:
Beispiel 1 (vgl. S. 355): zeitliche Abgrenzung des Aufwandes bei der Ausgabe
　426 Versicherungen　　　　　　1 200,00
　091 ARA　　　　　　　　　　　2 400,00　an 131 Bank　　　　　　　　3 600,00
Beispiel 2 (vgl. S. 356): zeitliche Abgrenzung des Ertrages bei der Einnahme
　131 Bank　　　　　　　　　　30 000,00　an 242 Betriebsfremde Erträge　17 500,00
　　　　　　　　　　　　　　　　　　　　an 093 PRA　　　　　　　　12 500,00

Die Posten der Rechnungsabgrenzung bestimmen und in der Buchhaltung erfassen

Rechnungsabgrenzungsposten

Rechnungsabgrenzungsposten der Aktivseite (ARA)
- Ausgaben vor dem Bilanzstichtag, die Aufwendungen für die Zeit nach dem Bilanzstichtag darstellen.
- Leistungsforderungen

Rechnungsabgrenzungsposten der Passivseite (PRA)
- Einnahmen vor dem Bilanzstichtag, die Erträge für die Zeit nach dem Bilanzstichtag darstellen.
- Leistungsverbindlichkeiten

1. Die Kraftfahrzeugsteuer für fünf Vertreterfahrzeuge in Höhe von insgesamt 2 610,00 € wurde am 31. August 20.. für die Zeit vom 1. September 20.. bis zum 31. August 20.. per Banküberweisung an das Finanzamt bezahlt. Ein Geschäftsjahr dauert vom 1. Januar bis zum 31. Dezember eines Jahres.
　a) Buchung bei Zahlung am 1. September 20..
　b) Buchung der zeitlichen Abgrenzung zum 31. Dezember 20..
　c) Buchung nach der Eröffnung der Bestandskonten im neuen Geschäftsjahr

2. Am 28. Oktober 20.. wird die Miete von insgesamt 5 400,00 € für einen gemieteten Ausstellungsraum für die Zeit vom 1. November bis 31. Januar des folgenden Jahres im Voraus mit Banküberweisung bezahlt.
　a) Buchung am 28. Oktober 20.. bei Lastschrift der Bank
　b) Buchung der zeitlichen Abgrenzung zum 31. Dezember 20..
　c) Buchung nach der Eröffnung der Bestandskonten im neuen Geschäftsjahr
　d) Begründen Sie die Notwendigkeit der Buchung zum Ende des Geschäftsjahres.
　e) Geben Sie den Buchungssatz für den Fall an, dass die zeitliche Abgrenzung bereits bei Buchung der Zahlung vorgenommen worden wäre.

3. Kontenplan: 091, 093, 131, 142, 151, 242, 411, 422, 481, 930, 940

Anfangsbestände
131 Bank	39 400,00 €	151 Kasse	2 460,00 €

Geschäftsfälle   €

1. BA vom 25.07.: Banküberweisung der Jahresprämie für Gebäudefeuerversicherung und Gebäudehaftpflicht für den Versicherungszeitraum 1. August bis 31. Juli 7 200,00
2. BA vom 29.07.: Banküberweisung der Halbjahresmiete für vermietete Geschäftsräume für die Zeit vom 1. August bis 31. Januar 4 800,00
3. BA vom 26.10.: Banküberweisung der Kraftfahrzeugsteuer für den Geschäftswagen für die Zeit vom 1. November bis 30. April 480,00
4. KB vom 01.12.: Barzahlung der Miete für eine gemietete Garage für die Monate Dezember bis einschließlich Februar 210,00
5. BA vom 27.12.: Banküberweisung der Bezugskosten für eine Fachzeitschrift für das 1. Quartal des folgenden Geschäftsjahres einschl. 7 % Umsatzsteuer   64,20

Stellen Sie die Salden der obigen Konten nach Durchführung der Abgrenzungen in einer Saldenliste zusammen.

4. Bilden Sie die Buchungssätze
a) bei Zahlung,
b) zum Jahresabschluss zum 31. Dezember,
c) nach Konteneröffnung im neuen Jahr.

1. Banküberweisung der Kfz-Versicherungsprämie am 31. August für die Zeit vom 1. September bis zum 31. August: 1 650,00 €
2. Für eine vermietete Garage geht die Januarmiete bereits am 28. Dezember auf das Bankkonto ein: 80,00 €
3. Für eine am 1. November gemietete Anlage wurde die Leasingrate für das erste Vierteljahr beim Vertragsabschluss durch Banküberweisung gezahlt: 4 800,00 €.
4. Am 28. April wird die Kfz-Steuer für einen Lkw für die Zeit vom 1. Mai bis zum 30. April durch Banküberweisung gezahlt: 4 500,00 €.
5. Die im Voraus zu zahlende Jahresmiete für vermietete Büroräume geht am 30. April auf das Bankkonto ein: 21 600,00 €.

2.2 Die Sonstigen Verbindlichkeiten und Sonstigen Forderungen erfassen

Am 31. Dezember stellt Frau Lapp fest, dass die Primus GmbH am 1. September ein Darlehen aufgenommen hat, für das am 31. August des folgenden Geschäftsjahres 600,00 € Zinsen zu zahlen sind. Frau Lapp ist sich nicht sicher, ob sie mit der Erfassung dieser Aufwendungen bis zur Vorlage eines Zahlungsbeleges im neuen Geschäftsjahr warten kann.

ARBEITSAUFTRÄGE
- Begründen Sie die Notwendigkeit der Erfassung zum 31. Dezember.
- Stellen Sie den Unterschied dieses Falles zu den Posten der Rechnungsabgrenzung heraus.

● Sonstige Verbindlichkeiten

Vielfach liegen am Bilanzstichtag **Aufwendungen** vor, **für die noch keine Zahlungen vorgenommen wurden**. Um eine periodengerechte Erfolgsermittlung sicherzustellen, muss der Aufwand am Bilanzstichtag für das alte Geschäftsjahr erfasst werden. Dies geschieht im Rahmen der vorbereitenden Abschlussbuchungen.

Beispiel Am 1. September wurde ein Darlehen aufgenommen, für das am 31. August des folgenden Geschäftsjahres 600,00 € Zinsen zu zahlen sind.

Bis zum 31. Dezember (Bilanzstichtag) sind 200,00 € Zinsaufwendungen entstanden, die in der Gewinn- und Verlustrechnung des alten Geschäftsjahres zu berücksichtigen sind. Bis zum Tag der Zahlung sind die noch offenstehenden Ausgaben als **Sonstige Verbindlichkeiten** auszuweisen.

altes Geschäftsjahr	31.12. Bilanzstichtag	neues Geschäftsjahr
1 2 3 4 5 6 7 8 9 10 11 12	Aufwand im alten Jahr 200,00 €	1 2 3 4 5 6 7 8 Aufwand im neuen Geschäftsjahr 400,00 € 9 10 11 12

Buchungen im alten Geschäftsjahr	Buchungen im neuen Geschäftsjahr
31.12.: Vorbereitende Abschlussbuchungen 211 Zinsaufwendungen 200,00 an 194 Sonstige Verbindlichkeiten 200,00	02.01: Eröffnung 910 EBK 200,00 an 194 Sonstige Verbindlichkeiten 200,00
31.12.: Abschlussbuchungen 930 Gewinn und Verlust 200,00 an 211 Zinsen u. ä. Aufwendungen 200,00 194 Sonstige Verbindlichkeiten 200,00 an 940 SBK 200,00	31.08: Zahlung durch Banküberweisung 194 Sonstige Verbindlichkeiten 200,00 211 Zinsen u. ä. Aufwendungen 400,00 an 131 Bank 600,00

● Sonstige Forderungen

Erträge des abzuschließenden **Geschäftsjahres, die noch nicht vereinnahmt wurden**, müssen wegen der periodengerechten Erfolgsermittlung als Ertrag des abgelaufenen Geschäftsjahres **erfasst** werden. Dies geschieht durch eine vorbereitende Abschlussbuchung.

Beispiel Für ein Darlehen über 40 000,00 €, das die Primus GmbH einem Kunden am 31. Juli gewährt hat, sind die Zinsen (9 %) jeweils jährlich nachträglich zu zahlen. Die Zahlung der Zinsen erfolgt also am 1. August des folgenden Jahres durch Banküberweisung.

altes Geschäftsjahr	31.12. Bilanzstichtag	neues Geschäftsjahr
1 2 3 4 5 6 7	8 9 10 11 12	1 2 3 4 5 6 7 8 9 10 11 12
	Ertrag im alten Jahr 1 500,00 €	Ertrag im neuen Geschäftsjahr 2 100,00 €

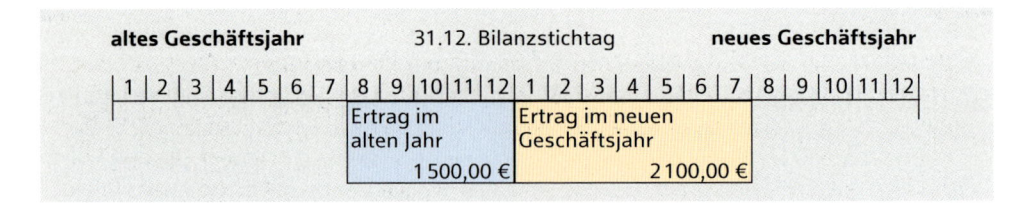

Buchungen im alten Geschäftsjahr	Buchungen im neuen Geschäftsjahr

31.12.: Vorbereitende Abschlussbuchungen
113 Sonstige Forderungen 1 500,00
    an 261 Zinsen u. ä.
        Erträge 1 500,00
	02.01: Eröffnung
	113 Sonstige Forderungen 1 500,00
	    an 910 EBK 1 500,00

31.12.: Abschlussbuchungen
261 Zinsen u. ä. Erträge 1 500,00
    an 930 Gewinn und
        Verlust 1 500,00
940 SBK 1 500,00
    an 113 Sonstige
        Forderungen 1 500,00
	01.08: Banküberweisung der Zinsen
	131 Bank 3 600,00
	    an 113 Sonstige
	        Forderungen 1 500,00
	    an 261 Zinserträge 2 100,00

Wesentlicher Unterschied der sonstigen Forderungen und sonstigen Verbindlichkeiten zu den Posten der Rechnungsabgrenzung besteht in der Auswirkung auf die Liquidität in der Zukunft. In den Fällen der Posten der Rechnungsabgrenzung trat die Liquiditätsänderung durch Einnahmen oder Ausgaben im alten Jahr ein. In den Fällen der sonstigen Forderungen und sonstigen Verbindlichkeiten tritt diese Liquiditätsänderung erst im folgenden Jahr ein:

Altes Jahr	31.12.	Neues Jahr	Ausweis in der Bilanz
Ausgabe		Aufwand	Aktive Rechnungsabgrenzung (ARA)
Einnahme		Ertrag	Passive Rechnungsabgrenzung (PRA)
Aufwand		Ausgabe	Sonstige Verbindlichkeiten
Ertrag		Einnahme	Sonstige Forderungen

Beide dienen der zeitlichen Rechnungsabgrenzung der Aufwendungen und Erträge und der periodengerechten Erfolgsermittlung. Aufwendungen und Erträge werden den Zeiträumen zugeordnet, die sie wirtschaftlich verursacht haben.

Die Sonstigen Verbindlichkeiten und Sonstigen Forderungen erfassen

Sonstige Verbindlichkeiten	Sonstige Forderungen
– am Bilanzstichtag noch nicht erfolgte Ausgaben für einen genauen feststehenden Aufwand des abgelaufenen Geschäftsjahres	– am Bilanzstichtag noch nicht erfolgte Einnahmen für einen Ertrag aus dem abgelaufenen Geschäftsjahr
– Geldverbindlichkeiten, die nach dem Bilanzstichtag zu Ausgaben führen.	– Geldforderungen, die nach dem Bilanzstichtag zu Einnahmen führen

1. Für ein Darlehen über 12 000,00 €, das einem Kunden gewährt wurde, sind 8 % Zinsen vertragsgemäß halbjährlich nachträglich zu zahlen, und zwar am 30. April und 31. Oktober.
Wie ist zu buchen
a) am 31. Dezember (Bilanzstichtag),
b) zum 1. Januar bei Eröffnung der Konten,
c) am 30. April bei Banküberweisung der Zinsen durch den Kunden?

2. Beim Jahresabschluss wurde festgestellt, dass die Dezembermiete in Höhe von 850,00 € für einen gemieteten Lagerraum versehentlich noch nicht bezahlt worden ist.
a) Welche Buchung ist am 31. Dezember vorzunehmen?
b) Wie ist zu buchen, wenn am 2. Januar die rückständige Dezembermiete zusammen mit der Januarmiete durch die Bank überwiesen wird?

3. 1. Die Primus GmbH hat einem Kunden ein kurzfristiges Darlehen von 36 000,00 € zu 9 % p. a. gewährt. Die Zinsen sind vertragsgemäß halbjährlich zu zahlen, und zwar jeweils am 1. April für den Darlehenszeitraum vom 30. September bis 31. März und am 1. Oktober für den Zeitraum vom 31. März bis 30. September.
   a) Wie ist am 31. Dezember zu buchen?
   b) Wie lautet die Buchung am 31. März bei Eingang der Zinszahlung durch Banküberweisung?
2. Die Miete für einen von der Primus GmbH gemieteten Lagerraum beträgt monatlich 2 500,00 €. Beim Jahresabschluss der Primus GmbH wird festgestellt, dass die Dezembermiete versehentlich noch nicht bezahlt worden ist.
   a) Welche Buchung muss noch mit Datum vom 31. Dezember vorgenommen werden?
   b) Wie ist zu buchen, wenn am 5. Januar die rückständige Dezembermiete zusammen mit der Januarmiete durch die Bank überwiesen wird?
3. Die Rechnung der Stadtwerke für den Stromverbrauch für Dezember steht noch aus. Aufgrund der Ablesung an den Zählern vom 31. Dezember hat die Primus GmbH einen Betrag von 7 800,00 € ermittelt.
   a) Wie lautet die Buchung am 31. Dezember?
   b) Wie ist zu buchen, wenn die Rechnung der Stadtwerke in Höhe von 13 200,00 € zuzüglich 2 508,00 € Umsatzsteuer am 23. Januar eingeht und sofort mit Banküberweisung bezahlt wird?
4. Die am 15. November fällige Gewerbesteuerschuld der Primus GmbH in Höhe von 5 000,00 € wurde vom Stadtsteueramt auf Antrag bis zum 15. Februar gestundet.
   a) Wie ist folglich noch am 31. Dezember zu buchen?

b) Wie lautet die Buchung, wenn die rückständige Steuerschuld am 13. Februar durch Banküberweisung beglichen wird?

5. Für ein vermitteltes Geschäft stehen der Primus GmbH 1 500,00 € Provision zu. Hierfür wurde folgende Lastschriftanzeige erteilt:

Nettoprovision	1 500,00 €
+ 19 % Umsatzsteuer	285,00 €
	1 785,00 €

a) Wie ist am 31. Dezember zu buchen?
b) Welche Buchung ist vorzunehmen, wenn am 16. Januar der in Rechnung gestellte Betrag durch Banküberweisung bezahlt wird?

6. Dem Handelsvertreter stehen lt. erfolgter Abrechnung für im Monat Dezember vermittelte Verkäufe 1 800,00 € Provision zu. Die hierauf entfallende Umsatzsteuer beträgt 342,00 €.
a) Wie ist am 31. Dezember zu buchen?
b) Wie lautet die Buchung, wenn der Handelsvertreter am 8. Januar den Gesamtbetrag von der Primus GmbH durch Banküberweisung erhält?

4. Prüfen Sie die Richtigkeit folgender Aussagen, indem Sie Ihre Entscheidung begründen. Es wird unterstellt, dass vor Buchung der zeitlichen Abgrenzung ein Unternehmungsgewinn vorlag.
a) Aktive Rechnungsabgrenzungsposten speichern Aufwendungen des folgenden Geschäftsjahres.
b) Die Buchung der aktiven Rechnungsabgrenzung führt zur Vermögensmehrung und zur Mehrung des Unternehmungsgewinns.
c) Würde eine notwendige passive Rechnungsabgrenzung nicht vorgenommen, dann ergäbe sich ein zu hoher Unternehmungsgewinn.
d) Im Voraus erhaltene Miete führt zur Notwendigkeit einer aktiven Rechnungsabgrenzung.
e) Mit der Buchung „ARA an Aufwandskonten" sind die für das kommende Geschäftsjahr im Voraus gezahlten Aufwendungen abzugrenzen.

5. Kontenplan: 091, 093, 131, 141, 151, 242, 411, 422, 426, 481, 930, 940.
Anfangsbestände:
131 Bank 16 000,00 €   151 Kasse 1 640,00 €
a) Buchen Sie folgende Geschäftsfälle 1 bis 5 am Tage der Ausgabe bzw. Einnahme.
b) Führen Sie beim Abschluss die erforderliche Abgrenzung durch.
c) Geben Sie die Buchungssätze zum Abschluss der Konten an.
d) Eröffnen Sie im neuen Geschäftsjahr die Konten 091 und 093.
e) Lösen Sie die Posten der Rechnungsabgrenzung auf.

Geschäftsfälle €

1. **BA vom 25.07.:** Banküberweisung der Jahresprämie für Gebäudefeuerversicherung und Gebäudehaftpflicht für den Versicherungszeitraum 1. August bis 31. Juli 480,00
2. **BA vom 29.07.:** Banküberweisung der Halbjahresmiete für vermietete Geschäftsräume für die Zeit vom 1. August bis 31. Januar 2 400,00
3. **BA vom 26.10.:** Banküberweisung der Kraftfahrzeugsteuer für den Geschäftswagen für die Zeit vom 1. November bis 30. April 240,00
4. **KB vom 01.12.:** Barzahlung der Miete für eine gemietete Garage für die Monate Dezember bis einschließlich Februar 270,00

5. **BA vom 27.12.:** Banküberweisung der Bezugskosten für eine
   Fachzeitschrift für das 1. Quartal des folgenden Geschäftsjahres
   Bezugsentgelte einschließlich 7 % Umsatzsteuer 48,15

6. Einige Sachkonten eines Unternehmens weisen zum Jahresabschluss folgende Werte aus:

		Soll €	Haben €
091	Aktive Rechnungsabgrenzung	1 500,00	1 500,00
093	Passive Rechnungsabgrenzung	940,00	940,00
211	Zinsen u. Ä. Aufwendungen	1 200,00	
242	Betriebsfremde Erträge		5 200,00
422	Kfz-Steuer	1 420,00	
426	Versicherungen	2 400,00	

Abschlussangaben:
Führen Sie aufgrund folgender Informationen die zeitlichen Abgrenzungen durch.
1. Für einen vermieteten Geschäftsraum wurde die Halbjahresmiete in Höhe von 2 400,00 € für die Zeit vom 1. August bis 31. Januar vertragsgemäß im Voraus gezahlt.
2. Die Gebäudefeuerversicherungsprämie in Höhe von 360,00 € war am 28. August für den Versicherungszeitraum 1. September bis 31. August an die Versicherung überwiesen worden.
3. Am 30. September wurden die Halbjahreszinsen in Höhe von 1 200,00 € für eine Darlehensschuld im Voraus bezahlt.
4. Die Kfz-Steuer über 120,00 € wurde am 30. November für die Zeit vom 1. Dezember bis 28. Februar bezahlt.

Stellen Sie die Salden der obigen Konten nach Durchführung der Abgrenzungen in einer Saldenliste zusammen.

7. Die Gold GmbH ermittelte ein vorläufiges positives Unternehmensergebnis von 176 000,00 €. Sie hatte bei ihrer Erfolgsermittlung folgenden Sachverhalt noch nicht berücksichtigt:
Am 1. Juni des folgenden Geschäftsjahres sind Zinsen für den Kreditzeitraum 30. November bis zum 31. Mai in Höhe von 8 % p. a. an ein Kreditinstitut für einen durch eine Grundschuld gesicherten Kredit von 240 000,00 € zu zahlen.
Prüfen Sie die Richtigkeit folgender Aussagen:
a) Die Berücksichtigung des obigen Sachverhalts führt zu einer Erhöhung der Aufwendungen des Geschäftsjahres um 9 600,00 €.
b) Die Gold GmbH hat beim Jahresabschluss noch eine Geldverbindlichkeit von 1 600,00 € zu erfassen.
c) Das Unternehmungsergebnis würde bei Beachtung des Sachverhalts 184 000,00 € betragen.
d) Da es sich bei den Zinsen um Aufwendungen des folgenden Geschäftsjahres handelt, ist eine aktive Rechnungsabgrenzung durchzuführen.
e) Die Berücksichtigung des obigen Sachverhalts führt zu einer Verminderung des Unternehmungsergebnisses und zu einer Erhöhung der ausgewiesenen Verbindlichkeiten.

2.3 Rückstellungen bilden

Aufgrund der Betriebsprüfung durch das Finanzamt muss die Primus GmbH mit einer Gewerbesteuernachzahlung rechnen. Herr Müller weist Frau Lapp an, diese Tatsache bei der Erstellung des Jahresabschlusses zu berücksichtigen. Frau Lapp weiß nicht, wie sie die mögliche Nachzahlung erfassen soll, zumal ihr auch ein entsprechender Beleg fehlt.

ARBEITSAUFTRÄGE
- Erläutern Sie die Auswirkungen auf den Jahresabschluss, wenn Frau Lapp die Nachzahlung nicht berücksichtigt.
- Bilden Sie den erforderlichen Buchungssatz.

● **Ungewisse Verbindlichkeiten für Aufwendungen des Geschäftsjahres**

Für zahlreiche Aufwendungen, die dem abgelaufenen Rechnungsjahr zugerechnet werden müssen, stehen zum Jahresabschluss **Höhe** bzw. **Fälligkeit** der zu leistenden Ausgabe noch nicht fest.

Beispiele gemäß § 249 Abs. 1 HGB

Ungewisse Verbindlichkeiten, wie mögliche Garantieverpflichtungen, zu erwartende Steuernachveranlagungen, zu erwartende Prozesskosten	Unterlassene Aufwendungen für Instandsetzung, die in den ersten drei Monaten des folgendes Geschäftsjahres nachgeholt werden, wie Dach- oder Kfz-Reparaturen	Gewährleistungen, die ohne rechtliche Verpflichtungen erbracht werden (Kulanzleistungen)	Pensionsverpflichtungen (Vorsorgeaufwendungen für leitende Angestellte)

Zum Zwecke einer **periodengerechten** und **vorsichtigen Erfolgsermittlung müssen** für solche Aufwendungen Beträge geschätzt und als **Verbindlichkeiten in Form von Rückstellungen** auf der Passivseite der Bilanz ausgewiesen werden.

Nach § 249 Abs. 2 HGB dürfen **keine** Rückstellungen für genau umschriebene andere **Aufwendungen**, die dem Geschäftsjahr oder einem früheren Jahr zuzuordnen sind, gebildet werden. Dieses **Passivierungsverbot** wird damit begründet, dass
- keine echte **Außenverpflichtung** vorliege,
- lediglich eine **Korrektur der Ertragslage** erfolge
- und auch **keine periodengerechte Zuordnung** erfolge.

Beispiele Aufwendungen für die Entsorgung von Lösungsmitteln, Aufwendungen für Großreparaturen am Gebäude, Aufwendungen für Generalüberholungen von Verwaltungsgebäuden

Rückstellungen sind Verbindlichkeiten für Aufwendungen, deren Höhe bzw. Fälligkeit am Bilanzstichtag noch nicht feststehen.

Bildung von Rückstellungen

Die Höhe einer Rückstellung muss geschätzt werden. Wegen der Unsicherheit bei der Bemessung besteht

- die **Gefahr der Unterbewertung** (zu niedriger Ansatz der Rückstellung),
- die **Möglichkeit der Überbewertung** (Bildung stiller Reserven durch zu hohen Ansatz der Rückstellung).

Die Rückstellungen sind in der Höhe des nach vernünftiger kaufmännischer Beurteilung **notwendigen Erfüllungsbetrages** anzusetzen. Der Verweis auf den Erfüllungsbetrag impliziert, dass künftige Preis- und Kostensteigerungen bei der Bewertung von Rückstellungen zu berücksichtigen sind. Bei der Bildung der Rückstellung wird der geschätzte Betrag als Aufwand erfasst und dem entsprechenden Rückstellungskonto im Haben gutgeschrieben. Nach § 266 HGB sind für den Ausweis der Rückstellungen drei Konten vorgesehen:

> 0721 Pensionsrückstellungen
> 0722 Steuerrückstellungen
>
> 0724 Sonstige Rückstellungen

Auswirkung von Rückstellungen

Rückstellungen werden für Aufwendungen gebildet. Dadurch wird der Gewinn der Rechnungsperiode um diesen Betrag gemindert. Entsprechend vermindern sich die **Steuern**, die vom Gewinn berechnet werden (z. B. Körperschaftsteuer bei GmbH und AG), und die **Ausschüttungen** an die Gesellschafter.

Beispiel Frau Lapp hat aufgrund ihrer Schätzungen folgenden Beleg über die erwartete Gewerbesteuernachzahlung erstellt:

Primus GmbH — Büroeinrichtung und Zubehör

Buchungsbeleg-Nr. 37653

Datum	Buchungstext	SOLL Konto	€	HABEN Konto	€
31.12.20..	Die Gewerbesteuerabschlusszahlung für das Geschäftsjahr 20.. wird auf 8 000,00 € geschätzt.	421	8 000,00	0722	8 000,00

Ausgestellt: 22.12.20..   Genehmigt: 31.12.20..   Gebucht: 15.01.20..
I. Lapp   M. Müller   S. 736/3

```
S    0722 Steuerrückstellungen    H      S    421 Gewerbesteuer    H
940         8 000,00 | 421    8 000,00 ↔ 0722    8 000,00 | 930    8 000,00

S         940 SBK              H      S         930 GuV            H
          | 0722   8 000,00 ↔  421    8 000,00 |
```

● Auflösung von Rückstellungen

Eine Rückstellung ist aufzulösen, wenn **der Grund für ihre Bildung weggefallen ist** und damit der angenommene Aufwand und die geschätzte Schuld nicht entstehen (§ 249 Abs. 3 HGB).

Die Auflösung der Rückstellung im Folgejahr macht in den folgenden Fällen **erfolgswirksame Korrekturbuchungen** notwendig.

Zahlungsverpflichtung > Rückstellung	Zahlungsverpflichtung < Rückstellung
Buchung des bisher nicht erfassten Aufwandes als periodenfremden Aufwand	Buchung eines Ertrages aus der Auflösung von Rückstellungen als periodenfremden Ertrag

Beispiel Am 10. Februar des folgenden Geschäftsjahres geht ein Steuerbescheid über 7 500,00 € vom Steueramt der Stadt Duisburg ein.

Der Betrag wird sofort an die Stadtkasse durch Bank überwiesen.

Buchung:
0722 Steuerrückstellungen   8 000,00   an 131 Bank   7 500,00
                                                        an 243 Periodenfremde Erträge   500,00

Ist die **Zahlung höher** (z. B. 9 000,00 €) **als die gebildete Rückstellung** (8 000,00 €), ergibt sich folgende Buchung:

0722 Steuerrückstellungen   8 000,00
203 Periodenfremde Aufwendungen   1 000,00   an 131 Bank   9 000,00

Rückstellungen bilden

- Rückstellungen sind Verbindlichkeiten, die im Gegensatz zu den anderen ausgewiesenen Verbindlichkeiten der **Höhe** und/oder **Fälligkeit** nach am Bilanzstichtag noch **nicht feststehen**; sie werden daher geschätzt.

- Rückstellungen dürfen gebildet werden für:

Ungewisse Verbindlichkeiten	Unterlassene Aufwendungen für Instandsetzung	Gewährleistungen, die ohne rechtliche Verpflichtungen erbracht werden	Pensionsverpflichtungen

- Rückstellungen sind zum **notwendigen Erfüllungsbetrag** zu bewerten, der sich nach den Verhältnissen zum Zeitpunkt der Erfüllung bemisst.

- **Künftige Preis- und Kostensteigerungen** sind bei der Bewertung von Rückstellungen zu berücksichtigen.

- Rückstellungen werden bei der Erfassung im Haben des **Kontos 072 Rückstellungen** gebucht.

- Eine Rückstellung ist **aufzulösen, wenn der Grund** für ihre Bildung **entfallen ist**.

- Bei der Bildung der Rückstellung wird **der geschätzte Betrag als Aufwand erfasst** und dem entsprechenden Rückstellungskonto im Haben gutgeschrieben.

Die Vorarbeiten für den Jahresabschluss durchführen

1. Der Kunde Herstadt Warenhaus GmbH hat am 15. Dezember des Geschäftsjahres erhebliche Mängel an zu Beginn des Jahres gelieferten Büromöbeln mit einer 2-Jahres-Garantie gemeldet.
Die Primus GmbH schätzt die im folgenden Geschäftsjahr zu übernehmenden Instandsetzungsaufwendungen für diese Schäden auf etwa 17 000,00 €. Am 17. März des folgenden Geschäftsjahres trat der Garantiefall ein. Die Rechnung einer beauftragten Unternehmung zur Durchführung der Reparatur belief sich auf 16 200,00 € zuzüglich 19 % Umsatzsteuer. Sie wurde sofort per Banküberweisung bezahlt.
Bilden Sie die Buchungssätze
a) zum 31. Dezember,   b) zum 17. März.

2. Die Rechnung der Stadtwerke für den Stromverbrauch für Dezember steht noch aus. Aufgrund der Ablesung an den Zählern am 31. Dezember wird ein Betrag von 4 800,00 € ermittelt.
a) Wie lautet die Buchung am 31. Dezember?
b) Wie ist zu buchen, wenn am 23. Januar die Rechnung der Stadtwerke in Höhe von 6 200,00 € zuzüglich 1 178,00 € Umsatzsteuer eingeht und sofort mit Banküberweisung bezahlt wird?

3. Zum 31. Dezember wurde festgestellt, dass dringende Reparaturarbeiten am Lagergebäude nicht durchgeführt worden sind. Nach den vorliegenden Kostenvoranschlägen werden die Aufwendungen wahrscheinlich etwa 42 000,00 € betragen. Die Instandsetzungsarbeiten sollen im Monat Februar des folgenden Geschäftsjahres durchgeführt werden. Nach Erledigung der Reparaturarbeiten im Februar wurde die Rechnung über 43 100,00 € zuzüglich 19 % Umsatzsteuer sofort per Banküberweisung beglichen.
a) Wie lautet die Buchung am 31. Dezember?
b) Wie lautet die Buchung bei Zahlung der Rechnung im Februar des folgenden Geschäftsjahres?

4. Wegen einer strittigen Vertragsabwicklung mit einem Lieferer befindet sich die Primus GmbH zum Ende des Geschäftsjahres in einem Rechtsstreit mit diesem Lieferer. Da der Ausgang des Prozesses ungewiss ist, können möglicherweise Rechtskosten in Höhe von 16 000,00 € entstehen. Im Juni des folgenden Geschäftsjahres lag die Abrechnung für den Prozess vor:
Gerichtskosten .... 4 600,00 €
Rechtsanwaltskosten .... 12 000,00 €
+ 19 % Umsatzsteuer .... 2 280,00 €   14 280,00 €
Die Zahlung der Rechnung erfolgte per Banküberweisung.
a) Wie lautet die Buchung am 31. Dezember?
b) Wie lautet die Buchung bei Bezahlung der Rechnungen im Juli des folgenden Jahres?

5. Die Gewerbesteuerabschlusszahlung für das laufende Jahr wird zum 31. Dezember auf 52 000,00 € geschätzt. Laut Gewerbesteuerbescheid vom 18. März des folgenden Geschäftsjahres beträgt die restliche Gewerbesteuer 54 000,00 €. Die Zahlung der restlichen Gewerbesteuer für das vergangene Geschäftsjahr erfolgte per Banküberweisung.
a) Wie lautet die Buchung zum 31. Dezember des Geschäftsjahres?
b) Wie lautet die Buchung bei Bezahlung per Banküberweisung am 18. März des folgenden Jahres?

6. Ein Großhandelsbetrieb bildet am 31. Dezember für eine einem Kunden gegenüber eingegangene Garantieverpflichtung für eine an ihn gelieferte Maschine eine Rückstellung von 2 500,00 €.

Der Kunde musste im neuen Geschäftsjahr einen Mangel an der Maschine durch Reparatur beseitigen lassen. Die quittierte Rechnung über die durchgeführte Maschinenreparatur überreicht er uns am 4. Februar mit der Bitte um Erstattung:

Maschinenreparatur, netto	2 800,00 €	
+ 19 % Umsatzsteuer	532,00 €	3 332,00 €

a) Wie lautet die Buchung zur Bildung der Rückstellung?
b) Wie lautet die Buchung zum Abschluss des Kontos Rückstellungen?
c) Wie lautet die Buchung, wenn dem Kunden am 4. Februar wegen der Maschinenreparatur eine Gutschrift zugeschickt wird?

7. Bilden Sie die Buchungssätze für die folgenden Geschäftsfälle:
8. Geschäftsfälle:

	7. €	8. €
1. a) Aufgrund einer Buch- und Betriebsprüfung durch das Finanzamt ist für das abzuschließende Geschäftsjahr mit einer Gewerbesteuernachzahlung zu rechnen von	6 000,00	10 000,00
b) Wie ist am 24. März zu buchen, wenn der Nachveranlagungsbescheid über .... lautet und durch Banküberweisung bezahlt wird?	7 500,00	9 000,00
2. a) Für die noch zu erwartende Jahresabschlusszahlung an die Berufsgenossenschaft wegen der Unfallversicherung wird am 31. Dezember eine Rückstellung gebildet über	5 000,00	3 500,00
b) Aufgrund der Jahresabschlussrechnung der Berufsgenossenschaft vom 29. Januar werden für das vergangene Geschäftsjahr als Beitrag zur Berufsgenossenschaft durch die Bank überwiesen	4 500,00	4 500,00
3. a) Für einen schwebenden Rechtsstreit, der sich zu unseren Ungunsten entwickelt hat, wird am 31. Dezember eine Rückstellung in Höhe von .... gebildet.	15 000,00	12 000,00
b) Wie ist zu buchen, wenn wir am 27. April des folgenden Geschäftsjahres an die Gerichtskasse und an den Prozessgegner durch Banküberweisung zahlen ...	13 000,00	13 000,00
4. a) Aufgrund einer Warenlieferung, für die wir eine einjährige Garantieverpflichtung eingegangen sind, wird eine Rückstellung gebildet von	3 000,00	5 000,00
b) zu **Aufgabe 9**: Der Käufer hat innerhalb der Garantiefrist an uns keine Ansprüche gestellt. Wie ist am Ende des folgenden Geschäftsjahres zu buchen?		
zu **Aufgabe 10**: Der Käufer hat uns aufgrund der Garantieverpflichtung in Anspruch genommen und für durchgeführte Nachbesserungsarbeiten Rechnung erteilt: netto		3 200,00
+ 19 % Umsatzsteuer		608,00
		3 808,00

Den Rechnungsbetrag haben wir durch Banküberweisung beglichen.

9.
Wie verändern die folgenden noch zu buchenden Geschäftsfälle ein vorläufiges positives Unternehmungsergebnis?

Geben Sie die Buchungssätze an und stellen Sie fest, ob das Unternehmungsergebnis a) erhöht, b) vermindert oder c) nicht beeinflusst wird.

1. **31.12.:** Es wird festgestellt, dass am 1. November des Geschäftsjahres Zinsen für die Zeit vom 30. Oktober des Geschäftsjahres bis zum 30. April des folgenden Geschäftsjahres von uns im Voraus bezahlt wurden.
2. **30.12.:** Die Januarmiete für eine vermietete Lagerhalle wurde durch Banküberweisung bezahlt.
3. **31.12.:** Es wird festgestellt, dass am 1. Dezember des Geschäftsjahres der Mieter die Miete für eine gemietete Garage für drei Monate im Voraus an uns überwies.
4. **31.12.:** Es wird festgestellt, dass am 1. November des Geschäftsjahres die Kfz-Steuer für einen Lkw von uns im Voraus für die Zeit vom 1. November des Geschäftsjahres bis zum 30. Oktober des folgenden Geschäftsjahres überwiesen wurde.
5. **20.12.:** Eine fällige Lieferrechnung wurde durch Banküberweisung bezahlt.
6. **31.12.:** Die Reparaturaufwendungen für die Instandsetzung einer Lagertransportanlage sollen lt. Kostenvoranschlag 4 000,00 € betragen. Die Instandsetzung soll im Februar des folgenden Geschäftsjahres durchgeführt werden.
7. **31.12.:** Es wird festgestellt, dass die betrieblichen Stromkosten lt. Zählerstand für den Monat Dezember des Geschäftsjahres insgesamt 14 000,00 € betragen werden. Die Rechnung ist noch nicht eingetroffen.
8. **31.12.:** Es wird festgestellt, dass die Zinsen für eine Darlehensforderung an uns nachträglich am 1. November des Geschäftsjahres und am 1. Mai des folgenden Geschäftsjahres zahlbar sind.
9. **10.12.:** Die Umsatzsteuerzahllast für den Monat November des Geschäftsjahres wurde an das Finanzamt mit Banküberweisung bezahlt.
10. **31.12.:** Die Gewerbesteuerabschlusszahlung für das Geschäftsjahr wird auf 25 000,00 € geschätzt.

10.
Geben Sie die Buchungssätze zum Geschäftsjahresende an für eine

(1) Sonstige Forderung
(2) Sonstige Verbindlichkeit
(3) Aktive Rechnungsabgrenzung
(4) Passive Rechnungsabgrenzung

Benutzen Sie zur Formulierung des Buchungssatzes folgende Konten:
113 Sonstige Forderungen
194 Sonstige Verbindlichkeiten
242 Betriebsfremde Erträge
091 Aktive Rechnungsabgrenzung
093 Passive Rechnungsabgrenzung
411 Miete, Pacht, Leasing

3 Eine der Vermögens- und Schuldenlage des Unternehmens angepasste Bewertungsmethode wählen

3.1 Das Anlagevermögen durch Abschreibung auf abnutzbare Sachanlagen bewerten

Nicole Höver und Frau Lapp sind in den Vorbereitungen auf den Jahresabschluss, als Nicole folgende Rechnung in die Hand bekommt:

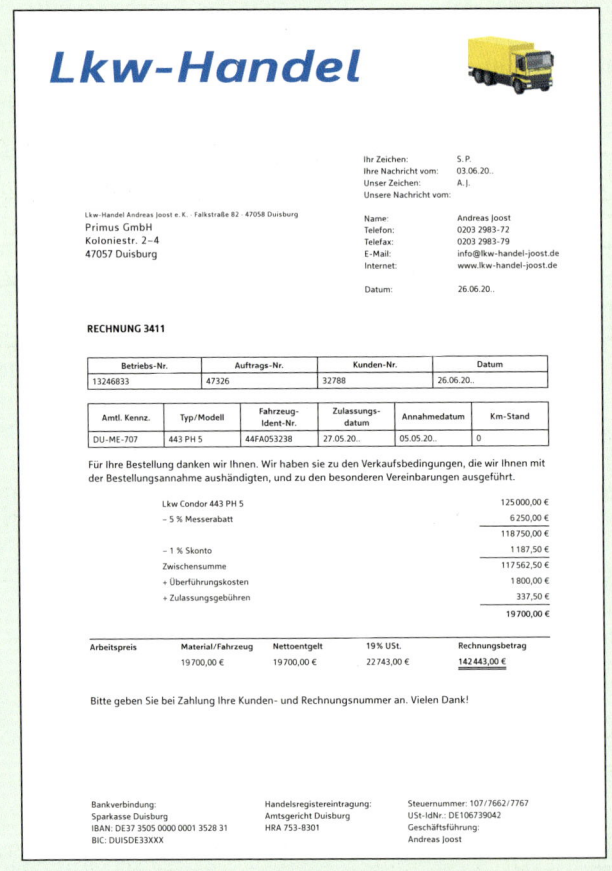

Lkw-Handel

Lkw-Handel Andreas Joost e. K. · Falkstraße 82 · 47058 Duisburg

Primus GmbH
Koloniestr. 2–4
47057 Duisburg

Ihr Zeichen: S. P.
Ihre Nachricht vom: 03.06.20..
Unser Zeichen: A. J.
Unsere Nachricht vom:

Name: Andreas Joost
Telefon: 0203 2983-72
Telefax: 0203 2983-79
E-Mail: info@lkw-handel-joost.de
Internet: www.lkw-handel-joost.de

Datum: 26.06.20..

RECHNUNG 3411

Betriebs-Nr.	Auftrags-Nr.	Kunden-Nr.	Datum
13246833	47326	32788	26.06.20..

Amtl. Kennz.	Typ/Modell	Fahrzeug-Ident.-Nr.	Zulassungs-datum	Annahmedatum	Km-Stand
DU-ME-707	443 PH 5	44FA053238	27.05.20..	05.05.20..	0

Für Ihre Bestellung danken wir Ihnen. Wir haben sie zu den Verkaufsbedingungen, die wir Ihnen mit der Bestellannahme aushändigten, und zu den besonderen Vereinbarungen ausgeführt.

Lkw Condor 443 PH 5	125 000,00 €
− 5 % Messerabatt	6 250,00 €
	118 750,00 €
− 1 % Skonto	1 187,50 €
Zwischensumme	117 562,50 €
+ Überführungskosten	1 800,00 €
+ Zulassungsgebühren	337,50 €
	19 700,00 €

Arbeitspreis	Material/Fahrzeug	Nettoentgelt	19 % USt.	Rechnungsbetrag
	19 700,00 €	19 700,00 €	22 743,00 €	142 443,00 €

Bitte geben Sie bei Zahlung Ihre Kunden- und Rechnungsnummer an. Vielen Dank!

Bankverbindung:
Sparkasse Duisburg
IBAN: DE37 3505 0000 0001 3528 31
BIC: DUISDE33XXX

Handelsregistereintragung:
Amtsgericht Duisburg
HRA 753-8301

Steuernummer: 107/7662/7767
USt.-IdNr.: DE106739042
Geschäftsführung:
Andreas Joost

Nicole weiß, dass sie den Wert für den Lkw auf dem Konto „Fuhrpark" buchen muss. „Aber was mache ich mit dem Rabatt, dem Skonto und den Überführungs- und Zulassungskosten, um den richtigen Wert des Lkw festzulegen?", fragt sie sich. „Und außerdem ist er seit Ende Januar im Betrieb und hat mittlerweile einen Kilometerstand von über 45 000 km."

ARBEITSAUFTRÄGE
◆ Erläutern Sie die Berechnung der Anschaffungskosten.
◆ Begründen Sie, warum der Lkw am Ende des Geschäftsjahres weniger wert ist.
◆ Suchen Sie nach Möglichkeiten, den wirklichen Wert des Lkw festzustellen.

Eine der Vermögens- und Schuldenlage des Unternehmens angepasste Bewertungsmethode wählen

● Gliederung des Anlagevermögens

Betriebswirtschaftlich bildet das Anlagevermögen die **Grundlage der Betriebsbereitschaft**. Wegen der **langfristigen Kapitalbindung** sollte es **langfristig finanziert** werden.

Das Anlagevermögen verursacht **fixe Kosten** (Kapitalbindungs-, Wartungskosten, Abschreibungen), das hier gebundene Kapital ist wegen der **Gefahr der Veralterung** aufgrund technischen Fortschritts einem besonderen Risiko ausgesetzt.

Nur schwer ist das Kapital bei veränderter Marktsituation freizusetzen, um notwendige Umstellungen einzuleiten. Investitionen in das Anlagevermögen sind daher mit größter Sorgfalt zu prüfen.

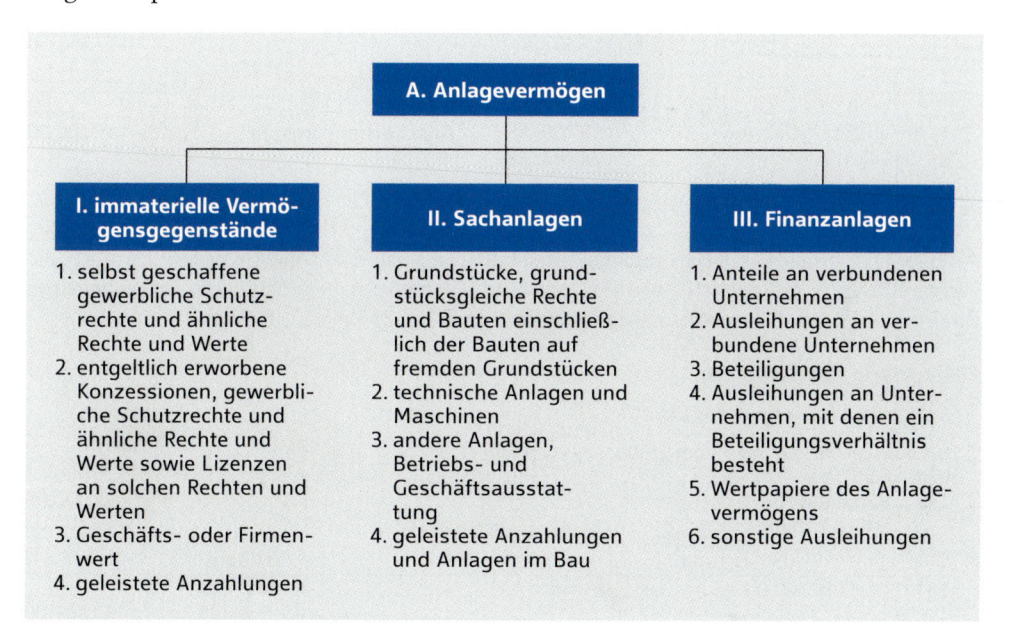

A. Anlagevermögen

I. immaterielle Vermögensgegenstände	II. Sachanlagen	III. Finanzanlagen
1. selbst geschaffene gewerbliche Schutzrechte und ähnliche Rechte und Werte 2. entgeltlich erworbene Konzessionen, gewerbliche Schutzrechte und ähnliche Rechte und Werte sowie Lizenzen an solchen Rechten und Werten 3. Geschäfts- oder Firmenwert 4. geleistete Anzahlungen	1. Grundstücke, grundstücksgleiche Rechte und Bauten einschließlich der Bauten auf fremden Grundstücken 2. technische Anlagen und Maschinen 3. andere Anlagen, Betriebs- und Geschäftsausstattung 4. geleistete Anzahlungen und Anlagen im Bau	1. Anteile an verbundenen Unternehmen 2. Ausleihungen an verbundene Unternehmen 3. Beteiligungen 4. Ausleihungen an Unternehmen, mit denen ein Beteiligungsverhältnis besteht 5. Wertpapiere des Anlagevermögens 6. sonstige Ausleihungen

● Zugangsbewertung von Anlagen und ihre Buchung

Bei der Anschaffung sind Anlagegüter auf dem jeweiligen Bestandskonto mit ihren **Anschaffungskosten** zu erfassen (aktivieren).

Die Anschaffungskosten werden wie folgt ermittelt:

Listenpreis	Listenpreis ohne Umsatzsteuer
+ Anschaffungspreisminderungen	– Rabatte, Skonti, Boni
+ Anschaffungsnebenkosten Montagekosten, Fundamentierungskosten, Notariatsgebühren, Gerichtskosten, Grunderwerbsteuer beim Kauf von Grundstücken und Gebäuden	+ Fracht, Rollgeld, Transportversicherung
= Anschaffungskosten	= zu aktivierender Wert

Die bei der Beschaffung des Anlagegutes gezahlte **Umsatzsteuer** ist als abzugsfähige Vorsteuer **kein Bestandteil der Anschaffungskosten** des Anlagegutes. Ebenfalls zählen **Finanzierungsaufwendungen**, wie z. B. Zinsen, nicht zu den Anschaffungskosten.

Beispiel Kauf des Lkw lt. ER 3411 vom 26.06.:

Kauf eines Lkw gegen Banküberweisung	€	Berechnung der Anschaffungskosten	€
Listeneinkaufspreis	125 000,00	Listeneinkaufspreis	125 000,00
– 5 % Messerabatt	6 250,00	– Anschaffungspreismind.	
	118 750,00	Rabatt	6 250,00
– 1 % Skonto	1 187,50	Skonto	1 187,50
	117 562,50		117 562,50
+ Überführungskosten	1 800,00	+ Anschaffungsnebenkosten	2 137,50
+ Zulassungsgebühren	337,50		
= **Anschaffungskosten**	**119 700,00**	= **Anschaffungskosten**	**119 700,00**
+ 19 % Umsatzsteuer	22 743,00		
= **Rechnungsbetrag**	**142 443,00**		

Anlagegüter müssen lt. HGB mit den Anschaffungskosten aktiviert werden. Es sind „die Aufwendungen, die geleistet werden, um einen Vermögensgegenstand zu erwerben und ihn in einen betriebsbereiten Zustand zu versetzen" (§ 255 Abs. 1 HGB).

Fortsetzung des Beispiels

Buchungen beim Kauf des Lkw:

BA vom 28.06., ER 3411 vom 26.06.:
034   Fuhrpark 120 000,00
141   Vorsteuer 22 800,00
      an 131 Bank... 142 800,00

S	034 Fuhrpark	H		S	131 Bank	H
131	119 700,00					034,
						141 142 443,00

S	141 Vorsteuer	H
131	22 743,00	

Stellt ein Groß- und Aushandelsbetrieb Güter, Werkzeuge oder andere Gegenstände des Anlagevermögens selber her, so sind diese Güter mit ihren **Herstellungskosten (HStK)** zu aktivieren.

● Planmäßige Abschreibungen auf abnutzbare Anlagen berechnen und buchen

○ Notwendigkeit der Abschreibungen

Gegenstände des Anlagevermögens sind dazu bestimmt, dem Unternehmen **dauernd** zu dienen. Die Nutzung der meisten Anlagegüter ist jedoch zeitlich begrenzt, da sie abgenutzt werden (**abnutzbares Anlagevermögen**).

Sie unterliegen einem ständigen Werteverfall und müssen von Zeit zu Zeit durch neue Anlagegüter ersetzt werden.

Eine der Vermögens- und Schuldenlage des Unternehmens angepasste Bewertungsmethode wählen

Ursachen des Werteverfalls			
technischer Verschleiß	**ruhender Verschleiß**	**technische Überholung**	**Katastrophenverschleiß**
durch den Gebrauch des Anlagegutes (Nutzungsverschleiß)	durch Umwelteinflüsse, Verwitterung, Zersetzung oder natürliche Rostschäden	aufgrund der Weiterentwicklung und Modernisierung von Anlagen	Verkürzung der Lebensdauer oder Untergang der Anlage (durch Feuer, Überschwemmung)

Dieser **Werteverfall** mindert das Anlagevermögen. Weil er **Aufwand** für das Unternehmen darstellt, mindert er auch das Eigenkapital. Der Werteverfall ist jährlich mittels Abschreibungen zu erfassen.

- Die **buchmäßige Erfassung** der **Wertminderung** des Anlagevermögens wird als Abschreibung bezeichnet. Das Steuerrecht nennt diese Abschreibung **Absetzung für Abnutzung (AfA)**.
- Über die Buchung der Abschreibung werden die **Anschaffungskosten** nach und nach als **Aufwand** auf die Jahre der Nutzung **verteilt**. Das Handelsrecht nennt diesen Aufwand **planmäßige Abschreibung**.

§ 253 HGB – Zugangs- und Folgebewertung
[...]
(3) Bei Vermögensgegenständen des Anlagevermögens, deren Nutzung zeitlich begrenzt ist, sind die Anschaffungs- oder die Herstellungskosten um planmäßige Abschreibungen zu vermindern. Der Plan muss die Anschaffungs- oder Herstellungskosten auf die Geschäftsjahre verteilen, in denen der Vermögensgegenstand voraussichtlich genutzt werden kann.
[...]

Abschreibungsplan

Für jeden Gegenstand des abnutzbaren Anlagevermögens sollte ein Abschreibungsplan aufgestellt werden, der alle Daten über das Anlagegut enthält.

Daten des Abschreibungsplanes	Beispiel
– Bezeichnung des Anlagegutes:	Lkw Condor GKAT 3000-443 PH 5
– Tag der Anschaffung des Anlagegutes:	26. Januar 20..
– Höhe der Anschaffungskosten:	119 700,00 €
– voraussichtliche Nutzungsdauer:	9 Jahre
– Abschreibungsmethode:	lineare Abschreibung

Bereits im Jahre der Anschaffung des Anlagegutes ist die Zeit der betrieblichen Nutzung des Anlagegutes (**Nutzungsdauer**) zu schätzen.

PRAXISTIPP Der Bundesfinanzminister hat im Einvernehmen mit den Finanzverwaltungen der Bundesländer AfA-Tabellen für abnutzbare Anlagegüter der einzelnen Wirtschaftszweige herausgegeben, die bei der Festlegung der Nutzungsdauer durch das Unternehmen berücksichtigt werden sollten.

Auszug aus der allgemeinen AfA-Tabelle

Anlagegüter	Nutzungsdauer in Jahren
Gebäude	33
Maschinen zur Be- und Verarbeitung	16
Büromaschinen (z. B. Kopierer) und Organisationsmittel	5
Personal Computer, Workstations; Notebooks und deren Peripheriegeräte (Drucker, Scanner, Bildschirme)	3
Lastkraftwagen	9
Personenkraftwagen	6

Alle wesentlichen Daten für den Abschreibungsplan ergeben sich i. d. R. aus der **Anlagendatei** der Anlagenbuchhaltung, die eine Nebenbuchhaltung darstellt.

Anlagendatei				Primus GmbH
Gegenstand: Lkw Condor		Fahrzeug-Nr. 45 KN 84 300		
Fabrikat: GKAT 3000		Lieferer: Lkw-Handel Andreas Joost, Duisburg		
Nutzungsdauer: zehn Jahre		Anschaffungskosten: 119 700,00 €		
Konto: 0340		AfA-Satz: 11,11 %	AfA-Methode: linear	
Datum	Vorgang	Zugang in €	Abgang/AfA in €	Bestand in €
26.01.20..	ER 12	119 700,00		
31.12.20..	UmBu 23: AfA		13 300,00	106 400,00

○ Methoden zur Ermittlung der planmäßigen Abschreibung

Für Groß- und Außenhandelsunternehmen kommen zwei **Abschreibungsmethoden** in Betracht:

lineare Abschreibung § 7 Abs. 1 S. 1–4 EStG	Leistungsabschreibung § 7 Abs. 1 S. 5 EStG

Ermittlung der Abschreibungsbeträge bei linearer Abschreibungsmethode

Bei der **linearen Abschreibung** werden die Anschaffungskosten gleichmäßig auf die Jahre der Nutzung verteilt.

Beispiel Lineare Abschreibung
Anschaffungskosten: 120 000,00 € Nutzungsdauer: zehn Jahre

Formel	Berechnung
Jahresabschreibung = $\dfrac{\text{Anschaffungskosten}}{\text{Nutzungsdauer}}$	$\dfrac{119\,700{,}00}{9}$ = 13 300,00 €
Abschreibungssatz = $\dfrac{100}{\text{Nutzungsdauer}}$	$\dfrac{100}{9}$ = 11,11 %

Formel	Berechnung
Berechnung der AfA mit AfA-Satz: Anschaffungskosten · $\frac{\text{Abschreibungssatz}}{100}$	$119\,700{,}00 \cdot \frac{9}{100} = 13\,300{,}00\ €$

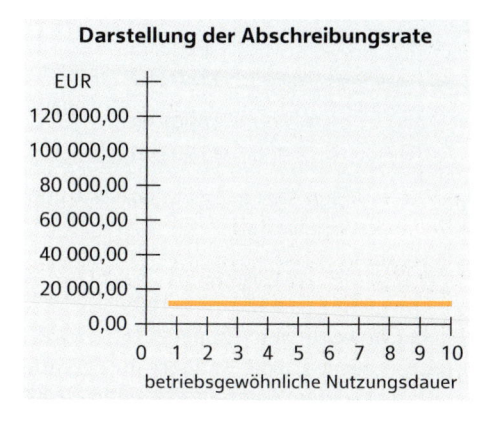

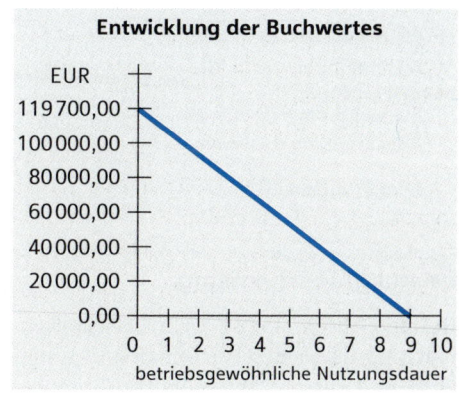

Darstellung der Abschreibungsrate

Entwicklung der Buchwertes

Buchwert und Erinnerungswert

Durch die jährliche Abschreibung wird der Wert der Anlage, der in der Bilanz ausgewiesen wird (**Buch-** oder **Restwert**), vermindert. Am Ende der Nutzungsdauer wird der **Nullwert** erreicht. Befindet sich das Anlagegut nach Ablauf der geschätzten Nutzungsdauer noch im Betriebsvermögen, wird es mit einem Erinnerungswert von zurzeit 1,00 € im Vermögensverzeichnis geführt.

Betriebswirtschaftlich ist diese Methode **bei gleichmäßiger** Nutzung des Anlagegutes während der einzelnen Nutzungsjahre **empfehlenswert**. Steuerrechtlich bestehen gegen die lineare Methode **keine Einwände**.

Anlagegut: Lkw Fabrikat: Condor Nutzungsdauer: 9 Jahre	Lineare AfA 10,00 % der Anschaffungskosten
Anschaffungskosten – Abschreibung des 1. NJ	119 700,00 13 300,00
Buchwert nach dem 1. NJ – Abschreibung des 2. NJ	106 400,00 13 300,00
Buchwert nach dem 2. NJ – Abschreibung des 3. NJ	93 100,00 13 300,00
Buchwert nach dem 3. NJ – Abschreibung des 4. NJ	79 800,00 13 300,00
Buchwert nach dem 4. NJ – Abschreibung des 5. NJ	66 500,00 13 300,00
Buchwert nach dem 5. NJ – Abschreibung des 6. NJ	53 200,00 13 300,00

Anlagegut: Lkw Fabrikat: Condor Nutzungsdauer: 9 Jahre	Lineare AfA 10,00 % der Anschaffungskosten
Buchwert nach dem 6. NJ – Abschreibung des 7. NJ	39 900,00 13 300,00
Buchwert nach dem 7. NJ – Abschreibung des 8. NJ	26 600,00 13 300,00
Buchwert nach dem 8. NJ – Abschreibung des 9. NJ	13 300,00 13 299,00
Erinnerungswert	1,00

Leistungsabschreibung

Bei der Abschreibung nach Leistungseinheiten bei beweglichen Anlagegütern wird die Nutzungsdauer des Wirtschaftsgutes nicht in Jahren ausgedrückt, sondern in Leistungseinheiten, die das Wirtschaftsgut während der Dauer seiner Nutzung erzeugen (leisten) kann (Soll-Kapazität).

Betriebswirtschaftlich ist diese Methode bei schwankender Leistungsabgabe zweckmäßig. Steuerrechtlich ist sie nur zulässig, wenn die jährliche Leistungsabgabe nachgewiesen werden kann (z. B. durch Zähler oder Fahrtenbuch).

Beispiel Abschreibung nach Maßgabe der Leistung

Anschaffungskosten des Lkw 119 700,00 €
Voraussichtliche Gesamtleistung 500 000 km

Wertminderung je km: $\frac{119\,700}{500\,000} = 0{,}24\,€$

	Formel	Berechnung
Abschreibungsbetrag =	$\frac{\text{Anschaffungskosten} \cdot \text{Ist-Leistung im Abschreibungsjahr}}{\text{geschätzte Gesamtleistung}}$	$\frac{119\,700{,}00 \cdot 45\,000}{500\,000} = 10\,800{,}00\,€$

	km	Wertminderung je km	Abschreibungsbetrag in €	Buchwert in €
0	45 000	0,24	10 800,00	119 700,00
1	28 000	0,24	6 720,00	108 900,00
2	51 000	0,24	12 240,00	102 180,00
3	78 000	0,24	18 720,00	89 940,00
4	35 000	0,24	8 400,00	71 320,00
5	75 000	0,24	18 000,00	62 820,00
6	65 000	0,24	15 600,00	44 820,00
7	50 000	0,24	12 000,00	29 220,00
8	43 000	0,24	10 320,00	17 220,00
9	30 000	0,24	7 199,00[1]	6 900,00
10				1,00

[1] AfA auf den Erinnerungswert

Darstellung der Abschreibungsrate

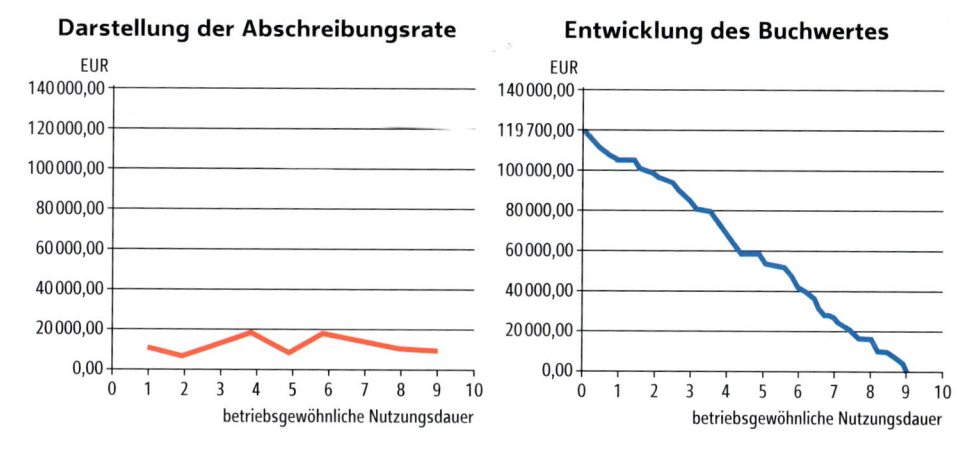

Entwicklung des Buchwertes

Die beiden Methoden gelten für abnutzbare und selbstständig nutzbare Wirtschaftsgüter des Anlagevermögens, deren Anschaffungs- oder Herstellungskosten 1 000,00 € übersteigen.

○ Buchung der Abschreibung

Abschreibungen auf das abnutzbare Anlagevermögen sind Aufwendungen, die im Soll des Aufwandskontos „**Abschreibungen auf Sachanlagen**" und im Haben des entsprechenden Anlagekontos als Minderung des Anlagevermögens gebucht werden.

Das Anlagekonto weist dann nach der durchgeführten Abschreibung am Jahresende den Buchwert aus.

Beispiel
Abschlussangaben: 10 % lineare Abschreibungen auf Fuhrpark
Buchung: 491 Abschreibungen auf Sachanlagen   12 000,00 an 034 Fuhrpark   12 000,00

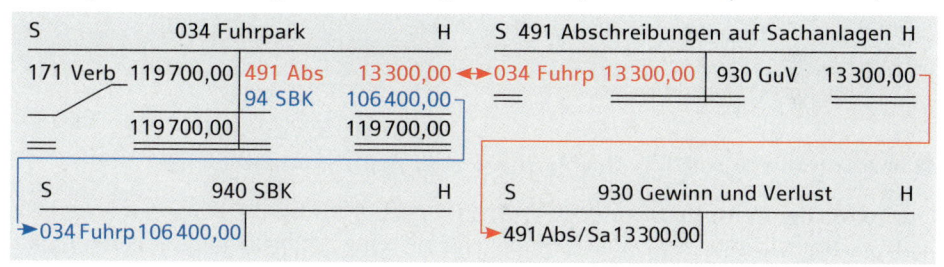

S	034 Fuhrpark	H	S 491 Abschreibungen auf Sachanlagen H
171 Verb 119 700,00	491 Abs 13 300,00 ↔	034 Fuhrp 13 300,00	930 GuV 13 300,00
	94 SBK 106 400,00	=	=
119 700,00	119 700,00		

S	940 SBK	H	S	930 Gewinn und Verlust	H
►034 Fuhrp 106 400,00			►491 Abs/Sa 13 300,00		

○ Auswirkung der Abschreibung in der Finanzbuchführung

Durch die Abschreibung werden die Anschaffungskosten vermindert. Der verbleibende **Restwert in der Bilanz** wird als Buchwert bezeichnet. In der **GuV-Rechnung** erscheint die **Abschreibung als Aufwand** und somit als Minderung des Gewinnes. Durch die Verteilung der Anschaffungskosten über die Jahre der Nutzung dient die Abschreibung der **richtigen und periodengerechten Erfolgsermittlung**. Im folgenden Schaubild wird verdeutlicht, wie sich die Abschreibungen auswirken:

```
                    Anschaffungswert
                           │
                           ▼
Wertminderung des                          Aufwandserhöhung bzw.
Anlagevermögens in ──── Abschreibungen ──── Gewinnschmälerung in
   der Bilanz                                  der GuV-Rechnung
```

○ Auswirkung der Abschreibung in der Kalkulation

Die durch die Abschreibung ermittelten Aufwendungen werden als Teil der Handlungskosten in die Verkaufspreise einkalkuliert. Über die Umsatzerlöse werden sie dadurch zur Refinanzierung der Anschaffungskosten wieder hereingeholt.

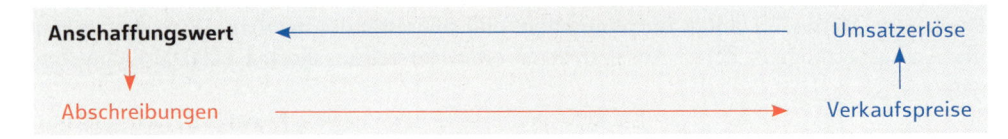

```
Anschaffungswert  ◄─────────────────────────  Umsatzerlöse
     │                                              ▲
     ▼                                              │
Abschreibungen   ─────────────────────────►   Verkaufspreise
```

○ Auswahl der Abschreibungsmethode

Je nach Anlagegut ergeben sich für die möglichen Abschreibungsmethoden unter betriebswirtschaftlichen Aspekten unterschiedliche Empfehlungen:

Lineare Abschreibung	Leistungsabschreibung
Empfehlenswert, wenn bei gleichmäßiger Nutzung auch eine gleichmäßige Abnutzung des Anlagegutes unterstellt wird.	Empfehlenswert bei schwankender Leistungsabgabe. Steuerrechtlich jedoch nur zulässig, wenn die jährliche Leistungsabgabe nachgewiesen werden kann (z. B. Zähler oder Fahrtenbuch).

● Geringwertige Wirtschaftsgüter des Anlagevermögens

Geringwertige Wirtschaftsgüter (GWG) sind nach § 6 Abs. 2 EStG abnutzbare bewegliche Wirtschaftsgüter des Anlagevermögens, die einer **selbstständigen Nutzung fähig sind** und die einen gesetzlich bestimmten Betrag nicht übersteigen.

Beispiele

GWG – selbstständig nutzbar	GWG – nicht selbstständig nutzbar
– Regale, Tische, Stühle – Beleuchtungskörper (Lampen) – Kisten, Fässer, Collicos – Flachpaletten zum Transport und zur Lagerung von Waren – Computer-Software	– Einzelbauteile für Regale – Ersatzreifen und Ersatzteile für Fahrzeuge – Drucker für den PC

Dabei sind drei Kategorien zu unterscheiden. Für die Bewertung der GWG gibt es folgende Wahlrechte:

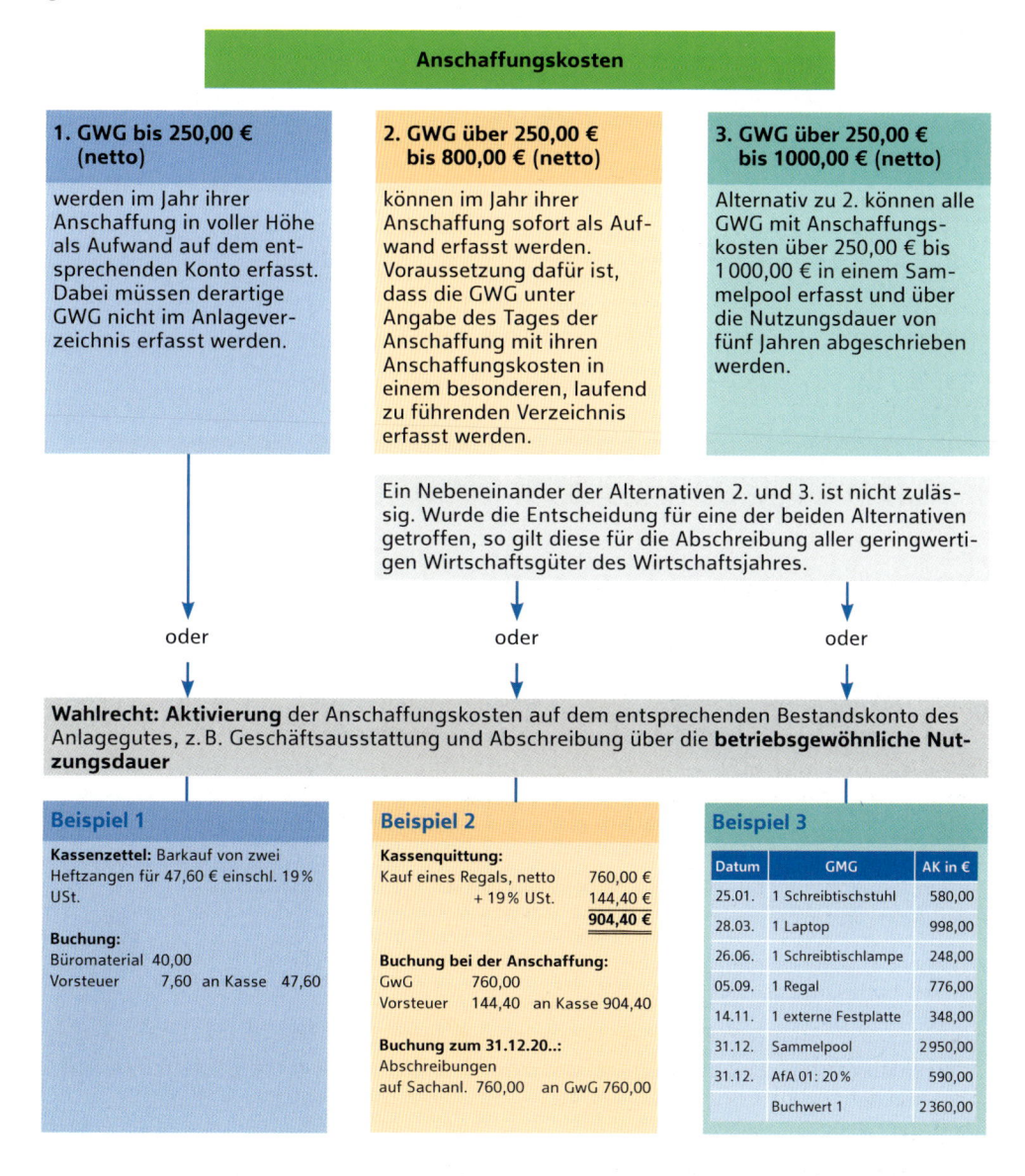

Anschaffungskosten

1. GWG bis 250,00 € (netto)

werden im Jahr ihrer Anschaffung in voller Höhe als Aufwand auf dem entsprechenden Konto erfasst. Dabei müssen derartige GWG nicht im Anlageverzeichnis erfasst werden.

2. GWG über 250,00 € bis 800,00 € (netto)

können im Jahr ihrer Anschaffung sofort als Aufwand erfasst werden. Voraussetzung dafür ist, dass die GWG unter Angabe des Tages der Anschaffung mit ihren Anschaffungskosten in einem besonderen, laufend zu führenden Verzeichnis erfasst werden.

3. GWG über 250,00 € bis 1000,00 € (netto)

Alternativ zu 2. können alle GWG mit Anschaffungskosten über 250,00 € bis 1 000,00 € in einem Sammelpool erfasst und über die Nutzungsdauer von fünf Jahren abgeschrieben werden.

Ein Nebeneinander der Alternativen 2. und 3. ist nicht zulässig. Wurde die Entscheidung für eine der beiden Alternativen getroffen, so gilt diese für die Abschreibung aller geringwertigen Wirtschaftsgüter des Wirtschaftsjahres.

oder ↓ oder ↓ oder ↓

Wahlrecht: Aktivierung der Anschaffungskosten auf dem entsprechenden Bestandskonto des Anlagegutes, z. B. Geschäftsausstattung und Abschreibung über die **betriebsgewöhnliche Nutzungsdauer**

Beispiel 1

Kassenzettel: Barkauf von zwei Heftzangen für 47,60 € einschl. 19 % USt.

Buchung:
Büromaterial 40,00
Vorsteuer 7,60 an Kasse 47,60

Beispiel 2

Kassenquittung:
Kauf eines Regals, netto 760,00 €
+ 19 % USt. 144,40 €
904,40 €

Buchung bei der Anschaffung:
GwG 760,00
Vorsteuer 144,40 an Kasse 904,40

Buchung zum 31.12.20..:
Abschreibungen
auf Sachanl. 760,00 an GwG 760,00

Beispiel 3

Datum	GMG	AK in €
25.01.	1 Schreibtischstuhl	580,00
28.03.	1 Laptop	998,00
26.06.	1 Schreibtischlampe	248,00
05.09.	1 Regal	776,00
14.11.	1 externe Festplatte	348,00
31.12.	Sammelpool	2 950,00
31.12.	AfA 01: 20 %	590,00
	Buchwert 1	2 360,00

○ Abschreibungen bei Anschaffungen im Laufe des Jahres

Wurde das Anlagegut im Laufe des Jahres angeschafft, gilt für die Bemessung des Abschreibungsbetrages eine vereinfachende Regelung (§ 7 Abs. 1 EStG): **Danach vermindert** sich im Jahr der Anschaffung oder Herstellung des Wirtschaftsgutes der auf ein Jahr entfallende AfA-Betrag um jeweils ein Zwölftel für jeden vollen Monat, der dem Monat der Anschaffung oder Herstellung vorangeht. Die AfA darf also nur vom Monat der Anschaffung oder Herstellung an vorgenommen werden.

Beispiel

Anschaffung eines Pkw am 28.05.20..
Anschaffungswert 28 200,00 €, betriebsgewöhnliche Nutzungsdauer: 6 Jahre, lineare Abschreibung

$$\text{AfA-Betrag im Anschaffungsjahr:} \quad \frac{AW \cdot (12 - X^*)}{ND \cdot 12} = \frac{28\,200 \cdot (12 - 4)}{6 \cdot 12} = \underline{\underline{3133{,}33\ \text{€}}}$$

* X = volle Monate vor dem Monat der Anschaffung

Das Anlagevermögen durch Abschreibung auf abnutzbare Sachanlagen bewerten

- Das Anlagevermögen bildet die **Grundlage der Betriebsbereitschaft**.
- Für den Bilanzausweis wird das **Anlagevermögen gegliedert** in:

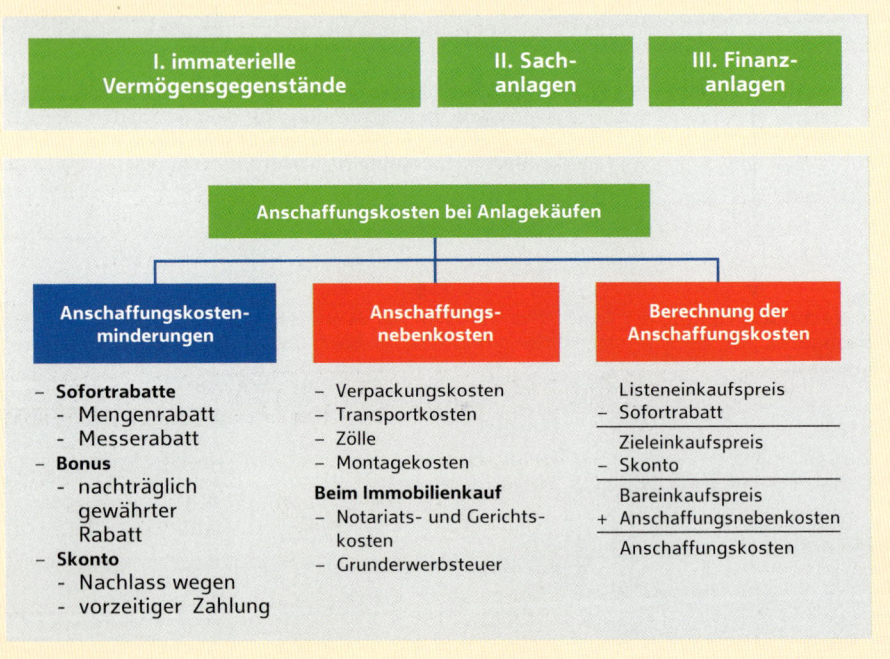

I. immaterielle Vermögensgegenstände	II. Sachanlagen	III. Finanzanlagen

Anschaffungskosten bei Anlagekäufen

Anschaffungskostenminderungen	Anschaffungsnebenkosten	Berechnung der Anschaffungskosten

- **Sofortrabatte**
  - Mengenrabatt
  - Messerabatt
- **Bonus**
  - nachträglich gewährter Rabatt
- **Skonto**
  - Nachlass wegen vorzeitiger Zahlung
	- Verpackungskosten
	- Transportkosten
	- Zölle
	- Montagekosten
	Beim Immobilienkauf
	- Notariats- und Gerichtskosten
	- Grunderwerbsteuer
		Listeneinkaufspreis
		− Sofortrabatt
		―――――――――
		Zieleinkaufspreis
		− Skonto
		―――――――――
		Bareinkaufspreis
		+ Anschaffungsnebenkosten
		―――――――――
		Anschaffungskosten

- Vorsteuer und Finanzierungsaufwendungen zählen **nicht** zu den Anschaffungskosten.

- **Wertaufholungsgebot (Zuschreibung)** bei Wertaufholungen für Kapitalgesellschaften

- **Bewertung des Anlagevermögens (AV)**
  - abnutzbares AV: Anschaffungskosten (AK)
    - planmäßige Abschreibung = **fortgeführte AK**
    - außerplanmäßige Abschreibung bei kurzfristiger Unterschreitung möglich **(Bewertungswahlrecht)**, bei voraussichtlich dauernder Unterschreitung zwingend

- **nicht abnutzbares AV**: Anschaffungskosten
  - Abschreibung auf den niedrigeren Wert möglich bzw. zwingend (siehe abnutzbares AV)
- **Abschreibung**
  - Durch die Abschreibungen werden **Wertminderungen der abnutzbaren Sachanlagen** erfasst.
  - Die **Höhe der Abschreibungsbeträge** ist von der **Abschreibungsmethode** abhängig.
  - **Abschreibungsmethoden**

Lineare Abschreibung	Leistungsabschreibung
Abschreibung in gleichbleibenden Jahresbeträgen $$\text{AfA-Satz} = \frac{100}{\text{ND}}$$ $$\text{AfA-Betrag} = \frac{\text{Anschaffungskosten} \cdot \text{AfA-Satz}}{100}$$ unterstellt gleichmäßigen Werteverschleiß	Abschreibung nach nachgewiesener Jahresleistung $$\text{AfA-Betrag} = \frac{\text{Anschaffungskosten} \cdot \text{Jahresleistung}}{\text{geschätzte Gesamtleistung}}$$ berücksichtigt die schwankende Auslastung von Anlagen in den Jahren der Nutzung

  - Bei der Buchung der Abschreibung erfolgt die **Soll-Buchung** auf dem Aufwandskonto „Abschreibungen auf Sachanlagen", die **Haben-Buchung** auf dem **Anlagenkonto**.
  - Die Bilanz weist den berichtigten Wert, den **Buch- oder Restwert**, aus.
- Die **Gewinn- und Verlustrechnung** stellt die Abschreibung als **Aufwand** und Minderung des Gewinns dar.

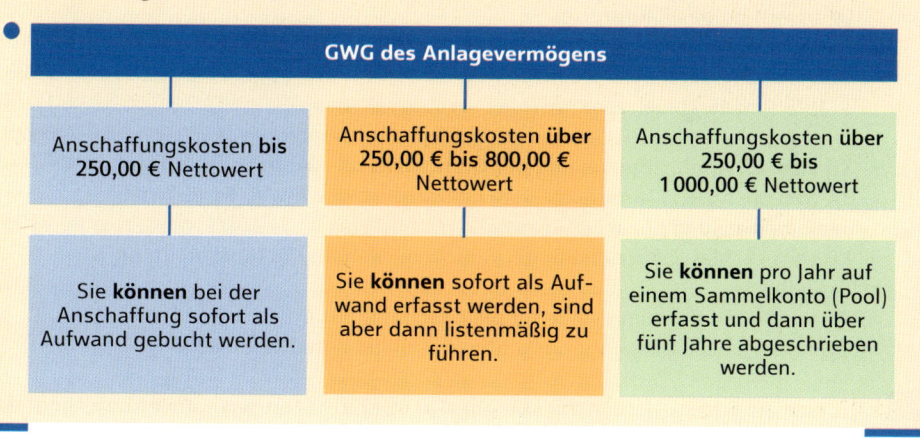

GWG des Anlagevermögens		
Anschaffungskosten **bis** 250,00 € Nettowert	Anschaffungskosten **über** 250,00 € bis 800,00 € Nettowert	Anschaffungskosten **über** 250,00 € bis 1 000,00 € Nettowert
Sie **können** bei der Anschaffung sofort als Aufwand gebucht werden.	Sie **können** sofort als Aufwand erfasst werden, sind aber dann listenmäßig zu führen.	Sie **können** pro Jahr auf einem Sammelkonto (Pool) erfasst und dann über fünf Jahre abgeschrieben werden.

1. Ein Großhandelsunternehmen hat für den Lagerbereich folgende Transportanlagen erworben:

	A		B		C	
1. Eingangsrechnung						
Listenpreis, netto		135 170,41 €		142 191,65 €		86 093,44 €
– Rabatt	12,5 %	16 896,30 €	8 %	11 375,33 €	6 %	5 165,61 €
		118 274,11 €		130 816,32 €		80 927,83 €
+ USt.	19 %	22 472,08 €	19 %	24 855,10 €	19 %	15 376,29 €
Rechnungsbetrag		140 746,19 €		155 671,42 €		96 304,12 €
2. ER, BA: Fracht Zahlung der Fracht per Banküberweisung						
Fracht, netto		1 725,89 €		1 183,68 €		1 072,17 €
+ USt.	19 %	327,92 €	19 %	224,90 €	19 %	203,71 €
Rechnungsbetrag		2 053,81 €		1 408,58 €		1 275,88 €

a) Geben Sie die Buchungssätze für die obigen Geschäftsfälle an.
b) Berechnen Sie die Anschaffungskosten der Transportanlagen A, B und C.

2. Das Großhandelsunternehmen Vaga GmbH erwarb am 1. April 20.. ein unbebautes Grundstück:
1. **BA vom 5. April ..:** Grundstückskaufvertrag vom 1. April 20.. .... €
   Überweisung des Kaufpreises 300 000,00
2. **PBA vom 7. April ..:** Grundstück wurde über einen Makler vermittelt
   Überweisung der Maklerprovision über 2,5 % 7 500,00
   + 19 % Umsatzsteuer 1 425,00
   8 925,00
3. **KB vom 10. April ..:** Barzahlung der Grunderwerbsteuer beim Finanzamt . 10 500,00
4. **BA vom 10. April ..:** Notariatskosten einschließlich 19 % USt. werden mit
   Banküberweisung bezahlt 1 785,00
5. **KB vom 15. Mai ..:** Barzahlung der Gerichtskosten für die Umschreibung
   im Grundbuch 500,00

a) Geben Sie die Buchungssätze für die Geschäftsfälle an.
b) Ermitteln Sie die Anschaffungskosten des unbebauten Grundstücks.

3. Kauf eines Lkw zum Listenpreis von 154 000,00 €. Der Vertragshändler berechnet dazu 2 400,00 € Überführungskosten, 480,00 € Zulassungsgebühren und 19 % Umsatzsteuer. Auf den Listenpreis gewährt er 5 % Rabatt.
Ermitteln Sie die Anschaffungskosten des Lkw.

4. Beim Kauf eines Grundstücks zum Preis von 140 000,00 € fallen folgende Kosten an: Grunderwerbsteuer 4 900,00 €, Maklergebühren 4 900,00 € + 19 % Umsatzsteuer, Notariatskosten 2 300,00 € + 19 % Umsatzsteuer, Grundbucheintragung 380,00 €, Kanalanschlusskosten 2 200,00 € + 19 % Umsatzsteuer.
Ermitteln Sie die Anschaffungskosten des Grundstücks.

5. **ER 104:** Zieleinkauf einer Maschine: Listenpreis 25 000,00 €, 20 % Messerabatt. Für die Fundamentierung und Montage der Maschine berechnet die Lieferfirma 1 500,00 €. Auf alle Leistungen stellt sie 19 % Umsatzsteuer in Rechnung. Laut Zahlungsbedingungen des Lieferers kann der Rechnungsbetrag bei Zahlung binnen 14 Tagen um 2 % Skonto gekürzt werden.
Berechnen Sie die Anschaffungskosten der Maschine.

6. Über eine Maschine liegen folgende Informationen vor:
- Anschaffungskosten: 600 000,00 €
- betriebsgewöhnliche Nutzungsdauer: zwölf Jahre

Stellen Sie einen Abschreibungsplan für die ersten drei Nutzungsjahre nach der linearen Abschreibung auf.

7. Am Anfang des Geschäftsjahres wurde ein Lkw für 99 000,00 € eingekauft. Die betriebsgewöhnliche Nutzungsdauer wird auf neun Jahre geschätzt.
a) Ermitteln Sie bei linearer Abschreibung
   1. den Abschreibungssatz,
   2. den Abschreibungsbetrag,
   3. den Buchwert nach dem ersten Jahr.
b) Bilden Sie die Buchungssätze zum 31. Dezember
   1. zur Erfassung der Abschreibung,
   2. zum Abschluss des Kontos „Abschreibungen auf Sachanlagen",
   3. zum Abschluss des Kontos „Fuhrpark".

8. Die Buchwerte von vier Anlagegegenständen zeigen bei linearer Abschreibung folgende Entwicklung im Laufe der Nutzungsjahre:

Anlagegut	Anschaffungswert in €	Buchwert nach dem 1. Jahr in €	Buchwert nach dem 2. Jahr in €
A	69 200,00	64 875,00	60 550,00
B	176 000,00	154 000,00	132 000,00
C	42 900,00	40 040,00	37 180,00
D	125 500,00	100 400,00	75 300,00

Ermitteln Sie für die vier Anlagegegenstände
a) die Abschreibungssätze,
b) die betriebsgewöhnliche Nutzungsdauer,
c) die Buchwerte zum Ende des 3. Nutzungsjahres.

9. Von zwei Anlagegütern gehen zu Beginn des 4. Nutzungsjahres aus der Anlagedatei folgende Werte hervor:

	Lkw	Lagersteuerungsanlage
Anschaffungswert in €	89 000,00	174 000,00
aufgelaufene (kumulierte) Abschreibung in €	26 700,00	43 500,00

Ermitteln Sie für beide Anlagen bei linearer Abschreibung
a) den jährlichen Abschreibungsbetrag,
b) die betriebsgewöhnliche Nutzungsdauer,
c) den Abschreibungssatz,
d) den Buchwert zum Ende des 3. Jahres,
e) wie viel Prozent von beiden Anlagen bereits abgeschrieben sind.

10. Vor Durchführung der Abschreibung weisen die Positionen des Sachanlagevermögens folgende Anschaffungskosten in Euro aus:

Gebäude	870 000,00 €	Geschäftsausstattung	120 000,00 €
Lager- und Transporteinrichtungen	270 000,00 €	Fuhrpark	420 000,00 €

Die Abschreibungssätze für die lineare Abschreibung betragen für

Gebäude	4 %	Geschäftsausstattung	10 %
Lager- und Transporteinrichtungen	8 $\frac{1}{3}$ %	Fuhrpark	10 %

Bilden Sie die Buchungssätze mit Beträgen
a) zur Erfassung der Abschreibung,
b) zum Abschluss des Kontos Abschreibungen,
c) zum Abschluss der Anlagekonten.

11. Kauf einer Verpackungsanlage gegen Banküberweisung .... 459 000,00 €
   + 19 % Umsatzsteuer .... 87 210,00 €
                                                                 546 210,00 €

Die betriebsgewöhnliche Nutzungsdauer wird auf zwölf Jahre festgelegt. Die Leistungsabgabe wird auf 102 000 Arbeitsvorgänge geschätzt.
a) Bilden Sie den Buchungssatz beim Kauf der Anlage.
b) Stellen Sie einen Abschreibungsplan für die ersten drei Abschreibungsjahre bei linearer Abschreibung und bei Abschreibung nach Leistungseinheiten auf.
Die Leistungsabgabe wird im 1. Jahr auf 8 568, im 2. Jahr auf 9 588 und im 3. Jahr auf 4 386 Arbeitsvorgänge geschätzt.

12. Eine Großhandelsunternehmung gibt folgende Daten zu einer Verpackungsanlage bekannt:
Anschaffungskosten .... 285 600,00 €
betriebsgewöhnliche Nutzungsdauer .... 12 Jahre
Gesamtleistung in Vorgängen .... 204 000 Vorgänge
Leistungsabgabe im 1. Jahr .... 20 608 Vorgänge
Berechnen Sie
a) den linearen AfA-Betrag,
b) den linearen AfA-Satz,
c) die AfA nach Leistungseinheiten für das 1. Nutzungsjahr.

13.

Gegenstand	Anschaffungstag	Anschaffungswert	Nutzungsdauer
1. PC	3. Februar	960,00 €	3 Jahre
2. Lkw	5. Juli	120 000,00 €	10 Jahre
3. Locher	9. Dezember	38,00 €	10 Jahre
4. Drehstuhl	5. August	400,00 €	10 Jahre

a) Wie lauten die Buchungssätze bei der Anschaffung (Kauf auf Ziel)?
b) Mit welchem Betrag sind die einzelnen Gegenstände am Jahresende zu bilanzieren (es wird grundsätzlich linear abgeschrieben)?
c) Welche Buchungen ergeben sich am Jahresende zur Erfassung der Abschreibung?
d) Erläutern Sie am Beispiel der Gegenstände 1, 3 und 4 die Auswertung der GWG kritisch.

14. Bilden Sie die Buchungssätze zu folgenden Geschäftsfällen: €
1. Barkauf von Vordrucken für die Kassenabrechnung einschl. 19 % USt 44,03
2. Barkauf eines Lochers einschl. 19 % USt 77,35
3. Barkauf eines Tischrechners für das Büro, netto 380,00
   + 19 % USt 72,20

15.

Gegenstand	Anschaffungspreis	Anschaffungsnebenkosten	Nutzungsdauer
1. PC	880,00 €	–	3 Jahre
2. Locher	40,00 €	–	10 Jahre
3. Kleintransporter	31 000,00 €	1 000,00 €	8 Jahre
4. Scanner-Kasse	11 500,00 €	500,00 €	6 Jahre

a) Wie lauten die Buchungssätze bei Anschaffung auf Ziel unter Berücksichtigung von 19 % USt?
b) Mit welchem Betrag sind die einzelnen Gegenstände am Jahresende zu bilanzieren, wenn grundsätzlich die lineare Abschreibung gewählt wurde?
c) Welche Buchungen ergeben sich am Jahresende zur Erfassung der Abschreibung?

3.2 Die allgemeinen Bewertungsvorschriften erklären

Zur Vorbereitung des Jahresabschlusses wird in der Primus GmbH Inventur gemacht. Frau Lapp und Nicole Höver haben bereits alle Aufnahmelisten eingesammelt und mit der Bewertung der Vermögensteile und der Schulden begonnen. Bei manchen Wertansätzen sind sie sich nicht einig: Den erwarteten großen Gewinn möchte Frau Lapp verstecken und daher das Vermögen möglichst niedrig bewerten. Nicole Höver möchte jedoch einige Vermögensteile, die als Sicherheiten für beantragte Kredite in Frage kommen, möglichst hoch bewerten.

ARBEITSAUFTRÄGE
♦ Versuchen Sie Argumente für beide Auffassungen zu finden.
♦ Stellen Sie die Auswirkungen beider Bewertungsauffassungen am folgenden Beispiel gegenüber: Ein Grundstück, das vor zwei Jahren für 80 000,00 € gekauft wurde, hat am Bilanzstichtag einen geschätzten Verkehrswert von 120 000,00 €.
♦ Zu Beginn des Geschäftsjahres wurde eine Verpackungsmaschine für 60 000,00 € angeschafft. Die betriebsgewöhnliche Nutzungsdauer beträgt 10 Jahre.

● Notwendigkeit der Bewertung

Im Rahmen der Inventur muss der Kaufmann zur Aufstellung des Inventars und der Bilanz Vermögen und Schulden bewerten. **Bewerten** heißt entscheiden, mit welchen **Geldwerten** die einzelnen Vermögensteile und Schulden zu inventarisieren oder zu bilanzieren sind. **Schwierigkeiten bereitet die Bewertung** vor allem bei solchen Wirtschaftsgütern,

- die Preisschwankungen unterliegen (Rohstoffe),
- die Wertminderungen (Anlagevermögen wird abgenutzt) erleiden,
- die aufgrund gesetzlich eingeräumter Wahlrechte unterschiedlich hoch angesetzt (selbst geschaffene immaterielle Vermögenswerte) werden können.

Die festgelegten Werte gehen in den **Jahresabschluss** ein. Er besteht aus Bilanz, GuV-Rechnung und Anhang. Mit diesen Bestandteilen des Jahresabschlusses sollen der Unternehmer selbst und außenstehende Dritte (Kapitalgeber, Finanzverwaltung, Belegschaft u. a.) über

die Vermögenslage	die Ertragslage	die Finanzlage

informiert werden. Daher ist zu beachten, dass ein den tatsächlichen Verhältnissen entsprechendes Bild vermittelt und eine zu hohe oder zu niedrige Bewertung vermieden wird.

Zu hohe Bewertung des Vermögens und **zu niedrige Bewertung der Schulden** können die Gläubiger und Kapitalgeber zu falschen Entscheidungen veranlassen. Umgekehrt ist zu beachten, dass eine **zu niedrige Bewertung des Vermögens** und **eine zu hohe Bewertung der Schulden** wegen des geringeren steuerpflichtigen Gewinns gegen die Interessen der Finanzverwaltung verstoßen. Bewertungsentscheidungen müssen daher im Rahmen handels- und steuerrechtlicher Vorschriften erfolgen.

Einheitliche Ansatz- und Bewertungsvorschriften nach Handels- und Steuerrecht tragen dazu bei, dass Kaufleute ihr Vermögen und ihre Schulden, ihre Aufwendungen und Erträge dem Grunde nach unter vergleichbaren Positionen im Jahresabschluss (Bilanz, Gewinn- und Verlustrechnung und Anhang) ausweisen oder ansetzen und in der Höhe nach denselben Vorschriften bewerten. **Handelsrechtlich** dient dies insbesondere dem **Gläubigerschutz** und der **Vergleichbarkeit** der Jahresabschlüsse und der darin ausgewiesenen Werte. Der Ausweis wird durch gemeinsame Vorschriften für Kreditgeber und Investoren glaubwürdiger und verlässlicher. Insbesondere Kreditgeber und Investoren sind an Werten des Vermögens interessiert, die sich zur dinglichen Sicherung bei Kreditgewährungen und/oder zu Beteiligungen eignen. **Steuerrechtlich** tragen die einheitlichen Bewertungsvorschriften ebenfalls zur Vergleichbarkeit der **Steuerbemessungsgrundlagen** und damit zur gerechteren Besteuerung bei.

Eine der Vermögens- und Schuldenlage des Unternehmens angepasste Bewertungsmethode wählen

○ **Bewertungsvorschriften**

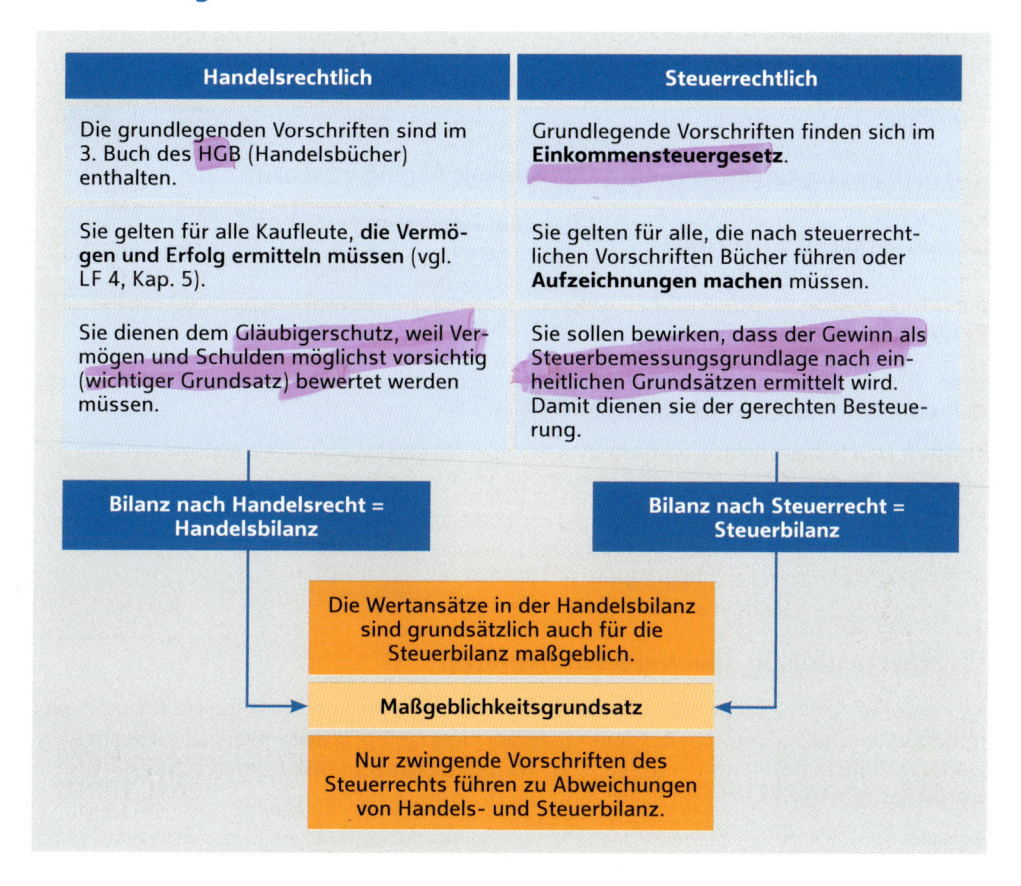

Handelsrechtlich	Steuerrechtlich
Die grundlegenden Vorschriften sind im 3. Buch des HGB (Handelsbücher) enthalten.	Grundlegende Vorschriften finden sich im **Einkommensteuergesetz**.
Sie gelten für alle Kaufleute, **die Vermögen und Erfolg ermitteln müssen** (vgl. LF 4, Kap. 5).	Sie gelten für alle, die nach steuerrechtlichen Vorschriften Bücher führen oder **Aufzeichnungen machen** müssen.
Sie dienen dem Gläubigerschutz, weil Vermögen und Schulden möglichst vorsichtig (wichtiger Grundsatz) bewertet werden müssen.	Sie sollen bewirken, dass der Gewinn als Steuerbemessungsgrundlage nach einheitlichen Grundsätzen ermittelt wird. Damit dienen sie der gerechten Besteuerung.
Bilanz nach Handelsrecht = Handelsbilanz	**Bilanz nach Steuerrecht = Steuerbilanz**

Die Wertansätze in der Handelsbilanz sind grundsätzlich auch für die Steuerbilanz maßgeblich.

Maßgeblichkeitsgrundsatz

Nur zwingende Vorschriften des Steuerrechts führen zu Abweichungen von Handels- und Steuerbilanz.

● **Allgemeine Bewertungsgrundsätze**

Für den Ansatz von Vermögensgegenständen und Schulden der Höhe nach für alle Kaufleute, die der Buchführungspflicht unterliegen und einen Jahresabschluss erstellen müssen, hat der Gesetzgeber in **§ 252 HGB** allgemeine Bilanzierungs- und Bewertungsgrundsätze definiert.

Allgemeine Bewertungsgrundsätze nach § 252 Abs. 1 HGB					
Bilanzidentität	Fortführung der Unternehmenstätigkeit (Going concern)	Einzelbewertungsprinzip	– Vorsichtsprinzip – Realisationsprinzip – Imparitätsprinzip	Periodenabgrenzung	Bewertungsstetigkeit
Abweichungen sind nur in begründeten Ausnahmefällen zulässig (§ 252 Abs. 2).					

○ Bilanzidentität (Bilanzgleichheit)

Die Eröffnungsbilanz eines Geschäftsjahres muss als **Ganzes** und in den **einzelnen Positionen** und Werten mit der Schlussbilanz des vorangegangenen Geschäftsjahres übereinstimmen.

○ Fortführung der Unternehmenstätigkeit (Going concern)

Bei der Bewertung ist von der **Fortführung** der Unternehmenstätigkeit auszugehen, nicht von der Veräußerung des Wirtschaftsgutes oder von der Auflösung des Unternehmens.

○ Einzelbewertung

Jedes Wirtschaftsgut und jede Schuld sind grundsätzlich einzeln zu bewerten. Aus diesem Grundsatz leitet sich ein **Saldierungsverbot** ab.

Beispiel Forderungen und Verbindlichkeiten dürfen nicht miteinander verrechnet werden. Dadurch würden die Vermögens- und die Finanzlage verfälscht.

Der Gesetzgeber hat unter bestimmten Bedingungen von der Einzelbewertung abweichende Bewertungsvereinfachungsverfahren bei den Materialien des UV zugelassen (vgl. § 240 Abs. 3 und 4 HGB S. 395 ff.).

○ Vorsichtsprinzip, Gläubigerschutzprinzip

Es sind alle vorhersehbaren Risiken und Verluste im Jahresabschluss zu berücksichtigen, um einen zu hohen Vermögens- und einen zu niedrigen Schuldenausweis zu vermeiden. Demnach dürfen Gewinne infolge von Wertsteigerungen nur berücksichtigt werden, wenn sie am Abschlusstag realisiert sind (**Realisationsprinzip**).

Beispiel Das Grundstück mit dem Anschaffungswert von 80 000,00 € und einem Verkehrswert von 120 000,00 € darf nicht mit 120 000,00 € angesetzt werden, weil 40 000,00 € Wertsteigerung nicht realisiert sind. Die Realisierung würde erst durch den Verkauf des Grundstücks erfolgen.

Drohende Wertverluste müssen dagegen berücksichtigt werden, obwohl sie noch nicht eingetreten sind. Wegen der unterschiedlichen Behandlung nicht realisierter Gewinne und Verluste spricht man auch vom **Imparitätsprinzip** (Imparität = Ungleichheit).

Die Beachtung des **Vorsichtsprinzips** verhindert, dass Vermögen und Gewinn zu hoch ausgewiesen werden. Unangemessene Besteuerung und Gewinnausschüttung werden verhindert. Die Haftungssubstanz gegenüber den Gläubigern bleibt somit erhalten (**Gläubigerschutzprinzip**).

○ Periodenabgrenzung

Aufwendungen und Erträge des Geschäftsjahres sind unabhängig von den Zeitpunkten der entsprechenden Zahlungen im Jahresabschluss zu berücksichtigen.

○ Bewertungsstetigkeit (Kontinuität)

Die auf den vorhergehenden Jahresabschluss angewandten Bewertungsmethoden müssen beibehalten werden. Mit diesem Grundsatz soll der Übergang zu anderen Bewertungsmethoden aus bilanztaktischen Erwägungen verhindert und die Vergleichbarkeit der Jahresabschlüsse gesichert werden.

Beispiel Die einmal gewählte Abschreibungsmethode für ein Anlagegut muss beibehalten werden.

Von diesen Grundsätzen darf nur in begründeten Ausnahmefällen abgewichen werden (§ 252 Abs. 2 HGB).

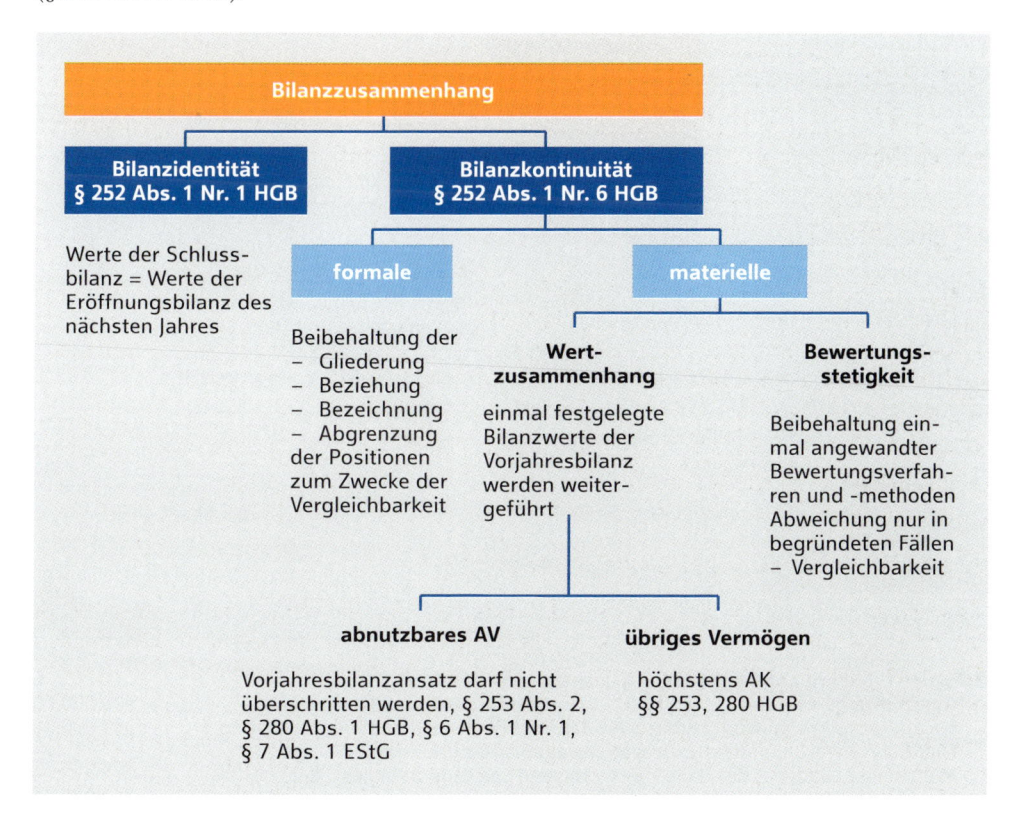

```
                          Bilanzzusammenhang
                    ┌─────────────┴─────────────┐
            Bilanzidentität              Bilanzkontinuität
            § 252 Abs. 1 Nr. 1 HGB       § 252 Abs. 1 Nr. 6 HGB
                                    ┌─────────────┴─────────────┐
    Werte der Schluss-          formale                      materielle
    bilanz = Werte der                                  ┌──────────┴──────────┐
    Eröffnungsbilanz des   Beibehaltung der         Wert-              Bewertungs-
    nächsten Jahres        - Gliederung             zusammenhang       stetigkeit
                           - Beziehung
                           - Bezeichnung        einmal festgelegte   Beibehaltung ein-
                           - Abgrenzung         Bilanzwerte der      mal angewandter
                             der Positionen     Vorjahresbilanz      Bewertungsverfah-
                             zum Zwecke der     werden weiter-       ren und -methoden
                             Vergleichbarkeit   geführt              Abweichung nur in
                                                                     begründeten Fällen
                                                                     - Vergleichbarkeit
                                    ┌─────────────┴─────────────┐
                             abnutzbares AV              übriges Vermögen
                        Vorjahresbilanzansatz darf nicht    höchstens AK
                        überschritten werden, § 253 Abs. 2, §§ 253, 280 HGB
                        § 280 Abs. 1 HGB, § 6 Abs. 1 Nr. 1,
                        § 7 Abs. 1 EStG
```

○ Niederstwertprinzip

Umlaufvermögen: Liegt der Tageswert (Börsen- oder Marktpreis) zum Bilanzstichtag unter dem Anschaffungswert oder dem vorherigen Wertansatz in der Bilanz, liegen auszuweisende nicht realisierte Verluste vor. Demnach muss das Vermögen zum niedrigeren Wert ausgewiesen werden **(strenges Niederstwertprinzip)**. Das strenge Niederstwertprinzip gilt nur für Gegenstände des Umlaufvermögens.

Beispiel

Anschaffungswert einer Tischlerplatte	48,00 €
Niedrigerer Wert zum Bilanzstichtag	38,00 €
Wertansatz in der Bilanz gemäß § 253 Abs. 3 HGB	38,00 €

Beim **Anlagevermögen** gilt ein **gemildertes Niederstwertprinzip**, da der niedrigere Wert nur dann angesetzt werden muss, wenn eine voraussichtlich dauernde Wertminderung vorliegt. Bei vorübergehender Wertminderung kann **nur bei Finanzanlagen** der niedrigere Wert (**Bewertungswahlrecht**) angesetzt werden. Entfällt der Grund für die Wertminderung, so gilt ein generelles **Zuschreibungsgebot** (§ 253 Abs. 5 HGB). Bei einer Zuschreibung ist aber das **Anschaffungskostenprinzip** in jedem Fall zu beachten. Bei abnutzbaren Anlagegütern bilden die fortgeführten Anschaffungskosten/HStK die Wertobergrenze (vgl. S. 371) für die Zuschreibung.

Bewertung des Anlagevermögens nach § 253 Abs. 1, 3 und 5 HGB			
	Abnutzbare Güter des Anlagevermögens mit zeitlich begrenzter Nutzungsdauer		Nicht abnutzbare Güter des Anlagevermögens mit zeitlich unbegrenzter Nutzungsdauer
Ausgangswert	Anschaffungskosten bzw. Herstellungskosten		Anschaffungskosten
– planmäßige Abschreibung	Gebot (§ 253 Abs. 1 HGB)		Verbot (§ 253 Abs. 1 HGB)
– außerplanmäßige Abschreibung	Gebot (§ 253 Abs. 3 HGB)	Voraussichtlich dauernde Wertminderung	Gebot (§ 253 Abs. 2 HGB)
	Wahlrecht (§ 253 Abs. 3 HGB Satz 4 bei Finanzanlagen)	Voraussichtlich vorübergehende Wertminderung	Wahlrecht (§ 253 Abs. 3 HGB)
+ Zuschreibung (maximal bis zu den fortgeführten AK/HStK)	Gebot (§ 253 Abs. 5 HGB)		Gebot (§ 253 Abs. 5 HGB)
= Buchwert			

Beispiel 1 Außerplanmäßige AfA €
Anschaffungswert einer Maschine bei zehnjähriger ND und linearer AfA 500 000,00
Fortgeführte Anschaffungskosten (vorläufiger Buchwert) zum Bilanzstichtag 3 ..... 350 000,00
Niedrigerer Wert zum Bilanzstichtag 3 wegen eines dauerhaften
Maschinenschadens, der dazu führt, dass die Leistungsfähigkeit der
Maschine sinkt 250 000,00
Außerplanmäßige AfA nach dem 3. Nutzungsjahr 100 000,00
Bilanzansatz bei erwarteter dauerhafter Werteinbuße 250 000,00

Beispiel 2 Wertaufholung/Zuschreibungsgebot €
Anschaffungswert einer Aktie 200,00
Wertansatz in der Bilanz des Vorjahres 185,00
Kurs zum Bilanzstichtag 205,00
Wertansatz in der Bilanz 200,00
Hier gilt ein Zuschreibungsgebot (für das AV und das UV). Die Anschaffungskosten bilden dabei die Wertobergrenze, sodass in der Bilanz nun wieder ein Wertansatz von 200,00 € pro Aktie anzusetzen ist.

Höchstwertprinzip

Das Höchstwertprinzip gilt bei der Bewertung von Verbindlichkeiten. Wie beim Niederstwertprinzip gilt auch hier das **Imparitätsprinzip**. Drohende Verluste und ungewisse Verbindlichkeiten müssen ausgewiesen werden.

- Realisations-, Niederstwert- und Höchstwertprinzip sind Ausdruck kaufmännischer Vorsicht.
- Zwecke sind Gläubigerschutz, Vermeidung zu hohen Gewinnausweises (Scheingewinn) und zu hoher Gewinnausschüttung und -versteuerung und Erhaltung der Haftungssubstanz.

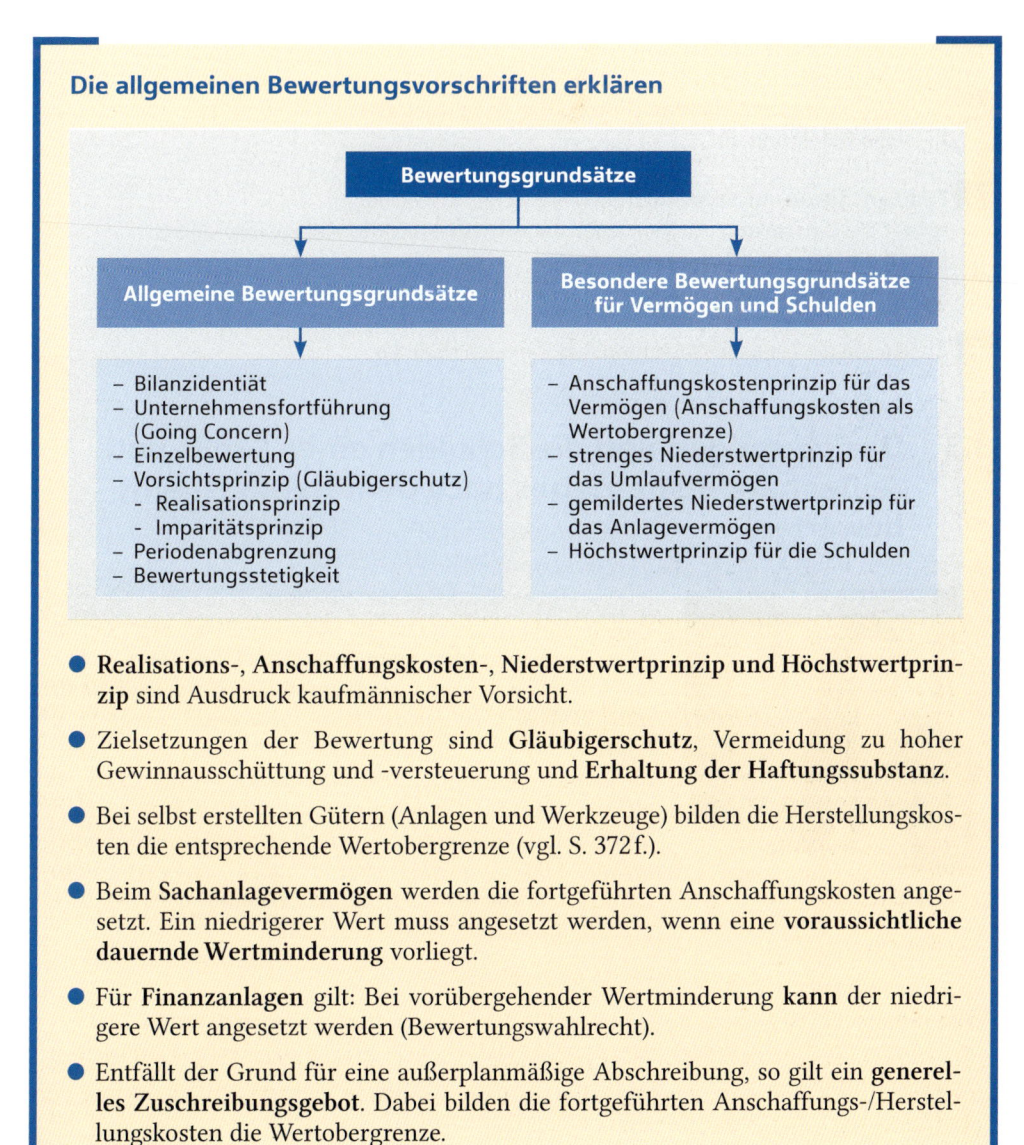

Die allgemeinen Bewertungsvorschriften erklären

Bewertungsgrundsätze

Allgemeine Bewertungsgrundsätze
- Bilanzidentiät
- Unternehmensfortführung (Going Concern)
- Einzelbewertung
- Vorsichtsprinzip (Gläubigerschutz)
  - Realisationsprinzip
  - Imparitätsprinzip
- Periodenabgrenzung
- Bewertungsstetigkeit

Besondere Bewertungsgrundsätze für Vermögen und Schulden
- Anschaffungskostenprinzip für das Vermögen (Anschaffungskosten als Wertobergrenze)
- strenges Niederstwertprinzip für das Umlaufvermögen
- gemildertes Niederstwertprinzip für das Anlagevermögen
- Höchstwertprinzip für die Schulden

- **Realisations-, Anschaffungskosten-, Niederstwertprinzip und Höchstwertprinzip** sind Ausdruck kaufmännischer Vorsicht.
- Zielsetzungen der Bewertung sind **Gläubigerschutz**, Vermeidung zu hoher Gewinnausschüttung und -versteuerung und **Erhaltung der Haftungssubstanz**.
- Bei selbst erstellten Gütern (Anlagen und Werkzeuge) bilden die Herstellungskosten die entsprechende Wertobergrenze (vgl. S. 372 f.).
- Beim **Sachanlagevermögen** werden die fortgeführten Anschaffungskosten angesetzt. Ein niedrigerer Wert muss angesetzt werden, wenn eine **voraussichtliche dauernde Wertminderung** vorliegt.
- Für **Finanzanlagen** gilt: Bei vorübergehender Wertminderung **kann** der niedrigere Wert angesetzt werden (Bewertungswahlrecht).
- Entfällt der Grund für eine außerplanmäßige Abschreibung, so gilt ein **generelles Zuschreibungsgebot**. Dabei bilden die fortgeführten Anschaffungs-/Herstellungskosten die Wertobergrenze.

LF 8 Werteströme auswerten

1. Erläutern Sie „strenges Niederstwertprinzip", „gemildertes Niederstwertprinzip" und „Höchstwertprinzip".

2. „Vorsichtige Bewertung entspricht dem Gläubigerschutzprinzip." Erläutern Sie diese Aussage an einem selbst gewählten Beispiel.

3. Erläutern Sie die Bewertungsprinzipien
   a) Realisationsprinzip,
   b) Imparitätsprinzip,
   c) Anschaffungskostenprinzip.

4. Erklären Sie am Beispiel das „Prinzip der Bewertungsstetigkeit" und geben Sie Gründe für seine Befolgung an.

5. Erläutern Sie die Auswirkung unterschiedlicher Bewertungen
   a) auf die Darstellung der Vermögenslage am Beispiel des Anlagevermögens
   b) auf die Darstellung der Ertragslage
   c) der Rückstellungen.

6. Stellen Sie die Ziele der Rechnungslegung nach HGB dar.

3.3 Das Vermögen und die Schulden eines Groß- und Außenhandelsbetriebes nach dem Handelsrecht bewerten

Nicole Höver wurde bei der Inventur in die Bewertungsfragen einbezogen. *„Das ist aber komisch"*, sagt sie an Frau Lapp gerichtet, *„das Grundstück, auf dem unsere Betriebsgebäude stehen und unser Parkplatz liegt, steht mit 80 000,00 € in den Büchern."* „Na und?", fragt Frau Lapp. *„Aber das sind doch, wie der Auszug des Grundbuchamtes bestätigt, 10 000 m²"*, meint Nicole. *„Das ist richtig, aber das Grundstück wurde schon 1970 gekauft und damals konnte man solche Grundstücke für umgerechnet 8,00 € pro Quadratmeter haben"*, antwortet Frau Lapp. *„Aber heute kostet hier das Bauland doch 100,00 € pro Quadratmeter"*, erwidert Nicole.

ARBEITSAUFTRÄGE
◆ Erläutern Sie die Bewertungsproblematik, die sich aus diesem Gespräch ergibt.
◆ Erläutern Sie, mit welchem Wert das Grundstück nach HGB in der Bilanz ausgewiesen werden muss.
◆ Nehmen Sie Stellung zum Informationswert der Bilanz, bezogen auf die Position „Bebaute Grundstücke".

Eine der Vermögens- und Schuldenlage des Unternehmens angepasste Bewertungsmethode wählen 393

● Bewertung des Vermögens

○ Materielle Vermögensgegenstände des Anlagevermögens

Anschaffungskosten

Für die Bewertung von Vermögensgegenständen des Anlagevermögens ist folgende Unterteilung bedeutsam:

Abnutzbare Anlagegüter mit zeitlich begrenzter Nutzungsdauer	z. B. Gebäude, Maschinen, Fahrzeuge, Betriebs- und Geschäftsausstattung (Büromöbel, Computer)
Nicht abnutzbare Güter des Anlagevermögens mit zeitlich nicht begrenzter Nutzungsdauer	z. B. Grundstücke, Beteiligungen, Wertpapiere des Anlagevermögens

Wirtschaftsgüter des Anlagevermögens sind grundsätzlich **höchstens zu Anschaffungs- oder Herstellungspreis** zu bewerten (Wertobergrenze), wobei **Anschaffungsnebenkosten** und **Anschaffungskostenminderungen** (vgl. S. 371) zu berücksichtigen sind.

Bei Anlagegütern mit zeitlich begrenzter Nutzungsdauer sind die **fortgeführten Anschaffungs- oder Herstellungskosten** anzusetzen.

> Fortgeführte Anschaffungs- oder Herstellungskosten =
> Anschaffungs- oder Herstellungskosten − planmäßige Abschreibungen

Bei **kurzfristiger Unterschreitung** der Anschaffungskosten der Anlagegüter mit nicht begrenzter Nutzungsdauer bzw. der fortgeführten Anschaffungskosten der Anlagegüter mit zeitlich begrenzter Nutzungsdauer **kann** eine außerplanmäßige Abschreibung auf den niedrigeren Wert (**gemildertes Niederstwertprinzip**) vorgenommen werden.

Bei voraussichtlich anhaltender Wertminderung **muss** der niedrigere Wert angesetzt werden. Fällt der Grund für die außerplanmäßige Abschreibung weg, besteht sowohl für Personengesellschaften als auch für Kapitalgesellschaften ein Wertaufholungsgebot bis zu den fortgeführten Anschaffungskosten.

Herstellungskosten

Bei selbst erstellten Gütern (Waren, Anlagen und Werkzeugen) bilden die **Herstellungskosten** (gemäß § 255 Abs. 2 HGB) die entsprechende **Wertobergrenze**.

○ Immaterielle Vermögensgegenstände des Anlagevermögens

Selbst geschaffene immaterielle Vermögensgegenstände des Anlagevermögens wie Software, Patente, Lizenzen und Know-how können den Wert von Unternehmen, die besonders innovativ sind, erheblich steigern. Für die dafür angefallenen Entwicklungskosten wird den betroffenen Unternehmen ein handelsrechtliches **Aktivierungswahlrecht** (§ 248 Abs. 2 HGB) eingeräumt.

Die so geschaffenen immateriellen Vermögensgegenstände des Anlagevermögens sind mit den Herstellungskosten (§ 255 Abs. 2a HGB) zu bewerten. **Grundvoraussetzung dafür ist eine „Produktreife"**, die die **Einzelverwertung** (Veräußerung, Anwendung oder Nutzungsüberlassung) des Vermögensgegenstandes ermöglicht (z. B. durch Bau eines Prototyps, der erfolgreiche Tests bestanden hat). Die Kosten für die Forschung dürfen hingegen nicht aktiviert werden. Sie können einem bestimmten Vermögensgegenstand nicht einzeln zugerechnet werden und sind somit nicht getrennt verwertbar. Es sind Aufwendungen für die allgemeine Unternehmensführung.

○ **Vermögensgegenstände des Umlaufvermögens**

Für die Bewertung des Umlaufvermögens gilt das **strenge Niederstwertprinzip**. Es dürfen höchstens die Anschaffungs- oder Herstellungskosten angesetzt werden. Liegt der Wert am Bilanzstichtag darunter, ist der niedrigere Wert anzusetzen. Wenn der Wert wieder steigt, ist die Rückkehr bis zu den Anschaffungs-/Herstellungskosten zwingend vorgeschrieben.

Bewertung des Umlaufvermögens nach HGB		
Ausgangswert	Anschaffungskosten/Herstellungskosten § 253 Abs. 1 Satz 1 HGB	Vermögensgegenstände, die dazu bestimmt sind, dem Betrieb nicht dauernd zu dienen.
– außerplanmäßige Abschreibung	Gebot: § 253 Abs. 4 Satz 1 HGB	von einem Börsen- oder Marktpreis abgeleiteter niedriger Wert
	Gebot: § 253 Abs. 4 Satz 2 HGB	niedrigerer beizulegender Wert
+ Zuschreibung	Gebot: § 253 Abs. 5 HGB	Maximal bis zu den AK/HStK, wenn der Grund für die außerplanmäßige Abschreibung entfallen ist.
= Buchwert		

Bewertung der Warenbestände eines Groß- und Außenhandelsbetriebes

Die Warenbestände sind, was ihre Wertmaßstäbe betrifft, in fremdbezogene und vom eigenen Betrieb hergestellte Warenbestände zu unterteilen.

> Ausgangswert für die Bewertung sind grundsätzlich
> - die **Anschaffungskosten** bei fremdbezogenen Waren,
> - die **Herstellungskosten** bei selbst hergestellten Waren.

Die **Anschaffungs- oder Herstellungskosten** bilden aus Gründen der Vorsicht die **Wertobergrenze** für die Bilanzierung der Warenbestände (§ 253 HGB).

Einzelbewertung

Grundsätzlich gilt auch für die Bewertung der Warenbestände der Grundsatz der **Einzelbewertung** (§ 252 HGB, § 6 Abs. 1 EStG).

Bewertungsvereinfachungsverfahren

Besonders bei der Bewertung der Warenbestände am Bilanzstichtag lassen sich aber die Anschaffungskosten oft nur schwer individuell feststellen. Das gilt vor allem für gleichartige Güter aus verschiedenen Anschaffungsvorgängen mit unterschiedlichen Anschaffungspreisen, die gemischt gelagert werden.

Beispiele Schrauben, Nägel, Brenn- und Treibstoffe, Schuttgüter (Getreide, Sand, Kies, Kohle)

Eine Einzelbewertung würde in diesem Falle zu einem Missverhältnis zwischen Arbeitsaufwand und Bewertungsgenauigkeit führen. Der Gesetzgeber gestattet daher **bei gleichartigen Gütern** die Durchbrechung des Grundsatzes der Einzelbewertung, indem er verschiedene **Bewertungsvereinfachungsverfahren** zulässt, aus denen zwei exemplarisch dargestellt werden:

1. **Durchschnittsbewertung bei Warenbeständen**

   Hiernach wird in der einfachsten Form aus dem Anfangsbestand und den Zugängen während des Geschäftsjahres ein **gewogener Durchschnittswert** ermittelt.

   Beispiel

Eingänge					Abschreibungssatz	
01.01.	800 kg zu je 7,50 €	=	6 000,00 €		15.03.	400 kg
15.06.	500 kg zu je 6,30 €	=	3 150,00 €		02.10.	600 kg
15.11.	900 kg zu je 6,40 €	=	5 760,00 €		12.12.	500 kg
	2200 kg	=	14 910,00 €			1500 kg
Bestand am 31.12. = 700 kg						
Durchschnittspreis =	$\dfrac{\text{Wert des Anfangsbestandes + Wert der Zugänge}}{\text{Menge aus Anfangsbestand + Zugängen}}$				$\dfrac{14\,910}{2200}$ = 6,777 €/kg	
Wertansatz des Warenpostens: 700 · 6,777 = 4 743,90 €						

   Genauer ist die Rechnung des gewogenen Durchschnitts nach jedem Zugang (**gleitender Durchschnitt**).

   Beispiel (Zahlen wie oben)

01.01.	Anfangsbestand	800 kg	zu je 7,50 €	=	6 000,00 €		
15.03.	Abgang	400 kg	zu je 7,50 €	=	3 000,00 €		
15.06.	Bestand	400 kg	zu je 7,50 €	=	3 000,00 €		
	Zugang	500 kg	zu je 6,30 €	=	3 150,00 €		
02.10.	Bestand	900 kg	zu je 6,833 €	=	6 150,00 €		
	Abgang	600 kg	zu je 6,833 €	=	4 100,00 €		
15.11.	Bestand	300 kg	zu je 6,833 €	=	2 050,00 €		(Aufrundung)
	Zugang	900 kg	zu je 6,40 €	=	5 760,00 €		
12.12.	Bestand	1200 kg	zu je 6,508 €	=	7 810,00 €		
	Abgang	500 kg	zu je 6,508 €	=	3 254,00 €		
31.12.	Bestand	700 kg	zu je 6,508 €	=	4 556,00 €		

Beim Vergleich der beiden Formen der Durchschnittsbewertung wird deutlich sichtbar, dass bei der letzten Form die Anschaffungskosten der zuletzt bezogenen Waren den Durchschnittswert wesentlich beeinflussen. Somit ist der gewogene Durchschnittspreis aktueller. Der Inventurwert kann auf diese Weise unmittelbar aus der Lagerdatei ermittelt werden. Der Durchschnittswert kommt nur zum Ansatz, wenn der Tageswert darüber liegt. Sonst ist der Tageswert für die Bilanzierung entscheidend. Die Differenz ist dann abzuschreiben. Gegen die Durchschnittsmethode bestehen keine steuerrechtlichen Bedenken.

2. Bewertung der Warenbestände mit fiktiven Verbrauchsfolgen

Nach § 256 HGB kann für den **Wertansatz gleichartiger Warenbestände** unterstellt werden, dass die zuerst oder dass die zuletzt angeschafften oder hergestellten Warenbestände veräußert werden. Mit dieser Bestimmung sind zwei Verfahren zur Ermittlung der Anschaffungs- oder Herstellungskosten gesetzlich verankert worden, bei denen

- gleichartige Waren gruppenweise zusammengefasst werden können,
- eine bestimmte Folge des Verbrauchs oder der Veräußerung unterstellt werden kann, wobei die fiktive Verbrauchsfolge nicht mit der tatsächlichen Folge übereinzustimmen braucht.

Nach der unterstellten Verbrauchsfolge sind die **Lifo-** und die **Fifo-Methode** zu unterscheiden.

> **Lifo-Methode (last in – first out)**
> Dieses Verfahren unterstellt, dass die **zuletzt** angeschafften oder hergestellten **Warenstände zuerst verbraucht oder veräußert** worden sind. Somit wird angenommen, dass die am Bilanzstichtag vorhandenen Endbestände aus den **ersten Einkäufen** stammen.

Beispiel Perioden-Lifo (praxisüblich, vgl. Zahlen oben)

Die 700 kg, welche sich noch auf Lager befinden, stammen aus dem Anfangsbestand, da vereinfachend angenommen wird, dass die zuletzt beschafften Materialien bereits wieder verbraucht wurden: 700 kg zu je 7,50 € = 5 250,00 €

Beispiel Permanentes Lifo (Zahlen dazu siehe Beispiel zur Durchschnittsmethode S. 395)

01.01.	Anfangsbestand	800 kg zu je 7,50 €	
15.03.	Ausgang	400 kg zu je 7,50 €	Bestand 400 kg zu je 7,50 €
15.06.	Zugang	500 kg zu je 6,30 €	
02.10.	Ausgang	500 kg zu je 6,30 €	
		100 kg zu je 7,50 €	Bestand 300 kg zu je 7,50 €
15.11.	Zugang	900 kg zu je 6,40 €	
12.12.	Ausgang	500 kg zu je 6,40 €	Bestand 700 kg

Dieser Bestand wäre wie folgt zu bewerten:
  300 kg zu je 7,50 € = 2 250,00 €
+ 400 kg zu je 6,40 € = 2 560,00 €
= 700 kg zu je 6,87 € = **4 810,00 €**

Hier wird deutlich, dass **bei fallenden Preisen** die Bestände am Bilanzstichtag mit höheren Werten angesetzt würden, als die Wiederbeschaffungskosten an diesem Tage sind. Wegen des strengen Niederstwertprinzips ist der Wertansatz mit dem aktuellen Tageswert am Bilanzstichtag zu vergleichen und der niedrigere Wert in der Bilanz auszuweisen.

Bei steigenden Preisen dagegen werden die alten Bestände mit Werten ausgewiesen, die unter dem Börsen- oder Marktpreis (Wiederbeschaffungspreis) des Bilanzstichtages liegen. Das führt zu einer niedrigeren Bewertung des Bestandes und zu einer höheren Bewertung des Materialverbrauchs. Es entstehen stille Reserven.

> **Fifo-Methode (first in – first out)**
> Dieses Verfahren unterstellt, dass die **zuerst** angeschafften oder hergestellten **Warenstände zuerst verbraucht oder veräußert** worden sind und dass die Endbestände am Bilanzstichtag aus den **letzten Einkäufen** stammen.

Beispiel Fifo (Zahlen dazu siehe Beispiel zur Durchschnittsmethode S. 395)

01.01.	Anfangsbestand	800 kg zu je 7,50 €	
15.03.	Ausgang	400 kg zu je 7,50 €	Bestand 400 kg zu je 7,50 €
15.06.	Zugang	500 kg zu je 6,30 €	
02.10.	Ausgang	400 kg zu je 7,50 € 200 kg zu je 6,30 €	Bestand 300 kg zu je 6,30 €
15.11.	Zugang	900 kg zu je 6,40 €	
12.12.	Ausgang	300 kg zu je 6,30 € 200 kg zu je 6,40 €	Bestand 700 kg zu je 6,40 €
		700 kg zu je 6,40 €	= **4 480,00 €**

Bei sinkenden Preisen ist dieses Verfahren sehr zweckmäßig, weil die vorhandenen Bestände mit Anschaffungswerten ausgewiesen werden, die den Wiederbeschaffungskosten des Bilanzstichtages i. d. R. entsprechen. Zudem ist, da Abgänge und Verbrauch mit den effektiven Werten belastet werden, die Substanzerhaltung gesicherter.

Steigende Preise würden dagegen den Ausweis des Bestandes mit Werten, die über den Durchschnittswerten des Abrechnungszeitraumes liegen, bewirken. Wegen des strengen Niederstwertprinzips ist auch hier der Wertansatz mit dem Tageswert am Bilanzstichtag zu vergleichen und der niedrigere Wert in der Bilanz anzusetzen.

Bewertung des übrigen Umlaufvermögens

Zu dem übrigen Umlaufvermögen gehören u. a. Forderungen a. LL., Wechselforderungen, Wertpapiere des Umlaufvermögens.

Ihre Bewertung, die grundsätzlich auch für die Vorräte gilt, geht aus folgender Übersicht hervor:

Bewertung des Umlaufvermögens in der Bilanz nach Handelsrecht (§ 253 HGB)
Anschaffungs- oder Herstellungskosten
AK oder HK > Tageswert Ansatz des niedrigeren Wertes (strenges Niederstwertprinzip)
Tageswert > vorheriger Bilanzansatz Ist der Wert wieder gestiegen, ist eine Zuschreibung bis Tageswert, maximal jedoch bis zu den AK oder HK, verpflichtend.

● Bewertung der Schulden

○ Verbindlichkeiten

Nach § 253 Abs. 1 HGB sind Verbindlichkeiten zum **Erfüllungsbetrag** anzusetzen. Der Erfüllungsbetrag ist der Betrag, der zum Ausgleich einer Verbindlichkeit benötigt wird (ohne Verminderung durch etwaige Skonti). Mögliche Säumniszuschläge oder Verzugszinsen erhöhen den Erfüllungsbetrag nicht.

○ Währungsverbindlichkeiten

Währungsverbindlichkeiten mit einer Restlaufzeit von ≥ 1 Jahr sind nach dem Höchstwertprinzip zu bewerten. Beträgt die Restlaufzeit der Verbindlichkeit weniger als ein Jahr, ist der **Devisenkassamittelkurs** des Bilanzstichtages anzusetzen.

Beispiel Die Kröger & Bach KG kaufte am 13.11.20.. Hochdruckreiniger im Wert von 20 000,00 USD, Ziel: 60 Tage; Kurs für den Euro am 13.11.: 1,00 EUR = 1,10 USD. Der Gegenwert beträgt 18 181,82 EUR.

Kurs für den Euro am 31.12.: 1,00 EUR = 1,05 USD
Da Verbindlichkeiten gemäß § 253 Abs. 1 Satz 2 HGB mit ihrem Rückzahlungsbetrag anzusetzen sind, muss aus Vorsichtsgründen am 31.12. (vgl. § 252 Abs. 1 Nr. 4 HGB) zum höheren Kurs von 1,00 EUR = 1,05 USD bewertet werden. In der Bilanz wird die Verbindlichkeit daher mit 19 047,62 EUR ausgewiesen. Die Anwendung des Höchstwertprinzips und die Tatsache, dass die Restlaufzeit < 1 Jahr ist, führen in diesem Fall zu einem identischen Ergebnis.

Kurs für den EUR am 31.12.: 1,00 EUR = 1,15 USD
Der niedrigere Kurs zum Bilanzstichtag würde einen Rückzahlungsbetrag, der kleiner ist als der Nennwert der ursprünglichen Verbindlichkeit (17 391,30 EUR zu 18 181,82 EUR), bewirken. Wegen der geringen Restlaufzeit ist die Verbindlichkeit in diesem Fall jedoch mit 17 391,30 EUR zu bewerten. Nur wenn die Restlaufzeit der Verbindlichkeit mindestens ein Jahr betragen würde, käme das **Höchstwertprinzip** zum Tragen und die Forderung wäre mit 18 181,82 EUR zu bewerten.

Das Vermögen und die Schulden eines Groß- und Außenhandelsbetriebes nach dem Handelsrecht bewerten

- **Bewertung des Anlagevermögens (AV)**
  - Bewertungsansatz zu **Anschaffungs- oder Herstellungskosten**
  - außerplanmäßige Abschreibung bzw. fortgeführte AK/HStK bei voraussichtlich **dauernder Unterschreitung** zwingend.
  - wenn der Wert wieder steigt, ist die Rückkehr bis zu den **fortgeführten Anschaffungskosten** zwingend.
- Für selbst geschaffene **immaterielle Vermögensgegenstände** des Anlagevermögens wie Software, Patente, Lizenzen und Know-how besteht ein Aktivierungswahlrecht.
- **Bewertung des Umlaufvermögens (UV)**
  - Anschaffungs- oder Herstellungskosten
  - niedrigerer Wert, wenn der Tageswert niedriger ist **(strenges Niederstwertprinzip)**
  - Liegt der Tageswert am Bilanzstichtag über dem bisherigen Bilanzansatz, ist eine **Zuschreibung** bis zum Tageswert (höchstens bis zu den AK) zwingend.
  - Für **selbst geschaffene immaterielle Vermögensgegenstände** des Anlagevermögens wie Software, Patente, Lizenzen und Know-how besteht ein **Aktivierungswahlrecht**.

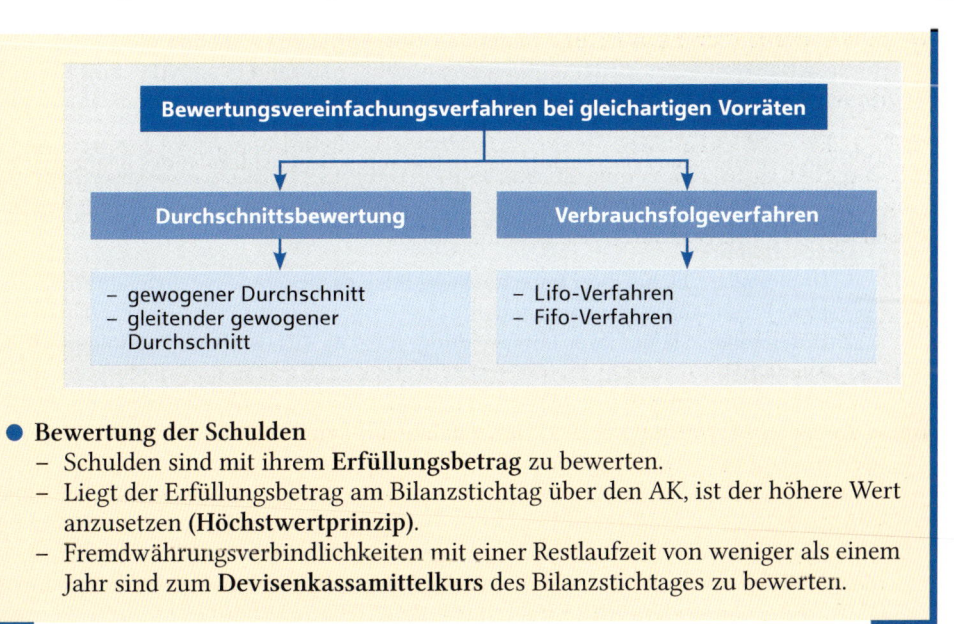

Eine der Vermögens- und Schuldenlage des Unternehmens angepasste Bewertungsmethode wählen | 399

```
                    Bewertungsvereinfachungsverfahren bei gleichartigen Vorräten
                    
            Durchschnittsbewertung                    Verbrauchsfolgeverfahren
            
            – gewogener Durchschnitt                  – Lifo-Verfahren
            – gleitender gewogener                    – Fifo-Verfahren
              Durchschnitt
```

- **Bewertung der Schulden**
  - Schulden sind mit ihrem **Erfüllungsbetrag** zu bewerten.
  - Liegt der Erfüllungsbetrag am Bilanzstichtag über den AK, ist der höhere Wert anzusetzen **(Höchstwertprinzip)**.
  - Fremdwährungsverbindlichkeiten mit einer Restlaufzeit von weniger als einem Jahr sind zum **Devisenkassamittelkurs** des Bilanzstichtages zu bewerten.

1. Im Januar des Geschäftsjahres (1. Januar – 31. Dezember) wurde ein 2000 m² großes unbebautes Grundstück von einer Holzgroßhandlung erworben.

Vertrag, BA: Kauf eines Grundstücks gegen Zahlung durch Banküberweisung	180 000,00 €
BA: Banküberweisung der Grunderwerbsteuer für den Grundstückserwerb an das Finanzamt: 3,5 % des Kaufpreises	6 300,00 €
KB: Gerichtskosten für die Grundbucheintragung bar bezahlt	1 200,00 €
ER, BA: Banküberweisung der Notariatskosten, netto ..... 3 200,00 € + 19 % Umsatzsteuer .... 608,00 €	3 808,00 €

Informationen zum 31. Dezember des Geschäftsjahres:
Die Grundstückspreise stiegen in dieser Lage im Laufe der vergangenen Monate erheblich, weil in diesem Gebiet ein modernes Gewerbezentrum errichtet werden soll. Der Quadratmeterpreis ist inzwischen für vergleichbare Grundstücke in diesem Gebiet auf 105,00 € gestiegen.
Die Unternehmungsleitung ist der Auffassung, dass das 2000 m² große Grundstück der Unternehmung entsprechend zu bewerten ist.
a) Berechnen Sie die Anschaffungskosten des Grundstücks insgesamt und je Quadratmeter.
b) Mit welchem Wert ist das Grundstück zum Bilanzstichtag zu bewerten?

2. In der **Bilanz zum 31. Dezember des Vorjahres** wurde ein unbebautes Grundstück von 2000 m² mit folgenden Anschaffungskosten bewertet: .... 188 000,00 €
Wegen der Änderung des Bebauungsplanes wurden im laufenden Geschäftsjahr nur noch Grundstückspreise von etwa 70,00 € je Quadratmeter in diesem Gebiet bezahlt. Aufgrund dieser Entwicklung wurde das Grundstück mit dem niedrigeren Wert
von .... 140 000,00 €
in der **Bilanz zum 31. Dezember des laufenden Geschäftsjahres** angesetzt.
Es ist anzunehmen, dass diese Preissenkung **voraussichtlich langfristig** andauern wird.

In der **zweiten Jahreshälfte des folgenden Geschäftsjahres** stiegen die Grundstückspreise in diesem Gebiet wieder an, weil eine Autobahnauffahrt in unmittelbarer Nähe neu eingerichtet wird. Die Grundstückspreise stiegen dadurch für vergleichbare Grundstücke auf 120,00 € je Quadratmeter.

a) Begründen Sie den Bilanzansatz des unbebauten Grundstücks in der Bilanz des Vorjahres.
b) Bewerten Sie das unbebaute Grundstück zum 31. Dezember des folgenden Geschäftsjahres.
  1. Unterstellen Sie bei Ihrer Entscheidung, dass es sich um eine Einzelunternehmung bzw. Personengesellschaft handelt.
  2. Unterstellen Sie bei Ihrer Entscheidung, dass es sich um eine Kapitalgesellschaft handelt.

3. In der Finanzbuchhaltung einer Großhandlung sind folgende Fälle der Beschaffung von Wirtschaftsgütern des Anlagevermögens zu bearbeiten:

ER, BA vom 10.01.: Kauf von zehn PCs .... 19 000,00 €
+ 19 % USt .... 3 610,00 €
                                                           22 610,00 €

Die betriebsgewöhnliche Nutzungsdauer der PCs beträgt vier Jahre. Zum Ende des zweiten Nutzungsjahres wird festgestellt, dass die Anschaffungskosten für einen PC dieser Ausstattung aufgrund der technischen Entwicklung nur noch 1 200,00 € betragen.

a) Berechnen Sie die Anschaffungskosten für einen PC und begründen Sie Ihre Berechnung.
b) Berechnen Sie die fortgeführten Anschaffungskosten der PCs zum Ende des Geschäftsjahres bei linearer AfA.
c) Erläutern Sie die Auswirkung der Informationen über die Preisentwicklung solcher PCs auf den Bilanzansatz zum 31. Dezember des zweiten Nutzungsjahres.

4. Bei der Inventur des Lagerbestandes einer Elektrogerätegroßhandlung entstand folgendes Bewertungsproblem:

70 Waschmaschinen, Marke „Öko", Anschaffungskosten .... à 600,00 €
90 Waschmaschinen, Marke „Super-Spar", Anschaffungskosten ...... à 500,00 €

Die Anschaffungskosten solcher Waschmaschinen betrugen jedoch zum Zeitpunkt der Bilanzierung:
Waschmaschine, Marke „Öko" .... 450,00 €
Waschmaschine, Marke „Super-Spar" .... 570,00 €

a) Berechnen Sie den Wertansatz der 160 Waschmaschinen im Inventar und begründen Sie Ihre Entscheidung.
b) Erläutern Sie die Auswirkung Ihrer Bewertung auf die Bilanz und die Gewinn- und Verlustrechnung des Geschäftsjahres.

5. Bei der Inventur des Lagerbestandes eines Möbelgroßhandels entstand folgendes Bewertungsproblem:
Im **November des Geschäftsjahres** waren folgende Einkäufe zu buchen:
1. ER, BA: Einkäufe von Möbeln von verschiedenen Lieferern gegen sofortige Zahlung durch Banküberweisung.
2. ER, KB: Barzahlung der Frachtkosten für den Bezug der drei Möbellieferungen

Eine der Vermögens- und Schuldenlage des Unternehmens angepasste Bewertungsmethode wählen

Warenart	Listenpreis, netto	Rabatt	Skonto	Fracht, netto	Umsatzsteuer
12 Tische	6 513,24 €	6 %	2 %	240,00 €	19 %
10 Schränke	8 247,42 €	5 %	3 %	400,00 €	19 %
10 Regale	3 116,88 €	12,5 %	1 %	300,00 €	19 %

Zum Zeitpunkt der Inventur waren die im November gekauften Möbel noch vorhanden. Wiederbeschaffungskosten dieser Möbel zum Bilanzstichtag:
Tische .... à 430,00 €
Schränke .... à 850,00 €
Regale. .... à 180,00 €

a) Berechnen Sie die Anschaffungskosten der Tische, Schränke und Regale und begründen Sie Ihre Berechnung.
b) Bewerten Sie diese Bestände zum Bilanzstichtag und begründen Sie Ihre Bewertung.

6. Ein Großhändler hat im letzten Geschäftsjahr folgende Einkäufe getätigt:

Warengruppe A   Warengruppe B
12.10. 500 kg zu je 4,50 €   19.10. 800 kg zu je 2,20 €
08.11. 900 kg zu je 4,00 €   07.11. 300 kg zu je 2,50 €
07.12. 600 kg zu je 3,00 €   09.12. 400 kg zu je 3,00 €

Folgende Abgänge sind ermittelt worden:
Warengruppe A   Warengruppe B
15.10. 300 kg   20.10. 600 kg
15.11. 700 kg   25.11. 400 kg

a) Ermitteln Sie die Werte für den Bestand der Warengruppe A nach dem gleitenden gewogenen Durchschnitt, dem Lifo-Verfahren und nehmen Sie dazu Stellung.
b) Ermitteln Sie die Werte für den Bestand der Warengruppe B nach dem gleitenden gewogenen Durchschnitt und dem Fifo-Verfahren und nehmen Sie dazu Stellung.

7. Ein Werkzeuggroßhändler hatte bei der Materialart „Sechskantschrauben" folgende Bestandsbewegungen:

Anfangsbestand   40 000 Stück zu 13,00 € je 100 Stück
Lagerzugang   25 000 Stück zu 13,20 € je 100 Stück
Lagerabgang   12 000 Stück
Lagerzugang   20 000 Stück zu 13,50 € je 100 Stück
Lagerabgang   30 000 Stück
Endbestand 31.12.   ?

a) Berechnen Sie den Wert des Endbestandes
   aa) bei Anwendung des Lifo-Verfahrens,
   ab) bei Anwendung des Fifo-Verfahrens,
   ac) bei Anwendung des gleitenden gewogenen Durchschnittsverfahrens
   ad) bei Anwendung des gewogenen Durchschnittsverfahrens
b) Welches Verfahren ist steuerrechtlich zulässig?
c) Welche Wertansätze wären handelsrechtlich „zulässig"?
d) Bei welchem Wertansatz würde der Erfolg am geringsten ausgewiesen?

8. Eine Maschinengroßhandlung kaufte am 10. Dezember 20.. gegen Zielgewährung von 60 Tagen in den USA Waren im Wert von 150 000,00 USD zum Kurs von 1,22 USD für 1,00 EUR.
Mit welchem Wert ist die Verbindlichkeit in der Bilanz anzusetzen, wenn der Kurs zum 31. Dezember 20.. a) 1,17 bzw. b) 1,25 beträgt? Begründen Sie Ihre Entscheidung.

9. Die Ruhr-Stahlhandel GmbH, Duisburg, erhielt im November gegen Gewährung eines Zahlungsziels von 60 Tagen Stahl aus Kanada zum Rechnungsbetrag von 270 000,00 CAD. Der Devisenkurs bei Lieferung betrug: 1,00 EUR = 1,75 CAD.
Am Bilanzstichtag war der Devisenkurs: 1,00 EUR = 1,80 CAD.
1. Bewerten Sie die Verbindlichkeit zum Bilanzstichtag.
   Begründen Sie Ihre Entscheidung.
2. Bewerten Sie die Verbindlichkeit für den Fall, dass der Devisenkurs zum Bilanzstichtag 1,00 EUR = 1,68 CAD betragen hätte.

10. Die Stahlgroßhandlung Wega GmbH, Köln, erhielt im November eine Lieferung hochwertigen Stahls aus Kanada zum Rechnungsbetrag von 750 000,00 CAD. Der Devisenkurs bei Lieferung betrug 1,00 EUR = 1,74 CAD.
a) Mit welchem Wert muss die Verbindlichkeit in der Bilanz ausgewiesen werden?
b) Wie lauten die Buchungen?
c) Begründen Sie die Wahl des Bilanzansatzes über die dafür wesentlichen Bewertungsgrundsätze und -vorschriften.
d) Mit welchem Wert hätte die Verbindlichkeit ausgewiesen werden müssen, wenn der Devisenkurs zum Bilanzstichtag 1,00 EUR = 1,70 CAD betragen hätte?

11. Im Rahmen der Bewertung der Inventurbestände in der Baustoffgroßhandlung Jörg Berger e. K. sollen Sie festlegen, mit welchem Einzelwert in Euro folgende Wirtschaftsgüter anzusetzen sind:
a) Isolierplatten, die am 10.11. zum Anschaffungswert von 38,00 EUR gekauft, für die der Verkaufspreis mit 54,00 EUR kalkuliert wurde, die der Lieferer in der neusten Preisliste für das folgende Geschäftsjahr für 35,80 EUR anbietet.
b) Grundstück, Luisenstraße 35, mit einem Anschaffungswert von 80 000,00 EUR vor zehn Jahren und einem Tageswert von 175 000,00 EUR am Bilanzstichtag.
c) Eine Verbindlichkeit a. LL. gegenüber einem US-amerikanischen Lieferer von verschiedenen Baustoffen aufgrund der Eingangsrechnung über 47 200,00 USD bei einem Dollarkurs von 1,12 bei Rechnungserteilung und von 1,18 am Bilanzstichtag.
d) Ein Gabelstapler mit einem Anschaffungswert von 48 000,00 EUR, vor genau drei Jahren angeschafft, und einer linearen Abschreibung über eine betriebsgewöhnliche Nutzungsdauer von acht Jahren.

4 Die Vermögens- und Kapitalstruktur, die Finanzlage sowie die Erfolgssituation mithilfe von Kennzahlen bewerten

4.1 Die Bilanz aufbereiten und auswerten

Die Primus GmbH hat einen Kredit über 400 000,00 € zur Finanzierung eines Erweiterungsbaus bei der Kreissparkasse Duisburg beantragt. Auf Verlangen der Kreditsachbearbeiterin hat Herr Müller dem Antrag die nachstehenden Bilanzen der beiden letzten Geschäftsjahre beigefügt. Die Kreditsachbearbeiterin befasst sich intensiv mit den Posten des Anlagevermögens und der Schulden.

A			Bilanzen der Primus GmbH		P
	Berichtsjahr	Vorjahr		Berichtsjahr	Vorjahr
A. Anlagevermögen			**A. Eigenkapital**		
I. Sachanlagen	907 500,00	782 500,00	I. gezeichnetes Kapital	600 000,00	600 000,00
B. Umlaufvermögen			II. Gewinnrücklage	156 250,00	50 000,00
I. Vorräte	247 875,00	206 500,00	III. Jahresüberschuss[1]	109 639,50	206 250,00
II. Forderungen und sonstige Vermögensgegenstände	131 625,00	128 500,00	**B. Rückstellungen**[2]	172 500,00	142 500,00
III. Kassenbestand, Bundesbankguthaben, Guthaben bei Kreditinstituten	113 000,00	82 500,00	**C. Verbindlichkeiten**[3]	361 610,50	201 250,00
	1 400 000,00	1 200 000,00		1 200 000,00	1 400 000,00

[1] 106 250,00 € wurden im Vorjahr den Gewinnrücklagen zugeführt, der Rest den kurzfristigen Verbindlichkeiten. Im Berichtsjahr soll der gesamte Jahresüberschuss ganz im Unternehmen bleiben.

[2]
	Berichtsjahr	Vorjahr
davon Pensionsrückstellungen	125 000,00	100 000,00
Steuerrückstellungen	22 500,00	25 000,00
Sonstige Rückstellungen	25 000,00	17 500,00

[3] davon 150 000,00 € (im Vorjahr 50 000,00 €) mit einer Laufzeit von über 5 Jahren, die übrigen Verbindlichkeiten haben Laufzeiten unter einem Jahr.

ARBEITSAUFTRÄGE
◆ Erklären Sie das besondere Interesse der Kreditsachbearbeiterin für das Anlagevermögen und die Schulden.
◆ Stellen Sie Gründe zusammen, weshalb die Kreditsachbearbeiterin die Vorlagen der beiden letzten Bilanzen verlangt hat.
◆ Überprüfen Sie, ob Sie nach Auswertung der Bilanzen den beantragten Kredit bewilligen würden.

Auswertung von internen und externen Informationen

Bei der **Bilanzanalyse** handelt es sich um eine **verdichtete Informationsvermittlung**, bei der Unternehmensinformationen aufbereitet und mittels Kennzahlen und sonstigen Methoden ausgewertet werden. Ziel dieser Auswertungen im Rahmen der Bilanzanalyse ist immer die Bereitstellung von Maßstäben zur **Beurteilung der gegenwärtigen wirtschaftlichen Lage** sowie für **Prognosen der zukünftigen wirtschaftlichen Lage eines Groß- und Außenhandelsunternehmens**.

Um in der Analyse zu vollständigen und aussagekräftigen Erkenntnissen zu gelangen, reicht es nicht aus, sich ausschließlich auf die Auswertung der Bilanz zu beschränken. Vielmehr sind auch die Daten der **GuV-Rechnung** (vgl. Seite 347 f.), die Informationen des **Anhangs** (vgl. Seite 348), des **Lageberichts** (vgl. Seite 349) sowie weitere **interne und externe Informationen** zu berücksichtigen.

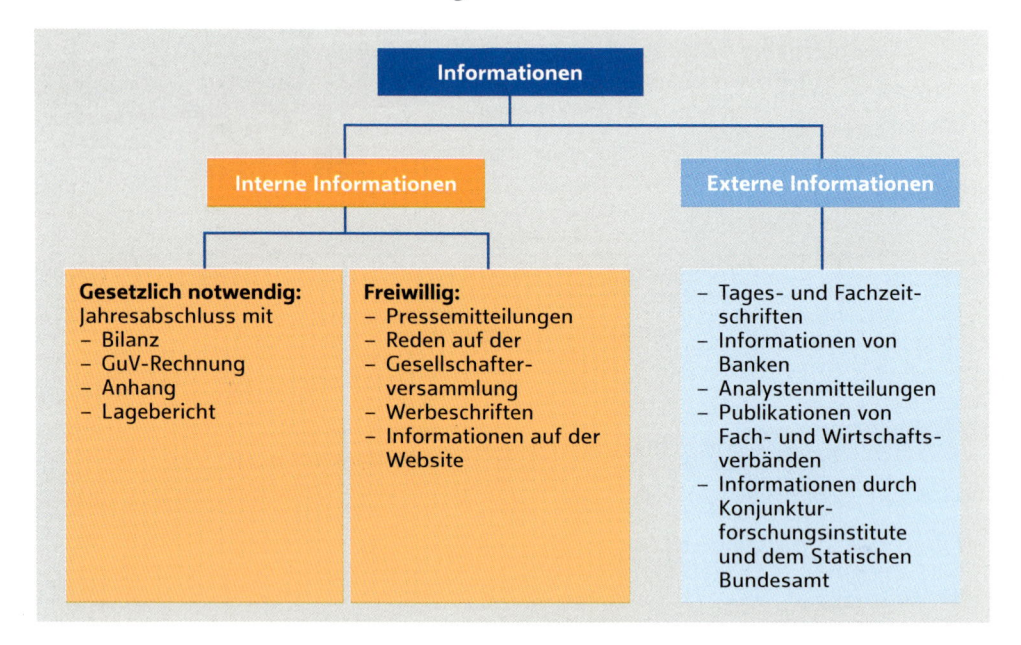

```
                          Informationen
                         /             \
            Interne Informationen    Externe Informationen
           /                    \
```

Interne Informationen		Externe Informationen
Gesetzlich notwendig: Jahresabschluss mit – Bilanz – GuV-Rechnung – Anhang – Lagebericht	**Freiwillig:** – Pressemitteilungen – Reden auf der Gesellschafterversammlung – Werbeschriften – Informationen auf der Website	– Tages- und Fachzeitschriften – Informationen von Banken – Analystenmitteilungen – Publikationen von Fach- und Wirtschaftsverbänden – Informationen durch Konjunkturforschungsinstitute und dem Statischen Bundesamt

Dabei kommt dem **Anhang** eine besondere Bedeutung zu. Seine Hauptaufgabe ist es, Angaben der Bilanz und GuV-Rechnung näher zu erläutern (vgl. §§ 284–288 HGB). Nach § 264 HGB ist der Anhang **gleichrangiger Bestandteil des Jahresabschlusses** gegenüber der Bilanz und der GuV-Rechnung. So gibt es Informationen, die entweder in den Rechenwerken Bilanz **oder** GuV-Rechnung **oder** im Anhang vermittelt werden können.

Beispiel Nähere Informationen zu Verbindlichkeiten, Forderungen und dem Anlagespiegel werden von der Bilanz in den Anhang verlagert.

Von diesem Wahlrecht machen Unternehmen zunehmend Gebrauch. Dies erleichtert zwar die Lesbarkeit der Rechenwerke, bedingt jedoch auch, dass der **Anhang** verstärkt in die **Auswertung** der Bilanzanalyse einbezogen werden muss.

Interessenten der Auswertung

Aus einem vorliegenden Jahresabschluss können von den verschiedenen Interessenten zahlreiche Informationen erschlossen werden.

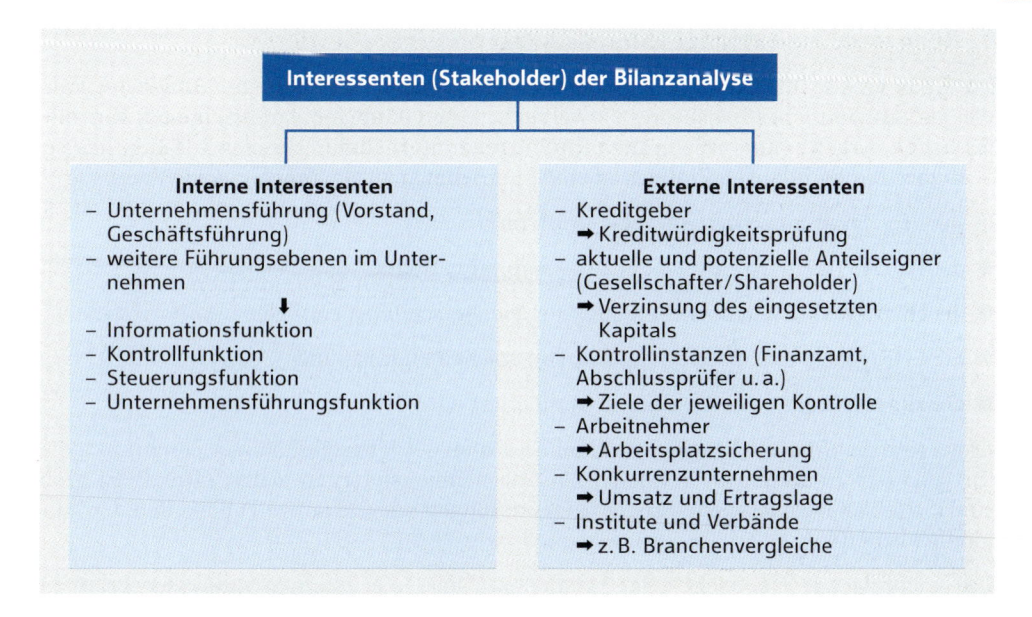

Die Vermögens- und Kapitalstruktur, die Finanzlage und die Erfolgssituation mithilfe von Kennzahlen bewerten

```
                    Interessenten (Stakeholder) der Bilanzanalyse
                    ┌──────────────────────┴──────────────────────┐
```

Interne Interessenten	Externe Interessenten
– Unternehmensführung (Vorstand, Geschäftsführung) – weitere Führungsebenen im Unternehmen ↓ – Informationsfunktion – Kontrollfunktion – Steuerungsfunktion – Unternehmensführungsfunktion	– Kreditgeber ➜ Kreditwürdigkeitsprüfung – aktuelle und potenzielle Anteilseigner (Gesellschafter/Shareholder) ➜ Verzinsung des eingesetzten Kapitals – Kontrollinstanzen (Finanzamt, Abschlussprüfer u. a.) ➜ Ziele der jeweiligen Kontrolle – Arbeitnehmer ➜ Arbeitsplatzsicherung – Konkurrenzunternehmen ➜ Umsatz und Ertragslage – Institute und Verbände ➜ z. B. Branchenvergleiche

○ Bilanzanalyse interner Interessenten

Vor allem für die Unternehmensleitung und die verschiedenen Führungsebenen eines Groß- und Außenhandelsunternehmens ergeben sich durch die Auswertung des eigenen Jahresabschlusses wichtige unternehmerische Erkenntnisse, die in Entscheidungen münden.

Information	Informationen und Zusammenhänge zur Geschäftsentwicklung werden transparent.
Kontrolle	Verdichtete Informationen werden zu vorgegebenen Vergleichsmaßstäben (Zeitvergleich, Branchenvergleich, Soll-Ist-Vergleich) in Beziehung gesetzt.
Steuerung	Aus der Analyse des Jahresabschlusses werden Schlussfolgerungen gezogen. Dabei sind unzureichende Ergebnisse durch entsprechende Maßnahmen zu beheben.
Unternehmensführung	Durch den Einsatz von Kennzahlen und weiteren Analyseerkenntnissen werden die Entscheidungsträger in die Lage versetzt, betriebliche Entscheidungen zu treffen (z. B. Investitionen und Marketingkonzepte).

Bei der Auswertung des Jahresabschlusses übernimmt der **Controller** bzw. die Controllingabteilung eines Unternehmens eine wichtige Funktion. Das **Controlling** erarbeitet **Daten**, **Methoden** und **Modelle zur Kontrolle**, analysiert die Kontrollergebnisse und unterbreitet **Veränderungsvorschläge** und **Planungsvorhaben** für künftige Entscheidungen der Unternehmensleitung. Der Controller übernimmt somit eine **Assistenz- und Beraterfunktion** der Unternehmensleitung bei der Steuerung des Unternehmens. Dabei greift er auf **unternehmensinterne Daten** (Finanzbuchhaltung, Kosten- und Leistungsrechnung) zu, die externen Interessenten nicht zur Verfügung stehen.

○ Bilanzanalyse externer Interessenten

Die Erkenntnisse, die sich aus der Bilanzanalyse ergeben, sind auch für Außenstehende von außerordentlicher Bedeutung. So versuchen die **Gläubiger, Anteilseigener, Kotrollinstanzen, Arbeitnehmer** sowie auch **Konkurrenzunternehmen**, aus den veröffentlichten bzw. vorgelegten Bilanzen Einblick in ein Unternehmen zu gewinnen.

In solchen Zusammenhängen wird geprüft, ob

- der Betrieb über ausreichend **Haftungskapital** verfügt,
- die **flüssigen Mittel** ausreichen, um kurzfristige Schulden zu tilgen,
- die **Ertragslage** eine Beteiligung sinnvoll erscheinen lässt, und
- der richtige steuerliche **Gewinn** dokumentiert wird.

Dabei sind die externen Interessenten auf die Daten des Jahresabschlusses beschränkt, die für genauere Analysen im Vergleich zu unternehmensinternen Daten oftmals zu grob sind. So fehlen beispielsweise Fristen zu Forderungen oder genauere Fälligkeiten der Verbindlichkeiten.

Die nachfolgende Übersicht zeigt beispielhaft, dass die externen Interessensgruppen unterschiedliche Ziele verfolgen und dementsprechend unterschiedliche Schwerpunkte in der Beobachtung setzen.

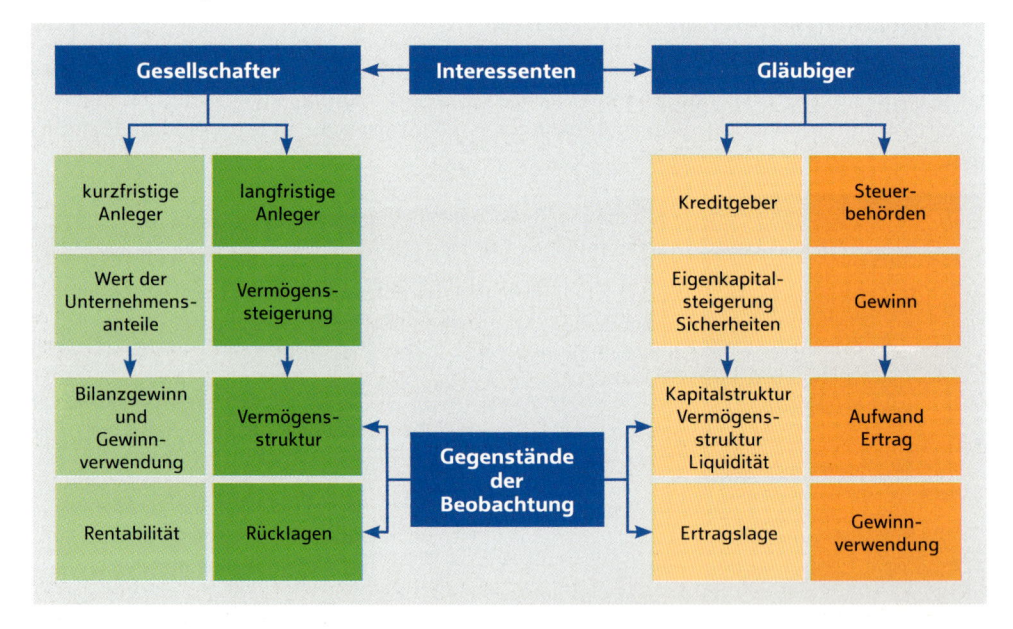

Gesellschafter		Interessenten	Gläubiger	
kurzfristige Anleger	langfristige Anleger		Kreditgeber	Steuerbehörden
Wert der Unternehmensanteile	Vermögenssteigerung		Eigenkapitalsteigerung Sicherheiten	Gewinn
Bilanzgewinn und Gewinnverwendung	Vermögensstruktur	Gegenstände der Beobachtung	Kapitalstruktur Vermögensstruktur Liquidität	Aufwand Ertrag
Rentabilität	Rücklagen		Ertragslage	Gewinnverwendung

> **PRAXISTIPP** Die externe Analyse eines anderen Unternehmens kann dazu dienen, eine eigene Standortbestimmung vorzunehmen und ggf. Anlass für eine Kurskorrektur im eigenen unternehmerischen Handeln sein.

So unterschiedlich die Informationswünsche der einzelnen Interessenten auch sind, so konzentrieren sie sich **im Kern** jedoch auf **drei wesentliche Problemstellungen**:

1. Analyse und Beurteilung der gegenwärtigen **Ertragslage** des Unternehmens, um darauf aufbauend eine Prognose der zukünftigen Ertragskraft abzugeben.

2. Analyse und Beurteilung der **finanziellen Stabilität** zur Einschätzung, ob das Unternehmen seinen gegenwärtigen und zukünftigen Zahlungsverpflichtungen nachkommen kann.
3. Analyse der **Vermögenssubstanz und -entwicklung** als Quelle künftiger Erträge.

● Methoden der Auswertung

Die Auswertung des Jahresabschlusses kann nach unterschiedlichen methodischen Ansätzen erfolgen:

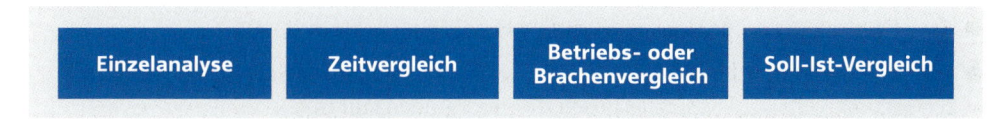

| Einzelanalyse | Zeitvergleich | Betriebs- oder Brachenvergleich | Soll-Ist-Vergleich |

○ Einzelanalyse

Es wird der Jahresabschluss **einer** Rechnungsperiode untersucht. Die Ergebnisse werden nicht mit früheren Rechnungsperioden oder anderen Betrieben verglichen. Die Analyse lässt keine Aussagen über Entwicklung und Marktstellung der Unternehmung zu.

○ Zeitvergleich

Die Ergebnisse einzelner Rechnungsabschnitte (Monat, Quartal, Jahr) werden miteinander verglichen. Dadurch können Entwicklungstendenzen erkannt werden.

Beispiel Entwicklung des Umsatzes und des Gewinns sowie Veränderungen in der Vermögens- und der Kapitalstruktur in den vergangenen fünf Jahren.

○ Betriebs- oder Branchenvergleich

Die Ergebnisse des ausgewerteten Betriebes werden mit Durchschnittswerten der Branche oder Kennzahlen gleichartiger Betriebe verglichen. Hierbei ist zu beachten, dass Größe, Organisation und Tätigkeitsbereiche der Vergleichsbetriebe möglichst übereinstimmen. Mithilfe von Betriebs- und Branchenvergleichen kann die Marktstellung sichtbar gemacht werden.

Beispiele Umsatzanteil am Gesamtmarkt, Kostenstruktur, Liquiditätslage, Eigenkapitalanteil im Vergleich zu konkurrierenden Unternehmungen

○ Soll-Ist-Vergleich

Geplante Werte werden mit realisierten Werten verglichen, um Art und Höhe der **Abweichungen** festzustellen. Es soll kontrolliert werden, ob getroffene Entscheidungen sinnvoll waren und zielgerecht ausgeführt wurden. Diese Ergebnisse bilden die Ansätze für die **Ursachenforschung** solcher Abweichungen, um korrigierte Plangrößen vorgeben zu können. Daher sollen Soll-Ist-Vergleiche in möglichst kurzen Abständen vorgenommen werden, um Chancen und Risiken rechtzeitig zu erkennen.

Beispiele
- Vergleich des Absatzplanes mit dem erreichten Absatz, um auf die negative Entwicklung einzelner Produkte reagieren zu können (Förderung, Produkteliminierung).
- Vergleich der Kostenvorgaben für die Kostenstellen mit den Ist-Kosten lt. Kostenstellenrechnung, um rechtzeitig Kostenexplosionen zu erkennen und Maßnahmen der Gegensteuerung einzuleiten (Verfahrensänderungen, Einsparungen bei Beschaffungen, Umbesetzungen).

● Darstellung der Unternehmensergebnisse

Eine sinnvolle und anschauliche Darstellung des gesammelten und rechnerisch aufbereiteten Materials erleichtert die Auswertung. Hierzu bedient sich die Statistik der **Tabelle** und **grafischer** Darstellungen.

○ Die Tabelle

Die Tabelle ist eines der gebräuchlichsten Mittel zur übersichtlichen Darstellung von Zahlen nach bestimmten Ordnungskriterien.

- Eine **Überschrift** (z. B. „Umsatzstatistik") kennzeichnet ihren Inhalt.
- Der **Tabellenkopf** gibt die statistischen Merkmale der Zahlen in den senkrechten Spalten an (z. B. Umsatz, Umsatz je Beschäftigter, Kundenzahl u. Ä.).
- Die **Vorspalte** weist statistische Merkmale der waagerechten Zeilen aus (z. B. Januar, Februar usw.)

Beispiel

	Umsatzstatistik							
	Umsatz			Umsatz je Mitarbeiter			Kundenzahl		
Monat	Abrechnungsjahr in €	Vorjahr in €	in % zur Vergleichszahl	Abrechnungsjahr in €	Vorjahr in €	in % zur Vergleichszahl	Abrechnungsjahr in €	Vorjahr in St.	in % zur Vergleichszahl
Januar	387 000,00	332 500,00	120,0	7 740,00	6 650,00	116,4	120	96	125,0
Februar	348 000,00	330 000,00	116,0	6 960,00	6 000,00	116,0	100	90	111,1
März	369 600,00	330 000,00	112,0	7 392,00	6 600,00	112,0	110	88	125,0
usw.									

○ Das Flächendiagramm

Flächendiagramme können als Kreis-, Halbkreis-, Quadrat- oder Rechteckfläche dargestellt werden. Sie eignen sich besonders gut zur Veranschaulichung von Gliederungszahlen, also von Anteilen an einem Ganzen.

Beispiele für Flächendiagramme

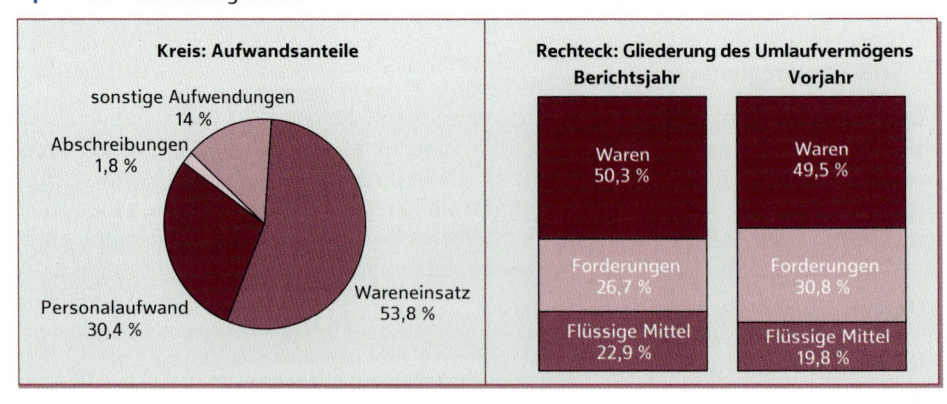

Kreis: Aufwandsanteile
- sonstige Aufwendungen 14 %
- Abschreibungen 1,8 %
- Personalaufwand 30,4 %
- Wareneinsatz 53,8 %

Rechteck: Gliederung des Umlaufvermögens

Berichtsjahr:
- Waren 50,3 %
- Forderungen 26,7 %
- Flüssige Mittel 22,9 %

Vorjahr:
- Waren 49,5 %
- Forderungen 30,8 %
- Flüssige Mittel 19,8 %

Die Vermögens- und Kapitalstruktur, die Finanzlage und die Erfolgssituation mithilfe von Kennzahlen bewerten

Beispiele
- Umsatzanteil einzelner Artikel, Warengruppen, Reisende am Gesamtumsatz
- Anteile einzelner Kostenarten an den Gesamtkosten
- Anteile der Vermögenspositionen am Gesamtvermögen
- Anteile der Kapitalpositionen am Gesamtkapital

○ Säulen- oder Stabdiagramme und Balkendiagramme

Statistische Zahlenwerte werden durch die Höhe nebeneinandergestellter (**Stab- oder Säulendiagramme**) oder übereinandergelegter (**Balkendiagramme**) Stäbe oder Säulen vergleichbar dargestellt. Sie eignen sich besonders gut zum Größenvergleich von Anteilen an einem Ganzen, zum Betriebsvergleich oder Zeitvergleich und zur Darstellung einer Entwicklung.

Beispiele
- Umsätze einzelner Artikel oder Warengruppen am Gesamtumsatz
- Lagerbestandsanteile einzelner Artikel oder Warengruppen am Gesamtbestand
- Personalzusammensetzung und Personalbestand in den einzelnen Monaten des Jahres
- Umsätze oder Lagerbestände in den verschiedenen Monaten oder Jahren

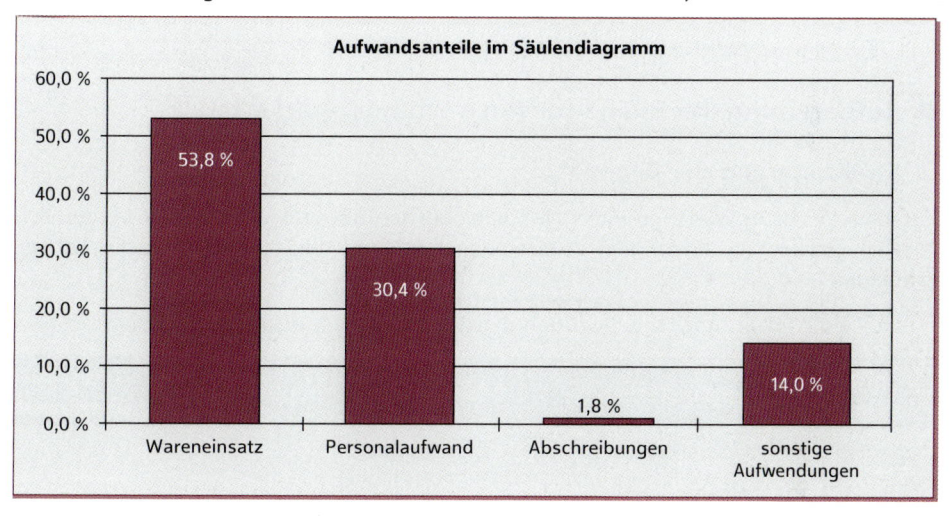

Aufwandsanteile im Säulendiagramm

Wareneinsatz	53,8 %
Personalaufwand	30,4 %
Abschreibungen	1,8 %
sonstige Aufwendungen	14,0 %

○ Kurven- oder Liniendiagramm

Kurven- oder Liniendiagramme werden vielfach zur Veranschaulichung von Veränderungen oder Entwicklungen von Beobachtungswerten gewählt.

Beispiele
- Entwicklung des Umsatzes der Unternehmung oder einzelner Artikel oder Warengruppen von Monat zu Monat oder von Jahr zu Jahr
- Entwicklung der Kosten der Unternehmung oder einzelner Kostenarten

Grafische Darstellungen haben gegenüber der **statistischen Tabelle** folgende Vorteile:

● Sie veranschaulichen Größenverhältnisse und Beziehungen zwischen den statistischen Werten in einer bildlichen Darstellung.

● Gemeinsamkeiten und Unterschiede werden optisch verdeutlicht.

● Die Aufmerksamkeit wird ohne zusätzliche Information auf das Wesentliche gelenkt.

● Sie informieren schnell über zusammenhängende Tatbestände.

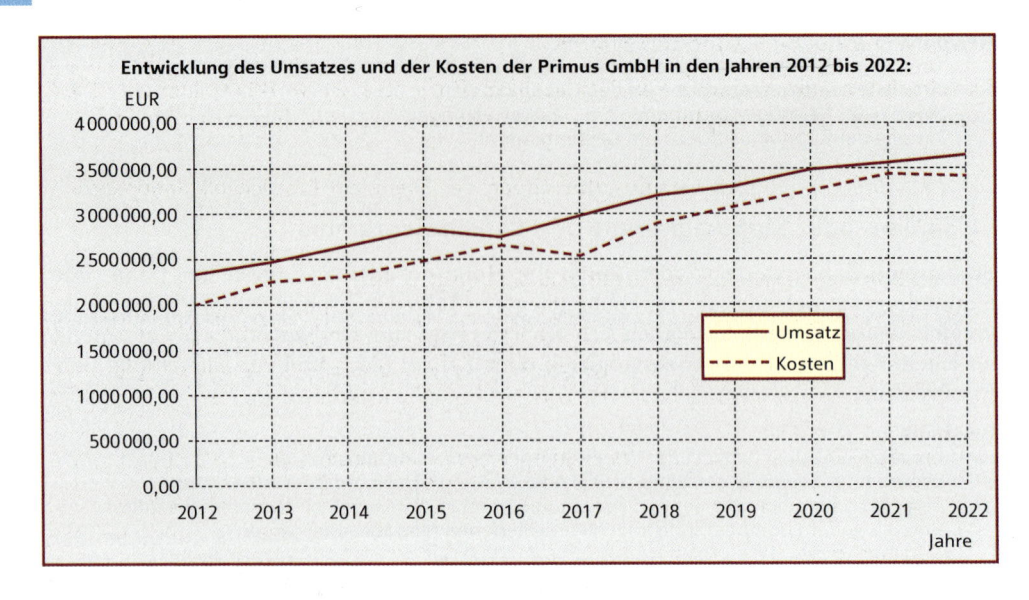

Entwicklung des Umsatzes und der Kosten der Primus GmbH in den Jahren 2012 bis 2022:

● Aufbereitung der Bilanz für Auswertungszwecke

○ Strukturierung der Bilanz

Für Zwecke der Auswertung muss die Bilanz **aufbereitet** und **strukturiert** werden. Dabei werden gleichartige Positionen zusammengefasst, um die Aussagekraft der Bilanz zu erhöhen.

Das folgende Strukturschema liegt den meisten Bilanzauswertungen zugrunde:

Kapital-bindung	Vermögensstruktur	Bilanzstruktur Kapitalstruktur	Kapital-überlassung
langfristig	I. Anlagevermögen	I. Eigenkapital	langfristig

mittel- bis kurzfristig	II. Umlaufvermögen
	1. Warenbestand
	2. Forderungen (kurz-
	   fristig)
	   – Forderungen a. LL.
	   – Sonstige kurzfris-
	     tige Forderungen
	   – Aktive Rechnungs-
	     abgrenzung
		1. gezeichnetes Kapital
		2. Rücklagen
		3. Jahresüberschuss
		II. Schulden/Fremdkapital
		1. **Langfristige Verbindlichkeiten**
		   mit einer Laufzeit von mehr als
		   fünf Jahren	

		2. **Mittelfristige Verbindlichkeiten**
		   mit einer Restlaufzeit von mehr
		   als einem bis fünf Jahren
			mittelfristig

kurzfristig	3. Liquide Mittel
	   – Guthaben bei
	     Kreditinstituten
	   – Kasse
		3. **Kurzfristige Verbindlichkeiten**
		   mit einer Restlaufzeit bis zu
		   einem Jahr
		   – Verbindlichkeiten a. LL.
		   – Sonstige Verbindlichkeiten
		     (USt-Zahllast u. a.)
		   – Passive Rechnungs-
		     abgrenzung
			kurzfristig

Die Vermögens- und Kapitalstruktur, die Finanzlage und die Erfolgssituation mithilfe von Kennzahlen bewerten

Statistische Aufbereitung der Bilanz

Die **absoluten Zahlen** sind in **Verhältniszahlen** (Prozentsätze) zur Bilanzsumme (= 100%) umzurechnen, um die **Vergleichbarkeit** der Werte im Jahresabschluss zu verbessern.

> **PRAXISTIPP** Nutzen Sie zur Aufbereitung der Bilanz ein Tabellenkalkulationsprogramm, z. B. MS Excel.

Beispiel Aufbereitung der Bilanzen der Primus GmbH (vgl. S. 403)

Vermögensstruktur	Berichtsjahr €	%	Vorjahr €	%	Veränderungen €	%
A. Anlagevermögen						
I. Sachanlagen	907 500,00	64,8	782 500,00	65,2	+125 000,00	+16,0
Summe Anlagevermögen	907 500,00	64,8	782 500,00	65,2	+125 000,00	+16,0
B. Umlaufvermögen						
I. Warenbestand	247 875,00	17,7	206 500,00	17,2	+41 375,00	+20,0
II. Kurzfristige Forderungen	131 625,00	9,4	128 500,00	10,7	+3 125,00	+2,4
III. Liquide Mittel	113 000,00	8,1	82 500,00	6,9	+30 500,00	+37,0
Summe Umlaufvermögen	492 500,00	35,2	417 500,00	34,8	+75 000,00	+18,0
Summe Vermögen	1 400 000,00	100,0	1 200 000,00	100,0	+200 000,00	+16,7

Kapitalstruktur	Berichtsjahr €	%	Vorjahr €	%	Veränderungen €	%
I. Eigenkapital	865 889,50	61,8	756 250,00	63,0	+109 639,50	+14,5
II. Langfristige Schulden	275 000,00	19,6	150 000,00	12,5	+125 000,00	+83,3
Summe langf. Kapital	1 140 889,50	81,5	906 250,00	75,5	+234 639,50	+25,9
III. Kurzfristige Schulden	259 110,50	18,5	293 750,00	24,5	−34 639,50	−11,8
Summe Schulden	534 110,50	38,2	443 750,00	37,0	+90 360,50	+20,4
Summe Kapital	1 400 000,00	100,0	1 200 000,00	100,0	+200 000,00	+16,7

● **Auswertung der aufbereiteten Bilanzen mithilfe von Bilanzkennzahlen**

○ **Vermögensaufbau (Konstitution – Aktivseite)**

Der Vermögensaufbau geht bereits weitgehend aus den aufbereiteten Bilanzen hervor. Die hier angegebenen **Prozentsätze** stellen **Intensitätskennziffern** oder **Quoten** dar, die den jeweiligen Anteil des Postens am Gesamtvermögen ausdrücken.

Beispiel

	Berichtsjahr	Vorjahr
Anlagevermö- gensintensität $= \dfrac{AV \cdot 100}{Gesamtvermögen}$	$\dfrac{907\,500 \cdot 100}{1\,400\,000} = \underline{64{,}8\,\%}$	$\dfrac{782\,500 \cdot 100}{1\,200\,000} = \underline{65{,}2\,\%}$
Umlaufvermö- gensintensität $= \dfrac{UV \cdot 100}{Gesamtvermögen}$	$\dfrac{492\,500 \cdot 100}{1\,400\,000} = \underline{35{,}2\,\%}$	$\dfrac{417\,500 \cdot 100}{1\,200\,000} = \underline{34{,}8\,\%}$

Allgemeine Aussagen zur Vermögensstruktur

Die **Vermögensstruktur** ist in erster Linie abhängig von der Art und Zielsetzung des Betriebes. So haben Großhandelsunternehmen häufig ein großes Umlaufvermögen (Waren, Forderungen), während etwa Unternehmungen der Grundstoffindustrie sehr anlageintensiv sind.

Das **Anlagevermögen** bildet die **Grundlage der Betriebsbereitschaft**. Es verursacht gleichbleibend hohe fixe Kosten wie Abschreibungen, Instandhaltung, Zinsen, Versicherungsprämien. Dies kann sich in Krisenzeiten besonders negativ auswirken. Daher ist mit dem Anlagevermögen ein großes Risiko verbunden.

Auf der anderen Seite kommen Teile des Anlagevermögens als Sicherheiten für aufgenommene Kredite in Frage. Kreditgeber untersuchen daher, wie weit diese Vermögensteile bereits belastet sind (z. B. mit Hypotheken oder Grundschulden).

Das **Umlaufvermögen** ist der eigentliche **Gewinnträger**. Durch Verkauf der Waren fließen Geldwerte in die Unternehmung (Aufwand und Gewinn) zurück, die zum Zwecke der Wiederbeschaffung, Rationalisierung und Erweiterung eingesetzt werden können.

Aussagen zu den einzelnen Kennziffern

- **Anlagevermögensintensität**: Der Anteil des AV am Gesamtvermögen hat um 0,4 Prozentpunkte abgenommen, ist aber um 16,0 Prozentpunkte gestiegen (vgl. Beispiel S. 411). Das bedeutet, dass im Anlagebereich investiert wurde, erkennbar in der Zunahme von Grundstücken und Gebäuden.

  Ursachen dieser Entwicklung können z. B. in einer verbesserten Marktstellung (Umsatzsteigerung) oder in der Aufnahme neuer Warengruppen in das Sortiment begründet sein.

Zunahme des Anlagevermögens	– verstärkte langfristige Kapitalbindung – Zunahme fixer Kosten, wie Abschreibung, Wartung und kalkulatorischer Zinsen – Verbesserung des technischen Standards – Kapazitätserweiterung, die jedoch aufgrund der langfristigen Kapitalbindung auch ein Risiko dargestellt
Abnahme des Anlagevermögens	– pessimistische Zukunftserwartung wegen rückläufiger Aufträge – unterlassene Ersatz- und Neuinvestitionen wegen fehlender liquider Mittel oder schlechter Kreditwürdigkeit – Anpassung der Betriebsmittel an eine sinkende Nachfrage durch Stilllegung von Anlagen

- **Umlaufvermögensintensität:** Die **Umlaufvermögensintensität** hat um 0,4 Prozentpunkte zugenommen, im Vergleich zum Vorjahr hat das Umlaufvermögen sogar um 18 % zugenommen (vgl. Beispiel Seite 411). Wie die aufbereiteten Bilanzen zeigen, wurde diese Entwicklung insbesondere durch die Zunahme der Warenvorräte und liquiden Mittel verursacht.

Die Zunahme der Warenvorräte kann betriebswirtschaftlich begründet sein:
- in der Verlängerung von Beschaffungszeiten
- in der Wahrnehmung von Sonderangeboten
- in der Nutzung von Mengenrabatten
- in Sortimentserweiterungen

Die Entwicklung der Warenvorräte kann auch in der Ausweitung des Umsatzes oder der saison- und preisbedingten Vorratspolitik begründet sein.

○ Kapitalaufbau

Die Passivseite der Bilanz gibt wichtige Informationen über die **Finanzierung** eines Unternehmens. Sie gibt Auskunft über die Herkunft des Kapitals durch den getrennten Ausweis von **Eigen-** und **Fremdkapital** (Schulden).

Entsprechend dieser Gliederung der Kapitalien können auch für die Passivseite der Bilanz Intensitätskennziffern berechnet werden.

Eigenkapitalintensität (Eigenkapitalquote)

Die Eigenkapitalintensität oder -quote besagt,

- in welchem Umfang sich der Unternehmer selbst bzw. die Gesellschafter an der Finanzierung des Unternehmens und dem damit verbundenen Risiko beteiligen.

   Beispiel Die Quote des gezeichneten Kapitals (im Beispiel 42,9 %) zeigt, wie hoch der Anteil des Haftungs- oder Garantiekapitals ist.

Je höher der Eigenkapitalanteil ist, desto größer ist die finanzielle Stabilität wegen der unbegrenzten Überlassungsfristen. Entsprechend wird die Abhängigkeit der Unternehmung von Gläubigern mit zunehmendem Eigenkapital verringert. Andererseits ist jedoch zu beachten, dass mit der Aufnahme neuer Gesellschafter zum Zwecke der Eigenfinanzierung die Rechte und damit die Aktionsfähigkeit der bisherigen Geschäftsführer eingeschränkt werden können.

Beispiel Darüber hinaus sagt die Eigenkapitalquote etwas über die Kreditwürdigkeit des Unternehmens aus, weil sie den Anteil des Haftungskapitals enthält (gezeichnetes Kapital). Im Beispiel hat sich die Eigenkapitalquote geringfügig um 1,2 Prozentpunkte verschlechtert.

		Berichtsjahr	Vorjahr
Eigenkapitalintensität (Eigenkapitalquote)	$= \dfrac{EK \cdot 100}{Gesamtkapital}$	$\dfrac{865\,889{,}50 \cdot 100}{1\,400\,000} = 61{,}8\,\%$	$\dfrac{756\,250 \cdot 100}{1\,200\,000} = 63{,}0\,\%$
Fremdkapitalintensität =	$\dfrac{FK \cdot 100}{Gesamtkapital}$	$\dfrac{534\,110{,}50 \cdot 100}{1\,400\,000} = 38{,}2\,\%$	$\dfrac{443\,750 \cdot 100}{1\,200\,000} = 37{,}0\,\%$

Fremdkapitalintensität

Die **Fremdkapitalintensität** gibt Auskunft über die Kapitalanspannung, die durch das Fremdkapital hervorgerufen wird. Besondere Nachteile des Fremdkapitals sind die regelmäßigen Liquiditätsbelastungen durch Zins- und Rückzahlungen ohne Bezug zur Ertragslage.

> **Beispiel** Die Fremdkapitalintensität hat im Beispiel um 1,2 Prozentpunkte zugenommen.

Je höher diese Quote ist, desto stärker wird die Verfügbarkeit über Vermögensteile eingeschränkt, weil Vermögensteile an die Gläubiger als Sicherheiten verpfändet oder übereignet werden mussten. Mit der Abnahme der anzubietenden Sicherheiten verschlechtert sich folglich die Kreditwürdigkeit.

Der **Anteil kurzfristiger Schulden am Gesamtkapital** sagt etwas Näheres über die Anspannung der Liquidität durch laufende Kapitalrückzahlungen und über das Finanzierungsrisiko wegen der kurzfristigen Überlassungsfristen aus.

> **Beispiel** Im Beispiel ist eine deutliche Entlastung der Liquidität um 6 Prozentpunkten festzustellen.

Fremdkapitaldeckung und Verschuldung

Vielfach werden statt der beiden Intensitätskennzahlen die Kennzahlen **Finanzierung** und **Verschuldung** gewählt, die Ähnliches aussagen.

Beispiel

		Berichtsjahr	Vorjahr
Finanzierung (Fremdkapitaldeckung)	$= \dfrac{EK \cdot 100}{FK}$	$\dfrac{865\,889{,}50 \cdot 100}{534\,110{,}50} = 162{,}1\,\%$	$\dfrac{756\,250 \cdot 100}{443\,750} = 170{,}4\,\%$
Verschuldungskoeffizient	$= \dfrac{FK \cdot 100}{EK}$	$\dfrac{534\,110{,}50 \cdot 100}{865\,889{,}50} = 61{,}7\,\%$	$\dfrac{443\,750 \cdot 100}{756\,250} = 58{,}7\,\%$

Die **Finanzierung (Fremdkapitaldeckung)** zeigt, wie weit das Fremdkapital durch das Eigenkapital gedeckt ist. Im Beispiel ist diese Kennzahl von 170,4 % auf 162,1 % zurückgegangen.

Der **Verschuldungskoeffizient** drückt umgekehrt aus, wie weit das Eigenkapital mit Schulden belastet ist. Auch hier bezeugt die Kennziffer zum einen zwar noch einen weiten Kreditspielraum, zum anderen aber doch eine Verschlechterung um 2,5 Prozentpunkte gegenüber dem Vorjahr.

○ Kapitalanlage

Bei Investitionen hat der Unternehmer darauf zu achten, dass das zur Finanzierung benötigte Kapital für die Dauer der Bindung im Vermögen bereitstehen muss.

> **Kapitalüberlassungsfristen** sollen mit **Kapitalbindungsfristen** übereinstimmen (**goldene Finanzierungsregel**).

Die Einhaltung dieser Regel lässt sich annähernd durch folgende Deckungskennziffern überprüfen:

Beispiel

	Berichtsjahr	Vorjahr
Anlagendeckung I = $\dfrac{EK \cdot 100}{AV}$	$\dfrac{865\,889{,}50 \cdot 100}{907\,500} = \underline{\underline{95{,}4\,\%}}$	$\dfrac{756\,250 \cdot 100}{782\,500} = \underline{\underline{96{,}6\,\%}}$
Anlagendeckung II $= \dfrac{(EK + \text{langfr. FK}) \cdot 100}{AV}$	$\dfrac{(865\,889{,}50 + 275\,000) \cdot 100}{907\,500}$ $= \underline{\underline{125{,}7\,\%}}$	$\dfrac{(756\,250 + 150\,000) \cdot 100}{782\,500}$ $= \underline{\underline{115{,}8\,\%}}$

Anlagendeckung I

Die Kennziffer **Anlagendeckung I** zeigt, ob das Anlagevermögen, das dem Unternehmen auf lange Sicht dienen soll, auch mit Mitteln finanziert wurde, die dem Unternehmen dauernd zur Verfügung stehen.

Das **Anlagevermögen bildet die Grundlage der Betriebsbereitschaft**. Da sich der Verzehr des Anlagevermögens und damit der Rückfluss dieser Wertminderungen über die Erlöse über mehrere Jahre erstreckt, ist eine **langfristige Finanzierung** existenznotwendig für das Unternehmen. Dies gilt noch verstärkt für Krisenzeiten, in denen die Belastungen durch Fremdkapital (Tilgung und Zinsen) wegen verringerter Gewinne erhebliche Schwierigkeiten bereiten.

Beispiel In der Primus GmbH liegt im Berichtsjahr eine Deckung von 95,4 % vor, die sich gegenüber dem Vorjahr geringfügig um 1,2 Prozentpunkte verschlechtert hat.

Anlagendeckung II

Es ist natürlich nicht notwendig und nicht immer zweckmäßig, Anlagevermögen ausschließlich mit Eigenkapital zu finanzieren. Auch **langfristiges Fremdkapital** kann wegen der langfristigen Tilgung (kleine Raten) zu seiner Finanzierung herangezogen werden. Dies ist deshalb sinnvoll, weil zur Erhaltung der Betriebsbereitschaft neben dem Anlagevermögen Teile des Umlaufvermögens (eiserne Bestände) langfristig finanziert werden müssen. Im Beispiel liegt sogar eine Überdeckung vor.

○ Liquidität

Da das im Anlagevermögen investierte Kapital grundsätzlich langfristig gebunden bleibt, müssen **fällige Schulden** aus dem Umlaufvermögen getilgt werden. Unpünktliche Erfüllung der Zahlungsverpflichtungen kann zum Verlust der Kreditwürdigkeit führen (z. B. bei nicht eingehaltenen Zahlungszielen). Anhaltende **Zahlungsunfähigkeit** führt sogar zur Insolvenz. Daher sollte ein Unternehmen immer in der Lage sein, seinen Verpflichtungen nachzukommen. Das ist langfristig nur möglich, wenn liquide Mittel einer bestimmten Fristigkeit mit entsprechenden Verbindlichkeitsfälligkeiten übereinstimmen.

Wie die mangelhafte Liquidität bringt auch eine **Überliquidität** wirtschaftliche Nachteile mit sich: z. B. Zinsverlust und damit Minderung der Rentabilität.

> Zur Beurteilung der Liquidität sind den Verbindlichkeiten (Zahlungsverpflichtungen) die liquiden Mittel gegenüberzustellen. Nach den Kriterien „Flüssigkeit und Fälligkeit" werden liquide Mittel 1., 2. und 3. Ordnung unterschieden und in einzelnen Liquiditätskennziffern berücksichtigt.

Beispiel

	Berichtsjahr	Vorjahr
Liquidität 1. Grades (= Barliquidität) $= \dfrac{\text{Liquidität Mittel} \cdot 100}{\text{kurzfr. Verbindlichkeiten}}$	$\dfrac{113\,000 \cdot 100}{259\,110{,}50} = \underline{43{,}6\,\%}$	$\dfrac{82\,500 \cdot 100}{293\,750} = \underline{28{,}1\,\%}$
Liquidität 2. Grades (= einzugsbedingte Liquidität) $= \dfrac{(\text{Liquide Mittel} + \text{kurzfr. Forderungen}) \cdot 100}{\text{kurzfr. Verbindlichkeiten}}$	$\dfrac{(113\,000 + 131\,625) \cdot 100}{259\,110{,}50}$ $= \underline{94{,}4\,\%}$	$\dfrac{(82\,500 + 128\,000) \cdot 100}{293\,750}$ $= \underline{71{,}7\,\%}$
Liquidität 3. Grades (= absatzbedingte Liquidität) $= \dfrac{\text{Umlaufvermögen} \cdot 100}{\text{kurzfr. Verbindlichkeiten}}$	$\dfrac{492\,500 \cdot 100}{259\,110{,}50} = \underline{190{,}1\,\%}$	$\dfrac{417\,500 \cdot 100}{293\,750} = \underline{142{,}1\,\%}$

> **Liquidität** ist die Fähigkeit der Unternehmung, ihren Verbindlichkeiten fristgemäß nachzukommen.
> Ist die Unternehmung dazu in der Lage, befindet sie sich im **finanziellen Gleichgewicht**. Sie wird als liquide bezeichnet.
> Ist die Zahlungsfähigkeit größer als der Zahlungsmittelbedarf, liegt **Überliquidität** vor.

Die so gewonnenen Liquiditätskennziffern sollten, selbst wenn sie größer als 100 % sind, mit Vorsicht beurteilt werden. Sie gelten nur für den Bilanzstichtag und geben somit einen Stand an, der sich schnell verändern kann. Aussagen für die nächste Zukunft können nur bei Kenntnis der Fälligkeitsdaten der Verbindlichkeiten einerseits, der Einkaufsplanungen, der Liquidierbarkeit der Posten des Umlaufvermögens, der Umsatzentwicklung, der Marktlage und Zahlungsgepflogenheiten der Kunden andererseits gemacht werden.

Eine im Zeitvergleich rückläufige Tendenz der Liquidität kann auf Fehlentscheidungen oder die Verwendung liquider Reserven zur Finanzierung von Anlagen und Warenvorräten, beispielsweise zum Zwecke der Betriebserweiterung und Umsatzsteigerung, zurückzuführen sein. Parallel zur Liquidität ist also die Entwicklung anderer Bilanzposten zu betrachten.

Beispiel Im Beispiel haben sich alle Liquiditätskennzahlen verbessert. Eine Barliquidität von 43,6 % besagt, dass von 100,00 € kurzfristigen Schulden bei sofortiger Fälligkeit nur 43,60 € getilgt werden können.

Da jedoch einerseits nicht alle kurzfristigen Verbindlichkeiten gleichzeitig fällig werden, andererseits Teile der Forderungen bis zur Fälligkeit einzelner Verbindlichkeiten ausgeglichen werden, werden die Forderungen in die Berechnung der Liquidität zweiten Grades einbezogen. Mit 94,4 % deutet diese eine fast ausreichende Liquidität an. Positiv ist anzumerken, dass sie gegenüber dem Vorjahr stark gestiegen ist.

Liquiditätsstatus in Staffelform

Beim Liquiditätsstatus in Staffelform handelt sich um eine Gegenüberstellung von Vermögens- und Schuldenteilen, aufgegliedert nach Fristen, in denen sie voraussichtlich zu Einnahmen bzw. zu Ausgaben führen. Diese auf die künftige Zahlungsbereitschaft gerichtete Rechnung soll kurz-, mittel- und langfristige Unter- oder Überdeckung durch vorhandene Mittel erkennen lassen.

Die Vermögens- und Kapitalstruktur, die Finanzlage und die Erfolgssituation mithilfe von Kennzahlen bewerten

Beispiel

	Berichtsjahr	Vorjahr
liquide Mittel	113 000,00	82 500,00
− kurzfristige Verbindlichkeiten	259 110,50	293 750,00
Unterdeckung/Überdeckung	−146 110,50	−211 250,00
+ kurzfristige Forderungen	131 625,00	128 500,00
Unterdeckung/Überdeckung	−14 485,50	−82 750,00
+ Warenvorräte	247 875,00	206 500,00
Unterdeckung/Überdeckung	233 389,50	123 750,00

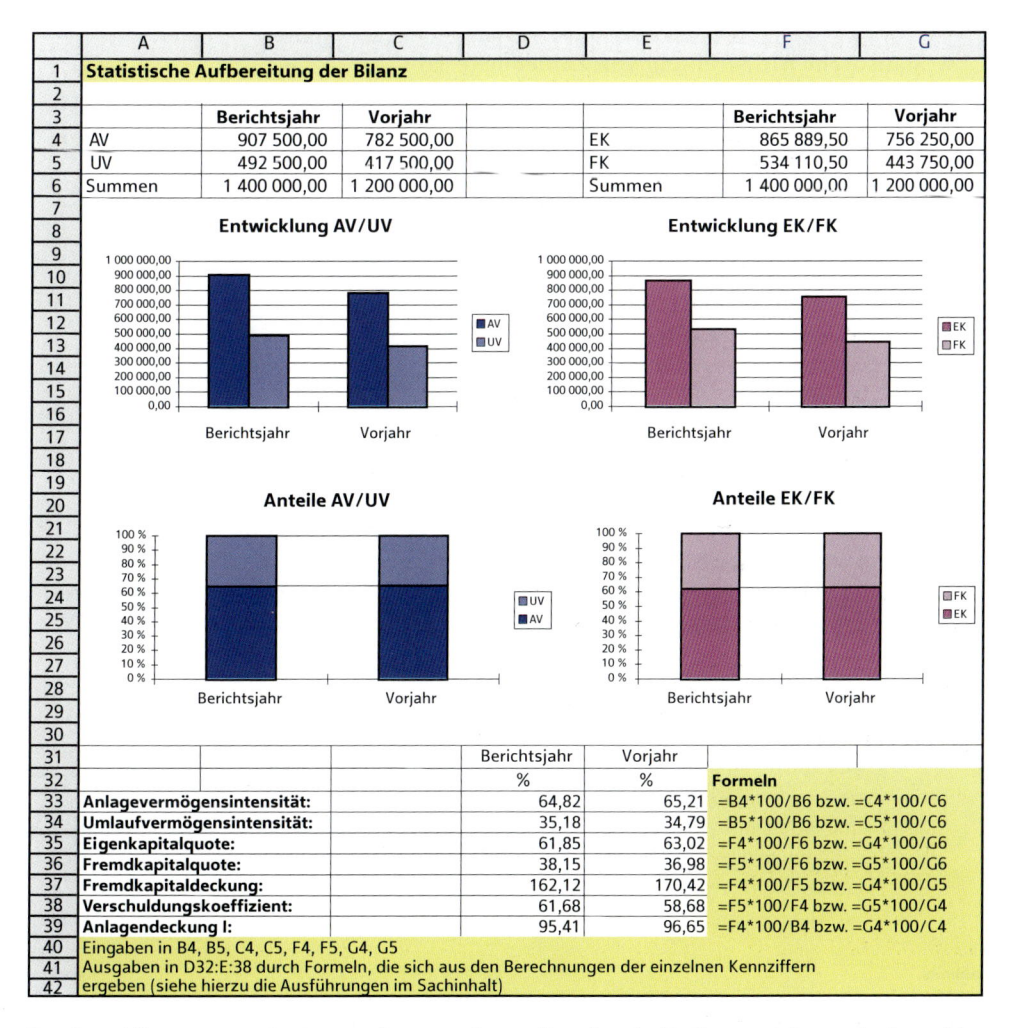

	A	B	C	D	E	F	G
1	Statistische Aufbereitung der Bilanz						
2							
3		Berichtsjahr	Vorjahr			Berichtsjahr	Vorjahr
4	AV	907 500,00	782 500,00		EK	865 889,50	756 250,00
5	UV	492 500,00	417 500,00		FK	534 110,50	443 750,00
6	Summen	1 400 000,00	1 200 000,00		Summen	1 400 000,00	1 200 000,00
7							
8		Entwicklung AV/UV				Entwicklung EK/FK	
...							
31				Berichtsjahr	Vorjahr		
32				%	%	Formeln	
33	Anlagevermögensintensität:			64,82	65,21	=B4*100/B6 bzw. =C4*100/C6	
34	Umlaufvermögensintensität:			35,18	34,79	=B5*100/B6 bzw. =C5*100/C6	
35	Eigenkapitalquote:			61,85	63,02	=F4*100/F6 bzw. =G4*100/G6	
36	Fremdkapitalquote:			38,15	36,98	=F5*100/F6 bzw. =G5*100/G6	
37	Fremdkapitaldeckung:			162,12	170,42	=F4*100/F5 bzw. =G4*100/G5	
38	Verschuldungskoeffizient:			61,68	58,68	=F5*100/F4 bzw. =G5*100/G4	
39	Anlagendeckung I:			95,41	96,65	=F4*100/B4 bzw. =G4*100/C4	
40	Eingaben in B4, B5, C4, C5, F4, F5, G4, G5						
41	Ausgaben in D32:E38 durch Formeln, die sich aus den Berechnungen der einzelnen Kennziffern						
42	ergeben (siehe hierzu die Ausführungen im Sachinhalt)						

Der Liquiditätsstatus des Beispiels zeigt, dass selbst durch die Heranziehung der kurzfristigen Forderungen eine Tilgung der kurzfristigen Verbindlichkeiten nicht zu erreichen ist. Das deutet auf einen Liquiditätsengpass über eine längere Dauer hin. Eine auf das finanzielle Gleichgewicht ausgerichtete Unternehmenspolitik muss daher um eine Umschuldung der kurzfristigen in langfristige Verbindlichkeiten bzw. um eine verstärkte Kreditbeschaffung bemüht sein. Ein zusätzlicher **Schutz gegen drohende Zahlungsunfähigkeit** wäre die Einrichtung einer detaillierten **Finanzplanung**.

Die Bilanz aufbereiten und auswerten

- Bei der **Bilanzanalyse** handelt es sich um eine **verdichtete Informationsvermittlung**, bei der Unternehmensinformationen aufbereitet und mittels Kennzahlen und sonstiger Methoden ausgewertet werden.

- Je nach Interessenlage wird nach **internen und externen Interessenten** an der Bilanzanalyse unterschieden.

- **Einzelanalyse, Zeitvergleich, Betriebs- und Branchenvergleich** sowie **Soll-Ist-Vergleich** sind Methoden der Auswertung im Rahmen der Bilanzanalyse.

- **Statistische Aufbereitung von Zahlenmaterial**
    - Sie sammelt **Zahlenmaterial aus allen Betriebsbereichen**.
    - Sie ermittelt **statistische Zahlen**:
        - **Verhältniszahlen** als Gliederungs-, Beziehungs- und Messzahlen
        - **Durchschnittszahlen** (einfacher, gewogener Durchschnitt)
    - Sie stellt die vergleichbaren Ergebnisse in grafischen Darstellungen (Diagramme) dar:
        - **Flächendiagramme (Kreis, Rechteck, Halbkreis)** zur Veranschaulichung von Anteilen einer Teilmasse an der Gesamtmasse
        - **Säulen- oder Stabdiagramme** zur vergleichenden Darstellung
        - **Kurven- oder Liniendiagramme** zur Darstellung von Entwicklungen, Trends

- **Bilanzauswertung mit Kennzahlen**
    - **Notwendigkeit**
        - Kontrolle und Beurteilung der Geschäftsentwicklung
        - Beurteilung der Kreditwürdigkeit durch Fremdkapitalquote
    - **Auswertung der Bilanz**

Vermögensaufbau	Kapitalanlage
– Anlagevermögensintensität – Umlaufvermögensintensität	– Anlagendeckung I – Anlagendeckung II

Kapitalaufbau
– Eigenkapitalintensität
  (Eigenkapitalquote)
– Fremdkapitalintensität
  (Anspannungskoeffizient)
– Finanzierung (Fremdkapitaldeckung)
– Verschuldungskoeffizient
	Liquidität
	– Liquidität 1. Grades (Barliquidität)
	– Liquidität 2. Grades
	  (einzugsbedingte Liquidität)
	– Liquidität 3. Grades
	  (absatzbedingte Liquidität)
	– Liquiditätsstatus

PRAXISTIPP Nutzen Sie nach Möglichkeit für die Lösung der folgenden Aufgaben ein Tabellenkalkulationsprogramm, z. B. MS Excel. Die Aufbereitung von Tabellen und die Erstellung von Diagrammen werden dadurch vereinfacht und beschleunigt.

Die Vermögens- und Kapitalstruktur, die Finanzlage und die Erfolgssituation mithilfe von Kennzahlen bewerten

1. Sie werden beauftragt, die unten stehenden Bilanzen eines Handelsbetriebes auszuwerten.

Aktiva	1	2	Passiva	1	2
I. Anlagevermögen			I. Eigenkapital	270 000,00	350 000,00
1. Grundstücke	20 000,00	20 000,00			
2. Gebäude	25 000,00	24 000,00	I. Fremdkapital		
3. Fuhrpark	75 000,00	175 000,00	1. Hypothekenschulden über 5 Jahre	40 000,00	40 000,00
4. Geschäftsausstattung	30 000,00	26 000,00	2. Darlehensschulden über 1 Jahr	120 000,00	120 000,00
I. Umlaufvermögen			3. Verbindlichkeiten a. LL.	170 000,00	190 000,00
1. Warenbestand	209 700,00	280 300,00			
2. Forderungen a. LL.	140 600,00	96 100,00			
3. Kasse	9 300,00	6 200,00			
4. Bank	90 400,00	72 400,00			
	600 000,00	700 000,00		600 000,00	700 000,00

Ermitteln Sie dabei für beide Jahre die Kennzahlen:
a) zum Vermögensaufbau
   1. Anlagevermögensintensität
   2. Umlaufvermögensintensität
b) zur Finanzierung
   1. Eigenkapitalintensität
   2. Fremdkapitalintensität
   3. Finanzierung
   4. Verschuldungskoeffizient
c) zur Anlagendeckung
   1. Anlagendeckung I
   2. Anlagendeckung II
d) zur Liquidität
   1. Liquidität 1. Grades
   2. Liquidität 2. Grades

Beurteilen Sie die Entwicklung des Unternehmens anhand der Kennzahlen in einem Bericht zur Bilanz.

2. Gegeben ist die Bilanz eines Handelsbetriebes in Tausend Euro:

Aktiva	Bilanz		Passiva
I. Anlagevermögen		I. Eigenkapital	2 200
Bebaute Grundstücke	400	II. Schulden über 5 Jahre	
Gebäude	600	Darlehensschulden	600
Fuhrpark	800	III. Kurzfristige Verbindlichkeiten	
Betriebs- und Geschäftsausstattung	200	Verbindlichkeiten a. LL.	805
II. Umlaufvermögen		Sonstige kurzfr. Verbindlichkeiten	395
Warenbestand	930		
Forderungen a. LL.	945		
Kasse	7		
Bank	118		
	4 000		4 000

a) Bereiten Sie die Bilanz durch Umrechnung der absoluten Zahlen in Verhältniszahlen auf.
b) Ermitteln Sie
   1. die Anlagen- und Umlaufvermögensintensität,
   2. die Eigen- und Fremdkapitalintensität und die Finanzierung,
   3. die Anlagendeckung I und II,
   4. die Liquidität 1. und 2. Grades.

3. a) In Großhandelsbetrieben bilden Waren und Forderungen a. LL. oft die größten Posten innerhalb des Umlaufvermögens. Wie erklären Sie sich diesen Sachverhalt?
b) Was sagt Ihnen die Bilanz über die Art des Betriebes?

4. a) Kauf eines Lkw im Wert von 160 000,00 €: Seine Anschaffung wurde mit einem 3-Monatskredit finanziert. Beurteilen Sie diese Entscheidung.

b) Der Deckungsgrad des Anlagevermögens durch langfristiges Kapital entwickelte sich auf 110 % gegenüber 75 %. Die Unternehmung war aus einer Einzelunternehmung in eine KG umgewandelt worden.
Prüfen Sie, ob die Veränderung der Kennziffer durch diesen Vorgang beeinflusst worden sein kann.

5. a) Warum ist die aus der Bilanz errechnete Zahlungsbereitschaft mit Vorsicht zu behandeln?

b) Welche Angaben müssten Sie haben, um ein genaueres Bild von der Liquidität zu erhalten?

c) Durch welche Maßnahmen kann die Liquidität verbessert werden?

d) Nennen Sie je drei Geschäftsfälle, durch die die Liquidität kurzfristig
1. verbessert,
2. verschlechtert
werden kann.

6. Folgende vereinfachte Bilanzen in Mio. Euro eines Handelsbetriebes sind auszuwerten:

	Vorjahr	Berichts-jahr		Vorjahr	Berichts-jahr
Sachanlagen	600	700	Eigenkapital	600	600
Finanzanlagen	120	70	Langfristiges Fremdkapital	375	520
Anlagevermögen	720	770			
Warenbestand	220	315	Langfristiges Kapital	975	1 120
Forderungen	140	210			
Liquide Mittel	120	105	Kurzfristiges Fremdkapital	225	280
Umlaufvermögen	480	630			
Vermögen	1 200	1 400	Kapital	1 200	1 400

a) Nennen Sie Bilanzposten, die in den einzelnen Vermögens- und Kapitalgruppen enthalten sind.

b) Ermitteln Sie die Intensitätskennziffern der einzelnen Vermögens- und Kapitalgruppen.

c) Ermitteln Sie die prozentualen Veränderungen der Einzelgruppen und geben Sie Ursachen und Folgen an.

d) Ermitteln Sie den Verschuldungskoeffizienten, die Anlagendeckung I und II und die Liquidität 1. und 2. Grades.

7.

Aktiva	Bilanz der Hega-GmbH zum 31. Dezember 20..	Passiva
Grundstücke und Gebäude	70 000,00	Eigenkapital	120 000,00
Maschinen	40 000,00	Hypothekenschulden	85 000,00
Betriebs- u. Geschäftsausstattung	30 000,00	Verbindlichkeiten a. LL.	45 000,00
Warenbestand	25 000,00		
Forderungen a. LL.	50 000,00		
Bank	35 000,00		
	250 000,00		250 000,00

a) Wie viel Prozent beträgt der Anteil des Anlagevermögens am Gesamtvermögen?

b) Wie viel Prozent beträgt der Eigenkapitalanteil am Gesamtkapital?

c) Wie viel Prozent beträgt die Anlagendeckung durch das Eigenkapital? (auf zwei Stellen nach dem Komma genau)

8. Ermitteln Sie aus unten stehenden Daten (in Tausend Euro) der Peter Voss OHG zum Ende des Geschäftsjahres
a) das Anlagevermögen,
b) das Umlaufvermögen,
c) das Eigenkapital,
d) die Schulden,
e) den Aufwand,
f) den Ertrag,
g) den Gewinn.

Daten der Peter Voss OHG

Gebäude, Grundstücke	800	Bankguthaben	200
Warenbestand	300	Personalaufwand	8 000
Forderungen a. LL.	570	Sonstige Erträge	1 000
Verb. gegenüber Banken	650	Rückstellungen	270
Umsatzerlöse/Warenverkauf	25 000	Aufwendungen für Waren/	
Geschäftsausstattung	180	Wareneinsatz	14 400
Abschreibungen	600	Fuhrpark	450
Verbindlichkeiten a. LL.	430	Sonstige Aufwendungen	2 400
		Eigenkapital	1 150

9. In einer Textilgroßhandlung mit 46 Beschäftigten wurden im vergangenen Geschäftsjahr für die einzelnen Warengruppen folgende Daten ermittelt:

Warengruppen	Umsatz in €	Beschäftigte	Selbstkosten in €
Herrenbekleidung	11 110 000,00	16	10 632 270,00
Damenoberbekleidung	6 250 000,00	10	5 800 000,00
sonstige Textilien	7 640 000,00	20	7 449 000,00
insgesamt	25 000 000,00	46	23 881 270,00

a) Ermitteln Sie für die Warengruppen
   1. die prozentualen Anteile der Umsätze am Gesamtumsatz,
   2. die prozentualen Anteile der Beschäftigten am Gesamtpersonalbestand,
   3. die prozentualen Anteile der Selbstkosten jeder Warengruppe an den Gesamtkosten.
b) Ermitteln Sie für die Warengruppen und das Gesamtunternehmen
   1. den Umsatz je Beschäftigten,
   2. den Umsatz je 100,00 € Einsatz (Kosten).
c) Stellen Sie mithilfe eines Tabellenkalkulationsprogramms den prozentualen Anteil der Umsätze am Gesamtumsatz in einem Kreisdiagramm und in einem Stabdiagramm dar.
d) Stellen Sie mithilfe eines Tabellenkalkulationsprogramms Umsatz und Kosten in einem Säulendiagramm dar.

10. Ein Konservengroßhändler erzielte im vergangenen Halbjahr folgende Umsätze:

Monat	T€	Monat	T€
Januar	1 700,00	April	2 040,00
Februar	1 360,00	Mai	2 210,00
März	2 125,00	Juni	1 275,00

a) Berechnen Sie den Durchschnittsumsatz des Halbjahres.
b) Berechnen Sie den prozentualen Umsatzanteil der einzelnen Monate am Halbjahresumsatz.
c) Veranschaulichen Sie mithilfe eines Tabellenkalkulationsprogramms die Entwicklung der Monatsumsätze in einem Säulendiagramm und in einem Liniendiagramm.

11. Ein Großhandelsunternehmen hat eine Bilanzsumme von 80 000 T€. Das Vermögen besteht zu 72 % aus Anlagevermögen, zu 4 % aus liquiden Mitteln, zu 14 % aus Forderungen a. LL. Den restlichen Teil bilden die Warenbestände.
Das zur Finanzierung des Vermögens notwendige Kapital besteht zu 38 % aus Eigenkapital, zu 46 % aus langfristigem und zu 16 % aus kurzfristigem Fremdkapital.
Ermitteln Sie
a) das Anlagevermögen,
b) das Fremdkapital,
c) das Eigenkapital,
d) die Anlagendeckung I,
e) die Anlagendeckung II,
f) die Barliquidität (Liquidität 1. Grades),
g) die Liquidität 2. Grades.

4.2 Die Gewinn- und Verlustrechnung aufbereiten und zur Ertragslage auswerten

Die Kreditsachbearbeiterin der Hausbank der Primus GmbH (vgl. S. 403) hat Herrn Müller gebeten, zusätzlich zu den Bilanzen die Gewinn- und Verlustrechnungen der beiden letzten Jahre zur Einsicht nachzureichen.

Gewinn- und Verlustrechnungen der beiden letzten Jahre der Primus GmbH		
	Berichtsjahr	**Vorjahr**
Umsatzerlöse	3 564 117,50	3 200 550,00
Sonstige betriebliche Erträge	126 000,00	60 000,00
Betriebliche Erträge	**3 690 117,50**	**3 260 550,00**
Wareneinsatz einschl. Aufw. für bezogene Leistungen	1 936 250,00	1 798 300,00
Personalaufwand	1 092 500,00	958 450,00
Abschreibungen	63 000,00	60 000,00
Sonstige betriebliche Aufwendungen	442 890,50	221 450,00
Betriebliche Aufwendungen	**155 477,00**	**222 350,00**
Zinsen u. ä. Erträge	16 875,00	19 500,00
Zinsen u. ä. Aufwendungen	22 105,00	5 100,00
Ergebnis der gewöhnlichen Geschäftstätigkeit	**150 247,00**	**236 750,00**
Steuern	40 607,50	30 500,00
Jahresüberschuss/-fehlbetrag	**109 639,50**	**206 250,00**

Die Vermögens- und Kapitalstruktur, die Finanzlage und die Erfolgssituation mithilfe von Kennzahlen bewerten

ARBEITSAUFTRÄGE
- Stellen Sie fest, weshalb die Kreditsachbearbeiterin neben den Bilanzen auch die beiden letzten Gewinn- und Verlustrechnungen verlangt.
- Erläutern Sie, welche weiteren Informationen die Kreditsachbearbeiterin hieraus für die Kreditgewährung entnehmen kann.

● Aufbereitung der Gewinn- und Verlustrechnung

Die Einbeziehung der Erfolgsrechnung in die Betriebsanalyse ermöglicht genauere Aussagen über die **Aufwands-** und **Ertragsstruktur** und damit über die **Ertragskraft** und ihre Bestimmungsfaktoren. Im Vergleich mit früheren GuV-Rechnungen und in Verbindung mit den Bilanzdaten können zusätzlich Kennziffern zur Entwicklung des Unternehmens gewonnen werden. Wie bei der Bilanzanalyse muss der Ermittlung von Kennzahlen eine entsprechende Aufbereitung vorausgehen.

> **PRAXISTIPP** Nutzen Sie auch bei der Aufbereitung der Gewinn- und Verlustrechnung ein Tabellenkalkulationsprogramm.

Im folgenden Beispiel werden in den aufbereiteten GuV-Rechnungen die Anteile (Intensitätskennziffern) der Erträge und der Ergebnisse am Gesamtertrag (= 100%) und die Anteile der Aufwandsarten an den Gesamtaufwendungen (= 100%) sowie deren Entwicklung gegenüber dem Vorjahr dargestellt:

Beispiel Aufbereitete Gewinn- und Verlustrechnung der Primus GmbH

	Berichtsjahr		Vorjahr		Veränderungen	
	€	%	€	%	€	%
Umsatzerlöse	3 564 117,50	96,15	3 200 550,00	97,58	+363 567,50	+11,36
Sonstige betriebliche Erträge	126 000,00	3,40	60 000,00	1,83	+66 000,00	+110,00
Betriebliche Erträge	**3 690 117,50**	**99,55**	**3 260 550,00**	**99,41**	**+429 567,50**	**+13,17**
Wareneinsatz einschl. Aufw. für bezogene Leistungen	1 936 250,00	53,82	1 798 300,00	58,50	+137 950,00	+7,67
Personalaufwand	1 092 500,00	30,37	958 450,00	31,18	+134 050,00	+13,99
Abschreibungen	63 000,00	1,75	60 000,00	1,95	+3 000,00	+5,00
Sonstige betriebliche Aufwendungen	442 890,50	12,31	221 450,00	7,20	+221 440,50	+100,00
Betriebliche Aufwendungen	**3 534 640,50**	**98,26**	**3 038 200,00**	**98,84**	**496 440,50**	**+16,34**
Betriebsergebnis	**155 477,00**	**4,19**	**222 350,00**	**6,78**	**−66 873,00**	**−30,08**
Zinsen u. Ä. Erträge	16 875,00	0,46	19 500,00	0,59	−2 625,00	−13,46
Zinsen u. Ä. Aufwendungen	22 105,00	0,61	5 100,00	0,17	+17 005,00	+333,43
Finanzergebnis	**−5 230,00**	**−0,14**	**14 400,00**	**0,44**	**−19 630,00**	**−136,32**
Ergebnis der gewöhnlichen Geschäftstätigkeit	150 247,00	4,05	236 750,00	7,22	−86 503,00	−36,54
Steuern	40 607,50	1,13	30 500,00	0,99	+10 107,50	+33,14
Jahresüberschuss-/fehlbetrag	**109 639,50**	**2,96**	**206 250,00**	**6,29**	**−96 610,50**	**−46,84**

Diese Kennzahlen zeigen, dass sich die Struktur der Aufwendungen und Erträge nur unwesentlich verändert hat, sieht man einmal vom Wareneinsatz einschließlich der Aufwendungen für bezogene Leistungen (z. B. Fremdinstandsetzung) ab. In der Kosten- und Leistungsrechnung wird analysiert, wo die Ursachen der Veränderungen liegen. Externe Beobachter können das allerdings nicht erkennen. Der starke Anstieg der Zinsaufwendungen ist auf eine bedeutende Fremdkapitalaufnahme zurückzuführen (vgl. Bilanz S. 403). Erhöhte Personalaufwendungen können auf Gehaltserhöhungen, Neueinstellungen oder zusätzliche Überstunden zurückzuführen sein. Ansonsten haben sich die Aufwendungen des Berichtsjahres in nahezu gleichem Verhältnis wie die Erträge vermehrt.

● Beurteilung der betrieblichen Aufwendungen und Erträge

Unternehmer und Außenstehende beobachten besonders die betrieblichen Aufwendungen und Erträge und deren Entwicklung, weil von diesen langfristig die Existenz und Beurteilung einer Unternehmung abhängig sind. In diesem Zusammenhang werden die wichtigsten Aufwendungen und Erträge des Betriebes als Anteile der gesamten betrieblichen Aufwendungen und Erträge ausgedrückt.

Beispiel

Ertragsintensitäten		Berichtsjahr	Vorjahr
Umsatz-intensität	$= \dfrac{\text{Umsatzerlöse} \cdot 100}{\text{Gesamterträge}}$	$\dfrac{3\,564\,117{,}50 \cdot 100}{3\,706\,992{,}50} = 96{,}15\,\%$	$\dfrac{3\,200\,550 \cdot 100}{3\,280\,050} = 97{,}58\,\%$

Von 100,00 € sind 96,15 € (97,58 € im Vorjahr) betriebliche Erträge.

Aufwandsintensitäten		Berichtsjahr	Vorjahr
Waren-einsatz-intensität	$= \dfrac{\text{Wareneinsatz} \cdot 100}{\text{Gesamtaufwendungen}}$	$\dfrac{1\,936\,250 \cdot 100}{3\,597\,353} = 53{,}82\,\%$	$\dfrac{1\,798\,300 \cdot 100}{3\,073\,800} = 58{,}50\,\%$
Personal-aufwands-intensität	$= \dfrac{\text{Personalaufwand} \cdot 100}{\text{Gesamtaufwendungen}}$	$\dfrac{1\,092\,500 \cdot 100}{3\,597\,353} = 30{,}37\,\%$	$\dfrac{958\,450 \cdot 100}{3\,073\,800} = 31{,}18\,\%$
Abschrei-bungs-intensität	$= \dfrac{\text{Abschreibungen} \cdot 100}{\text{Gesamtaufwendungen}}$	$\dfrac{63\,000 \cdot 100}{3\,597\,353} = 1{,}75\,\%$	$\dfrac{60\,000 \cdot 100}{3\,073\,800} = 1{,}95\,\%$

Die **Aufwandsintensitäten** drücken den Anteil des Verzehrs der wesentlichen Produktionsfaktoren aus, die zur Erzielung der Umsatzerlöse notwendig waren. Je nach Bedeutung der Produktionsfaktoren werden Betriebe eingeteilt in

- ● wareneinsatzintensive Betriebe bei überwiegender Wareneinsatzintensität,
- ● lohnintensive Betriebe bei überwiegender Personalaufwandsintensität und
- ● anlageintensive Betriebe bei überwiegender Abschreibungsintensität.

DV-gestützte statistische Aufbereitung und Auswertung der Gewinn- und Verlustrechnung

Die statistische Aufbereitung der Gewinn- und Verlustrechnung kann ebenfalls mithilfe eines Tabellenkalkulationsprogramms durchgeführt werden.

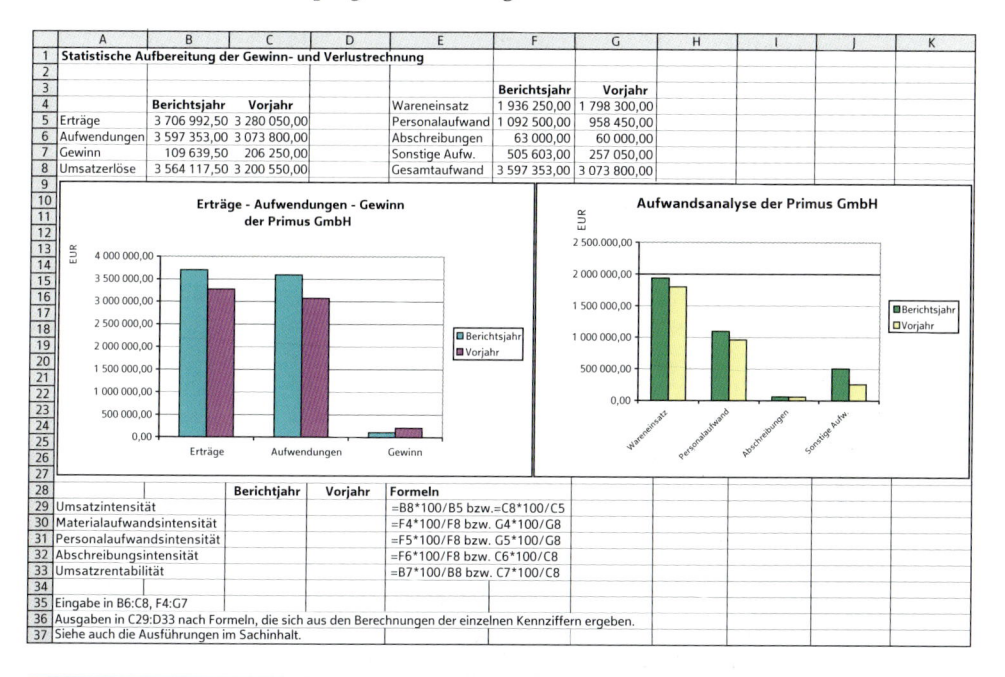

	A	B	C	D	E	F	G
1	Statistische Aufbereitung der Gewinn- und Verlustrechnung						
2							
3						Berichtsjahr	Vorjahr
4		Berichtsjahr	Vorjahr		Wareneinsatz	1 936 250,00	1 798 300,00
5	Erträge	3 706 992,50	3 280 050,00		Personalaufwand	1 092 500,00	958 450,00
6	Aufwendungen	3 597 353,00	3 073 800,00		Abschreibungen	63 000,00	60 000,00
7	Gewinn	109 639,50	206 250,00		Sonstige Aufw.	505 603,00	257 050,00
8	Umsatzerlöse	3 564 117,50	3 200 550,00		Gesamtaufwand	3 597 353,00	3 073 800,00

	Berichtsjahr	Vorjahr	Formeln
Umsatzintensität			=B8*100/B5 bzw.=C8*100/C5
Materialaufwandsintensität			=F4*100/F8 bzw. G4*100/G8
Personalaufwandsintensität			=F5*100/F8 bzw. G5*100/G8
Abschreibungsintensität			=F6*100/F8 bzw. C6*100/C8
Umsatzrentabilität			=B7*100/B8 bzw. C7*100/C8

Eingabe in B6:C8, F4:G7
Ausgaben in C29:D33 nach Formeln, die sich aus den Berechnungen der einzelnen Kennziffern ergeben.
Siehe auch die Ausführungen im Sachinhalt.

	Berichtsjahr	Vorjahr
Jahresüberschuss	109 639,50	206 250,00
Umsatzerlöse	3 564 117,50	3 200 550,00
$\dfrac{\text{Umsatz-}}{\text{rentabilität}} = \dfrac{\text{Jahresüberschuss} \cdot 100}{\text{Umsatzerlöse}}$	$\dfrac{109\,639{,}50 \cdot 100}{3\,564\,117{,}50} = \underline{\underline{3{,}08\,\%}}$	$\dfrac{206\,2500 \cdot 100}{3\,200\,550{,}00} = \underline{\underline{6{,}44\,\%}}$

Finanzanalyse mithilfe des Cashflow

Cashflow bedeutet in wörtlicher Übersetzung **Zahlungs-** oder **Kassenfluss** (cash = Kasse, flow = Fluss, Strömung): Es ist ein „**Kassenüberschuss**" bzw. „**finanzwirtschaftlicher Überschuss**" gemeint, der über die reine Aufwandsdeckung hinausreicht und somit zunächst im Unternehmen bleibt und zur **Finanzierung von Investitionen**, zur **Rückzahlung von Verbindlichkeiten** und zur **Ausschüttung von Gewinnen** zur Verfügung steht. Neben der Ertragslage wird mit dieser Kennzahl in erster Linie der **Selbstfinanzierungsspielraum** aufgezeigt.

Ausgangsgröße für die Berechnung des Cashflows ist der Jahresüberschuss. Der Jahresüberschuss ist um alle Aufwendungen des Berichtsjahres zu erhöhen, die im selben Jahr nicht ausgabewirksam waren und somit dem Unternehmen für spätere Finanzierungszwecke (Anlagenkäufe, Pensionszahlungen) zur Verfügung stehen.

Beispiel Abschreibungen auf Anlagen, Einstellung in langfristige Rückstellungen (Pensionsrückstellungen)[1]

Berechnung des Cashflows vom Jahresüberschuss	Berichtsjahr	Vorjahr
Jahresüberschuss	109 639,50	206 250,00
+ Abschreibungen auf Anlagen	63 000,00	60 000,00
+ Erhöhung der langfristigen Rückstellungen	25 000,00	20 000,00[1]
Cashflow	197 639,50	286 250,00

Der **Cashflow** gibt gegenüber dem Gewinn einen Einblick in die **Selbstfinanzierung**, indem er aufzeigt, welche Mittel dem Unternehmen durch Gewinn, Abschreibungen und langfristige Rückstellungsbildung für Investitionen, Schuldentilgungen und Ausschüttungen in dem Abrechnungsjahr zugeflossen sind. Das prozentuale Verhältnis von Cashflow zum Umsatz drückt den Anteil der so über die Umsatzerlöse zugeflossenen Mittel aus. Diese Kennzahl gibt somit wichtige Hinweise für künftige Finanzplanungen. Möglichen Kapitalgebern gibt sie Informationen über die Fähigkeit des Unternehmens, aus eigener Kraft Kredite zurückzuzahlen (Kreditwürdigkeit). Der Cashflow kann ebenfalls als Prozentsatz zu den Investitionen, den Schulden und dem Nominalkapital (gezeichnetes Kapital) ausgedrückt werden. Mithilfe des Cashflows können Aussagen zum Innenfinanzierungs-, Kreditspielraum und zur Ausschüttungsfähigkeit des Unternehmens gemacht werden.

Beispiel

	Berichtsjahr	Vorjahr
$\text{Cashflow-Umsatzrate} = \dfrac{\text{Cashflow} \cdot 100}{\text{Umsatzerlöse}}$	$\dfrac{197\,639{,}50 \cdot 100}{3\,564\,117{,}50} = \underline{5{,}55\,\%}$	$\dfrac{286\,250 \cdot 100}{3\,200\,550} = \underline{8{,}94\,\%}$

Das Ergebnis im Beispiel sagt aus, dass von 100,00 € Umsatzerlösen etwa 5,55 € (Vorjahr 8,94 €) für Finanzierungszwecke zur Verfügung stehen.

Die Gewinn- und Verlustrechnung aufbereiten und zur Ertragslage auswerten

- **Intensität einzelner Ertrags- und Aufwandsarten**: Verhältnis einzelner Aufwands- oder Ertragsarten zum Gesamtaufwand oder Ertrag
- **Cashflow**: Kassenzufluss durch Gewinn, Abschreibungen und Einstellung in die langfristigen Rückstellungen

---

1. a) Erstellen Sie für die Betriebe I und II (Stahlhandel) aufgrund der Angaben der Finanzbuchhaltung die Gewinn- und Verlustrechnung in Kontenform.
b) Berechnen Sie für die Betriebe I und II folgende Vergleichszahlen:
  1. den Anteil der Aufwendungen für Waren (Wareneinsatz), der Personalaufwendungen und der Abschreibungen an den Gesamtaufwendungen,
  2. den Anteil der Aufwendungen für Waren (Wareneinsatz), Personalaufwendungen, Abschreibungen und des Gewinns am Umsatz.

---

[1] *Erhöhung gegenüber dem vorangegangenen Geschäftsjahr*

Die Vermögens- und Kapitalstruktur, die Finanzlage und die Erfolgssituation mithilfe von Kennzahlen bewerten

Aufwendungen und Erträge		Betrieb I €	Betrieb II €
2100	Zinsen und ähnliche Aufwendungen	12 000,00	115 000,00
2200	Steuern vom Einkommen und Ertrag	15 000,00	5 000,00
2600	Sonstige Zinsen und ähnliche Erträge	111 000,00	20 000,00
3010	Aufwendungen für Waren/Wareneinsatz	4 439 600,00	3 464 500,00
4010	Löhne	2 822 400,00	1 845 000,00
4020	Gehälter	1 176 000,00	723 125,00
4040	Soziale Abgaben	1 411 200,00	844 375,00
4200	betr. Steuern, Beiträge, Versicherungen	325 800,00	359 500,00
4300	Energie, Betriebsstoffe	146 800,00	135 500,00
4400	Werbe- und Reisekosten	470 400,00	927 000,00
4700	Betriebskosten/Instandhaltung	352 800,00	300 000,00
4910	Abschreibungen	588 000,00	975 000,00
8010	Umsatzerlöse/Warenverkauf	12 825 000,00	11 192 500,00

2. Ein Großhandelsunternehmen hatte in den beiden letzten Jahren folgende Aufwendungen und Erträge in Mio. Euro:

Aufwands- bzw. Ertragsarten	Vorjahr	Berichtsjahr
Umsatzerlöse/Warenverkauf	1 500	1 800
Aufwendungen für Waren/Wareneinsatz	400	500
Personalkosten	300	320
Abschreibungen	120	200
Gewerbesteuer	120	125
Energie, Betriebsstoffe	70	85
Werbe- und Reisekosten	150	140
Allgemeine Verwaltung	140	160

a) Ermitteln Sie die Intensitätskennziffern der einzelnen Aufwandsarten.
b) Erläutern Sie die Aufwandsstruktur der beiden Jahre und ihre Veränderung.
c) Nennen Sie Gründe für die Aufwandsstrukturveränderung, bezogen auf die einzelnen Aufwandsarten.

3. a) Das Eigenkapital eines Groß- und Außenhandelsbetriebes beträgt 650 000,00 €, der Unternehmergewinn 26 000,00 €.
   1. Berechnen und beurteilen Sie die Unternehmerrentabilität.
   2. Wie kann die Rentabilität verbessert werden?
b) Welche Überlegungen sind vor der Aufnahme eines Darlehens anzustellen?
c) Die Umsatzrentabilität eines Betriebes ist in den letzten Jahren von 4 % auf 3 % und 2 % gefallen.
   1. Erläutern Sie, wie es dazu kommen konnte.
   2. Erläutern Sie, welche Maßnahmen Sie zur Änderung der Situation empfehlen würden.

4. Ein Großhandelsunternehmen hatte im Vorjahr und im Berichtsjahr folgende Aufwendungen und Erträge in Mio. Euro:

	Vorjahr	Berichtsjahr
Aufw. für Waren/Wareneinsatz	410	515
Personalaufwand	228	120
Abschreibungen	280	380
Sonstige betriebliche Aufwendungen	150	140
betriebliche Steuern	60	45
Umsatzerlöse/Warenverkauf	1 200	1 500

a) Ermitteln Sie die Intensitätskennziffern der einzelnen Aufwandsarten an den Umsatzerlösen.
b) Erläutern Sie die Aufwandsstruktur der beiden Jahre und ihre Veränderungen.
c) Nennen Sie Gründe für die Aufwandsstrukturänderung, bezogen auf die einzelnen Aufwandsarten.

5. Zur Beurteilung der Rentabilitätsentwicklung legt ein Großhandelsbetrieb folgende Werte der letzten vier Jahre vor:

	Jahr 1	Jahr 2	Jahr 3	Jahr 4
Eigenkapital in T€	8 000	8 200	8 800	9 000
Jahresüberschuss in T€	800	1 000	1 100	720
Umsatz in T€	20 000	32 800	40 000	45 000

Errechnen Sie für die vier Jahre
a) die Eigenkapitalrentabilität,
b) die Umsatzrentabilität.

6. Das GuV-Konto der Baustoffgroßhandlung Jonas Klein e.K. (Daten in Tausend Euro) ist abzuschließen und auszuwerten:

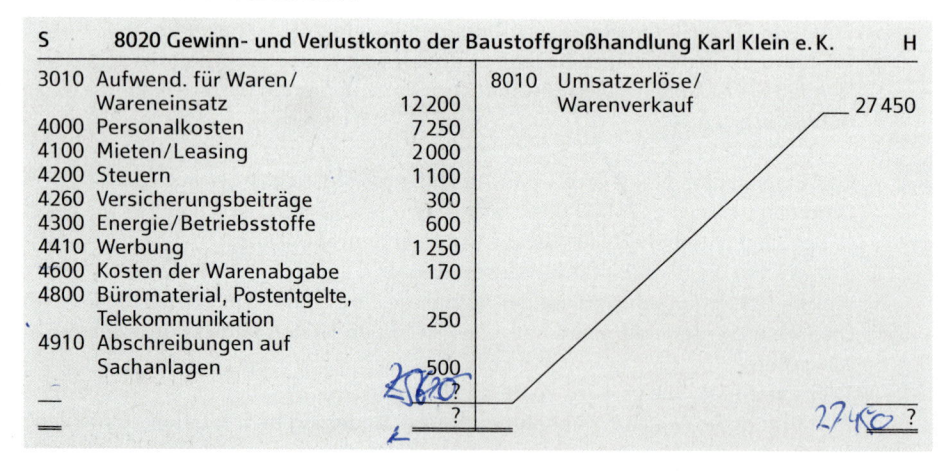

S	8020 Gewinn- und Verlustkonto der Baustoffgroßhandlung Karl Klein e.K.		H
3010 Aufwend. für Waren/Wareneinsatz	12 200	8010 Umsatzerlöse/Warenverkauf	27 450
4000 Personalkosten	7 250		
4100 Mieten/Leasing	2 000		
4200 Steuern	1 100		
4260 Versicherungsbeiträge	300		
4300 Energie/Betriebsstoffe	600		
4410 Werbung	1 250		
4600 Kosten der Warenabgabe	170		
4800 Büromaterial, Postengelte, Telekommunikation	250		
4910 Abschreibungen auf Sachanlagen	500		
	?		?

S	0600 Eigenkapital		H
?		EBK	15 000

Ermitteln Sie
a) den Reingewinn in Tausend Euro,
b) das Eigenkapital zum Jahresende in Tausend Euro,
c) die Eigenkapital- oder Unternehmerrentabilität, bezogen auf das Eigenkapital am Jahresanfang,
d) die Umsatzrentabilität.

7. Ermitteln Sie aus unten stehenden Angaben in Tausend Euro (T€)
a) das Eigenkapital,
b) das Anlagevermögen,
c) das Fremdkapital,
d) das Umlaufvermögen,
e) den Reingewinn.

Aufwendungen für Waren	800	Forderungen a. LL.	120
Grundstücke und Gebäude	810	Rücklagen	190
Umsatzerlöse/Warenverkauf	1 200	Rückstellungen	20
Hypothekenschulden	250	Warenbestände (Soll-Bestände)	230
Verbindlichkeiten a. LL.	160	gezeichnetes Kapital	800
Fuhrpark	220	Löhne und Gehälter	280
Gewerbesteuer	20	Bankguthaben	40

8. a) Errechnen Sie aus folgenden Angaben (in Mio. Euro) für die letzten beiden Geschäftsjahre eines Industriebetriebes
1. die Eigenkapitalrentabilität,
2. die Umsatzrentabilität.

	Jahr 1	Jahr 2
Gewinn	18	12
Eigenkapital	180	180
Umsatz	500	600

b) Geben Sie Gründe für die wesentlichen Veränderungen an.

9. Die Buchhaltung eines Großhandelsunternehmens liefert für die letzten drei Jahre folgende Zahlen in Euro:

	1. Jahr	2. Jahr	3. Jahr
Eigenkapital	150 000,00	175 000,00	200 000,00
Fremdkapital (Schulden)	100 000,00	125 000,00	115 000,00
Zinsen für Fremdkapital	4 800,00	7 500,00	6 000,00
Reingewinn	25 000,00	35 000,00	50 000,00
Umsatzerlöse, netto	580 000,00	750 000,00	960 000,00

a) Errechnen Sie die Eigenkapital-, Gesamtkapital- und Umsatzrentabilität.
b) Beurteilen Sie die Entwicklung des Unternehmens.

10. a) Errechnen Sie aus folgenden Angaben (in Mio. Euro) für die letzten beiden Jahre eines Großhandelsunternehmens
1. die Eigenkapitalrentabilität,
2. die Gesamtkapitalrentabilität,
3. die Umsatzrentabilität,
4. die Cashflow-Eigenkapitalrentabilität,
5. die Cashflow-Umsatzrate.

	1	2
Gewinn	18	12
Abschreibungen	20	18
Einstellung in die langfristigen Rückstellungen	6	6
Fremdkapitalzinsen	12	15
Eigenkapital	180	180
Fremdkapital	120	180
Umsatz	500	600

b) Geben Sie Gründe für die wesentlichen Veränderungen an.

11. Zur Feststellung der Rentabilitätsentwicklung legt ein Großhandelsunternehmen folgende Werte der letzten 4 Jahre vor:

	1	2	3	4
Eigenkapital in T€ (Anfangsbestand)	4 000	4 100	4 400	4 500
Fremdkapital (Schulden) in T€ – AB	2 000	2 000	3 000	4 000
Gewinn in T€	400	500	550	360
Durchschnittl. Fremdkapitalzinssatz	6 %	6 %	7 %	7 %
Umsatzerlöse in T€	10 000	16 400	20 000	22 500
Bildung von Pensionsrückstellungen in T€	50	70	80	170
Abschreibungen in T€	900	1 100	1 700	1 300

a) Errechnen Sie für die vier Jahre
   1. den Zinsaufwand für das Fremdkapital,
   2. den Ertrag des Gesamtkapitals,
   3. die Eigenkapitalrentabilität,
   4. die Gesamtkapitalrentabilität,
   5. die Umsatzrentabilität,
   6. den Cashflow.
b) Erläutern Sie die Entwicklung der Kennzahlen 3–6.

5 Leasing und Factoring zur Optimierung der wirtschaftlichen Situation nutzen

Die Kröger & Bach KG ist in einer schwierigen Situation. Kurzfristig ist ein wichtiger Kunde durch Insolvenz ausgefallen und entsprechend mussten mehrere Aufträge storniert werden. Viel schlimmer ist jedoch, dass noch offene Forderungen in den Büchern stehen, die nun abzuschreiben sind und die Liquidität der Kröger & Bach KG stark belasten. Im kommenden Monat wird eine Großlieferung an Elektrogeräten im Wert von über 75 000,00 € aus China erwartet, die für eine große Baumarktkette vorgemerkt sind.

Lutz Kröger und Sylke Bach suchen nach einer Möglichkeit, wie sie die Liquidität des Unternehmens sicherstellen und ihre wirtschaftliche Situation insgesamt optimieren können.

ARBEITSAUFTRÄGE

- Diskutieren Sie mit Ihrer Sitznachbarin/Ihrem Sitznachbarn Lösungsmöglichkeiten, die Ihnen im Rahmen eines Brainstormings einfallen.
- Informieren Sie sich im nachfolgenden Kapitel oder im Internet über Leasing und Factoring und erläutern Sie, ob diese Möglichkeiten eine Lösung für die Kröger & Bach KG sein können.

● Leasing

Leasing ist eine alternative Finanzierungsform, bei der Groß- und Außenhandelsunternehmen (**Leasingnehmer**) gegen Zahlung monatlicher Raten an eine Leasinggesellschaft oder einen Hersteller (**Leasinggeber**) die Nutzungsrechte an Gütern erhalten. Hierbei handelt es sich üblicherweise um Fahrzeuge oder Gegenstände der Betriebs- und Geschäftsausstattung – doch mittlerweile beschränkt sich Leasing nicht mehr auf diese klassischen Kategorien. Leasinggesellschaften bieten heutzutage Leasingvarianten für fast jede Situation und für fast jedes Gut an.

Beispiel Um das mittelfristige Ziel der Klimaneutralität zu erreichen, hat die Kröger & Bach KG auf ihrer Lagerhalle eine 50-kWp-Photovoltaikanlage installiert. Diese wird über einen Zeitraum von 15 Jahren geleast. Nach der Leasingdauer kann die Anlage von der Kröger & Bach KG ohne weitere Entgeltzahlungen genutzt werden.

○ Möglichkeiten der wirtschaftlichen Optimierung

Liquidität	Der **Leasinggeber übernimmt die Anschaffungskosten** für das Leasinggut und für das Groß- und Außenhandelsunternehmen entstehen keine Ausgaben für die Beschaffung. Die so gewonnene Liquidität kann z. B. in das Wachstum des Unternehmens oder in die Beschaffung neuer Waren investiert werden.
Bilanzverbesserung	Leasinggüter **werden nicht in der Bilanz des Leasingnehmers aktiviert** und verbessern dessen Eigenkapitalquote. Darüber hinaus können die Leasingraten als Betriebsausgaben geltend gemacht werden und wirken somit als Aufwände steuermindernd.
Planungssicherheit	Die **Leasingkosten lassen sich vorab für den Leasingnehmer genau kalkulieren**, womit er eine hohe Planungssicherheit erhält. Gleichzeitig fallen die Ausgaben für das Leasinggut erst dann an, wenn der Groß- und Außenhändler bereits von den geleasten Gütern profitiert, was die Aufwendungen für das Leasing oft ausgleicht.
Flexibilität	Leasinggesellschaften gehen üblicherweise stark **auf die Wünsche ihrer Kunden ein**. So lassen sich die vorab festgelegten Leasingraten sowie der Rückkaufpreis oft in Absprache mit dem Leasingnehmer anpassen.

○ Sale-and-lease-back (Rückmietverkauf)

Das Verfahren **Sale-and-lease-back**, auch Rückmietverkauf genannt, ist eine Sonderform des Leasings. Ein Groß- und Außenhandelsunternehmen verkauft dabei **Vermögenswerte des Anlagevermögens**, wie Immobilien oder Gegenstände der Betriebs- und Geschäftsausstattung, an einen Leasinggeber, um sie im Anschluss wieder zurückzuleasen.

Beispiel Die Kröger & Bach KG verkauft eine Verpackungsmaschine, welche eine Restnutzungsdauer von acht Jahren hat, an ein Leasingunternehmen zu einem Preis von 120 000,00 €. In der Bilanz wurde die Maschine nur noch mit einem Wert von 90 000,00 € aufgeführt, weshalb ein Gewinn von 30 000,00 € erzielt wurde. Die Liquidität der Kröger & Bach KG erhöht sich durch den Verkauf um 120 000,00 €, während das Anlagevermögen um 90 000,00 € sinkt, ebenso wie die Bilanzsumme. Das freigesetzte Kapital kann nun zur Beschaffung von Waren oder zur Schuldentilgung verwendet werden. Anschließend wird die Verpackungsmaschine vom Leasinggeber zu einer vertraglich vereinbarten Leasingrate von 1 360,00 € pro Monat für die Dauer von acht Jahren geleast, um sie weiterhin nutzen zu können.

Vorteile des Sale-and-lease-back-Verfahrens

Durch den Verkauf des Leasingobjektes erhöht sich direkt die Liquidität des Unternehmens. Dieser Effekt wird verstärkt, wenn durch den Verkauf zusätzlich **stille Reserven** (vgl. S. 342) aufgelöst werden. Nach dem Verkauf kann der Leasinggegenstand weiterhin genutzt werden. Dies ist besonders für Groß- und Außenhandelsunternehmen von Interesse, deren Betrieb oftmals kapitalintensiv ist und von einem hohen Finanzierungsaufwand begleitet wird. **Liquidität** spielt dabei eine entscheidende Rolle für die Überlebensfähigkeit des Unternehmens.

Durch das zusätzliche Kapital wird **die Bilanzsumme verringert**, durch **die erhöhte Eigenkapitalquote** steigt die Kreditwürdigkeit bei Kapitalgebern, wodurch die **Innenfinanzierung gestärkt** wird. Die Unabhängigkeit von Kapitalgebern, wie beispielsweise der Hausbank, wird dadurch ebenfalls ausgebaut. Die Leasingraten sind gut planbare Aufwendungen und können steuerlich geltend gemacht werden.

Nachteile des Sale-and-lease-back-Verfahrens

Der Leasingnehmer ist während einer **festgeschriebenen Laufzeit** an den Leasingvertrag gebunden und ein vorzeitiger Ausstieg aus dem Vertrag ist in den meisten Fällen nicht oder nur zu **hohen Kosten** möglich. Zudem ist das Leasing eine vergleichsweise teure Finanzierungsmöglichkeit und liegt, abhängig von den Rahmenbedingungen, oberhalb der Kosten eines Darlehens.

● Factoring

Factoring stellt eine **Form der Forderungsabtretung** dar und ist als besondere Finanzierungshilfe des Umlaufvermögens eines Unternehmens gedacht. Sogenannte **Factoring-Banken** kaufen von ihren **Kunden (Factoringnehmer)** Forderungen aus Lieferungen und Leistungen auf. Der Factoringnehmer erhält dann von der Factoring-Bank etwa 80 bis 90 % des Rechnungswertes abzüglich der Zinsen und einer Factoring-Provision (0,8 bis 2 % der Gesamtsumme) sofort gutgeschrieben. Den Restbetrag erhält der Factoringnehmer nach Eingang der Zahlung abzüglich der Provision und der Zinsen bei der Factoring-Bank. Bilanzmäßig liegt beim Factoring ein Aktivtausch vor, da die Kundenforderungen gegen Bankforderungen (Factoring-Bank) getauscht werden.

Der Hauptvorteil für den Factoringnehmer besteht darin, dass er vorzeitig über die erst später fällig werdenden Geldmittel aus Forderungen verfügen kann. Factoring-Banken übernehmen gegen ein zusätzliches Entgelt **(Delcredereprovision)** das Risiko eines Forderungsausfalls. Als weitere Dienstleistungen bieten die Factoring-Banken an:

- Ausstellung der Rechnungen
- Führung der Kundenbuchhaltung (Debitorenbuchhaltung)

- Einzug weiterer fälliger Forderungen
- Übernahme eines notwendig werdenden Mahnverfahrens

Somit können betriebliche Verwaltungsfunktionen aus dem Unternehmen ausgegliedert **(Outsourcing)** werden.

Beispiel

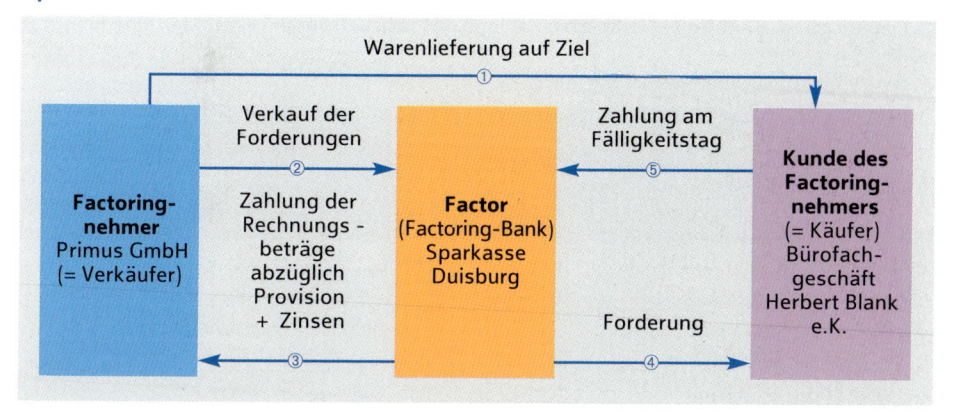

```
                    Warenlieferung auf Ziel
                    ─────────────①─────────────▶
       ┌──────────┐  Verkauf der      ┌──────────┐  Zahlung am      ┌──────────┐
       │          │  Forderungen      │          │  Fälligkeitstag  │          │
       │          │ ─────②─────▶     │          │ ◀────⑤─────     │ Kunde des│
       │Factoring-│                   │          │                  │Factoring-│
       │ nehmer   │  Zahlung der      │  Factor  │                  │ nehmers  │
       │Primus GmbH│ Rechnungs-       │(Factoring-│                 │(= Käufer)│
       │(=Verkäufer)│ beträge         │  Bank)   │                  │Bürofach- │
       │          │  abzüglich        │ Sparkasse│                  │geschäft  │
       │          │  Provision        │ Duisburg │                  │Herbert Blank│
       │          │  + Zinsen         │          │   Forderung      │  e.K.    │
       │          │ ◀────③─────     │          │ ─────④─────▶    │          │
       └──────────┘                   └──────────┘                  └──────────┘
```

Man unterscheidet offenes und stilles Factoring.
- Beim **offenen Factoring** ist auf der Rechnung gleich die IBAN der Factoring-Bank angegeben. Der Kunde zahlt direkt an die Factoring-Bank.
- Beim **stillen Factoring** zahlt der Kunde erst an den Factoringnehmer, der dann die Zahlungen unverzüglich an die Factoring-Bank weiterleitet.

Durch Factoring ergeben sich **für den Factoringnehmer folgende Vor- und Nachteile:**

Vorteile	Nachteile
– Verringerung des Kapitalbedarfs – Liquiditätserhöhung – Wegfall des Mahnverfahrens – Verringerung von Verwaltungsarbeiten, geringere Personalaufwendungen – kein Risiko des Forderungsausfalls	– Factoringnehmer muss der Factoring-Bank Zinsen und Provision für Dienstleistungen zahlen. – Unsichere Forderungen werden nicht angekauft.

○ Forfaitierung (frz. à forfait = in Bausch und Bogen)

Unter Forfaitierung versteht man den Ankauf einer wechselmäßig verbrieften Exportforderung durch spezielle Factoring-Banken, wobei der Factor (Factoring-Bank) bei Zahlungsausfall auf einen Rückgriff auf den Exporteur verzichtet. Daher verlangen Forfaitierungsbanken, dass gute Sicherheiten (z. B. Bankbürgschaft) vorliegen müssen.

Vorteile für den Exporteur:

- sofortige Verflüssigung längerfristiger Auslandsforderungen
- Wegfall aller Risiken bei Auslandsforderungen
- Kostensenkung durch den Wegfall von Inkassomaßnahmen, Überwachung der Zahlungstermine usw.

LF 8 Werteströme auswerten

● Kreditkostenvergleich

Es ist bei der Aufnahme eines Kredits erforderlich, die Kosten der unterschiedlichen Kreditarten zu vergleichen, um die günstigste Kreditart zu ermitteln. Unter Umständen kann es günstiger sein, trotz vorhandener Barmittel einen Kredit in Anspruch zu nehmen.

Beispiel Kauf von Lagerregalen, Anschaffungskosten 85 000,00 €, Anzahlung in allen Fällen 25 000,00 €, wobei die Anzahlung aus Mitteln des Käufers bezahlt wird, Kreditlaufzeit 1 Jahr, der Lieferer der Warenträger gewährt bei Zahlung des vollen Rechnungsbetrages innerhalb von 20 Tagen 2 % Skonto.
Bei Ausnutzung von Skonto müsste die Primus GmbH 83 300,00 € bezahlen.

Kreditart	Konditionen	Berechnungsformel	Berechnung	Finanzierungskosten pro Jahr
Kredit des Warenträgerlieferers (Lieferantenkredit)	25 000,00 € Anzahlung, 3 Raten zu je 20 000,00 € nach je 4 Monaten Zinssatz 6 % p. a.	$Z = \dfrac{K \cdot i \cdot p}{100 \cdot 360}$ Z = Zinsen, K = Kapital p = Zinssatz, i = Zeit Entgangener Skontoabzug	$Z = \dfrac{60\,000 \cdot 120 \cdot 6}{100 \cdot 360}$ $= 1\,200,00$ € $Z = \dfrac{40\,000 \cdot 120 \cdot 6}{100 \cdot 360}$ $= 800,00$ € $Z = \dfrac{20\,000 \cdot 120 \cdot 6}{100 \cdot 360}$ $= 400,00$ € Gesamtzinsen (Z) $= 2\,400,00$ € 2 % von 85 000,00 € $= 1\,700,00$ €	4 100,00 €
Leasing	Nutzungsdauer 4 Jahre, Grundentgelt 25 000,00 €, monatliche Leasingraten 2 % pro Monat, davon entfallen 1 % auf Zinsen und 1 % Entgelt für Überlassung und Nutzung der Warenträger, Bearbeitungsentgelt 1 ‰ von der Kreditsumme	1 % Monat = 12 %/Jahr $Z = \dfrac{K \cdot p}{100}$ Es sind nur die Zinsen beim Kreditkostenvergleich zu berücksichtigen Bearbeitungsentgelt fällt nur im 1. Jahr an. 1 ‰ von 60 000,00 €	$\dfrac{60\,000 \cdot 12}{100} = 7\,200,00$ € $\dfrac{60\,000 \cdot 1}{100} = 60,00$ €	7 260,00 €
Kontokorrentkredit	Zinssatz (p) 14 % p. a.	$Z = \dfrac{K \cdot p}{100}$	$\dfrac{58\,300 \cdot 14}{100} = 8\,162,00$ €	8 162,00 €

Kredit-art	Konditionen	Berechnungsformel	Berechnung	Finan-zierungs-kosten pro Jahr
Bankdarlehen	Zinssatz 8,5 %, Bearbeitungsentgelt 1 % von der Kreditsumme	$Z = \dfrac{K \cdot p}{100}$ Bearbeitungsentgelt 1 % von 58 300,00 €	$\dfrac{58\,300 \cdot 8,5}{100} = 4\,955,50\ €$ $\dfrac{58\,300 \cdot 1}{100} = 583,00\ €$	5 538,50 €

Es ist bei allen Kreditarten zu berücksichtigen, dass der Groß- und Außenhandelsbetrieb durch Aufnahme eines Kredites über eine höhere Liquidität verfügt, da die nicht benötigten innerbetrieblichen Barmittel für andere Zwecke gewinnbringend eingesetzt werden können.

Beispiel Anlage der Barmittel (83 300,00 €) als Termingeld für ein Jahr bei der Bank zu einem Zinssatz von 4 % = 3 332,00 €. Ferner ist eine mögliche steuerliche Absetzbarkeit der Kreditkosten zu berücksichtigen.

Leasing und Factoring zur Optimierung der wirtschaftlichen Situation nutzen

Leasing

- Beim Leasing werden **Güter des Anlagevermögens gemietet**, wobei die Leasinggeber Hersteller oder Leasinggesellschaften sein können.
- Es können sowohl **Immobilien** als auch **Güter der Betriebs- und Geschäftsausstattung** geleast werden.
- Das **Sale-and-lease-back-Modell** ist eine **Sonderform des Leasings**.
- Beim Sale-and-lease-back-Verfahren werden Vermögenswerte an einen **Leasinggeber verkauft und anschließend zurückgeleast**.
- Größter **Vorteil** des Sale-and-lease-back-Verfahrens ist die **kurzfristige Freisetzung von Liquidität**.
- Nachteile des Sale-and-lease-back-Verfahrens sind der **hohe Preis** für das Leasing und die **feste Laufzeit**.

Factoring

- Unter Factoring versteht man den **Verkauf von Kundenforderungen** an eine **Factoring-Bank**.
- **Vorteil**: Der Factoringnehmer kann über Geldmittel aus Forderungen verfügen, die erst später fällig werden.
- Neben den Zinsen verlangen Factoring-Banken eine **Provision** für Rechnungserstellung, Zahlungsüberwachung und eine **Delcredereprovision** für die Übernahme des Kreditrisikos.

- Factoring ist **verhältnismäßig teuer.**
- **Forfaitierung**: Ankauf einer wechselmäßig verbrieften Exportforderung durch eine Factoring-Bank.
- Beim **Kreditkostenvergleich** werden die Kosten der Kreditarten miteinander verglichen.

1. Erläutern Sie, warum die Kröger & Bach KG durch Leasing ihre wirtschaftliche Situation verbessern kann.

2. Die Primus GmbH verkauft eine Lagerhalle mit einem Baugrundstück, welche mit 50 000,00 € in der Bilanz steht, an ein Leasingunternehmen zu einem Preis von 90 000,00 €. Mit dem Verkaufserlös von 90 000,00 € werden langfristige Verbindlichkeiten der Primus GmbH beglichen. Anschließend wird die Lagerhalle vom Leasingunternehmen für 15 Jahre für einen monatlichen Betrag von 630,00 € geleast und geht nach Ablauf der Leasingdauer wieder in das Eigentum der Primus GmbH über.
   a) Erläutern Sie, warum das Leasingunternehmen bereit ist, für die Lagerhalle 90 000,00 € zu bezahlen, obwohl sie mit nur 50 000,00 € in der Bilanz steht.
   b) Welche Auswirkungen ergeben sich dadurch auf die Bilanz und Eigenkapitalquote der Primus GmbH?
   c) Erläutern Sie den Finanzierungseffekt für die Primus GmbH.

3. Erläutern Sie, welche Dienstleistungen eine Factoring-Bank für ein Groß- und Außenhandelsunternehmen übernehmen kann.

4. Erstellen Sie eine Übersicht mit den Vor- und Nachteilen des Factorings.

5. Die Kröger & Bach KG hat ausstehende Forderungen in Höhe von 340 000,00 € mit einem durchschnittlichen Zahlungsziel von 30 Tagen. Um die Liquidität zu verbessern, wollen die Geschäftsführer die Forderungen an eine Factoring-Bank verkaufen. Gleichzeitig soll der Factor Dienstleistungs- und Delcrederefunktion übernehmen. Der Factor macht folgendes Angebot: Zinsen 14 % p. a., Vergütung für Dienstleistungs- und Delcrederefunktion: 3 % von 340 000,00 €.
   a) Ermitteln Sie die Kosten für einen Monat, den der Factor der Kröger & Bach KG in Rechnung stellen wird.
   b) Beurteilen Sie, ob es sinnvoll ist, das Angebot des Factors in Anspruch zu nehmen.

Wiederholung zu Lernfeld 8

Übungsaufgaben

1. Die Bürotec GmbH plant den Warenumsatz und -einsatz der Warengruppe „Büroeinrichtung" für das kommende Geschäftsjahr. Grundlage für die Planung bilden die Quartalswerte in Tausend Euro des letzten Geschäftsjahres lt. Warenwirtschaft. Planungsergebnis soll eine Umsatzsteigerung von 6 % bei gleichzeitigem Absenken des durchschnittlichen Lagerbestandes um 20 % sein.

Quartal	Anfangsbestände in Stück	Wareneinsatz in €	Warenumsatz in €	Endbestände in €
I	750	1 840,00	3 220,00	910,00
II	600	1 680,00	2 940,00	725,00
III	970	2 720,00	4 760,00	1 600,00
IV	850	2 440,00	4 270,00	1 440,00
		8 680,00	15 190,00	

Ermitteln Sie
a) den durchschnittlichen Lagerbestand im letzten Jahr,
b) die Lagerumschlagshäufigkeit,
c) den durchschnittlichen Kalkulationszuschlagssatz,
d) den geplanten Umsatz in Euro der Warengruppe für das kommende Jahr,
e) den geplanten Wareneinsatz in Euro, wenn der Kalkulationszuschlagssatz unverändert bleiben soll,
f) den geplanten durchschnittlichen Lagerbestand in Euro,
g) welche Umschlagshäufigkeit erreicht werden müsste, um die Planvorgaben zu realisieren.

2. Ermitteln Sie aus unten stehenden Angaben der Bürotec GmbH in Tausend Euro
a) das Anlagevermögen,
b) das Umlaufvermögen,
c) das Eigenkapital,
d) das Fremdkapital,
e) die Eigenkapitalquote,
f) die Barliquidität,
g) die Anlagendeckung I,
h) die Anlagendeckung II,
i) den Aufwand,
j) den Ertrag,
k) den Jahresüberschuss (Gewinn),
l) die Eigenkapitalrentabilität.

A	Bilanz in Tausend Euro zum Ende des Jahres		P
A. Anlagevermögen		**A. Eigenkapital**	
Gebäude, Grundstücke	5 000	gezeichnetes Kapital	4 000
Geschäftsausstattung	950	Rücklagen	1 000
Fuhrpark	1 750	Jahresüberschuss	1 200
B. Umlaufvermögen		**B. Schulden**	
Warenbestand	1 500	Hypothekenschulden*	1 500
Forderungen a. LL.	1 900	Darlehensschulden*	3 050
Bankguthaben	1 400	Verbindlichkeiten a. LL.	1 750
	12 500		12 500

* mit einer Restlaufzeit über 5 Jahre

S	GuV in Tausend Euro		H
Wareneingang/Aufw. f. Waren	28 800	Umsatzerlöse	50 000
Personalaufwand	16 000	Sonstige Erträge	2 000
Abschreibungen	1 200		
Sonstige Aufwendungen	4 800		

3. Im Rahmen der Bewertung der Inventurbestände in der Bürobedarfsgroßhandlung Bürotec GmbH sollen Sie festlegen, mit welchem Einzelwert in Euro folgende Wirtschaftsgüter anzusetzen sind:

a) Warengruppe „Bürotechnik": 2 Lasermultifunktionsgeräte, die am 10.11. zum Anschaffungswert von 416,00 EUR gekauft, für die der Verkaufspreis mit 498,00 EUR kalkuliert wurde, die der Lieferer in der neuesten Preisliste für das folgende Geschäftsjahr für 398,00 EUR anbietet

b) Warengruppe „Verbrauch": Kopierpapier X-Offit 1000 Blatt
Anschaffungswert vom 15.12. .... 3,58 EUR
Verkaufspreis. .... 6,45 EUR
Angebotspreis lt. Preisliste für das folgende Geschäftsjahr .... 3,78 EUR

c) Grundstück, Escher Straße 217, mit einem Anschaffungswert von 250 000,00 EUR vor zehn Jahren und einem Tageswert von 480 000,00 EUR am Bilanzstichtag

d) Verbindlichkeit a. LL. gegenüber einem US-amerikanischen Lieferer von verschiedenen Laserdruckern aufgrund der Eingangsrechnung über 58 000,00 USD bei einem Dollarkurs zur Zeit der Rechnungserteilung von 1,00 EUR = 1,10 USD und von 1,00 EUR = 1,05 USD am Bilanzstichtag

e) Gabelstapler mit einem Anschaffungswert von 54 000,00 EUR, vor genau vier Jahren angeschafft, mit einer linearen Abschreibung über eine betriebsgewöhnliche Nutzungsdauer von zehn Jahren

4.

Bilanz der Bürotec GmbH, Leipzig, zum 31.12.20.. in Tausend Euro

A		P	
A. Anlagevermögen		**A. Eigenkapital**	
1. Grundstücke und Gebäude	1 100	1. Stammkapital	1 200
2. Fuhrpark	850	2. Gewinnrücklagen	600
3. Betriebs- und Geschäftsausstattung	750	3. Jahresüberschuss	450
B. Umlaufvermögen		**B. Rückstellungen**	
1. Warenbestand	340	1. Rückstellungen für Pensionen	350
2. Forderungen a. LL.	210	2. Steuerrückstellungen (kurzfristig)	40
3. Bank	343	3. andere kurzfristige Rückstellungen	50
4. Kasse	7	**C. Verbindlichkeiten**	
		1. Verbindlichkeiten gegenüber Kreditinstituten	
		– langfristige	500
		– kurzfristige	200
		2. Verbindlichkeiten a. LL.	150
		3. Sonstige Verbindlichkeiten	60
	3 600		3 600

GuV der Bürotec GmbH, Leipzig, für das Geschäftsjahr 20..

	T€	T€
Warenumsatz	7 200	
Sonstige betriebliche Erträge	300	
Betriebliche Erträge		7 500
Wareneinsatz	3 100	
Personalkosten	2 500	
Abschreibungen	350	
Sonstige betriebliche Aufwendungen	250	
Betriebsergebnis		1 300
Zinsaufwendungen	100	
Zinserträge	40	

Wiederholung zu Lernfeld 8 – Übungsaufgaben

GuV der Bürotec GmbH, Leipzig, für das Geschäftsjahr 20..

	T€	T€
Finanzergebnis	60	
Ergebnis der betriebsgewöhnlichen Geschäftstätigkeit		1 240
Außerordentliche Aufwendungen Außerordentliche Erträge	580 90	
Außerordentliches Ergebnis		490
Ergebnis vor Steuern Betriebliche Steuern		750 300
Jahresüberschuss		450

Ermitteln Sie
a) die Umlaufvermögensintensität,
b) die Eigenkapitalquote,
c) die Anlagendeckung I,
d) die Barliquidität,
e) die Eigenkapitalrentabilität,
f) die Umsatzrentabilität.

5. Die Datei des Artikels „R 200 Möbelpolitur" der Bürotec GmbH ist auszuwerten:

		Zugänge in Stück	Anschaffungs-kosten je Stück	Abgänge	Bestand in Stück
01.10.20..:	Anfangsbestand		4,80		100
14.10.20..:	Verkauf lt. AR 102935			50	50
22.10.20..:	Einkauf lt. ER 385	200	5,40		250
05.11.20..:	Verkauf lt. AR 112653			140	110
16.11.20..:	Verkauf lt. AR 112661			80	30
22.11.20..:	Einkauf lt. ER 4291	300	5,10		330
05.12.20..:	Verkauf lt. AR 120010			150	180
22.12.20..:	Verkauf lt. AR 121111			120	60

1. Ermitteln Sie
    a) den Endbestand in Stück,
    b) den durchschnittlichen Lagerbestand in Stück des letzten Quartals,
    c) die durchschnittlichen Anschaffungskosten je Stück im letzten Quartal,
    d) die Absatzmenge des letzten Quartals in Stück,
    e) den Wareneinsatz des Artikels R 200 zum Durchschnittswert,
    f) den Inventurwert zum gewogenen Durchschnittspreis zum 31.12.,
    g) die Umschlagshäufigkeit des Artikels (auf eine Stelle genau).
2. In der Preisliste für das kommende Quartal bietet der Hersteller den Artikel zum Festpreis von 5,00 € an. Mit welchem Wert ist der Bestand des Artikels im Inventarverzeichnis anzusetzen?
3. Der Artikel wurde im letzten Quartal zum Preis von 80,60 € je Karton à 10 Stück verkauft. Dabei hat die Unternehmung mit einem Kalkulationsfaktor von 1,55 kalkuliert. Mit welchem durchschnittlichen Anschaffungswert je Stück wurde gerechnet?

6. Werten Sie folgende Angaben in Euro aus der Bilanz der Bürotec GmbH aus:

Anlagevermögen	2 800 000,00
Umlaufvermögen	4 100 000,00
davon liquide Mittel	297 000,00
Eigenkapital	3 850 000,00
Schulden	3 150 000,00
davon langfristige	1 500 000,00
kurzfristige	1 650 000,00

Berechnen Sie
a) die Anlagevermögensintensität,
b) die Eigenkapitalquote,
c) die Liquidität 1. Grades (Barliquidität).

7. Ermitteln Sie aus nachstehenden Angaben in Tausend Euro aus der GuV-Rechnung der Bürotec GmbH gemäß § 275 Abs. 2 HGB (siehe untenstehender Gesetzestext)
a) das Rohergebnis,
b) das betriebliche Ergebnis,
c) das Finanzergebnis,
d) das Ergebnis der gewöhnlichen Geschäftstätigkeit,
e) das außerordentliche Ergebnis,
f) den Jahresüberschuss.

Angaben	T€
Wareneinsatz	4 900
Personalaufwand	3 700
Abschreibungen	700
Sonstige betriebliche Aufwendungen	960
Zinserträge	520
Zinsaufwendungen	360
außerordentliche Aufwendungen	1 080
außerordentliche Erträge	180
Körperschaftsteuer	600
Kapitalertragsteuer	200
Umsatzerlöse/Warenverkauf	11 850
Sonstige betriebliche Erträge	350

§ 275 HGB – Gliederung
[...]
(2) Bei Anwendung des Gesamtkostenverfahrens sind auszuweisen:
1. Umsatzerlöse
2. Erhöhung oder Verminderung des Bestands an fertigen und unfertigen Erzeugnissen
3. andere aktivierte Eigenleistungen
4. sonstige betriebliche Erträge
5. Materialaufwand:
    a) Aufwendungen für Roh-, Hilfs- und Betriebsstoffe und für bezogene Waren
    b) Aufwendungen für bezogene Leistungen
6. Personalaufwand:
    a) Löhne und Gehälter
    b) soziale Abgaben und Aufwendungen für Altersversorgung und für Unterstützung, davon für Altersversorgung
7. Abschreibungen:
    a) auf immaterielle Vermögensgegenstände des Anlagevermögens und Sachanlagen
    b) auf Vermögensgegenstände des Umlaufvermögens, soweit diese die in der Kapitalgesellschaft üblichen Abschreibungen überschreiten

8. sonstige betriebliche Aufwendungen
9. Erträge aus Beteiligungen,
   davon aus verbundenen Unternehmen
10. Erträge aus anderen Wertpapieren und Ausleihungen des Finanzanlagevermögens,
    davon aus verbundenen Unternehmen
11. sonstige Zinsen und ähnliche Erträge,
    davon aus verbundenen Unternehmen
12. Abschreibungen auf Finanzanlagen und auf Wertpapiere des Umlaufvermögens
13. Zinsen und ähnliche Aufwendungen,
    davon an verbundene Unternehmen
14. Steuern vom Einkommen und vom Ertrag
15. Ergebnis nach Steuern
16. sonstige Steuern
17. Jahresüberschuss/Jahresfehlbetrag
[...]

8. Die Feld OHG hat am 8. Februar des Geschäftsjahres einen Pkw angeschafft und hierfür folgende Eingangsrechnung erhalten:

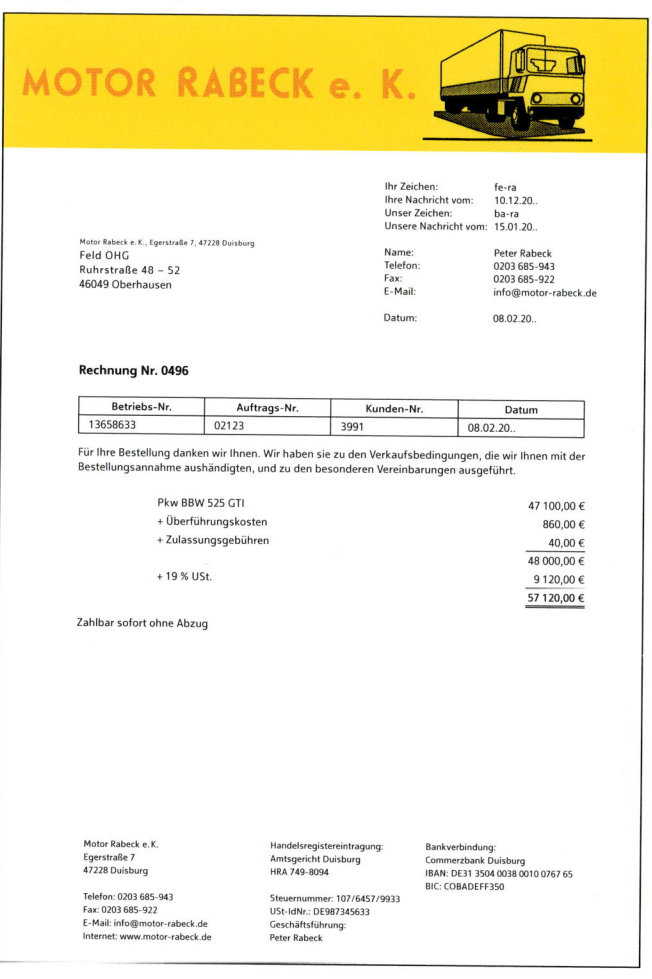

MOTOR RABECK e. K.

Motor Rabeck e. K., Egerstraße 7, 47228 Duisburg

Feld OHG
Ruhrstraße 48 – 52
46049 Oberhausen

Ihr Zeichen:	fe-ra
Ihre Nachricht vom:	10.12.20..
Unser Zeichen:	ba-ra
Unsere Nachricht vom:	15.01.20..
Name:	Peter Rabeck
Telefon:	0203 685-943
Fax:	0203 685-922
E-Mail:	info@motor-rabeck.de
Datum:	08.02.20..

Rechnung Nr. 0496

Betriebs-Nr.	Auftrags-Nr.	Kunden-Nr.	Datum
13658633	02123	3991	08.02.20..

Für Ihre Bestellung danken wir Ihnen. Wir haben sie zu den Verkaufsbedingungen, die wir Ihnen mit der Bestellungsannahme aushändigten, und zu den besonderen Vereinbarungen ausgeführt.

Pkw BBW 525 GTI	47 100,00 €
+ Überführungskosten	860,00 €
+ Zulassungsgebühren	40,00 €
	48 000,00 €
+ 19 % USt.	9 120,00 €
	57 120,00 €

Zahlbar sofort ohne Abzug

Motor Rabeck e. K.
Egerstraße 7
47228 Duisburg

Telefon: 0203 685-943
Fax: 0203 685-922
E-Mail: info@motor-rabeck.de
Internet: www.motor-rabeck.de

Handelsregistereintragung:
Amtsgericht Duisburg
HRA 749-8094

Steuernummer: 107/6457/9933
USt-IdNr.: DE987345633
Geschäftsführung:
Peter Rabeck

Bankverbindung:
Commerzbank Duisburg
IBAN: DE31 3504 0038 0010 0767 65
BIC: COBADEFF350

In der Anlagenbuchhaltung wurde aufgrund der Eingangsrechnung folgende Datei für den Pkw angelegt:

Anlagendatei				Feld OHG
Gegenstand: Pkw		Fahrzeug-Nr. 23 D 7364		
Fabrikat: BBW 525 GTI		Lieferer: Motor Rabeck e. K., Duisburg		
Nutzungsdauer: sechs Jahre		Anschaffungskosten:		
Konto: 034 Fuhrpark		AfA-Satz: 16 2/3 %		AfA-Methode: linear
Datum	Vorgang	Zugang in €	Abgang/AfA in €	Bestand in €
08.02.20..	ER 0496			

a) Ermitteln Sie
   – den Anschaffungswert des Pkw (Zugang in Euro),
   – den Abschreibungsbetrag für das erste Nutzungsjahr (AfA in Euro) lt. Anlagendatei,
   – den Buchwert zum 31. Dezember des ersten Nutzungsjahres (Bestand in Euro).
b) Bilden Sie die Buchungssätze
   – zur Erfassung der Eingangsrechnung,   – zum Abschluss des Kontos
                                                „Abschreibungen",
   – zur Erfassung der Abschreibung,   – zum Abschluss des Kontos „Fuhrpark".

9. Eine Holzgroßhandlung kauft 2000 Stück Spanplatten zu je 68,00 € Listenpreis (netto) + 19 % Umsatzsteuer. Der Lieferer gewährt 12,5 % Mengenrabatt und 2 % Skonto. Die Bezugskosten betragen 1 380,00 € zuzüglich 19 % Umsatzsteuer.
  a) Mit welchem Wert ist die einzelne Spanplatte zum Jahresabschluss zu bewerten?
  b) Welcher Wert ist anzusetzen, wenn der Anschaffungswert zum 31. Dezember
    1. auf 56,00 € gefallen ist,
    2. auf 62,00 € gestiegen ist?

10. Ein Kunde erhielt am 1. April 20.. ein Darlehen in Höhe von 80 000,00 € zu dem günstigen Zinssatz von 6 % p. a. Die Zinsen sind jeweils halbjährlich im Voraus zahlbar am 1. Oktober und am 1. April eines Jahres. Die letzte Zinszahlung für die Zeit vom 30. September bis zum 30. März des folgenden Geschäftsjahres erfolgte per Banküberweisung in Höhe von 2 400,00 € am 1. Oktober des Geschäftsjahres.
  a) Buchung der Zinszahlung am 1. Oktober des Geschäftsjahres.
  b) Buchung der zeitlichen Abgrenzung zum 31. Dezember 20..
  c) Buchung nach der Eröffnung der Bestandskonten im neuen Geschäftsjahr.
  d) Stellen Sie fest, ob die Buchung der zeitlichen Abgrenzung einen vorliegenden positiven Unternehmungsgewinn mindert, mehrt oder unverändert lässt.

Gebundene und ungebundene Aufgaben zur Prüfungsvorbereitung

1. Prüfen Sie, in welchem Fall die Primus GmbH über stille Reserven verfügt.
   1. wenn die Verbindlichkeiten zu niedrig bilanziert wurden
   2. wenn bereits Kundenbestellungen für das nächste Jahr vorliegen
   3. wenn die Betriebs- und Geschäftsausstattung aus Vorsichtsgründen unterbewertet wurden

4. wenn in der Bilanz die Einlagen stiller Gesellschafter nicht gesondert ausgewiesen werden
5. wenn in der Bilanz eine Passive Rechnungsabgrenzung (PRA) ausgewiesen ist

2. Am 25. März dieses Jahres bucht die Kfz-Versicherung der Primus GmbH die fällige Prämie für die Firmenfahrzeuge für den Zeitraum vom 1. April dieses Jahres bis zum 31. März des kommenden Jahres in Höhe von 2016,00 € ab.
  a) Kontieren Sie die Lastschrift der Kfz-Versicherung in einem T-Konto.
   1. Kreditinstitute (131)
   2. Verbindlichkeiten aus Steuern (191)
   3. Kfz-Steuer (422)
   4. Versicherungen (426)
   5. Werbe- und Reisekosten (440)
   6. Betriebskosten, Instandhaltung (470)
  b) Am Geschäftsjahresende (31. Dezember dieses Jahres) muss für die Kfz-Versicherung eine zeitliche Abgrenzung vorgenommen werden. Geben Sie das Gegenkonto an.
   1. Rückstellungen (072)
   2. Aktive Rechnungsabgrenzungsposten (091)
   3. Passive Rechnungsabgrenzungsposten (093)
   4. Sonstige Forderungen (113)
   5. Sonstige Verbindlichkeiten (194)
   6. GuV-Konto (930)
  c) Ermitteln Sie den Betrag, der abzugrenzen ist.

3. In der Primus GmbH sind u. a. Abschreibungsbeträge für Güter des Anlagevermögens zu ermitteln. Dabei sind sechs PCs mit Peripheriegeräten zu berücksichtigen, die am 10. März dieses Jahres angeschafft worden sind.

Die Rechnung lautet über	6 780,00 €
+ Installationskosten	600,00 €
+ Umsatzsteuer 19 %	1 402,20 €
Gesamtsumme	**8 782,20 €**

Ermitteln Sie den steuerlichen Abschreibungsbetrag bei einer Nutzungsdauer von drei Jahren für das laufende aktuelle Jahr, wenn die Primus GmbH linear abschreibt.

4. Zwei Anlagegüter der Primus GmbH werden am Ende des sechsten Nutzungsjahres folgendermaßen für die Vorbereitung des Anlagengitters dargestellt:

Anlagegüter	Anschaffungswert in €	Kumulierte Abschreibungen in €	Abschreibung des Jahres in €	Buchwert des Berichtsjahres in €	Buchwert des Vorjahres in €
Lkw	220 000,00	132 000,00	22 000,00	88 000,00	440 000,00
Automatische Lagersteuerungs- und Transportanlage	640 000,00		40 000,00		

Beide Anlagegüter wurden bisher linear abgeschrieben.
a) Ermitteln Sie für den Lkw
   aa) den Abschreibungssatz,
   ab) den Buchwert des Vorjahres,
   ac) wie viel Prozent abgeschrieben sind.
b) Ermitteln Sie für die automatische Lagersteuerungs- und Transportanlage
   ba) den Buchwert des Geschäftsjahres,
   bb) die betriebsgewöhnliche Nutzungsdauer,
   bc) die kumulierte Abschreibung,
   bd) wie viel Prozent abgeschrieben sind (eine Stellen nach dem Komma).

5. Bewerten Sie folgende Wirtschaftsgüter der Bürotec GmbH zum Bilanzstichtag (31.12.) für die Bilanz:
a) Verbindlichkeit über 136 000,00 USD lt. ER vom 02.12., Kurs: 1,00 EUR = 1,15 USD, Kurs am 31.12. 1,00 EUR = 1,08 USD
b) Grundstück, Anschaffungswert 160 000,00 EUR; Verkehrswert zum 31.12.: 250 000,00 EUR. Es ist mit einer weiteren Wertsteigerung zu rechnen.
c) Lkw
   ca) Bewertung bei der Anschaffung am 16.01., Listenpreis 180 000,00 EUR, Sonderrabatt 4 %, Skonto 2 %, Überführungs- und Zulassungskosten 2 656,00 EUR, Kfz-Steuer 8 500,00 EUR, Kfz-Versicherung 4 500,00 EUR
   cb) Bewertung am Ende des 1. Nutzungsjahres: betriebsgewöhnliche Nutzungsdauer zehn Jahre, lineare Abschreibung
d) da) Warenposten I
      Anschaffungswert am 14.12. . . . . 2 650,00 EUR
      Tageswert zum 31.12. . . . . 2 500,00 EUR
   db) Warenposten II
      Anschaffungswert am 15.12. . . . . 5 400,00 EUR
      Tageswert zum 31.12. . . . . 5 600,00 EUR

6. Werten Sie nachstehende Konten der Finanzbuchhaltung der Bürotec GmbH in Tausend Euro aus.

S	GuV		H
Wareneingang/AfW	14 400	Umsatzerlöse/Warenverkauf	25 000
Personalaufwand	8 000	Mieterträge	1 000
Abschreibungen	600		
Sonstige betriebliche Aufwendungen	2 400		
Jahresüberschuss	600		
	26 000		26 000

S	Schlussbilanzkonto		H
Gebäude, Grundstücke	1 000	gezeichnetes Kapital	800
Geschäftsausstattung	480	Rücklagen	350
Fuhrpark	550	Jahresüberschuss	600
Warenbestand	300	Rückstellungen	270
Forderungen a. LL.	570	Darlehensschulden[1]	650
Bankguthaben	200	Verbindlichkeiten a. LL.	430
	3 100		3 100

[1] Restlaufzeit: acht Jahre

Ermitteln Sie:
a) das Anlagevermögen,
b) das Umlaufvermögen,
c) das Eigenkapital,
d) das Fremdkapital,
e) den Aufwand,
f) den Ertrag,
g) den Rohgewinn,
h) den Jahresüberschuss,
i) die Barliquidität (eine Stelle nach dem Komma),
j) die Umsatzrentabilität,
k) die Eigenkapitalrentabilität, bezogen auf das Eigenkapital am Jahresanfang (eine Stelle nach dem Komma).

7. Bei einem Betriebsvergleich der Primus GmbH mit dem Hauptkonkurrenten, der Schäfer & Co. KG, wurden für die Warengruppe Bürotechnik folgende Werte ermittelt:

	Primus GmbH	Schäfer & Co. KG
Durchschnittlicher Lagerbestand in Euro	?	168 000,00
Umschlagshäufigkeit	viermal	?
Wareneinsatz in Euro	840 000,00	?
Lagerdauer in Tagen	?	60
Durchschnittlicher kalkulatorischer Lagerzinssatz bei einem Marktzinssatz von 9 %	?	?

a) **Berechnen Sie für die Schäfer & Co. KG**
   aa) die Umschlagshäufigkeit,
   ab) den Wareneinsatz in Euro,
   ac) den kalkulatorischen Lagerzinssatz.

b) **Berechnen Sie für die Bürotec GmbH**
   ba) den durchschnittlichen Lagerbestand,
   bb) die durchschnittliche Lagerdauer in Tagen,
   bc) den kalkulatorischen Lagerzinssatz,
   bd) bei welchem Wareneinsatz die Bürotec GmbH bei dem ermittelten durchschnittlichen Lagerbestand dieselbe Umschlagshäufigkeit wie die Schäfer & Co. KG erreichen würde.

8. Zum Jahresende ermittelte die Buchhaltung der Bürotec GmbH folgende vorläufige Werte in Tausend Euro zum Jahresabschluss:

S	930 Gewinn und Verlust		H
301 Wareneingang/AfW.	30 000	801 Warenverkauf/Umsatzerlöse	51 000
400–490 Verschiedene Kostenarten	16 500		

S	940 Schlussbilanzkonto		H
Anlagevermögen	12 000	gezeichnetes Kapital	10 000
Umlaufvermögen	20 000	Gewinnrücklagen	2 000
		Fremdkapital	15 500

Vor dem Abschluss der Konten „Gewinn und Verlust" und „Schlussbilanzkonto" sind noch Abschreibungen auf Anlagen von 1 500 T€ aufgrund der Bewertung des Inventars zu erfassen.
Ermitteln Sie danach folgende im Jahresabschluss auszuweisenden Werte:
a) das Anlagevermögen,
b) den Gewinn,
c) das Eigenkapital,
d) die Bilanzsumme,
e) den Rohgewinn,

f) den durchschnittlichen Handlungskostenzuschlagssatz,
g) den erzielten Gewinnzuschlagssatz,
h) die Eigenkapitalrentabilität,
i) die Umsatzrentabilität (auf eine Stelle nach dem Komma runden).

9. Die Primus GmbH hat die Kfz-Haftpflichtversicherung in Höhe von 424,00 € jährlich nach der Zulassung des Fahrzeugs im April des laufenden Geschäftsjahres für ein Jahr im Voraus bis Ende März des kommenden Geschäftsjahres bezahlt.
  a) Ermitteln Sie die Höhe des Abgrenzungsbetrages zum Ende des laufenden Geschäftsjahres.
  b) Kontieren Sie die zeitliche Abgrenzung der Kfz-Haftpflichtversicherung zum 31.12. des Geschäftsjahres in einem T-Konto.
     1. Aktive Rechnungsabgrenzungsposten (091)
     2. Rückstellungen (072)
     3. Sonstige Forderungen (113)
     4. Kreditinstitute (131)
     5. Passive Rechnungsabgrenzungsposten (093)
     6. Versicherungen (426)
     7. Sonstige Verbindlichkeiten (194)
     8. Kfz-Steuer (422)

10. Ihnen liegt die aufbereitete Schlussbilanz der Kröger & Bach KG zur Analyse vor.

Aktiva		Bilanz	Passiva
I. Anlagevermögen	9.825.000,00	I. Eigenkapital	6.555.000,00
II: Umlaufvermögen		II. Fremdkapital	
1. Warenbestände	1.800.000,00	1. Langfristig	4.750.000,00
2. Forderungen	1.230.000,00	2. Kurzfristig	1.595.000,00
3. Flüssige Mittel	45.000,00		
	12.900.000,00		12.900.000,00

  a) Ihre Aufgabe ist es, verschiedene Kennzahlen zu berechnen. Welche der nachfolgenden Kennzahlen ist nicht zu berechnen, weil die zur Berechnung notwendigen Daten fehlen?
     1. Fremdkapitalquote   2. Liquidität 1. Grades   3. Liquidität 2. Grades
     4. Anlagendeckung I   5. Umlaufintensität   6. Rentabilität des Eigenkapitals
  b) Ermitteln Sie die Anlagendeckung II.
  c) Die Kröger & Bach KG benötigt im kommenden Geschäftsjahr ein Bankdarlehen mit einer Laufzeit von zehn Jahren. Stellen Sie fest, welche Auswirkungen die Aufnahme des Darlehens auf die Bilanzkennziffern hat. Alle anderen Bilanzdaten bleiben unverändert.
     1. Die Eigenkapitalquote sinkt.
     2. Die Liquidität 1. Grades sinkt.
     3. Die Umlaufintensität sinkt.
     4. Die Fremdkapitalquote sinkt.
     5. Die Anlagendeckung I sinkt.

LERNFELD 9

Geschäftsprozesse mit digitalen Werkzeugen unterstützen

1 Sich mit der Wertschöpfungskette im Groß- und Außenhandel vertraut machen

Fortbildungsveranstaltung bei der Primus GmbH: Herr Müller, der Geschäftsführer der Primus GmbH eröffnet die Veranstaltung mit den Worten: *„Aufgrund der weltweit verschärften Wettbewerbsbedingungen zwischen den Herstellern und auch den Großhändlern erlangt die Gestaltung der Waren- und Informationsflüsse innerhalb der Großhandelsunternehmung und zwischen der Großhandelsunternehmung und ihren Lieferanten und Kunden eine immer stärkere Bedeutung. So haben wir uns entschlossen, mit unseren Lieferanten und Kunden eine Kooperation u. a. in der Form einzugehen, dass unsere Auszubildenden ein 14-tägiges Praktikum bei mindestens einem Lieferer und einem Kunden während ihrer Ausbildung machen sollen. Unsere Auszubildende Frau Höver soll mit diesem Praktikum beginnen."* Nicole Höver, die an der Veranstaltung teilnimmt, ist im ersten Moment sehr erschrocken. Sie soll zweimal für 14 Tage in ein anderes Unternehmen mit ihr fremden Menschen.

ARBEITSAUFTRÄGE
- Überprüfen Sie Vorteile einer Partnerschaft mit Lieferanten und Kunden.
- Erläutern Sie Wertschöpfung und Wertschöpfungskette.
- Stellen Sie fest, welche Bedeutung das Qualitätsmanagement und das Supply-Chain-Management bei der Warenflussplanung und -steuerung haben.

Unternehmen handeln weltweit. Sie kooperieren mit unterschiedlichen Partnern (Kunden, Lieferanten, Dienstleistungsunternehmen). Um heute am Markt erfolgreich zu sein, müssen Groß- und Außenhandelsunternehmen die Rentabilität verbessern, gleichzeitig die Kosten senken und den Kunden schneller als bisher die gewünschten Waren anbieten.

● Liefer- und Wertschöpfungskette

Um den Wertschöpfungsprozess eines Produktes und aller am Prozess Beteiligten beschreiben zu können, sollte man die Wertschöpfungskette auf der Beschaffungsseite bis zur Urproduktion zurück und auf der Absatzseite bis zum Endverbraucher verfolgen können. Hieraus lassen sich mögliche Schwachstellen und Maßnahmen zu deren Beseitigung ableiten.

○ Stufen der Verarbeitung

Zuerst sollten die Stufen der Verarbeitung eines oder mehrerer Werkstoffe ermittelt werden. Ehe aus Roh-, Hilfs- oder Betriebsstoffen ein verwendbares Endprodukt wird, müssen verschiedene Stufen der Verarbeitung durchlaufen werden.

Beispiel Die Bürodesign GmbH, ein Lieferer der Primus GmbH, stellt u. a. den Schreibtisch „Primo" aus Massivholz mit Stahlbeinen her. Die hierbei verwendeten Stahlbeine bezieht sie von der Stammes Stahlrohr GmbH. Bis zur Fertigstellung des Schreibtisches werden folgende Stufen durchlaufen:
Das Erz stellt das Ausgangsmaterial für die vier Tischbeine dar. Die mit der Materialgewinnung beschäftigten Betriebe heißen **Betriebe der Urproduktion.**
Im Stahlwerk wird das Erz weiterverarbeitet. Im Hochofen entsteht dort unter großer Hitze flüssiger Stahl, der abgekühlt und in Form gewalzt wird. Dieser Walzstahl ist der Grundstoff für die weitere Verarbeitung. Weitere Grundstoffe, die von anderen Betrieben zu neuen Gütern verarbeitet werden, sind z. B. Benzin, Kunststoffe, Papier, Fasern und Zellstoffe. Typische Vertreter dieser Betriebe sind chemische Betriebe, Erdölraffinerien und Hüttenbetriebe. Sie heißen **Betriebe der Grundstofferzeugung.**
Das Grundprodukt wird weiterverarbeitet. Aus dem Stahl werden die Tischbeine hergestellt. Diese Tischbeine werden dann von der Bürodesign GmbH eingekauft und unter die Tischplatte geschraubt. Das Endprodukt ist fertig. Die Stammes Stahlrohr GmbH und die Bürodesign GmbH zählen zu den **Betrieben der Materialverarbeitung.**
Die Bürodesign GmbH liefert die Schreibtische mit der Spedition Rheintrans GmbH (Dienstleistungsunternehmen) an die Primus GmbH. Diese verkauft die Schreibtische an gewerbliche und private Kunden.

Betriebe der Urproduktion
Betriebe der Grundstofferzeugung z. B. Stammes Stahlrohr GmbH
Betriebe der Materialverarbeitung z. B. Bürodesign GmbH
Großhandel z. B. Primus GmbH
Einzelhandel z. B. Bürofachgeschäft Herbert Blank e. K.
Verbraucher

○ Zusammenwirken von Produktions- und Dienstleistungsbetrieben im Wertschöpfungsprozess

Nach den Stufen der Verarbeitung soll das **Zusammenwirken von Produktions- und Dienstleistungsbetrieben** untersucht werden.

Im Wirtschaftsalltag sind Unternehmen aufeinander angewiesen. Sie tauschen Güter und Dienstleistungen aus, um ihre jeweiligen Ziele zu erreichen (**volkswirtschaftliche Arbeitsteilung**). Bei der Leistungserstellung arbeiten somit Sachleistungs- und Dienstleistungsbetriebe unterschiedlicher Wirtschaftsstufen zusammen. Die auf dem Markt angebotenen Sach- und Dienstleistungen des einen Unternehmens können Beschaffungsobjekte von anderen Unternehmen sein. Hierdurch entsteht ein weites Netz des Güteraustausches und der Arbeitsteilung.

Beispiel Damit die Bürodesign GmbH den Schreibtisch „Primo" anbieten kann, werden verschiedene Güter- und Dienstleistungen benötigt. Somit sind letzlich auch verschiedene Sach- und Dienstleistungsbetriebe aus unterschiedlichen Wirtschaftszweigen mittelbar an der Herstellung eines Regals beteiligt.

Das Zusammenwirken von Produktions- und Dienstleistungsbetrieben wird als volkswirtschaftliche Arbeitsteilung bezeichnet und ist eine Folge der Spezialisierung von Betrieben auf bestimmte Märkte. Aus der Sicht des Unternehmens kann zwischen **Absatz- und Beschaffungsmarkt** unterschieden werden.

Beschaffungsmarkt
- Roh-, Hilfs- und Betriebsstoffe
- Betriebsmittel
- Dienstleistungen

→ **Bürodesign GmbH**

Absatzmarkt
- Primus GmbH
- Bürobedarfsgroßhandel Schneider & Co. OHG
- Büromöbel GmbH Europa

→ Einzelhandel → Endverbraucher

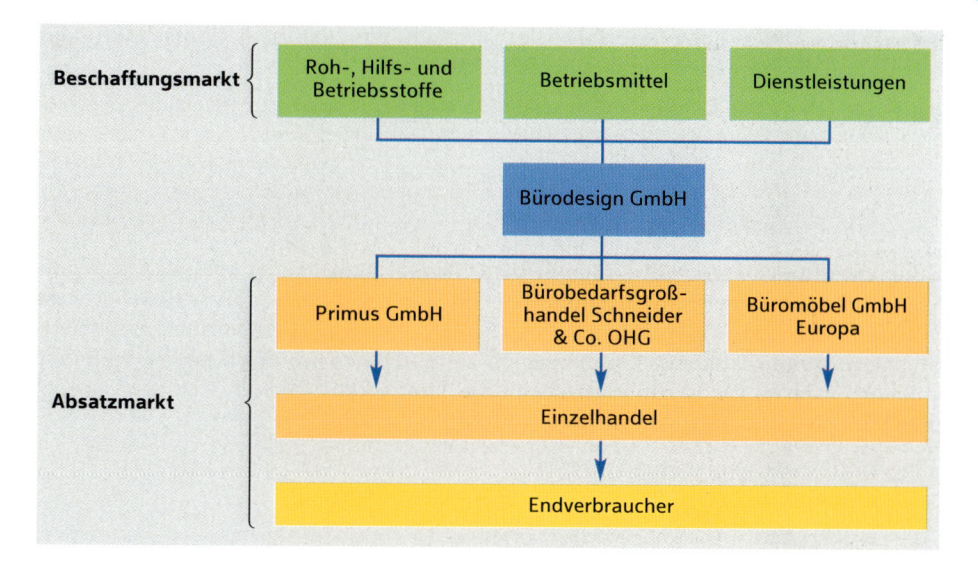

○ Wertschöpfung und Wertschöpfungskette

Der Weg eines Rohstoffs von seiner Lagerstätte bis zum Verbraucher verläuft über verschiedene **Stufen**.

Beispiel In der Forstwirtschaft wird Holz produziert, in Sägereien wird das Holz in einen verarbeitungsreifen Zustand versetzt. In der Bürodesign GmbH wird aus diesem Holz ein Schreibtisch produziert, er wird über den Groß- und Einzelhandel an die Verbraucher abgesetzt.

In jeder Stufe erfolgt eine **Wertsteigerung bzw. Wertschöpfung**. Daher wird dieser Prozess auch **Wertschöpfungskette** genannt.

Beispiel Wertschöpfungskette Schreibtisch „Primo"

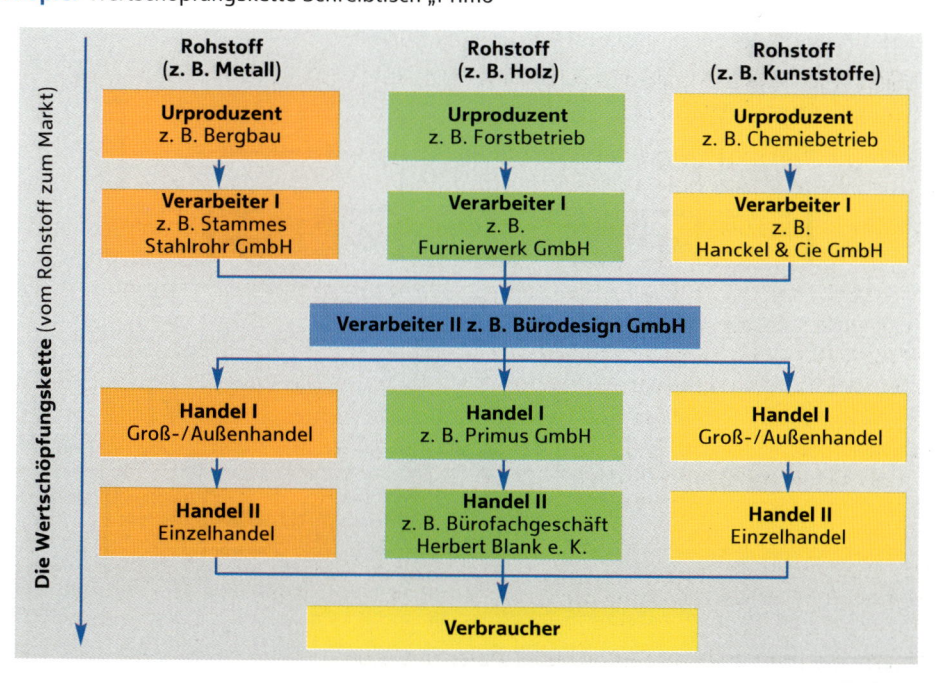

Die Wertschöpfungskette (vom Rohstoff zum Markt)

Rohstoff (z. B. Metall)	Rohstoff (z. B. Holz)	Rohstoff (z. B. Kunststoffe)
Urproduzent z. B. Bergbau	Urproduzent z. B. Forstbetrieb	Urproduzent z. B. Chemiebetrieb
Verarbeiter I z. B. Stammes Stahlrohr GmbH	Verarbeiter I z. B. Furnierwerk GmbH	Verarbeiter I z. B. Hanckel & Cie GmbH

Verarbeiter II z. B. Bürodesign GmbH

Handel I Groß-/Außenhandel	Handel I z. B. Primus GmbH	Handel I Groß-/Außenhandel
Handel II Einzelhandel	Handel II z. B. Bürofachgeschäft Herbert Blank e. K.	Handel II Einzelhandel

Verbraucher

Innerhalb des Unternehmens erfolgt der Wertschöpfungsprozess, indem Materialien beschafft und daraus neue Produkte hergestellt werden.

Beispiel Die Bürodesign GmbH kauft verschiedene Materialien wie Holz, Spanplatten, Beschläge usw. ein und stellt daraus für den Absatzmarkt Büromöbel her.

● Supply-Chain-Management

Das **Lieferkettenmanagement** (Supply-Chain-Management) ist der Schlüssel für Wettbewerbsvorteile gegenüber Konkurrenten. Alle am Wertschöpfungsprozess Beteiligten werden in den Geschäftsprozess integriert, die Teilprozesse unternehmensübergreifend miteinander verzahnt. Ausgehend vom eigenen Unternehmen werden Kunden, Lieferanten und andere externe Partner in eine logistische Prozesskette (Supply Chain) einbezogen. Zum Lieferkettenmanagement im Groß- und Außenhandel zählen:

- Beschaffung von geeigneten Waren
- Vorratsmanagement
- Lagerhaltung
- Kundendienst
- Auftragsbearbeitung

○ Elektronischer Einkauf über das Internet

Unternehmen gehen immer mehr dazu über, das Internet zur papierlosen Abwicklung von Geschäftsprozessen zu nutzen. Hierbei gliedert sich der Einkauf und der Verkauf über das Internet in das E-Procurement mit den Bereichen Business-to-Business (B2B) und in den E-Commerce (B2C), dem Geschäftsverkehr zwischen den Unternehmern und den Verbrauchern.

Beispiel Möglichkeiten des E-Business bei der Primus GmbH

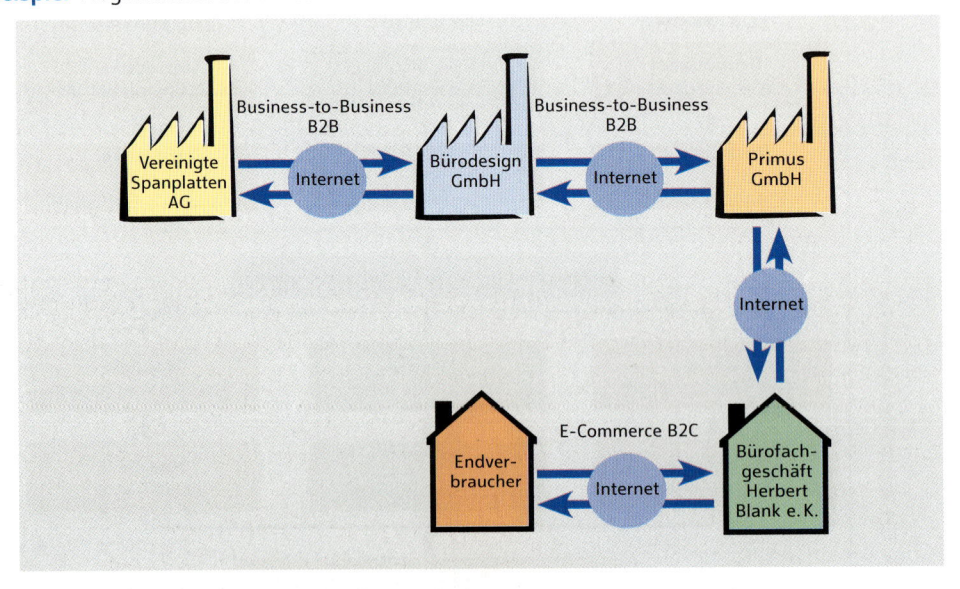

○ Optimierung der Prozesse mithilfe einer SCM-Software

Aufgrund der weltweit verschärften Wettbewerbsbedingungen zwischen den Herstellern und den Groß- und Außenhändlern erlangt die Gestaltung der Waren- und Informationsflüsse innerhalb der Unternehmung und zwischen der Groß- und Außenhandelsunternehmung und ihren Lieferanten eine immer stärkere Bedeutung.

Infolgedessen muss die gesamte unternehmensinterne und unternehmensübergreifende Wertschöpfungskette bezüglich der Faktoren Qualität, Zeit und Kosten optimiert werden (**Supply-Chain-Management** = SCM, Supply Chain = Lieferkette, logistische Kette oder Wertschöpfungskette). Das SCM zielt auf eine langfristige (strategische), mittelfristige (taktische) und kurzfristige (operative) Verbesserung von Effektivität und Effizienz industrieller **Wertschöpfungsketten** ab. Um dieses zu erreichen, wird mithilfe spezieller Software zwischen dem betreffenden Groß- und Außenhandelsunternehmen und den Lieferanten und Logistikdienstleistern eng zusammen gearbeitet. Gerade in Zeiten, in denen ergänzende Wertschöpfungsprozesse zunehmend in andere Unternehmen ausgelagert werden (**Outsourcing**), ist es umso wichtiger, eng mit den Lieferanten zusammenzuarbeiten.

Beispiel Supply-Chain-Management bei der Primus GmbH

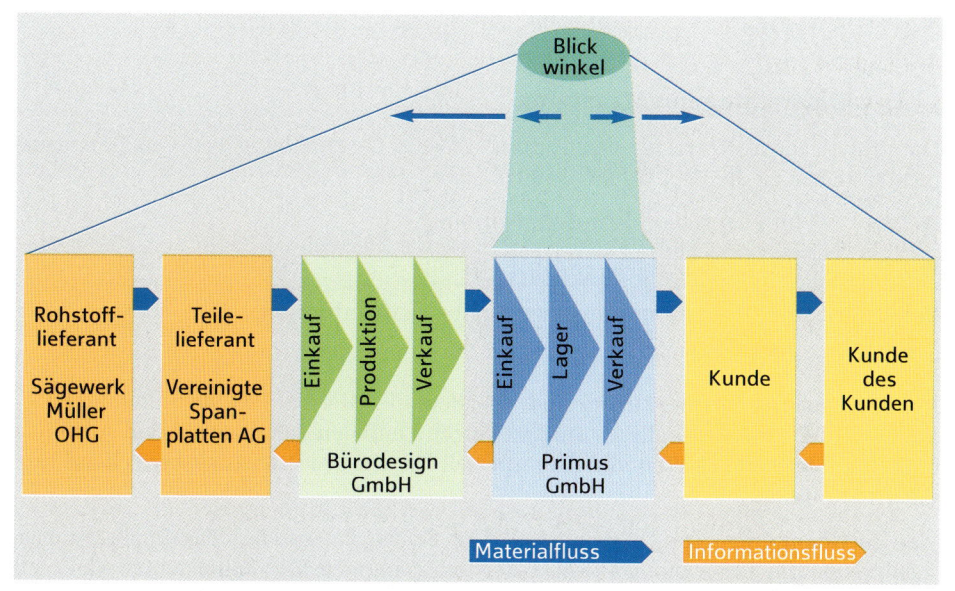

Mithilfe einer speziellen **SCM-Software** sollen in einem Groß- und Außenhandelsunternehmen folgende Ziele erreicht werden:

Ziele	Werden erreicht durch ...
Kostensenkung im Beschaffungs- und Distributionsbereich	– Verringerung von Lagerbeständen – Beschleunigung von Durchlaufzeiten – schnellere Verfügbarkeit von wichtigen Daten
Zeitersparnis	– flexiblere Reaktionen auf veränderte Rahmenbedingungen
Kundenorientierung	– genauere Prognose von Entwicklungen – Kundenwünsche können direkt an Lieferanten oder Logistikdienstleister weitergegeben werden.

Ziele	Werden erreicht durch …
Optimierung von unternehmensübergreifenden Planungs- und Steuerungsprozessen	– enge Kooperation mit Geschäftspartnern

● Qualitätsmanagement

Steigende Kundenerwartungen und die zunehmende Marktmacht im Handel zwingen die Hersteller, eine nahezu fehlerfreie Ware zu liefern, sodass eine Wareneingangskontrolle nahezu überflüssig wird. Mit zunehmendem Wettbewerbsdruck wächst nun auch das Interesse des Handels, über **Qualitätssicherung** und **Qualitätsmanagement** Kunden fester an das Unternehmen zu binden. Der Begriff „Qualität" zielt jedoch nicht in erster Linie auf die Produktqualität ab, da diese weitgehend vom Hersteller bestimmt wird, im Vordergrund steht vielmehr die Qualität der erbrachten Leistungen insgesamt und somit des gesamten Leistungsangebots des Handels. Man spricht hier von **Total Quality Management** (TQM).

○ Qualitätsmanagementsysteme

Die grundlegende Norm für den Aufbau und die Beschreibung von Qualitätsmanagementsystemen ist die **DIN EN ISO 9000 ff.** Dabei steht

- **DIN**   für Deutsches Institut für Normung,
- **EN**   für Europäische Norm,
- **ISO**   für International Organization for Standardization,
- **9000 ff.**   für die Nummer der Norm.

Für den Groß- und Außenhandel sind vor allem die **DIN EN ISO 9000** und die **DIN EN ISO 9004-1/2** wichtig, da diese zunächst einen Leitfaden zur Auswahl und Anwendung der DIN-Vorschriften bieten und dann speziell für den Dienstleistungsbereich auf Ergänzungen hinweisen.

Das **Zertifikat** einer Zertifizierungsstelle[1] ist der Nachweis, dass das Qualitätsmanagementsystem des Unternehmens von einer unabhängigen und kompetenten Stelle überprüft und überwacht wird. Neben der Zertifizierung des Qualitätsmanagementsystems gehen viele Unternehmen noch weiter und unterziehen sich auf freiwilliger Basis einer Umweltbetriebsprüfung (**EU-Umwelt-Audit**, vgl. S. 453).

○ Qualitätssicherung

Auch die Produktqualität und deren Sicherung im Produktionsablauf sind zunächst Aufgabe des Herstellers. Der Großhändler muss im Rahmen seiner unternehmerischen Leistung dafür sorgen, dass die Produktqualität erhalten und/oder verbessert wird.

Qualität wird nach der DIN ISO 9000 heutzutage durch alle Abteilungen des Betriebs im sog. **Qualitätskreis** bestimmt.

---

[1] z. B. TÜV-Zertifizierungsgemeinschaft e. V. in Bonn, Deutsche Gesellschaft zur Zertifizierung von Qualitätsmanagementsystemen mbH in Berlin.

Beispiel Qualitätskreis bei der Primus GmbH

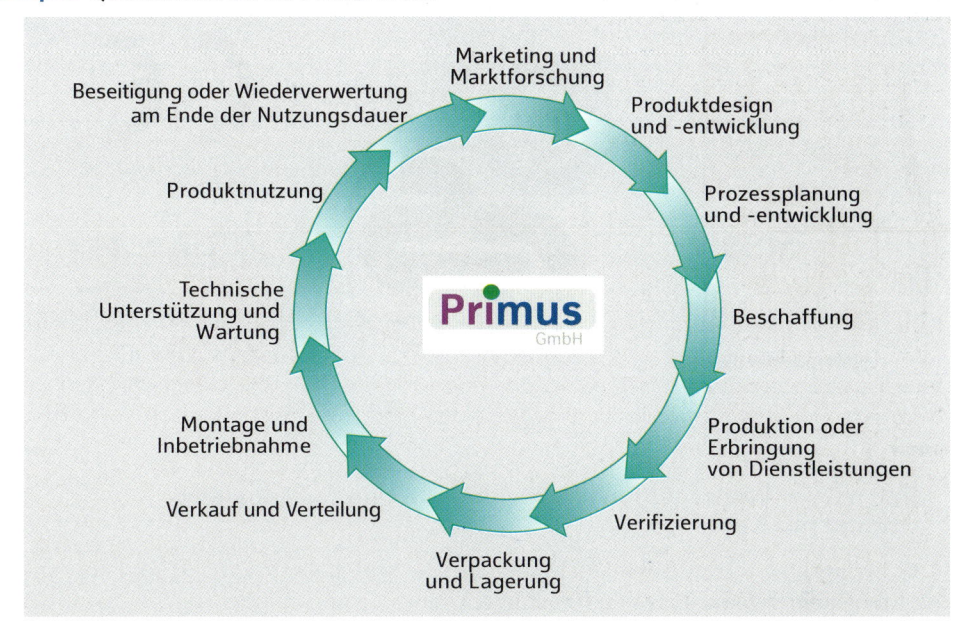

- Marketing und Marktforschung
- Produktdesign und -entwicklung
- Prozessplanung und -entwicklung
- Beschaffung
- Produktion oder Erbringung von Dienstleistungen
- Verifizierung
- Verpackung und Lagerung
- Verkauf und Verteilung
- Montage und Inbetriebnahme
- Technische Unterstützung und Wartung
- Produktnutzung
- Beseitigung oder Wiederverwertung am Ende der Nutzungsdauer

Ausgehend von einem derartigen Qualitätsbegriff umfasst die betriebliche **Qualitätssicherung** nach der DIN ISO 8402:

„Alle geplanten und systematischen Tätigkeiten, die innerhalb des Qualitätsmanagementsystems verwirklicht sind und die – wie erforderlich – dargelegt werden, um angemessenes Vertrauen zu schaffen, dass eine Einheit die Qualitätsforderung erfüllen wird."

Zu den Teilfunktionen der Qualitätssicherung zählen die **Qualitätsplanung, -prüfung, -lenkung** und **-förderung**.

Da der Groß- und Außenhändler seine Waren nicht selbst herstellt, kann er die Qualität der Ware nur durch seine Liefererauswahl beeinflussen. Die ursprünglich für die Industrie entwickelte DIN ISO 8402 muss daher auf den Handel übertragen werden.

Auch Großhandelsunternehmen haben seit 1998 die Möglichkeit, sich auf freiwilliger Basis an der **EU-Umwelt-Audit-Verordnung** (vgl. S. 452) zu beteiligen oder nur bei Unternehmen zu beschaffen, die dieser Verordnung als Herstellungsbetrieb seit 1993 bereits beitreten konnten.

Die Prüfung der Qualität einer Ware ist relativ einfach, wenn eine Ware vorgeschriebene **Sicherheitszeichen** trägt. So müssen Haushaltsgeräte und Spielzeug den Anforderungen des Produktsicherheitsgesetzes (ProdSG) genügen. Mit dem **CE-Kennzeichen** (Communauté Européenne) wird die Übereinstimmung mit europäischen Richtlinien bestätigt. Das CE-Zeichen wird vom Hersteller, Lizenznehmer oder Importeur selbst auf der Ware, dem Garantieschein oder der Gebrauchsanweisung angebracht. Mit diesem Zeichen ist die Ware im gesamten europäischen Binnenmarkt verkehrsfähig. Weiterhin können Waren das **GS-Zeichen (= geprüfte Sicherheit)** tragen. Das GS-Zeichen wird bei einer freiwilligen Prüfung durch eine anerkannte Prüfinstitution (z. B. TÜV, VDE, Berufsgenossenschaften) vergeben und garantiert, dass die Ware den allgemeinen Richtlinien der Sicherheitstechnik entspricht.

Beispiele für Kennzeichnungen

Sich mit der Wertschöpfungskette im Groß- und Außenhandel vertraut machen

- Die meisten Waren durchlaufen verschiedene **Stufen der Verarbeitung**, bevor aus ihnen ein verwendbares Endprodukt entsteht.

- Bei der betrieblichen Leistungserstellung sind viele Unternehmen mittelbar beteiligt **(volkswirtschaftliche Arbeitsteilung)**.

- Man unterscheidet Betriebe der **Urerzeugung**, der **Grundstofferzeugung**, der **Materialverarbeitung, Groß-/Außen-** und **Einzelhandelsbetriebe**.

- **Wertschöpfungsketten** entstehen, wenn über mehrere Stufen (Rohstoffgewinnung, Verarbeitung und Produktion, Handel) neue Werte geschaffen werden.

- Innerhalb eines Unternehmens vollzieht sich ein **Wertschöpfungsprozess**, indem aus eingekauften Materialien neue Produkte erzeugt werden.

- **E-Procurement (Elektronischer Einkauf)**: Beschaffung von Materialien über das Internet.

- **Geschlossene Netze zwischen Lieferanten und Kunden**: In einigen Warenwirtschaftsprogrammen sind je nach Branche und Zusammenarbeit mit dem Lieferanten automatische Bestellsysteme, in anderen sind Bestellvorschlagssysteme eingearbeitet.

- **Elektronischer Einkauf über das Internet**: Unternehmen vereinbaren mit ihren Lieferanten einen gemeinsamen Handelsplatz im Internet **(Onlinemarktplätze)**.

- Einkäufer verschiedener Unternehmen können sich zusammenschließen **(Powershopping)**.

- **Onlineauktionen**: Bieter schalten sich zu einem festgelegten Zeitpunkt zusammen und können von einem gegebenen Preis aus online abwärts bieten.

- **Supply-Chain-Management**: SCM zielt auf die Optimierung der unternehmensübergreifenden logistischen Wertschöpfungskette. Zur Erschließung von Rationalisierungspotentialen dieser Wertschöpfungskette bei gleichberechtigten Unternehmen bedarf es Softwarelösungen.

- Durch **Qualitätssicherung und Qualitätsmanagement** sollen Kunden fester an ein Unternehmen gebunden werden.
- Die grundlegende Norm für den Aufbau und die Beschreibung von Qualitätsmanagementsystemen ist die **DIN EN ISO 9000 ff.**
- Das **Totale Qualitätsmanagement** (TQM, Total Quality Management) erweitert die Qualitätsstrategie auf das gesamte Unternehmen.
- Qualitätsmanagementsysteme können durch ein **Zertifikat einer Zulassungsstelle** nach außen dokumentiert werden.

1. Erläutern Sie das Zusammenwirken von verschiedenen Produktions- und Dienstleistungsbetrieben am Beispiel der Herstellung eines Bleistiftes.

2. Erläutern Sie die Wertschöpfungskette am Beispiel einer Jeans. Ermitteln Sie alle Stufen, die erforderlich sind, bis eine Jeans von einem Verbraucher gekauft werden kann. Erstellen Sie aus Ihren Beschreibungen ein digitales Produkt.

3. Beschreiben Sie den elektronischen Einkauf von Waren über das Internet.

4. Erläutern Sie
a) Powershopping,
b) Onlineauktionen,
c) Supply-Chain-Management,
d) Wertschöpfungskette.

5. Stellen Sie die wesentlichen Aussagen der nachfolgenden Abbildung in einem Kurzvortrag vor.

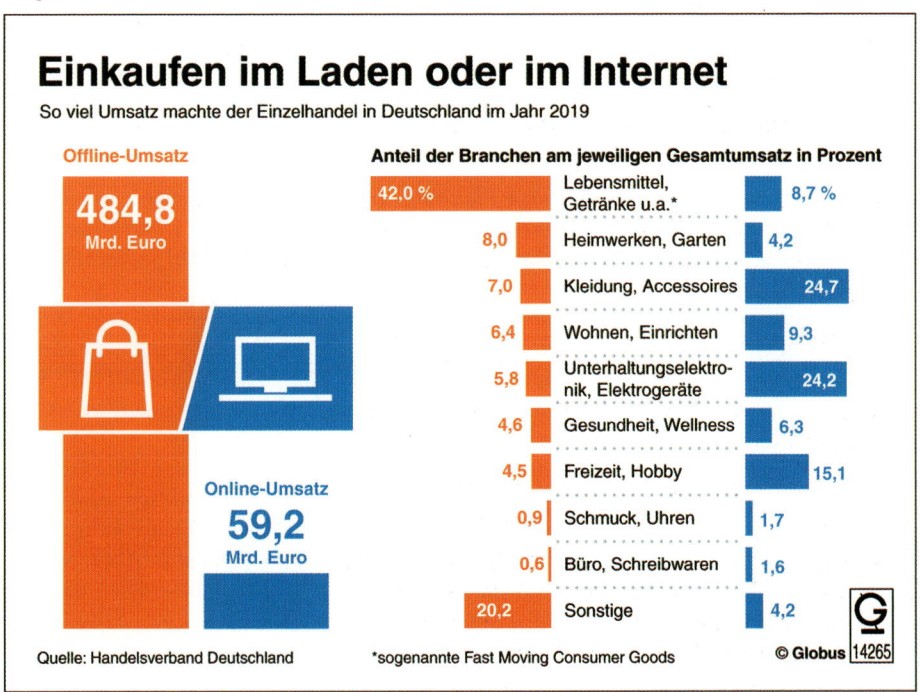

Einkaufen im Laden oder im Internet
So viel Umsatz machte der Einzelhandel in Deutschland im Jahr 2019

Offline-Umsatz: 484,8 Mrd. Euro
Online-Umsatz: 59,2 Mrd. Euro

Anteil der Branchen am jeweiligen Gesamtumsatz in Prozent

Offline	Branche	Online
42,0 %	Lebensmittel, Getränke u.a.*	8,7 %
8,0	Heimwerken, Garten	4,2
7,0	Kleidung, Accessoires	24,7
6,4	Wohnen, Einrichten	9,3
5,8	Unterhaltungselektronik, Elektrogeräte	24,2
4,6	Gesundheit, Wellness	6,3
4,5	Freizeit, Hobby	15,1
0,9	Schmuck, Uhren	1,7
0,6	Büro, Schreibwaren	1,6
20,2	Sonstige	4,2

Quelle: Handelsverband Deutschland
*sogenannte Fast Moving Consumer Goods
© Globus 14265

6. Erarbeiten Sie die Bedeutung von Qualitätssicherung und Öko-Audit für die Beschaffung der Primus GmbH.

7. Übertragen Sie Qualitätsplanung, -prüfung, -lenkung und -förderung auf Ihren Ausbildungsbetrieb.

8. Beschreiben Sie, welche Möglichkeiten es gibt, die Qualität einer Ware zu prüfen.

9. Erläutern Sie, was man bei der Qualitätssicherung unter einem Qualitätskreis versteht.

2 Sich über die Funktionsweise von Unternehmenssoftware informieren

Andreas Brandt befindet sich nunmehr seit mehr als einem Jahr in der Ausbildung bei der Primus GmbH. Seit einem Monat ist er in der Personalabteilung eingesetzt. Dabei fällt ihm auf, dass auch in der Personalabteilung die gleiche Software verwendet wird, die ihn schon in den anderen Abteilungen seiner Ausbildung begleitet hat. Er spricht seine Ausbilderin, die Gruppenleiterin im Personalwesen, Frau Ost, darauf an.

Andreas: „Hallo Frau Ost, mir ist aufgefallen, dass wir in allen Abteilungen, in denen ich bisher war, immer mit der gleichen Software arbeiten. Das scheint mir schon irgendwie praktisch. Ich verstehe nur nicht, wie eine Software alles leisten kann, was wir in den verschiedenen Abteilungen wie dem Personalwesen oder dem Lager benötigen."

Frau Ost: „Schön, dass Ihnen das aufgefallen ist. Ja, wir benutzen für alle Geschäftsprozesse im Unternehmen unsere ERP-Software. ERP steht für Enterprise Resource Planning. Diese Software integriert alle betrieblichen Geschäftsprozesse unter einer einheitlichen Oberfläche. Für die Mitarbeiter ist das sehr praktisch, da sie sich nicht jedes Mal in eine andere Software einarbeiten müssen."

Andreas: „Und wie funktioniert das?"

Frau Ost: „Für jeden Geschäftsprozess gibt es eine eigene Komponente. Diese ist aber unmittelbar mit allen anderen Komponenten vernetzt. So werden z.B. bei Verkäufen auch sofort die Bestandsmengen geändert und, falls notwendig, Bestellprozesse ausgelöst.
Aber ich habe da eine Idee: Wir benötigen für neue Mitarbeiter und Auszubildende eine kurze Einweisung in die Funktion unserer ERP-Software. Wie wäre es, wenn Sie mir eine kurze Beschreibung zur Nutzung unserer ERP-Software schreiben, die wir an neue Mitarbeiter und Auszubildende aushändigen könnten? Einarbeiten müssen Sie sich ja sowieso."

Andreas: „Ja, mache ich gerne. Dazu benötige ich aber noch mehr Informationen."

Frau Ost: „Prima, dann ist das jetzt Ihre Aufgabe. Gehen Sie in die einzelnen Abteilungen und lassen Sie sich von den Mitarbeitern dort beschreiben, wie sie mit der Software arbeiten. Sagen Sie Ihnen ruhig, dass Sie für mich eine Broschüre zur Einarbeitung der Auszubildenden erstellen sollen."

Andreas: „Okay, das mache ich dann jetzt."

ARBEITSAUFTRÄGE

- Lesen Sie das nachfolgende Kapitel und stellen Sie fest, welche Geschäftsprozesse mit einem ERP-System bearbeitet werden können.
- Diskutieren Sie, wie sich die Kommunikation im Unternehmen durch den Einsatz des ERP-Systems verändert. Recherchieren Sie zur Vorbereitung Ihnen unbekannte Begriffe im Internet und fertigen Sie ein Glossar mit einer Software Ihrer Wahl an. Erstellen Sie anschließend eine Mindmap mit Ihren Ergebnissen.
- In der Primus GmbH gibt es u. a. folgende Geschäftsprozesse:

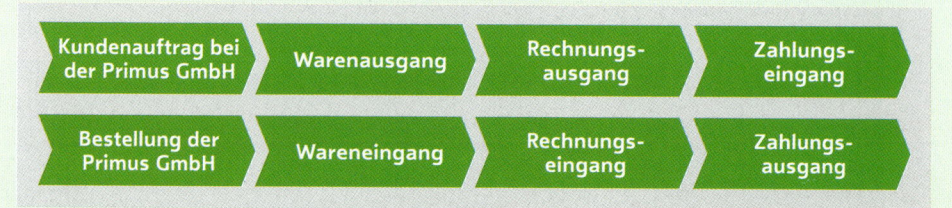

Kundenauftrag bei der Primus GmbH	Warenausgang	Rechnungsausgang	Zahlungseingang
Bestellung der Primus GmbH	Wareneingang	Rechnungseingang	Zahlungsausgang

Übernehmen Sie diese in Ihre Unterlagen. Ordnen Sie entsprechend der Mindmap jedem Prozessschritt den Unternehmensbereich zu, der den jeweiligen Schritt in der Primus GmbH ausführt (siehe folgendes Beispiel).

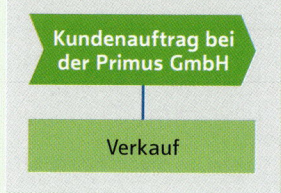

Kundenauftrag bei der Primus GmbH
Verkauf

● Die Funktionen eines ERP-Systems

Für die Steuerung eines effizienten Einsatzes der betrieblichen Produktionsfaktoren (Arbeit, Betriebsmittel und Werkstoffe) sind **ERP-Systeme (Enterprise Resource Planning)** entwickelt worden. Eine Vielzahl von Geschäftsprozessen wird in unterschiedlichen Abteilungen gemeinsam bearbeitet. Um nicht mit verschiedenen abteilungsspezifischen Softwarelösungen (= **Insellösungen**) arbeiten zu müssen und Daten in jeder Abteilung immer wieder neu zu erfassen (mit den daraus entstehenden Medienbrüchen), wurden ERP-Systeme entwickelt, die die verschiedenen Insellösungen (auch als Komponenten oder Module bezeichnet) unter einer gemeinsamen Oberfläche erfassen. Gängige ERP-Systeme sind z. B. Microsoft Navision oder SAP. Hier im Buch wird die für Schulen freie Software CTO verwendet (zu finden unter BuchPlusWeb. siehe Hinweise vorne im Buchdeckel)

In einem ERP-System werden in einer **gemeinsamen Datenbank** die Daten aller Abteilungen und Funktionen eines Unternehmens erfasst, gespeichert und miteinander verknüpft. Das ERP-System ist dabei die durchgängige Informationsquelle und das einheitliche Arbeitsmittel für alle Unternehmensbereiche und alle Mitarbeiter. Eine Mehrfacherfassung durch verschiedene Mitarbeiter und damit möglicherweise entstehende **Dateninkonsistenzen**, d.h. in sich widersprüchliche oder fehlerhafte Daten, werden damit weitestgehend vermieden. Außerdem stehen die Daten nach ihrer erstmaligen Erfassung sofort allen Mitarbeitern zeitgleich zur Verfügung. So kann ein nahtloses Zusammenwirken aller Mitarbeiter umgesetzt werden. Ferner entfällt die Einarbeitung in verschiedene Softwaresysteme und der Mitarbeitereinsatz im Unternehmen ist bei Bedarf flexibel möglich.

Beispiel Helmut Holl, Mitarbeiter im Verkauf, Büroeinrichtung, erhält telefonisch eine Anfrage von Frau Jansen von der Klöckner-Müller Elektronik AG zu einer Auswahl neuer Büromöbel. Dabei kann Frau Sommer ohne Rückfragen in anderen Abteilungen zu allen Möbeln sofort Auskunft über die Artikelverfügbarkeit und die möglichen Liefertermine geben sowie parallel dazu die Kreditwürdigkeit des Kunden prüfen und bei Bestellung die Menge der bestellten Artikel sofort im ERP-System reservieren. Frau Jansen interessiert sich insbesondere für den Schreibtisch Primo.

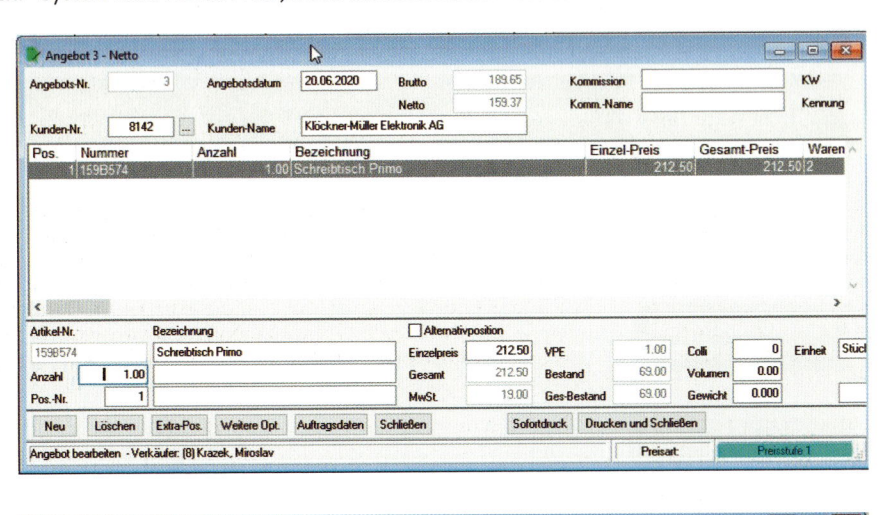

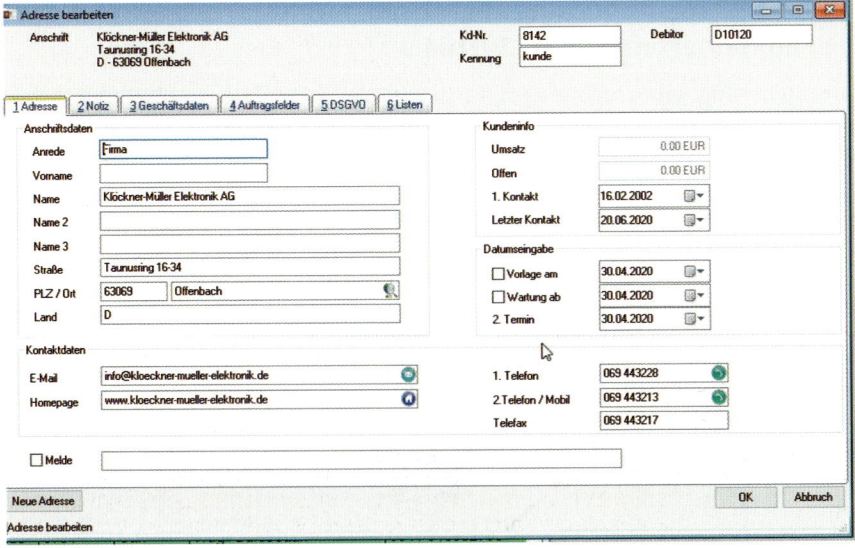

Ein weiterer **Vorteil** von ERP-Systemen besteht in der **Integration und Verknüpfung von Daten**. Werden Prozesse in einer Abteilung bearbeitet, so werden mit diesen Prozessen zusammenhängende Tätigkeiten parallel und automatisch ausgeführt sowie Datenstände aktualisiert. Es ist kein weiterer Mitarbeiter in einem anderen Bereich für die Bearbeitung der Aufgabe notwendig.

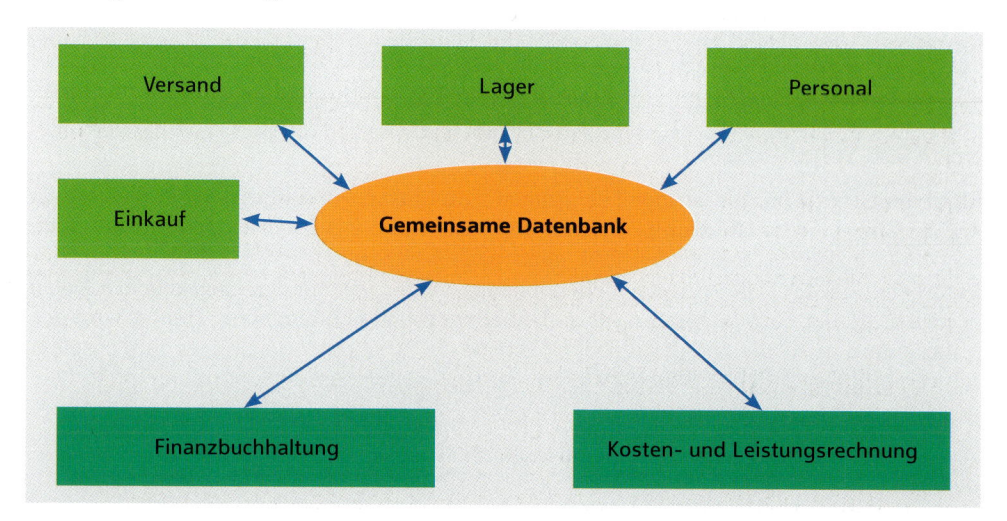

Beispiel Paul Schneiders, Mitarbeiter im Lager der Primus GmbH, erfasst im ERP-System den Wareneingang eines Lieferers zu einer Bestellung eines Kunden. Im ERP-System wird dabei der Wareneingang nicht nur für die Lagerwirtschaft mit Angabe des Lagerplatzes erfasst, sondern gleichzeitig in der Finanzbuchhaltung automatisch ein zweiter Beleg erzeugt und gebucht. Auch in der Dispositionsliste der Einkaufsabteilung wird der Bestand sofort aktualisiert. Damit müssen für Standardprozesse, die eine Datenänderung in einer anderen Abteilung, wie z.B. in der Finanzbuchhaltung, nach sich ziehen, keine zusätzlichen Tätigkeiten, wie z.B. Buchungen per Hand (Buchungssätze), ausgeführt werden.

Die Funktionalitäten des Zugriffs auf eine gemeinsame Datenbank und die Integration und Verknüpfung der Daten sparen Zeit und Arbeitskräfte und führen zu einer Steigerung von Effizienz und Produktivität im Unternehmen.

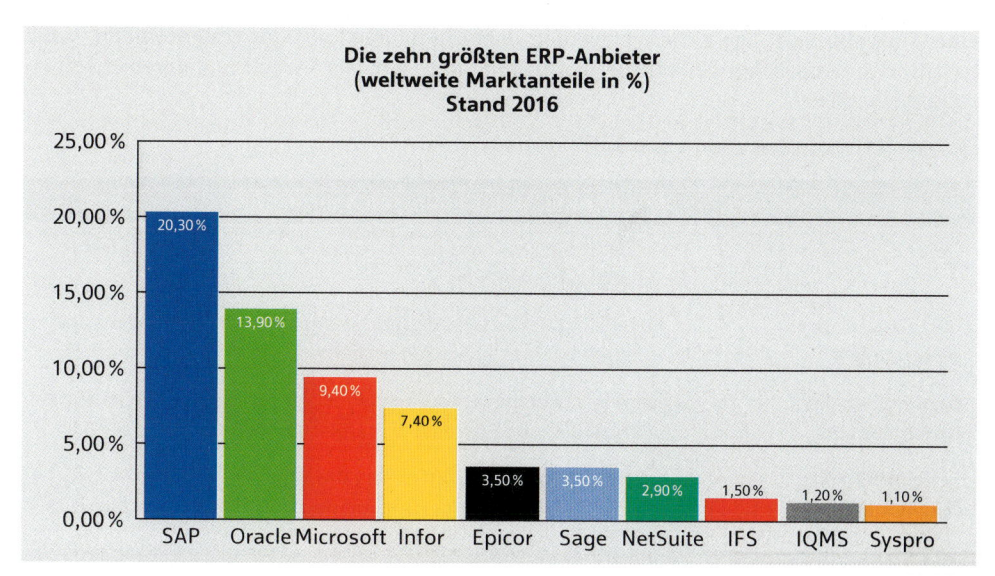

Die zehn größten ERP-Anbieter (weltweite Marktanteile in %) Stand 2016

Anbieter	Marktanteil
SAP	20,30 %
Oracle	13,90 %
Microsoft	9,40 %
Infor	7,40 %
Epicor	3,50 %
Sage	3,50 %
NetSuite	2,90 %
IFS	1,50 %
IQMS	1,20 %
Syspro	1,10 %

Ein dritter Vorteil ist die Anpassungsfähigkeit von ERP-Systemen an nahezu jedes Unternehmen und dessen Geschäftsprozesse durch das sog. **Customizing** (= Anpassung eines Produkts an die individuellen Wünsche des Kunden), d. h. die kundenspezifische Anpassung durch die Einrichtung der Unternehmensstruktur, die Anpassung über Tabellen sowie die betriebsindividuelle Programmierung im jeweiligen ERP-System.

All diese Vorteile haben dazu geführt, dass ERP-Systeme heute in 95 % aller Unternehmen eingesetzt werden. Dennoch findet der Einsatz von ERP-Systemen bei den Unternehmensmitarbeitern häufig nur eine geringe Akzeptanz, da es ihnen aufgrund der Komplexität und komplizierten oder undurchsichtigen Benutzeroberfläche schwerfällt, mit einem ERP-System zu arbeiten.

Einer der Gründe hierfür ist, dass Schulungen zum Einsatz von ERP-Systemen sich häufig auf die Eingabe der Daten konzentrieren und nicht auf die betriebswirtschaftlichen Hintergründe eingehen. Durch den fehlenden betriebswirtschaftlichen Bezug können die Mitarbeiter bei der Dateneingabe nicht genau erkennen, was mit den eingegebenen Daten geschieht. In der Folge kommt es oft zu **Unbehagen** und **Fehleingaben**. Häufig wird den Mitarbeitern auch die Integration der Systeme nicht erklärt. So fällt es ihnen später schwer, in ihrer täglichen Arbeit Daten nachzuvollziehen, deren Herkunft sie nicht kennen.

Weitere Probleme entstehen durch eine fehlende Nutzung aller Funktionalitäten des Systems.

Beispiel Dorothea Klein, Gruppenleiterin im Verkauf Büroeinrichtung, erfasst einen Kundenauftrag von Frau Brieger, Bürofachgeschäft Herbert Blank e. K., im ERP-System. Im System sind die Preise für die Produkte bisher nicht in den Stammdaten hinterlegt worden. Daher muss sie bei jedem Kundenauftrag für jeden Büroeinrichtungsgegenstand den Preis erneut heraussuchen und eintragen. Dies führt zu einem zusätzlichen, zeitraubenden Arbeitsschritt mit hohem Fehlerpotenzial.

○ Entscheidungskriterien von Unternehmen bei der Wahl eines ERP-Systems

Bevor ein Unternehmen ein ERP-System einführt, durchläuft die Geschäftsleitung einen zeitaufwendigen Entscheidungsprozess, in dem sie anhand selbst festgelegter Kriterien eine Auswahl trifft. Die Kriterien werden dabei individuell auf das Unternehmen, seine Situation und die bisherige Softwareausstattung bezogen, ausgewählt und unterschiedlich stark gewichtet.

Kriterien für die Auswahl eines ERP-Systems

Entscheidungskriterien	Erläuterung: Unternehmen suchen ein ERP-System, das ...
Geschäftsprozesse	... die Geschäftsprozesse des Unternehmens und die gewünschten Funktionalitäten abbildet.
Geschäftsprozessintegration	... Arbeitsschritte verschiedener Unternehmensbereiche, die parallel erfolgen können, gleichzeitig ausführt.
Bedürfnisse des Unternehmens	... die Möglichkeit bietet, die vorhandenen Standardprozesse durch Customizing an die Prozesse des Unternehmens anzupassen.
Erweiterbarkeit (Skalierbarkeit)	... die Möglichkeit bietet, zukünftig die Kapazitäten auszuweiten, z. B. zusätzliche Funktionen anzubinden oder die Speicherkapazitäten zu erweitern.

Entscheidungskriterien	Erläuterung: Unternehmen suchen ein ERP-System, das ...
Technologie	... die gewünschte Technologie bietet, wie z. B. verwendete Programmiersprache, verwendete Datenbank, genutztes Betriebssystem, Möglichkeit der Programmierung.
Zugriffe auf das System	... die gewünschten Zugriffsarten, z. B. über den gewünschten Browser, und Zugriff mit gewünschtem Equipment, z. B. über ein Smartphone, bietet.
Anbindung von vorhandenen Systemen	... es ermöglicht, bereits vorhandene andere Systeme mit anzubinden, um diese und die darin bereits getätigten Investitionen weiter nutzen zu können.
Benutzerfreundlichkeit	... eine übersichtliche, benutzerfreundliche, intuitive Oberfläche besitzt.
technische Einführungskosten	... es ermöglicht, die Kosten der Einführung aus technischer Sicht zu planen.
Einführungszeit	... innerhalb einer festgesetzten Zeit in einem Unternehmen eingeführt werden kann.
Schulungskosten für Mitarbeiter	... es ermöglicht, die Kosten für Mitarbeiterschulungen aufgrund der Gestaltung der Benutzeroberfläche zu planen.
Preis-Leistungs-Verhältnis	... ein günstiges/angemessenes Preis-Leistungs-Verhältnis, z. B. bei Lizenzen, besitzt.

Sich über die Funktionsweise von Unternehmenssoftware informieren

- **ERP-Systeme** bieten die Möglichkeit, alle Geschäftsprozesse eines Unternehmens abzubilden und deren Bearbeitung effizienter umzusetzen.
- Mit einem ERP-System kann durch das Arbeiten auf einer **gemeinsamen Datenbank** ein nahtloses Zusammenspiel aller Mitarbeiter eines Unternehmens realisiert werden.
- In einem ERP-System werden zusammenhängende Tätigkeiten unterschiedlicher Unternehmensbereiche ohne zusätzliche Mitarbeiter automatisch bearbeitet. Dies wird **Integration** genannt.
- ERP-Systeme finden aufgrund ihrer Komplexität, komplexen Benutzeroberflächen, unzulänglichen Schulungen sowie nicht vollständig umgesetzten Funktionalitäten bei den Mitarbeitern der Unternehmen häufig **wenig Akzeptanz**.
- Für die Wahl eines ERP-Systems werden verschiedene **Kriterien** entsprechend den Anforderungen des Unternehmens berücksichtigt.

1. Stellen Sie die Vor- und Nachteile von ERP-Systemen in einer Tabelle gegenüber. Prüfen Sie anhand der erstellten Tabelle die folgenden Aussagen auf ihre Richtigkeit.
   a) In einem ERP-System können alle Daten nur zu bestimmten Zeitpunkten für Analysen bereitgestellt werden, da sie zuvor aus mehreren Datenbanken herausgelesen und zusammengefasst werden müssen.

b) ERP-Systeme finden aufgrund ihrer Komplexität und einer komplizierten Benutzeroberfläche häufig direkt nach ihrer Einführung wenig Anklang bei den Unternehmensmitarbeitern. R
c) ERP-Systeme erfassen Arbeitsschritte eines Geschäftsprozesses ohne Belege. F
d) Geschäftsprozesse können in einem ERP-System nur mit Zeitverzögerung bearbeitet werden, da die notwendigen Daten immer erst dem jeweiligen nachfolgenden Bearbeiter übergeben werden müssen. F
e) Mithilfe eines ERP-Systems können jederzeit Analysen erstellt werden, da alle Daten in einer Datenbank in Echtzeit zur Verfügung stehen. R
f) ERP-Systeme können mit bereits vorhandenen Systemen verknüpft werden. R
g) ERP-Systeme werden nur in großen Unternehmen mit mehr als 500 Mitarbeitern eingesetzt. F

2. Die Seiffert KG, ein Papier- und Kartonagengroßhändler mit 100 Mitarbeitern, möchte ein ERP-System einführen. Bei der Entscheidung möchte die Geschäftsleitung die einzelnen Mitarbeiter und deren Anforderungen an ein ERP-System berücksichtigen. Aus diesem Grund wurde eine Mitarbeiterversammlung angesetzt.
   a) Setzen Sie sich in Fünfergruppen zusammen.
   b) Verteilen Sie in der Gruppe die folgenden Mitarbeiterrollen: Mitglied der Geschäftsleitung, Mitarbeiter der Abteilung Vertrieb, Mitglied der Mitarbeitervertretung, Mitarbeiter der EDV-Systemverwaltung, Mitarbeiter des Rechnungswesens.
   c) Erarbeiten Sie anhand der Kriterien zur Wahl eines ERP-Systems in einem Unternehmen Argumente aus Sicht der jeweiligen Mitarbeitergruppe.
   d) Stellen Sie die Argumente in einer Mitarbeiterbesprechung als Rollenspiel dar.

3 Kunden-, Lieferanten- und Dienstleisterdaten beschaffen und elektronisch verarbeiten

Andreas Brandt bekommt vom EDV-Systembetreuer Horst Wessling die neuen IT-Systemrichtlinien der Primus GmbH. Er liest sie durch und wundert sich: *„Wieso darf ich denn meinen eigenen USB-Stick nicht an die Firmenrechner anschließen? Wenn ich mal ein Referat für die Berufsschule ausdrucken muss, ist das doch voll blöd. Und meine privaten E-Mails darf ich auch nicht abrufen. Was soll dabei denn passieren?"*
Er liest weiter und stellt fest, dass er für jeden neuen Kunden, der eine schriftliche oder telefonische Bestellung tätigt, eine Einverständniserklärung einholen muss, damit er dessen Daten im ERP-System neu anlegen kann. *„Was soll das denn?"*, denkt Andreas aufgebracht.

ARBEITSAUFTRÄGE
◆ Überlegen Sie sich Gründe, warum die IT-Richtlinie diese Aktionen untersagt.
◆ Unterscheiden Sie die Begriffe Datenschutz, Datensicherheit und Datenpflege.
◆ Nennen Sie Ihnen bekannte Maßnahmen, um Daten vor Verlust zu schützen.
◆ Beurteilen Sie die Bedeutung der Einhaltung der Datenschutzgrundverordnung für die Primus GmbH.

In Unternehmen wird eine Vielzahl von Daten von Kunden, Lieferanten oder Dienstleistungsunternehmen meist elektronisch verarbeitet. Dabei sind insbesondere Maßnahmen zum Datenschutz, d.h. zum Schutz personenbezogener Daten, und zur Datensicherung, d.h. zum Schutz der Daten selbst, erforderlich.

Kundendaten können auf unterschiedlichen Wegen erfasst werden, z.B.

- aufgrund von schriftlichen oder telefonischen Bestellungen durch Kunden,
- durch Bestellungen in Onlineshops,
- durch Ankauf von Kundendaten über kommerzielle Anbieter,
- durch Kundenkarten, Gewinnspiele im Internet oder auf sozialen Netzwerken wie Facebook.

Lieferanten- oder Dienstleisterdaten werden erhoben, indem z.B. folgende Quellen ausgewertet werden:

- vorhandene Bestellungen bei Lieferanten bzw. Verträge mit Dienstleistungsunternehmen,
- Portale, wie z.B. „Wer liefert was",
- Internetseiten,
- Branchenbücher,
- Fachzeitschriften.

Traditionell wurden Daten in Listen, Akten oder Karteien gesammelt und aufbewahrt. Diese konnten sicher in Schreibtischen oder Aktenschränken eingeschlossen und vor unberechtigtem Zugriff geschützt werden. Da die Daten heute meist digital vorliegen, müssen diese Dokumente auch entsprechend **gesichert** werden.

Onlineeinkäufe sind heutzutage fast selbstverständlich. Dabei werden jedoch zahlreiche persönliche Daten hinterlassen. Die zunehmende Digitalisierung bringt u.a. folgende Gefahren mit sich:

- Daten können fehlerhaft erfasst werden.
- Unberechtigte Personen können sich Zugriff zu den Daten verschaffen.
- Daten können unabsichtlich, aber auch bewusst zerstört oder verändert werden (z.B. durch Überschreiben).
- Die Privatsphäre jedes Bürgers kann durch Datensammlungen beeinträchtigt werden.

Bei der elektronischen Speicherung dieser Daten sind, soweit es sich um personenbezogene Daten handelt, die Anforderungen der **Datenschutzgrundverordnung (DSVGO)** der EU einzuhalten. Darüber hinaus ist die Sicherung der Daten zu gewährleisten, da diese für Unternehmen einen Wert an sich darstellen und nicht verloren gehen oder verfälscht werden dürfen.

Man unterscheidet bei der elektronischen Verarbeitung von Daten die drei Begriffe **Datenschutz, Datensicherung** und **Datenpflege:**

Datenschutz	Datensicherheit	Datenpflege
= Schutz personenbezogener Daten Hier stehen Personen im Zentrum der Betrachtung.	= Daten als zu schützende Objekte Daten sollen vor Verlust, Verfälschung oder Zerstörung geschützt werden.	= Aktualität und Richtigkeit der Daten sicherstellen Daten sollen immer sachlich richtig und aktuell sein. Nicht mehr benötigte Daten sind zu löschen.

● Bundesdatenschutzgesetz und Datenschutzgrundverordnung

Als **Datenschutz** bezeichnet man den Schutz personenbezogener Daten vor Verfälschung, Missbrauch und Verlust. Die geschützten Objekte sind hierbei also Personen.

Je nach Betrachtungsweise wird Datenschutz verstanden als Schutz vor **missbräuchlicher Datenverarbeitung**, Schutz des Rechts auf **informationelle Selbstbestimmung** (jeder Mensch soll grundsätzlich selbst darüber entscheiden, wem wann welche seiner persönlichen Daten zugänglich sein sollen), Schutz des **Persönlichkeitsrechts** bei der Datenverarbeitung und auch Schutz der **Privatsphäre**. Es sollen sowohl staatliche Überwachungsmaßnahmen als auch private Datenüberwachung durch Unternehmen vermieden werden, um einen „gläsernen Menschen" zu verhindern.

Beispiel Andreas Brandt nutzt in seiner Freizeit ein sog. Fitnessarmband. Dieses speichert über den Tag hinweg seine Bewegungen, seine Schritte werden gezählt und alle sportlichen Aktivitäten werden erfasst. Jeden Abend speichert er diese Daten auf seinem Laptop und lädt sie anschließend in eine cloudgestützte App. Als er heute wieder seine Fitnessdaten hochlädt, fragt er sich, wo diese eigentlich genau landen oder wer sie überhaupt einsehen kann: „Kann jemand meine Daten für sich nutzen? Wenn ich mich nach der Ausbildung um eine Stelle bewerbe, kann mein neuer Arbeitgeber diese Daten eventuell nutzen, um gesundheitliche Risiken eines Bewerbers auszuschließen?"

Seit Mai 2018 findet in Deutschland ein **Bundesdatenschutzgesetz (BDSG)** Anwendung, welches die Vorgaben der **EU-Datenschutzgrundverordnung (DSVGO)** umsetzt. Durch diese Verordnung wurde das Datenschutzrecht aller EU-Länder vereinheitlicht. Bei Nichtbeachtung drohen hohe Strafen (bis zu 20 Mio. € oder 4% des weltweiten Jahresumsatzes).

Als **personenbezogene Daten** gelten alle Informationen, die sich auf eine bestimmte oder bestimmbare natürliche Person beziehen. Bestimmbar ist eine Person dann, wenn sie mittels Zuordnung zu einer Kennung, einer Kennnummer, Standortdaten oder anderen besonderen Merkmalen identifiziert werden kann.

Typische personenbezogene Daten sind z. B.:
- Name
- Anschrift
- E-Mail-Adresse
- Telefonnummer
- Geburtstag
- Kontodaten
- Vermögensverhältnisse
- Autokennzeichen
- Standortdaten
- IP-Adressen

Der Schutz der eigenen Daten ist ein **Grundrecht** jedes Menschen, das in Artikel 8 der Charta der EU-Grundrechte festgeschrieben ist. Als oberster Grundsatz der DSGVO gilt, dass personenbezogene Daten nur verarbeitet werden dürfen, wenn dies ausdrücklich erlaubt ist.

Das bedeutet für Unternehmen oder Institutionen, dass personenbezogene Daten sowohl in Personal- als auch Kunden- oder Lieferantendateien nur verarbeitet werden dürfen, wenn die betroffenen Personen oder Institutionen **ausdrücklich zugestimmt** haben, d. h., ein unterstelltes stillschweigendes Einverständnis reicht nicht aus. Dazu müssen die betroffenen Personen eine **ausdrückliche Erklärung (Einverständniserklärung)** abgeben. In der Praxis werden dazu meist standardisierte Datenschutzerklärungen verwendet, die von den betroffenen Personen unterschrieben werden müssen.

Im **Onlinehandel** muss diese Datenschutzerklärung auf der Website des Unternehmens bereitgestellt werden. Die Datenschutzerklärung soll den Besucher der Website darüber aufklären, welche Daten der Onlinehändler speichert und erhebt, zu welchem Zweck dies geschieht und wie mit den Daten umgegangen wird.

Auch die **Weitergabe dieser Daten** darf nur mit ausdrücklicher Zustimmung des Kunden erfolgen. Viele Menschen erteilen oft unbewusst ihre Zustimmung, indem sie entweder die Kenntnisnahme z. B. bei einer Onlinebestellung oder einem normalen Webseitenbesuch durch einen unbewussten Mausklick erlauben oder dies durch eine Unterschrift auf einer entsprechend vorgelegten und häufig nicht bewusst zur Kenntnis genommenen schriftlichen Einverständniserklärung unterschreiben.

Beispiel Bei einem privaten Besuch auf der Website eines Onlinehändlers klickt Andreas Brandt nach Aufforderung durch die Website an, dass er die Datenschutzerklärung des Onlinehändlers zur Kenntnis genommen hat. Damit stimmt er automatisch zu, dass neben seinen personenbezogenen Daten, die er z. B. bei einer Bestellung abgibt, auch weitere personenbezogene Daten, wie der benutzte Browser, seine IP-Adresse oder die Verweildauer auf der Seite, erfasst werden.

Unter **Verarbeitung** versteht man dabei sowohl das Speichern, Verändern, Übermitteln, Sperren und Löschen von personenbezogenen Daten.

● Grundsätze der Datenverarbeitung

Bei der Verarbeitung personenbezogener Daten gelten die folgenden Grundsätze:

- Datensparsamkeit bzw. Datenminimierung,
- Zweckbindung,
- Datenrichtigkeit,
- Recht auf Löschung und Vergessenwerden.

Datensparsamkeit	Es dürfen nur so viele Daten erhoben und verarbeitet werden, wie tatsächlich benötigt werden.
Zweckbindung	Die Daten dürfen nur zu dem Zweck verarbeitet werden, für den sie erhoben werden.
Datenrichtigkeit	Die Daten müssen sachlich und inhaltlich richtig und aktuell sein.
Recht auf Löschung und Vergessenwerden	Personenbezogene Daten müssen gelöscht werden, wenn für die Verwendung der Daten keine Berechtigung mehr vorliegt.

Beispiel Etwas anders gestaltet es sich allerdings, wenn die verkaufte Ware z. B. eine Altersverifikation oder grundsätzlich eine telefonische Rücksprache erfordert. In einem solchen Fall kommt der Shopbetreiber um die Abfrage (und Prüfung) des Geburtsdatums und die Erhebung der Telefonnummer nicht umhin, da diese für den Zweck, nämlich die Erfüllung des Auftrags, erforderlich sind.

Unter **Datenminimierung** und **Datensparsamkeit** versteht man den Grundsatz, dass bei der Datenverarbeitung nur so viele personenbezogene Daten gesammelt werden, wie für die jeweilige Anwendung unbedingt notwendig ist.

Gleichzeitig bezeichnet Datensparsamkeit auch eine von Datenschützern geforderte Zurückhaltung seitens des Verbrauchers, persönliche Daten außerhalb der für eine Geschäftsbeziehung notwendigen Informationen preiszugeben, insbesondere im Internet und bei Gewinnspielen. Es sollen nicht unnötigerweise private Daten preisgegeben werden, um Manipulationen durch Dritte zu vermeiden.

Das Konzept von Datenminimierung und Datensparsamkeit steht in engem Zusammenhang mit dem traditionellen datenschutzrechtlichen Grundsatz, dass nur diejenigen personenbezogenen Daten verarbeitet werden dürfen, die für die Erfüllung der jeweiligen Aufgabe benötigt werden (**Erforderlichkeit**). Datenschutz soll aber nicht allein durch gesetzliche Regelungen normiert, sondern auch durch das Design der IT realisiert werden. So müssen in Eingabemasken bei Webshops oder anderen Internetseiten die **Pflichtfelder** gekennzeichnet sein.

Beispiel Bei der Erfassung von Kundenbestellungen über die Website der Primus GmbH gibt es mit einem * gekennzeichnete Pflichtfelder und solche Felder, bei denen die Eingabe freiwillig ist. So kann der Nutzer z. B. frei wählen, ob er eine Mobilfunknummer oder sein Geburtsdatum angeben möchte. Angaben wie Name, Adresse (für die Lieferanschrift) oder die E-Mail-Adresse (für die Zusendung der Bestellbestätigung) sind hingegen Pflichtfelder.

Eine konkrete Umsetzung des **Gebotes der Datensparsamkeit und Datenminimierung** ist z. B. das gesetzliche Verbot des **Klarnamenszwangs** (auch: Klarnamenspflicht) in der Internetkommunikation, wenn dies technisch möglich und zumutbar ist. Dies bedeutet, dass man als Kommunikationsteilnehmer nicht gezwungen werden kann, seine wahre Identität preiszugeben. Diese Regelung fügt sich in das bestehende Datenschutzrecht und das Grundgesetz ein, da sie versucht, das Grundrecht auf freie Meinungsäußerung umzusetzen. Allerdings fördert diese Regelung auch die Verbreitung von Hass-Posts oder Beschimpfungen, z. B. in sozialen Netzwerken, sodass diskutiert wird, in bestimmten Fällen vom Verbot des Klarnamenszwangs wieder abzuweichen.

Unproblematisch ist das Verbot des Klarnamenszwangs z. B. bei der Internetnutzung von Spielplattformen, auf denen Spieler gemeinsam agieren, bei der Nutzung von gemeinsamen Rezeptdatenbanken, Internetforen zum Austausch von Informationen oder ähnlichen Angeboten.

Beispiel Andreas Brandt möchte über eine Auktionsplattform seine alte Spielekonsole versteigern. Er meldet sich mit seinem Nutzernamen (Alias) an und bietet sein Produkt an. Auch die Bieter werden zunächst nur mit Aliasnamen angezeigt. Erst nach Abschluss der Auktion erhalten Käufer und Verkäufer die Klarnamen des jeweils anderen Vertragspartners, um das Geschäft ordnungsgemäß abschließen zu können.

Eine weitere Möglichkeit zur Einhaltung des Datenschutzes ist die **Verschlüsselung** von Daten. Ganz allgemein versteht man unter Verschlüsselung eine Vorgehensweise, die einen Klartext durch einen Schlüssel in einen Geheimtext umwandelt, sodass die Ausgangsinformationen nur unter Verwendung des passenden Schlüssels wieder lesbar werden. Dies minimiert das Risiko bei der Datenverarbeitung, da verschlüsselte Inhalte grundsätzlich für Dritte ohne den entsprechenden Schlüssel nicht lesbar sind. Die Verschlüsselung gilt als bestes Mittel, um Daten auf ihrem Transportweg zu schützen, und stellt eine Möglichkeit dar, gespeicherte personenbezogene Daten abzusichern. So wird deren Missbrauchsrisiko innerhalb des Unternehmens dadurch minimiert, dass der Zugang auf berechtigte Personen mit dem richtigen Schlüssel beschränkt werden kann.

Zur Umsetzung und Kontrolle der Datenschutzrichtlinien sind **Datenschutzbeauftragte** zu benennen. Auf Bundesebene ist der Bundesdatenschutzbeauftragte, auf Landesebene sind die jeweiligen Datenschutzbeauftragten für diese Aufgaben zuständig.

Auch in Unternehmen müssen **betriebliche Datenschutzbeauftragte** benannt werden, wenn die Kerntätigkeit eines Unternehmens eine regelmäßige und systematische Verarbeitung personenbezogener Daten umfasst. **Kriterien** dafür sind:

- Umfang der Verarbeitung, gemessen an der Anzahl datenverarbeitender Mitarbeiter im Unternehmen (für private Unternehmen ab 20 Personen, die sich i. d. R. ständig mit der automatisierten Datenverarbeitung beschäftigen), Umfang der Datenmenge und Art der Datensätze, der Zeitraum und die Regelmäßigkeit der Datenverarbeitung sowie die geografische Reichweite der Datenverarbeitung;
- Zweck der Verarbeitung;
- Art der Verarbeitung.

Die Benennung des betrieblichen Datenschutzbeauftragten ist an keine Formvorschriften gebunden, sie kann auch mündlich durch die Unternehmensleitung erfolgen.

Beispiel In der Primus GmbH ist Sabine Berg, die Leiterin der Abteilung Verwaltung, von Frau Primus mit der Aufgabe der betrieblichen Datenschutzbeauftragten betraut worden.

● Maßnahmen zur Datensicherung

Als **Datensicherung** bezeichnet man alle (meist technischen) Maßnahmen zum Schutz von Daten und Programmen vor unberechtigtem Zugriff, vor Verlust, vor Beschädigung und vor absichtlicher oder unabsichtlicher Verfälschung. Geschützte Objekte sind also die **Daten**.

Durch die IT-Sicherheitsmaßnahmen sollen die gesamten Daten und auch alle Hardware- und Softwarekomponenten vor Hackern oder Datendieben sowie technischen Fehlern geschützt werden. Die Ziele, die dabei verfolgt werden, sind **Vertraulichkeit**, **Integrität** und **Verfügbarkeit**.

Vertraulichkeit	Integrität	Verfügbarkeit
Der Zugriff auf die Daten kann **nur von befugten Personen** vorgenommen werden.	Die Daten bleiben trotz eventueller Manipulationen oder technischer Defekte **unversehrt**.	Vorhandene Daten können im Bedarfsfall verwendet werden und **stehen zur Verfügung**.

Die gesamten Geschäftsprozesse eines Großhandelsbetriebes hängen heute davon ab, dass die IT-Infrastruktur verlässlich und störungsfrei funktioniert. Durch **IT-Sicherheitskonzepte** und **IT-Sicherheitsrichtlinien** sollen alle Mitarbeiter für den richtigen Umgang mit den Daten sensibilisiert werden. Dadurch soll auch das Eindringen von Viren oder Trojanern, z. B. durch das Verbot der Benutzung eigener Datenträger oder durch Richtlinien für die Nutzung des Internets, verhindert werden.

Während die eigentlichen Dokumente meist auf der Festplatte des Rechners oder im Netzwerk abgespeichert werden, sollten unabhängig davon zusätzliche **Datensicherungen auf externen Speichermedien** wie USB-Sticks (Speicherkapazität bis zu 2 TB) oder externen Festplatten (Speicherkapazität bis zu mehreren TB), CD-ROMs (Speicherkapazität bis zu 700 MB), DVDs (Speicherkapazität bis zu 10 GB) gespeichert und an einem anderem Ort gelagert werden. CDs oder DVDs sind mittlerweile veraltet, da sie sich aufgrund der eingeschränkten Datenmenge nur für kleinere Datensicherungen eignen, und sind in Unternehmen daher meist nicht mehr im Einsatz.

Die Aufbewahrung dieser Datensicherungen auf externen Datenträgern sollte **räumlich entfernt von der EDV-Anlage** und in einer sicheren Umgebung erfolgen. Für kleinere Unternehmen eignen sich z. B. Bankschließfächer zur Datenträgeraufbewahrung. Allerdings kann i. d. R. nicht zu jeder Zeit darauf zugegriffen werden, da der Zugang zu den Datenträgern nur während der Öffnungszeiten der Bank möglich ist.

Die heute gängige Datensicherung erfolgt im Internet (sog. **Cloud-Computing**). Probleme können dabei allerdings hinsichtlich der Datensicherheit entstehen. Beim Cloud-Computing ist die Frage der Möglichkeit des externen Zugriffs zu prüfen. Außerdem ist wichtig, wer von außen Zugriff auf die in der Cloud gespeicherten Daten hat. Der Vorteil gegenüber einer Datensicherung auf USB-Stick oder externen Festplatten besteht darin, dass ein jederzeitiger Zugriff auf die Daten durch das Unternehmen möglich ist.

Für größere Unternehmen können sich speziell gesicherte Safes oder Räumlichkeiten zur feuersicheren Unterbringung der Sicherungsdateien im Unternehmen lohnen. Auch können die gesicherten Daten auf mehrere Standorte oder Rechenzentren verteilt werden.

Grundsätzlich gelten zur Datensicherung auch die im HGB vorgeschriebenen Regelungen über eine ordnungsgemäße, nachvollziehbare und revisionssichere Buchführung.

● **Methoden der Datensicherung**

Um die oben genannten Ziele zu erreichen, bedarf es verschiedener Methoden der Datensicherung. Dabei sind technische oder bauliche Maßnahmen (**hardwaremäßige Datensicherung**), organisatorische Maßnahmen (**organisatorische Datensicherung**) oder programmtechnische Maßnahmen (**softwaremäßige Datensicherung**) möglich.

Hardwaremäßige Datensicherung	Organisatorische Datensicherung	Softwaremäßige Datensicherung
= technische oder bauliche Maßnahmen **Beispiele** – **Notstromaggregate** gegen Stromausfälle – **unterbrechungsfreie Stromversorgung** (USV), um bei Stromausfällen ein geordnetes Herunterfahren der Rechner zu ermöglichen – **Parallelrechner** (gleichzeitiges Betreiben einer zweiten, unabhängigen DV-Anlage), sehr aufwendig, daher nur bei lebenswichtigen Systemen eingesetzt – **feuerhemmende Barrieren** Diese Maßnahmen dienen in erster Linie dem Schutz von Daten vor Vernichtung oder Zerstörung.	= Maßnahmen zur Verhinderung unerlaubten Zugriffs oder bewusster Manipulationen an den Daten **Beispiele** – **Zutrittskontrollen** zum Rechenzentrum (sog. Closed-Shop-Betrieb), realisiert durch Keycards oder biometrische Daten (Fingerabdruck, Irisscan o. Ä.) – **zuverlässiger Passwortschutz**, d. h. Eingabe einer individuellen Kennung des Benutzers und eines sicheren Passworts (Groß- und Kleinschreibung, Kombination von Buchstaben, Ziffern und Sonderzeichen) – **automatische Protokollierung** aller Aktivitäten – **Erstellung von Sicherungskopien** (auf USB-Sticks, CD-ROM, externen Festplatten oder in der Cloud), um bei Verlust die Daten wiederherstellen zu können – **Sensibilisierung und regelmäßige Schulungen** von Mitarbeitern	= Datensicherungsmaßnahmen, die von den verwendeten Anwendungsprogrammen oder dem Betriebssystem automatisch gesteuert werden **Beispiele** – **Fixpunkttechnik**, d. h. automatische Datenspeicherung nach gewissen Zeitabständen – **Prüfzifferverfahren**, d. h. Verhinderung von Fehleingaben z. B. durch Zahlendreher (Eingabe der Ziffern 351 statt 531) – **Plausibilitätskontrollen**, d. h. logische Überprüfung der Richtigkeit von Daten (z. B. bei Eingabe eines nicht möglichen Tagesdatums) – **Viren- oder Malwareschutz** (durch Installation und regelmäßige Aktualisierung von Virenscannern oder Malwareprogrammen) – **regelmäßige Softwareaktualisierungen**, um Softwarelücken zu schließen

Bei den **Back-up-Maßnahmen**, d. h. der **zusätzlichen Sicherung der Daten auf externen Medien**, kann man drei Formen unterscheiden:

- Voll-Back-up
- differenzielles Back-up
- inkrementelles Back-up

Als **Voll-Back-up (Komplettsicherung)** bezeichnet man die komplette Sicherung aller Daten des Unternehmens. Da dies sehr aufwendig und zeitintensiv ist und meistens zum Zeitpunkt der Sicherung niemand im System aktiv sein darf, wird dieses Voll-Back-up je nach Datenanfall nur einmal pro Woche oder bei kleineren Unternehmen auch nur einmal pro Monat und dann meist nachts durchgeführt.

Beim **differenziellen Back-up** werden alle Dateien gespeichert, die seit der letzten Komplettsicherung geändert worden oder neu hinzugekommen sind. Es wird also immer wieder auf der letzten Komplettsicherung aufgesetzt, wobei gegenüber einer neuen Vollsicherung Speicherplatz und Zeit gespart werden kann. Wenn eine Datei geändert wurde, wird die jeweilige Version der Datei bei jedem differenziellen Lauf gesichert.

Beim **inkrementellen Back-up** werden immer nur die Dateien oder Teile von Dateien gespeichert, die seit der letzten inkrementellen Sicherung oder (im Falle der ersten inkrementellen Sicherung) seit der letzten Komplettsicherung geändert worden oder neu hinzugekommen sind. Es wird also immer auf der letzten inkrementellen Sicherung aufgesetzt. Dieses Verfahren hat den Nachteil, dass bei einer Wiederherstellung die Daten i. d. R. aus mehreren Sicherungen wieder zusammengesucht werden müssen.

● Datenkategorien

Für die Datensicherung und die Arbeit mit einem ERP-System müssen die verwendeten Daten in Datenkategorien oder auch Datentypen eingeteilt werden.

In allen ERP-Systemen gibt es drei Datentypen. Sie werden nach ihrer Aufgabe im System und ihren Eigenschaften in Stammdaten, Bewegungsdaten und Customizing- oder Konfigurationsdaten unterschieden.

- **Stammdaten** sind Daten, die sich über einen längeren Zeitraum hinweg nicht ändern. Sie dienen der Identifikation, Klassifikation und Charakterisierung von Objekten, z. B. Kunden und Artikeln. In einem ERP-System werden alle Daten, die zu einem Objekt benötigt werden, unter einer eindeutigen Nummer gemeinsam verwaltet. Es ist dabei irrelevant, von welcher Abteilung das Stammdatum benötigt wird, jede Abteilung kann auf dieses eine Stammdatum zugreifen.

    Beispiel Andreas Brandt benötigt für die Erfassung eines Kundenauftrags im Verkauf z. B. die Adressdaten der Herstadt Warenhaus GmbH. Diese Daten werden im Stammdatum mit der Nummer D24020 verwaltet. Isabel Lapp benötigt für die Erfassung eines Zahlungseingangs in der Finanzbuchhaltung z. B. die Zahlungsbedingungen. Auch diese werden für die Herstadt Warenhaus GmbH im Stammdatum D24020 erfasst.

- **Bewegungsdaten** (Transaktionsdaten) sind alle Daten, die im Rahmen von Geschäftsprozessen **einmalig** erfasst werden. Sie ändern sich bei jedem Geschäftsprozess. Bewegungsvorgänge im ERP-System, die sie hervorbringen, werden als Transaktionen bezeichnet. Bewegungsdaten können Einfluss auf die Stamm- und auf die Customizingdaten haben. Sollen sie häufiger Verwendung finden, so können sie in Stammdaten umgewandelt werden, z. B. der Verkaufspreis eines Artikels. In einigen Systemen führt ihre Erfassung automatisch zu einer Veränderung der Stammdaten.

    Beispiel für eine automatische Veränderung der Stammdaten durch die Bewegungsdaten. Bei der Erfassung der Warenmenge zu einem Wareneingang im ERP-System wird die erfasste Menge automatisch zu dem vorhandenen Lagerbestand hinzuaddiert und der im Materialstamm ausgewiesene Bestand aktualisiert.

Können bestimmte Geschäftsprozesse nicht zufriedenstellend mit dem ERP-System bearbeitet werden, so führt dies zu einer Anpassung in den Customizingdaten.

- Mithilfe der **Customizing- oder Konfigurationsdaten** ist die Anpassung der ERP-Systeme an das jeweilige Unternehmen möglich. Sie bilden die Unternehmensstruktur im ERP-System ab und ermöglichen die Realisierung der gewünschten Prozesse und Funktionen durch die Pflege von Tabellen und Masken sowie Programmierungen. Sie bilden die Grundlage für alle Eingaben, die bei der Erfassung von Stamm- und Bewegungsdaten gemacht werden können. Ohne die Anpassung des Systems können weder Stamm- noch Bewegungsdaten erfasst werden. Customizing- oder Konfigurationsdaten ändern sich ebenfalls nicht oder sehr selten. Deshalb werden auch sie trotz ihrer besonderen Aufgaben häufig als Stammdaten bezeichnet.

Stammdaten haben Einfluss auf die Bewegungs- und die Customizingdaten. Sie werden bei der Erfassung von Bewegungsdaten automatisch zugeordnet und bestimmen den Geschäftsprozessablauf mit. Ändern sich Stammdaten oder müssen zusätzliche Daten zu einem Stammdatum erfasst werden, müssen ggf. im Customizing Anpassungen vorgenommen werden.

Beispiele
- Das Bürofachgeschäft Herbert Blank e.K. hat das Laser-Multifunktionsgerät FX 640 bestellt. Diese Ware ist im Stammdatum im ERP-System als nicht skontofähig erfasst. Bei der Bezahlung der Rechnung kann das Bürofachgeschäft auf diese Ware keinen Skonto geltend machen, auch wenn es für alle anderen Materialien Skonto in Anspruch nehmen kann. Das Bürofachgeschäft muss dies bei der Ermittlung des Zahlbetrags berücksichtigen.
- René Berg erfasst in den Kundenstammdaten einen neuen Kunden. Für diesen Kunden möchte er neben einem Ansprechpartner auch den Besitzer des Unternehmens erfassen, da es sich um ein sehr kleines Unternehmen handelt. Hierfür ist jedoch kein Feld in der Eingabemaske vorgesehen. Er bittet deshalb Herrn Öztürk, dieses Feld im Customizing anzulegen. Die Einstellungen für das neue Eingabefeld werden als Customizingdaten bezeichnet.

Kunden-, Lieferanten- und Dienstleisterdaten beschaffen und elektronisch verarbeiten

	Datenschutz	Datensicherung
Umfang	Schutz personenbezogener Daten vor missbräuchlicher Verwendung	Schutz aller Daten gegen Verfälschung, Vernichtung, Übertragungsfehler und Diebstahl
Ziele	informationelle Selbstbestimmung, Schutz der Privatsphäre	Schutz des Unternehmens vor den wirtschaftlichen Folgen eines Datenverlust
Regelung	gesetzlich durch Bundesdatenschutzgesetz, Datenschutzgrundverordnung	betriebsindividuelle Regelungen auf freiwilliger Basis

- **Personenbezogene Daten** sind alle Informationen, die sich auf eine bestimmte oder bestimmbare natürliche Person beziehen lassen (Name, Adresse, Kontonummer, ...).
- **Grundsätze im Umgang mit personenbezogenen Daten** sind Datensparsamkeit, Datenrichtigkeit, Zweckbindung und Recht auf Löschung bzw. Vergessenwerden.
- Ein **betrieblicher Datenschutzbeauftragter** kümmert sich verantwortlich um die Einhaltung der Datenschutzrechte.

Hardwaremäßige Datensicherung	Organisatorische Datensicherung	Softwaremäßige Datensicherung
technische und bauliche Maßnahmen zur Datensicherung wie z.B. Notstromaggregate oder unterbrechungsfreie Stromversorgungen	organisatorische Maßnahmen wie Zutrittsbeschränkungen, Regelung von Zugriffsrechten usw.	programmtechnische Maßnahmen zur Datensicherung wie z.B. Virenscanner oder Prüfziffern

LF 9 Geschäftsprozesse mit digitalen Werkzeugen unterstützen

> - Die **Ziele der Datensicherung** sind Vertraulichkeit, Integrität und Verfügbarkeit.
> - Zu den **Datentypen** in einem ERP-System gehören: Bewegungsdaten, Stammdaten und Customizingdaten. Diese beeinflussen sich gegenseitig.

1. Erläutern Sie drei Maßnahmen zur Datensicherung.

2. Erläutern Sie den Begriff der informationellen Selbstbestimmung.

3. In der Abteilung Verkauf sollen die Kundendaten (56 MB) von der Festplatte des PC gesichert werden. Erläutern Sie, mit welcher der fünf genannten Möglichkeiten Sie dies am zweckmäßigsten durchführen.
1. auf einem USB-Stick
2. in Papierform
3. auf DVD
4. über das Internet
5. mit einem Scanner

4. Ihr Arbeitsplatzrechner in der Bauer KG wurde durch einen Computervirus infiziert. Wählen Sie aus, durch welche Maßnahme Sie derartige Angriffe verhindern bzw. einschränken können.
1. durch die Absicherung der Daten mit einem Passwort
2. durch die Einrichtung eines DSL-Zugangs
3. durch die Einrichtung eines Anti-Spam-Filters
4. durch das Vorschalten eines Virenschutzprogramms
5. durch die Umbenennung der einzelnen Dateien

5. Informieren Sie sich, wie man sichere Passwörter erzeugt und was beim sicheren Umgang mit Passwörtern zu beachten ist.

6. Ein wichtiger Aspekt in den Diskussionen einer Arbeitsgruppe zum Thema Datenschutz sind die Bestimmungen der Datenschutzgrundverordnung. Stellen Sie fest, welche Daten diese Verordnung schützt.
1. die bei der Primus GmbH gespeicherten Daten über Preise, Rabattstufen und Bestände der im Sortiment geführten Artikel
2. die Daten über Umsatz, Kosten, Gewinn, Liquidität und Rentabilität der Primus GmbH
3. die Kalkulationsunterlagen der Primus GmbH
4. die bei der Primus GmbH gespeicherten personenbezogen Daten, soweit es sich um natürliche Personen handelt
5. die bei der Primus GmbH gespeicherten Daten aller natürlichen und juristischen Personen

7. Frau Berg, die Datenschutzbeauftragte der Primus GmbH, nimmt an den Besprechungen der Arbeitsgruppe teil. Geben Sie an, wer Frau Berg zur Datenschutzbeauftragten ernannt hat.
1. die für die Primus GmbH zuständige Berufsgenossenschaft
2. der Datenschutzbeauftragte des Landes Nordrhein-Westfalen
3. der Betriebsrat der Primus GmbH

4. die Industrie- und Handelskammer Duisburg
5. die Geschäftsleitung der Primus GmbH

8. Bei der Primus GmbH wird besonderer Wert auf Datenschutz und Datensicherung gelegt. Deshalb wird spezielle Software eingesetzt. Ordnen Sie nachfolgende Begriffe den Beschreibungen zu.

Begriffe: a) Firewall   b) Back-up-Programm   c) Komprimierungssoftware
d) Schadsoftware   e) Verschlüsselungssoftware   f) Benutzererkennung

Beschreibungen:
1. Software, die Dateninhalte während der Übertragung unkenntlich und nur für den berechtigten Empfänger lesbar macht
2. Software, die ein Rechnernetz oder einen einzelnen Computer vor unerwünschten Netzwerkzugriffen schützt
3. Software, die den Zugriff auf die Programme nur berechtigten Personen ermöglicht
4. Software, die eine Kopie von in einem Computersystem vorhandenen Daten auf ein anderes Speichermedium (Sicherungskopie) ermöglicht
5. Software, die vorgibt, eine nützliche Aufgabe im Rechner zu erfüllen, aber die EDV-Arbeit vorsätzlich beeinträchtigt oder stört
6. Software, die sehr große Dateien durch Komprimierung verkleinert und damit für eine schnellere Übertragung sorgt

9. Ein Unternehmen erstellt seine Ausgangsrechnungen über die EDV. Welche Angaben gehören zu den Stammdaten?
1. Rechnungsdatum, Kundenanschrift, Artikelnummer
2. Rechnungsbetrag, Artikelbezeichnung, Kundennummer
3. Kundennummer, Artikelnummer, Artikelbezeichnung
4. Artikelnummer, Artikelbezeichnung, Menge
5. Menge, Einzelpreis, Gesamtpreis

4 Elektronische Instrumente zur Kundenbetreuung und -gewinnung auswählen

Andreas Brandt trifft nach der Mittagspause auf seine Ausbilderin Sabine Berg.

Frau Berg: „Hallo Andreas, wie läuft es zurzeit mit der Ausbildung?"

Andreas: „Hallo Frau Berg. Sehr gut. Ich bin im Moment ja im Bereich Verkauf und Marketing. Herr Winkler hat mir gerade heute unsere Website und unser Kundenmanagementsystem vorgestellt. Ich stelle mir aber die Frage, ob es nicht ein Risiko für uns ist, wenn wir alle Informationen online stellen."

Frau Berg: „Warum soll das denn schlecht sein?"

Andreas: „Na ja, alle unsere Konkurrenten können so auch sehen, welche Produkte wir zu welchen Preisen anbieten. Da können die doch einfach vergleichen."

Frau Berg: „Das ist im Prinzip richtig. Aber diese Informationen können sie ja auch unseren Katalogen oder Prospekten entnehmen. Viel wichtiger ist doch, dass alle unsere Kunden oder neue Interessenten sehen können, welches Leistungsspektrum wir anbieten. Damit können wir diese vielleicht als neue Kunden gewinnen."

Andreas: „Aber dann brauchen die anderen Unternehmen das doch nur zu kopieren und können das vielleicht auch anbieten oder sogar günstiger verkaufen."

Frau Berg: „Na ja, im Zeitalter des Internets sind viele Informationen sowieso öffentlich zugängig. Aber der Preis ist nicht immer alles! Der Service, die Lieferzuverlässigkeit und die Qualität der Produkte spielen für die Kunden auch eine große Rolle. Und der Internethandel hat in den letzten Jahren enorm an Bedeutung gewonnen. Ohne ihn wären wir gar nicht mehr konkurrenzfähig. Außerdem hat unsere Website auch noch weitere Aufgaben, wie einen Werbecharakter oder eine Supportfunktion. Auch unser CRM unterstützt uns in dieser Hinsicht. Wir lernen unsere Kunden besser kennen und können Ihnen damit gezieltere Angebote unterbreiten. Dann fühlen sie sich bei uns nämlich bestens versorgt. Am besten soll Herr Winkler Ihnen mal unsere Multi-Channel-Strategie erläutern. Ich werde das mit ihm besprechen."

ARBEITSAUFTRÄGE

- Informieren Sie sich auf den folgenden Seiten oder durch eine Recherche im Internet über den Begriff Multi-Channel-Strategie und erläutern Sie diesen.
- Stellen Sie dar, inwieweit eine Unternehmenswebsite und das Kundenmanagementsystem (CRM) die Primus GmbH bei einer erfolgreichen Kundengewinnung und -betreuung unterstützen können.
- Unterscheiden Sie die verschiedenen digitalen Vertriebskanäle der Primus GmbH anhand der beteiligten Personen oder Gruppen.

Nachdem in den letzten Jahrzehnten die Abwicklung von Handelsgeschäften in erster Linie über die traditionellen Wege, wie den **stationären Handel**, ablief, ist seit Anfang des Jahrtausends ein verstärkter Absatz über elektronische Märkte festzustellen.

Durch die größere Verbreitung von PCs, Smartphones, Tablets usw. hat der elektronische Handel an Bedeutung zugenommen. Den Verkauf und die Kommunikation mit den Kunden über mehrere Kanäle bezeichnet man als **Multi-Channel-Strategie**. Dabei werden insbesondere Maßnahmen wie Suchmaschinenwerbung, Social-Media-Werbung, Onlinevideos, Apps oder E-Mail-Marketing eingesetzt.

Diese elektronischen Instrumente zur Kundenbetreuung und -gewinnung spielen eine immer bedeutendere Rolle. Als elektronische Instrumente kommen hierbei insbesondere infrage:

- die eigene Unternehmenswebsite,
- die Nutzung von Kundenmanagementsystemen,
- die Nutzung sonstiger digitaler Vertriebskanäle.

Der Onlinehandel 2019

Umsatz in Deutschland in Milliarden Euro:
- 2009: 15,5 Mrd. €
- 2011: 21,7
- 2013: 39,1
- 2015: 46,9
- 2017: 58,5
- 2019: 72,6

Top-10-Waren in Milliarden Euro:
- Bekleidung: 14,3 Mrd. Euro
- Elektronikartikel, Telekommunikation: 13,2
- Computer, Zubehör, Software*: 6,0
- Haushaltswaren, -geräte: 5,0
- Möbel, Lampen u.ä.: 4,7
- Schuhe: 4,4
- Bücher, E-Books, Hörbücher*: 3,9
- Hobby, Freizeitartikel: 3,3
- Videos, Musik*: 2,8
- Baumarkt, Garten: 2,3

Befragung von 40 000 Personen ab 14 Jahren von Jan. bis Dez. 2019
Quelle: bevh   *einschl. Downloads

© Globus 13718

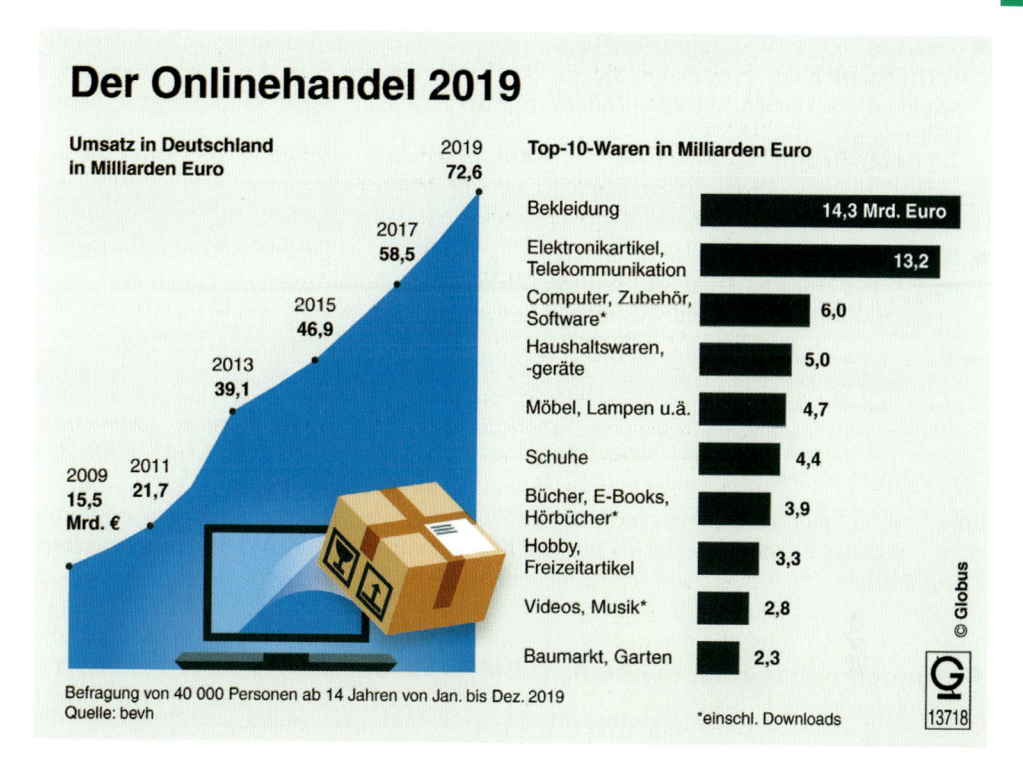

● **Die Unternehmenswebsite**

Die **Unternehmenswebsite** ist das Aushängeschild des Unternehmens im Internet und eine wichtige Basis für weitere Marketingmaßnahmen. Sie ist die virtuelle Visitenkarte des Unternehmens, auf der das Sortiment und sonstige geschäftliche Informationen publiziert werden.

Mithilfe der Unternehmenswebsite kann sich das Unternehmen umfangreich im Internet präsentieren, um Interessenten von seinen Kompetenzen und Angeboten zu überzeugen und direkt zum Kontakt oder Kauf zu animieren. Dadurch bietet sich die Möglichkeit, die Marketingpotenziale effizient auszuschöpfen. Durch direkte Anfragen und Bestellungen wird die Unternehmenswebsite zum effektiven Distributionskanal.

Eine gezielte und durchdachte Anpassung der Website an die Bedürfnisse der Zielgruppe ist allerdings entscheidend für den Erfolg. Es sollte sehr gut überlegt sein, was das Unternehmen mit der Website erreichen will: Soll die Website informieren, Interessenten gewinnen und zum Kontakt animieren oder Produkte und Dienstleistungen direkt verkaufen?

Funktionen der Unternehmenswebsite:

- **Akquisition**: Das Unternehmen kann durch die Präsentation der Produkte, Dienstleistungen und Kompetenzen neue Kunden aufgrund höherer Reichweite gewinnen.
- **Kundenbetreuung**: Über Rubriken wie „Aktuelles" oder „Neuigkeiten" erfahren bestehende Kunden mehr über die Entwicklung der Produkte und Dienstleistungen. Bereiche wie „Download", „FAQ" (Frequently Asked Questions = häufig gestellte Fragen) oder „Newsletter" ergänzen die Leistungen (vgl. Support auf S. 476).

- **Vertrieb**: Die zur Verfügung gestellten Bestell- und Anfrageformulare unterstützen die Vertriebsabteilung. Eingebaute Messungen über Anfragen oder von den Kunden angesehene Artikel geben wertvolle Aufschlüsse über die angefragten Produkte und Dienstleistungen.

- **Personalmanagement**: Stellenangebote und Karriereerfolge der eigenen Mitarbeiter helfen bei der Personalwerbung und -akquise.

- **Support**: Kunden kann eine Problemlösung mittels eines gezielten Kontaktformulars oder sogar eines Chats direkt auf der Website angeboten werden. Durch den FAQ-Bereich können viele Probleme auch sofort gelöst werden.

Beispiel Auf der Website der Primus GmbH finden sich umfangreiche Informationen zu den angebotenen Produkten und Dienstleistungen, eine Darstellung aktueller Neuigkeiten für den Markt der Büroartikel, Möglichkeiten der direkten Onlinebestellung durch Zugang zum Webshop und umfangreiche Supportangebote durch Downloadangebote von Katalogen und Produktinformationen, die Kontaktdaten der Primus GmbH und Möglichkeiten zu Rückfragen über E-Mail oder ein Kontaktformular.

Eine Unternehmenswebsite unterstützt also das Unternehmensgeschehen in allen Bereichen – von der Kundenakquise bis hin zur Kundenbetreuung nach dem Verkauf (**After-Sales-Service**).

● Kundenmanagementsysteme (CRM)

CRM steht für **Customer-Relationship-Management** und bietet Unternehmen die Möglichkeit, sämtliche Kundeninformationen zu speichern, zu organisieren und nachzuverfolgen. CRM-Systeme können während des gesamten Kundenlebenszyklus, von der Kundenansprache in der Werbung über die Kundenberatung bis hin zum Kaufabschluss, Aftersales-Management und zu möglichen Reklamationen, eingesetzt werden. Es beschreibt einen umfassenden, ganzheitlichen Ansatz der kundenorientierten Unternehmensführung.

Ein ERP-System vereint betriebliche Aspekte wie das Customer-Relationship-Management, die Buchhaltung, die Personal- und Bestandsverwaltung usw. in einer Software und dient als Komplettlösung für Unternehmen.

Ein **Kundenmanagementsystem** soll folgende Aufgaben erledigen:

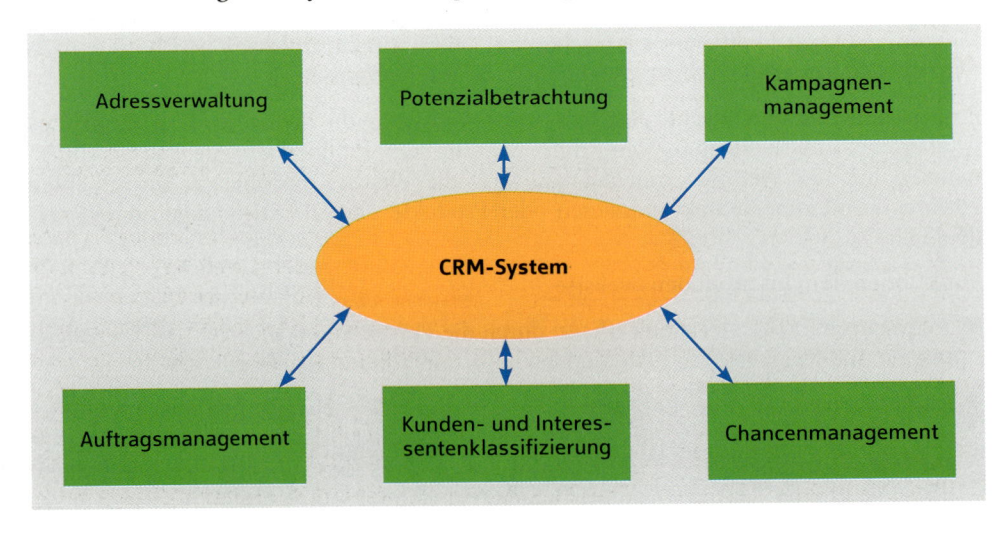

Adressverwaltung — Potenzialbetrachtung — Kampagnenmanagement

CRM-System

Auftragsmanagement — Kunden- und Interessentenklassifizierung — Chancenmanagement

- Die **Adressverwaltung** ist eine zentrale Aufgabe in Unternehmen, denn ohne einen Ort, an dem alle Details zu einem Kunden oder Lieferanten gesammelt vorliegen, wäre ein effektives Arbeiten nicht möglich. Karteikästen oder Listen jeglicher Form sind bei wachsenden Unternehmen schnell ein natürliches Ende gesetzt. Die Suche ist mühsam, man verliert häufig die Übersicht und wie aktuell die vorliegenden Daten wirklich sind, ist fraglich. Die Pflege von manuellen Listen ist viel zu zeitaufwendig und fehlerbehaftet. Auch der Zugang für alle Mitarbeiter gleichzeitig ist nur schwer zu realisieren. Hat man mehr als zwei Mitarbeiter im Vertrieb oder Support, müssen althergebrachte Ordnungssysteme geteilt werden und dies raubt den Mitarbeitern Zeit und Energie.

  Ein **CRM-System** ist hier die geeignete Lösung: Es bietet allen berechtigten Mitarbeitern gleichzeitig Zugriff auf alle gespeicherten Daten der Kunden und Lieferanten – Adressen, Ansprechpartner, Telefonnummern und Historien, Beziehungen und weitere Informationen. Ein Zugriff direkt vom jeweiligen Arbeitsplatz oder auch von mobilen Geräten aus ist möglich.

  > **Beispiel** In der Primus GmbH haben alle Mitarbeiter gleichzeitig Zugriff auf die Kundendaten eines bestimmten Kunden. Im Gegensatz dazu haben die Mitarbeiter des Bürofachgeschäfts Herbert Blank e. K. nur Zugriff auf die Kundendaten der Kunden, die sie direkt betreuen.

- Die **Potenzialbetrachtung** einzelner Kunden ist ein weiterer Vorteil bei Kundenmanagementsystemen.

  Jedes Unternehmen sollte regelmäßig seine Marktstellung und die **Zukunftschancen auf dem Absatzmarkt** beobachten, analysieren und auswerten. Die **Potenzialbetrachtung** einzelner Kunden gibt die Möglichkeit, genau dies zu tun. Für jeden Kunden und Interessenten können Zahlen über mögliche Verkaufsabschlüsse im System hinterlegt und gepflegt werden. Prognosen mit Umsatzzielen und Soll-Ist-Abgleiche für das Management sind damit auch im Nachhinein für alle immer gut nachvollziehbar.

- Die **Kunden- und Interessentenklassifizierung** ist bei einer größer werdenden Kundenzahl von erheblicher Bedeutung. Diese bietet dem Unternehmen individuell einsetzbare Kundenkennzahlen, die anhand von gemeinsamen Eigenschaften einzelnen Gruppen oder Gebieten zugeordnet werden können. Dies ist ein wichtiger Aspekt für die Betreuung durch Vertriebs- oder Supportteams, da so für jeden die Zuständigkeit leicht ersichtlich ist. Kunden oder Interessenten können z.B. nach Gebieten (z.B. Bundesländern, Städten o.Ä.), Produkten (bei der Primus GmbH z.B. Büromöbel, Bürotechnik, Verbrauchsmaterialien oder Organisation) oder möglichen Umsätzen (A-, B- und C-Kunden) geordnet werden. Der Kontakt durch den Vertrieb oder die Marketingabteilung im Hinblick auf E-Mail-Kampagnen kann so ganz klar auf die Bedürfnisse des Kunden zugeschnitten und Streuverluste durch falsche Ansprache können minimiert werden.

  > **Beispiel** Die Kunden der Primus GmbH werden in A-Kunden (besonders umsatzstarke Kunden), B-Kunden und C-Kunden (eher umsatzschwache Kunden) eingeteilt. Bei E-Mail-Kampagnen können so z.B. gezielt Angebote für A-Kunden oder Angebote für umsatzschwächere Kunden formuliert werden, um diese individuell anzusprechen.

- Das **Kampagnenmanagement** in einem Kundenmanagementsystem ermöglicht der Marketingabteilung die Erstellung, Verwaltung und Auswertung ihrer Kampagnen für die Neukundenakquise oder die Pflege der Bestandskunden. Hierbei werden Marketingpläne angelegt und ausgewertet. Ausgewertete Daten können dem Vertrieb direkt zur Verfügung gestellt werden und erleichtern diesem die Übersicht. Reibungs- oder Informationsverluste fallen damit nahezu weg.

- Das **Auftragsmanagement** ist eine der wichtigsten Aufgaben für die Nutzung eines Kundenmanagementsystems ist das **Auftragsmanagement**. Die Ansprache des Kunden war erfolgreich, da alle Informationen durch die Adressverwaltung detailliert vorliegen. Der Kunde kann dank des Kunden- und Interessentenmanagements zielgerichtet betreut werden. Auch das Potenzial und die Chancen wurden genau erkannt und im System vermerkt. Die Marketingabteilung hat ihre Arbeit erfolgreich im Kampagnenmanagement umgesetzt.

Jetzt erteilt der Kunde endgültig den Auftrag. Das Auftragsmanagement unterstützt das Team bei der Erstellung von Kalkulationen, Anfragen und Angeboten sowie bei der Überwachung und Durchführung von Verkaufsabwicklungen. Das Team wird vom System von A bis Z durch den Verkaufsprozess geführt – vom Angebot bis zur Auslieferung und Rechnungsstellung. Der Verlust von Zeit, Nerven und Geld aufgrund umständlicher oder fehlerhafter Prozesse gehört der Vergangenheit an – und damit auch unzufriedene Kunden.

- Mit dem **Chancenmanagement** in einem Kundenmanagementsystem können potenzielle Chancen und Ideen systematisch gesammelt sowie gewünschte Zielzustände oder Verbesserungen analysiert und bewertet werden. Es ist zu klären, welche Ziele mit einem vertretbaren Aufwand erreicht werden. Die Bewertung von Angeboten mit dem Abgleich der Verkaufsprozesse sowie die Durchführung der Verkaufsprojekte finden hier an einem Ort statt.

Eine (Verkaufs-)Chance zu verpassen, ist ärgerlich. Noch ärgerlicher ist es, wenn die Konkurrenz diese Chance wahrnimmt. Dies kann ein Risiko für ein Unternehmen darstellen, denn je mehr Chancen die Konkurrenz nutzt, desto weniger bleibt für das Unternehmen übrig.

Ein Unternehmen lebt nicht allein von vergangenen Aufträgen. Neukunden müssen ständig akquiriert, Bestandskunden immer wieder neu angesprochen werden. Dabei kommt dem Zusammenspiel von Marketing und Vertrieb eine besondere Bedeutung zu.

Ein Kundenmanagementsystem schafft Klarheit und Struktur im Unternehmen, um Informations- und Arbeitsprozesse im Team besser und übersichtlicher zu vernetzen und zu verteilen.

Entscheidet man sich für so ein digitales System, kann die richtige CRM-Lösung die vom Nutzer benötigten individuellen Anforderungen und Funktionen bieten. Jedes Unternehmen funktioniert anders, hat andere Kunden, Produkte und Verkaufsprozesse; dementsprechend individuell und angepasst sollte auch das System sein.

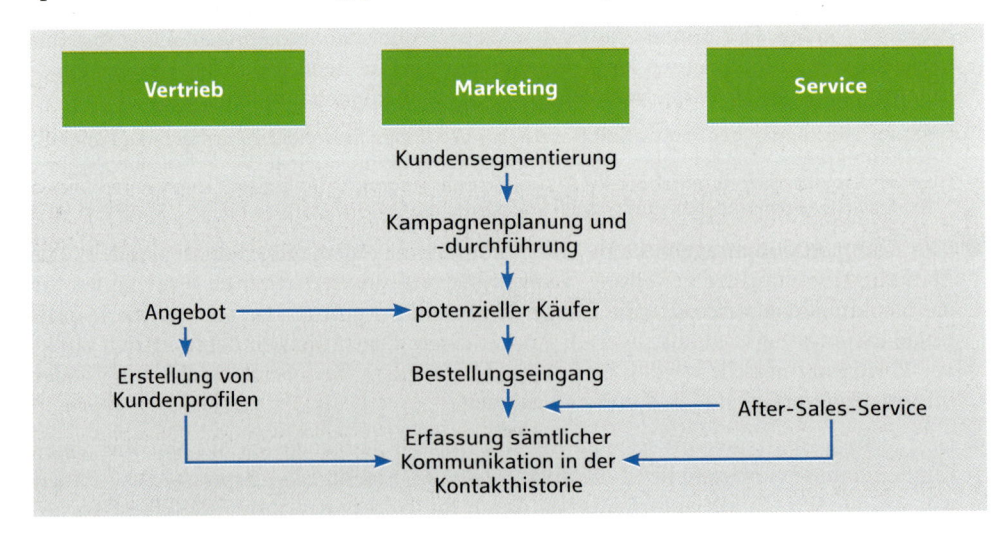

Der CRM-Markt hält viele Softwarelösungen bereit, die die Möglichkeit bieten, Systeme auf das Unternehmen maßzuschneidern und die nötigen Funktionsanpassungen so vorzunehmen, dass diese ohne Weiteres von den Nutzern passgenau eingesetzt werden können. Der Zugang und die Nutzung zu dieser Software sollten für jeden berechtigten Anwender so leicht wie möglich gemacht werden.

Der Schritt hin zu einem CRM-System kann schwerfallen, kostet Geld und sollte nicht überstürzt werden. Aber letztendlich ist es ein nötiger Schritt, um zu wachsen und den Anforderungen von Markt und Wettbewerb gerecht zu werden.

● Digitale Vertriebskanäle

Digitale Vertriebskanäle bezeichnen Distributionswege, bei denen digitale Kommunikationsmittel, Software und automatisierte Prozesse zur Geschäftsanbahnung und -abwicklung eingesetzt werden. In erster Linie wird darunter das Marketing und der Verkauf von Produkten oder Dienstleistungen über Onlinekanäle (E-Mail, Internet, E-Commerce, Onlineshopsysteme, B2B-Marktplätze, Mobile Commerce, z. B. Apps, usw.) verstanden.

Die Beteiligten im E-Commerce können Unternehmen (= **Business**), staatliche Einrichtungen (= **Administration** oder **Government**) und Endverbraucher (= **Consumer**) sein. Dabei sind aus der Sicht des Groß- und Außenhandels folgende Beziehungen von besonderer Bedeutung:

Business	Consumer	Government/Administration
Business-to-Business (B2B) = alle Geschäftsbeziehungen zwischen dem Groß- und Außenhandelsunternehmen und seinen vor- oder nachgelagerten Unternehmen (Einzelhandel- oder Hersteller)	**Business-to-Consumer (B2C)** = alle Geschäftsbeziehungen zwischen dem Groß- und Außenhandelsunternehmen und Endverbrauchern, wenn an diese auch direkt verkauft wird	**Business-to-Government (B2G)** oder auch **Business-to-Administration (B2A)** = Beziehungen zwischen dem Unternehmen und staatlichen Einrichtungen, z. B. Finanzämtern oder staatlichen Einrichtungen, die z. B. im Groß- und Außenhandel einkaufen

Der **B2B-Bereich** befindet sich im digitalen Wandel. Innovative Technologien haben vor allem in der Produktentwicklung und Produktion, aber auch im Handel bereits in vielen Unternehmen Einzug gehalten: Industrie 4.0 wird langsam Realität. Auch im Vertrieb geht der Trend vermehrt in Richtung Digitalisierung.

Beispiel Laut einer Studie eines Marketinginstituts wurden 2018 im B2B-Bereich zwischen Geschäftskunden bereits beeindruckende 1,3 Billionen € Umsatz über E-Commerce erzielt. Somit beträgt der Anteil am Gesamtumsatz inzwischen über 20 %. Die jährlichen Steigerungsraten betragen bis zu 10 %.

Vorteile des digitalen B2B aus Kundensicht	Vorteile des digitalen B2B aus Sicht des Groß- und Außenhandels
– günstige Preise, Rabatte – Unabhängigkeit von Ort und Zeit – keine Ladenöffnungszeiten – schnelle, unkomplizierte Bestellmöglichkeiten – jederzeitige Verfügbarkeit der Produkte – keine Fahrtkosten	– keine Ladenöffnungszeiten – weltweiter Absatz möglich (wenn gewünscht) – geringe Standortkosten (Miete) – Ergänzung des stationären Handels – Automatisierung des Verkaufs und Zahlungsverkehrs – schnelle Präsentation von Sonderangeboten oder -aktionen – Kundenbindung

Neben der bereits erwähnten eigenen Website kommen insbesondere Social-Media-Plattformen, Onlinemarktplätze oder Onlineshops für Groß- und Außenhandelsunternehmen als digitale Vertriebskanäle infrage.

○ Social-Media-Marketing

Unter **Social-Media-Marketing** wird die Kommunikation von Unternehmen in sozialen Netzwerken (Facebook, Instagram, WhatsApp, Twitter usw.) verstanden. Diese haben gemeinsam, dass die Nutzer einer Plattform im Internet sowohl über Nachrichten und Kommentare interagieren als auch aktiv an der Gestaltung medialer Inhalte teilnehmen können.

Vorteile sind, dass sich Werbebotschaften in Form von Bildern oder Videos sehr leicht verbreiten lassen, das Werbebudget nur gering belastet wird, eine schnelle Kommunikation mit den Nutzern möglich ist und damit auch z. B. auf negative Rückmeldungen durch Nutzer schnell reagiert werden kann.

Allerdings wird entsprechendes Personal benötigt, das sich um ein aktives Social-Media-Marketing kümmert und sofort sowie unmittelbar auf negative Kommunikation reagieren kann, um einen Imageschaden zu vermeiden.

Anteil der Unternehmen, die folgende Social-Media-Plattformen weltweit nutzen (Stand: Januar 2020)

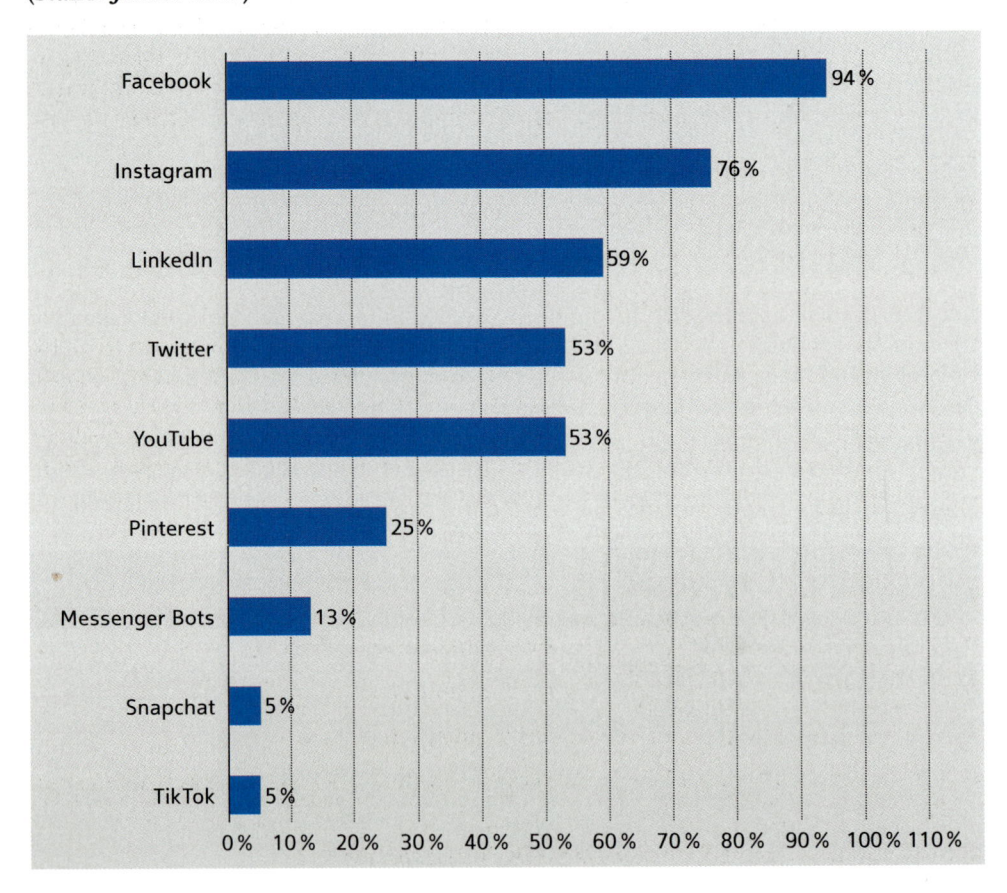

Facebook	94 %
Instagram	76 %
LinkedIn	59 %
Twitter	53 %
YouTube	53 %
Pinterest	25 %
Messenger Bots	13 %
Snapchat	5 %
TikTok	5 %

○ Onlinemarktplätze

Onlinemarktplätze sind Portale im Internet, über die Waren und Dienstleistungen der unterschiedlichsten Anbieter bezogen werden können. Bekannte Beispiele für die B2B-Nutzung im Großhandelsbereich sind Amazon Business, Alibaba.com, Grosshandel.eu, eBay Business & Industrie oder Hood.de.

Wichtigster **Vorteil** des Vertriebs über diese Portale ist, dass man sich einen eigenen Webshop ersparen kann, dafür sind für realisierte Verkäufe Gebühren an den Plattformbetreiber zu entrichten. Manchmal sind schon Gebühren für das reine Einstellen des Artikels oder für die Präsentation an herausgehobener Stellung auf der Plattform zu entrichten.

○ Onlineshop

Bei einem eigenen **Onlineshop**, den ein Unternehmen betreibt, sollen die eigenen Dienstleistungen und Waren direkt an Kunden verkauft werden. Bei Groß- und Außenhändlern sind die Kunden meist Einzelhändler, gelegentlich auch Endverbraucher.

Kunden können über das Internet Waren betrachten, bestellen und bezahlen. Die Realisierung einer Website ist heute meist ohne großen technischen Aufwand möglich. Es gibt zahllose Anbieter, die bei der Erstellung einer Website Unterstützung leisten. Allerdings verlangen Aufbau und Pflege eines Onlineshops einige Kenntnisse und Ressourcen. So müssen Zeit, Arbeitskraft und technisches Know-how vorhanden sein, des Weiteren müssen die bestellten Waren verpackt und verschickt sowie Retouren wieder eingegliedert werden. Der Aufwand dafür darf nicht unterschätzt werden. Beim Betrieb eines Onlineshops müssen allerdings zahlreiche **rechtliche und technische Rahmenbedingungen** beachtet werden. Folgende **rechtliche Vorschriften** müssen eingehalten werden:

- Angabe eines Impressums
- Kenntnisnahme der allgemeinen Geschäftsbedingungen
- Datenschutzerklärung
- Hinweis auf eine Onlineschlichtung

Das **Impressum** ist eine Anbieterkennzeichnung. Gesetzlich geregelt ist diese für Internetauftritte im **Telemediengesetz (TMG)**. Der Gesetzgeber fordert in diesem Gesetz, dass die Angaben zum Unternehmen leicht erkennbar, unmittelbar erreichbar sowie ständig verfügbar sein müssen. Dadurch will der Gesetzgeber sicherstellen, dass der Betreiber der Website identifizierbar ist, um eventuelle Rechtsverfolgung bei Verstößen zu erleichtern.

Mindestinhalte des Impressums für einen Onlineshop sind lt. § 5 TMG:

- Name und Anschrift des Betreibers
- Rechtsform bei juristischen Personen
- der oder die Vertretungsberechtigten (bei juristischen Personen)
- E-Mail-Adresse für die elektronische Kontaktaufnahme
- jeweilige Aufsichtsbehörden (soweit dies erforderlich ist)
- Registerkennzeichnungen wie z. B. Handelsregister- oder Genossenschaftsregisternummer
- Umsatzsteueridentifikationsnummer bzw. Steuernummer

LF 2 Die **allgemeinen Geschäftsbedingungen (AGB)**, die allen normalen Käufen zugrunde gelegt werden, sind auch im Onlinehandel anzuwenden. Für die Kunden müssen diese leicht einsehbar sein und von diesen ausdrücklich akzeptiert werden. Dies geschieht meist über einen Link, mittels dessen die AGB eingesehen werden können. Diese müssen vom Kunden dann durch das **Setzen eines entsprechenden Häkchens** ausdrücklich akzeptiert werden.

> ☐ Ich habe die **Allgemeinen Geschäftsbedingungen**
> gelesen und erkläre mich damit einverstanden.

Ebenso muss das Einverständnis des Kunden mit der **Datenschutzerklärung** eingeholt werden. Dieser müssen die Kunden im Verlauf des Kaufs zustimmen.

Abschließend ist auf die nach EU-Verordnung verpflichtende Möglichkeit einer **Onlineschlichtung** hinzuweisen. Erforderlich ist hierzu die Angabe eines Links zu https://ec.europa.eu/consumers/odr. Wo dieser Link genau zu platzieren ist, ist nicht vorgeschrieben, bei den meisten Unternehmen findet er sich aber im Impressum.

Für die **technische Umsetzung** ist eine entsprechende **Software** notwendig. Diese soll für die Kunden leicht bedienbar sein, zusätzlich soll die Software den Kunden durch entsprechende Angebote zu Ergänzungs- und Zusatzverkäufen animieren (z. B.: „Kunden, die dieses Produkt gekauft haben, haben auch folgende Produkte erworben: ...").

Mit zunehmendem Umfang des Onlinehandels bietet sich ein **Warenwirtschaftsprogramm** zur Verwaltung der Daten an.

Fast alle Websites und Onlineshops setzen **Cookies** ein, die interaktive Funktionen besitzen und/oder Werbung schalten. Ein Cookie ist im Prinzip nichts anderes als eine winzige Textdatei mit Informationen, die es einem Webserver ermöglichen, einen Anwender wiederzuerkennen und Einstellungen zu speichern. Die Verwendungsmöglichkeiten reichen von Einkaufslisten in Onlineshops bis hin zur personalisierten Website.

Ein Cookie enthält verschiedene Parameter, die sich im Normalfall aus Informationen wie dem Namen des Cookies, seinem Wert, Ablaufdatum, Pfad, der Internetdomain sowie Angaben über die nötige Verbindungsart zusammensetzen. Weitere Details wie Kommentare oder Beschränkungen auf einen bestimmten Port sind ebenfalls möglich.

Es gibt unterschiedliche Arten von Cookies, die verschiedenen Zwecken dienen. So gibt es **temporäre** und **dauerhaft** (= persistent) **gespeicherte** Cookies. Diese dienen dazu, Einstellungen einer Website für den Nutzer dauerhaft beibehalten zu können. Beim nächsten Öffnen der Seite sucht der Server den entsprechenden Cookie und nimmt die gewünschten Einstellungen vor, vorausgesetzt der Cookie wurde nicht gelöscht und hat sein Ablaufdatum noch nicht erreicht.

Session-Cookies werden gezielt zur kurzfristigen Speicherung von Information genutzt; der typische Anwendungsfall ist das Einloggen auf einer passwortgeschützten Internetseite. Zur eindeutigen Identifizierung des Benutzers speichert der Server eine Session-ID in einem entsprechenden Cookie. Das beim Log-in eingegebene Passwort wird die gesamte Sitzung über durch eine ID in einem Cookie vorgehalten – so lange, bis die die Verbindung zum Webserver unterbrochen und somit die Session beendet wird. Damit erlischt die Gültigkeit des Session-Cookies. Session-Cookies werden z. B. beim Onlinebanking verwendet. Ein anderes Beispiel ist das Befüllen eines Warenkorbes beim Onlineshopping und der Klick, um dann in den Bezahlvorgang zu wechseln.

Beispiel Im Onlineshop der Primus GmbH werden Session-Cookies genutzt, um dem Anwender das wiederholte Einloggen mit Benutzerkennwort und Passwort zu ersparen.

Tracking-Cookies sind im Gegensatz zu den Session-Cookies, mit denen nützliche Dienste im Netz bereitgestellt werden, eher unerwünschte Cookies. Besucht ein Anwender eine Website, auf der Werbung geschaltet ist, wird oft vom Werbebanner ein Tracking-Cookie auf dem Rechner platziert. Der Cookie stammt in diesem Fall nicht von der besuchten Website, sondern von einem Webserver, der die Werbung ausliefert. Dieser Webserver wiederum ist ein sog. **Ad-Server**, der auf der eigentlich besuchten Website eingebunden ist.

Ad-Server nutzen Cookies, um das Anwenderverhalten zu analysieren und personalisierte Werbung auszuliefern. Das hängt mit der Struktur der Werbung im Internet zusammen: Wenige Werbedienstleister mit wenigen Ad-Servern beliefern zahlreiche Websites mit Werbung. Setzt eine Werbeeinblendung auf einer Seite einen Cookie und surft der Anwender auf einer anderen Website weiter, die ebenfalls vom gleichen Werbedienst beliefert wird, kann der Ad-Server Rückschlüsse auf die Interessen des Nutzers ziehen. Viele empfinden diese Tracking-Cookies als eine Art von **Spyware**, auch Anti-Spyware-Programme stufen sie dementsprechend ein. Andere empfinden es hingegen als bequem, beim nächsten Besuch auf einer Website direkt interessante Produkte angezeigt zu bekommen.

Grundsätzlich ist dieser Informationsgewinn zunächst einmal unproblematisch, zumal die Analyse und Personalisierung anonym erfolgen und auch die personalisierte Werbung für beide Seiten sinnvoll erscheint. Das Problem liegt an einer anderen Stelle: Die meisten Nutzer ahnen nicht, dass ihre Seitenaufrufe einen immensen Wert für die Werbewirtschaft darstellen und sie so ohne ihr Wissen kostenlos wertvolle Informationen liefern.

Mit der **Datenschutzgrundverordnung** sind die gesetzlichen Bestimmungen für Websitebetreiber deutlich strenger geworden. Bevor Daten übertragen werden, muss der Nutzer um seine Einwilligung gebeten werden. Auf vielen Seiten öffnet sich direkt zu Beginn ein Banner, mit dem der Einsatz von Cookies abgelehnt bzw. akzeptiert werden kann oder sogar muss. Allerdings sind einige Seiten im Netz ohne Zustimmung nur eingeschränkt oder gar nicht nutzbar.

Einen grundsätzlichen Schutz vor Cookie-Missbrauch liefern die Cookie-Optionen im Browser: Eine Möglichkeit ist die Zulassung der Verwendung von temporären Cookies. Bei der entsprechenden Einstellung werden Cookies nur innerhalb einer Browser-Sitzung akzeptiert, alle Cookies werden also wie Session-Cookies behandelt. Allerdings muss man bedenken, dass Passwörter dann immer wieder neu eingegeben werden müssen. Grundsätzlich sind Cookies jedoch nicht gefährlich und können auch keinen Schadcode enthalten.

Sollten sich dennoch besonders unerwünschte Cookies auf dem Rechner eingenistet haben, können diese über die Browser-Einstellungen auch wieder gelöscht werden.

Digitale Vertriebskanäle können für Kunden und Anbieter gleichermaßen von Nutzen sein. Einer der Hauptgründe dafür liegt in der Tatsache, dass die für Einkäufe verantwortlichen Positionen in Unternehmen immer mehr von **Digital Natives** – also Personen, die mit digitalen Medien aufgewachsen sind – besetzt werden. Diese übertragen Gewohnheiten aus dem privaten Kaufverhalten auf das Geschäftliche und weisen dementsprechend eine höhere Affinität zu digitalen Services auf.

Auch für Unternehmen bieten **digitale Vertriebswege** wesentliche Vorteile. So können durch die **Einbindung von Tracking-Software (Nachverfolgungssoftware) und CRM-Systemen** nicht nur aussagekräftige Daten über Kunden gesammelt und deren Kaufverhalten analysiert werden, sondern auch neue Zielmärkte erschlossen und dementsprechend höhere Umsätze erzielt werden.

Bei allen Vorteilen, die mit der Digitalisierung verbunden sind, ist und bleibt jedoch auch der persönliche Kontakt einer der wesentlichen Erfolgsfaktoren im B2B-Bereich. Vor allem **bei beratungsintensiven Produkten oder Dienstleistungen**, aber auch dem **Aufbau von Kundenbeziehungen** haben analoge Vertriebswege deswegen in vielen Unternehmen weiterhin die Nase vorn.

Darüber hinaus kann aber auch die Angst vor unbekanntem Terrain oder der nicht zu vernachlässigende zeitliche, technische und finanzielle Aufwand für die Implementierung neuer Vertriebskanäle Grund dafür sein, weshalb Unternehmen lieber an erprobten „analogen" Strukturen festhalten.

Elektronische Instrumente zur Kundenbetreuung und -gewinnung auswählen

- Unter **Multi-Channel-Vertrieb** versteht man den Verkauf sowie die Kommunikation mit den Kunden über mehrere Kanäle.
- Über gut gestaltete **Websites** mit Download-, FAQ-, E-Mail- oder Newsletter-Bereichen kann die Kundenbindung unterstützt werden.
- Mögliche **Funktionen** sind Akquise, Kundenbetreuung, Vertrieb, Personalmanagement und Support.
- **Kundenmanagementsysteme (CRM)** erledigen Aufgaben wie Adressverwaltung, Potenzialbetrachtung, Kampagnenmanagement, Auftragsmanagement, Kunden- und Interessentenklassifizierung und Chancenmanagement.
- **Digitale Vertriebswege** erzeugen neue Absatzchancen für Unternehmen. Insbesondere im B2B-Bereich, also den Handelsbeziehungen zwischen Unternehmen, steckt ein großes Zukunftspotenzial.
- Wichtige digitale Vertriebswege sind neben der **eigenen Website** das **Social-Media-Marketing**, ein eigener **Onlineshop** oder **Onlinemarktplätze**.

---

1. Stellen Sie in Ihrer Klasse die Multi-Channel-Strategien Ihres Ausbildungsbetriebes vor und benennen Sie möglichst alle Kanäle mit entsprechenden Beispielen, die in Ihrem Ausbildungsbetrieb genutzt werden.

2. Diskutieren Sie mit Ihrem Banknachbarn die These „Kundenbeziehungsmanagement ist Chefsache". Halten Sie Ihre Überlegungen in Stichworten fest.

3. Ein Konkurrent der Primus GmbH, der bisher auf ein Kundenbeziehungsmanagement verzichtet, überlegt, dieses ebenfalls einzuführen. Überlegen Sie, welche Gründe dafür sprechen.

4. Erläutern Sie, inwiefern durch ein aktives Kundenbeziehungsmanagement trotz der dadurch entstehenden Kosten eine Win-win-Situation für das Unternehmen und den Kunden entsteht.

5. Nehmen Sie kritisch Stellung zu der These „Ein gutes Kundenbeziehungsmanagement sichert Arbeitsplätze".

6. Erläutern Sie die rechtlichen Rahmenbedingungen zum Betreiben eines Onlineshops.

7. Erläutern Sie, warum der Gesetzgeber einen Onlineshopbetreiber dazu verpflichtet, ein Impressum zu führen.

8. Erläutern Sie
   a) den Nutzen von Cookies aus der Sicht des Kunden,
   b) den Nutzen von Cookies aus der Sicht des Onlinehändlers,
   c) die datenschutzrechtlichen Probleme bei der Nutzung von Cookies.

9. Warum bietet sich für ein kleineres Großhandelsunternehmen unter Umständen eher die Nutzung von Onlinemarktplätzen als ein eigener Onlineshop als digitaler Vertriebsweg an? Begründen Sie Ihre Antwort.

5 Daten in die Unternehmenssoftware CTO Warenwirtschaft importieren

Der Abteilungsleiter Verkauf/Marketing der Primus GmbH, Josef Winkler, nimmt jeden Morgen die Kundenaufträge entgegen. Heute findet er überwiegend Aufträge per Fax oder E-Mail von Stammkunden (u.a. der Krankenhaus GmbH Duisburg) und einige Aufträge von Kunden, die bisher noch nicht bei der Primus GmbH eingekauft haben. Bei den Neukunden handelt es sich in einem Fall um einen Auftrag in Höhe von 99 850,00 €, in fünf Fällen um Aufträge zwischen 100,00 € und 500,00 €. Außerdem liegt der Auftrag eines Altkunden (Herbert Blank e.K.) über 5 240,00 € vor, bei dem aus vergangenen Lieferungen noch drei Rechnungen offen sind.

FAX: Bestellung der Krankenhaus GmbH Duisburg:

Krankenhaus GmbH Duisburg

Emsstr. 30–40, 47169 Duisburg

Krankenhaus GmbH Duisburg, Emsstr. 30-40, 47169 Duisburg
Primus GmbH
Groß- und Außenhandel für Bürobedarf
Koloniestr. 2 – 4
47057 Duisburg

Ihr Zeichen: wi
Ihr Angebot vom: 05.07.20..
Unser Zeichen: st-ka
Unsere Nachricht vom: 20.06.20..

Name: Straub
Telefon 0203 56664-76
Fax 0203 56664-48
info@krankenhaus-duisburg.de
www.krankenhaus-duisburg.de

Datum: 10.07.20..

Bestellung zu Ihrem Angebot vom 05.07.20..

Menge in Stück/ Einheiten	Artikel-nummer	Artikelbezeichnung	Listenpreis pro Stück/Einheit in Euro	Rabatt in %
10	159B574	Schreibtisch Primo	212,50	20
10	159B590	Bildschirm-Arbeitstisch Primo	199,50	20
10	159B632	Rollcontainer Primo	239,50	20
1	381B814	Bürodrehstuhl Modell 1640	214,50	20

Eine umgehende Lieferung wird gewünscht.

Mit freundlichen Grüßen

Krankenhaus GmbH Duisburg

i. A. *Straub*

ARBEITSAUFTRÄGE
- Erläutern Sie die Probleme, die sich für die Primus GmbH in den einzelnen Fällen ergeben und zeigen Sie unterschiedliche Verhaltensweisen bei der Bearbeitung auf.
- Stellen Sie die Arbeitsschritte für die Auftragsbearbeitung zu den unterschiedlichen Fällen zusammen, wenn die bestellte Ware vorrätig ist.
- Legen Sie sich für jeden bearbeiteten Auftrag eine Checkliste für die digitale Auftragsbearbeitung an.

Die CTO-Software Warenwirtschaft ist eine ERP-Software, in der bereits alle Daten wie Artikel, Kunden oder Lieferer der Primus GmbH eingepflegt sind, so dass Sie sofort mit der Arbeit in diesem Programm beginnen können. Insgesamt sind 17 Fälle zur Arbeit mit diesem Programm unter BuchPlusWeb hinterlegt. Zur kostenlosen Installation des Programms CTO Warenwirtschaft folgen Sie den Anweisungen des Verlags unter BuchPlusWeb zu diesem Lehrbuch.

Bearbeitung eines Auftrags eines Stammkunden mithilfe der CTO Warenwirtschaft

Grundsätzliches zur Arbeit mit der CTO Warenwirtschaft

Beim Aufruf der Erfassungsmaske „Auftrag" schlägt das Programm automatisch eine Auftragsnummer vor. Stammdaten, wie z. B. Kundennummer, Artikelnummer usw., werden über einen Matchcode (= Schlüsselbegriff) gesucht. So genügt es, bei der Eingabe eines Kunden/Lieferers oder eines Artikels die ersten drei oder vier Buchstaben einzugeben, das Programm schlägt den gesuchten Kunden/Lieferer/Artikel dann vor.

Mit den **Funktionstasten** können verschiedene Dateien aufgerufen oder übernommen werden:

- F2 = alle bisherigen Aufträge
- F3 = Kunden-/Liefererdatei
- F4 = Artikeldatei
- F5 = schwarz unterlegten Kunden/Lieferer oder Artikel übernehmen

Bearbeitung des Auftrages

- Icon „**Auftrag**" und „**Neue Rechnung**" anklicken oder
- F2 drücken

Die obere Menüleiste verändert sich, es erscheint eine Übersicht „Auftragsverwaltung". Alle bisher getätigten Aufträge werden in zeitlicher Reihenfolge angezeigt.

- Fenster „**Bearbeiten**" öffnen
- „**Rechnung Neu**" anklicken

Es erscheint eine Maske „**Rechnung … Netto**".

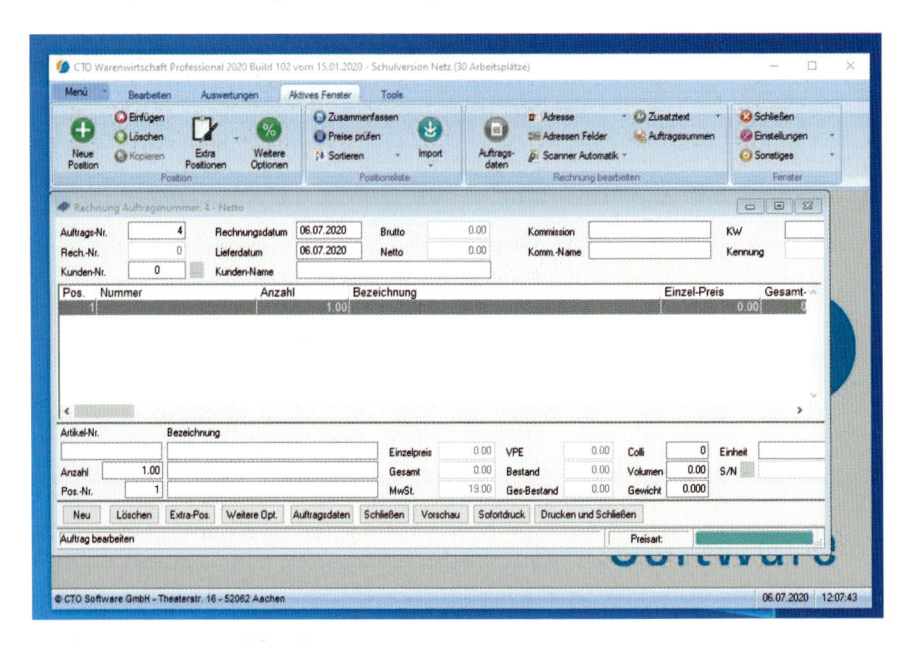

● **Übernahme der Kundendaten aus der Adressendatei**

● Icon „**Bearbeiten**" anklicken

● Icon „**Adressen**" Stammdaten anklicken oder

● F4 drücken

Es erscheint „**Adressenverwaltung**", der Kunde „Krankenhaus GmbH Duisburg" ist zu suchen, indem mit den Pfeil-Hoch-und-Runtertasten der entsprechende Kunde mit einem schwarzen Dreieck vor dem Kunden gekennzeichnet ist. Danach mit **F5** den Kunden in den Auftrag zu übernehmen. Es erfolgt eine „Auftragsdaten-Abfrage" nach Rabatt, Zahlweise und Lieferart usw. Ferner kann die Verkäufernummer, z. B. 3 für Josef Winkler, eingegeben werden.

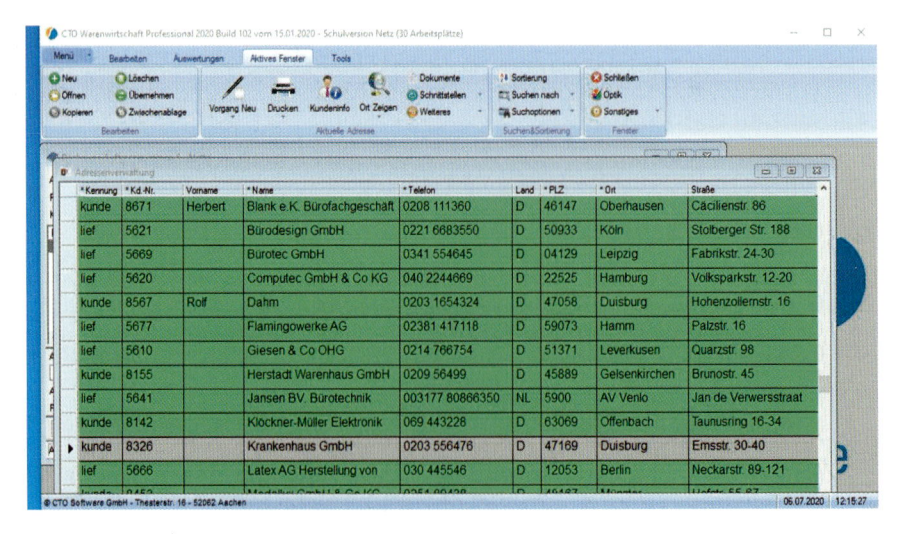

Anmerkung: An dieser Stelle kann die Funktion „**Suchen & Sortierung**" genutzt werden, sie erleichtert das Auffinden des Kunden in der Datei. Drücken Sie noch einmal F4. Klicken Sie unter dem Menüpunkt „**Suchen &Sortierung**", „**Suchen nach**" „**Name**" an. Geben Sie als Suchbegriff „Krankenhaus GmbH Duisburg" ein, es genügt an dieser Stelle, nur die ersten Buchstaben einzugeben, z. B. „Krank". Der gesuchte Kunde ist schwarz unterlegt. Mit **F5** übernehmen.

Sie können auch über die Puffersuche vorgehen. Dazu siehe untere Fensterleiste, Taste „Strg" festhalten und „Entertaste" betätigen, das Suchkriterium z. B. Kundennummer, Name, Postleitzahl usw. wird ausgewählt. Dann brauchen Sie nur noch die entsprechenden Daten wie z. B. „Krank" beim Kunden einzugeben. Im türkisfarbenen Datenfeld rechts unten erscheint die jeweilige Eingabe.

Das Programm vergibt automatisch eine Auftragsnummer. Es erfolgt eine Abfrage der Auftragsdaten. Hier können der vereinbarte Rabatt, der Skonto, die Zahlungsweise (bar, Rechnung, Lastschrift usw.), die Lieferart, Auftragsnotizen (z. B. „umgehende Lieferung erwünscht") und die Verkäufernummer eingegeben werden. Geben Sie hier für Josef Winkler die Nummer 3 als Verkäufernummer ein. Ferner können unter „ergänzende Fußzeilen" Angaben zum Gerichtsstand, Erfüllungsort, zu den Zahlungsbedingungen usw. eingegeben werden.

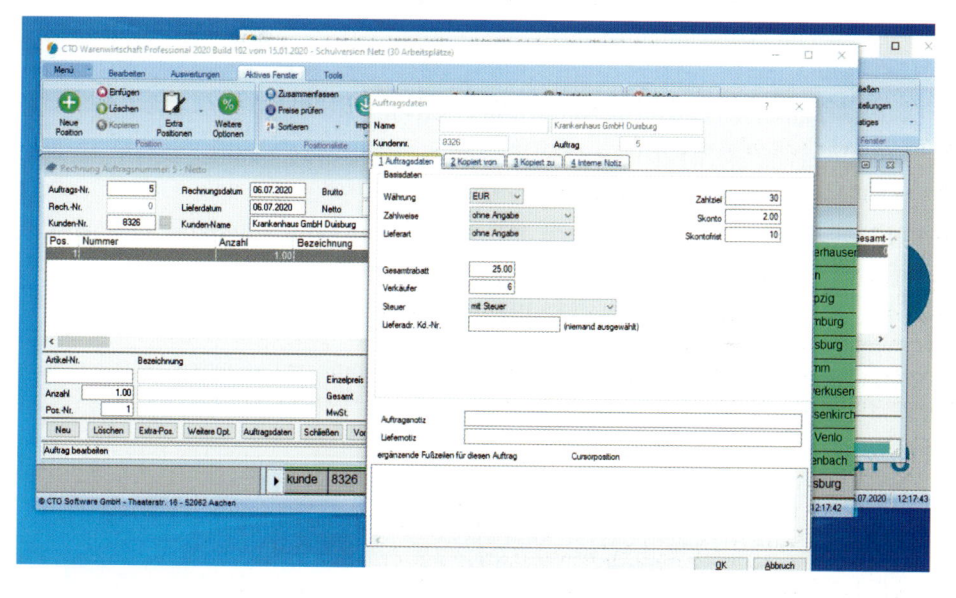

Bestätigen Sie die Abfrage anschließend mit **OK**. Der Kunde ist somit in der Auftragsmaske erfasst.

● Übernahme der Artikeldaten aus der Artikeldatei

- Klicken Sie das Icon „**Bearbeiten**" und „**Lager**" unter „**Stammdaten**" an oder
- drücken Sie **F3**.

Es erscheint die „**Lagerverwaltung**". Der erste Artikel des Auftrags „Schreibtisch Primo" ist zu suchen, indem mit den Pfeil-Hoch-und Runtertasten der entsprechende Artikel gekennzeichnet wird, danach mit **F5** in den Auftrag zu übernehmen.

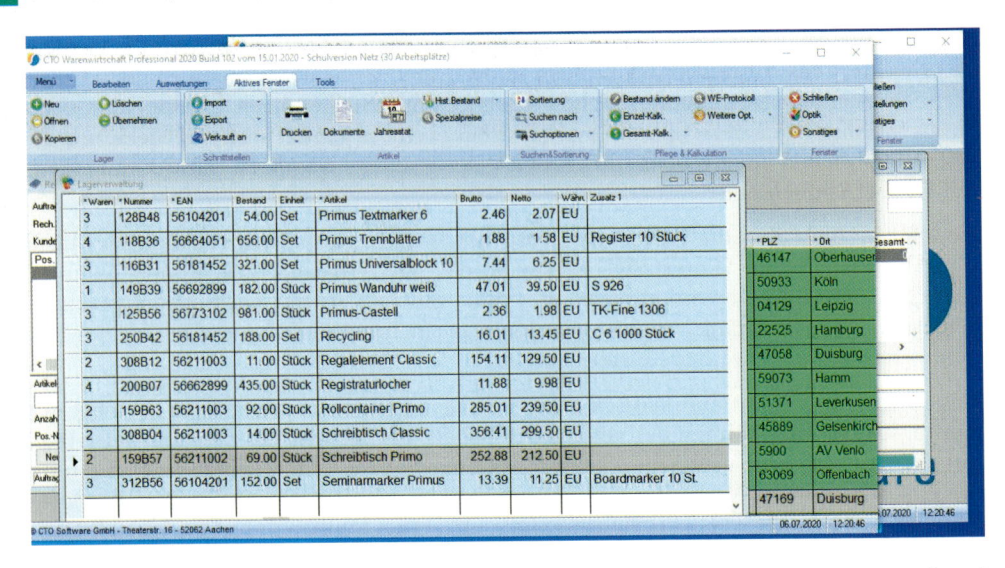

Anmerkung: An dieser Stelle kann wiederum die Funktion „**Suchen & Sortierung**" und „**Suchen nach**" genutzt werden. Klicken Sie hierzu oben „**Aktives Fenster**" an. Suchbegriffe können die Artikelnummer, die Bezeichnung, die Warengruppe des gesuchten Artikels usw. sein.

- Geben Sie anschließend die **bestellte Stückzahl** ein.

- Danach klicken Sie wieder die blau unterlegte Lagerverwaltung an, damit sie wieder vor der Datei „Rechnung" auf dem Bildschirm erscheint.

- Geben Sie alle bestellten Artikel wie oben beschrieben ein und bestätigen Sie nach Eingabe jedes Artikels mit „**Neu**". Das Programm ermittelt automatisch den Gesamtpreis und die Umsatzsteuer.

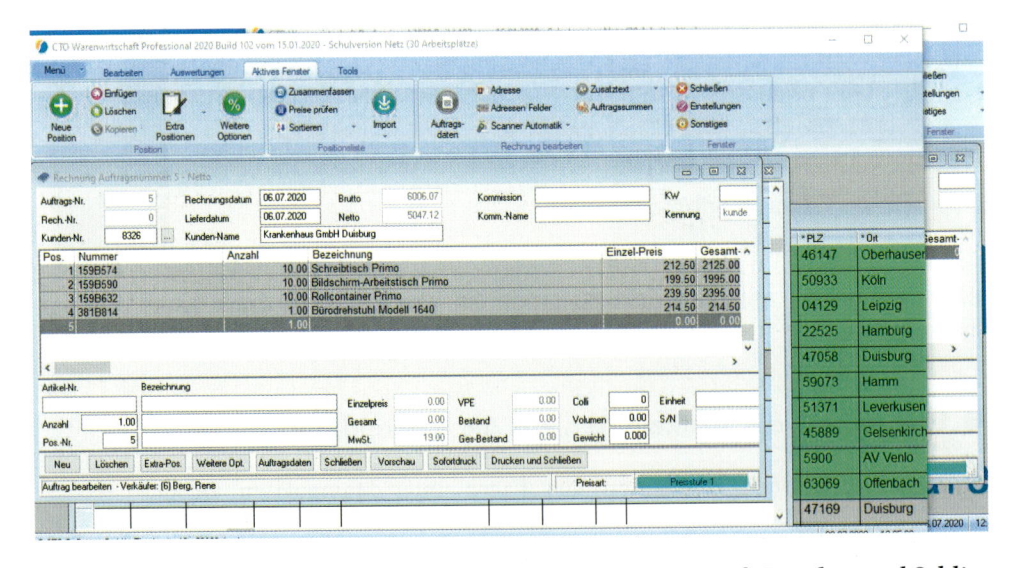

- Wenn der Auftrag vollständig erfasst worden ist, klicken Sie auf „**Drucken und Schließen**".

- Es erfolgt eine Abfrage, welche Formulare Sie drucken lassen wollen. Klicken Sie „**Rechnung, Lieferschein und Auftragsbestätigung**" an und bestätigen Sie mit **OK**.

- Es erfolgt eine weitere Abfrage für „**Rechnung 1**". Hier können individuelle Daten für Texte im Kopfbereich und im Fußbereich (z. B. Bankverbindungen) angegeben werden. Bestätigen Sie mit **OK**.

- Es erfolgen je nach gewählten Ausdrucken weitere Abfragen, z. B. „Lieferschein 1". Wie oben verfahren und mit **OK** bestätigen.

- Es erscheint eine „**Druckvorschau**" aller zu erstellenden Belege. Mit der Lupe kann der Beleg vergrößert werden. Mit OK bestätigen.

- Nach Drucken des ersten Beleges das **rote Icon** oben anklicken, es folgt nächste Druckabfrage.

Primus GmbH
Groß- und Außenhandel für Bürobedarf
Koloniestr. 2 – 4
47057 Duisburg

Primus GmbH, Koloniestr. 2 – 4, 47057 Duisburg
Krankenhaus GmbH Duisburg   Tel.: 0203 4453690
Emsstr. 30 – 40   Fax: 0203 4453698
47169 Duisburg
DEUTSCHLAND

RECHNUNG

UST ID-Nr.: DE967463108   Rechnungs-Nummer: 3
Kunden-Nummer: 8326   Rechnungs-Datum: 09.07.20..
                                                  Liefer-Datum: 06.07.20..

Pos.	Menge Einheit	Artikel/Dienstleistung Art-Nr.	Rab.	MwSt.	Preis	Gesamt
1	10 Stück	Schreibtisch Primo 159B574	R	(1)	212,50	2.125,00
2	10 Stück	Bildschirm-Arbeitstisch Primo 159B590	R	(1)	199,50	1.995,00
3	10 Stück	Rollcontainer Primo 159B632	R	(1)	239,50	2.395,00
4	1 Stück	Bürodrehstuhl Modell 1640 381B814	R	(1)	214,50	214,50

./. 25,00 % Rabatt von € 6.729,50   −1.682,38

Nettobetrag €	19 % MwSt.	€		Gesamtbetrag €
5.047,12	958,95	(1)		6.006,07

Wir liefern Ihnen die Waren zum 07.07.20..
Bankverbindung: Sparkasse Duisburg, IBAN: DE12 3505 0000 0360 0587 96
Zahlungsbedingungen: zahlbar innerhalb von 10 Tagen ohne Abzug

Sie können den Vorgang der Auftragsbearbeitung wesentlich beschleunigen, indem Sie alle Fenster vertikal nebeneinander legen. Klicken Sie hierzu in der Menüleiste oben „**Bearbeiten**" und danach „**Fenster**" an, es erscheinen die Auswahlpunkte „**Fenster überlappend anordnen**", „**Fenster vertikal anordnen**" oder „**Fenster horizontal anordnen**". Klicken Sie z. B. „**Fenster vertikal anordnen**" an. Die Fenster liegen nebeneinander. Sie können jetzt per Drag-and-drop sowohl den Kunden als auch die Artikel in das Auftragsfenster ziehen.

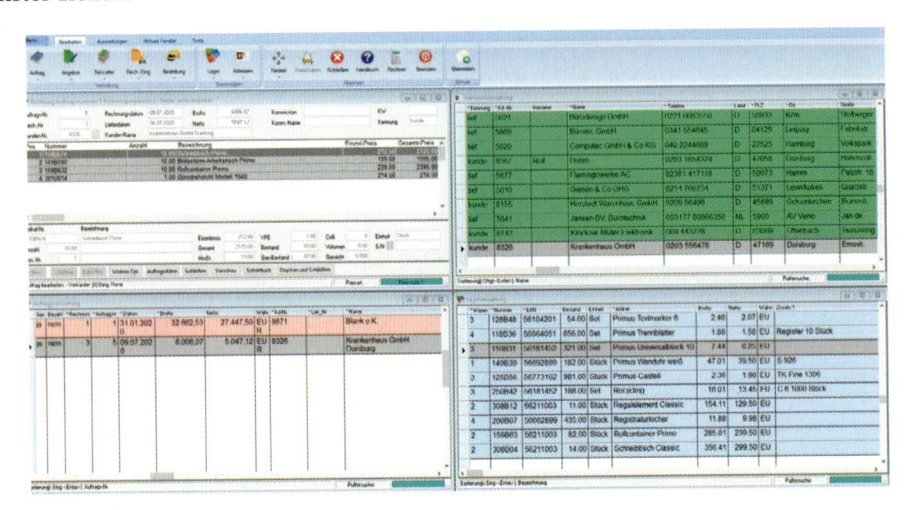

Daten in die Unternehmenssoftware CTO Warenwirtschaft importieren

- Die Arbeitsschritte der **Auftragsbearbeitung** werden durch die Datenfelder der jeweiligen **Erfassungsmaske** des Programms vorgegeben.

- Erfassungsmaske „Auftrag" aufrufen „Neue Rechnung" – „Bearbeiten" „Rechnung Neu"

- Die Vergabe einer **Auftragsnummer** erfolgt automatisch durch das Programm.

- Übernahme der Stammdaten aus der **Kundendatei**, die mit der Kundennummer aufgerufen und im Einzelnen durch den Benutzer bestätigt werden müssen – Übernahme mit der Funktionstaste F5. Im CTO Warenwirtschaftsprogramm werden Kunden und Lieferer einheitlich in der Kundendatei geführt, bei der Kennung unterscheidet das Programm „kunde" oder „lief"

- **Eingabe der bestellten Artikel**, auf die jeweils mithilfe der Artikelnummer zugegriffen wird (Übernahme der Daten mit der Funktionstaste F5)
  - **Eingabe der Artikelnummer**: Damit erscheint die in der Artikeldatei jeweils festgelegt handelsübliche Bezeichnung.
  - **Eingabe der bestellten Menge**: Mit diesem Befehl überprüft das Programm den vorhandenen Lagerbestand. Über das Programm erfolgt automatisch die Berechnung der einzelnen Positionen (Menge* Preis – Rabatt, Rechnungssumme netto, Umsatzsteuer, Rechnungsbetrag brutto)

- Alle für den Verkauf erforderlichen Belege wie **Auftragsbestätigung**, **Lieferschein** und **Rechnung** lassen sich sofort erstellen.

1. Erfassen Sie drei beliebige Aufträge mit je einem Kunden aus der Kundendatei mit beliebigen Artikeln. Erstellen Sie hierzu die erforderlichen Belege.

2. Beschreiben Sie mithilfe digitaler Medien die Auftragsbearbeitung in Ihrem Ausbildungsunternehmen.

3. Ein Neukunde will bei der Primus GmbH Waren bestellen. Legen Sie für den Neukunden die Kundenstammdaten an und bearbeiten Sie den Auftrag mit beliebigen Artikeldaten.

4. Bearbeiten Sie die Fälle 1–17 mit dem Programm CTO Warenwirtschaft für die Primus GmbH, die unter BuchPlusWeb zu finden sind.

6 Qualitätskontrolle und Auswertung von digitalen Daten durchführen

Die Primus GmbH möchte ihre Datenqualität überprüfen und dazu auch eine Analyse des bereits vorhandenen Datenmaterials aus dem Monat Juni durchführen. Zu diesem Zweck erhält Andreas Brandt den Auftrag, aus dem vorhandenen ERP-System Daten auszulesen und mittels Excel-Tabellen aufzubereiten. Die Marketingabteilung wird dann versuchen, daraus Rückschlüsse auf den Monat Juni zu ziehen.

ARBEITSAUFTRÄGE
- Erläutern Sie auf der Grundlage der nachfolgenden Informationen die Begriffe Qualitätssicherung und Qualitätskontrolle.
- Erstellen Sie aus der Renner- und Pennerliste des ERP-Systems CTO für den Monat Juni eine Excel-Tabelle als ABC-Analyse der verkauften Produkte. A-Produkte sollen alle Produkte sein, die mehr als 5 % Umsatzanteil haben, B-Produkte alle Produkte, die mehr als 2 % Umsatzanteil haben, der Rest sind C-Produkte.
- Stellen Sie anschließend in einem Diagramm in der Excel-Tabelle die A- und B-Güter dar und kennzeichnen Sie diese mit den jeweiligen Klassifizierungen A und B.

● **Qualitätskontrolle**

Mangelhafte Datenqualität aufgrund von schlechter oder häufig gar keiner **Qualitätskontrolle** bzw. **Qualitätssicherung** kann nicht nur die Kundenzufriedenheit senken und unnötige Kosten verursachen, sondern auch zu gravierenden Fehlentscheidungen führen, etwa hinsichtlich der Markt- oder langfristigen Geschäftsstrategien.

Die **Qualitätskontrolle** und **Qualitätssicherung** sowie die Aufgaben, die sie umfassen, werden getrennt betrachtet und bilden gemeinsam die zwei wesentlichen Aspekte des **Qualitätsmanagements**. Bei der **Qualitätskontrolle** steht vor allem die eigentliche Qualität eines Produktes oder einer Dienstleistung im Mittelpunkt. Die **Qualitätssicherung** hingegen legt den Fokus auf die Tätigkeiten und Abläufe, die der Erreichung dieser Produkt- oder Leistungsqualität dienen. Während die Qualitätssicherung zu einem frühen Zeitpunkt stattfindet und ihre Hauptaufgaben erfolgen, bevor ein Prozess startet, wird im Rahmen der Qualitätskontrolle überprüft, inwieweit die geplanten Vorgaben erfüllt wurden und das gewünschte Ergebnis hervorbringen. Somit kann die Aufgabenbeschreibung der **Qualitätssicherung** als **proaktiv** bezeichnet werden, während die **Qualitätskontrolle** eher **reaktiv** erfolgt. Datenqualität beschreibt, ob Daten für ihren Einsatzzweck gut genug sind.

> **Beispiel** Ein einfaches Beispiel lässt sich mit Kundendaten darstellen. Ein Außendienstmitarbeiter der Primus GmbH muss zu einem Kunden fahren, um ein Gerät zu reparieren. Die Adresse in der Datenbank sollte richtig sein. Die Stammdaten des Kunden, etwa die Anschrift oder E-Mail-Adresse, sollten vorliegen. Der Kunde hat aber seinen Unternehmensstandort gewechselt. Da die Kundenadressen bzw. Stammdaten nicht systematisch gepflegt werden und es mehrere Datenbanken mit Stammdaten gibt, die nicht synchron gehalten werden, sucht der Mitarbeiter zunächst die Adresse vergebens und kommt erst nach Rücksprache mit der Primus GmbH eine Stunde zu spät beim Kunden an.

Genau hier setzen Qualitätskontrolle und Qualitätssicherung an – indem zunächst Qualitätsstandards festgelegt werden müssen, um deren Einhaltung kontrollieren zu können. Darüber hinaus müssen Prozesse etabliert werden, die zur Einhaltung von Qualitätsstandards führen. Die Qualitätskontrolle und Qualitätssicherung betrachten natürlich deutlich mehr als nur Adressen oder Stammdaten, sie befassen sich mit dem gesamten Bereich der Datenqualität.

Mangelhafte Datenqualität hat also einen direkten Einfluss auf den Geschäftserfolg.

> **Beispiel** Im genannten Beispielsszenario des Außendienstmitarbeiters ist es leicht nachvollziehbar, dass die Kundenzufriedenheit sinkt, wenn der Außendienstmitarbeiter zu spät oder gar nicht erscheint und somit das Gerät nicht reparieren kann, weil er keine korrekte Adresse vorliegen hat. Ferner entstehen für das Unternehmen hohe Kosten durch Fehlfahrten.

Viele Unternehmen nutzten in der Vergangenheit ihren organisatorischen Aufbau, um die Qualitätskontrolle und Qualitätssicherung über die jeweiligen Vorgesetzten zu realisieren. Der Trend geht heute aber zur Dezentralisierung, d. h. zur Verteilung der Daten, etwa zur Speicherung in der Cloud oder der Verarbeitung mittels **Software as a Service (SaaS)**, und erfordert damit noch mehr Betrachtungen und Regelungen, z. B. zu rechtlichen Fragestellungen der Datenlagerung (vgl. Datenschutz auf S. 464). SaaS bedeutet, dass die Software und die IT-Infrastruktur bei einem externen IT-Dienstleister betrieben und vom Kunden als Dienstleistung genutzt werden. Ferner nimmt die Datenmenge durch das Internet der Dinge und das Internet der Dienste erheblich zu. Hatte man früher einen Datenwert einer bestimmten Qualitätsgüte zur Verfügung, hat man es heute mit **Big Data** zu tun. Big Data bezeichnet primär die Verarbeitung von großen, komplexen und sich schnell ändernden Datenmengen und die häufig damit verbundene, zunehmende Überwachung von Menschen. Diese großen Datenmengen bedeuten häufig auch, dass die Datenqualität sehr unterschiedlich sein kann. Das ist nicht grundsätzlich schlecht – im Gegenteil –, es erfordert aber ein bewusstes Umdenken und vor allem Veränderungen bei Prozessen.

Ein wesentliches Problem stellt die Qualitätskontrolle auch im Rahmen der **Bulk-Bearbeitung** dar. Darunter versteht man, dass mehrere Einträge, Positionen, Elemente usw. in einem Zug geändert werden können, um damit Dateninkonsistenzen zu vermeiden. Mit der Bulk-Bearbeitung können zeitsparend mehrere Elemente innerhalb einer Anzeigenkampagne oder in mehreren Kampagnen gleichzeitig aktualisiert werden.

> **Beispiel** In einer Werbekampagne sollen die Verbrauchsmaterialien der Primus GmbH mit einem Sonderrabatt von 10 % angeboten werden. Durch eine entsprechende Bulk-Bearbeitung sollen die Daten dementsprechend sowohl im eingesetzten Warenwirtschaftssystem als auch auf der damit verknüpften Website der Primus GmbH angepasst werden.

● Auswertung digitaler Daten

Eine weitere Möglichkeit einer Qualitätskontrolle ist der Export von Daten in andere Programme, um sie dort zu analysieren. Alle ERP-Programme bieten i. d. R. Exportfunktionen in andere Programme an, um die Daten dort weiter zu analysieren und darzustellen.

Beispiel Die von Andreas Brandt zu lösende Aufgabe besteht darin, die Umsatzdaten im Juni auszuwerten und in Form einer ABC-Analyse mit erläuterndem Diagramm auszuwerten.

Dazu geht man folgendermaßen vor:

1. **Export der Daten aus der ERP-Software (hier CTO) nach Excel**

   Erstellen Sie zunächst eine Umsatzliste für Juni. Wählen Sie dann unter der Registerkarte **Aktives Fenster"** die Option „**Office**" und „**Daten nach Excel übertragen**".

   Beispiel

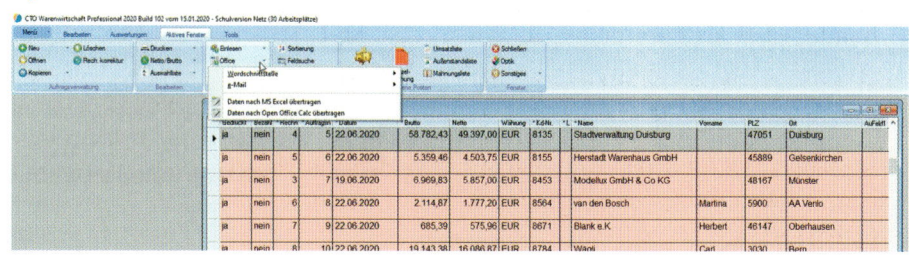

   Anschließend wird in Excel die entsprechende Tabelle geöffnet. Eventuell falsch übertragene Daten (z. B. falscher Monat) können Sie dann vor der weiteren Bearbeitung aus der Excel-Tabelle löschen.

   Beispiel

2. **Weitere Bearbeitung der Daten in Excel**

   Jetzt können zunächst die nicht benötigten Felder aus der Tabelle gelöscht werden. Es sollen nur die Spalten KdNr, Name, Vorname, Brutto und Netto übrig bleiben.

   Anschließend können die verbliebenen Daten nach der Kundennummer benutzerdefiniert sortiert werden.

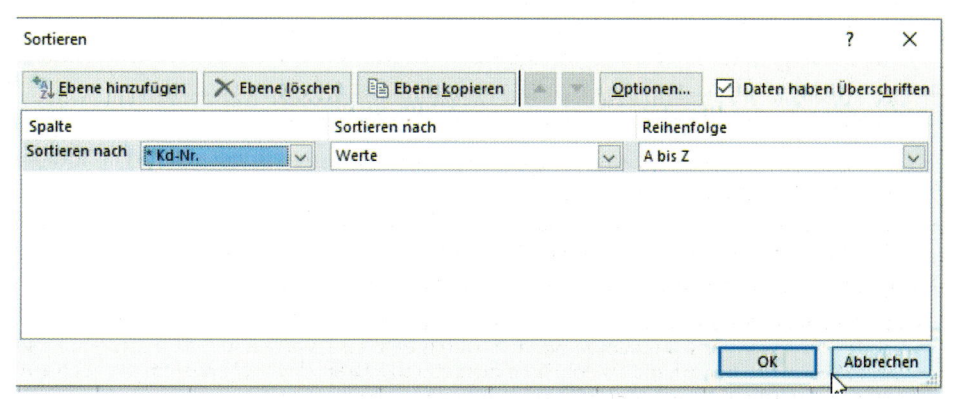

Die Euro-Werte in den Spalten Brutto und Netto müssen noch in Zahlen umgewandelt werden, da sie beim Export als Text importiert wurden.

Erstellen Sie jetzt eine Pivottabelle durch Eingabe des Menübefehls „Einfügen" → „Pivottabelle".

Wählen Sie als auszuwählende Felder die Kundennummer, den Namen und den Nettoumsatz.

Lassen Sie anschließend die Werte der Kunden statt als Eurosumme als Prozentsatz vom Gesamtumsatz des Monats anzeigen.

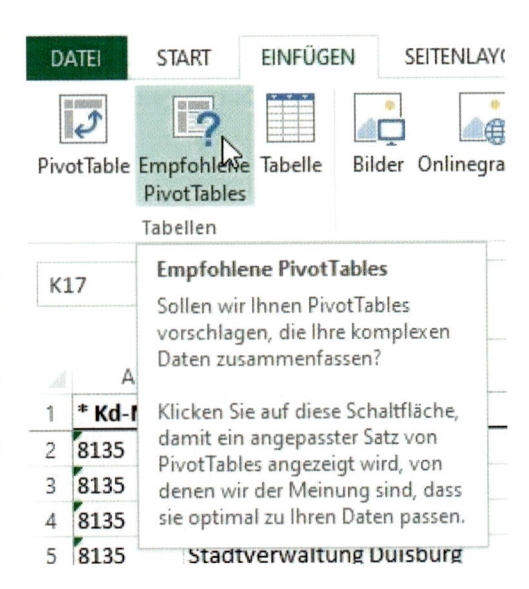

Es ist festgelegt, dass alle Kunden mit Umsätzen über 10 % A-Kunden, alle mit Umsätzen über 5 % B-Kunden und alle darunter C-Kunden sind. Um dies in der Tabelle darzustellen, verwenden Sie die Wenn-Funktion (hier beispielhaft für Zelle C5):

=WENN(B5>0,1;"A";WENN(B5>0,05;"B";"C"))

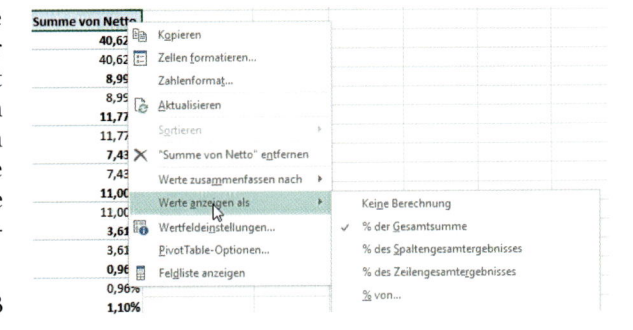

oder alternativ mit Prozentsätzen = WENN(B5>10%;"A";WENN(B5>5%;"B";"C"))

Markieren Sie anschließend alle Zellen und fügen Sie über den Befehl „Einfügen" → „Diagramm" ein 3-D-Säulendiagramm auf einem neuen Blatt ein.

Lassen Sie die Säulen der Größe nach absteigend sortieren. Dazu müssen Sie mit der linken Maustaste zunächst die Säulen markieren und danach mit der rechten Maustaste aus dem Kontextmenü den Befehl „Sortieren absteigend" auswählen.

Um anzeigen zu lassen, welches Unternehmen zu welcher Kundenart (A, B oder C) gehört, wählen Sie unter den Diagrammoptionen die Datenbeschriftung und dort die Option „Wert aus Zellen". Markieren Sie die Zellen mit den Buchstaben A, B und C für die jeweiligen Kunden. Hinweis: Nicht zusammenhängende Zellen markiert man bei gedrückter linker Maustaste durch Festhalten der Strg-Taste. Zusätzlich kann man auch noch den Wert anzeigen lassen, wenn dies gewünscht ist.

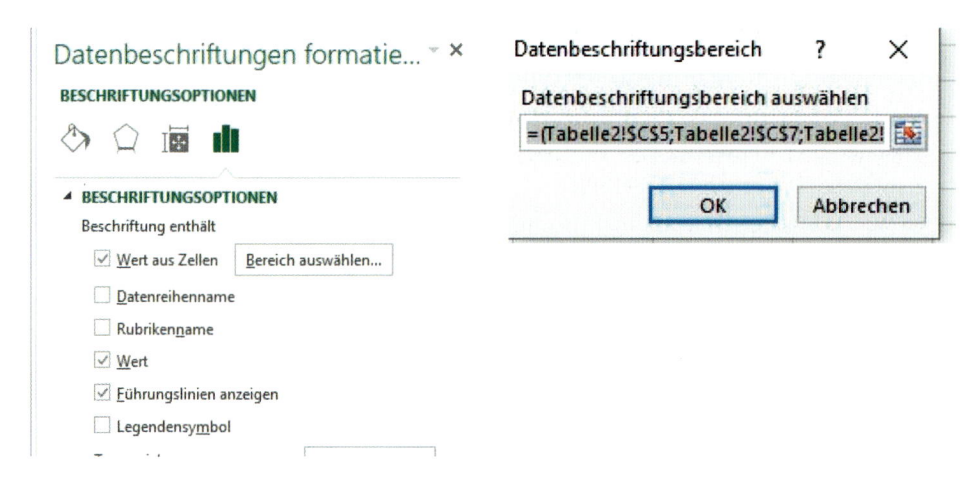

Qualitätskontrolle und Auswertung von digitalen Daten durchführen

Man kann jetzt am Diagramm ablesen, welche Kunden zu welcher Kategorie gehören und welchen Anteil sie am jeweiligen Monatsumsatz hatten.

Anschließend müsste das Diagramm ungefähr wie folgt aussehen:

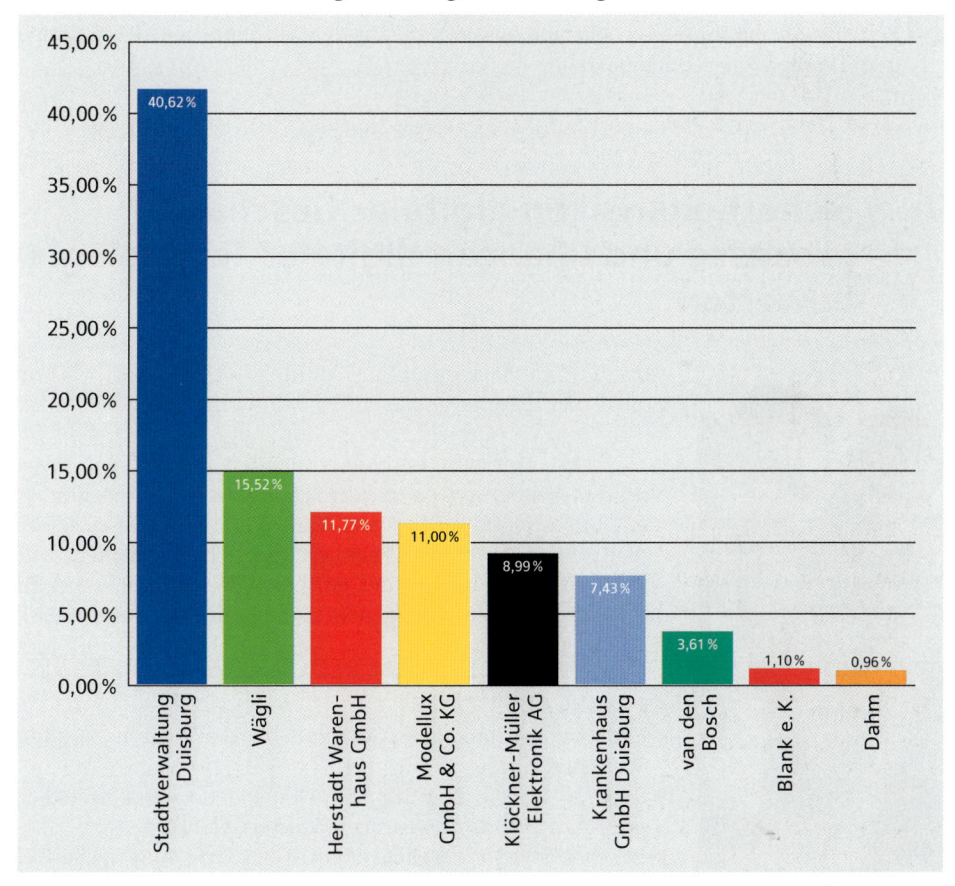

Qualitätskontrolle und Auswertung von digitalen Daten durchführen

- Die **Qualitätskontrolle** überprüft die eigentliche Qualität eines Produkts oder einer Dienstleistung. Die Prüfung erfolgt sofort bei der Produktion oder der Erbringung der Dienstleistung.

- Die **Qualitätssicherung** legt den Fokus auf die Tätigkeiten und Abläufe, die der Erreichung dieser Produkt- oder Leistungsqualität dienen. Sie überprüft, inwieweit die geplanten Vorgaben erfüllt wurden und das gewünschte Ergebnis hervorbringen.

- Durch die **Auswertung der digitalen Daten** können Rückschlüsse auf den Erfolg der durchgeführten Maßnahmen gezogen werden.

1. Überlegen Sie, ob und in welcher Form in Ihrem Ausbildungsbetrieb digitale Qualitätskontrollen und Qualitätssicherung durchgeführt werden. Befragen Sie dazu ggf. Ihre Ausbilderin/Ihren Ausbilder.

2. Erstellen Sie mit Excel eine beliebige Auswertung aus dem vorhandenen ERP-System mit ihrem vorhandenen Datenbestand.

7 Sicherheitsrisiken digitaler Geschäftsprozesse und Chancen digitaler Technologien bewerten

Andreas Brandt kommt am Montagmorgen in die Primus GmbH. Die bereits anwesenden Mitarbeiter laufen hektisch herum und es herrscht große Aufregung. *„Was ist denn hier los?"*, fragt er einen vorbeikommenden Mitarbeiter. *„Unser Netzwerk wurde wohl gehackt, wir kommen nicht mehr ins System"*, antwortet dieser besorgt. Andreas Brandt geht zu seinem Arbeitsplatz, startet den Rechner und sieht auf seinem Bildschirm eine Anzeige, bei der ein Lösegeld gefordert wird, um das System wieder freizugeben. *„Wie kann denn sowas passieren?"*, fragt er sich.

ARBEITSAUFTRÄGE
- Erläutern Sie mögliche Gefahren bei der Nutzung digitaler Technologien.
- Erklären Sie die Begriffe Social Engineering, Identitätsdiebstahl und Schadsoftware als mögliche Gefahren.
- Beschreiben Sie Möglichkeiten, wie solche Angriffe auf ein Netzwerk verhindert werden können.

Die Nutzung digitaler Technologien bringt auch eine Vielzahl neuer Gefahren mit sich. Besonders bedeutsam sind in diesem Zusammenhang das **Social Engineering**, die Gefahr des **Identitätsdiebstahls** sowie die Gefahr der ungewollten Nutzung von **Schadsoftware**.

● Social Engineering

Beim **Social Engineering** geht es darum, Menschen so zu manipulieren, zu beeinflussen oder zu täuschen, dass Kontrolle über deren Computersystem erlangt werden kann. Ziel ist es, bei Personen bestimmte Verhaltensweisen hervorzurufen, sie z. B. zur Preisgabe von vertraulichen Informationen, zum Kauf eines Produktes oder zur Freigabe von Finanzmitteln zu bewegen.

Beim Social Engineering werden menschliche Eigenschaften wie Hilfsbereitschaft, Vertrauen, Angst oder Respekt vor Autorität ausgenutzt, um Personen geschickt zu manipulieren. Der Angreifer verleitet das Opfer auf diese Weise beispielsweise dazu, vertrauliche Informationen preiszugeben, Sicherheitsfunktionen auszuschalten, Überweisungen zu tätigen oder Schadsoftware auf einem privaten Rechner oder einem Computer im Unternehmensnetzwerk zu installieren. Das Eindringen in ein fremdes Computersystem, um vertrauliche Daten einzusehen, bezeichnet man auch als **Social Hacking**.

Beispiel Ein vermeintlicher Systemadministrator ruft Herrn Berg aus der Auftragsbearbeitung der Primus GmbH an und teilt ihm mit, dass er zur Behebung eines Systemfehlers oder Sicherheitsproblems das Passwort des Benutzers benötigt. Aus öffentlich zugänglichen Quellen und vorangegangenen Telefonaten hat er vorher Informationen über die Primus GmbH und Herrn Berg zusammengetragen, die ihm dabei helfen, sich als Mitarbeiter der Primus GmbH auszugeben. Auch durch gezielte Verwendung von Fachjargon verwirrt er Herrn Berg, der sich technisch nicht so gut auskennt. Als dieser trotzdem die Preisgabe der Informationen verweigert, droht der Anrufer, bei unterlassener Kooperation Frau Primus stören zu müssen, was für Herrn Berg unangenehme Folgen haben könnte.

Eine weitere bekannte Variante ist das **Phishing**. Dabei werden fingierte E-Mails, z. B. von Banken, Telefon- oder Finanzdienstleistern oder ähnlichen Unternehmen, mit vertrauenserweckender Aufmachung an die potenziellen Opfer versendet. Inhalt dieser Nachrichten kann z. B. die Information sein, dass ein bestimmter Dienst, den man nutzt, angeblich eine neue **URL (Uniform Resource Locator)** bzw. Internetadresse habe und man sich von nun an auf dieser neuen Internetadresse einloggen solle, wenn man den Dienst wie gewohnt in Anspruch nehmen wolle. Bei dieser fingierten Internetseite handelt es sich um eine Kopie der originalen Website des Serviceanbieters. Die Ähnlichkeit mit der Originalseite soll dazu beitragen, das Opfer in Sicherheit zu wiegen. Fällt man darauf herein, so gelangen Kriminelle in den Besitz des Benutzernamens und des Passworts.

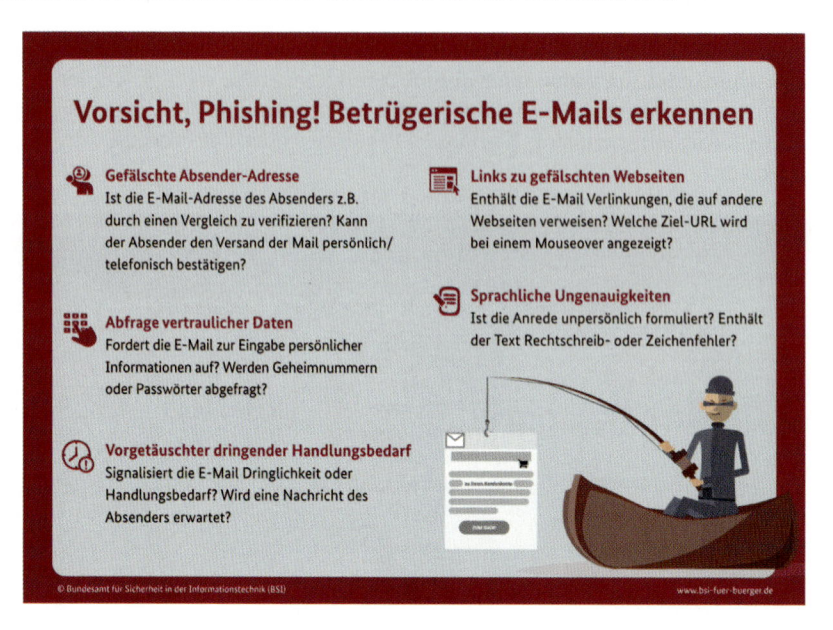

Vorsicht, Phishing! Betrügerische E-Mails erkennen

Gefälschte Absender-Adresse
Ist die E-Mail-Adresse des Absenders z.B. durch einen Vergleich zu verifizieren? Kann der Absender den Versand der Mail persönlich/telefonisch bestätigen?

Links zu gefälschten Webseiten
Enthält die E-Mail Verlinkungen, die auf andere Webseiten verweisen? Welche Ziel-URL wird bei einem Mouseover angezeigt?

Abfrage vertraulicher Daten
Fordert die E-Mail zur Eingabe persönlicher Informationen auf? Werden Geheimnummern oder Passwörter abgefragt?

Sprachliche Ungenauigkeiten
Ist die Anrede unpersönlich formuliert? Enthält der Text Rechtschreib- oder Zeichenfehler?

Vorgetäuschter dringender Handlungsbedarf
Signalisiert die E-Mail Dringlichkeit oder Handlungsbedarf? Wird eine Nachricht des Absenders erwartet?

© Bundesamt für Sicherheit in der Informationstechnik (BSI)
www.bsi-fuer-buerger.de

Eine weitere Möglichkeit besteht darin, dass das Opfer von einem vermeintlichen Administrator dazu aufgefordert wird, seine **Log-in-Daten** als Antwort zurückzusenden, da angeblich technische Probleme vorliegen. Anders als beim Social Engineering verfügt der Angreifer hier meist über nicht viel mehr als die E-Mail-Adresse des Empfängers, was die Attacke weniger persönlich und damit auch weniger wirkungsvoll macht.

Ein anderes bekanntes Verfahren ist die **USB Drop Attack**. Dabei erhalten Mitarbeiter infizierte USB-Sticks, z. B. als Werbegeschenk per Post, diese landen im Briefkasten oder werden irgendwo scheinbar zufällig liegengelassen. Bei Verwendung durch die Mitarbeiter infizieren die Daten auf den USB-Sticks den PC und gewähren den Hackern Zugriff auf das interne Netzwerk des Unternehmens. Aus diesem Grund ist die Verwendung eigener oder fremder USB-Sticks in vielen Unternehmen grundsätzlich verboten, manchmal werden auch die entsprechenden USB-Ports deaktiviert.

Die **Verhinderung** von Social Engineering ist nicht einfach zu bewerkstelligen, da hier eigentlich positive menschliche Eigenschaften (z. B. der Wunsch zu helfen) ausgenutzt werden. Den wichtigsten Beitrag zur Bekämpfung von Social Engineering liefert im konkreten Fall das Opfer selbst, indem es die **Identität** und **Berechtigung** eines Anrufers zweifellos sicherstellt, bevor es weitere Handlungen vornimmt.

Bereits die Frage nach dem Namen und der Telefonnummer des Anrufers oder dem Befinden eines nicht existierenden Kollegen kann schlecht informierte Angreifer schnell enttarnen. Es sollte deshalb gezielt trainiert werden, höflich um Geduld zu bitten, selbst wenn eine heikle Anfrage noch so dringend vorgetragen wird. Auch scheinbar geringfügige oder nutzlose Informationen sollten Unbekannten nicht offengelegt werden, denn sie könnten in folgenden Kontaktaufnahmen zum Aushorchen anderer missbraucht werden oder zusammen mit vielen anderen für sich genommen nutzlosen Angaben zum Abgrenzen eines größeren Sachverhalts dienen.

Wichtigste Maßnahme im Kampf gegen Social Engineering ist eine unverzügliche Warnung aller weiteren potenziellen Opfer. Erster Ansprechpartner ist hier die Sicherheitsabteilung des Unternehmens, auch der E-Mail-Provider oder Mitmenschen und Institutionen, deren Angaben zur Vorspiegelung falscher Tatsachen missbraucht wurden, sollten informiert werden.

Wesentliche **Gegenmaßnahmen** sind:

- Ist die **Identität** des Absenders einer E-Mail nicht klar, sollte man stets misstrauisch sein.
- Bei Anrufen sollten auch scheinbar unwichtige Daten nicht sorglos an Unbekannte weitergegeben werden, da diese die so erhaltenen Informationen für weitere Angriffe nutzen können.
- Bei Antworten auf eine E-Mail-Anfrage sollten unter keinen Umständen persönliche oder finanzielle Daten preisgegeben werden, egal von wem die Nachricht zu kommen scheint.
- Nie sollten **Links** aus E-Mails angeklickt werden, die persönliche Daten als Eingabe verlangen. Stattdessen sollte man die URL selbst im Browser eingeben.
- Bei Unklarheit über die Echtheit des Absenders sollte man diesen nochmals telefonisch kontaktieren, um die Authentizität der E-Mail zu überprüfen.

● Identitätsdiebstahl

Als **Identitätsdiebstahl oder Identitätsmissbrauch** wird die missbräuchliche Nutzung personenbezogener Daten (der Identität) einer natürlichen Person durch Dritte bezeichnet. Das Ziel eines Identitätsdiebstahls kann darin bestehen, einen betrügerischen Vermögensvorteil zu erlangen oder den rechtmäßigen Inhaber der Identität in Misskredit zu bringen.

Bei einem Identitätsdiebstahl werden neben dem Namen eine Reihe persönlicher Daten, z.B. das Geburtsdatum, die Anschrift, Führerschein- oder Sozialversicherungsnummern und IBAN oder Kreditkartennummern, genutzt, um die Feststellung der tatsächlichen eigenen Identität zu umgehen oder diese zu verfälschen. Je mehr zueinander passende Daten der Missbrauchende besitzt, desto sicherer wird ihm die Vorspiegelung falscher Tatsachen gelingen.

Sofern ein Dritter eine fremde Identität nutzt, um damit z.B. Einkäufe im Internet zu tätigen, kann dies zur Verschuldung des Opfers oder – wenn kriminelle Handlungen im Namen des Opfers durchgeführt werden – zu ungerechter Strafe führen.

Insbesondere im E-Commerce, beispielsweise bei der Durchführung von Transaktionen über das Internet, kann ein Identitätsdiebstahl erhebliche Auswirkungen auf die Geschäftspartner haben.

Seit das Internet auch und verstärkt im öffentlichen Rahmen genutzt wird, ist es vielfach möglich, **statt seines realen Namens einen beliebigen Namen** zu verwenden (einen sog. **Nickname**). Dies gilt für Mailinglisten ebenso wie für Foren.

Kriminelle manipulieren z. B. durch Phishing die Computer der jeweiligen Zielpersonen und verschaffen sich damit zunächst die Identität (z. B. Nickname in Verbindung mit einem Kennwort). Mit dieser gestohlenen Identität verschaffen sie sich dann entweder Zugang zu Onlineshops oder sie verkaufen die gewonnenen Daten an andere Kriminelle.

Eine besondere Form des Identitätsdiebstahls stellt das **Nicknapping** (in Anspielung auf „Kidnapping") dar. Dabei tritt ein Dritter unter dem Namen oder Pseudonym eines anderen Diskussionsteilnehmers oder Benutzers auf.

Der Missbrauch des echten Namens oder eines Nicknames ist strafrechtlich unterschiedlich zu bewerten. Während die Verwendung eines falschen Namens in Verbindung mit weiteren Daten und Fakten zur Person immer strafbar ist, kann die Verwendung desselben Nicknames i. d. R. nicht verfolgt werden, da Nicknames nicht geschützt sind.

● Schadprogramme

Als Schadprogramm oder **Malware** bezeichnet man Computerprogramme, die entwickelt wurden, um unerwünschte und ggf. schädliche Funktionen auszuführen. Malware ist damit ein Oberbegriff, der u. a. das Computervirus umfasst. Der Begriff des Virus ist meist nicht klar abgegrenzt. So ist die Rede von Virenschutz, womit viel allgemeiner der Schutz vor Schadsoftware jeglicher Art gemeint ist. Ein typisches Virus verbreitet sich schnell, während die heute gängigen Schadprogramme die Struktur von Trojanischen Pferden aufweisen, deren primärer Zweck nicht die Verbreitung, sondern die Möglichkeit der Fernsteuerung ist.

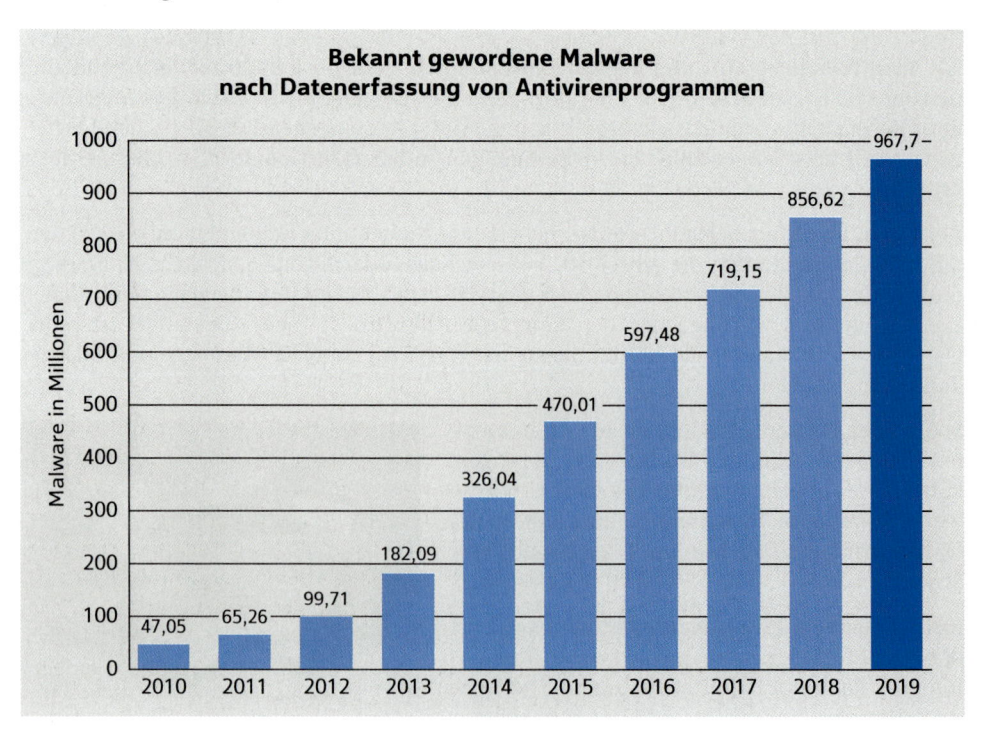

Bekannt gewordene Malware nach Datenerfassung von Antivirenprogrammen

Jahr	Malware in Millionen
2010	47,05
2011	65,26
2012	99,71
2013	182,09
2014	326,04
2015	470,01
2016	597,48
2017	719,15
2018	856,62
2019	967,7

Mit **Malware** ist also nicht eine fehlerhafte Software gemeint, obwohl auch diese selbst Schaden anrichten kann oder durch Sicherheitslücken bzw. mangelnde Informationssicherheit zum Angriff auf Computersysteme ausgenutzt werden kann. Die Schadfunktionen sind gewöhnlich getarnt oder die Software läuft gänzlich unbemerkt im Hintergrund. Die Schadfunktionen können z. B. die Manipulation oder das Löschen von Dateien oder das Ausschalten der Sicherheitssoftware und anderer Sicherheitseinrichtungen (wie z. B. Firewalls und Antivirenprogramme) eines Computers sein, aber auch die Sammlung von Daten zu Marketingzwecken. Es ist bei Malware auch üblich, dass eine ordnungsgemäße Deinstallation mit den generell gebräuchlichen Mitteln fehlschlägt, sodass zumindest Softwarefragmente im System verbleiben. Diese können möglicherweise auch nach der Deinstallation weiterhin unerwünschte Funktionen ausführen.

Man unterscheidet im Wesentlichen die folgenden Arten von Malware:

Art der Malware	Beschreibung der Funktion oder Auswirkung
Computerviren	Älteste Art der Malware, die Viren verbreiten sich, indem sie Kopien von sich selbst in Programme, Dokumente oder Datenträger schreiben.
Computerwurm	Der Wurm ähnelt einem Computervirus, verbreitet sich aber direkt über Netze wie das Internet und versucht, in andere Computer einzudringen und diese lahmzulegen.
Trojanisches Pferd (auch: Trojaner)	Kombination eines (manchmal nur scheinbar) nützlichen Wirtsprogrammes mit einem versteckt arbeitenden, bösartigen Teil, oft Spyware oder Backdoor. Ein Trojanisches Pferd verbreitet sich nicht selbst, sondern wirbt mit der Nützlichkeit des Wirtsprogrammes für seine Installation durch den Benutzer.
Hintertür/ Backdoor	Verbreitete Schadfunktion, die üblicherweise durch Viren, Würmer oder Trojanische Pferde eingebracht und installiert wird. Sie ermöglicht Dritten einen unbefugten Zugang („Hintertür") zum Computer, jedoch versteckt und unter Umgehung der üblichen Sicherheitseinrichtungen. Backdoors werden oft genutzt, um den infizierten Computer als **Spamverteiler** oder für **Denial-of-Service-Angriffe** (= eine riesige Anzahl von Anfragen wird gesendet, um damit den Rechner lahmzulegen) zu missbrauchen.
Spyware und Adware	Programme, die Informationen über die Tätigkeiten des Benutzers sammeln und unbemerkt an Dritte weiterleiten, um diese entweder zu verkaufen oder um gezielt Werbung zu platzieren. Diese Form von Malware wird häufig zusammen mit anderer, nützlicher Software installiert, ohne den Anwender zu fragen, und bleibt auch häufig nach deren Deinstallation weiter tätig.
Scareware	Computer-Malware, die Benutzer täuscht oder irreführt, indem sie vorgibt, ein Sicherheitsrisiko entdeckt zu haben. Sie versucht, ihre Opfer dazu zu bringen, schädliche Software herunterzuladen oder gar zu kaufen. Scareware versucht, Anwender irrezuführen. Es werden z. B. Pop-up-Fenster generiert, die gewöhnlichen Windows-Systemmeldungen täuschend ähnlich sehen. Dann wird über Softwaretools wie Antispysoftware, Firewall oder Registry-Cleaner die Lösung des angeblichen Problems versprochen. Für die Entfernung dieser vorgetäuschten Sicherheitsrisiken wird das Opfer dann zur Kasse gebeten und die vermeintlichen Sicherheits-Updates entpuppen sich als das eigentliche Schadprogramm.

Art der Malware	Beschreibung der Funktion oder Auswirkung
Ransomware	Ransomware blockiert den Zugriff auf das Betriebssystem bzw. verschlüsselt potenziell wichtige Dateien und fordert den Benutzer in er Folge zur Zahlung von Lösegeld auf – meist über das digitale Bezahlsystem Bitcoin.
Keylogger	Programme, die dazu verwendet werden, die Eingaben des Benutzers auf der Tastatur seines Computers zu protokollieren und an Dritte weiterzuleiten. Dabei werden u. a. eingegebene Benutzernamen und Passwörter erfasst, diese geben dem Dritten wiederum die Möglichkeit, auf die Systeme zuzugreifen, für die diese Zugangsdaten bestimmt sind.

Mögliche **Schutzmaßnahmen gegen Malware** sind:

Schutzmaßnahme	Erläuterung
Virenschutzprogramm	Einsatz spezieller Antivirenschutzprogramme (z. B. Avira Free Security, Bitdefender, Kaspersky, McAfee, Norton usw.). Wichtig ist, diese Programme regelmäßig zu updaten, da täglich neue Arten von Malware auftauchen. Virenschutzprogramme können auch Wechseldatenträger wie USB-Sticks vor ihrer Benutzung auf Viren untersuchen.
Firewall	Eine Firewall kann als Software- oder Hardwarefirewall installiert sein. Sie dient der Abwehr von Daten, die als Gefährdung eingestuft werden.
Spamfilter	Diese Filter überprüfen eingehende E-Mails und sortieren Spammails aus.
Passwortschutz	Der Zugriff auf Rechner oder Programme wird durch Passwörter geschützt. Dabei müssen die Passwörter so gewählt werden, dass sie nicht leicht zu entschlüsseln sind (siehe nachfolgende Grafik).
Betriebssystemupdates	Regelmäßige Updates des Betriebssystems schließen mögliche Sicherheitslücken, durch die Zugriffe ggf. möglich sind.
Verschlüsselungsverfahren (Kryptografie)	Vertrauliche Daten können durch Verschlüsselung zusätzlich gesichert werden. Nur wer über den Entschlüsselungscode verfügt, kann die entsprechenden Informationen entschlüsseln.
Websiteprüfung	Bei der Nutzung von Websites ist die Phishinggefahr besonders groß. Daher sollte man besuchte Websites auf ihre Echtheit hin prüfen (z. B. https-Seiten für besondere Sicherheit z. B. beim Onlinebanking).

Die Top Ten der deutschen Passwörter

1. 123456
2. 123456789
3. 1234
4. 12345
5. 12345678
6. hallo
7. passwort
8. 1234567
9. 111111
10. hallo123

Tipps zur Passwortwahl
- lange Passwörter (mehr als 15 Zeichen)
- alle Zeichenklassen verwenden (Groß-, Kleinbuchstaben, Zahlen, Sonderzeichen)
- keine Wörter aus dem Wörterbuch
- keine Wiederverwendung von gleichen oder ähnlichen Passwörtern bei unterschiedlichen Diensten
- Passwortmanager verwenden
- regelmäßig wechseln

Datengrundlage: 12,9 Millionen E-Mail-Adressen, die als .de-Domain registriert sind   Quelle: HPI (2017)   © Globus 12231

● Chancen und Risiken

Digitale Vertriebskanäle können für Kunden und Anbieter gleichermaßen von Nutzen sein. Einer der Hauptgründe dafür liegt in der Tatsache, dass die für Einkäufe verantwortlichen Positionen in Unternehmen immer mehr von **Digital Natives** – also Personen, die mit digitalen Medien aufgewachsen sind – besetzt werden. Diese übertragen Gewohnheiten aus dem privaten Kaufverhalten auf das Geschäftliche und weisen dementsprechend eine höhere Affinität zu digitalen Services auf.

90 % der Geschäftskunden nutzen lt. Studien bei Kaufentscheidungen das Internet für die Suche nach einem geeigneten Anbieter. Vorteile für die **Kunden** sind die rasche und bequeme Abwicklung von Anfragen und Aufträgen, die Produktinformationen auf Knopfdruck und teilweise attraktivere Preise und Konditionen.

Digitale Vertriebswege bieten aber auch wesentliche **Vorteile für Unternehmen**. Es können durch die Einbindung von Tracking-Software und CRM-Systemen nicht nur aussagekräftige Daten über Kunden gesammelt und deren **Kaufverhalten** analysiert werden, sondern auch **neue Zielmärkte** erschlossen und dementsprechend höhere Umsätze erzielt werden. Außerdem können durch Automatisierungsprozesse Ressourcen geschont und Abläufe optimiert werden.

Dennoch bleibt auch der **persönliche Kontakt** ein wesentlicher Erfolgsfaktor im B2B-Bereich. Vor allem bei beratungsintensiven Produkten oder Dienstleistungen, aber auch im Aufbau von Kundenbeziehungen haben analoge Vertriebswege deswegen in vielen Unternehmen weiterhin die Nase vorn.

Angst vor unbekanntem Terrain oder der nicht zu vernachlässigende **zeitliche, technische und finanzielle Aufwand** für die Implementierung neuer Vertriebskanäle können Gründe dafür sein, weshalb Unternehmen lieber an erprobten Strukturen festhalten.

Der Impuls für Käufe kommt heute fast immer vom Kunden. Er entscheidet nicht nur, für welchen Anbieter oder welches Produkt er sich interessiert, sondern auch, wann, wo und wie er mit diesem in Kontakt tritt.

Die **Nutzung der verschiedenen Kontaktmöglichkeiten** sollte daher obligatorisch sein, um im richtigen Moment präsent zu sein. Das betrifft den Onlineauftritt der Website ebenso wie Social-Media-Auftritte, den Messestand oder Verkaufsräume, den Außendienst oder die Telefonzentrale, den Produktkatalog oder den Newsletter.

Die Bedürfnisse der Kunden sollten auf allen Vertriebskanälen in den Vordergrund rücken, um sie bestmöglich durch die unterschiedlichen Phasen des Kundenbindungszyklus begleiten zu können. Dies beginnt schon bei der **Suchmaschinenoptimierung** der Inhalte. Generell sollte das Material (Broschüren, Produktinformationen, Content) gut aufbereitet sein, damit die relevanten Informationen schnell von den Kunden aufgenommen werden können.

Auch **straffe Strukturen bei der Auftragsabwicklung**, um einen einfachen und schnellen Einkauf zu ermöglichen, sowie eine kompetente Beratung und Nachbetreuung seitens der Vertriebsmitarbeiter nutzen dem übergeordneten Ziel, dem Kunden die bestmögliche Erfahrung zu bieten.

Der Wettbewerb ist auch im B2B-Bereich groß. Deshalb sollte der Vertrieb darauf ausgerichtet sein, dem Kunden einen **zusätzlichen Nutzen** zu bieten, der das Unternehmen von seinen Konkurrenten unterscheidet. Das können z. B. maßgeschneiderte Angebotspakete sein oder das Anbieten zusätzlicher passender Leistungen aus dem eigenen Leistungsspektrum.

Kunden wollen heute häufig nicht nur etwas kaufen, sondern Produkte und Leistungen erleben. Durch ein optimales Zusammenspiel der Vertriebskanäle kann man für dieses umfassende **Kundenerlebnis** sorgen.

Damit ist einerseits ein **konsistentes (durchgängiges) Gesamterscheinungsbild** gemeint, sodass der Kunde problemlos zwischen einzelnen Kanälen wechseln kann, ohne die Orientierung zu verlieren. Andererseits kann die Verknüpfung von traditionellen und modernen Werkzeugen insgesamt zu einer verbesserten Kundenerfahrung beitragen, indem z.B. die Außendienstmitarbeiter mit einem Tablet ausgestattet werden, um Informationen, Videos oder Visualisierungen präsentieren und gleichzeitig durch Zugriff auf alle relevanten Kundendaten den Geschäftsabschluss beschleunigen zu können.

Die fortschreitende Digitalisierung ist auch im B2B-Vertrieb bereits spürbar, vollständig ersetzt werden traditionelle Vertriebsstrukturen in unmittelbarer Zukunft dadurch jedoch noch nicht. Darum tun Unternehmen gut daran, ihre analogen Vertriebskanäle um digitale zu erweitern und somit gewinnbringende **Synergien** zu schaffen.

Dies birgt jedoch auch **Risiken**, da die bereits dargestellten unerwünschten Zugriffe von außen auf Systeme möglich sind. Smart Devices, PCs und vernetzte Anlagen werden zunehmend zum Ziel von Hackern. Vernetzte Produktionsanlagen, Fahrzeuge, Verkehrsinfrastruktur und alle anderen mit dem Internet verbundenen Geräte bieten auch Kriminellen neue Möglichkeiten. Unsere digitalisierte Infrastruktur ist nicht nur zunehmend anfällig für Hacks und Manipulationen, sondern aufgrund ihrer höheren Komplexität steigt auch die **Wahrscheinlichkeit von Ausfällen und Unterbrechungen**.

Darüber hinaus besteht natürlich auch die Gefahr, dass andere Unternehmen fremde Vorgehensweisen und Informationen ausspionieren und für sich nutzen können. Auch **Produktspionage** oder **Copyrightverletzungen** spielen in einer vernetzten internationalen Welt eine immer größere Rolle und können für Unternehmen langfristig zu einer Gefahr werden.

Weitere **Risiken** einer zunehmenden Digitalisierung sind
- ein immer höherer Energieverbrauch,
- ein großer Bedarf an Rohstoffen (z.B. seltene Erden),
- ökologische Folgen durch den zunehmenden Einsatz digitaler Endgeräte.

Auf der anderen Seite bestehen aber auch **Chancen** zur Einsparung von Ressourcen durch die zunehmende Digitalisierung, da z.B. Geschäftsreisen durch Videokonferenzen ersetzt werden können. Auch andere Ressourcen können durch digitale Lösungen eingespart werden, wenn z.B. Kataloge nicht mehr gedruckt werden müssen, weil sie am Bildschirm gelesen werden können. Dies spart nicht nur Papier, sondern auch andere Ressourcen wie Kraftstoffe, da diese z.B. nicht mehr verschickt werden müssen.

Sicherheitsrisiken digitaler Geschäftsprozesse und Chancen und Risiken digitaler Technologien bewerten

- **Risiken** digitaler Geschäftsprozesse sind:
  - **Social Engineering**, d.h. die Manipulation oder Beeinflussung von Menschen durch Social Hacking, Phishing, Nicknapping oder andere Maßnahmen
  - **Identitätsdiebstahl**
  - **ungewollte Nutzung von Schadprogrammen (Malware)**, die Viren, Würmer, Trojaner oder andere unerwünschte Schadprogramme enthalten

- Geeignete **Gegenmaßnahmen** sind z. B. Virenschutzprogramme, die Nutzung von Firewalls, sicheren Passwörtern und regelmäßigen Programmupdates.
- Die **Chancen** digitaler Geschäftsprozesse liegen z. B. in der Kundenbindung und der Nachverfolgung von Kundenwünschen.

1. Durch welche Art von E-Mail-Nachrichten versuchen Cyberkriminelle, die Computer der Empfänger zu infizieren?
   1. Spammails
   2. Phishing-Nachrichten
   3. E-Mails mit Schadsoftware
   4. Infektions-E-Mails

2. Welche der folgenden Aussagen über Social Engineering trifft zu?
   1. Beim Social Engineering handelt es sich um eine sozial ausgerichtete Form des Bauwesens.
   2. Social Engineering ist ein gemeinsamer Lösungsansatz für die Beseitigung technischer Probleme.
   3. Social Engineering ist eine Methode der Unternehmensgründung, bei der sowohl der Profit des Unternehmens als auch die Lösung gesellschaftlicher Herausforderungen in Erwägung gezogen werden.
   4. Beim Social Engineering werden irreführende Kommunikationsformen verwendet, um Menschen zur Herausgabe sensibler Informationen zu bewegen.

3. Welche der folgenden Aussagen ist richtig?
   1. Die richtigen Privatsphäre-Einstellungen können einen schützen, trotzdem können persönliche Daten in die falschen Hände geraten.
   2. Gesichtsmerkmale sind so einzigartig, dass die Gesichtserkennungssoftware nicht mal durch eineiige Zwillinge überlistet werden kann.
   3. Identitätsdiebstahl ist nur möglich, wenn sowohl die Gesichtsmerkmale als auch die Stimmmerkmale einer Person geklaut werden.
   4. Durch Make-up und Schminke kann die Gesichtserkennungssoftware mit Leichtigkeit überlistet werden.

4. Die Suchmaschine von Google wird von vielen kritisch gesehen. Warum?
   1. Die Suchergebnisse sind nicht gut.
   2. Es werden massenhaft Nutzerdaten gesammelt.
   3. Die Suchmaschine ist zu langsam.
   4. Google ist ein Monopolanbieter.

5. Welche der folgenden Aussagen über Big Data ist richtig?
   1. Big Data kann verwendet werden, um durch Datenanalyse die Faktoren, die mit einem Sachverhalt in Zusammenhang stehen oder ihn begünstigen, zu identifizieren.
   2. Mithilfe von Big Data kann sichergestellt werden, dass alle Gesellschaftsschichten die gleichen Chancen haben.
   3. Aufgrund von Big Data werden eines Tages keine Ärzte mehr gebraucht, weil alle Krankheiten präventiv behandelt werden können.
   4. Big Data kann nicht für illegale oder unethische Zwecke missbraucht werden, weil alle Daten vom Staat reguliert werden.

6. Was sollte man nicht tun, wenn man ein Erpresservirus (sog. Ransomware) auf seinem Computer entdeckt?
1. ein Foto der Nachricht machen und bei der Polizei Anzeige erstatten
2. das geforderte Lösegeld überweisen
3. einen Virenscan durchführen
4. testen, ob die Daten tatsächlich verloren sind

7. Was soll bei der Erstellung eines Passwortes beachtet werden?
1. Es soll aus Zahlen bestehen.
2. Das Wichtigste ist, dass man es sich leicht merken kann.
3. Es soll aus Buchstaben bestehen.
4. Es soll aus Zahlen, Groß- und Kleinbuchstaben und Sonderzeichen bestehen.

Wiederholung zu Lernfeld 9

Übungsaufgaben

1. Die Primus GmbH betreibt seit einiger Zeit einen eigenen Onlineshop.
   a) Nennen Sie in der folgenden Tabelle je zwei Vor- und Nachteile aus der Sicht der Primus GmbH und aus Kundensicht.

	Vorteile	Nachteile
Kunde		
Primus GmbH		

   b) Die Internetadresse des Onlineshops lautet www.primus-onlineshop.de. Nennen Sie zwei Argumente, die für diesen Namen der Internetadresse sprechen.
   c) Die Mitarbeiter haben bisher wenig Erfahrung mit dem Betrieb eines Onlineshops. Erläutern Sie zwei Alternativen, wie die Primus GmbH auch ohne eigenen Onlineshop Produkte im Internet verkaufen kann.

2. Unterscheiden Sie Stamm- und Bewegungsdaten im Rahmen der Auftragsbearbeitung.

3. Erläutern Sie, wie der Datenschutz für Kundendaten geregelt ist.

4. Beschreiben Sie, was im Zusammenhang mit der Kundenbindung unter Customer-Relationship-Management verstanden wird.

5. Nicole Höver wird von Sabine Berg, der Abteilungsleiterin Verwaltung/Ausbildung, gebeten, für die neuen Auszubildenden einen Vortrag zum digitalen Warenwirtschaftssystem vorzubereiten. Erstellen Sie für Nicole dieses Referat.

6. Erläutern Sie einige Vorteile, die sich aus dem Einsatz eines digitalen Warenwirtschaftssystems ergeben.

7. Beschreiben Sie die Aufgaben, die ein digitales Warenwirtschaftssystem bei der
   a) Datenerfassung,
   b) Datenaufbereitung und
   c) Belegerstellung
   bietet.

8. Nehmen Sie zu folgender Aussage Stellung: „Erst ein funktionstüchtiges digitales Warenwirtschaftssystem ermöglicht optimales Marketing im Groß- und Außenhandel."

Gebundene Aufgaben zur Prüfungsvorbereitung

1. Eine Arbeitsgruppe legt u. a. Maßnahmen zur Datensicherheit fest. Prüfen Sie, welche Maßnahme diesem Ziel dient.
1. die Bereitstellung von Hilfetexten für den Nutzer des Archivierungsprogramms
2. die Festlegung von Berechtigungen zum Löschen gespeicherter Unterlagen
3. ein Informationsschreiben an die Mitarbeiter über ihre gespeicherten personenbezogenen Daten
4. die farbige Unterscheidung der am Bildschirm angezeigten Programmdaten vom Inhalt der angezeigten Unterlage
5. die Freigabe des Menüpunktes „Ausdruck der aktuell angezeigten Unterlage" für alle Nutzer des Archivierungsprogramms

2. Bei der Erhebung statistischer Daten liegt der Personalabteilung ein Fragebogen des Branchenfachverbandes vor. Entscheiden Sie, welche Daten unter Berücksichtigung der Datenschutzgrundverordnung ohne Zustimmung der Mitarbeiter an Dritte weitergegeben werden dürfen.
1. die Religionszugehörigkeit der Mitarbeiter
2. der Familienstand der Mitarbeiter
3. die Anzahl der Mitarbeiter
4. das Geschlecht der Mitarbeiter
5. die Anschriften der Mitarbeiter

3. In Ihrer Verwaltungsabteilung wird ein Auszubildender zur Unterstützung bei der Eingabe am PC angefordert. Vor dem Anlernen am PC weisen Sie den Auszubildenden auf die Konsequenzen bei Datenmissbrauch hin. Prüfen Sie, welcher Fall ein Beispiel für Datenmissbrauch darstellt.
1. Die Personalabteilung speichert personenbezogene Daten eines Mitarbeiters, die sie zur Gehaltsabrechnung benötigt.
2. Die Vorgesetzte veranlasst die Löschung von personenbezogenen Daten eines Mitarbeiters, der aus dem Unternehmen ausgeschieden ist.
3. Ein Datenschutzbeauftragter kommt in vierteljährlichen Abständen zur Überprüfung der Computeranlage und testet das Programm.
4. Um häufige Rückfragen zu vermeiden, werden wichtige personenbezogene Daten grundsätzlich vervielfältigt und allen Abteilungen zugesandt.
5. Alle Daten bzw. Formulare, die nach der Bearbeitung nicht mehr benötigt werden, werden am gleichen Tage vernichtet.

4. Unternehmen, die wie die Primus GmbH personenbezogene Daten speichern, haben einen Datenschutzbeauftragten zu bestellen. Stellen Sie fest, welche Regelung die Datenschutzgrundverordnung enthält, die für die Arbeit des Datenschutzbeauftragten wichtig ist.
1. Speicherung und Verarbeitung personenbezogener Daten sind nur erlaubt, wenn die schriftliche Einwilligung des Betroffenen vorliegt.
2. Die erstmalige Speicherung von Daten einer Person ist gesetzlich erlaubt und muss dem Betroffenen nicht mitgeteilt werden.

3. Die Übermittlung personenbezogener Daten an Dritte ist grundsätzlich zulässig.
4. Speicherung und Verarbeitung von Daten aller Art bedürfen der Genehmigung der/des Datenschutzbeauftragten.
5. Der Datenschutzbeauftragte hat die Verarbeitung von Beschaffungs- und Umsatzdaten zu kontrollieren.

5. In Ihrer Personalakte sind personenbezogene Daten enthalten. Welche Rechte stehen Ihnen hier nach der Datenschutzgrundverordnung zu?
1. Zugriffsrecht, Berichtigungsrecht, Löschungsrecht
2. Speicherungsrecht, Löschungsrecht, Sicherungsrecht
3. Berichtigungsrecht, Speicherungsrecht, Schutzrecht
4. Einsichtsrecht, Berichtigungsrecht, Löschungsrecht
5. Zugriffsrecht, Löschungsrecht, Auskunftsrecht

6. Entscheiden Sie, in welchem Fall es sich um eine Maßnahme im Sinne der Datenschutzgrundverordnung handelt.
1. Ein Mitarbeiter sichert Lagerbewegungen auf einem Datenträger mit Schreibschutz.
2. Ein Notstromaggregat verhindert bei Stromausfall den Verlust von Daten im Computer.
3. Ein Mitarbeiter erhält von seinem Unternehmen Auskunft über die zu seiner Person gespeicherten Daten.
4. Ein Programmierer erstellt eine Sicherungskopie von einem neu erstellten Lagerverwaltungsprogramm.
5. Ein Prüfziffernverfahren verhindert die Eingabe einer falschen Warennummer.

7. Ihnen wurde im Unternehmen die Aufgabe des Datenschutzbeauftragten übertragen. Geben Sie an, von wem Sie für diese Funktion benannt werden müssen und was in dieser Funktion zwingend zu ihrer Aufgabe gehört (zwei Antworten).
Benennung:
1. von der zuständigen Behörde
2. von der Geschäftsleitung
3. von der EDV-Abteilung
4. vom Personalchef
5. vom Betriebsrat
Zwingende Aufgaben:
1. die Entwicklung innerbetrieblicher Software
2. die Schulung der Mitarbeiter, wenn neue Software angeschafft wird
3. die Vergabe persönlicher Passwörter an die Mitarbeiter
4. die Überwachung des ordnungsgemäßen Umgangs mit personenbezogenen Daten

8. Ihr Unternehmen erfasst und verarbeitet personenbezogene Daten elektronisch. Diese Daten müssen vor unberechtigtem Zugriff geschützt werden. Wie können Sie dies erreichen?
1. Personenbezogene Daten dürfen nur von Führungskräften verarbeitet werden.
2. Es muss in jedem Fall ein Datenschutzbeauftragter eingestellt werden, der die Mitarbeiter ständig bei der Speicherung betriebsbedingter Daten überwacht.
3. Durch einen Aushang am Schwarzen Brett müssen die Mitarbeiter darauf hingewiesen werden, dass alle personenbezogenen Daten sicherheitshalber sechs Jahre zu speichern sind und danach gelöscht werden müssen.
4. Es wird festgelegt, welche Personen Zugang zu den Daten erhalten. Zugriffsberechtigte Personen erhalten ein Kennwort, eine Freigabe der Daten durch den Computer erfolgt durch die Eingabe des Kennwortes.

5. Zugriffsberechtigte Personen müssen die Berechtigung durch ein polizeiliches Führungszeugnis nachweisen.

9. Prüfen Sie, ob Sie gemäß der Datenschutzgrundverordnung die in der Bildschirmmaske eingetragenen Kundendaten (Firma, Adresse, Telefonnummern, Ansprechpartner) speichern dürfen.
1. Ja, weil diese Kundendaten keine geschützten Daten sind.
2. Nein, diese Daten dürfen grundsätzlich nicht gespeichert werden.
3. Nein, weil Sie dem Kunden vor der Speicherung eine Kopie der gespeicherten Daten schicken müssen.
4. Nur, wenn der Kunde gleichzeitig die Daten der Primus GmbH erhält.
5. Nur, wenn der Kunde der Speicherung zugestimmt hat.

10. In der Personalabteilung werden personenbezogene Daten automatisch verarbeitet. Prüfen Sie, in welcher Situation gegen die Datenschutzgrundverordnung verstoßen wird.
1. In der Personalbuchhaltung werden die Gehaltsgruppen der Mitarbeiter gespeichert.
2. In der Hauptbuchhaltung wird die Gehaltsliste gebucht.
3. Die Daten aus den Ausbildungsverträgen der Auszubildenden werden der Industrie- und Handelskammer übermittelt.
4. Der Pförtner erhält die Namensliste einer Besoldungsgruppe.
5. Nach Krankmeldung (Arbeitsunfähigkeitsmeldung) eines Mitarbeiters wird die Krankheitsursache dem Betriebsrat mitgeteilt.

11. Welche Aussage ist richtig?
1. Es gibt mittlerweile gute Alternativen zu WhatsApp, Google und Co., die die Nutzerdaten nicht sammeln und analysieren.
2. Sichere E-Mail-Postfächer sind sehr teuer und nur für wohlhabende Menschen zugänglich.
3. Apps aus dem App-Store des eigenen Smartphones dürfen die eigenen Daten nicht sammeln.
4. Solange das Facebook-Profil nur für die eigenen Freunde sichtbar ist, braucht man sich keine Gedanken darüber zu machen, was man darauf postet.
5. Informationen auf privaten Instagrammaccounts sind sicher, da nur die berechtigten Follower sie lesen können.

12. Wenn Cyberkriminelle versuchen, an Daten zu gelangen, möchten sie diese für bestimmte illegale Zwecke nutzen. Welche der folgenden kriminellen Ziele hängen mit Datendiebstahl zusammen? Wählen Sie alle korrekten Antworten aus.
1. Daten auf Onlinemarktplätzen verkaufen
2. Opfer um Geld erpressen, damit ihre Daten nicht veröffentlicht werden
3. Chaos stiften und anderen Organisationen, Systemen oder der Gesellschaft wirtschaftlichen Schaden zufügen
4. ein Smartphone oder ein anderes digitales Gerät stehlen
5. unerkannte Installation eines Keyloggers, um Kennungen und Passwörter auszuspionieren

13. Welche Gruppen interessieren sich für Ihre Daten? Wählen Sie die Antwort aus, die Ihrer Meinung nach alle richtigen Interessengruppen auflistet. Es kann nur eine Antwort richtig sein.
1. der Arbeitgeber und die Krankenkasse
2. der Arbeitgeber, die Krankenkasse und die Werbeindustrie

3. der Arbeitgeber, die Krankenkasse und der Staat
4. der Arbeitgeber, die Krankenkasse, der Staat und die Werbeindustrie
5. Niemand interessiert sich für meine Daten, ich bin schließlich keine prominente Person.

14. Wie kann die Vertraulichkeit von Daten gewährleistet werden?
1. durch eine dauernde Verfügbarkeit des Internet
2. durch die Verschlüsselung von Daten
3. durch die Sicherung von Daten
4. dadurch, dass Daten nur an enge Freunde weitergegeben werden
5. dadurch, dass Daten nur extern auf einem USB-Stick gespeichert werden

15. Überprüfen Sie die nachfolgenden Aussagen und geben Sie eine
1 an, wenn es sich um Aussagen zur Datensicherheit handelt
2 an, wenn es sich um eine Aussage zum Datenschutz handelt
1. Alle Daten eines Unternehmens sollen vor unberechtigtem Zugriff von innen und außen geschützt werden.
2. Es handelt sich um Maßnahmen zum Schutz von personenbezogenen Daten.
3. Die Daten selbst sollen vor Verfälschung, Verlust, Beschädigung oder unerlaubtem Zugriff geschützt werden.
4. Die Maßnahme soll die Privatsphäre der Personen vor missbräuchlicher Datenverwendung schützen.
5. Personenbezogene Daten sollen vor unerlaubtem Zugriff, unerlaubter Weitergabe oder unberechtigter Übertragung geschützt werden.

16. Im Rahmen der Datensicherung werden unterschieden
1 organisatorische Maßnahmen   2 technische Maßnahmen   3 Softwaremaßnahmen
Ordnen Sie die folgenden Maßnahmen den Maßnahmenarten durch Angabe der jeweiligen Nummer zu.
1. Prüfziffernverfahren
2. Feuerhemmende Wände und Türen
3. Regelmäßige Datensicherungen
4. Einrichtung einer unterbrechungsfreien Stromversorgung
5. Datumsüberprüfung auf Plausibilität

17. Welche der Aussagen über Datenschutz und Datensicherheit sind richtig? Mehrere richtige Antworten sind möglich. Tragen Sie bei den richtigen Aussagen eine 1, bei den falschen eine 9 ein.
1. Der Datenschutz umfasst alle Maßnahmen zum Schutz der firmenbezogenen Daten vor missbräuchlicher Verwendung.
2. Datensicherheit bezeichnet einen anzustrebenden Zustand, der durch geeignete Maßnahmen der Datensicherung erreicht werden kann.
3. Personenbezogene Daten sind Einzelangaben über persönliche oder sachliche Verhältnisse natürlicher sowie juristischer Personen
4. Personenbezogene Daten deren Richtigkeit umstritten ist, müssen gelöscht werden.
5. Die Datenschutzgrundverordnung hat den Bürgern eine Reihe von Rechten wie z. B. auf Auskunft, Umwandlung, Geheimhaltung, Löschung ihrer persönlichen Daten gegeben.
6. Auch der Schutz von Programmen vor Verfälschung oder Vernichtung gehört zu den Maßnahmen der Datensicherung.

Sachwortverzeichnis

A
ABC-Analyse 205
Abfertigung zum besonderen Verkehr 301
Abgangszollstelle 302
Abladegeschäft 268
Absatzcontrolling 200
Absatzformen 136
Absatzmarketing 110
Absatzmarketingkonzept 194
Absatzmethoden 133
Absatzplanung 128, 131
Absatzwege 134
Absatzwerbung 145
Abschreibungsintensität 424
Abschreibungsplan 373
AfA-Tabelle 374
After-Sales-Service 474
aktive Rechnungsabgrenzung 354
aktiver Veredelungsverkehr 303
allowance 92
All-Risk-Deckung 246
andere Gewinnrücklagen 342
Angebotsmonopol 112, 178
Angebotsoligopol 112, 177
Angebotspolypol 173
Angebotsüberhang 175
Anhang 348, 404
Anlagendeckung I 415
Anlagendeckung II 415
Anlagenspiegel 343
Anlagevermögen 412
Anlagevermögens 393
Anlagevermögensintensität 412
Annahmeverzug 38
Anschaffungskosten 371, 393, 394
Answering complaints on the phone 90
Antidumpingzoll 305
arglistig verschwiegener Mangel 27
Arten von Werbung 147
ATLAS-Einführ 299
ATLAS-Versand (NCTS) 302
Aufwandsintensitäten 424
Aufwendungen 345
Ausfuhrbürgschaft 253
Ausfuhrgarantie 253
Ausgaben 354
Ausgleichsgeber 184
Ausgleichsnehmer 184
Ausgleichszoll 305
Ausschreibungen 264
außerordentliches Ergebnis 347
Ausstellungen 143

B
Balkendiagramme 409
Bankgarantie 229
Bannerwerbung 155
bargeldlose Zahlung 43
Barzahlung 42
Bearbeitung des Auftrages 487
Befragung 119, 122
Benchmarking 120
Beobachtung 125
Beschaffungsmarketing 110
Bestimmungsort 281
Bestimmungszollstelle 302
Betriebsergebnis 345, 423
betriebsexterne Quellen 116
betriebsinterne Quellen 116
Betriebs- oder Branchenvergleich 407
Betriebsunterbrechungsversicherung 85
Bewegungsdaten 470
Beweisumkehrlast 27
Bewertungsstetigkeit 388
Bewertungsvereinfachungsverfahren 395
Bewertungsvorschriften 387
Bezahlung im Inlandsgeschäft 42
BIC 44
Bilanz 344
Bilanzanalyse 404, 405, 406
Bilanzgewinn 342
Bilanzgleichheit 388
Bilanzgliederungsschema 339
Bilanzidentität 388
Bilanzkennzahlen 411
Bill of Lading – B/L 289
Bonus 189
Bordkonnossement 289
Boston Consulting Group 202
Branchenvergleiche 120
Bruttopreissystem 185
Buchung der Abschreibung 377
Buchwert 375
Bundesdatenschutzgesetz (BDSG) 464
Bürgerlicher Kauf 20
Bürgschaftskredit 80
Business-to-Administration 114
Business-to-Business 114
Business-to-Consumer 114

C
Carriage Paid To 283
cash cows 203
Cashflow 425
Cashflow-Umsatzrate 426
CE-Kennzeichen 453
CFR 280
Chipkarte 49
CIF 280
CIM 293
CIP 280
CISG 259
Cloud-Computing 468
CMI 244
CMNI 244
CMR 244
compensation 93
contract problems 92
Controlling 405
Cookies 482
Corporate Identity 159
Cost and Freight 283
Cost and Insurance Paid To 283
Cost Insurance and Freight 283
CPT 280
CRM 476
Customer-Relationship-Management 476
Customizing 460
Customizing- oder Konfigurationsdaten 470

D
DAP 280
Darstellung der Unternehmensergebnisse 408
Das SEPA-Verfahren 44
Datenkategorien 470
Datenminimierung 466
Datenschutz 463, 464
Datenschutzbeauftragte 467
Datenschutzgrundverordnung (DSVGO) 463
Datensicherung 467, 468
Datensparsamkeit 466
Dauerauftrag 45
DDP 280
Deckungsbeitragsrechnung 206
Deckungskauf 36
defects 92
Delcredereprovision 432
Delivered At 283
Delivered At Place 283
Delivered Duty 283
Designschutz 170
Devisenkassamittelkurs 398
Devisenoptionsgeschäft 234
Devisentermingeschäft 233
differenzielles Back-up 469
digitale Vertriebskanäle 479
direkter Absatz 135
Display Advertising 155

Distributionspolitik 133
Documents against Acceptance – D/A 223
Documents against Payment – D/P 222
Dokumente gegen Akzept 223
Dokumente gegen Kasse 222
Dokumentenakkreditiv 223
Dokumentengeschäft 269
Dokumenteninkasso 222
DPU 280
Drittlandszollsatz 305
Durchschnittsbewertung 395

E
E-Commerce 114
Eigenkapital 341
Eigenkapitalintensität 413
Eigenkapitalquote 413
Einbruchdiebstahlversicherung 84
Einfuhranmeldung 299
Einfuhrumsatzsteuer 306
Einheitsbilanz 339
Einnahmen 354
Einpunktklausel 281
Einrede der Verjährung 76
Einzelanalyse 407
Einzelbewertung 388, 395
Einzelpolice 293
Einzugsermächtigung 45
Electronic Banking 47, 50
Electronic-Banking-Systeme 47
Electronic Cash 47
elektronischer Einkauf über das Internet 450
E-Mail-Marketing 153
Embargo 252
emotionale Werbung 167
E-Payment-Verfahren 52
Erfüllungsbetrag 398
Erfüllungsgeschäft 20
Ergebnis der gewöhnlichen Geschäftstätigkeit 345, 423
Ergebnis vor Steuern 347
Erinnerungswert 375
ERP-Systeme 457
Ersatzlieferung 27
Erträge 345
Ertragslage 345
EU-Datenschutzgrundverordnung (DSVGO) 464
EU-Umwelt-Audit-Verordnung 453
Experiment 126
Export-Factoring 228
externe Informationen 404
EXW 280
Ex Works 282

F
Facebook 154
Factoring 432

Factoringnehmer 432
Faktormärkte 172
Falschlieferung 26
FAS 280
FCA 280, 281
Feuerversicherung 84
Fifo-Methode 397
Finanzergebnis 345
Finanzierung 189
Finanzmarketing 111
Firmenrechtsschutzversicherung 85
Fixkauf 36
Flächendiagramm 408
FOB 280
Forderungen 344
Forderungsabtretung 432
Forfaitierung 227, 234, 253
formales Layout des Geschäftsbriefes 93
Fragebogen 123
Franchising 141
Free Alongside 282
Free Carrier 282
Free On Board 282
Freihandelsabkommen 314
Freihandelszone 316
Fremdkapitaldeckung 414
Fremdkapitalintensität 414
Fremdwährungskonto 234
Fremdwährungskredit 234

G
Garantie 29, 189
GATT (General Agreement on Tariffs and Trade) 314
Gattungskauf 21
Gebrauchsmusterschutz 169
Gefahrenübergang 281
Gemeinschaftsware 301
Generalpolice 295
gerichtliches Mahnverfahren 63
geringwertige Wirtschaftsgüter (GWG) 378
gesamtschuldnerische Bürgschaft 81
Geschäftsergebnis 349
Geschäftsverlauf 349
Gesetzes gegen den unlauteren Wettbewerb 162
gesetzliche Rücklage 342
Gestellung 300
gewerblicher Rechtsschutz 167
Gewichtszoll 304
Gewinnrücklagen 342
Gewinn- und Verlustrechnung 345, 422
Gewinnvortrag 342
gezeichnetes Kapital 341
girocard 47
Gläubigerschutz 339
Gläubigerschutzprinzip 388

Gläubigerverzug 38
Gleichgewichtspreis 175
Gliederung des Anlagevermögens 371
Gliederungsvorschriften 339
Globalisierung 114
Going concern 388
goldene Finanzierungsregel 414
Grundkapital 341
Grundsätze der Werbung 146
GS-Zeichen 453
Gütermärkte 173
GuV-Rechnung 345

H
Haftpflichtversicherung 85
Haftungskapital 341
Handelsabkommen 314
Handelsbeschränkungen 312
Handelsbilanz 339, 387
Handelsbrauch 279
Handelsbräuche 260
Handelsgesetzbuch (HGB) 336
Handelskauf 21
Handelsrechnung 296
Handelsvertreter 138
Händlerpromotion 156
Hausmessen 142
Havarei 247
Hermesdeckung 228, 253
Herstellungskosten 372, 393
High Context Culture 218
Hochpreispolitik 184
Höchstwertprinzip 390

I
IATA-Luftfrachtbrief (Airway Bill) 293
IBAN 44
Identitätsdiebstahl 501
immaterielle Vermögensgegenstände des Anlagevermögens 393
Imparitätsprinzip 388, 390
INCOTERMS® 2020 278
indirekter Absatz 135
informationelle Selbstbestimmung 464
inkrementelles Back-up 470
Inländerprinzip 315
Instagram 154
Institute Cargo Clauses 246
Instrumente des operativen Absatzcontrollings 204
Interessenten am Jahresabschluss 338
interkulturelle Kompetenz 219
internationale Arbeitsteilung 318
internationaler Eisenbahnfrachtbrief 293

internationaler Eisenbahngütertransport 239
internationaler Frachtbrief im Straßengüterverkehr (CMR) 292
internationale Schiedsverfahren 262
internationales Kaufrecht 259
internationales Privatrecht 258
interne Informationen 404
Internetkauf 52
Internetzollanmeldung 299
Investitionspolitik 344

J
Jahresabschluss 336
Jahresfehlbetrag 347
Jahresüberschuss 342, 347
Jahresüberschuss-/fehlbetrag 423
Jahreszinsen 69

K
Kalkulationszuschlagssatz 182
Kapitalanlage 414
Kapitalaufbau 413
Kapitalrücklagen 342
Kapitalstruktur 344
Kartenzahlungssysteme 46
Katastrophenverschleiß 373
Käufermarkt 112
kaufmännische Zinsrechnung 70
Kauf nach Probe 272
Kaufvertrag 19
Klarheit 339
Kollisionsrecht 258
Kommissionär 140
Kommunikationspolitik 144
Konditionenpolitik 188
Konkurrenzanalyse 116, 117, 118, 119
konkurrenzorientierte Preisbildung 183
Konnossement 289
Konsulatsfaktura 296
kontaktloses Bezahlen 49
Kontrolle 405
Konvertierungsrisiko 252
kostenorientierte Preisbildung 181
Kostenübergang 281
Kreditkarten 46
Kreditsicherung 221
Kreditversicherung 85
Kulanz 29
Kunde 111
Kundenanalyse 116, 117, 118
Kundenkarten 47
Kundenmanagementsystem 476
Kundenorientierung 111

Kundenzufriedenheitsanalyse 118
Kurven- oder Liniendiagramm 409

L
Lagebericht 349
Lagergeschäft 134
Lastschriftverfahren 45
Leasing 431
Leasinggeber 431
Leasingnehmer 431
Leistungsabschreibung 376
Leitungswasserversicherung 84
Lenkungsfunktion 176
letter of adjustment 88, 96
letter of complaint 88, 92
Letter of Credit – L/C 223
Lieferantenerklärung 297
Lieferkettenmanagement 450
Lieferort 281
Lifo-Methode 396
lineare Abschreibung 374
LinkedIn 154
Liquidität 415
Lombardkredit 82
Low Context Culture 218
Luftfracht 241

M
Mahnbescheid 63
Mahnung 33
Mahnverfahren 62
making complaints on the phone 88
Makler 141
Malware 502
Mängelarten 26
Markengesetz 168
Marketing 110
Marketingaktivitäten 110
Marketingbudget 110
Marketinginstrumente 131, 193
Marketingkonzeptes 110
Marketingmix 193
Marketingstrategien 129
Marktabschöpfungspolitik 184
Marktanalyse 117
Marktanteil 122
Marktarten 172
Marktbeobachtung 117
Marktdurchdringungspolitik 184
Markterkundung 117
Marktformen 112, 173
Marktforschung 115, 116, 117
Marktführer 121
Marktkräfte 113
Marktpotenzial 122
Marktprognose 117
Marktsegmentierungsstrategien 130

Marktsituation 109
Marktstellung 116
Markttest 126
Marktveranstaltungen 136
Marktvolumen 122
Meistbegünstigung/Nichtdiskriminierung 315
Methoden der Marktforschung 117
Mindermengenzuschläge 190
Minderung des Kaufpreises 27
Mischkalkulation 184
Mobile-Payment-Verfahren 51
Monatszinsen 69
Moratorium (Zahlungsaufschub) 252
MÜ 244
Multi-Channel-Strategie 474

N
Nachbesserung 27
Nachfragemonopol 112
nachfrageorientierte Preisbildung 182
Nachfrageüberhang 175
Nachfristsetzung 34
Nämlichkeitssicherung 301
Negotiable FIATA Multimodal Transport Bill of Lading (FBL) 291
Nettopreissystem 185
Neubeginn der Verjährung 77
Newsletter 153
Nichterfüllungsschaden 34
Nichtgemeinschaftsware 299
Nicht-rechtzeitig-Lieferung 33
Nicht-rechtzeitig-Zahlung 54
nicht tarifäre Handelsbeschränkungen 312
Niederstwertprinzip 389
Niedrigpreispolitik 184
Nischenanbieter 121
Notverkaufs 40
Nutzenmaximierung 174

O
Offener Mangel 26
offene Rücklagen 342
Öffentlichkeitsarbeit 157
Onlinebanking 50
Onlinebezahldienste 52
Onlinemarketing 152
Onlinemarktplätze 481
Onlineshop 481
operatives Absatzcontrolling 202

P
Packliste 296
Paid 283
Panel 125
passive Rechnungsabgrenzung 356
Patentschutz 168

Periodenabgrenzung 388
periodengerechte Erfolgs-
　ermittlung 354
permanente Umsatzkontrollen
　204
Personalaufwandsintensität
　424
Personalkredite 80
Personalmarketing 110
personenbezogene Daten
　464
Pfandsiegel 63
Pfändung 63
PIN 48
Place Unloaded 283
planmäßige Abschreibungen
　372
politische Risiken 251
Polypol 112
poor dogs 203
Portfolioanalyse 202
Präferenzräume 316
Präferenzregeln 317
Präferenzzollsatz 305, 317
Preisbildung 172
Preisdifferenzierung 183
Preiselastizität der Nachfrage
　179
Preisführer 183
Preispolitik 172
Preisstellungssysteme 185
Preisuntergrenze 182
Pre-Sales-Service 188
Primärdaten 117
Primärforschung (Field
　Research) 117
Produkthaftungsrecht 260
Produktlebenszyklus 203
Proforma-Rechnung 296
psychologische Preisfest-
　setzung 184
Public Relations 157

Q
Qualitätsaudit 159
Qualitätsbestimmung 272
Qualitätskontrolle 493, 494
Qualitätsmanagement 452
Qualitätsmanagementsysteme
　452
Qualitätssicherung 452, 493,
　494
Quantitätsmangel 26
question marks 203
Quittung 42

R
Rackjobbing 134
RAL Gütezeichen 169
Realisationsprinzip 388
Realkredite 81
Rechnungsprüfung 56
Rechtsmangel 26
Reisende 136

Reklamationsmanagement 29,
　87
Renner-Penner-Listen 206
Resource Planning 457
Restwert 375
Retourenmanagement 30
Reziprozität 315
Risikoabsicherung 80
Rohergebnis 345
Rücklagen 341
Rückmietverkauf 431
Rückstellungen 364
Rücktritt vom Kaufvertrag 27
Rügepflicht 25
ruhender Verschleiß 373

S
Sachmängelhaftungs-
　ansprüche 27
Sachversicherungen 84
Saldierungsverbot 388
Sale-and-lease-back 431
satzungsgemäße Rücklage
　342
Säulendiagramme 409
Schadenersatz statt der
　Leistung 27, 34
Schadensberechnung 36
Schadprogramm 502
Schlechtleistung 25
Schlussbilanzkonto 344
Schulden 398
Schuldnerberatung 65
Schwachstromanlagen-
　versicherung 84
SCM-Software 451
Seefrachtverkehr 240
Sekundärdaten 116
Sekundärforschung
　(Desk Research) 117
Selbsthilfeverkaufs 39
Selbstinverzugsetzung 33
selbstschuldnerische
　Bürgschaft 81
Serviceleistungen 190
Servicepolitik 187
Ship 282
Sicherheitszeichen 453
Sicherungsübereignungskredit
　82
Social Engineering 499
Social-Media-Marketing 480
Sofortrabatte 189
Soll-Ist-Vergleich 407
Sonstige Forderungen 359
Sonstige Verbindlichkeiten
　359
soziale Netzwerke 153
Staatliche Exportkredit-
　garantie 228, 253
Stabdiagramme 409
Stakeholder 405
Stammdaten 470
Stammkapital 341

Stärken-Schwächen-Profile
　120
stars 203
statistische Aufbereitung der
　Bilanz 411
Steuerbilanz 339, 387
Steuerung 405
stille Reserven 342, 432
stille Rücklagen 342
strategisches Absatz-
　controlling 202
strategisches Marketing 128
Streckengeschäft 22, 134
strenges Niederstwertprinzip
　394
Streugebiet 150
Streukreis 148
Streuzeit 149
Strukturierung der Bilanz 410
Stückkauf 21
Stufen der Verarbeitung 448
Suchmaschinenoptimierung
　153
Suchmaschinenwerbung 152
summarische Anmeldung 300
summarische Eingangs-
　meldung 300
Supply Chain Management
　447
Supply-Chain-Management
　450
SWOT-Analyse 120

T
Tabelle 408
Tageszinsen 70
TARIC 304
tarifäre Handels-
　beschränkungen 312
technischer Verschleiß 373
technische Überholung 373
Teilerhebung 117
Telefonbanking 51
Telemediengesetz 481
Terminüberwachung bei
　Forderungen 55
Transferrisiko 252
Transportdokumente 289
Transportrisiken 236
Transportversicherung 84, 245
Transportversicherungspolice
　293

U
Übereinkommen 244
Überlassung der Ware zum
　zoll- und steuerrechtlich
　freien Verkehr 299
Übernahme der Artikeldaten
　aus der Artikeldatei 489
Übernahme der Kundendaten
　aus der Adressendatei 488
Übersichtlichkeit 339
Überweisung 44

Umlaufvermögen 389, 397, 412
Umlaufvermögensintensität 412, 413
Umsatzintensität 424
unelastische Nachfrage 178
ungewisse Verbindlichkeiten 364
UN-Kaufrecht 259
unternehmenseigene Absatzorgane 136
unternehmensfremde Absatzorgane 136, 138
Unternehmensführung 405
Unternehmenskategorien nach HGB 337
Unternehmenswebsite 152, 475
Unternehmerrückgriff 29
Unterversicherung 84
Ursprungswaren 317
Ursprungszeugnis 296

V
Valutierung 190
Verbindlichkeiten 343, 398
Verbindlichkeitenspiegel 343
Verbraucherpromotion 157
Verbrauchsfolgen 396
Verbrauchsgüterkauf 21
Verbrauchsteuern 307
Verjährung 76
Verjährungsfristen 76
Verkäufermarkt 112
Verkaufsniederlassungen 137
Verkaufspromotion 155
verkürzte Bilanz 339
Verlustvortrag 342
Vermögensaufbau 411
Vermögensstruktur 344, 412

Vermögensversicherungen 85
Verpflichtungsgeschäft 20
Versandverfahren T1 301
Verschulden des Lieferers 34
Verschuldung 414
Verschuldungskoeffizient 414
Versicherungen 83
Versicherungsdokumente 293
versteckter Mangel 26
Vertragshändler 141
Verzögerungsschaden 34
Verzugszinsen 57
virtuelle Märkte 113
Voll-Back-up 469
Vollerhebung 117
vollkommener Markt 174
Vollstreckungsbescheid 63
Vorsichtsprinzip 388
vorübergehende Einfuhr 302

W
Wachstumsstrategien 129
Währungsrisiken 232
Währungsverbindlichkeiten 398
Wareneinsatzintensität 424
Warenkreditversicherung 228
Warenverkehrsbescheinigung 297
Warenwertpapier 289
Werbeagentur 151
Werbebotschaft 148
Werbebudget 150
Werbeerfolgskontrolle 151
Werbeintensität 150
Werbemittel 149
Werbeplan 148
Werberat 166
Werbeträger 149

Werteverfall 373
Wertschöpfung 449
Wertschöpfungskette 447, 449
Wertzoll 304
Wettbewerberanalyse 119
Wettbewerbsorientierung 111
Wettbewerbsstrategien 130
Willenserklärung 19
World Trade Organization 314
WTO 314

Z
Zahlungserinnerung 62
Zahlungsgarantie 229
Zahlungsunfähigkeit 415
Zahlungsverbot 252
Zahlungsvereinfachungen 45
Zahlungsverzug 56
Zeitvergleich 407
Zinsrechnen 68
Zinsrechnung auf Hundert 72
Zinssatz 68
Zolldokumente 295
Zölle 304
Zollfaktura 296
Zolllager 303
Zollunion 316
Zollwert 306
Zugangsbewertung 371
Zusatzzoll 305
Zuschlagskalkulation 182
Zuschreibungsgebot 389
Zustandekommen des Kaufvertrages 19
Zwangsvollstreckung 63
Zweckkauf 34, 36
Zweipunktklausel 281
zweiseitiges Monopol 112
zweiseitiges Oligopol 112

Bildquellenverzeichnis

Beiersdorf AG, Hamburg: S. 169.1

Bergmoser + Höller Verlag AG, Aachen: Zahlenbilder S. 168.1

Bundesamt für Sicherheit in der Informationstechnik, Bonn: S. 500.1

CTO Software GmbH, Aachen: S. 457.1, 458.1, 458.2, 487.1, 488.1, 489.1

Euler Hermes Deutschland, Hamburg: S. 228.1

Fiata, Glattbrugg: S. 291.1

Foto Stephan - Behrla Nöhrbaß GbR, Köln: S. 15.1, 15.2, 18.1, 25.1, 42.1, 68.1, 76.1, 271.1, 385.1, 392.1, 456.1, 462.1

fotolia.com, New York: 12ee12 317.1; aerogondo 447.1; B. Wylezich 147.1, 393.1; contrastwerkstatt 358.1, 403.1; DOC RABE Media 119.1; eyewave 44.1; Fineas 195.1; Flächle, Jürgen 34.1; fotogestoeber 172.1; Franz Pfluegl 21.1; goodluz 498.1; hercher 90.1; Jeanette Dietl 422.1; Johanna Mühlbauer 147.2; Jung, Christian 187.1; maho 191.1; Markus Bormann 98.2; Markus Mainka 99.1; markus_marb 36.1; motorradcbr 54.1; mpanch 233.1, 233.2, 234.1, 234.2; neon2 370.1; nito 98.1; Nivens, Sergey 217.4; Rido 89.1; RioPatuca Images 354.1; Robert Kneschke 284.1; Sabine Teicher 21.2; styleuneed 34.2, 181.1, 364.1; tuanyick 50.4; vege 285.2; Wylezich, B. 66.1

Funk Versicherungsmakler GmbH, Hamburg: S. 252.1

Galas, Elisabeth, Schwelm: S. 9.1, 9.2

Henkel AG & Co. KGaA, Düsseldorf: S. 169.2, 169.5

iStockphoto.com, Calgary: Rido 493.1; studiocasper 261.2; zentilia 202.2

Koelnmesse GmbH, Köln: S. 197.1

MÄURER + WIRTZ GmbH & Co. KG, Stolberg: S. 169.3

Microsoft Deutschland GmbH, München: S. 109.1, 495.3, 496.1, 496.2, 497.1, 497.2

OBI Group Holding SE & Co. KGaA, Wermelskirchen: S. 141.2

PantherMedia GmbH (panthermedia.net), München: Shironosov, Dmitriy 47.1

Picture-Alliance GmbH, Frankfurt/M.: dpa-infografik 45.1, 119.2, 455.1, 504.1; dpa-infografik GmbH 475.1; dpa/duisport 240.1; REUTERS/EMMANUEL FOUDROT 319.1; REUTERS/POOL 310.1

Postbank – eine Niederlassung der Deutsche Bank AG, Bonn: S. 49.1, 49.2

RAL Deutsches Institut für Gütesicherung und Kennzeichnung e. V., Bonn: S. 169.6, 169.7, 169.8, 169.9, 454.1

RNKVERLAG Reimer Nachf. Kuhn Stiftung & Co. KG, Braunschweig: S. 64.1, 64.2

Shutterstock.com, New York: Fresh_Studio 244.4; metamorworks 499.1; Monkey Business Images 48.1; ricochet64 314.3; Rust, Thorsten 316.1; Standard Studio 454.2

Stiftung Warentest, Berlin: S. 454.4

Bildquellenverzeichnis

stock.adobe.com, Dublin: 12ee12 221.2; 4frame group 286.1; Addi30 237.3; Aintschie 221.1, 282.1; ake1150 300.1, 300.5; Aldeca Productions 88.2; Alexander, U. J. 82.1; Alexandr Bognat 159.1; Alliance 88.3; anyaberkut 219.2; Apart Foto 50.3; aquar 123.3; Argus 314.2; ASDF 118.1; baranq 278.1; benjaminnolte 236.1; Best, Riko 146.1; bilderstoeckchen 26.1; Bill Perry 215.1; blackday 39.1; blende11.photo 386.1; bluedesign 284.2, 300.2, 304.1; Brad Pict 151.1; christianchan 221.3; contrastwerkstatt 128.1, 174.1; Countrypixel 269.2; Deminos 97.1; deniskomarov 123.1; donvictori0 Titel, 322.4; Drobot, Dean 216.1; dzmitrock87 191.2; Edler von Rabenstein 42.2; eshma 299.2; faithie 483.1; Fatman73 50.1; Fiedels 122.1; finecki 190.2; fizkes 216.2; fotohansel 244.5; Fotoimpressionen 158.2; fotomek 130.1; froto 33.1; FSEID 149.1; Grinvalds, Kaspars 167.1; Have a nice day 217.2; Herz-Perspektive 125.1; Hin255 217.1; Hubka, Michal 244.1; ideenwerk werbeagentur gmbh/viennapro 178.1; JackF 144.1; jalisko 88.1; Jarretera 482.1; joyfotoliakid 115.1; Kalyakan 269.1; Kara 237.2; Kneschke, Robert 47.2, 155.1, 162.1; Körber, Stefan 237.1; liderina 131.1; likee68 114.1; lochstampfer 202.4; lovelyday12 56.1; LVDESIGN 300.4; m.mphoto 239.1; makibestphoto 217.3; maroke 216.3; martialred 244.2, 244.3, 282.3, 282.4, 283.1, 283.2, 286.2; mavar 38.1; mbruxelle 314.1; megaflopp 257.1; megakunstfoto 463.1; mehmetbuma 282.2; Monkey Business 158.1, 173.1; monticellllo 175.2; Montri 473.1; motorradcbr 325.1; MQ-Illustrations 336.1; nikbu 137.1; nmann77 240.2; nskyr2 241.1; Oleksandr 82.2; oxilixo 202.3; Panumas 245.1; Parilov 300.3; PeJo 36.2; peshkova 202.1; Pichsakul 485.1; Pissanu 101.1; Popov, Andrey 50.2; pressmaster 190.1; Rawpixel.com 193.1; rcfotostock 26.2, 143.1; REDPIXEL 133.1; Reimer, Thomas 80.1; s4svisuals 51.1; Sanders, Gina 164.2; Scanrail 304.2; sdecoret 154.1; Sergey Ilin 274.1; slonme 126.1; smolaw11 288.1; stas111 281.1, 281.2; Stockfotos-MG 468.1; studio v-zwoelf 123.2, 150.1; Supinskaya, Mila 157.1; SyB 272.1; Syda Productions 93.1; terovesalainen 123.4; THATREE 285.1; thomaslerchphoto 322.2; TimeStopper 501.1; Tsuboya 322.3; vege 165.1; Visual Generation 292.1; Vitalii 19.1; VRD 62.1; wsf-f 430.1; Wussow, Moritz 261.1; xy 322.1; yurolaitsalbert 327.1, 328.1.

toonpool.com, Berlin, Castrop-Rauxel: © Lüdemann S. 465.1

TÜV SÜD AG, München: S. 454.3

© Europäische Union: © 2019 S. 219.1

Wir arbeiten sehr sorgfältig daran, für alle verwendeten Abbildungen die Rechteinhaberinnen und Rechteinhaber zu ermitteln. Sollte uns dies im Einzelfall nicht vollständig gelungen sein, werden berechtigte Ansprüche selbstverständlich im Rahmen der üblichen Vereinbarungen abgegolten.

Verzeichnis der Gesetzesabkürzungen

ADSp	Allgemeine Deutsche Spediteurbedingungen	KrWG	Kreislaufwirtschaftsgesetz
AktG	Aktiengesetz	KSchG	Kündigungsschutzgesetz
AO	Abgabenordnung	MarkenG	Markengesetz
ArbStättV	Arbeitsstättenverordnung	MaschschG	Maschinenschutzgesetz
ArbZG	Arbeitszeitgesetz	MitbestG	Mitbestimmungsgesetz
AWG	Außenwirtschaftsgesetz	MuSchG	Mutterschutzgesetz
AWV	Außenwirtschaftsverordnung	PatG	Patentgesetz
		ProdHaftG	Produkthaftungsgesetz
BBiG	Berufsbildungsgesetz	ProdSG	Produktsicherheitsgesetz
BetrVG	Betriebsverfassungsgesetz	PublG	Publizitätsgesetz
BGB	Bürgerliches Gesetzbuch	SigG	Signaturgesetz
BImSchG	Bundes-Immissionsschutzgesetz	StabG	Stabilitätsgesetz
		TzBfG	Teilzeit- und Befristungsgesetz
BUrlG	Bundesurlaubsgesetz	TMG	Telemediengesetz
DesignG	Designgesetz	UStG	Umsatzsteuergesetz
EStG	Einkommensteuergesetz	UVPG	Gesetz über die Umweltverträglichkeitsprüfung
GebrMG	Gebrauchsmustergesetz		
GefStoffV	Gefahrstoffverordnung	UVV	Unfallverhütungsvorschriften
GewO	Gewerbeordnung		
GHS	GHS-Verordnung	UWG	Gesetz gegen den unlauteren Wettbewerb
GmbHG	GmbH-Gesetz		
GWB	Gesetz gegen Wettbewerbsbeschränkungen (Kartellgesetz)	VerpackG	Verpackungsgesetz
		VVG	Versicherungsvertragsgesetz
HGB	Handelsgesetzbuch	ZollG	Zollgesetz
KrWaffKontrG	Kriegswaffenkontrollgesetz	ZK	Zollkodex
		ZPO	Zivilprozessordnung